KB263392

한국신화의 정체성을 밝힌다

한국신화의 정체성을 밝힌다

한국신화의 정체성을 밝힌다

초판 제1쇄 인쇄 2008. 12. 13.
초판 제1쇄 발행 2008. 12. 17.

지은이   임재해 외
펴낸이   김경희
펴낸곳   ㈜지식산업사
　　　　본사 • 경기도 파주시 교하읍 문발리 520-12
　　　　　　전화 (031)955-4226 · 4227 팩스 (031)955-4228
　　　　서울사무소 • 서울시 종로구 통의동 35-18
　　　　　　전화 (02)734-1978 팩스 (02)720-7900
　　　　인터넷한글문패   지식산업사
　　　　인터넷영문문패   www.jisik.co.kr
　　　　전자우편   jsp@jisik.co.kr
　　　　등록번호   1-363
　　　　등록날짜   1969. 5. 8.

책값은 뒤표지에 있습니다.

ISBN 978-89-423-4831-2 03380

이 책을 읽고 지은이에게 문의하고자 하는 이는
지식산업사 전자우편으로 연락 바랍니다.

우리 문화다움 찾기 2

한국신화의 정체성을 밝힌다

임재해 외

지식산업사

신화에서 찾는 민족문화의 정체성

신화는 경험 불가능한 태초의 일들을 마치 지켜본 듯이 생생하게 들려줍니다. 천지개벽신화를 보면, 하늘과 땅이 처음 열리는 우주 생성의 상황을 빅뱅이론과 달리 아주 쉽게 이해할 수 있습니다. 고조선 건국신화를 읽으면, 곰이 인간으로 변신하고 아이 낳기를 비는 과정이 그림처럼 눈에 선하게 그려집니다. 성주신화를 들어보면, 성주가 신으로 좌정하는 과정이 현실 속의 생활처럼 실감나게 들립니다. 그러나 어느 것이든 상상력 속에 갈무리되어 있을 뿐 현실의 생활세계 속에 만날 수 없습니다. 직접 만날 수 없기 때문에 눈으로 본 듯이 생생하게 이야기해 주는 것이 신화입니다.

하늘과 땅이 처음 열리는 순간을 이야기하는 천지개벽신화에서, 건국영웅이 출현하여 나라를 세우는 과정을 이야기하는 건국시조신화, 믿고 섬기는 교조 신들의 초월적 행적을 이야기하는 종교신화, 마을을 지켜주는 서낭신의 내력을 이야기하는 당신화 등에 이르기까지, 신화는 그 폭과 깊이가 매우 다양합니다. 직접 체험할 수 없는 시공간의 세계와 만날 수 없는 초월적 존재를 구체적으로 이야기하는 까닭에, 오히려 창조적 상상력을 실감나게 발휘할 수 있습니다.

신화는 어느 것이든 한 번에 완성된 개인적인 이야기가 아니라, 일정한 집단에 의해 역사적으로 전승되며 형성되는 공동체의 이야기입니다. 자연히 신화는 세계에 관한 전승자들의 집단적 무의식과 민족문화의 원형을 두루 갈무리하고 있는 압축파일 구실을 합니다. 압축파일의 원본을 어떻게 풀어내느냐에 따라 알려지지 않은 민족사의 비밀을 분명하게 밝혀내고, 사라져 버린 고대문화의 본디 모습을 체계적으로 재해석해낼 수 있습니다. 따라서 한 민족이 전승하는 신화는 그 자체로 민족문화의 귀중한 유산이면서, 또한 민족문화의 정체성을 여러 모로 잘 비추어 주는 거울 구실을 합니다. 그러므로 신화 유산을 잘 뜯어보면 민족신화로서 정체성은 물론, 그 안에 갈무리된 민족문화의 본디 모습까지 읽어낼 수 있습니다.

어느 시대 어느 민족이든 자기 신화를 전승하지 않는 민족은 없습니다. 신화는 인류가 창조한 가장 기본적인 문화이자, 또 어느 사회든 가장 보편적으로 누리는 집단문화입니다. 제주도에는 아직도 마을마다 당신화가 '본향본풀이'로 생생하게 전승되고 있습니다. 제3세계 소수민족일수록 사회적으로 신화는 더 소중한 현실문화 구실을 하며, 그리스처럼 역사적 뿌리가 깊고 문화가 찬란했던 나라일수록 풍부한 신화문화 유산을 자랑합니다. 그러므로 민족문화의 정체성과 더불어 인류문화의 보편성을 찾기 위해서도 신화연구는 긴요합니다.

　이 책은 문화관광부에서 지원하는 '민족문화의 원형과 정체성 정립을 위한 학술대회 3'으로 기획되어 발표된 논문을 모은 것입니다. '한국신화의 정체성을 밝힌다'는 주제는 우리 신화 유산을 통해서 한국신화다움을 찾는가 하면, 우리 신화의 내용을 거울삼아 민족문화다움을 읽어내는 것이 구체적 목적입니다. 이러한 목적에 따라 우리 신화를 어떻게 읽고 해석할 것인가, 이웃나라 신화와 견주어 보았을 때 우리 신화는 어떤 정체성을 지니는가, 이웃나라와 세계 신화 속에서 한국신화는 어떻게 연구되어야 하는가, 신화를 통해 드러난 한국문화의 정체성은 무엇인가 하는 문제들을 다양하게 다룹니다. 그러므로 우리는 마치 두 마리 토끼를 겨냥하듯이, 한국신화와 민족문화의 정체성을 함께 밝히고자 합니다.

　한꺼번에 두 마리 토끼를 쫓는 것은 무리한 욕심이지만, 신화와 문화의 정체성을 한꺼번에 밝히는 일은 사려 깊은 구상입니다. 왜냐하면 신화적 정체성과 문화적 정체성은 둘이면서 하나이기 때문입니다. 따라서 두 정체성이 만나는 지점을 꼭 집어내는 일이 문제 해결의 지름길입니다. 저는 그 길을 우리말과 신화자료에서 찾습니다. '신화'란 일본인들이 'Myth'를 옮겨 쓴 말입니다. 일본에서 이 말이 들어오기 전까지 우리는 신화란 말을 쓰지 않았습니다. 고대 사서의 기록에서나 신화를 구연하는 현장에서도 '신화'란 말은 없습니다.

우리 사서에서는 일반사료처럼 '기'(紀)로 다루었을 뿐이며, 현장에서는 '본풀이' 또는 '본향풀이'로 일컫습니다. 그러므로 '신화'나 'Myth'가 아니라 '본풀이'라는 우리말로 이해해야 우리 신화를 제대로 해석할 수 있습니다.

본풀이는 섬기는 신과 자기가 속해 있는 공동체의 근본 내력을 풀이하는 것입니다. 본풀이에서 말하는 '본' 곧 '본향'은 신으로 좌정한 인물의 본디 난 곳, 본디 온 곳, 본디 산 곳을 뜻합니다. 본풀이 주인공의 혈통과 역사적 뿌리, 지리적 터전을 통시적으로 풀어서 노래하거나 이야기하는 것이 본풀이입니다. 따라서 건국신화라고 하는 '나라본풀이'의 바탕을 뜯어보면, 겨레의 형성과정과 나라가 세워진 내력, 민족문화의 정체성 등을 잘 밝혀낼 수 있습니다. 그리고 본풀이의 말을 뜯어보면 우리 신화문화의 정체도 드러납니다.

문화 다양성을 건강하게 이루는 것이 문화적 세계화의 가장 바람직한 모습입니다. 세계화 시대일수록 민족문화의 정체성이 소중합니다. 신화는 잃어버린 고대문화를 이야기해 주는 가장 오래된 문화유산이자, 미래문화를 독창적으로 열어나갈 민족적 창조력의 마르지 않는 자산입니다. 우리 신화의 정체성을 밝히는 연구활동을 통해서 우리 학계도 학문적 정체성을 찾는 계기가 되고, 한국신화의 창조적 연구로 인문학문의 새 지평을 여는 분기점이 되기를 바랍니다.

　분주한 가운데도 특별히 시간을 내어서 좋을 글을 써주신 쓴이 여러 분들께 감사드리며, 모처럼 민족문화의 정체성을 찾는 문화정책을 수립하고 일련의 학술활동에 지속적인 후원을 아끼지 않은 문화체육관광부 장관과 정책담당자들께 고마운 말씀을 드립니다.

　우리가 직접 만날 수 없는 세계와 태초의 역사를 마치 본 듯이 이야기하는 것이 신화의 속성이듯이, 이 책에 수록된 글들도 우리 신화와 문화의 정체성을 손에 잡힐 듯이 생생하게 포착해 주기를 기대합니다. 이 책은 우리 신화의 정체성을 밝히는 첫걸음입니다. 독자 여러분들이 이 길을 함께 걸어주기 바랍니다.

2008년 10월

임 재 해

차 례

3부 비교연구로 본 한국신화의 정체성

1부 한국신화의 정체성을 찾는 길

■ 한국신화의 주체적 인식과 민족문화의 정체성_ 임재해

■ 세계 속의 한국신화, 어떻게 이해할 것인가_ 조동일

■ 동북아시아 신화 속에서 본 한국신화의 정체성_ 서대석

■ 잃어버린 신화를 찾아서_ 정재서

한국신화의 주체적 인식과 민족문화의 정체성

임 재 해

어느 시대 어떤 상황을 막론하고
사람이 사는 곳이면 어디에서든
인간의 신화에는 끊임없이 살이 붙어왔고,
이러한 신화는
인간의 육체와 정신의 활동에서 나타날 수 있는 모든 것에 대해
살아 있는 영감을 불어넣었다.
- 조셉 캠벨 -

1. 한국신화의 정체성을 찾는 눈길1)

이 연구는 두 가지 목적을 겨냥한다. 하나는 한국신화의 정체성을 찾는 일이고, 둘은 한국신화를 근거로 민족문화의 정체성을 찾는 일이다. 신화는 본질적으로 태초의 이야기이자 신성한 시작의 역사인2) 까닭에, 신화를 전승하는 민족의 원초적 세계관과 초기문화의 실상을 잘 갈무리하고 있다. 따라서 신화 속에서 문화의 원형을 찾을 수 있는 것처럼, 신화의 거울을 통해서 민족문화의 정체성도 찾을 수 있다. 그러므로 신화는 민족문화의 원형과 정체성을 집약적으로 갈무리하고 있는 일종의 압축파일이라 생각하며, 이 압축파일을 풀어 읽는 것을 이 논의의 과제로 삼는다.

한국신화의 정체성을 찾는 방법은 두 가지다. 하나는 신화를 자리매김한 기존 이론들을 끌어들여 한국신화의 보편성과 특수성을 변별하는 일이며, 둘은 한국신화가 본디부터 놓여 있었던 문화적 상황에서 신화의 정체를 귀납적으로 새롭게 포착하는 일이다. 결국 신화 이론으로 연역적인 정체성 찾기와, 신화 자료에서 귀납적인 정체성 찾기로 요약된다.

---

1) 〈한국신화의 정체성을 밝힌다〉는 주제로 개최한 비교민속학회 학술대회(프레스센터, 2007년 11월 1~2일)에서 기조발제한 글을 수정 보완한 글이다.

2) Mircea Eliade, *Myths, Dreams and Mysteries*, New York: Collins. 1968, 23쪽에 따르면, 신화는 원시사회 성스러운 역사, 곧 모든 것이 시작되던 성스러운 시간(in illo tempore)에 일어난 초인간적인 계시로 인식된다.

　여기서는 뒤의 방법을 택한다. 그것이 주체적인 해석의 길이기 때문이다. 이미 만들어진 열쇠로 한국신화의 문을 여는 것이 아니라, 한국신화의 실상을 통해 새로운 열쇠를 마련하는 것이 선행 작업이며, 마련된 새 열쇠로 압축파일을 푸는 것이 다음 작업이다.

　대부분의 신화 이론들은 외국에서 수입된 것이다. 수입된 신화 이론으로 우리 신화의 정체를 온전하게 밝히기 어렵다. 이론만 외국 것을 들여오는 것이 아니라, 아예 우리 신화까지 외국에서 전래된 것으로 해석하는 이들도 적지 않다. 한국신화 가운데 북방민족의 신화로 해석되지 않는 것이 있으면 남방신화로 해석한다. 마침내 신화와 더불어 민족도 북방이나 남방으로부터 도래한 것으로 해석한다. 전래설이나 도래설에 매몰된 연구는 우리가 사는 한반도를 신화와 문화의 백지도 상태로 설정할 뿐 아니라, 마침내 한반도를 무인지경이었던 것처럼 민족의 백지도 상태로까지 몰아가기 일쑤다.

　한국신화의 정체성을 외래신화의 전래설로 해명할 수 있을까? 자기 신화를 스스로 읽지 못하는 한계를 남의 신화를 가져오면 순조롭게 극복할 수 있을까? 알지 못하는 자기 문화의 정체성을 남의 문화 해석에다 끌어다 붙이면 정당하게 해명될까? 만일 그렇게 생각한다면, 자기 정체성을 자기 속에서 찾지 않고, 자기와 닮은 다른 사람에게서 찾는 것과 같은 잘못을 저지르는 셈이다.

　세상에 어떤 신화도 닮지 않은 신화가 없고, 또 닮았다고 하더라도 꼭 같은 신화는 없다. 신화인 이상 신화로서 보편성을 지닌 까닭에 닮지 않을 수 없으며, 아무리 닮아도 이미 다른 유형으로 전승되는 한 그것은 서로 다른 신화일 수밖에 없다. 더 문제는, 닮은 것은 곧 영향을 받은 것이고 영향은 곧 전파에 의한 것이며, 전파는 곧 기원을 뜻하는 것처럼 비약적 해석을 하는 것이다.

　영향 받지 않고도 닮은 점을 지닌 것이 인류문화의 보편성이다.

영향 받거나 전파되어도 독자성을 지니는 것이 인류문화의 독창성이다. 서로 영향을 받아도 닮지 않을 수 있으며, 기원이 같아도 다른 양상을 이룰 수 있다. 그러므로 외국신화와 닮은 점을 들어서 한국신화의 기원을 거기서 찾는 것은 자기 무능을 드러낼 따름이다.

신화 이론만 끌어오는 것이 아니라 신화도 끌어오듯이, 문화 이론만 끌어오는 것이 아니라 민족문화의 원류도 다른 문화로부터 끌어오기 일쑤다. '우리 문화는 어디서 왔는가?' 하는 질문에 이미 한국문화는 한국인이 만들어서 누리는 문화가 아니라, 다른 민족이 만들어서 전해준 것이라는 전제가 깔려 있다. 마침내 이 질문은 '우리는 어디서 왔는가?' 하는 질문으로 바뀌어, 우리 민족 자체를 이주민이나 유이민으로 해석한다. 달리 말하면 우리가 지금 살고 있는 한반도나 만주 지역에는 본디 사람이 살지 않았거나, 사람들이 살아도 문화나 신화가 없었던 것처럼 간주한다. 그러므로 우리 민족의 기원도 문화의 원류도 한반도 바깥에서 찾는 것이 예사다.

한반도의 문화적 백지도 상황을 주장하던 식민사학의 패러다임은 세 갈래로 극복되고 있다. 하나는, 역사학의 방법과 비교사를 통해 고조선문화를 요서 지역 중심의 만주와 한반도 지역에서 자생적으로 형성된 것으로 보는 연구이고,[3] 둘은, 사회사학의 관점과 방법에 의해 고조선문화를 대동강 유역 중심에서 형성된 것으로 보는 '대동강 유역 문명'설이며,[4] 셋은 고고학적 연구에 의해 고조선 및 고구려 문화를 발해 연안에서 형성된 동북아 문명의 중심으로 보는 '발해연안문명설'이다.[5] 지리적 위치의 중심성은 조금 차이가 나지만, 모두

---

3) 윤내현, 《고조선 연구》, 일지사, 1994.
4) 신용하, 《한국민족의 형성과 민족사회학》, 지식산업사, 2001.
5) 이형구, 《한국 고대문화의 비밀》, 김영사, 2004.

한민족의 자생적 문화기원설을 펴고 있는 공통점을 지니고 있다.

민족문화의 기원이나 원류라고 하는 큰 문화체계를 중심으로 보면, 중심적인 발상지가 특정 지역으로 한정될 수 있다. 그러나 문화의 독립발생설이나 다원발생설을 들지 않더라도, 기본적인 문화는 사람이 사는 사회, 곧 모듬살이를 이루는 곳이면 어느 곳이나 다 있다. 모듬살이 자체가 이미 문화현상이기 때문이다. 사람 사는 곳에 문화가 있었듯이 신화도 있었다. 신화는 시작의 역사를 말하는 이야기로서, 모듬살이 문화의 기본을 이룬다. 따라서 문화 없는 민족이 없듯이 신화 없는 민족도 없고, 신화를 전승하지 않는 공동체도 없다. 그러므로 '신화 없는 민족이 있는가' 하는 질문은 '종교 없는 사회는 있는가' 하는 질문이나 마찬가지다.

따라서 국가 수준의 사회에서 신화가 전승되지 않거나 스스로 건국신화를 창출하지 못했다고 생각하는 것은 신화 문화의 실상을 알지 못한 탓이 아닌가 생각한다. 왜냐하면 건국신화는 이야기를 매체로 한 '서사적 정치의 유산'이기[6] 때문이다. 그러므로 건국신화는 정치적 서사물로서 건국의 기틀을 다지는 기본적인 요소라 할 수 있다.

국가와 같은 거대 규모의 모듬살이뿐만 아니라 마을 단위의 작은 모듬살이 속에서도 신화적 사유가 있고 마을신화가 현재까지 전승되고 있다. 기본적으로는 마을을 처음 개척하거나 마을에 처음 들어온 입향시조 신화와, 마을을 지켜주는 서낭신에 관한 당신화가 함께 전승된다. 물론 주민들의 신화적 사유와 역사적 경험에 따라 마을신화들이 저마다 다르며, 그에 따른 제의도 제각기 다르게 전승된다.

---

6) 임재해, 〈맥락적 해석에 의한 김알지 신화와 신라문화의 정체성 재인식〉, 《비교민속학》 33, 비교민속학회, 2007, 585쪽.

마을에서 전승되는 시조신화와 당신화를 조사해 보면, 모듬살이 문화와 더불어 자기 모듬살이의 신성한 시작을 말하는 신화를 두루 수집할 수 있다. 이를테면 제주도에는 270여 신당마다 길고 짧은 당신화가 전승되고 줄거리가 잘 짜여진 것만 50여 편이나 된다.[7] 모듬살이를 이루는 마을공동체 성원들이 스스로 자기 신화를 생산하고 전승할 수 있는 신화적 역량을 갖추고 있기 때문이다. 이처럼 현재 전승되고 있는 마을신화를 통해서 신화 문화의 실상을 이해하게 되면, 건국신화의 창조력 부재를 인정하기 어려울 뿐 아니라, 자연물의 의인화를 주장하는 태양신화학파나, 제의기원설을 주장하는 제의학파 등의 여러 신화기원설이 실제 신화와 겉돌고 있다는 것을 알 수 있다.

누구나 자기 존재의 처음과 시작에 관한 사실을 이야기로 전승하려는 의식이 있다. 자기 존재의 정체성을 위해서도 자기 집단의 뿌리와 내력에 관한 지식을 전승하지 않을 수 없다. 혈연공동체든 지연공동체든 공동체문화를 이루고 있는 한, 신화는 공동체 유지를 위한 사회적 유대와 정치적 기능을 위해서도 필수적이다. 따라서 비록 "패배하고 억압당한 민족이라도, 신화를 전승하고 재창조하면서 민족의 정체성을 확인하고 민족적 자부심을 키워왔으며, 소수민족은 물론 천대받는 지방민의 정신세계를 구현하는 데도 신화가 소중한 구실을 하고 있다."[8] 그러므로 구비서사시로 전승되는 신화를 통해서 "어느 지역에 살고 있는 어떤 집단 어느 민족이라도 인류는 서로 대등하고 문화 창조에서 각기 소중한 구실을 한다는 것을" 분명하게 입증할 수 있다.[9]

---

7) 현용준, 〈무속신화와 문헌신화〉, 집문당, 1992, 82~83쪽.
8) 조동일, 《동아시아 구비서사시의 양상과 변천》, 문학과지성사, 1997, 44~45쪽.

마을 시조신화나 당신화를 보면, 건국신화의 논리와 그리 다르지 않다. 당신화의 서낭신이 당나무나 산에 산신으로 깃들어 있듯이, 〈단군신화〉의 환웅과 단군이 신단수 또는 아사달의 산신으로 깃들어 있는 것이다. 따라서 신화는 특수한 민족이나 집단만이 누릴 수 있는 특수한 문화가 아니라, 마을의 당신화처럼 어떤 집단이든 누릴 수 있는 보편적인 문화라 할 수 있다. 다만 그 전승집단에 따라 신화의 내용이 일정한 특성을 지닐 따름이다.

한국신화의 정체성은 한국의 신화 문화 속에서 찾아야 더 정확하게 포착할 수 있다. 그러므로 우리 신화 문화 속에서 한국신화의 정체성을 찾으려는 것이다. 자기 안에서 자기 눈으로 자기를 찾는 것이 주체적 자의식이다. 자기 스스로 발견하지 못하는 자기 정체성을 누가 나서서 찾아주겠는가?

2. 본풀이로 전승되는 한국신화의 정체

신화는 본래 노래되었다. 우리 신화 문화는 노래문화이자 굿문화였다.[10] 문학 갈래로 보면 구비서사시로 전승되었다. 신화가 널리 노래되던 시기가 바로 신화시대다. 신화시대에는 신화가 널리 지어지고 사실로 믿어지던 시대였다. 신화시대를 역사적 시대구분에 따라 달리 말하면 주술의 시대로 일반화할 수 있고,[11] 한국문화의 상

---

9) 위의 책, 45쪽.

10) 조동일, 〈신화의 유산과 그 변모 과정〉, 《우리 문학과의 만남》, 홍성사, 1978, 82~84쪽에 신화가 굿과 관련되어 노래되었을 것이라는 논의를 자세하게 하였다.

11) 임재해, 〈한국민속사 시대구분의 모색과 공생의 시대 전망〉, 《민속문화의 생태학적 인식》, 도서출판 당대, 2002, 90~103쪽에서 민속사를 주술의 시대, 예술의 시대, 변혁

황에서는 굿문화의 시대라 할 수 있다. 따라서 신화가 노래되는 현장은 바로 제의의 현장이었다. 사제자가 제의를 수행하면서 신화를 노래했던 것이다. 그러므로 한국신화의 정체성을 찾으려면 굿문화와 더불어 노래되는 신화를 주목해야 한다.

신화가 굿판에서 노래된다는 것은, 곧 굿을 하는 무당이 신화를 노래하는 주체라는 말이다. 그런데 무당들이 굿을 하면서 신화를 노래하지만, 도무지 '신화'라는 말은 쓰지 않는다. 무당들이 굿을 하면서 스스로 '무속'이나 '무교'라는 말을 쓰지 않는 것이나 다름없다. 신화는 우리말이 아니자, 민중들이 쓰는 생활세계의 일상언어가 아니라 학계에서 쓰는 학술용어기 때문이다.

따라서 신화의 본디 우리말을 찾아야 한국신화의 정체성을 풀이하는 실마리가 드러난다. 한국신화의 정체성을 찾으면서 신화의 어원이라고 하는 그리스어 '뮈토스'(Mythos)의 뜻을 탐색하는 것은 부질없는 짓이다. 그리스 신화와 한국신화의 정체성을 혼동하지 않으려면 신화의 본디 우리말을 찾아서 새겨야 한다. 그럼 굿에서는 신화를 무엇이라 일컫는가? 그것은 실제로 노래되는 신화를 통해서 확인할 수 있다. 신화를 나타내는 말의 뜻도 신화의 맥락 속에서 알아내야 한다. 그러므로 신화가 노래되는 굿의 현장을 주목하지 않을 수 없다.

아직까지 신화를 노래하는 전통을 잘 보여주는 굿은 성주굿과 제석굿, 칠성굿, 오구굿 등이다. 그리고 신화를 노래하는 굿문화가 잘 살아 있는 지역은 제주도다. 따라서 신화의 본디 모습은 굿문화 속에 살아 있는 무속신화를 통해서 포착할 수 있다. 그러므로 성주굿이나 제석굿, 그리고 제주도 지역의 굿에서 신화의 본디 모습과 원형을

의 시대로 구분하고 미래를 공생의 시대로 전망했다.

발견할 수 있다.

　성주굿에서 부르는 신화가 '성주풀이'고, 제석굿에서 부르는 신화가 '제석본풀이'다. '성주풀이'는 성주신의 근본을 푸는 노래고, '제석본풀이' 또한 제석신의 좌정과정을 풀이하는 서사적인 노래다. 굿판에서는 아예 신화라는 말이 없다. '풀이' 또는 '본풀이'가 신화를 뜻하는 우리말이다. "무속신화가 지닌 중요한 속성이 본풀이로 표현될 수 있듯이, 상고대 신화도 본풀이로 간주될 수 있다."[12] 따라서 '단군신화'나 '주몽신화'란 말도 요즘 학계에서 일컫기 시작한 말이고, 사실은 '단군본풀이'이자 '주몽본풀이'라 해야 마땅하다. 같은 논리로 '성주풀이'나 '제석본풀이'를 달리 말하면 '성주신화'이자 '제석신화'라 할 수 있다.

　신화가 노래되는 제주도 굿을 보면, 이러한 신화의 본디 모습을 더 자세하게 이해할 수 있다. 제주도에서는 아예 '서귀포본향본풀이', '세화본향당본풀이'처럼 '본향본풀이' 또는 '본향당 본풀이'라고 일컫는다. 당신(堂神)의 본향을 풀이하는 신화를 '본향본풀이'라고 하는 것이다. '성주의 본향이 어드메냐 경상도 안동땅 제비원이 본일레라' 하고 부르는 성주풀이도 사실은 '성주본향본풀이'라 해야 옳다. 본향을 묻고 답하는 까닭이다.

　그런데 제주도에는 당신본풀이 외에도 '조상신본풀이',[13] '일반신본풀이' 등 본풀이 문화가 드세다.[14] 제주도에는 당신본풀이만 해도 270여 편이나 된다고 하니, 다른 본풀이들까지 두루 살피면 헤아릴

---

12) 김열규, 《한국신화와 무속연구》, 일조각, 1977, 2쪽.
13) 조상신본풀이라 하여 자기 조상신에 관한 혈연적 본풀이가 아니라, 자기 조상을 수호하던 신에 관한 본풀이 곧 조상수호신 본풀이를 말한다.
14) 현용준, 앞의 책, 15~66쪽에 제주도 본풀이에 관한 본격적인 연구성과를 수록해 두었다.

수 없이 많은 본풀이들이 전승된다. 따라서 제주도는 본풀이의 고장이자 신화의 섬이라 할 만하다. 그러므로 동아시아의 신화 논의를 제주도 신화로부터 시작한 것은[15] 풍부한 신화의 전승을 고려한 결과라 할 수 있다.

신화를 나타내는 '본향당본풀이, 본향본풀이, 본풀이, 풀이'는 모두 같은 노래를 뜻하는 말이되, 뒤로 갈수록 줄여서 간편하게 쓰는 말이다. 가장 간편한 말이 '풀이'지만 일반적으로 '본풀이'란 말을 주로 쓴다. 왜냐하면 풀이 노래에는 한글뒤풀이와 숫자뒤풀이 등 '뒤풀이' 노래도 있기 때문이다. 따라서 뒤풀이와 분별하여 '본풀이'로 일반화할 필요가 있다. 엄격하게 말하면 본풀이는 '본향풀이'의 줄임말이다.[16] 성주풀이도 성주의 본향을 풀이하는 노래를 줄여서 일컫는 것이다. 그런 까닭에 성주풀이는 한결같이 '성주본향이 어드메냐' 또는 '성주의 근본이 어드메냐' 한다. '본향'이나 '근본'을 줄여서 '성주본이 어드메냐' 하고 노래하기도 한다. 그러므로 무가에서 풀이와 본풀이는 곧 '본향풀이'를 뜻하는 것이다.

본풀이에서 말하는 본향은 공간적으로 특정한 장소를 가리킨다. 종교적으로 말하면 본향은 특정 종교의 고향이자 발상지를, 혈연적으로는 성씨 시조의 고향을 말한다. 특정 종교의 성인이 태어난 곳이나 득도한 곳 또는 순교한 곳이어서 성지 구실을 하는 곳이 바로 종교적 본향이다. 그러므로 본향은 종교적 발상지이자 성지로서 메카(mecca)를 뜻한다.

---

15) 조동일은 《동아시아 구비서사시의 양상과 변천》에서 논의를 제주도 구비서사시에서부터 시작했다.

16) 김열규, 〈총론: 민담(民談)을 보는 다양한 눈〉, 《민담학개론》, 일조각, 1982, 8쪽, "본(本)풀이는 '본향(本鄕)풀이'라고도 한다. 신령(神靈)들의 본향(本鄕)·관향(貫鄕)에 관한 얘기, 그 근본이며 내력에 관한 얘기란 뜻이다. 탄생에서 신이 되기까지 신이 겪은 이력 또는 전기라고 보아도 좋을 것이다."

　실제로 성주풀이에서도 성주 본향을 묻고는 '경상도 안동땅 제비원이 본일레라' 하고 구체적인 주소를 말한다. 이처럼 굿에서 말하는 '본향'은 신의 본거지 또는 출생지라는 뜻으로 사용된다.[17] 결국 무신으로 섬기는 신령의 본디 고향을 찾는 것이 본풀이라는 말이다. 신령이든 사람이든 본디 고향은 정체를 밝히는 가장 기본적인 요소다. 인간관계에서도 서로 자신의 정체를 밝힐 때, 이름 다음으로 주소나 고향이 문제된다. 한때 고향을 나타내는 본적(本籍)과 주소는 이력서의 중요 기재사항이었다.

　전통사회에서는 고향 못지않게 중요한 요소로서 관향(貫鄕)을 따졌다. 고향이 본적 개념이라면, 본향은 시조의 고향으로서 곧 관향 개념에 해당된다. 전통사회에는 이름보다 관향을 더 중요하게 따졌다. 관향이 인간의 정체성을 드러내는 중요한 요소로 여긴 까닭이다. 따라서 여성들의 경우, 족보에 주소와 이름을 밝히지 않아도 관향과 성은 꼭 밝힌다. 묘지에 세워 둔 비석에도 이름은 밝히지 않아도 관향은 밝혀서 새겨둔다.

　족보와 묘지에서 관향이 중요한 것은 해당 사람의 정체를 밝히는 근본이자 본향으로 인식하기 때문이다. 종교적으로 보면 본향은 성지이자 메카지만, 혈연적으로 말하면 본향은 관향에 해당된다. 관향은 시조가 살았던 지리적 위치와 혈연적 뿌리를 함께 나타내는 것으로 사실상 본향과 같은 말이다. 그러므로 관향이 뼈대 있는 집안이나 대단한 문벌의 정체성을 나타내는 기본 자질인 것이다.

　그러나 본향을 단순하게 밝히는 것은 '본풀이'라고 하지 않는다. 바리데기 이야기를 두고 오구풀이라 하지 않는 것처럼, 당금애기를 이야기한다고 해서 제석본풀이 한다고 일컫지 않는다. 본풀이나 풀

---

17) 김태곤, 《한국민간신앙연구》, 집문당, 1983, 70~71쪽.

이는 모두 노래되는 양식을 뜻하기 때문이다. 본풀이의 본디 모습을 잘 전승하고 있는 제주도 본풀이에서 그러한 성격이 잘 드러난다. 무당으로부터 이야기로 듣는 신의 내력담은 본을 푸는 것이 아니다. 같은 신의 내력담이라도 이야기가 아니라 노래되어야 한다. 정확하게 본풀이라 할 수 있는 것은 '신을 모셔 놓은 굿판에서 무악의 가락에 맞추어 노래 부르는 것'이다.[18]

본풀이는 무당이 굿상을 향해 앉아서 부르는 것으로서,[19] 신이 본풀이를 듣고 굿판에 강림하기를 기대한다. 따라서 '느려옵네다', '먹는구나' 하고 모두 현재시제로 노래되며, 주고받는 대화체로 구연되는 까닭에 상당히 연극적 성격을 띤다. 본풀이 노래가 신의 현현(顯現)을 실현하는[20] 신성한 주술 구실을 하는 까닭이다. 그러므로 본풀이는 신의 좌정과 영험을 기원하는 굿에서 필수적으로 노래된다.

굿의 성격에 따라 본풀이의 내용도 달라진다. 달리 말하면, 본풀이의 내용에 따라 굿이 결정된다는 말이다. 당본풀이는 마을굿이나 고을굿에서 노래되듯이, 건국시조풀이는 나라굿에서 노래되었다. 단군본풀이는 고조선의 나라굿에서 노래되었을 것이고, 주몽본풀이는 고구려의 나라굿에서 노래되었을 것이다. 그러므로 굿에서 전승되는 본풀이의 논리에 따라 한국신화의 정체를 풀지 않을 수 없다.

---

18) 현용준, 앞의 책, 17쪽.
19) 위의 책, 27쪽.
20) 위의 책, 52~53쪽.

3. 본풀이에 갈무리된 신화적 세계인식

본풀이는 신의 역사적 근원과 혈연적 계보를 시공간의 좌표 위에서 서사적으로 노래하는 것으로서, 한국신화의 본디 성격을 잘 나타내는 한국신화다운 문화유산이다. 구체적으로 본풀이는 어떤 내용을 노래하는가? 이는 굿에서 노래되는 본풀이를 통해서 확인할 수밖에 없다. 본격적인 본풀이는 단순히 신의 내력담을 구연하여 신을 청배하는 데 머물지 않고, 굿의 서두에 천지조판(天地肇判)의 과정을 노래한다. 제주도에서는 이것을 '초감제'라 하고, 육지에서는 흔히 '지두서'(指頭書)라 한다.

지두서는 천지가 개벽된 뒤에 한국의 산과 강이 형성되고, 고조선 건국 이래 조선왕조까지 우리 역사의 흐름이 통시적으로 노래된다. 그리고 지금 여기 굿판의 주소와 상황을 공시적으로 노래하며, 여러 무신들을 청배하여 좌정시키는 구실을 한다. 따라서 태초의 천지개벽 상황에서부터 지금 현재 상황까지 노래하는 통시적인 내용과, 우주의 천문지리와 굿판의 현주소를 구체적으로 밝히는 공시적인 내용을 함께 노래함으로써, 굿을 하는 현장의 시공간적 좌표가 분명해진다.

제주도 초감제는 지두서보다 더 구체적이고 생생하다. 초감제에서 노래되는 '베포도업침'은 천지개벽신화로서, 천지 혼합의 혼돈에서 하늘과 땅이 갈라져 천지가 열리는 과정을 노래한다. 이 본풀이에서 우주 생성은 음양론에 바탕을 두고, 우주 구조는 천지인 삼재론에 바탕을 둔 우주론이 잘 드러나 있다.[21] 이어서 구연되는 천지왕본풀

---

21) 임재해, 〈한국 신화의 서사구조와 세계관〉, 《설화문학연구》 상(上), 단국대학교출판

이는 천지왕이 낳은 쌍둥이 형제가 해와 달을 조정하고, 이승과 저승을 나누어 다스리도록 하는 과정을 노래한다. 인간 세상을 다스리는 시조 이야기를 하면서 세상이 이승과 저승으로 나누어지고 선과 악이 생겨난 사회현상을 설명하는 것이다.[22] 그러므로 세계의 두 차원과 인류의 선악에 관한 유래까지 이야기하는 셈이다.

이어서 '날과국섬김'을 하고 '집안연유닦음'을 하는데, 현실계의 인간이 이룩한 나라의 역사를 구연한다. 굿하는 장소와 시간이 구체적으로 이야기되고 굿을 하는 사연과 이유를 고한 다음에 신의 강림을 기원하는 것이다.[23] 그러고 보면 초감제는 지두서와 전체적인 구조가 같다. 태초의 천지개벽 순간에서부터 우리나라 역사가 시작되어 지금 굿을 하는 순간까지 전개된 통시적인 내력과, 천지일월의 우주 구조에서 굿판의 현장까지 공시적인 위치가 분명하게 밝혀진다.

따라서 큰굿의 본풀이 내용은 지금 여기의 시공간까지 구체적으로 노래한다는 점에서 고대의 이야기로 끝나 버리는 기존 신화와 크게 다르다. 항상 지금 여기의 상황까지 노래하는 까닭에, 굿을 하는 시기와 장소, 사정에 따라 말미는 크게 다를 수밖에 없다. 한 편의 서사적 구조물로 완결되어 있는 것이 아니라, 주어진 굿판의 상황에 따라 끊임없이 더 보태지고 달라지는 것이 본풀이의 역동적 가변성이다. 굿을 하는 상황에 맞게 축적된 역사와 변화된 장소를 반영해야 하는 까닭이다.

이러한 역동성이 굿문화 속에서 전승되는 본풀이의 살아 있는 모

부, 1998, 88~93쪽에 자세하게 다루었다.

22) 김헌선, 〈〈베포도업침〉과 〈천지왕본풀이〉에 나타난 신화의 논리〉, 《비교민속학》 28, 비교민속학회, 2003, 241~249쪽에 두 본풀이의 내용이 잘 분석되어 있다.

23) 위의 글, 242쪽.

습이자 한국신화다움의 실상이다. 결국 본풀이의 본디 정체는 태초의 우주에서부터 굿을 하는 주체가 있는 지금 여기에 이르기까지 시공간적 내력을 풀이하며, 현재의 문제를 해결하고 기대하는 미래를 축원하는 준비를 하는 것이다. 다시 말하면, 과거에서 현재까지 상황을 통시적으로 포착하여 인식한 사실을 토대로, 앞날의 문제를 전망하고 예측하기 위하여 굿을 하는 것이다.

그러므로 본풀이를 통해서 세 가지 사실을 알 수 있다. 하나는 본풀이의 역사적 서사의 마지막 지점이 늘 현재 상황이라는 사실이며, 둘은 본풀이를 통해 인식하는 세계관이 시공간적으로 크게 열려 있다는 사실이고, 셋은 우리 신화 유산이 매우 풍부하며 신화 문화가 지금까지 생생하게 살아 있다는 사실이다.

먼저 신화 유산부터 보면, 본풀이를 통해서 노래되는 신화에는 천지개벽신화와 인류시조신화, 일월조정신화, 인세차지신화 등 다양한 신화가 풍부하게 전승되고 있다. 신화가 한갓 서사문학으로 읽혀지는 것이 아니라 굿문화 속에 실제 기능을 하면서 살아 있는 것이다. 따라서 본풀이를 신화 문화의 살아 있는 모습으로 이해하지 못하면, 마치 한국에는 천지창조신화나 인류시조신화, 죽음의 신화와[24] 같은 기본적인 신화가 없는 것처럼 인식되거나,[25] 신화 문화 유산이 아주 빈곤한 것으로[26] 간주되어, 만담에서 그러한 신화적

---

24) 제주도의 이공본풀이는 죽음의 신화다.

25) 최남선, 〈조선의 신화〉, 고대아세아문제연구소 편, 《육당최남선전집》 5, 현암사, 1973, 17쪽. "우선 자연신화에 붙이는 것이 거의 없습니다. 천지개벽의 이야기도 없고, 홍수 난리 치르는 이야기도 없고…… 대체로는 자연현상을 설명하는 신화는 조선에 없다 하여도 가합니다."

26) 김열규, 〈한국의 신화〉, 일조각, 1976, 8쪽. "한국신화가 오늘날 세계의 개벽과 종말, 인간의 창생(創生)과 죽음에 관한 신화를 못 가지고 있는 것은 사실이다. 그래서 불행히도 신화에 있어서도 가장 원천적인 것이 결실(缺失)되어 있다는 그런 허전함이 있는 것도 사실이다."

요소를 찾을 수밖에 없다는 문제적 한국신화론이 제기되기도 한다.

그러므로 필자는 지두서나 초감제에서 구연되는 본풀이를 창세신화라는 하나의 신화로 다루는 것에 동의하지 않는다. 왜냐하면 한국에는 자칫 창세신화 유형 한 편만 있고, 천지개벽신화나 인류시조신화, 물과 불의 신화, 일월조정신화 등 다양한 신화의 유형들은 없는 것처럼 인식될 가능성이 높기 때문이다.

실제로 본풀이는 여러 유형을 이어서 부르는 까닭에 〈창세가〉로 묶을 수 있지만, 천지개벽신화의 '베포도업침'과, 일월조정 신화 및 인세차지 신화를 담고 있는 '천지왕본풀이'는 분명하게 구분되어 있다. 천지개벽신화라 일컫은 베포도업침은 독립적인 유형(type)으로서 한 편의 신화를 이루는 유형적 서사 수준이어서, 화소 차원의 신화소(mytheme)라 하기 어렵다. 천지왕본풀이에 포함되어 있는 신화들도 마찬가지다.

비록 하나의 본풀이 속에 이어져 구연되어도, 서사적 내용에 따라 독립된 유형을 분별해야 신화의 유형들이 제대로 드러난다. 그것은 마치 굿은 하나이지만 그 안에 여러 거리의 작은 굿들이 포함되어 있는 것과 마찬가지다. 전체가 하나의 굿이면서 굿을 이루는 작은 굿도 하나의 굿이다. 따라서 굿의 전체적인 유기성과[27] 부분적인 독자성을 함께 인정해야 굿을 총체적으로 이해할 수 있다. 탈춤이나 꼭두각시놀음 공연에서 부분과 전체의 관계를 분별해서 인식해야 거리별 연극의 독자성을 인정할 수 있다. 굿의 개별성과 전체성을 함께 인정해야 하듯이, 본풀이 속에 노래되는 이야기도 부분과 전체를 분별해서 인식해야 부분의 유형적 독자성을 제대로 포착할 수

---

27) 이수자, 《큰굿 열두거리의 구조적 원형과 신화》, 집문당, 2004, 306쪽에 제주도 굿의 전체 과정을 유기적 체계로 도식화해 두었다.

있다.

우리가 전승하는 세계 기원 신화는 천지'창조'신화가[28] 아니라 천지'개벽'신화로서, 천지창조신화의 창조론과 다른 진화론적 개벽론을 펴고 있다. 이러한 세계관적 인식을 온전하게 포착하기 위해서도 '천지개벽신화'라는 유형적 인식과 명명이 필요하다.[29] 따라서 본풀이에서 노래되는 여러 유형의 신화를 창세신화의 한 신화소로 분석할 것이[30] 아니라, 독립적인 신화로 인정하고 유형별 신화론을 더불어 펼쳐야 할 것으로 생각한다.[31]

본풀이로 구연되는 천지개벽신화의 세계관은 요즘의 세계화 시대에 말하는 '세계'보다 훨씬 더 넓고 깊다. 21세기의 세계화는 기껏 세계보다 더 포괄적인 용어로 지구촌(globalization)을 들먹일 따름이다. 그러나 천지개벽신화에서는 광대한 우주천지를 두루 세계로 끌어들인다. 하늘과 땅은 물론 해와 달, 별까지 끌어들여 공시적인 우주관을 펼칠 뿐 아니라, 태초의 우주에서 지금 여기의 공간을 구체적으로 다루는가 하면, 굿의 전개에 따라 미래의 세계까지 폭넓게 전망한다.

하늘과 땅도 눈에 보이는 것에 한정되지 않는다. 공간적으로 끊임없이 확대되어 있다. 우리는 하늘을 하나의 공간으로 인식하지만,

---

28) 위의 책, 401쪽에서는 '베포도업침'과 '천지왕본풀이'를 모두 천지창조신화 또는 천지창생신화라 하여, 천지개벽신화로서 한국신화의 정체성을 흐리게 만들었다. 154쪽에서 "베포도업침이야말로 우리 민족이 창안해낸 천지창조신화라는 것을 시사한다"고 하여 천지창조신화의 존재를 인정하는 논의로는 적절한 표현이되, 우리 민족 신화의 정체성을 나타내는 데에는 '천지개벽신화'라고 해야 더 적절할 것이다.

29) 임재해, 〈한국 신화의 서사구조와 세계관〉, 72~73쪽.

30) 김헌선, 《한국의 창세신화》, 길벗, 1994, 40~41쪽.

31) 임재해, 〈고대 신화에 나타난 한국인의 진화론적 자연관〉, 안동대학교 민속학연구소 편, 《민속연구》 8, 민속원, 1998, 243~277쪽 및 〈한국 신화의 서사구조와 세계관〉, 93~96쪽 등에 이 문제를 논의하였다.

천지개벽신화에서 하늘은 수없이 많다. 세계관 또는 우주관이 현대
인들의 인식 수준을 훌쩍 넘어서 있다.

> 하날은 어떤 것이 하날이냐
> 청청 맑은 청하날이요
> 잉은이도 삼하날 지하에도 삼하날 지자도 삼하날
> 삼십삼천구천서른세하날, 이것이 하날이외다.[32]

하늘은 천지인 3재의 하나이자 근본이다. 그 하늘이 다시 3재로
이루어져 있다. 하늘이 크게 셋으로 존재할 뿐 아니라, 하늘 셋이
다시 셋으로 분화되어 있다. "하늘 위에도 세 하늘, 땅 아래도 세
하늘, 땅 위에도 세 하늘"이 있다.[33] 이렇게 셋으로 계속 분화하여
결국 '삼십삼천구천서른세하날'이 있다. 3의 프렉탈 현상을 이루며
하늘은 무한하게 존재하는 것이다.[34]

하늘만 그런 것이 아니라 땅도 마찬가지다. 땅도 이미 땅 아래위로
나누어 지상세계와 지하세계를 함께 땅의 세계로 인식한다. 지상세
계나 지하세계나 하늘이 셋이라면 땅도 셋으로 봐야 할 것이다. 지상
세계를 다시 산과 물의 세계로 나눈다. 땅의 세계도 3의 프렉탈 현상
을 이루고 있다. 우주 공간의 인식은 물론 지구촌의 인식도 더 다원
적이고 포괄적이다. 따라서 천지개벽신화에서 말하는 세계관은 중
국 중심의 화이론적 세계관이나, 지중해 중심의 르몽드(Le Monde)가
뜻하는 세계 인식을 넘어선다. 세계화를 표방하며 세계 각국을 아우

---

32) 赤松智城·秋葉隆,《朝鮮巫俗の硏究》上, 大阪屋號書店, 1937, 371쪽. 표기법은 원래
    자료대로 따르되, 이해하기 쉽도록 띄어쓰기만 고쳐서 옮겨 놓았다.
33) 김태곤 외,《한국의 신화》, 시인사, 1988, 207쪽.
34) 임재해, 〈한국 신화의 서사구조와 세계관〉, 107쪽.

르는 지표 차원의 현대적 세계 인식보다도 한층 폭 넓다.

본풀이의 세계는 지금 우리가 겪는 당대의 지구촌에 한정되지 않는다. 태초에 천지가 개벽되던 상황에서, 우리가 살아가야 할 미래의 세계까지, 세계는 통시적으로 지속되며 그때마다 다른 세계를 이룬다. 본풀이에서는 과거와 현재, 미래의 세계를 통시적으로 다루며 우주적 세계관과 함께 역사적 세계를 포괄한다. 따라서 공간적 세계인식의 다층적 확장에 머물지 않으며, 시간적 세계인식까지 장기지속의 역사성을 지니며 무한하게 확장되어 있다.

더 중요한 것은 우주론적 세계가 공간적으로 여기의 현장과 연관되어 있고, 또 과거와 현재, 미래의 통시적 세계 또한 지금 여기 본풀이하는 사람들의 삶과 연관되어 있다는 사실이다. 무한한 공간적 세계와 역사적으로 지속되며 변화하는 세계가 지금 우리의 삶과 유기적 관계를 이루고 있다는 세계관적 인식이 중요하다. 그러한 우주와 세계는 하나다. 민족과 국가로 분화되어 있지 않다. 우주 차원의 유기적 세계가 지금 바로 여기에 있는 우리의 본향이다. 그러므로 본풀이는 자민족 중심으로 이야기되는 기존의 신화와 다른 세계관을 지녔다. 특정 공간이나 특정 시간의 세계가 아니라, 모든 시공간을 하나의 유기적 실체로 인식하는 것이다.

본풀이의 형식도 흥미롭다. 질문하고 답하는 방식을 이루고 있다. '성주본향이 어드메냐/ 경상도 안동땅 제비원이 본일레라'와 같이, 천지개벽신화에서는 '어떠한 것이 천지 혼합입니까?', 또는 '어떠한 것이 개벽이뇨?' 하고 질문한다. 그러면 '혼합한 후에 개벽이 제일입니다', 또는 '하늘과 땅이 각각 갈라서 개벽입니다' 하고 제각기 대답한다. 한 마디로 본풀이는 문답풀이라 할 수 있다. 질문은 모두 근원적이고 신화적이어서 예사롭지 않다. 이러한 질문에 따라 천지 혼합을 설명하고, 개벽도 설명하며, 인류시조도 설명한다.

흥미로운 사실은 《삼국유사》와 거의 같은 시기에 저술된 《제왕운기》(帝王韻紀)에는 단군신화가 본풀이 양식처럼 문답풀이 양식의 주석으로 인용되어 있다는 점이다. 첫 문장이 "처음에 누가 나라를 개창하고 풍운을 다스렸는가? 제석의 손자로서 이름을 단군이라 하는 분이다.35) (《본기》에 이르기를 상제 환인에게 서자가 있었는데……)"와 같이 서술되어 있다.

《본기》에서도 환인이 "누가 삼위태백에 내려가 홍익인간의 뜻을 펼치겠는가?"36) 하는 질문으로 시작한다. 본풀이의 문답 양식과 상당히 닮았다. 그런데 대부분의 연구자들은 단군신화의 이본으로 《제왕운기》의 단군신화를 인용하면서 이 부분을 놓치고, 《본기》의 기록만 끌어온다. 단군본풀이라는 의식을 가지고 있지 않기 때문이다.

본풀이가 왜 문답풀이처럼 대화체로 전승되는가? 대화체로 이야기를 전개하는 양식은 두 가지 특성을 지닌다. 하나는 대화체는 한결같이 현재형으로 이야기된다는 점이다. 따라서 본풀이는 과거형으로 이야기되는 예사 설화와 다르다. 둘은 대화체는 극적 형식을 이룬다는 것이다. 희곡은 모두 대화체로 이루어져 있다. 따라서 대화체는 극적 제시의 효과를 지닌다. 주술적으로는 굿에서 신이 실제로 나타나는 것을 표현하는 셈이다. 이를테면 가톨릭의 미사도 같은 양식이다.

> 사제: 주님께서 여러분과 함께-!
> 신자: 또한 사제와 함께-!
> 사제: 우리 주 하느님께 감사합시다.

---

35) 《帝王韻紀》 卷下 前朝鮮紀, 東國君王開國年代幷序. "初誰開國啓風雲 釋帝之孫名檀君(本紀曰 上帝桓因有庶子…)."

36) 謂曰 "下至三危太白 弘益人間歟".

　　　신자: 마땅하고 옳은 일입니다.

　미사에서도 사제와 신도들이 대화를 주고받는데, 예수 그리스도가 실제로 미사의 현장에 재림해 있는 상황을 나타낸다. 굿판에서 신이 내린 경우에도 이와 같다. 무당과 신이 주고받는 대화 형식인데, 주로 무당이 묻고 신이 답을 하는 문답 형식이다. 신이 굿판에 좌정해 있는 현상을 극적 제시의 방법으로 나타내는 것이다. 그러므로 굿에서 극이 발생했다는 연극의 제의기원설은 이런 시각에서 설득력을 지닌다.

　본풀이의 질문에서도 이미 천지창조신화와 다른 개벽신화의 특징이 드러난다. '어떠한 것이 개벽이뇨' 하고 천지 혼합의 상황에서 개벽을 묻는다. 어디서도 천지창조를 묻지 않는다. 인류시조신화에서도 '사람이 생길 적에 어디서 생겼는가?' 하고 묻는다. '누가 만들었는가?' 하고 창조의 주체를 묻거나 '어떻게 만들었는가?' 하고 창조의 방법을 묻는 것이 아니라, '어디서 생겼는가?' 하고 사람이 생겨난 공간만을 묻는다. 사람이 자력적으로 생기는데, 다만 그 장소를 묻는다. 그러므로 우리 신화에는 창조의 주체로서 조물주가 등장하지 않는다.

　하늘에서 금벌레와 은벌레가 내려와서 사람으로 변하거나, 천지 압록산의 흙이 모여서 사람이 된다. 금벌레 은벌레도 해와 달로 음양을 나타내고, 천지는 하늘과 땅, 압록산은 강과 산으로서 음양을 이루는 실체다. 따라서 우주의 형성이 음양론에 의해 이루어지듯이 인류시조도 음양론에 의해 출현한다. 그러므로 인류시조신화에서 하늘과 땅, 강과 산이 교섭하여 사람을 만들었다는 것은, 음양론적 우주 형성론에 따라 이루어진 천지개벽신화와 같은 일관된 세계관을 지니고 있다는 것이다.[37)]

4. 두 본풀이로 이루어진 단군신화의 정체

굿의 시작을 여는 지두서나 초감제의 본풀이는 세상의 근본 내력 곧 우주의 형성과 변화, 그리고 인류의 역사를 풀이해 줄 뿐 아니라, 태초의 시작과 우주의 구조, 인류의 출현과 같은 근원적인 의문을 풀이해 준다. 굿을 할 때마다 태초의 우주와 나라의 역사, 그리고 지금 여기의 문제를 더불어 풀이해 주는 것이다. 나라굿을 할 때에도 예외가 아니다. 나라굿에서도 여전히 태초의 우주와 나라의 역사, 지금 여기의 상황까지 노래하게 마련이다. 이 사실은 나라와 민족을 넘어서 우주와 인류가 하나이자 유기체라는 것을 말한다.

단군신화의 본디 모습은 나라굿에서 구연된 단군본풀이의 긴 노래였을 것으로 짐작된다. 그러나 지금 우리가 만나는 기록에는 그러한 자취가 남아 있지 않다. 나라굿의 본풀이가 굿판에서는 사제왕(priest king)에 의해 굿의 형식에 따라 노래되지만, 세간에서 이야기될 때에는 이야깃거리가 될 만한 서사적 내용만 구연되게 마련이다. 특히 문헌에 기록될 때에는 본풀이로서 전후 맥락은 잘려나가고 중요한 줄거리만 정리될 수밖에 없다. 구어로 전승되던 노래와 이야기가 한문으로 기록될 때는 더욱 축약될 수밖에 없다. 제주도 본풀이도 채록자에 따라 차이를 보이기는 하나, 초감제의 전후 맥락은 거의 기록되지 않았다.[38] 그러므로 《삼국유사》에서 인용된 《위서》(魏書)나 《고기》(古記)의 기록 또한 단군본풀이의 실제 상황을 실감나게 기록하기 어렵다.

---

37) 임재해, 〈한국 신화의 서사구조와 세계관〉, 99쪽.
38) 김헌선, 앞의 책, 자료편 참조.

《위서》에서는 단군왕검의 역사와 도읍지, 고조선의 건국시기를 아주 간략하게 밝혀두었을 따름이다. 단군본풀이의 가장 기본적인 내용인 주인공의 이름, 역사적 시기, 지리적 위치, 나라이름만 기록으로 남겼다. 일종의 키워드만 기록한 셈인데, 구전되는 본풀이를 듣고 그 내용을 적었다고 하기 어렵다. 환웅에 관한 내용이 전혀 없는 점이 단적인 증거라 할 수 있다. 그러므로 중국인들은 단군이 세운 '고조선'을 한민족의 가장 첫 국가로 알고 있는 것이다.

국가의 기원을 말하는 건국본풀이로 보면, 단군의 고조선본풀이만 따로 기록한 것이어서 환웅의 신시본풀이는 제외되어 있다. 환웅이 세운 신시의 역사는 알지 못했던 셈이다. 그런데 《고기》에서 인용한 내용은 환웅과 단군의 내력을 모두 기록해 두었을 뿐 아니라, '단군신화'라 일컬을 만큼 본풀이로서 성격을 상당히 갖추고 있다.

현재 《고기》는 정확하게 어떤 책이나 문서인지 알 수 없으나, 《위서》와 같은 방식으로 인용한 사실로 봐서 우리 고대 사서로 짐작된다. 《위서》와 마찬가지로 《고기》에도 일연의 주석이 따로 첨부되어 있는 것을 보면, 두 책 모두 인용된 문헌이라는 사실을 알 수 있다. 《고기》는 중국의 《위서》에서 보이는 단편적인 사실 중심의 건조한 서술과 달리, 단군왕검과 고조선의 본향풀이를 제법 적극적으로 하고 있는 점이 눈길을 끈다.

본향을 하늘나라에서 시작하는 것도 본풀이 일반의 전통을 잘 이었다. 성주풀이도 성주의 본향을 현실 세계의 '안동 제비원'을 본향으로 하지 않는 경우에는, "성조본이 어데메요 천상 옥계가 본일네라"고[39] 하여 천상에서 본향을 찾는다.[40] 따라서 단군신화가 본풀

---

39) 김태곤, 《한국무가집》(韓國巫歌集) 4, 집문당, 1978, 77쪽, 1976년 2월 23~26일, 김석출 무격, 55, 영일지역 무가 '성주굿'.

이의 구조를 잘 갖추고 있는지 따져볼 필요가 있다. 본풀이가 구연되는 큰굿의 구조를 보면, 일반적으로 우주적 시공간의 차원에서 시작하여 인간의 존재론적 차원, 그리고 자연과 지리 및 역사적 차원으로 전개된다.41) 단군본풀이의 서사구조도 이와 같은 맥락에서 분석해 보면, 상당히 흥미로운 결과에 이른다.

　① 하늘나라 천제인 환인의 지차 아들 환웅이 인간 세상을 굽어 살피며 서로의 뜻을 헤아릴 때는 우주적 시공간 차원의 이야기다.
　② 환웅이 천부인 3개를 가지고 무리 3천을 거느리고 태백산 신단수 밑에 내려와 신시를 베풀고 천왕이 되었다는 것은 존재론적 차원에 해당된다.
　③ 환웅천왕이 풍백·우사·운사를 거느리고 인간사 360여 가지 일을 주관하며 인간 세상을 다스리고 이치로서 교화하는 대목은 자연과 지리 및 역사적 차원에 속한다.

이렇게 분석해 보면, 환웅의 신시 내용만 하더라도 큰굿의 구조와 일치하는 것은 물론, 하나의 본풀이로서 또는 서사구조로서 온전한 독립성을 지닌다. 천상에서부터 하강한 환웅의 본향을 충분히 밝히면서 환웅이 인간 세상에 내려와 사는 역사적 과정과 지리적 위치, 그리고 천왕으로서 인간사를 두루 다스리고 교화하였다는 현재 상황까지 잘 풀이하고 있는 까닭이다. 따라서 여기까지의 내용을 '환웅본풀이'라고 해도 전혀 손색이 없다고 하겠다.

결정적인 근거는 "환웅이 무리 삼천을 거느리고 태백산 신단수로

---

40) 이 무가집에 실린 성주 본향을 풀이한 성주풀이 10편 가운데 7편은 안동 제비원이 본향이고, 3편은 천상세계가 본향이라 하였다.
41) 이수자, 앞의 책, 321~322쪽에 제주도 큰굿을 체계적으로 분석해 두었다.

내려와 자리를 잡고 '신시'(神市)라 일컫는 국가조직을 만들었는데, 이 분이 바로 환웅천왕"[雄率徒三千 降於太白山頂神壇樹下 謂之神市 是謂桓雄天王也]이라는[42] 사실이다. 환웅이 '신시'라는 성읍국가를 세우고 천왕 노릇을 했을 뿐 아니라, 곡식과 수명, 질병, 형벌, 선악 등 360여 가지 일을 다스렸다는 것이다. 그러므로 '환웅본풀이' 또는 '신시건국신화' 또는 '신시시조신화'라 일컬을 만한 요건을 충분히 갖춘 셈이다. 그러므로 환웅본풀이는 '신시' 건국시조신화라 할 만하다.

다음에 이어지는 내용은 사실상 환웅본풀이에 곁들여져 있는 단군의 이야기다. 따라서 나는 단군신화를 다루면서 진작부터 "왜 환웅신화가 아니고 단군신화인가?"[43] 하는 의문을 품었다. 환웅이 처음부터 단군신화의 줄거리에서 서사적 내용의 주류를 이루고 있는 까닭이다. 한 마디로 "단군신화의 주역은 단군이 아니라 환웅이다." 주인공의 활동상황이나 이야기에서 차지하는 서술의 비중에서도 단연 환웅의 역할과 이야기가 중심을 이룬다.[44] 그러므로 환웅본풀이는 환웅신화이자[45] 신시건국신화로서, 단군이 세운 고조선 이전에, 환웅이 세운 '신시'라는 한민족 초기국가의 정체를 밝혀주는 본풀이라 할 수 있다.

결국 단군신화로 일컬어진 《고기》의 기록은 환웅본풀이와 단군본풀이의 묶음이라 할 수 있다. 일연도 《삼국유사》에서 '고조선' 또

---

42) 《三國遺事》卷1 紀異 古朝鮮.

43) 임재해, 〈단군신화에 던지는 몇 가지 질문〉, 《문화재》 21, 문화재관리국, 1988, 207~223쪽. 이 글은 임재해, 《민족문화의 논리와 의식》, 지식산업사, 1992, 125~159쪽에 재수록되었다.

44) 임재해, 위의 책, 132쪽.

45) 조현설, 〈동아시아 건국 신화의 역사와 논리〉, 문학과지성사, 2002, 202~204쪽에서 흔히 단군신화라고 하던 내용을 환웅신화와 단군신화로 분리하여 일컬었다.

는 '왕검조선'이라는 항목으로 묶어서 기술해 두었다. 왜 두 본풀이를 한꺼번에 기록해 두었을까. 구연되는 본풀이에도 둘 이상의 본풀이가 함께 노래되거나 서로 연관되어 있다. 이를테면 천지왕본풀이나 본향당본풀이, 성주풀이 등에서도 그러한 양상들이 두루 보이므로 새삼스러울 것이 없다. 초감제에서 〈창세가〉를 노래하며 천지개벽과 인류시조에 관한 본풀이를 노래하는가 하면, 천지왕본풀이에도 '일월조정' 본풀이와 '인세차지' 본풀이가 더불어 있다.

제주도의 당본풀이도 신의 계보가 출생에서부터 마을의 당에 좌정하기까지 혈연적 계보와 지리적 이동경로가 두루 노래된다. 송당계본풀이는 송당신의 자녀들이 여러 마을의 당신으로 좌정한 경과를 마을마다 본풀이로 전승한다. 한라산출생계 당본풀이는 한라산에서 출생한 신들이 자녀를 출생하며 그 자녀들이 각기 여러 마을에 좌정하는 내력을 노래하고 있다. 따라서 한라산 산신본풀이는 물론 그 자녀들이 좌정한 마을의 당본풀이도 함께 구연된다. 자연히 각 마을의 당본풀이는 다른 마을의 당본풀이와 연관되어 있으며 융합되어 있는 사례들이 많다.[46]

환웅본풀이처럼 부모신의 생활을 주로 노래한 당본풀이와, 단군본풀이처럼 자녀들의 생활을 주로 노래하는 당본풀이가 있다. 자녀들의 당본풀이에는 자연히 부모신의 본풀이가 곁들이게 마련이다. 그래야 당신의 본향을 제대로 노래하게 되는 것이다. 부모신을 당신으로 모시는 마을에는 부모신의 내력을 풀이하면 그만이되, 그 자녀신들을 당신으로 모시는 마을에는 부모신의 내력까지 풀어야 자녀신의 근본을 온전히 풀이할 수 있기 때문이다. 그러므로 단군신화의 두 본풀이도 같은 맥락에서 재인식하지 않을 수 없다.

---

46) 현용준, 앞의 책, 83~130쪽에 본풀이 계열별로 자세하게 다루었다.

환웅의 신시시대 나라굿에서는 환인의 천상세계에서부터 태백산 신단수 아래에 하강하여 신시를 세우고 인간 세상을 다스리는 당시 상황까지 본풀이를 하게 마련이다. 그것이 신시시대 나라굿에서 구연되는 환웅본풀이이다. 그러나 단군의 고조선시대 나라굿 본풀이는 상황이 달라질 수밖에 없다. 시대가 바뀌고 도읍도 바뀌었을 뿐 아니라 나라도 신시에서 조선으로 바뀌었다. 따라서 조선의 왕검에 관한 단군본풀이를 덧보태어 노래해야 한다. 단군본풀이를 하려면 자연히 그 부모인 환웅의 근본내력을 함께 노래하지 않을 수 없다. 그러므로 《고기》의 고조선 기록은 환웅본풀이를 포함한 단군본풀이로서 단군시대 말기 이후에 형성된 본풀이 내용이라 할 수 있다.

단군신화의 2원성은 성주풀이의 두 본풀이 존재양상과 구연상황을 보면 더욱 쉽게 이해할 수 있다. 왜냐하면 성주풀이도 천상옥계를 본향으로 하는 것과, 안동 제비원을 본향으로 하는 것이 함께 전승되는 까닭이다. 마치 천상옥계를 본향으로 하는 성주풀이는 환웅본풀이처럼 성주신에 해당되는 신격이 천상에서 지상으로 내려와 나무를 심고 집 짓는 법을 가르쳐 주는 내용이다. 환웅이 인간 세상에 머물면서 360여 가지 일을 주관하여 이치로서 사람들을 교화하는 것과 같다.

안동 제비원을 본향으로 하는 성주풀이는 구체적으로 집터를 잡고 성주목을 베어서 집을 짓고 성주를 좌정시킨 뒤에 가정의 번영을 비는 축원풀이까지 한다. 천상계에서 본향을 찾는 성주풀이와 달리, 현실세계에서 본향을 찾는 것이다. 그리고 아주 현실적인 집과 가정사의 실제 문제를 노래한다. 실제 본향을 알 수 없는 천상계가 아니라, 태백산 신단수처럼 안동 제비원의 소나무다. 게다가 두 유형의 성주풀이는 함께 이어서 구연되기도 하고, 따로 구연되기도 한다.[47] 그러므로 성주풀이는 둘이면서 하나다.

둘인 것은 두 본풀이가 유형적 독자성을 지니며 제각기 구연되는 까닭이며, 하나인 것은 두 본풀이가 이어서 하나의 성주풀이로 구연되기도 하는 까닭이다. 단군본풀이도 둘이면서 하나고 하나면서 둘이다. 이처럼 여러 본풀이들이 이어져 구연되는 것은 본풀이의 두 가지 성격에서 비롯된다.

하나는 구비전승의 이치 때문이다. 구비문학은 전승과정에 누적되고 적층되어서 최종본이 전승되는 까닭이다. 둘은 본풀이의 이치 때문이다. 본풀이는 후대로 갈수록 전대의 본풀이까지 구연하지 않을 수 없다. 시대가 바뀌면서 후대에 부르는 본풀이는 이전 시대의 본풀이를 부르지 않으면 제대로 본향을 노래할 수 없기 때문이다. 그러므로 본풀이는 일종의 구비역사로서 늘 태초부터 시작하여 새로운 역사적 사실을 덧보태어 나가는 것이다.

단군신화의 경우, 환웅시대에는 환웅본풀이만 구연되었을 것이다. 이때에는 단군본풀이를 구연하려 해도 구연할 수 없다. 그러나 단군시대에는 단군의 현재 상황까지 노래해야 하므로 환웅본풀이만 구연해서는 본풀이 구실을 하지 못한다. 당연히 환웅본풀이에다 단군본풀이를 보태어 구연하게 된다. 단군본풀이도 시대상황에 따라, 초기에는 단군이 고조선을 처음 평양성에 세웠을 때까지 노래하였을 것이고, 후기에는 단군이 아사달에 들어가 산신이 되었을 때까지 노래하였을 것이다. 그 사이 도읍지를 평양성에서 아사달, 그리고 장당경(藏唐京)에 옮길 때마다 그 단계까지 본풀이를 했을 것이다. 이것이 본풀이의 구연논리다. 그러므로《고기》의 내용은 고조선의 가장 후기에 노래되었던 단군본풀이를 기록한 것으로 판단된다.

본풀이는 둘 이상의 본풀이가 서사적으로 이어져 마치 하나처럼

---

47) 임재해,《안동문화와 성주신앙》, 안동대학교 안동문화연구소, 2002, 443~453쪽 참조.

노래될 수도 있고, 베포도업침과 천지왕본풀이처럼 내용이 이원적으로 전승되면서 제각기 독립적으로 노래될 수도 있다. 성주풀이도 천하궁과 같은 천상계를 본향으로 풀이하는 것과, 안동 제비원처럼 지상계를 본향으로 풀이하는 것이 이원적으로 존재하듯이, 다른 신화들도 천상계와 지상계 또는 초월적 세계와 현실적 세계 등으로 이원화되어 있다. 그것은 마치 성경이 예수 탄생 이전의 구약과, 그 이후의 신약으로 이원화되어 있는 것과 같다. 단군본풀이를 보면, 천제의 아들로 천상계에서 지상으로 내려온 환웅이 있고, 인간으로 현실세계에서 태어난 단군이 있는 것다. 이처럼 주몽본풀이도 천제의 아들로 천상계에서 지상으로 내려온 해모수가 있고, 인간으로 현실세계에서 태어난 주몽이 있다.

본풀이의 논리로 보면, 북부여시대에는 해모수본풀이만 노래되다가, 고구려시대에 와서 주몽본풀이까지 노래되었던 사실을 알 수 있다. 이러한 전통은 박혁거세신화에도 고스란히 이어진다. 박혁거세 본풀이 서두에 박혁거세를 시조왕으로 추대한 6촌촌장의 본풀이가 서술되어 있다. 처음에는 하늘에서 하강한 6촌촌장본풀이만 구연되다가, 신라가 건국되면서 박혁거세 본풀이가 덧보태어 구연되었다고 봐야 할 것이다. 그러한 자취가 《삼국유사》의 기록으로 남아 있다. 촌장본풀이에 이어 박혁거세본풀이가 기록되어 있는 것이다.

석탈해와 김알지 후손들에 의해 왕권의 혈통이 바뀌면서 박혁거세본풀이에 이어서 석탈해본풀이와 김알지본풀이도 차례로 구연되었을 것이다. 김알지본풀이는 신라 김씨 왕권이 확립되면서 비로소 구연되었을 터인데, 그러한 흔적 또한 《삼국유사》의 기록으로 확인할 수 있다. 김알지신화는 그 자체로 기록되어 있지 않고 '김알지 탈해왕대'에[48] 기록된 것은 물론, 석탈해신화 다음 항목에 기록되어 있다. 마지막 본풀이인 김알지신화는 탈해가 시림에 가서 금궤를 열어 김알지를 발견하고 혁거세의 고사에 따라 이름을 짓고 태자로 책봉하는 내용으로 서술되었다. 그 이전의 본풀이 주인공인 박혁거세와 석탈해가 김알지신화에 모두 등장하는 것이다.

따라서 김알지본풀이의 본디 구연 상황은 김알지 이전에 석탈해, 그리고 그 이전에 혁거세의 내력이 함께 노래되었을 가능성이 높다. 다시 말하면, 혁거세와 석탈해의 내력에 김알지의 내력이 보태어 김알지본풀이가 노래되었다는 말이다. 가장 후대에 형성되고 노래되었던 김알지본풀이에 박혁거세와 김알지의 행적이 모두 갈무리되어 있는 사실이 이러한 사실을 입증한다. 그러므로 박혁거세, 석탈해, 김알지신화를 서로 무관한 신화로 해석하고 제각기 다른 북방민족들의 신화인 것처럼 전래설을[49] 펼 것이 아니라, 모든 신라 신화를 상호관련성 속에서 유기적으로 해석할 필요가 있다.

결국 본풀이의 논리로 보면, 한 신화처럼 기록된 자료도 내용에 따라 여러 신화로 나누어 보고, 여러 신화처럼 따로 기록된 자료도 서로 유기적인 연관성 속에서 하나의 본풀이로 해석해야 한다는 사실을 알게 되었다. 신라 신화만 하더라도 그렇다. 시림의 알지가 탈해 없이 왕실의 태자로 거두어질 수 없고, 혁거세 없이 알지가 이름을 얻을 수 없으며, 혁거세 또한 6촌 촌장 없이 신라의 시조왕에 오를 수도 없다.[50] 시조왕이 여럿이므로 다른 나라 건국시조신화에 견주어 한층 복잡할 따름이다. 그러나 천상계의 인물이 지상으로 하강하여 지도자가 된다는 세계관적 인식은 한결같다.

---

48) 《三國遺事》 卷1 紀異 金閼智·脫解王代.

49) 김병모, 《금관의 비밀—한국 고대사와 김씨의 원류를 찾아서》, 푸른역사, 1998, 167쪽. 이를테면 석탈해는 대장장이를 뜻하는 몽골어 탈한을 근거로 몽골족, 김알지는 금을 뜻하는 알타이어 '알타이'를 근거로 알타이족의 도래인으로 해석하는 연구들이다.

50) 임재해, 〈맥락적 해석에 의한 김알지신화와 신라문화의 정체성 재인식〉, 《비교민속학》 33, 비교민속학회, 2007, 579쪽.

신라 건국신화의 가장 첫 본풀이인 6촌촌장신화가 좋은 보기다. 6촌의 시조들은 모두 하늘에서 산으로 내려와서 6촌의 지도자가 되었다는 점에서 환웅본풀이와 다르지 않다. 그런데 대부분의 연구에서 박혁거세신화만 다루고 6부촌장신화는 다루지 않는 것이 문제다.[51] 그것은 마치 단군신화에서 환웅신화, 주몽신화에서 해모수신화를 따로 다루지 않는 것과 같은 문제를 지닌다. 그러므로 성주풀이를 두 유형으로 나누어 인식하듯이,[52] 단군신화는 물론 주몽신화와 박혁거세신화도 두 신화로 나누어 인식해야 본풀이의 실상에 맞게 신화를 이해할 수 있다.

이를테면, 주몽본풀이에서 해모수본풀이 또는 고구려 건국신화에서 부여 건국신화를 분별해서 다루어야 부여의 건국시조로서 해모수가 따로 주목되는 것은 물론, 고구려 이전의 부여국 존재에 대한 인식을 새롭게 할 수 있으며, 우리 신화 유산을 더 풍부하게 조명할 수 있다.[53]

고구려 건국 이전에는 당연히 부여 건국시조로서 해모수본풀이만 전승되었을 것이다. 그러나 뒤에 주몽이 세운 고구려가 강성해지면서 북부여와 동부여가 고구려에 편입되자, 해모수본풀이도 주몽본풀이에 귀속되어 전승되기에 이른 것이다. 환웅본풀이가 뒤에 단군본풀이에 귀속되어 하나의 본풀이처럼 전승된 사실과 같다. 그러므로 고조선 이전에 전승되었을 신시의 환웅본풀이를 별도의 건국신화로 다루면, 상고시대 민족문화의 정체가 새롭게 밝혀질 수 있다.

---

51) 임재해, 《민족신화와 건국영웅들》, 민속원, 2006, 201~202쪽에서 이 문제를 단군신화와 견주어 자세하게 다루었다.

52) 임재해, 《안동문화와 성주신앙》, 379~405쪽 참조.

53) 임재해, 《민족신화와 건국영웅들》, 78~80쪽에 왜 해모수신화 또는 부여신화를 주몽신화나 고구려신화와 분별해서 다루어야 하는 까닭을 밝혔다.

5. '신시문화'에서 찾는 고조선문화의 뿌리

엄밀하게 말하면 단군본풀이는 환웅이 세운 신시 다음 단계의 본풀이로서 고조선 건국본풀이이자 산신본풀이이기도 하다. 왜냐하면 여차저차하여 단군왕검이 출생하여 평양성에 도읍하여 비로소 조선이라 부르기 시작했으며, 뒤에 아사달에 들어가 산신이 되었기 때문이다. 대부분 단군본풀이를 건국신화로만 여기는데, 한 인물이 태어나서 역경을 이기고 일정한 과업을 이룬 뒤에 신으로 좌정하는 것이 무신이나 당신의 본풀이 구조라는 사실을 고려하면, 단군신화는 산신본풀이로서 산신신화에 해당되기도 한다.[54]

고대부터 산신신앙이 국가제의로 이어졌을 뿐 아니라, 세간의 민속신앙에도 산신신앙이 가장 널리, 그리고 가장 상위의 신앙으로 전승되는 것은 단군이 산신으로 좌정한 단군본풀이의 문화적 전통이 지속된 까닭이라 할 수 있다. 그러므로 본풀이를 다루는 시각에서 우리 신화를 보면, 보이지 않던 한국신화다운 정체를 다양하게 포착할 수 있다.

그런데 정작 문제되는 것은 '신화'에 대한 인식이다. 《고기》의 '고조선' 기록이 일제강점기 이후 일본인 학자들에 의해 '단군신화'로 규정된 사실을 근거로 고조선의 역사를 '만들어진 역사', 또는 '실체 없는 고조선'으로 조장되어 국사 교과서에서조차 배제되었다. '단군신화'라는 규정에는 두 가지 문제가 잠재되어 있다. 먼저 신화는 사

---

54) 임재해, 〈한국인의 산 숭배 전통과 산신신앙의 전승〉, 김종성 편, 《산과 우리문화》, 수문출판사, 2002, 18쪽. "단군신화는 고조선의 건국신화이기도 하지만, 사실상 산신의 기원을 말한다는 점에서 산신신화이기도 하다."

실이 아니라 상상의 이야기라는 신화의 허구적 인식 문제고, 다음은 고조선 신화가 아니라 단군신화라고 하는 고조선 부정의 논리다. 결국 '단군신화'라는 규정은 고조선의 실체를 인정하지 않는 빌미가 되고 말았다.

근거 없는 믿음과 상상에서 비롯된 허황된 이야기가 바로 신화라는 선입견은 일제의 식민사학이 규정한 부정적인 신화관이다. 실증사학의 구실 아래 역사로 인정할 수 없는 허구로 규정된 개념이 바로 '신화'라는 굴레다. 그러나 본풀이는 본향을 묻고 역사적인 내력을 현재 상황까지 풀어내는 신성한 노래로 자리매김 된다. 자기 존재의 근본을 따져 묻고 그 해답을 순차적으로 풀어낸다는 점에서, 근대적 역사학을 넘어서는 초역사이자 신성한 역사라 할 수 있다.

태초의 우주사에서 인류사, 국가사, 지역사는 물론, 삶과 죽음, 이승과 저승, 선악의 문제까지 인류사회의 근본 내력을 풀어내는 구비전승의 역사이자, 집단적 무의식으로 전승되는 총체적 세계 인식이다. 지금 여기 우리의 문제를 해결하기 위해서 짚고 가야 할 우주사의 내력과 인류사의 근본을 찾는 풀이이다. 그러므로 본풀이는 민족과 국가의 경계를 넘어서는 총체적 세계의 풀이이자, 사실의 실증을 넘어서는 세계관적 역사 인식이라 할 수 있다.

다음 문제는 단군신화를 으레 고조선의 건국신화로 여기는 상투적 고정관념에서 벗어나는 일이다. 허구적 신화관과 고조선건국신화라는 고정관념은 모두 일제가 만들어낸 식민사학의 잔재다. 식민사학의 굴레 탓에 고조선 이전에 형성된 성읍국가 신시의 존재와 환웅시대의 신시문화에 관해서는 아예 문제의식조차 없게 되었다. 그리고 신시문화를 마치 고조선문화인 것처럼 오해하기에 이르렀다. 환웅과 신시를 기록하지 않은 《위서》의 내용도 그러한 인식을 심어주는 데 일조한 셈이다.

　더 문제는, 신시문화와 고조선문화가 고조선 이래 지금 여기 우리들의 생활세계에까지 그 문화적 유전자가 지속되고 있다는 사실을 알지 못한다는 점이다. 그 결과, 한갓 고조선의 옛 문화를 추론하는 과거 지향적 연구에 머물거나, 한갓 상고사 자료로 해석하는 데 만족하고 마는 문제가 있다. 따라서 단군신화에 대한 두 가지 문제를 극복하려면, 고조선 이전으로 거슬러 올라가는 상고사의 원류에 관한 연구와 더불어, 지금의 현실문화 속에 뚜렷하게 이어지고 있는 고조선문화의 전통까지 실감나게 해명할 수 있어야, 이른바 단군신화를 본풀이답게 제대로 푸는 셈이다. 그러므로 과거 지향의 특정 시대사 중심의 신화론에 매몰되어 있을 것이 아니라, 태초에서 비롯되는 공시적인 세계 인식과 통시적인 현실 인식의 본풀이론으로 논의의 지평을 확대해 나가야 할 것이다.

　실질적으로 고조선 신화에서 해방되려면, 먼저 환웅본풀이와 단군본풀이 또는 신시건국본풀이와 고조선건국본풀이로 분별해서 인식하는 데서 논의를 새롭게 시작해야 한다. 그래야 단군신화라고 하는 《고기》의 내용을 통해서 우리 민족의 본향과 정체를 제대로 풀어낼 수 있다. 두 본풀이로 나누어 보면, 우리 민족의 역사적 깊이와 지리적 무대의 새로운 지평이 열리게 된다. 현재 사학계에서는 고조선의 실체조차 인정하지 않고 있는 학자들이 적지 않은데, 이렇게 분별해서 보면 고조선은 물론 환웅이 세운 신시의 역사적 실체까지 인정하지 않을 수 없게 된다.

　환웅본풀이를 근거로 신시건국신화를 따로 다루게 되면, 단군이 나라를 다스리는 동안에도 도읍을 평양성에 옮겨서 '조선'이라 일컫기 전에는 '조선' 이전의 성읍국가 '신시'를 다스렸을 가능성이 높다. 단군이 평양성에 도읍을 하기 전에 직접 신시를 다스리지 않았다 하더라도, 부왕인 환웅천왕이 다스리던 신시는 분명하게 존재했다는 사실을 인정하지 않을 수 없다. 따라서 고조선의 초기 무대는 평양성 일대에서 시작되었기 때문에 태백산 지역이라 할 수 없다. 태백산 지역은 환웅이 세운 신시의 무대이자 신시의 중심지였다. 그러므로 고조선의 지리적 위치를 태백산에서부터 찾으려는 것은 처음부터 빗나갔다.

태백산 신단수 아래는 곧 환웅본풀이가 말하는 신시의 본향일 뿐, 결코 고조선의 본향은 아니다. 따라서 환웅천왕이 세운 신시의 시대와 무대, 단군왕검이 세운 고조선의 시대와 무대를 시공간적으로 분별해서 포착하지 않으면, 우리 고대사 체계는 물론 고대문화 이해에 혼선을 빚게 마련이다. 환웅이 세운 신시시대에 이미 신단수와 같은 신수(神樹)사상이 뿌리내렸다. 마치 '황금의 가지'처럼 신단수가 곧 환웅의 성지이자 환웅의 상징이었다. 신단수는 하늘에서 신인이 하강하여 머무는 신수이자 내림대이며 서낭목이다. 따라서 신단수를 성급하게 시베리아의 세계수 또는 유럽의 우주목과 연관 지어 해석하는 것도 문제다.

동신이 깃들어 있는 마을의 당나무처럼, 천왕이 깃들어 있는 신시의 당나무가 신단수다. 신격이 깃들어 있는 까닭에 곰과 범이 찾아와서 소원을 비는 나무인 것이다. 따라서 지구의 중심에서 하늘을 받치는 기둥으로서 우주목이나[55] 지상의 샘을 하늘 위로 길어올리는 세계수의 기능과[56] 전혀 다르다. 신성한 나무 숭배로서 공통성만 지닐 뿐, 환웅시대의 신수사상은 나라나 고을, 마을 등 공동체의 수

---

[55] 김열규, 《한국의 신화》, 44~45쪽. "세계수는 세계를 떠받드는 기둥이다. 하늘이 내려 앉지 않게 버티고 있는 나무. 땅이 가라앉지 않게 지탱해 주고 있는 나무로 이 나무가 있었기에 하늘과 땅, 세계와 우주는 잘 짜여진 조직체로서, 유기적으로 관련된 기관으로서 의식된 것이다."

[56] 위의 책, 46쪽.

호신이 깃들어 있는 신단수이자 당나무일 따름이다. 그러므로 신단
수나 당나무는 '우주를 지탱하고 있는 축으로서 세계의 중심 기둥'이
거나 '뿌리가 지하 깊숙이 박혀 있는' 우주목이라[57] 할 수 없다.

환웅은 곧 신시의 정치적 지도자이자 신단수를 자신의 제의적 신
성의 상징으로 삼는 사제자였다. 그것은 마치 사명당이나 최고운,
의상조사가 꽂아놓은 지팡이가 거목으로 자라서 생존의 징표 구실
을 하거나, 또는 신성한 인물의 상징 구실을 하는 것이나 다름없다.
그러므로 범과 곰이 환웅에게 빌 일이 있으면, 곧 신단수에 찾아와서
빌었던 것이다. 신단수는 곧 환웅이어서 때로는 《제왕운기》에서 인
용한 '본기'의 기록처럼, 신단수의 이름을 따서 '단웅'이라[58] 일컫기
도 하였다.

신단수는 신의 서식처로서 사람들이 빌고 섬기는 대상이다. 따라
서 곰네는 신단수를 찾아가 아이배기를 빌고, 그 결과 실제로 잉태하
기에 이른다. 일종의 신성혼을 통해 단군을 낳는데, 달리 말하면 단
군은 신단수의 아들이기도 하다. 신단수와 곰네의 신성혼과 단군의
잉태는 대홍수 신화에서도 이어진다. 손진태에 의해 보고된 '목도령'
설화는[59] 노아의 방주 이야기처럼 대홍수 설화로 널리 알려져 있는
데, 선녀가 나무와 사랑하여 아기를 잉태하였으며, 그렇게 태어난
목도령이 인류의 시조가 되었다는 내용이다. 그러고 보면 단군도
신단수의 아들로서 목도령이나 다름없는 존재인 까닭에 단웅으로
일컬어지는 것이다.

목도령이나 단군의 부계는 현실적으로 나무라 할 수 있다. 목신의

---

57) 박영은, 〈B. 라스뿌찐의 《마쪼라의 이별》에 나타난 '우주목'(宇宙木)의 상징성 연구〉,
《세계문학비교연구》 13, 세계문학비교학회, 2005, 97~122쪽 참조.
58) 《帝王韻紀》 卷下 前朝鮮紀, "是謂檀雄天王也".
59) 손진태, 《한국민족설화의 연구》, 을유문화사, 1946, 166~168쪽.

감응에 의한 잉태기 때문이다. 김알지가 시림에서 출현하는 것과 닮았다. 그렇다면 신수의 아들로 태어난 단군이나 목도령은 수조(獸祖)신화가 아니라 오히려 나무나 숲을 조상으로 하는 수조(樹祖)신화나 목조(木祖)신화라 하는 것이 더 적절할지 모른다. 그러므로 우리 고대문화 속의 신수는 우주목이나 세계수와 다른 인격적 존재로서 신의 서식처이자 건국시조 또는 인류시조를 생산하는 생명나무라 하겠다. 신라 금관의 세움장식이 모두 나무로 되어 있고, 생명을 상징하는 곡옥이 주렁주렁 달려 있는 것도 이러한 상징과 만난다.

환웅본풀이를 통해 신시문화를 독립적으로 분리해 보면, 홍익인간 사상도 단군의 사상이거나 고조선에서 비로소 수립된 이념체계가 아니라는 사실을 알게 된다. 그러한 내용은 모두 환웅본풀이에 갈무리되어 있는 것으로서, 고조선이 아닌 신시의 이념이자, 단군이 아닌 환웅의 사상이었다. 단군은 부왕 환웅의 이념과 사상체계를 이어받았을 뿐이다. 단군시대만 하더라도 곰숭배의 맥(貊)족과 범숭배의 예(濊)족이 있었는데, 환웅시대에는 민족 개념도 민족의식도 없었다. 신시를 세운 환웅은 '홍익민족'이 아닌 '홍익인간'을 표방했다. 자민족의 이익을 추구한 민족중심주의가 아니라 인간 세상을 널리 이롭게 하는 인류의 이상을 추구한 것이다.

홍익인간에서 말하는 '인간'은 사람을 뜻하는 것이 아니라 '인간 세상'을 뜻하는 것이다. 인간을 곧 사람으로 뜻을 새겨서 환웅이 '사람들을 널리 이롭게 하기 위해' 지상으로 내려온 것처럼 해석하는 것은 잘못이다. 여기서 말하는 '인간 세상'은 인간 중심의 세상을 말하는 것도 아니며, 자연히 인본주의를 표방한 것이라는 해석도 잘못이다. 천상 세계에서 환웅이 뜻을 품은 것은 '천하'의 세계로서 인간 세상이다.[60]

홍익인간이 말하는 인간 세상은 자연과 상대되는 인간 사회가 아니라, 천상 세상과 상대되는 천하 세상으로서 지상 세계를 말한다. 따라서 환웅이 뜻을 품은 인간 세상은 인간 중심의 세상이 아니라, 천상의 관념적 세계와 맞서는 현실 세계이자 생태학적 총체로서 지상 세계를 뜻한다. 자연히 단군신화의 인본주의적 인식에서[61] 생태학적 세계 인식의 전환이[62] 필요하다. 그러므로 천하 세상을 널리 이롭게 하는 홍익인간 사상을 인간중심주의나 민족중심주의로 해석하는 것은 자의적인 것일 뿐이다.

환웅의 신시시대에 이미 지상 세계를 널리 이롭게 하는 홍익인간 이념이 형성되었을 뿐 아니라, 구체적으로 그러한 이념이 어떻게 환웅에 의해 실현되었는가 하는 사실도 환웅본풀이는 생생하게 나타내고 있다. 환웅천왕이 신시를 세우고 백성을 다스리는 일을 보면 예사롭지 않은 까닭이다.

환웅은 무리 3천을 거느리며 신시를 다스렸는데, '풍백·우사·운사의 세 막료를 통솔하면서 곡식을 가꾸는 일에서부터 생명과 질병, 형벌, 선악 등 무려 인간의 360여 가지 일을 주관하고, 세상에 머물러 살며 사람들을 다스리고 교화하였다.' 이 내용이 환웅본풀이의 끝 부분이자, 환웅천왕이 신시국가를 다스리며 홍익인간의 이념을 실현하는 가장 구체적인 모습이다. 천상에서 품었던 홍익인간의 뜻을 '재세이화'(在世理化)로 실현한 셈이다. 그러므로 지금까지 고조선의 세계관이나 단군사상으로 추구했던 홍익인간 이념은 사실상 환웅사

---

60) 《三國遺事》 卷1 紀異, "桓雄 數意天下 貪求人世".
61) 임재해, 〈단군신화에 던지는 몇 가지 질문〉, 132~135쪽에서 천신인 환웅도 인간 세상을 동경하고 동물인 곰과 범도 인간이 되기를 소망한 까닭에 환웅이 말하는 인간 세상을 사람 중심의 세상으로 인식하고 논의를 했다. 실제로 단군신화의 세계를 인본 주의로 해석하는 학자들이 적지 않다.
62) 임재해, 〈단군신화를 보는 생태학적인 눈과 자연친화적 홍익인간 사상〉, 《단군학연구》 9, 단군학회, 2003, 115~157쪽.

상이자 신시시대의 이념이라 해야 마땅하다.

문화적 전통의 경우에도 환웅시대에 이미 두 가지 기본적인 생활 양식이 만들어졌다. 하나는 곡식을 가꾸는 농경생활이며, 둘은 일정한 공간에 머물러 사는 정착생활이다. 이 둘은 서로 연관되어 있는 것이면서도 독자성을 지닌다. 농경생활을 필수적으로 정착생활을 요구하지만, 정착생활은 반드시 농경생활을 요구하는 것은 아니다. 목축을 통한 정착생활도 가능하기 때문이다. 그런데 환웅본풀이에 서는 이 두 가지 모두 구체적으로 서술되어 있다.

정착생활은 신단수 아래에 신시를 세웠다는 사실에서 확인된다. 신단수와 같은 일정한 나무를 신수로 삼아 모듬살이를 시작한 것은 곧 정착생활을 전제로 한다. 실제로 환웅은 늘 신단수를 배경으로 머물러 있었다. 따라서 곰과 범이 환웅을 만나러 갈 때마다 으레 신단수를 찾아갔던 것이다. 환웅이 일정한 공간에 정착해 살았다는 사실을 말한다. 그리고 더 중요한 내용은 '재세이화'이다. 이것은 신시의 사람들을 다스리는 방법을 말하는 것인데, 세상에 머물러 살면서 다스렸다는 말이다. 상대적으로 떠돌이 유목생활을 부정하는 뜻이다. 그러므로 정착문화의 전통은 이미 환웅시대에 확립되었던 셈이다.

농경생활은 한층 구체적으로 나타나 있어서 정착생활의 더 결정적인 근거가 되고 있다. 환웅이 다스리는 360여 가지 일 가운데 제일 처음으로 문제 삼은 일이 주곡(主穀)이다. 농경을 관장하여 식량 생산을 지휘하고 감독했다는 말이다.[63] 당시에 농업이 가장 중요했음을 알 수 있다. 풍백·우사·운사의 세 막료도 농경을 담당하는 직책이다. 따라서 환웅시대는 농경을 중요시한 농업사회였으며 본격적

---

63) 서대석, 《한국 신화의 연구》, 집문당, 2001, 46쪽.

인 붙박이생활이 이루어진 정착사회였다.64) 어느 부분에도 유목문화의 내용은 보이지 않는다. 그러므로 우리 민족이 누린 농경문화와 정착문화의 원형은 이미 환웅시대에 수립되었다고 할 수 있다.

그런데도 이러한 기록은 아랑곳하지 않은 채, 북방 초원 지역의 유목문화로부터 민족문화의 원형을 찾는 사람들은 고조선 이전부터 누렸던 농경문화와 정착문화의 전통을 부정한다. 그들은 그 근거를 유목민들의 수조(獸祖)신화에서 찾는다. 단군을 낳은 성모가 곰네[熊女]였다는 사실이 중요한 근거다. 그러나 단군본풀이를 마치 수조신화로 해석하는 것은 환웅본풀이를 인정하지 않은 까닭이다.

왜냐하면 단군은 환웅에 의해 태어난 인물이자, 부계혈통이 환웅천왕이기 때문만이 아니라, 환웅본풀이가 단군본풀이의 바탕이자 뿌리를 이루기 때문이다. 천신신화인 환웅본풀이를 두고 수조신화라 할 수 없지 않는가? 환웅은 환인의 서자로서 수조신화는커녕 신조(神祖)신화라 해야 마땅하다. 단군본풀이를 그 자체로 읽는다고 하더라도, 단군은 환웅의 부계를 이어받은 천신의 아들로서 천손신화라 해야 마땅하다. 왜냐하면 수조신화는 양이나 이리와 같은 동물에서 인간이 태어나거나, 인간인 여성과 짐승 사이에 인간이 태어나는 것에 한정되는 까닭이다.

몽골신화의 경우에도 모두 네 가지 유형 가운데 창랑백록형(蒼狼白鹿型)만이 수조신화에 해당된다. 하늘이 점지한 푸른 이리와 흰 사슴이 몽골 건국시조의 선조라는 것이다. 그러나 이 내용을 수조신화로 보지 않고 창랑과 백록을 인간의 이름으로 해석하는 학자들도 적지 않다.65) 티베트 수조신화에는 원숭이와 여성이 혼인하여 원숭

---

64) 윤내현, 《고조선연구》, 일지사, 1994, 141쪽.
65) 조현설, 앞의 책, 105~106쪽에서 자세하게 다루었다.

이를 낳는다. 이 원숭이들이 자라면서 인간으로 변해 티베트족이 되었다는 것이다. 물론 이때 원숭이는 관음보살이 신을 원숭이로 변화시켜 지상에 보낸 것이므로, 겉으로 보면 수조신화이지만 사실은 불교신화에 속한다.[66]

그러나 단군은 곰에서 태어난 것이 아니라 곰네 또는 손녀(孫女)라고[67] 하는 여인과 천신인 환웅 사이에서 태어난 것이다. 따라서 부계는 물론 모계 또한 짐승이라 할 수 없다. 만일 곰네도 짐승으로 여겨 수조신화라 한다면, 천마가 가져온 알에서 태어난 박혁거세신화도 수조신화라 해야 할 것이며, 닭이 울음과 함께 출현한 김알지신화도 수조신화라 해야 할 것이다.

더 문제는 단군신화에서 곰이나 범은 짐승을 나타내는 것이 아니라 환웅의 재세이화 문화권 밖에 있는 부족집단을 뜻한다는 것이다. 그들이 인간이 되고자 했다는 것은 사람답게 살고자 하는 것, 곧 농경문화와 정착문화를 바탕으로 이루어진 신시의 재세이화 문화에 편입되고자 하는 사실을 뜻하는 것이다. 곰과 범은 사실상 곰부족이자 범부족으로서 제각기 맥족(貊族)과 예족(濊族)을 나타낸다는 논의는 이미 널리 이루어진 터다.[68] 그러므로 단군신화를 두고 수조신화라는 전제로 북방의 유목문화 기원설을 펴는 것은 여러 모로 잘못되었다.

그런데도 북방민족의 곰숭배나 유목민들의 수조신화와 관련하여 고조선문화를 수렵문화와 관련짓는 한편, 단군을 북방민족으로 해

---

66) 위의 책, 49쪽에서는 이 신화를 수조신화가 뒤에 불교신화로 변화된 것으로 추론한다.
67) 《제왕운기》에서는 웅녀(熊女)를 손녀(孫女)라 하였다.
68) 신용하, 〈단군설화의 사회학적 해석〉, 《설화와 의식의 사회사》, 문학과지성사, 1995; 《한국민족의 형성과 민족사회학》, 지식산업사, 2001에 재수록. 뒤의 책 169~171쪽 참조.

석하여 고조선의 원류와 정체를 북방 유목민족에게서 찾으려는 노력을 계속한다. 단군신화뿐 아니라 한국 건국신화의 뿌리를 모두 북방민족에게 있는 것처럼 해석한 연구도 있다. 이를테면, 고주몽신화는 몽골족 계통, 수조신화는 퉁구스족 계통, 석탈해신화 등 난생신화는 캄차카 반도 일대의 코리약족 계통의 신화로 해석하고, 이러한 신화를 전승한 지배집단의 혈연까지 몽골이나 퉁구스족, 코리약족에서 찾는다.69) 우리 민족의 신화 창조력을 부정하는 것이자, 역사적 기록 내용을 인정하지 않는 셈이다.

유학자 이승휴는 《제왕운기》에서 단군의 내력을 서술하고 "이런 까닭에 신라와 고구려, 남북옥저, 동북부여, 예와 맥은 모두 단군의 자손"이라고 했다.70) 따라서 고구려와 신라 신화를 단군의 후손이라 생각하지 않고 단편적인 신화 지식으로 북방민족의 도래설을 펴는 것은 잘못이라 하지 않을 수 없다.

《제왕운기》에 기록된 더 중요한 사실은 우리가 흔히 단군신화로 인용하며 《삼국유사》의 기록과 비교하는 내용을 이승휴는 '전조선기'(前朝鮮紀)라 하여 고조선 이전 시대의 본기(本紀)로 기록했다는 사실이다. 그러면서 고조선 이후의 신라와 고구려, 옥저, 부여, 예맥 등 여러 나라 시대를71) 끝 부분에 설정하고 있다. 그러므로 《제왕운기》의 기록은 고조선 이전의 신시시대를 '전조선기', 단군의 '조선기', 단군조선 이후의 신라와 고구려 등의 '후조선기'까지 다루고 있다. 단군조선 전후의 시대구분을 적극적으로 인식한 기록이라 할

---

69) 김화경, 《한국 신화의 원류》, 지식산업사, 2005.
70) 《帝王韻紀》 卷下 前朝鮮記. "檀君據朝鮮地域爲王 故尸羅·高禮·南北沃沮·東北夫餘·濊與貊 皆檀君之壽也."
71) 윤내현, 《한국열국사연구》, 지식산업사, 1998에서 이 시대를 열국시대 곧 여러 나라 시대로 설정했다.

수 있다.

고려시대에 벌써 고조선 이전의 신시시대를 구분해서 설정했다. 그런데, 아직까지 북방의 유목문화 기원설을 펴는 것은 민족의 원시조인 환웅과 고조선 이전의 초기국가인 신시시대의 농경문화를 부정하는 논리다. 그것은 마치 금관에서 가장 늦게 형성된 세움장식을 근거로 금관의 기원론을 펼치는 것과 같은 모순이다. 단군 이전에 이미, 그의 부계인 환웅천왕은 농경문화를 정착시키고 '재세이화'로 홍익인간의 문화를 실현한 신시를 세웠기 때문이다.

본풀이의 논리로 보면, 《삼국유사》의 단군신화가 신시건국시조를 노래한 천손신화로서 환웅본풀이에 고조선 건국시조인 단군본풀이가 시대구분의식 없이 하나의 본풀이처럼 덧보태어져 있는 것이다. 그렇다면, 《제왕운기》의 단군신화는 《삼국유사》의 두 본풀이를 축약해서 싣는 데서 나아가, 고조선 이후의 여러 나라 본풀이까지 덧보태어 기록한 것이라 할 수 있다. 다만 주석으로 설명한 까닭에 대부분의 이야기를 '운운'이라 하여 생략하였으므로 서사적 내용이 자세하지 않을 따름이다.

하지만 단군의 고조선을 중심으로 그 이전과 이후의 시기를 두루 이어서 계승관계를 분명히 밝혀 놓은 이승휴의 역사의식은 상당히 탁월하다. 이승휴는 《본기》의 본풀이를 인용하되, 일연처럼 고조선에 머물지 않고 자신이 살았던 시대까지 그 내력을 서술하려 했기 때문이다. 그러므로 서술 내용은 빈약하나 서술 형식과 서술 의식은 《제왕운기》의 내용이 본풀이다운 자질을 더 잘 갖추었다고 할 수 있다.

6. 고조선문화의 원형과 민족문화의 정체성

아직까지 고조선의 시조 단군은 물론, 고구려와 신라의 시조들조차 북방의 유목민족이 도래한 것처럼 해석하는 연구들이 적지 않다. 그러나 천손신화인 환웅본풀이를 보면, 단군 이전 시기에 이미 그 모태가 되는 성읍국가 신시가 형성되어 있었다는 사실을 알 수 있다. 신시를 건국한 환웅천왕은 천신의 아들이자 하늘에서 지상으로 강림한 자로서, 하늘에 제의를 올리는 천제권(天祭權)을 지닌 대사제 구실을 하였다. 환웅은 천자이자 천왕으로서 신시의 건국시조일 뿐 아니라, 농경문화와 정착문화를 통해 홍익인간의 이념을 실현한 '재세이화'의 문화영웅이라 하겠다. 그러므로 고조선 이전에 형성된 환웅시대의 '신시문화'를 고조선문화의 원형이라 할 수 있으며, 민족문화의 정체성도 이미 신시문화에서부터 형성되기 시작한 것으로 추론한다.

환웅은 자신이 품었던 홍익인간의 이념에 따라 이웃의 여러 민족들과 경쟁하거나 배척하지 않고 그들을 적극적으로 받아들여 문화생활을 일깨워주고, 마침내 신시국의 영역으로 끌어안는다. 대표적인 민족이 곰으로 상징되는 맥족과 범으로 상징되는 예족이다. 맥족은 쑥과 마늘을 먹는 '지독한 채식생활'과, 햇빛을 보지 않는 '지독한 정착생활'에 잘 적응하여 신시의 농경문화와 정착문화에 쉽게 통합된다.[72] 상대적으로 채식생활과 정착생활에 쉽게 적응하지 못한 예족은 고조선 건국 이후에 통합되었을 것이다. 맥족

---

72) 임재해, 〈단군신화에 갈무리된 문화적 원형과 민족문화의 정체성〉,《단군학연구》 16, 단군학회, 2007, 296~298쪽에서 자세하게 다루었다.

을 받아들인 신시의 지도자 환웅은 상당히 확대된 영역의 신시를 단군에게 물려주게 된다.

결국 환웅의 신시국 이후에 형성된 고조선은 신시문화의 전통을 발전적으로 계승한 고대국가라 할 수 있다. 고조선의 단군왕검은 환웅천왕의 직계 후손으로서, 홍익인간의 뜻을 실현하려는 환웅의 이념을 이어받기 마련이다. 도읍지를 옮겨가며 예족을 비롯한 이웃 민족과 더불어 홍익인간의 세계를 이룩해 나갔던 것이다. 이렇게 계승된 고조선문화는 역사적으로 후대에 형성된 고구려와 신라, 부여, 옥저, 예맥 등의 나라에 발전적으로 이어졌으며, 이웃 나라 중국으로부터 문화적으로 동경의 대상이 된 동이문화의 전통을 이루었다. 그러므로 민족문화의 원형을 환웅본풀이에 나타난 신시문화에서 찾지 않을 수 없다.

고조선문화의 정체성을 결정짓는 문화 원형을 구체적으로 포착하려면, 환웅시대의 신시문화를 더 자세하게 뜯어볼 필요가 있다. 신시는 여러 민족과 결합한 고조선과 달리 천신을 믿는 환웅족의 단일공동체였다. 그리고 신단수를 중심으로 도읍을 정한 신시가 곧 나라이름이었다. 도읍지를 국호로 삼는 전통은 단군이 도읍한 아사달이 조선의 국호 구실을 하는 데까지 이어졌으며, 규모는 고대 도시국가 정도로 추론된다. 환웅의 왕호를 보면, 천왕으로서 하늘에 대한 제사권을 독점하며 신정(神政)을 펼쳤던 사제왕이었음을 알 수 있다. 따라서 신시는 혈연적 구성으로 보면 부족국가고, 규모로 보면 성읍국가며, 명칭으로 보면 도읍국가다. 그리고 환웅천왕의 왕호와 통치방식을 보면 신시는 '신정국가'라 할 수 있다.

신정국가 신시의 도읍지 경관을 추론해 보면, 신시는 신단수라 일컫는 거대한 신수를 배경으로, 환웅천왕이 거주하는 궁실과, 천신에게 제사를 올리는 신성한 제단이 중요한 경관으로 구성된 도읍지라 할 수 있다. 특히 무리 3천 명의 사람들이 모여 하늘에 제사를 올릴 수 있는 신시의 제단 규모는 거대했을 것으로 짐작된다. 환웅은 대사제이자 천왕으로서 신단수를 중심으로 마련되어 있는 천제단에 머무르며 신정을 펼치고, '재세이화'의 방법으로 홍익인간의 이상을 실현했을 것이다.

그러나 이것은 어디까지나 추론적 풀이에 머문다. 신시의 본풀이가 제대로 이루어지려면 추론을 입증할 수 있는 기록이나 유물을 전거로 제시할 수 있어야 한다. 신시와 관련된 기록 자료는 현재 단군신화 자료가 유일하지만, 고고학적 발굴경과에 따라 유적 자료는 충분히 확보될 수 있다. 최근에 발굴 보고되고 있는 홍산문화 유적은 중요한 보기가 된다. 홍산문화는 국가체제가 확립된 수준의 문화유적으로 인정되지만, 그 문화를 수립한 국가의 정체는 아직까지 해명되지 않는다. 그러나 홍산문화(紅山文化) 유적의 연대와 위치는 신시문화와 만난다.

단군조선이 기원전 2333년에 건국되었다면, 환웅의 신정국가 신시는 그 훨씬 이전에 조성되었을 것이다. 그런데 고조선문화권에 속하는 홍산문화는 서기전 4000년에서 2500년 무렵에 형성된 것이다.73) 특히 홍산문화의 우하량(牛河梁) 유적은 기원전 3500년에 형성된 것으로 추정되는 거대한 제단 유적을 보여주어 눈길을 끈다.

이 제단은 원형과 방형의 적석 제단을 이루고 있어 천원지방(天圓地方)의 사유체계를 보인다. 제단의 돌돌림 울타리는 3중 원형으로 지름은 각각 22미터, 15.6미터, 11미터이며, 높이는 0.3에서 0.5미터이다. 중국학자들은 이 유적지를 근거로 약 5500년 전에 이미 국가

---

73) 윤내현, 《고조선 연구》, 127쪽에 "홍산문화기를 서기전 4000년 무렵~2500년 무렵"으로 보고하고 있다.

성립의 조건을 모두 갖추고 있었다고 주장한다.[74] 하지만 이 유적이 역사적으로 어느 국가에 속했는지 알지 못한다. 중국학자들은 북경 천단구조의 원형이라고 하며, 중화문명의 기원으로 해석한다. 홍산문화를 중화문명의 원형으로 해석하는 셈이다.

한국학자 가운데는 제단의 세 원형을 3수분화의 양식으로 보고 북방 유목문화의 샤머니즘이 모태가 된 것으로 주장하기도 한다.[75] 북방의 유목문화가 홍산문화의 뿌리라는 것이다. 그러나 이 제단과 닮은 제단 유적들은 북방의 유목문화 지역에서 보이지 않는다. 정작 이러한 제단 유적들은 오히려 한반도에 집중되어 있다. 한반도에는 방형 또는 원형의 돌돌림 제단유적이 여러 곳에서 보고되고 있다.[76]

한반도의 돌돌림 유적은 고조선 유적으로 파악된다. 자연히 기원전 4000년의 홍산문화 유적보다 한참 늦다. 돌돌림 유적의 기능은 집단적 공공활동을 위한 집회장소 또는 제의적 기능을 하던 제단으로 해석된다.[77] 돌돌림 유적의 규모와 축조 방법, 기능을 고려할 때 홍산문화의 제단유적과 비슷하여, 그 기원을 홍산문화에서 찾는다.[78] 그러므로 홍산문화 제단의 규모나 방식, 유물 등을 고려할 때 환웅시대의 신시문화 유적일 가능성이 높다. 신시에서 형성되기 시작한 제단 유적이 고조선 이후 한반도 일대에 널리 전승되었던 것인데, 최근에 발굴을 통해 그 모습을 드러내고 있다. 그렇다면 신

---

74) 신형식·이종호, 〈'중화5천년', 홍산(紅山)문명의 재조명〉, 《백산학보》 77, 백산학회, 2007, 16~17쪽.

75) 우실하, 〈요하문명, 홍산문화와 한국문화의 연계성〉, 《고대에도 한류가 있었다》, 지식산업사, 2007, 492~495쪽.

76) 하문식, 〈고조선의 돌돌림유적에 관한 문제〉, 《단군학연구》 10, 단군학회, 2004 참조.

77) 위의 글, 321 및 326쪽 참조.

78) 위의 글, 320~322쪽 및 〈고조선의 돌돌림유적 연구 ― 추보(追補)〉, 《단군학연구》 16, 단군학회, 2007, 16~17쪽.

시의 중심은 홍산 지역일 가능성이 높다.

홍산문화의 제단 유적에는 원형 돌무지 제단 외에 제사를 지내던 건물터, 돌널무덤의 유구 등이 더불어 있어 신시문화의 제사터를 연상하기에 충분하다. 신시문화를 이어받은 고조선의 돌돌림 유적에 돌널무덤과 고인돌 등 매장유구가 함께 있는 것과 홍산문화의 제단유적은 상당히 닮았다.[79] 5천년 전의 제단과 사당, 무덤이 삼위일체를 이루는 대규모의 제의문화 유적은[80] 신정국가인 신시의 문화유적으로 해석하기에 알맞다.

특히 고조선문화의 상징으로 알려진 요령식 동검형 옥검의 출토가 중요한 증거 구실을 한다. 고조선 동검의 모형이 홍산문화의 옥검이며, 이 옥검은 환웅이 하늘에서 가져온 천부인(天符印) 3개 가운데 하나일 것이다. 이 천부인 셋 역시 고조선의 청동기문화로 이어져 동검과 동경, 동방울로 전승되고 있다. 게다가 현재 홍산문화 시기와 일치하는 이 지역의 고대 국가체제는 신정국가인 '신시'밖에 없다. 고조선 건국시기보다 홍산문화 유적이 상당히 앞설 뿐 아니라, 제단유적의 규모와 양식이 신정국가이자 성읍국가로서 체계를 잘 갖추었기 때문이다.

제단의 3중원형 울타리는 환웅본풀이에서 되풀이되는 3의 세계를 반영한 것이다. 천부인 3개, 무리 3천, 우사 · 운사 · 풍백 3신, 곰이 3칠일 만에 사람으로 변신하는 등 모두 3의 구조로 이루어져 있다. 이러한 전통은 단군본풀이에서도 고스란히 이어진다. 환인과 환웅, 단군이 3대를 이룰 뿐 아니라, 단군은 고조선의 도읍지도 3차례 옮기

---

79) 하문식, 〈고조선의 돌돌림유적에 관한 문제〉, 320~321쪽 참조.
80) 郭大順, 〈序言: '遼河文明' 解〉, 遼東城博物館 · 遼東城文物考古研究所編,《遼河文明展文物集萃》, 2006; 우실하, 앞의 글, 501쪽에서 재인용.

고 다시 아사달로 되돌아간다. 신시문화에서 중요한 숫자는 3이라는 것이 환웅본풀이에서 일관되게 나타난다. 그러므로 제단의 3원형은 유목문화의 3수 분화와 달리, 농경문화의 전통을 지닌 신시문화일 가능성이 높다.

중국학자들은 홍산문화를 '신비의 왕국'이 이룬 문화로 해석한다. 중국의 중원문화와 전혀 다른 독특한 문화이자, 연대적으로 가장 오래된 문화이기 때문이다. 하지만 중국문화에는 신비의 왕국 정체에 관한 아무런 자료가 없다. 발굴 현장만 있을 뿐 이와 관련된 기록이나 유물이 전해지지 않는다. 따라서 어떤 중국학자들은 개인적으로 홍산문화유적을 고조선문화라고 단정하기도 한다.[81] 그리고 우하량 여신묘에서 발견된 곰의 아래턱 뼈와 옥웅룡(玉熊龍) 유물을 근거로 단군신화에 나오는 곰 토템의 웅녀족 문화로 해석하고, 마침내 웅녀족은 곰 토템의 퉁구스족 후예로 간주하여 북방의 초원문화 또는 유목문화 전래설을 편다.[82]

그러나 단군신화나 고조선의 연대는 기원전 24세기부터 시작되므로 홍산문화보다 후기여서 연대로도 맞지 않다. 고조선문화가 민족문화의 가장 초기형이라 생각하는 사람들로서는 그 원류를 북방의 유목문화에서 찾을 수밖에 없다. 단군신화 이전에 환웅신화가 있고, 고조선문화 이전에 농경생활과 정착생활을 누린 천왕체제의 신시문화가 민족문화의 원형을 이루고 있다는 발상의 전환이 없는 한, 여전히 북방문화 전래설이나 유목문화 기원설에서 해방되기 어렵다. 따라서 홍산문화 유적과 유물, 연대 등을 고려할 때, 고조선 이전의

---

81) 안영배, 〈중 랴오시 고조선 근거지로 추정〉, 《주간동아》 2003월 1월 23일자.

82) 우실하, 〈홍산문화, 요하문명과 한반도의 연계성〉, 《단군과 고조선'에 관한 실증적·문화적 인식》(제43차 단군학회학술대회 발표논문집; 동북아역사재단 세미나실, 2007년 6월 2일), 116~125쪽.

신시문화 유적으로 추론하는 것이 상대적으로 적절하다. 그러므로 앞으로 홍산문화에 관한 본격적인 연구가 기대된다.[83]

이제 환웅본풀이의 신시문화가 한갓 신화로서 상상의 이야기가 아니라 홍산문화 유적으로 그 실체를 어느 정도 인정하지 않을 수 없게 되었다. 따라서 홍산문화 연구에 앞서서 환웅본풀이에 나타난 신시문화의 다른 영역들도 새삼스레 주목하고 좀 더 자세하게 뜯어 볼 필요가 있다. 그래야 홍산문화와 신시문화의 관련성도 더 체계적으로 포착할 수 있다.

환웅본풀이를 들여다보면, 신시의 궁실에는 천왕을 비롯하여 신시정부의 3막료인 풍백·우사·운사가 함께 생활하며 세상의 365가지 일을 두루 보살폈다는 사실이 드러나는데, 그 일이 예사롭지 않아 보인다. 그 가운데 특히 곡식·수명·질병·형벌·선악을 따로 열거한 것은 정부의 주무 조직이 5부로 구성되었던 사실을 나타낸다. 따라서 신시 정부는 3상 5부(三相五部)의 행정체계를 갖춘 것으로 해석된다.[84]

신시 정부의 행정조직과 환웅이 주관한 주요 업무를 보면, 농경문화와 정착문화 외에, 인간의 수명과 질병을 다루는 수명장수의 문화, 그리고 형벌과 선악을 다루는 법치문화 및 윤리문화도 자리 잡았다는 사실을 알 수 있다.

'주곡'이 신시시대의 농경문화를 반영한 것이라면, '주명'은 생명 또는 수명에 관한 문제를 반영한 것이다. '주명'이 다음의 '주병'과 나란히 거론되는 것으로 봐서는 질병 없이 건강하게 수명장수를 누

---

83) 홍산문화 유적과 환웅본풀이에 갈무리된 신시문화의 관련성은 따로 본격적인 연구를 준비할 계획이다.

84) 신용하, 〈한국민족의 기원과 형성〉,《한국민족의 형성과 민족사회학》, 지식산업사, 2001, 39쪽 및 〈단군설화의 사회학적 해석〉, 같은 책, 166~167쪽 참조.

리는 문화에 특별한 관심을 기울였던 셈이다. 달리 말하면, 신시 정부는 의술과 약술, 주술 등의 방법으로 불로장생에 관한 일을 주관하는 전문 부처가 있었던 것을 말한다.

다음의 '주형'과 '주선악'도 함께 봐야 할 것이다. 형벌을 주관한다는 것은 법을 만들어 집행한 것을 말한다. 일찍이 고조선에 팔조금법(八條禁法) 있었다는 것은[85] 곧 신시문화의 전통에서 비롯되었다고 할 수 있다. 법으로 죄를 다스렸다고 하는 것은 두 가지 의미를 지닌다. 하나는 형벌을 통해 사회질서를 바로잡았다는 사실이며, 둘은 군주라도 임의로 죄인을 처벌하지 않고 법질서에 따랐다는 사실이다. 이러한 전통은 지금까지 이어졌으며, 이웃 나라와 대조가 되는 문화이다.

중국에서는 제왕의 권력이 너무 커서 최고의 신하라도 두려워했으나, 한국에서는 초야의 선비라도 상소를 해서 임금의 잘못을 지적하고 시정을 촉구할 수 있었다.[86] 일본에서는 무사가 칼을 차고 다니며 시건방지다는 구실로 상민을 즉결처분할 수 있었으나, 한국에서는 종이 자기 아버지를 죽인 죄인이라도 관가에 고발해 반드시 재판을 거쳐서 형벌에 처하게 했다.[87] 제왕과 양반도 법을 따르는 전통이 뿌리 깊게 이어질 수 있었다.

법치국가에서 나아간 것이 선악의 문제를 다스리는 덕치국가다. '주선악'은 법치보다 도덕이나 윤리 차원에서 세상을 도리와 덕으로 다스린 사실을 말한다. 따라서 선악의 판별이 통치행위의 주요 덕목이 되었다는 것은 그 사회가 매우 수준 높은 문화사회라는 사실을

---

85) 서대석, 《한국 신화의 연구》, 47쪽.
86) 조동일, 《세계·지방화시대의 한국학 2—경계 넘어서기》, 계명대학교출판부, 2005, 238쪽.
87) 위의 책, 238~239쪽.

말해 주는 것이다.[88] 그러므로 조선조에도 중국과 달리 초야의 선비들이 선악을 논하며 왕의 잘잘못을 따지는 상소를 올릴 수 있는 전통이 이어졌다.

그러나 실제로 신시시대에 그러한 수준의 문화생활을 누렸는가 하는 것은 쉽게 단정하기 어렵다. 설득력을 갖추려면 더 구체적인 확인작업이 필요하다. 왜냐하면 단순한 항목 제시에 지나지 않는 내용을 두고 환웅시대에 이미 수명장수를 추구하는 불로장생의 문화나, 법치와 덕치의 법문화 또는 윤리문화까지 형성되었다고 주장하는 것은 과도한 해석일 수 있기 때문이다. 따라서 이러한 해석을 뒷받침할 수 있는 논거를 들지 않을 수 없다.

그런데 신정국가의 제단이나 천부인 같은 유적과 유물은 고고학적 발굴보고서로 입증할 수 있으되, 수명장수나 불로장생 그리고 법문화나 윤리문화와 관련된 사실은 무형적인 것이어서 구체적인 유적이나 유물의 증거를 찾아 입증하기 어렵다. 무형문화는 오직 기록이나 구전, 민속자료에서 증거를 찾을 수밖에 없기 때문이다.

다행히 중국 고대 사료에는 우리 고대사에 관한 기록들이 상당히 있어서, 이러한 증거 부족의 한계를 극복할 수 있다. 그리고 현재의 우리 생활세계 속에서 그러한 전통이 지속되고 있는 사실도 중요한 증거가 된다. 먼저 중국의 문헌을 보면,《후한서》〈동이열전〉에서 동이 사람들은 "천성이 유순하여 도리로서 다스리기 쉽기 때문에 군자국(君子國)과 불사국(不死國)이 있다"고[89] 했을 뿐 아니라, 이에 따라 "공자도 동이에 살고 싶어 하였다"고 한다.[90] 이 기록은 〈동이

---

88) 서대석, 앞의 책, 48쪽 참조.

89) 《後漢書》 卷 85, 東夷列傳 75. "故天性柔順 易以道御 至有君子不死之國焉.";《中國正史朝鮮傳》譯註 1, 國史編纂委員會, 1987, 97쪽에서 재인용.

90) 《後漢書》, 卷 85, 東夷列傳 75. "故孔子欲居九夷也." 여기서 구이(九夷)는 곧 동이의

열전〉 총론의 가장 첫 문장이다. 그리고 "동이는 모두 토착민으로서 술 마시고 노래하며 춤추기를 즐기고, 머리에는 변(弁)이라는 모자를 쓰고 비단옷"을 입어서, "중국이 예(禮)를 잃으면 동이에서 구했다"고[91] 하였다.

'동이'의 어떤 나라가 도리로서 다스리는 군자국이자 불사국이어서 공자까지 동이에 가서 살고 싶어 했을까? 동이는 '토착민'이며 음주가무를 즐기고 비단옷을 입었다는 기록도 여기저기 보인다. 음주가무는 농경시필기의 제천행사와 만난다. 한마디로 정착생활을 하는 농경민족이라는 사실이 드러난다. 따라서 초원을 떠돌아다니며 육식을 주로 하는 유목민과 달리, 정착하여 농경생활을 하며 선악을 분별하고, 법치와 덕치를 통해 재세이화하는 홍익인간의 나라 '신시'가 바로 군자국의 보기가 될 수 있다.

불사국은 불로장생하여 죽지 않는 나라다. 따라서 불사국의 정체는 두 갈래다. 하나는 현실적으로 불로장생하여 수명장수를 누리는 나라며, 둘은 죽어도 저승에서 다시 삶을 누릴 수 있다고 믿는 나라다. 따라서 첫째 뜻으로서 불사국은 사람들의 질병과 수명을 중요하게 다스리며 불로장생을 추구하는 나라 신시가 불사국으로 은유되기에 충분하다.

또 다른 뜻으로서 불사국의 뜻은 죽음을 처리하는 방식에서 드러난다. 불사를 믿는 사람들은 저승에서 다시 영생한다는 인식에 따라 주검을 처리하고 무덤을 쓴다. 신시문화 지역으로 추론되는 요하 지역 일대에는 대형 적석총이 분포되어 있을 뿐 아니라, 묘지에는

여러 세력을 포괄하는 말이다.
91)《後漢書》卷85, 東夷列傳 75. "東夷率皆土着 憙飲酒歌舞 或冠弁衣錦…… 所謂中國失禮 求之四夷者也."

옥기들이 대량으로 출토되고 있다. 피라미드에 견줄 만한 적석총은 단순한 무덤으로 보기 어려우며, 주검과 더불어 출토된 다양한 옥기들도 영생불멸을 추구한 것이라[92] 할 수 있다.

요하 지역 최초의 옥기는 흥륭와(興隆洼)문화에서 출토된 옥귀고리로서 기원전 6000년 무렵의 것이다. 이와 같은 모양의 옥귀고리는 강원도 고성 문암리 유적과 여수시 안도리 패총유적 등에서도 출토되었다. 따라서 이 시기에 요하 지역과 한반도 남쪽은 같은 문화권이었음을 알 수 있다.[93] 옥기는 신라 금관을 비롯한 각종 장신구의 곡옥으로 이어진다. 물론 북방의 유목문화 지역에서는 이러한 옥기가 보이지 않는다.

피라미드 규모의 대형 적석총과 다량의 옥기 부장품은 죽음을 부정하는 상징물이다. 단순한 주검의 처리를 위해서는 대규모 노동력을 장기간 투입해야 하는 돌무덤을 쓸 까닭이 없다. 특히 옥은 대단히 단단하여 예사 공구로는 가공하기 힘들다. 그런데도 정교하게 가공한 옥기들을 주검의 곳곳에 부장한 것은 죽음을 극복하고자 하는 종교적 의도가 내포되어 있었다고 봐야 할 것이다. 그러므로 신시문화의 유적으로 추론되는 홍산문화는 불사국의 자취를 잘 보여준다고 하겠다.

군자국과 불사국은 둘이면서 하나다. 모두 동이를 일컫는 말이니 하나로되, 그 성격은 둘이다. 고대 중국인들에게 동이는 두 가지 면모를 다 갖춘 나라였다. 앞에서 홍산문화는 신시문화의 유적이라 했는데, 군자국과 불사국의 자리매김과 다시 만난다. 정착생활과 농경생활을 이룩하고 불로장생을 추구하며 선악으로 나라를 다스리는

---

92) 이형구, 앞의 책, 118~121쪽에 이 지역 출토옥기를 자세하게 소개하고 있다.
93) 우실하, 《지도 고조선의 강역과 요하문명》, (주)동아지도, 2007 참조.

가운데 홍익인간의 이상을 실현한 환웅의 신시문화는 충분히 군자국 또는 불사국으로 인식될 가능성이 높다.

물론 《후한서》의 시대에는 신시가 존재하지 않았다. 신시문화의 원형이 동이 지역에서 《후한서》 시대까지 지속되었던 것이다. 왜냐하면 환웅의 아들 단군이 세운 고조선은 환웅의 신시문화를 계승하고 발전시켰기 때문이다. 따라서 환웅과 단군의 두 본풀이가 하나의 본풀이처럼 발전적으로 이어질 수밖에 없다. 신시문화와 고조선문화가 부자(父子)의 문화로서 같은 계통의 문화이자 하나의 문화로 이어진 까닭이다.

고조선 이후에 성립된 여러 나라들도 마찬가지다. 《제왕운기》에 밝혀둔 것처럼, 신라와 고구려, 남북옥저, 동북부여, 예와 맥 등이 모두 단군의 후예들로서 동이의 구이(九夷)를 이루었다. 그러므로 환웅의 신시문화가 고조선을 거쳐서, 고조선의 거수국(渠帥國)에서[94] 독립한 여러 나라들에도 신시의 문화가 전승되고 발전되어 군자국과 불사국으로서 수준 높은 문화 전통을 이어받았다. 그렇지 않았다면 공자까지 동이문화를 동경했을 까닭이 없다. 한마디로 동이문화의 원형이 바로 환웅이 수립한 신시문화였던 것이다.

중국 사료에 의해서 고조선 이전의 신시문화의 정체가 한층 선명하게 드러났다. 오죽했으면 공자까지 뗏목을 타고 바다를 건너서라도 동이에 가서 살고 싶다고 했을까? 그리고 중국에서 예를 잃으면 동이에서 구했다고 했겠는가? 더군다나 이러한 내용은 《후한서》에 한정된 것이 아니라 다른 문헌에도 거듭 기록되어 있어서 한층 객관성을 지닌다. 군자국과 불사국의 내용은 《설문해자》(說文解字)에도

---

94) 윤내현, 《고조선연구》, 63쪽. 고조선의 거수국은 고조선의 제후국으로서 고구려, 동옥저, 부여, 읍루, 예, 한(韓) 등의 나라를 일컫는다.

고스란히 나타나고, 어질고 슬기로운 문화를 누린 까닭에 공자가 동이에 가서 살고 싶었다는 내용은 원전인 《논어》에 더 자세하게 기록되어 있다.

허신(許愼)은 《설문해자》에서 동이를 이웃의 다른 민족과 대비하여 상대적으로 설명하고 있어서 더욱 흥미롭다. "남방의 만(蠻)은 점쟁이에서 비롯되었고, 북방의 적(狄)은 개에서 비롯되었으며, 서방의 강(羌)은 양에서 비롯되었다"고95) 하면서 "오직 동이만은 대의를 따르는 대인(大人)들이며, 그 풍속은 어질고[仁] 어진 이는 장수한다. 따라서 동이에는 군자국과 불사국이 있다"고96) 하였다. 다른 민족과 견주어서 상대적으로 나타냈을 뿐 아니라, 동이족 문화는 '중국과 같지만 중국보다 빼어나지는 않았다'고 하는 것을 보면, 자존심을 잃지 않으려는 중국인의 시각이 잘 드러난다.

《논어》 자한(子罕)편의 기록은 한층 구체적이다. 조선에는 예의로서 백성을 교화하고 양잠을 하여 명주를 짜고 범죄를 금하는 8조의 법 외에 60여 조의 법이 만들어져 있을 뿐 아니라, '어질고, 슬기로 교화를 하여, 동이족은 천성이 유순하며 이웃 나라와 다른 까닭에, 공자는 도가 행해지지 않는 것을 서글프게 생각하여 뗏목을 타고 바다를 건너 동이에 가 살고 싶다'고97) 했다. 예의로서 백성을 교화한 것은 군자국에 해당되는 내용이다. 이른바 8조금법과 60여 조의 법은 신시의 '주형'(主刑)에 의한 법치문화에 해당된다. 신시의 법치문화가 한층 정교하게 발전하여 후대에 널리 계승되는 사실이 잘 드러난다.

---

95) 許愼, 《說文解字》 東夷. "南方蠻從蟲 北方狄從犬 西方羌從羊."
96) "東夷從大 大人也 夷俗仁 仁者壽 有君子不死之國."
97) 《論語》 子罕. "仁賢之化 然東夷天性柔順 異於三方外 故孔子悼道不行 設浮於海 欲居九夷."

《논어》 공야장(公冶長)편에도 같은 내용이[98] 거듭 나온다. 따라서 공자는 수시로 이웃의 여러 민족과 동이를 비교하고, 동이문화의 도덕적 우수성을 동경했던 사실을 알 수 있다. 그러므로 공자시대까지 환웅이 세운 신시문화의 전통이 동이의 여러 나라들에 이어졌을 뿐 아니라, 공자가 그 사실을 알고 발해를 건너 한반도 이민을 꿈꿀 정도로 중국에까지 널리 영향을 미쳤다고 할 수 있다.

7. '신화고고학'으로 읽는 선사문화의 정체성

민족문화의 원형은 쉽게 사라지지도 바뀌지도 않는다. 홍산문화와 같은 시기에 형성된 기원전 30세기 전후의 신시문화 전통이, 기원전 6세기 인물인 공자의 시대까지 중국문화를 압도할 정도로 발전적으로 이어졌다. 동이문화가 발해를 건너 중국에도 널리 영향을 미친 까닭에, 동이는 중국인들에게 도덕적으로 수준 높은 군자국이었을 뿐 아니라, 영생의 꿈을 이룰 수 있는 이상향의 불사국으로 인식되었다. 그러므로 당대 최고의 성인인 공자도 군자국 동이를 동경했고, 최고의 제왕인 진시황도 불사국 동이를 꿈꾸며 끊임없이 동남동녀를 보내 불로초와 불사약을 구했던 것이다.[99]

한무제 이후까지 300여 년 이상 지속된 불사약에 대한 동경은 진

---

98) 《論語》 公冶長篇 子漢地理. "東夷天性柔順 異於三方外 故 孔子曰 悼道不行 設文解字 欲居九夷 有以也."

99) 김성환, 〈최초의 한류, 동아시아 삼신산 해상루트의 기억을 찾아서〉, 《동아시아 전통문화와 한류》, 동양사회사상학회 국제학술대회(전남대, 2007년 1월 8일) 발표논문집, 83~86쪽에서 기원전 4세기부터 한무제 때까지 무려 300년 동안 불사(不死)의 꿈을 이루기 위해 삼신산(三神山)을 찾는 탐사대가 발해를 건너 한반도를 향해 끊임없이 떠났으며, 진시황대에 이르러 절정을 이룬 상황을 자세하게 다루었다.

시황 때 절정을 이루었다. 그들이 동경한 문화적 전통은 한반도에서 더 후대까지 지속되었을 것이다. 신시문화에서 형성된 민족문화의 원형이 고조선을 거쳐 신라, 고구려, 부여, 옥저 등의 여러 나라에 이어지면서 더욱 발전하고, 이웃 나라에도 크게 영향을 미쳤다. 중국의 진시황대까지 이처럼 뿌리 깊게 영향을 미친 동이문화가 한반도 주변의 동북아 여러 나라에 영향을 미치지 않을 수 없었을 것이다.

문화란 일시에 흥성하고 망하는 것이 아니라, 오랜 역사적 전통 속에서 서서히 이루어지는 것이다. 따라서 환웅의 신시문화도 급작스레 형성된 것이라 보기 어렵다. 환웅 이전에도 훌륭한 문화를 이룩한 문화적 전통이 토대가 되어 신시문화와 고조선문화가 형성되었을 것이다. 그러므로 본풀이가 태초의 우주에서 지금 여기의 현재 상황까지 노래하듯이, 본풀이의 이치로 보는 신화학 논의도 시공간적으로 더 확장할 필요가 있다.

환웅본풀이에 나타난 신시문화의 전통이 공간적으로는 중국 지역에, 시간적으로는 공자시대 이후까지 지속되었다는 사실을 중국의 고대 사료를 통해서 확인했다. 그리고 중국의 현대 발굴자료를 통해서 시간적으로 홍산문화시대까지 거슬러 올라갈 수 있다는 사실을 추론하기에 이르렀다. 따라서 본풀이의 시각으로 보면, 태초의 시기로 가능한 더 거슬러 올라가서 선사문화를 파고드는 고고학적 연구와, 지금 여기 우리의 생활문물과 문화적 정체성을 확인해 보는 고현학(考現學, modernology)적 연구의 가능성이 열린다. 그러므로 본풀이 신화학을 제대로 펼치면 '신화고고학'과 '신화고현학'의 지평을 더 넓게 개척할 수 있다.

신화고고학적 시각에서 이미 환웅시대의 신시문화와 홍산문화의 관련성을 어느 정도 밝혔다. 신화고고학을 더 확장하려면 환웅의 신시문화 이전으로도 거슬러 올라가야 하며, 지리적으로 이웃한 다른 민족들과 교류관계도 더 확대해서 풀어야 할 것이다. 그러한 풀이의 열쇠도 단군신화의 압축파일 안에 두루 갈무리되어 있다. 하나는 직접적인 열쇠이자 무형문화의 열쇠로서 단군의 명칭이며, 둘은 간접적인 열쇠이자 유형문화의 열쇠로서 빗살무늬토기다. 뒤의 열쇠가 고고학적으로 더 거슬러 올라가게 될 것이다.

먼저 단군의 이름과 관련한 전래설을 보자. 최남선이 일찍이 단군을 몽골어 '텡그리'와 같은 말로 밝힌 이래, 일부 학자들은 텡그리에서 단군이 왔다는 전제로 몽골문화 기원설이나 유목문화 전래설을 펼치는 유혹을 받는다. 최남선은 〈불함문화론〉에서 단군을 하늘과 무당을 나타내는 몽골어 Tengri를 거론하기[100] 시작한 이래, 계속해서 단군신화에 관한 여러 편의 글을 상당히 풍부하게 발표했는데, 그때마다 단군을 흉노어 '탱리'(撑犁)와 몽골어 '텅거리'(騰格里) 또는 '텅걸', 그리고 우리 무당을 가리키는 '당굴', '당골네'와 연관 짓는 일을 되풀이했다.[101] 그러나 연관성과 동질성만 말했을 뿐 전래설을 펴지는 않았다.

최근에는 '텡그리'라는 말이 시베리아 유목민족은 물론 터키어에까지 '하늘' 또는 '천신'을 나타내는 말로 쓰인다는 사실이 학계에 널리 보고되었다. 전래설을 펴는 사람들은 '텡그리'를 근거로 단군의 고조선문화가 북방의 유목문화에서 비롯된 것으로 해석하게 마련이다. 유목문화 기원설을 펴기에 안성맞춤인 자료이기 때문이다. 그러나 단군과 '텡그리'의 공통 조어를 인정하더라도 이 전래설에는 두 가지 모순이 있다.

---

100) 최남선, 〈불함문화론〉(不咸文化論), 《육당최남선전집》 2(壇君 · 古朝鮮 其他), 현암사, 1973, 60쪽.
101) 위의 책에 수록된 단군 관련 논문 참조.

하나는, 단군신화에서 하늘을 뜻하거나 천신을 뜻하는 말은 환인과 환웅이 따로 있다는 점이다. 따라서 하늘의 신이나 하늘에서 하강한 환인과 천제는 곧잘 환인천제(桓因天帝), 환웅천왕(桓雄天王)으로 표기된다. 아예 환인이 아니라 본디 '환국'(桓國)으로 기록되었다는 자료도 있다.102) "옛날에 환인이 있었다"[昔有桓因]가 아니라 "옛날에 환국이 있었다"[昔有桓國]는 것이다.103) 그러나 풀이는 제석(帝釋)으로서 천제(天帝) 곧 천상의 제왕을 나타내는 데 일치하며,《제왕운기》나《세종실록지리지》,《동국여지승람》 등에는 모두 환인으로 되어 있다. '환인'은 불교에서 하늘을 뜻하고, 환웅은 천왕으로 일컫는다. 그러므로 환웅본풀이에서 말하는 하늘 또는 천신을 뜻하는 말은 '단군' 또는 '텡그리'가 아니라 환인과 환웅이다.

환인과 환웅이 아니라도 하늘과 천신을 나타내는 우리말은 본디부터 있었다. '하늘' 또는 '하느님'이다. 신을 나타내는 '서낭' 또는 '서낭님'이라는 우리말도 따로 있다. 게다가 "천제와 천왕 곧 하느님과 그 아들을 일컫는 옛 우리말이 '환인'(환님, 하느님)과 '환웅'(화늉, 하늘)의 소리값에 가까웠다고 할 수 있다."104) 따라서 본디 우리말을 두고 '텡그리'라는 외래말을 가져올 까닭이 없다. 환인과 환웅은 하느님 또는 하늘을 나타내는 천신 상징의 왕호였다. 그러므로 '단군'을 몽골어나 알타이어 '텡그리'에서 비롯된 것으로 생각하는 것은 잘못이다.

---

102) 현재 전하고 있는 《삼국유사》 최고본인 정덕본(正德本)에는 '환국'으로 되어 있다. 이석남 송석하 소장 《삼국유사》에도 '환인'이 아니라 '환국'으로 표기되어 있다. '국'자는 '口' 안에 '土'가 있는 글자다.

103) 성삼제,《고조선 사라진 역사》, 동아일보사, 2005, 7장에서 이 문제를 자세하게 다루었다. 일제가 역사왜곡을 위해 환국을 환인으로 바꾸었다는 것이다.

104) 임재해,《민족신화와 건국영웅들》, 민속원, 2006, 50쪽. 환인천제와 환웅천왕의 뜻에 관해서는 이 책 49~51쪽에 걸쳐 자세하게 다루었다.

둘은, '텡그리'를 천신의 뜻으로 쓰며, 텡그리를 섬기는 유목민족에게는 환인이나 환웅과 같은 하늘 또는 천신을 나타내는 말이 따로 없다는 점이다. 그들의 신화에 등장하는 텡그리는 천신으로서 건국시조가 아니다. '텡그리'와 같은 말이라고 하는 단군은 사실상 환웅과 곰네 사이에서 태어난 인간이자 지상의 왕이었다. 따라서 천신의 후손이되 사람 사이에서 태어난 단군과, 천신 자체를 뜻하는 텡그리는 같은 존재를 나타내는 것이 아니라, 전혀 다른 층위의 말이다. 단군은 어디까지나 천신 환웅의 후손으로서 나라를 처음 세운 건국시조다.

유목문화에 텡그리가 신화에 등장하는 경우에도, 천지창조신화에서 천신으로 등장할 뿐[105] 건국신화에서 시조로 등장하지 않는다. 단군신화의 내용을 고려하면, 우리 민족은 단군 이전에 천왕인 환웅신이 있고, 그 이전에 천제인 환인신이 있었다. 다시 말하면 '환인'과 '환웅', '하늘', '하느님' 등의 말은 '단군'이나 '텡그리' 이전에 형성된 말이자, 그보다 더 높은 층위의 말이다. 따라서 만일 '단군'과 '텡그리'가 서로 영향을 주고받았다면, '단군'에서 '텡그리'란 말이 생겨날 수밖에 없다. '텡그리'는 그 계보가 불분명하지만 '단군'은 환인과 환웅으로부터 이어지는 계보가 분명한 까닭이다.

중국의 《위서》에도 환인이나 환웅의 신시 기록은 없고, 단군의 조선에 관한 기록만 있다. 당시 동북아의 교류와 세계 인식의 한계다. 중국도 단군조선의 역사는 알고 있지만 환웅신시의 역사는 알지 못했던 셈이다. 따라서 북방민족들도 환인이나 환웅의 존재를 알지

---

105) 김효정, 〈튀르크족의 기록에 나타난 '텡그리'(Tengri)의 의미〉, 《한국중동학회논총》 28-1, 한국중동학회, 2007, 387~407쪽에서 텡그리가 나오는 두 편의 신화를 소개하고 있는데, 모두 천지창조신화에서 하늘나라의 절대 신으로 나온다. 단군신화의 환인에 해당되는 존재가 텡그리다.

못하고, 고조선 이후의 단군을 비로소 알게 되었을 가능성이 높다. 단군이 고조선을 세우고 왕호를 널리 사용하기 시작하면서, 단군이라는 말이 북방의 유목민족에게 영향을 미쳐서 '텡그리'라는 말이 생겼을 것으로 추론된다.

그것은 두 가지 이유 때문이다. 첫째는, 단군이 환웅천왕의 아들로서 천자의 혈통과 지위를 누리고 하늘에 제사하는 제천의식의 사제권을 누렸기 때문이다. 따라서 이웃 나라들은 환웅천왕 이후부터 고조선 시기까지 줄곧 하늘에 제사 지낼 수 있는 유일한 지도자로서 단군을 천자와 같은 존재로 인식했을 것이다. 고대사회 질서의 중심은 바로 제천의식의 사제권을 쥔 천자였다. 환웅천왕의 천제권을 이어받은 단군은 바로 중국의 천자와 같은 왕호였으며, 고조선은 당시에 북만주 일대의 문화적 중심국가였다. 그러므로 천제권을 지닌 단군이라는 왕호가 일반화되면서 북방민족들도 고조선문화의 영향을 받아 단군을 뜻하는 '텡그리'를 천신으로 일컬었을 가능성이 높다.

둘째는, 고조선의 국가 위상이 대단했기 때문이다. 환웅의 신시시대에는 성읍국가 수준이었으나 단군의 고조선시대에는 고대국가 수준으로 그 문물이 이웃 나라에 큰 영향을 미쳤다. 고조선의 갑옷을[106] 비롯한 복식도[107] 상당히 앞선 까닭에, 동북아 지역에 영향을 주었다. 고조선의 강역도 북쪽 유목문화지역까지 대단히 넓게 점유하고 있었다.[108] 게다가 질적으로도 중국이 동이문화를 동경할 만큼 영향을 받았는데, 북방의 다른 민족이라고 하여 동이문화의 영향을

---

106) 박선희, 〈고대 한국갑옷의 원류와 동북아시아에 미친 영향〉, 《고대에도 한류가 있었다》, 지식산업사, 2007, 231~295쪽 참조.
107) 박선희, 《한국 고대 복식—그 원형과 정체》, 지식산업사, 2002 참조.
108) 윤내현 외, 《고조선의 강역을 밝힌다》, 지식산업사, 2006 참조.

받지 않을 수 없다. 따라서 제천의식의 사제권을 누린 고조선의 단군이 여러 북방민족에게 영향을 미쳐 '텡그리'라는 어휘가 형성되었을 가능성이 높다. 그러므로 유목민에게는 천신을 뜻하는 '환인'이나 '환웅'과 같은 말이 따로 없다.

신화고고학의 두 번째 열쇠는, 고조선 지역에서 널리 발견되는 유물인 빗살무늬토기를 들 수 있다. 우리 민족의 가장 오래된 유물이라 할 수 있는 빗살무늬토기들은 한결 같이 밑면이 타원형이다. 그 크기도 독처럼 상당히 거대한 것이 많은데, 그 자체로 세워둘 수 없을 정도로 불안정한 구조이다. 따라서 솥처럼 붙박이로 걸어두고 사용했음을 알 수 있다. 그러므로 이 토기는 정착문화가 빚어낸 용기라는 사실이 분명하다.

왜냐하면 유목민들에게 빗살무늬토기는 매우 불편한 그릇이기 때문이다. 거대한 크기나 불안정성으로 볼 때 이동용도 휴대용으로도 적합하지 않은 까닭이다. 유목문화의 그릇은 아무 곳에 놓아도 안정감을 이루도록 밑면이 평면이어야 하고, 크기도 휴대하기 쉽게 작아야 하며, 쉬 깨지지 않는 재질이어야 한다. 실제로 유목문화 지역에는 지금도 이와 같은 거대한 토기나 질그릇에 해당되는 독을 사용하지 않는다. 따라서 빗살무늬토기는 정착문화를 누린 사람들의 발명품이라 하지 않을 수 없다.

그런데도 이 토기가 시베리아 지역에 널리 분포되어 있다는 이유로 빗살무늬토기는 시베리아를 거쳐 한반도에 퍼진 것으로 해석하거나,109) 우리 신석기문화를 북방문화권에 속하는 근거로 해석한다.110) 그러나 이 토기는 붙박이용 정착생활에 적합한 그릇이어서,

---

109) 이건무·조법종, 《선사유물과 유적—한국미의 재발견》, 솔출판사, 2003, 27쪽; 이형구, 앞의 책, 87쪽 참조.

북방의 유목문화에서 나오기 어려운 그릇이다. 유목민들은 이동하기 쉽고 부서지지 않으며 쉽게 공급 가능한 가죽자루를 즐겨 사용한다. 그러므로 이 토기는 정착문화가 일찍이 발전한 지역에서 발생했을 가능성이 높다.

실제로 '발해 연안에서 발견된 빗살무늬토기의 연대는 기원전 6000년에서 5000년으로, 동유럽과 시베리아 지역보다 무려 1천 년 이상이나 앞선다.'[111] 게다가 만주 지역과 한반도에서 가장 많이 발굴되고, 또 가장 오랫동안 지속되었다. 더 결정적인 것은 평양의 용곡동굴 유적이다. 왜냐하면 '구석기시대 유물과 인류 화석이 발견된 위층에 다시 신석기시대 빗살무늬토기와 인류 화석이 출토'되었기 때문이다.[112] 이 유적은 신석기시대 빗살무늬토기가 시베리아에서 들어온 것이 아니라, 제자리에서 형성되었던 구석기문화가 신석기문화로 계승되고 발전되었다는 사실을 생생하게 보여주는 까닭에, 시베리아 기원설은 설득력을 잃게 되었다.

우리는 흔히 석기시대에서 청동기시대로 바로 건너가는데, 석기시대 후기에 이루어진 가장 중요한 발명품이 바로 토기다. 토기가 있어서 비로소 물을 담을 수 있고 음식을 끓일 수 있게 되었기 때문이다. 토기는 정착문화의 산물 두 가지 가운데 하나로서, 구들보다 앞서는 것이라고 하겠다. 단군신화에서 환웅이 곰과 범에게 100일 동안 햇빛을 보지 말고 생활하라고 하는 것은 정착생활을 가르친 셈인데, 이때 이미 물을 담는 토기가 있었다고 하겠다. 집 안에 머물

---

110) 국립중앙박물관, 《한국전통문화》, 한국박물관학회, 1998, 14쪽; 이형구, 위의 책, 87쪽 참조.
111) 이형구, 위의 책, 93~94쪽.
112) 이형구, 〈'발해문명' 창조 주인공은 우리 민족〉, 《뉴스메이커》 745호(2007년 10월 16일), 34쪽.

러 살려면 물을 저장해서 쓰지 않고서는 그러한 생활이 불가능하기 때문이다. 따라서 정착생활과 물을 담는 토기는 밀접한 연관성을 지닌다. 그러므로 "토기의 발명은 인류 최초의 혁명"이라고[113] 할 수 있다.

신석기시대는 토기를 병용하기 시작한 시대인데, 사실 토기의 기능으로 본다면 석기시대 이후 토기시대를 따로 설정하여 시대구분을 할 필요가 있다. 토기가 있어야 청동기도 가능하다. 석기만으로 청동을 녹이고 주물을 만들 수 없기 때문이다. 토기가 청동기와 철기를 낳은 셈이다. 게다가 토기는 석기처럼 과거의 유물이 아니다. 최근까지 요긴하게 쓰이고 있는 가장 오랜 생활도구다. 혁명적 발명의 빗살무늬토기는 고조선문화 훨씬 이전부터 존재했던 한민족 선사문화의 원형이라 할 수 있다.

그런데도 우리 학계는 빗살무늬의 상징이나 기능도 아직 제대로 밝히지 못하고 있다. 밑이 뾰족한 것은 그릇을 모래밭에 박아 고정시켜 사용했던 것으로 해석한다.[114] 빗살무늬는 모래에 묻었을 때 마찰을 높이기 위해서라는 궁색한 기능을 말하는 것이 고작이다. 모래에 박을 때 뾰족한 것은 마찰을 줄여서 쉽게 고정시키는 기능을 하는 반면에, 빗살은 마찰을 높이는 구실을 한다는 것은 사실상 모순관계에 있다. 정확한 용도를 모르니 그렇게 궁색한 추론을 할 수밖에 없다.

그러나 토기의 구조로 보면, 솥을 걸듯이 붙박이로 걸어두고 물이나 곡물을 저장하거나 음식을 끓이는 데 적절한 용기라는 사실을

---

113) 이형구, 앞의 책, 86쪽.
114) 이형구, 〈발해연안 빗살무늬토기 문화의 연구〉, 《한국사학》 10, 한국정신문화연구원, 1989, 73~75쪽.

알 수 있다. 토기는 열전도율이 낮기 때문에 솥으로 이용하려면 특히 열전도율을 높이지 않을 수 없다. 그래서 두 가지 기법을 사용했는데, 하나는 계란 모양의 타원형이고, 둘은 빗살무늬 새김이다. 첫째, 가마솥처럼 밑면을 길게 타원형으로 하면 불꽃이 닿는 면적을 최대한 늘여서 열효율을 높일 수 있다. 우리 붙박이형 솥의 밑면이 모두 타원형인 까닭도 이 때문이다.

둘째, 평면에 새김무늬를 넣으면 불꽃이 쉽게 타오르게 되고, 골이 파여져 있으면 불기가 닿는 면이 더 많아져서 열전도율도 높아진다. 빗살무늬 가운데도 불꽃이나 불기의 흐름에 따라 V자 모양을 일정하게 새긴 무늬는 그러한 효율성을 더 높이게 된다. 초기의 토기는 민무늬였다가 후대에 빗살무늬를 사용한 것도 발전단계를 뜻한다. 초기의 민무늬토기는 막사발처럼 입구가 넓고 깊이가 얕은데, 빗살무늬토기는 팽이처럼 입구가 좁고 깊이가 깊다. 이러한 변화과정은 우리 식품사를 나타내기도 한다. 처음에는 곡물로 죽을 끓여먹다가 점차 밥을 지어먹은 것이 아닌가 한다. 밥을 지어먹는 데는 토기의 열효율이 높아야 하기 때문에 접시형 민무늬에서 팽이형 빗살무늬형으로 발전한 것이다.

우리말에는 아직 '솥단지'라는 말이 남아 있다. 청동기나 무쇠솥이 나오기 전에는 질그릇솥을 사용한 까닭이다. 최근까지 나그네나 등짐장수들은 작은 질그릇 단지를 가지고 다니며 밥을 지어먹었다. 따라서 선사시대의 토기들 가운데 고열로 구워서 물이 새지 않는 토기들은 솥 구실을 하는 데 문제가 없다. 청동기시기의 유물로 시루가 나오는 걸 보면, 솥은 그보다 훨씬 이른 시기에 사용되었다고 봐야 한다. 신석기의 팽이형 빗살무늬토기가 밥을 짓는 솥 구실을 했을 가능성이 높다.

시루는 증기를 이용하여 음식을 익히는 것으로서, 솥을 전제로 한다. 자연히 솥 없는 시루는 존재할 수 없다. 따라서 시루가 솥보다 앞서 나타났다는 발굴유물을 전제로 우리 식품사를 정리한 까닭에, 먼저 시루에다 떡을 쪄먹다가 뒤에 밥을 지어먹었다는 식으로 밥의 역사 앞에 떡을 설정하는 식품학계의 해석은[115] 잘못이라 생각한다. 시루라고 하는 유물의 물증에 지나치게 매몰된 나머지, 논리적 해석 능력을 상실했을 뿐 아니라, 솥 구실을 했을 토기의 기능을 논리적으로 추론하지 못한 탓이라 할 수 있다.[116] 민무늬토기에다 죽을 끓여 먹다가 밥을 지어먹으면서 발명한 것이 빗살무늬토기인 것이다. 떡을 쪄먹는 시루는 그 뒤다. 그러므로 빗살무늬토기를 통해서 솥과 시루에 의한 음식문화사를 다시 정리하지 않을 수 없게 되었다.

8. '신화고현학'으로 읽는 현실문화의 정체성

본풀이의 논리에 따라 '신화고고학'으로 선사시대까지 거슬러 올라갔다가, 다시 지금 여기 우리들의 생활세계에까지 이르게 되었다. 이제 지금 여기의 문화를 풀어야 할 차례다. 흔히 단군신화의 내용을 까마득한 고대사 자료로만 여기고 지금의 현실 상황과 무관한 것처럼 다루어서는 본풀이로서 이해의 길이 막힌다. 본풀이는 과거의 내력이면서 현재의 문제상황이자 미래의 전망까지 겨냥한다. 그러므로 신화고고학과 더불어 '신화고현학'으로서 논의도 피해갈 수 없다.

---

115) 이종미, 〈한국의 떡 문화 형성기원과 발달 과정에 관한 소고〉, 《한국식생활문화학회지》 7, 한국식생활문화학회, 1992, 181~182쪽.
116) 임재해, 〈물질문화의 재인식과 문물로서 유무형 문화의 유기적 해석〉, 《민속학연구》 20, 국립민속박물관, 2007, 183~184쪽에서 자세하게 다루었다.

신화고현학에도 두 가지 길이 있다. 현재 신화가 본풀이로서 어떻게 노래되고 있는가 하는 구연현장 연구의 길과, 고대의 신화 내용이 현재 우리 생활세계 속에 어떻게 살아 있는가 하는 문화정체성 연구의 길이 있다. 이 논의에서는 단군신화를 대상으로 한 신화고고학의 연장선에서 문화정체성 연구의 길을 가고자 한다. 문화정체성을 겨냥한 신화고현학은 현재에도 우리가 단군신화를 살고 있다는 사실을 통해서 현실문화의 정체성을 실감나게 포착하는 일이다.

실제로 고조선 건국신화로서 단군신화의 전통은 후기에 형성된 다른 건국신화 체계로 이어지는 것은 물론, 지금의 우리 생활세계 속에 다양하게 지속되고 있다. 천손강림의 전통은 〈주몽신화〉와 〈박혁거세신화〉, 〈김수로왕신화〉로 이어지고, 신수의 전통은 〈김알지신화〉의 계림과 〈대홍수신화〉의 나무, 그리고 당신화의 당나무로 이어진다. 환웅이 깃들어 있던 신단수는 동신이 깃들어 있는 당나무로서 마을의 동수(洞樹) 또는 당산숲으로 살아 있다. 나라의 신수인 신단수의 전통은 고을의 부신목(府神木), 마을의 당나무, 마을굿의 서낭대, 무당의 내림대 등으로 이어지고 있다.

당나무를 통해 신단수의 전통을 확인하는 것은 물론, 우리 굿문화의 정체성도 확인할 수 있다. 천신 환웅이 내려와 신단수에 깃들어 있듯이, 굿에서 모든 신들은 내림대를 통해 지상으로 내려온다. 그래서 무당 몸에 실리거나 굿판에 좌정한다. 신들림 현상이 우리 굿의 정체성이다. 그러나 시베리아 샤머니즘은 오히려 무당이 탈혼하여 이계(異界)여행을 하며 신을 찾아간다. 따라서 기유모즈(Alexander Guillemoz)는 "무당은 샤먼과는 반대로 신을 찾으러 가는 것이 아니라 신을 받아들이고 맞아들이는 것"이라고[117] 대비한다. 이계의 신을

---

117) 알렉상드르 기유모즈, 〈현세적 복락추구(福樂追求)의 신앙〉, 크리스챤아카데미 편,

불러오는 우리 굿과, 이계로 신을 찾아가는 샤머니즘은 구조적으로 맞서는 관계에 있다.118)

샤머니즘과 달리, 굿문화의 전통은 정착생활을 하며 농경문화를 누린 사람들이 창출한 신앙생활이자 제의 양식이다. 무당이 되려면 신이 지펴야 한다. 굿을 할 때도 신령을 굿판에 모셔 와서 좌정시켜야 비로소 굿이 진행된다. 그러나 새로운 풀밭을 찾아 이동하는 유목문화는 신도 다른 세계로 찾아가서 만난다. 이계에 신이 있으면 그곳으로 찾아가야 한다고 여기는 것이 유목문화의 사유방식이다.119)

무당의 입무과정은 물론 굿의 양식에서도 유목민들의 샤머니즘과 우리 굿문화는 기본적인 차이를 보인다. 엑스타시(ecstasy)형인 샤머니즘이 신을 찾아 이계로 여행하는 이동형 유목문화의 굿이라면, 포제션(possession)형인 우리 굿은 신을 내림받아 모셔두고 굿을 하는 정착형 농경문화의 굿이라 할 수 있다.120) 따라서 유목문화와 농경문화의 신앙 양식이 구조적으로 다를 수밖에 없다. 생태학적 환경이 종교문화에도 영향을 미치는 까닭이다. 그러므로 굿문화의 기원을 유목문화의 샤머니즘에서 찾는 것은 문화적 원형과 생태학적 차이를 고려하지 않은 한계를 지닌다.

단군신화에 갈무리된 굿문화의 원형이 지금의 굿문화에 지속되어 한국 굿으로서 정체성을 확립하고 있는 것처럼, 곰네가 동굴 속에서 금기했던 3칠일은 출산 민속으로서 산모가 3칠일 동안 출입을 삼가

《한국의 사상구조》, 삼성출판사, 1975, 406쪽.
118) 임재해, 〈굿 문화사 연구의 성찰과 역사적 인식지평의 확대〉, 《한국무속학》 11, 한국무속학회, 2006, 76~80쪽에서 이 문제를 다루었다.
119) 임재해, 〈왜 지금 겨레문화의 뿌리를 주목하는가〉, 《비교민속학》 31, 비교민속학회, 2006, 202~214쪽에서 이 문제를 다루었다.
120) 위의 글, 208~209쪽에서 자세하게 다루었다.

는 금기풍속으로 지속되고 있다. 그리고 동굴 속에서 먹었던 쑥과 마늘은 여전히 우리의 중요한 식문화로 이어지고 있다. 흔히 곰이 쑥과 마늘을 먹고 금기를 지켜 인간으로 변신하는 이야기로 인식되지만, 사실은 환웅족의 신시문화를 동경한 곰족과 범족의 문화적 적응과정을 나타낸 것이다.

곰과 범이 환웅을 찾아와 사람 되기를 빌었다고 하는 것은, 유목생활을 하며 주로 육식을 하던 맥족과 예족이 신시에 찾아와서 환웅에게 선진적인 농경문화의 전수를 요청한 셈이다. 이때 환웅이 "신령스러운 쑥 한 다발과 마늘 20줄기를 주고 이르기를, '너희들이 이것을 먹고 백일 동안 햇빛을 보지 않으면 사람이 되리라' 하였다."[121] 육식생활을 버리고 채식생활을, 유랑생활을 버리고 정착생활을 해야 인간다운 삶을 누릴 수 있다고 가르친 것이다. 다시 말하면 유목생활에서 벗어나 농경생활에 적응하도록 이끌어준 셈이다. 따라서 단군신화에 나타난 곰네의 인간화는 한갓 변신담이 아니라 인간다운 삶에 이른 문화적 비약을 뜻하는 것이다.

환웅본풀이의 구조로 보아, 이러한 가르침이 바로 홍익인간의 실천이고 '재세이화'의 구체적 보기에 해당된다. 여기서 신시문화가 이룩한 채식 위주의 식생활과 정착 중심의 주생활이 구체화되고 민족문화의 원형이 분명하게 마련된다. 이 두 가지 문화적 원형은 민족문화의 유전자로 지금의 생활세계로 이어지고 있다. 실제로 쑥과 마늘을 먹는 식문화는 동북아시아에서 한민족에게만 완벽한 전통으로 지속된다. 중국은 쑥을 먹지 않고 일본은 마늘, 몽골은 쑥과 마늘을[122] 먹는 식문화가 없다. 중국은 마늘만, 일본은 쑥만 어느 정도

---

121) 《三國遺事》 卷第一 紀異, 古朝鮮. "時神遺靈艾一炷 蒜二十枚曰 爾輩食之 不見日光 百日 便得人形."

먹되 그러한 반쪽 식문화의 전통도 한국에 비하여 상대적으로 비중
이 낮다. 그러므로 우리 식생활을 돌아보면 환웅이 신시에서 곰과
범을 일깨우던 가르침대로 여전히 쑥과 마늘을 먹는 식생활이 지속
되고 있다. 한국 식문화의 정체성을 보면, 우리는 여전히 단군신화를
살고 있는 것이다.[123]

쑥과 마늘은 전형적인 채식이자 자연채취에 의한 나물문화의 원
형을 이룬다. 유목문화의 전통을 지닌 사람들은 농경생활에 진입하
면서 나물을 뜯어먹는 채취문화를 잃어버렸는데, 한국인은 산업사
회에서도 유독 채취시대의 식문화인 나물문화의 전통을 지속한
다.[124] 해마다 봄이면 산채를 즐겨 먹고, 식당에 산채정식과 산채비
빔밥이 차림으로 제공되는 식문화는 한국이 유일하다. 그러므로 쑥
과 마늘로 대표되는 채식문화의 원형은 단군신화 이래 반만년 동안
지속되는 뿌리 깊은 식문화의 전통이자, 민족문화의 정체성이라 하
지 않을 수 없다.[125] 채식 중심의 한식문화는 지금 국제사회에서
건강한 식문화의 보기로 주목되고 있다.

식생활뿐만 아니라 주거생활도 마찬가지다. 햇빛을 보지 말고 100
일 동안 지내라고 하는 것은 정착생활을 요구하는 것이다. 쑥과 마늘
이 지독한 채식생활이듯이, 햇빛을 보지 않는 100일간의 칩거생활도
지독한 정착생활에 해당된다.[126] 문화적 교화를 위해서는 지독한

----

122) 몽골에서 야생마늘을 먹는 문화가 있다. 그러나 우리처럼 마늘을 즐겨 먹지 않으며
   마늘을 재배하지도 않는다.
123) 임재해, 〈단군신화에 갈무리된 문화적 원형과 민족문화의 정체성〉, 《단군학연구》
   16, 단군학회, 2007, 283~299쪽에 자세하게 다루었다.
124) 이어령, 《디지로그》, 생각의나무, 2006, 96쪽.
125) 임재해, 〈단군신화에 갈무리된 문화적 원형과 민족문화의 정체성〉, 294쪽.
126) 임재해, 〈단군신화를 보는 생태학적인 눈과 자연친화적 홍익인간 사상〉, 《단군학연
   구》 10, 단군학회, 2003, 125쪽 참조.

문화수련이 필요한 까닭이다. 실내에서 장기간 생활을 하려면 가옥을 짓고 물을 담아 저장할 그릇이 있어야 하며, 난방시설도 갖추어야 한다. 그러므로 실내에서 물을 저장할 수 있는 큰 토기가 진작 발전되고, 정착생활에 적합한 난방방식으로 구들을 발명하였던 것이다.

선사시대의 빗살무늬토기와, 지금 우리가 누리고 있는 세계 유일의 온돌문화는 바로 농경문화 중심의 정착생활에서 비롯된 문화유산이다. 최근까지 시골 부엌에는 부뚜막에 고정시켜 놓은 붙박이 옹기물독이 있었고, 무쇠솥을 건 아궁이에 불을 지펴 구들을 데우는 정착문화의 두 전통이 살아 있었다. 유목생활에서는 거대하고 불안정한 빗살무늬형 토기가 불필요하고, 또 결코 구들을 깔아 집을 짓는 문화를 창출할 수 없다. 생태학적으로 맞지 않기 때문이다. 그러나 농경생활에 따른 채식문화와 정착문화는 필연적으로 온돌문화를 창조하게 되었고, 좌식생활의 주거문화를 독특하게 이룩하였다.

유목문화의 전통을 지닌 민족은 농경생활을 하며 집을 짓고 정착생활을 하여도 여전히 집안에서 돌아다니며 산다. 집안에서 입식생활을 할 뿐 아니라, 침실에서 시작하여 거실·응접실·식당방·서재를 거쳐 다시 침실로 여러 방을 순환하며 생활한다. 그러나 우리는 좌식생활을 하며 한 방에 머물러서 침실과 거실, 응접실, 식당방, 서재의 기능을 모두 이용한다. 온돌문화를 누리기 위해서는 좌식생활을 하는 것이 제격이기 때문이다.

사랑방에 손님이 와서 술상을 내고 방석을 내 놓으면 응접실이 되고, 밥상을 차려오면 식당방으로 바뀌며, 서안을 내놓고 독서하면 서재가 된다. 그리고 저녁에 이부자리를 깔면 침실로 변한다. 집안에서 기능에 따라 여러 방을 찾아다니며 생활하는 유목문화의 주거생활과, 한 방에 머물러서 다양한 살림살이를 끌어들여 여러 방의 기능을 모두 누리는 정착문화의 주거생활은 대조적이다. 뿌리 깊은 정착문화의 전통이 주거생활에 고스란히 나타나는 것이다.[127] 환웅본풀이에서 이룩한 정착문화의 원형이 현대 주거문화의 정체성을 결정해 주고 있는 셈이다.

정착문화에서 형성된 온돌문화의 전통은 외래문화를 받아들여 새롭게 바꾸는 창조력까지 발휘한다. 측면보일러는 밑면보일러로, 전기담요는 전기장판으로, 스프링침대는 돌침대로 모두 온돌문화에 맞게 재창조한다. 이제 돌침대를 비롯한 온돌보일러 문화는 주거문화의 '한류'로 외국에 수출되고 있다.[128] 지금 우리는 단군신화에 따라 독특한 좌식생활의 정착형 주거문화를 누리며 현대적인 온돌문화를 계속 창출하고 있을 뿐 아니라, 국제사회에 새로운 주거문화를 제공하게 되었다. 그러므로 한국형 온돌문화의 정체성이 앞으로 인류의 주거문화를 한 단계 발전시키는 데 적극적인 구실을 할 것으로 전망된다.

9. '본풀이신화학'이 밝힌 신화연구의 길

한국신화의 원형인 본풀이의 논리에 따라, 신화의 본디 이치를 포착하고 단군신화를 두 유형의 본풀이로 분석하여, 단군신화나 고조선의 건국신화로 간주한 상투적 해석에서 비롯된 한계를 여러 모로 극복할 수 있었다. 환웅본풀이를 뜯어봄으로써, 민족문화의 원형

---

127) 임재해, 〈주거문화 인식의 성찰과 민속학적 이해지평〉, 《비교민속학》 32, 비교민속학회, 2006, 51~532쪽.
128) 강영두, 〈카자흐에 아파트 한류(韓流)〉, 연합뉴스 2007년 10월 21일자에 따르면, 동일하이빌은 온돌보일러를 설치한 아파트로 카자흐스탄에 '아파트 한류'를 일으키고 있다.

을 환웅의 신시시대 이전으로 소급해서 밝혔으며, 그 원형을 통해 현재의 생활세계 속에 여전히 살아 있는 민족문화의 정체성을 지금 여기서 실감나게 확인할 수 있게 되었다.

본풀이신화학은 크게 일곱 가지 신화연구의 길을 새로 일깨워 주었다. 첫째, 신화는 그 자체로 소중한 문화유산이면서 민족의 역사와 문화, 세계관의 정체성을 밝혀주는 문화유산 해설사 구실을 별도로 한다는 점이다. 따라서 본풀이의 이치를 통해서 신화 자체의 정체를 밝히는 데 머물지 않고, 민족사의 시작과 민족문화의 원형, 민족적 세계관 등을 새롭게 밝힐 수 있게 되었다. 그러므로 신화는 스스로 독립적인 하나의 문화현상이면서, 다른 문화현상들을 두루 해명해 주는 '문화의 문화'라는 점에서 '메타문화'라 규정할 수 있다.

둘째, '메타문화'로 보면 본풀이는 민족적 세계관을 새롭게 일깨워 준다는 사실을 알 수 있다. 본풀이의 세계관은 공간적으로 태초의 우주에서 지금 여기의 현장까지 총체적으로 열려 있어서, 민족주의나 지역주의의 한계를 넘어서는 다층적이고 유기적인 세계를 포괄하고 있다. 하늘과 땅, 산과 물, 지상과 지하를 아우르는 것은 물론, 하늘 위의 하늘, 땅 속의 땅, 이승과 저승까지 아우르는 유기적 세계관을 지니고 있다. 그러므로 본풀이의 세계관은 민족주의나 인본주의 신화연구의 한계에서 벗어나기를 요구한다.

셋째, 이러한 본풀이의 세계관은 환웅본풀이의 홍익인간 사상과 만난다. 따라서 구전되는 본풀이와 문헌신화는 같은 세계관 속에서 형성되고 공유되었다고 하겠다. 그 동안 홍익인간을 단군의 사상이나 고조선의 이념으로 인식했던 것은 환웅본풀이를 신시건국신화로 분별해서 포착하지 않고, 단군본풀이나 고조선 신화의 일부로 간주한 까닭이다. 홍익인간은 환웅의 사상이자 신시의 건국이념으로서 인간중심주의나 민족중심주의를 넘어선 세계관이다.

환웅의 홍익인간 사상은 천상 세계에 대한 천하 세계의 개념으로서, 인본주의적 세계관을 뛰어넘는 것이다. 따라서 인류애를 넘어서는 생태학적이고 우주론적 세계관으로서 천하 세상을 두루 이롭게 하는 사상이라 할 수 있다. 그러므로 환웅본풀이의 맥락에서 말하면 홍익인간은 사실상 '홍익천하사상'이자 '홍익생명사상'으로서, 삼라만상을 모두 이롭게 하는 생태학적 공생의 이념으로 확대해 나가야 할 것이다.

넷째, 생태학적 공생의 이념으로서 홍익인간 사상은 두 가지 실천의 보기로 잘 드러난다. 하나는 환웅의 신시문화 수준이며, 둘은 이웃 민족과 나라가 신시문화를 동경한 사실이다. 환웅이 360여 가지 일을 다스린 것이나, 재세이화의 방법에서는 물론, 이웃 민족이 찾아와서 더불어 인간다운 삶을 누리고자 했을 때, 문화영웅으로서 기꺼이 문화생활을 일깨워주고 마치 반려자를 맞이하듯이 적극적으로 끌어들여 한 민족으로 결연을 맺었던 데서 특히 잘 드러난다. 비록 혈연과 문화의 배경은 달라도 문화적 교류와 동질성 확보를 통해 하나의 공동체가 될 수 있다는 사실을 보여준 셈이다.

환웅의 홍익인간 사상에는 민족적 배타성은커녕 오히려 인류를 넘어서서 자연생명까지 아우르는 공생적 세계관이 두드러진다. 이러한 세계관과 선진문화의 수준은 중국인들의 문헌기록을 통해서 구체적으로 입증되었다. 따라서 고대 중국인들은 동이를 군자국과 불사국으로 인정했을 뿐 아니라, 공자까지 이민을 꿈꿀 만큼 선진문화를 지닌 민족으로 동경했다. 환웅의 신시시대는 물론 공자시대까지 홍익인간의 문화가 이웃 나라로부터 국제적 공유의 대상이 되었음을 알 수 있다. 그러므로 홍익인간을 민족주의 이념으로 가두지 말고 '홍익천하'의 사상으로서 본디 정체성을 살려나가야 할 것이다.

다섯째, 홍익천하사상은 일찍이 하늘을 섬기는 제천문화로부터 비롯되었으며, 정착형 농경문화로부터 형성된 것이다. 따라서 신시 이전의 정착문화와 신시의 제천의식 문화를 근거로 고조선 이전에 형성된 신시문화의 지리적 위치와, 고고학적 유물을 통한 식문화의 정체성을 새롭게 해명할 수 있었다. 신시시대 제천문화 유적으로서 홍산문화의 정체는 물론 정착문화 유산으로서 빗살무늬토기를 새롭게 해석함으로써, 우리 문화의 시베리아 기원설을 극복하고 민족사와 민족문화의 원형을 역사적으로 소급할 수 있게 되었다. 그러므로 본풀이신화학은 수수께끼로 남아 있는 상고사와 고고학의 문제까지 설득력 있게 해명할 수 있는 신화학의 새 지평을 개척하기에 이르렀다.

여섯째, 단군신화에서 형성된 문화의 원형이 현재의 생활세계 속에서 고스란히 지속되며 민족문화의 정체성을 형성하고 있다는 사실이다. 정착생활에서 비롯된 온돌문화는 주생활이 서구화되어도 지속되고 있을 뿐 아니라, 현대적인 난방기술과 주거문화로 새롭게 창출되고 있다. 그리고 쑥과 마늘로 상징되는 채식 중심의 식문화 또한 여전히 지속되면서, 건강한 식문화로 국제사회에서 주목을 받고 있다. 한국인의 주생활과 식생활에서 세계인의 문화로 공유될 전망이다. 그러므로 본풀이신화학은 문화적 원형을 찾고 민족문화의 정체성을 포착하는 데서 나아가, 현대사회에 맞는 인류의 보편적 문화로 재창조할 수 있는 적극적인 대안까지 마련할 수 있게 되었다.

마지막으로, 본풀이신화학의 방법은 신화자료 외에 네 가지 연구자료를 대상으로 총체적인 연구의 길을 요구한다. 신화의 본디 모습인 구연현장의 본풀이 자료를 기본으로 하여, 신화시대와 관련된 문화유적과 고고학적 유물 자료를 적극 끌어들이는 한편, 같은 시대의 문화를 기록해 둔 이웃 나라의 문헌사료도 두루 섭렵해야 한다. 더 중요한 자료는 현실문화 자료다. 민족문화의 정체성은 현실세계의 일상생활에서 읽어낼 수 있어야 하는 까닭이다. 따라서 예사사람들이 일상적으로 누리는 현실문화 현상에서 민족문화의 정체성을 파악하는 문화읽기 능력이 중요하다. 그러므로 본풀이신화학은 구비전승, 문헌기록, 유적과 유물, 문화현상 등 모든 연구자료를 유기적으로 포괄하는 통찰의 인문학문을 지향해야 새 지평을 개척할 수 있다.

새로운 수준의 본풀이신화학이 가능했던 것은, 아직도 한국신화가 본디 모습대로 제의의 현장에서 굿노래로 구연되고 있는 까닭이다. 굿노래로 전승되는 본풀이 외에도 마을의 입향시조신화와 당신화는 세간에서 이야기로 널리 구전되고 있다. 신화의 두 갈래 실상을 고려할 때, 마을마다 전승되는 입향시조신화와 당신화를 통해서 굿판에서 노래되는 본풀이와 다른 신화의 세계를 더 정밀하게 분석하는 작업이 중요한 과제로 남아 있다.

신화민족주의를 극복하는 길은 한국신화를 넘어서서 세계신화로 눈길을 돌리는 비교연구가 중요하다.[129] 비교연구 못지않게, 마을이나 고을 단위로 전승되는 지역신화의 실상을 제대로 조사하고 연구하는 길도 소중하다. 마을신화는 민족주의에 얽매이지 않은 공동체신화기 때문이다. 더 소중한 것은 신화자료의 범주가 아니라 연구자의 사상이자 시각이다. 어떤 시각과 선험적 관념으로 보느냐에 따라 같은 대상이라도 다르게 보이는 까닭이다. 따라서 연구자의 해석 방향과 수준에 따라 신화연구가 온전한 신화학에 이를 수도 있고, 상상력에 따른 새로운 신화창조가 될 수도 있다. 그러므로 신화창조

---

129) 조동일, 〈세계 속의 한국신화, 어떻게 이해할 것인가〉, 《한국신화의 정체성을 밝힌다》(비교민속학회 주관 '민족문화의 원형과 정체성 정립을 위한 학술대회 3' 발표논문집; 프레스센터, 2007년 11월 1~2일), 66쪽에서 신화민족주의의 폐단을 적극적으로 비판하고 69~89쪽에서 세계신화의 비교연구를 통해 문제해결의 길을 제시했다.

에서 벗어나기 위해서도 신화의 주검이 아니라 살아 있는 신화를 널리 체험하고 연구하는 것이 바람직하다.

참고문헌

강영두, 〈카자흐에 아파트 한류(韓流)〉, 《연합뉴스》 2007년 10월 21일자.

국립중앙박물관, 《한국전통문화》, 한국박물관학회, 1998.

김병모, 《금관의 비밀 ― 한국 고대사와 김씨의 원류를 찾아서》, 푸른역사, 1998.

김성환, 〈최초의 한류, 동아시아 삼신산 해상루트의 기억을 찾아서〉, 《동아시아 전통문화와 한류》, 동양사회사상학회 국제학술대회(전남대학교, 2007년 1월 8일) 발표논문집.

김열규, 《한국의 신화》, 일조각, 1976.

――――, 《한국신화와 무속연구》, 일조각, 1977.

――――, 〈총론: 민담을 보는 다양한 눈〉, 《민담학개론》, 일조각, 1982.

김태곤, 《한국무가집》 4, 집문당, 1978.

――――, 《한국민간신앙연구》, 집문당, 1983.

김태곤 외, 《한국의 신화》, 시인사, 1988.

김화경, 《한국 신화의 원류》, 지식산업사, 2005.

김효정, 〈튀르크족의 기록에 나타난 '텡그리'(Tengri)의 의미〉, 《한국중동학회논총》 28-1, 한국중동학회, 2007.

김헌선, 《한국의 창세신화》, 길벗, 1994.

――――, 〈〈베포도업침〉과 〈천지왕본풀이〉에 나타난 신화의 논리〉, 《비교민속학》 28, 비교민속학회, 2003.

박선희, 《한국 고대 복식 ― 그 원형과 정체》, 지식산업사, 2002.

――――, 〈고대 한국갑옷의 원류와 동북아시아에 미친 영향〉, 《고대에도 한류가 있었다》, 지식산업사, 2007.

박영은, 〈B. 라스뿌찐의 《마쪼라의 이별》에 나타난 '우주목'(宇宙木)의 상징성 연구〉, 《세계문학비교연구》 13, 세계문학비교학회, 2005.

서대석, 《한국 신화의 연구》, 집문당, 2001.

성삼제, 《고조선 사라진 역사》, 동아일보사, 2005.

손진태, 《한국민족설화의 연구》, 을유문화사, 1946.

신용하, 〈단군설화의 사회학적 해석〉, 《설화와 의식의 사회사》, 문학과지성사, 1995.

———, 《한국민족의 형성과 민족사회학》, 지식산업사, 2001.

신형식·이종호, 〈'중화(中華)5천년', 홍산문명(紅山文明)의 재조명〉, 《백산학보》 77, 백산학회, 2007.

안영배, 〈중 랴오시 고조선 근거지로 추정〉, 《주간동아》, 2003. 1. 23.

알렉상드르 기유모즈, 〈현세적 복락추구의 신앙〉, 크리스챤아카데미 편, 《한국의 사상구조》, 삼성출판사, 1975.

우실하, 〈요하문명, 홍산문화와 한국문화의 연계성〉, 《고대에도 한류가 있었다》, 지식산업사, 2007.

———, 〈홍산문화, 요하문명과 한반도의 연계성〉, 《'단군과 고조선'에 관한 실증적·문화적 인식》, 제43차 단군학회 학술대회(동북아역사재단 세미나실, 2007년 6월 2일) 발표논문집.

———, 지도 〈고조선의 강역과 요하문명〉, (주)동아지도, 2007.

윤내현, 《고조선 연구》, 일지사, 1994.

———, 《한국열국사연구》, 지식산업사, 1998.

윤내현 외, 《고조선의 강역을 밝힌다》, 지식산업사, 2006.

이건무·조법종, 《선사유물과 유적―한국미의 재발견》, 솔출판사, 2003.

이수자, 《큰굿 열두거리의 구조적 원형과 신화》, 집문당, 2004.

이어령, 《디지로그》, 생각의나무, 2006.

이종미, 〈한국의 떡 문화 형성기원과 발달 과정에 관한 소고〉, 《한국식생활문화학회지》 7, 한국식생활문화학회, 1992.

이형구, 〈발해연안 빗살무늬토기 문화의 연구〉, 《한국사학》 10, 한국정신문화연구원, 1989.

———, 《한국 고대문화의 비밀》, 김영사, 2004.

———, 〈'발해문명' 창조 주인공은 우리 민족〉, 《뉴스메이커》 745호(2007년 10월 16일자), 경향신문사.

임재해, 〈단군신화에 던지는 몇 가지 질문〉, 《민족문화의 논리와 의식》, 지식산업사, 1992.

──, 〈고대 신화에 나타난 한국인의 진화론적 자연관〉, 안동대학교 민속학연구소 편, 《민속연구》 8, 민속원, 1998.

──, 〈한국 신화의 서사구조와 세계관〉, 《설화문학연구》 上, 단국대학교출판부, 1998

──, 〈한국인의 산 숭배 전통과 산신신앙의 전승〉, 김종성 편, 《산과 우리문화》, 수문출판사, 2002.

──, 〈한국민속사 시대구분의 모색과 공생의 시대 전망〉, 《민속문화의 생태학적 인식》, 도서출판 당대, 2002.

──, 《안동문화와 성주신앙》, 안동대학교 민속학연구소, 2002.

──, 〈단군신화를 보는 생태학적인 눈과 자연친화적 홍익인간 사상〉, 《단군학연구》 10, 단군학회, 2003.

──, 〈왜 지금 겨레문화의 뿌리를 주목하는가〉, 《비교민속학》 31, 비교민속학회, 2006.

──, 《민족신화와 건국영웅들》, 민속원, 2006년판.

──, 〈굿 문화사 연구의 성찰과 역사적 인식지평의 확대〉, 《한국무속학》 11, 한국무속학회, 2006.

──, 〈주거문화 인식의 성찰과 민속학적 이해지평〉, 《비교민속학》 32, 비교민속학회, 2006.

──, 〈단군신화에 갈무리된 문화적 원형과 민족문화의 정체성〉, 《단군학연구》 16, 단군학회, 2007.

──, 〈물질문화의 재인식과 문물로서 유무형 문화의 유기적 해석〉, 《민속학연구》 20, 국립민속박물관, 2007.

──, 〈맥락적 해석에 의한 김알지신화와 신라문화의 정체성 재인식〉, 《비교민속학》 33, 비교민속학회, 2007.

조동일, 〈신화의 유산과 그 변모 과정〉, 《우리 문학과의 만남》, 홍성사, 1978.

──, 《동사시아 구비서사시의 양상과 변천》, 문학과지성사, 1997.

──, 《세계·지방화시대의 한국학 2 — 경계 넘어서기》, 계명대학교출판부, 2005.

──, 〈세계 속의 한국신화, 어떻게 이해할 것인가〉, 《한국신화의 정체성을 밝힌다》, 비교민속학회 주관 '민족문화의 원형과 정체성 정립을 위한 학술대회 3'(프레스센터, 2006년 12월 8~9일) 발표논문집.

조현설, 《동아시아 건국 신화의 역사와 논리》, 문학과지성사, 2002.

崔南善, 〈不咸文化論〉, 《六堂崔南善全集》 2(壇君·古朝鮮 其他), 현암사, 1973,
하문식, 〈고조선의 돌돌림유적에 관한 문제〉, 《단군학연구》 10, 단군학회, 2004.
─────, 〈고조선의 돌돌림유적 연구: 追補〉, 《단군학연구》 16, 단군학회, 2007.
현용준, 《무속신화와 문헌신화》, 집문당, 1992.

郭大順, 〈序言: '遼河文明' 解〉, 遼東城博物館·遼東城文物考古硏究所 編, 《遼河文
    明展文物集萃》, 2006.
赤松智城·秋葉隆, 《朝鮮巫俗の硏究》 上, 大阪屋號書店, 1937.
Mircea Eliade, *Myths, Dreams and Mysteries*, New York: Collins, 1968.

세계 속의 한국신화, 어떻게 이해할 것인가

조 동 일

신화는 국내의 연구만으로는 해명되지 않고,
사실 고증의 방법으로는 파악하지 못하는 난해한 대상이다.
자료와 연구의 경과를 널리 살피고 슬기롭게 판가름해 포괄의 범위를 넓히고
논리의 차원을 높여야 한다. 민족주의와 실증주의는 신화와 특히 맞지 않아
차질이 두드러지게 나타난다. 이제 방향을 전환할 때가 되었다.
편협성을 넘어서고 폭과 깊이를 확대해
세계적인 보편성을 가지는 이론을 마련하는 데
신화연구가 앞서야 한다.

세 가지 신화

신화는 보편성이 뚜렷한 인류 공유의 문화유산이면서 실제 양상은 각기 다르다. 국가 또는 민족 단위의 특수성이 아주 중요시되기도 한다. 보편성과 특수성의 관계를 어떻게 파악하고 어느 것을 밝히는 데 더욱 힘쓸 것이냐 하는 데 따라서 서로 다른 신화학을 한다.

형성 시기를 구분해서 말하면, 민족 또는 국가 이전의 신화와 그 이후의 신화가 있다. 이 둘을 각기 신화(1)·신화(2)라고 하자. 근래에 다시 만든 민족국가신화는 본래의 신화가 아니지만 논의에 추가하지 않을 수 없어 신화(3)이라고 하기로 한다. 이 셋에 관한 연구는 각기 이루어지고 교섭이 없는 경우가 많으나 신화학이라는 공동의 영역에 포함시켜 함께 검토하는 것이 마땅하다.

신화(1)·신화(2)·신화(3)에 관한 연구를 신화학(1)·신화학(2)·신화학(3)이라고 하자. 세 신화학은 신화의 보편성과 특수성을 상이하게 파악한다. 신화학(1)은 신화의 보편성을 중요시하면서 일반 이론 정립을 목표로 한다. 신화학(2)는 연구의 대상으로 삼은 신화의 보편성과 특수성 양면의 관계를 사실 그대로 밝히는 역사학 연구를 하고자 한다. 신화학(3)은 자국 신화의 특수성을 주체의식 또는 우월감의 근거로 삼아 민족주의 정치의식을 선양한다.

신화학(1)의 탐구자들은 자기 신화와 남의 신화를 구별하지 않고 함께 다루며, 미지의 자료를 찾아 멀고 생소한 곳까지 가는 모험을 하기도 한다. 신화학(2)에서는 자국의 신화를 최대한 찾아내 우선적으로 고찰하고, 얻은 결과를 확인하거나 확장하려고 인접국가와의 비교를 하기도 한다. 신화학(3)은 자국 신화만 신성하다고 받들면서 다른 나라의 것들은 거짓이므로 돌아볼 가치가 없다고 여긴다.

신화학(1)은 신화(2)·신화(3)과의 연관은 배제하고 신화(1)만 연구 대상으로 삼아 일반이론을 정립하려고 한다. 연구대상과 거리를 확보하고, 합리적인 사고방식으로는 납득할 수 없는 신화의 양상이 무엇이며 왜 이루어졌는지 일관된 논리를 갖추어 해명하면서 비범한 학문을 한다고 자랑한다. 그 덕분에 보편타당성이 최대한 보장되는 것은 아니다. 신화의 기능, 심리, 구조 등에서 어느 하나를 선택하고 문명인의 견지에서 야만을 문제 삼는 이중의 편향성이 있다.

신화학(2)는 신화(2)에 대한 역사적 연구를 자국 학문의 소중한 과제로 삼아 마땅하다고 하고, 논지를 보완하기 위해 신화(2)와 신화(1)의 비교고찰을 이따금 시도한다. 사실에 입각한 객관적인 고찰을 한다고 하면서 민족사의 독자적 전개를 인식하고 옹호하는 방향으로 나아가고자 한다. 신화(2)를 신화(3)과 연관시켜 신화(3)을 긍정하는 근거로 삼고자 하는 의도를 문면에 나타내지 않은 이면적 주제로 삼아 경쟁 상대가 되는 다른 나라의 학문과 불화하기도 한다.

신화학(3)은 자료의 조작 혐의를 극력 부인한다. 신화(3)이 신화가 아니고 역사라고 하며, 당대의 창조물이 아니고 오랜 연원이 있다고 한다. 전적으로 신뢰하면서 받아들여야 할 민족의 자랑이니 자부심을 최대한 키우는 근거로 삼아 마땅하다고 한다. 신화(3)의 타당성을 신화(2)가 입증하고 신화(1)이 최종적인 증거를 제공하는 사실의 연관이 망각되거나 왜곡된 것을 비장된 자료가 발견되어 바로잡았다고 한다. 주장하는 바를 널리 알려 대중을 움직이는 방법을 사용해 배타적인 정치의식을 역설하고 동의를 강요한다.

신화에 관한 연구인 신화학은 단일학문이 아니다. 신화(1)·신화

(2) · 신화(3)을 주대상으로 한 신화학(1) · 신화학(2) · 신화학(3)이 서로 다르다. 한국신화에 관한 연구가 한국신화학(1) · 한국신화학(2) · 한국신화학(3)으로 나누어져 있는 것이 그 때문이다. 셋의 현황을 검토한 다음 어떻게 해야 할 것인지 말하기로 한다.

연구의 본보기

세 가지 한국신화학은 새삼스럽지 않고 이미 많은 연구가 이루어졌다. 연구사를 충실하게 검토하려면 많은 지면이 필요하므로 여기서 감당하지 못한다. 지금 긴요한 것은 세부 검증이 아닌 전체 조망이다. 특히 좋은 본보기를 하나씩 들어 세 가지 신화학의 특징을 분명하게 하고, 어떤 연구를 어떻게 더 해야 하는지 말하는 출발점으로 삼기로 한다.

한국신화학(1)의 본보기로 김헌선, 《한국의 창세신화》(길벗, 1994)를 들어보자. 서두에서 어떻게 연구해야 하는지 말했다. 신화 일반 또는 창세신화에 관한 이론이 여럿 있으나, "한국의 창세신화는 우리의 관점에서 읽어야 한다"고 하고, "우리의 창세신화 이론"을 이룩하는 것이 바람직하다고 했다.(32면) 자료를 한 차례 고찰하고 정리해 말했다. 창조신화는 가장 근원적인 신화라고 했다. 표면에는 보이지 않으나 깊은 층위에서 인간창조, 일월조정, 물과 불의 근원 등이 서로 관련된다고 했다. 이승과 저승 신화, 생사 신화, 건국신화 등을 총체적으로 거론할 수 있는 한국신화학의 체계가 필요하다고 했다.(82면)

한국신화학(2)에 관한 고찰은 서대석, 《한국신화의 연구》(집문당, 2001)에서 하기로 한다. 머리말에서 연구 방법을 밝히고 얻은 결과를 간추려 이해하기 쉽게 했다. "신화적 표현 속에 감추어진 역사적 진실을 찾는 데 주안점을 두고", "신화전승집단의 실체와 성격을 밝히고 그들이 지향했던 신성성의 원리와 기능을 모색"했다고 했다. "한국신화는 천신신앙과 수신신앙이라는 두 가지 신성성을 축으로 하고 있음을 발견하였고 이를 토대로 국조의 신성혈통의 특징과 변이를 검토하였다"고 했다.(xix면)

한국신화학(3)은 오래 잊고 있다가 근래에 발견되었다고 하는 몇몇 역사서에서 "우리 민족의 역사는 반만년이 아니라 일만 년이다", "활동무대는 아시아를 넘어선다"고 한 것을 민족 주체성을 인식하고 평가하는 근거로 삼자고 한다. 이에 대한 비판적 견해를 집약한 조인성, 〈재야사서 위서론(僞書論) —《단기고사》(檀奇古史),《환단고기》(桓檀古記),《규원사화》(揆園史話)를 중심으로〉(노태돈 편,《단군과 고조선사》, 사계절, 2000)에서는 이름을 열거한 여러 저작이 근래에 이루어진 것들이어서, 우리 민족은 아주 이른 시기에 남다른 영광을 누리고, 유구한 역사, 방대한 영역, 뛰어난 문화를 자랑했다고 하는 근거로 삼을 수 없다고 했다. 그렇더라도 사실 여부에 구애되지 않고 민족의 주체성을 선양하고 기상을 키우는 근거로 삼아야 마땅하다는 주장에 대해서 "민족주의적 성격이 강한 것으로 인식되어왔던 '재야사서'들에서 친일적인 성격"이 확인되고, "일제 황국사관(皇國史觀)의 재판이라는 견해도 나왔다"고 했다.(211면)

한국신화는 "우리의 관점에서 읽어야 한다"는 것은 당연한 말이다. 한국신화를 기존의 신화연구를 적용하는 대상으로 삼으려고 하지 말아야 했다고 이해하면 전적으로 타당하다. 자료를 자세하게 읽고 면밀하게 검토하자는 제안으로 받아들여도 크게 도움이 된다. 그러나 '우리의 관점'이 무엇인지 의문이다. 실제로 해놓은 작업은 사실의 정리이다. '우리의 이론' 또는 '한국신화학의 체계'가 아직 마련되어 있지 않아 부득이한 일이라고 할 수 있지만, 사실에서 이론으로 나아가는 길이 보이지 않는다.

이론이나 체계에 '우리'라는 말이 붙어야 하는지도 의문이다. 우리가 만드는 이론을 우리의 이론이라고 한다면 동어반복이고, 이론의 내용이나 특징에 관한 언표가 없다. 우리 신화만 연구할 것은 아니다. 대상을 확장해 국내외의 신화를 함께 포괄하고, 얻어낸 성과를 확대해 보편성을 파악해야 이론이고 체계라고 할 수 있다. 한국신화학(1)이 신화학(1)이게 하고, 신화학 일반이게 하는 길로 나아가는 연구를 해야 한다. 신화가 세계 공통의 유산이고 인류가 하나일 수 있게 한다는 것을 입증해야 한다.

건국신화에 나타나 있는 '역사적 진실'을 '신화전승집단'이 지향한 '신성성의 원리와 기능'을 들어 밝히는 작업은 반드시 해야 한다. 신성성의 원리가 각기 다를 수 있어 개별적인 고찰이 필요하다. 제대로 남아 있지 않은 자료를 애써 찾아 연구를 확장해야 한다는 것을, 백제신화 연구가 보여준 것을 평가한다. 동아시아 다른 나라의 경우와 비교연구도 진행했다. 그러나 이룬 성과에 만족하지 말고 작업을 확대하고 심화하기 위해 노력하는 것이 학계가 공유해야 할 과제이다.

건국신화연구에서 찾는 역사적 진실이 정치사에 관한 것으로 치우치지 않도록 경계해야 한다. 신화 자체의 역사, 상상력의 역사, 사고형태 창작의 역사 등을 함께 포괄해 총체적으로 연구하는 방향으로 나아가는 것이 바람직하다. 동아시아 건국신화 비교연구를 더욱 충실하게 하고 관심을 세계 전역으로 확대해, 건국신화에서 신성성을 추구하는 것이 어느 단계에 있었던 일이고, 왜 그래야 했는지 밝혀야 한다.

일본인의 그릇된 연구에서 벗어나 연구의 주체성을 확립하면 진전이 보장된다고 믿는 소박한 사고방식은 버려야 한다. 이런 초보적인 수준의 논의를 되풀이하고 있는 것은 연구자의 역량 부족에 이유가 있다. 연구하는 사람들에게 주문하는 일을 자기가 실제로 해서 결과를 보여주면 되는데, 불필요한 서론이 너무 길다. 낡고 뒤떨어진 견해와 결부된 일반인의 인식부터 고쳐놓아야 한다고 열을 올리면서 장외경기를 벌이는 것도 경계해야 할 풍조이다. 시사평론이나 대중운동으로 연구를 대신하면서 영향력 확대로 진실 검증을 대신하려고 하는 것은 학문의 정도가 아니다.

주체성은 좋은 말이지만 나쁘게 쓰일 수 있다. 한국신화학(2)를 한국신화학(3)에 근접시켜 근대민족주의의 신화적 이념을 마련하려고 하는 의도에서 주체성을 내세우는 것을 흔히 볼 수 있어 경계하지 않을 수 없다. 신화를 자민족 우월론의 근거로 삼아 일본과 경쟁하겠다는 것은 망상이다. 방어를 능사로 삼지 말고 적극적인 자세를 가지고 앞으로 나아가는 것이 주체적인 학문을 제대로 하는 자세이다. 일본신화를 세계적인 비교연구에 포함시켜 새로운 일반이론 창조 작업을 과감하게 진행하는 것이 마땅하다.

다른 곳들과 한국에 공통된 신화가 있는 것은 전파의 증거라고 하는 견해가 주체성을 훼손한다고 하는데, 나무라는 것을 능사로 삼지 말고 대안을 제시해야 한다. 전파론을 넘어서려면 공통된 신화가 창조된 보편적인 이유를 밝히는 이론을 신화(1)에서 출발해 마련해야 한다. 전파론을 역전시켜 한국신화가 다른 민족에게 전해졌으니 찾아와 우리 자산을 늘여야 한다고 하는 것은 적절한 대응책이 아니다. 한국신화학(2)를 확장해 한국신화학(1)에서 새로운 성과를 보여주는 것 같지만, 한국신화학(3)에서 펴는 주장을 근저에 깔고 있다. 한국신화는 소중한 의의가 있는 불변의 실체라고 하고, 신화의 빈부가 민족의 우열과 직결된다고 여기는 것은 잘못된 사고방식이다.

한국신화학(3)에서 추구하는 신화민족주의는 낡은 이념이다. 일본이 그 때문에 멍든 것을 알지 못하고 부러워하면서 따르려는 것은 어리석다. 우리 선조가 일찍이 넓은 지역을 통치해 자랑스럽다고 자랑한다면, 일본이 아시아의 대부분을 지배한 것은 더욱 훌륭하다. 사실을 확인할 수 없는 상상을 바탕으로 삼아 분명한 사실로 나타난 과오에 정당성을 부여한다. 국가를 거대한 규모로 키워 많은 민족을 통치하는 동일한 행위를 두고 누가 하는가에 따라서 영광이기도 하고 과오이기도 하다는 유치한 주장을 하는 데 끼어들지 말아야 한다.

신화(3)은 절대적인 가치를 가진다고 한다. 한국신화학(3)은 한국신화 찾기를 위한 것이 아닌 비교연구는 하지 않는다. 한국신화의 우위는 그 자체로 명백하므로 비교의 대상이 아니라고 한다. 이런 태도가 잘못이라고 판정하고 무시하면 되는 것은 아니다. 잘못을 깨우치기 위한 비교연구를 힘써 해야 한다. 근대민족주의 신화 조작이 어떤 경우에 심해지고, 주장하는 바가 무엇인지 여러 사례를 들어 살펴야 한다. 자기 민족은 신성하고 다른 민족은 저열하다는 신화가 멸시와 침략, 억압과 살육을 위한 구실이 된 세계사의 불행을 고발하고 단죄하는 것까지가 신화학의 임무이다.

그런데 지금의 형편은 그리 좋지 못하다. 한국신화학(1)은 소개에 머무르고 있다. 한국신화학(2)에서는 연구 성과가 있으나 안목이 협소하다. 한국신화학(3)이 학계 밖에서 커다란 영향력을 행사하는 것은 우려할 만한 사태이다. 광범위한 비교연구가 어디서나 요망되지만, 한국신화학(1)에서 특히 긴요하다. 한국신화학(1)을 위한 광범위한 비교연구를 해서 신화 일반론을 새롭게 정립하는 성과를 확대해 한국신화학(2)를 개방하고, 한국신화학(3)의 오류를 시정해야 한다.

새로운 출발점

나는 내 나름대로 신화를 연구해왔다. 《한국소설의 이론》(지식산업사, 1977), 《한국문학통사》(지식산업사, 1982~2005), 《동아시아 구비서사시의 양상과 변천》(문학과지성사, 1997), 《하나이면서 여럿인 동아시아문학》(지식산업사, 1999), 《소설의 사회사 비교론》(지식산업사, 2001), 《세계문학의 전개》(지식산업사, 2002), 《세계·지방화시대의 한국학 6: 비교연구의 방법》(계명대학교출판부, 2007) 등 여러 논저에서 전개한 작업이 있다. 이미 이룩한 성과를 간추려 정리하면서 새로운 논의를 보태고자 한다. 거론하는 자료의 출처나 구체적인 내용 이해는 기존 연구로 미루고, 새로운 논의를 이 글에서 얻는 성과로 삼는다.

해온 작업의 기본 특징을 말해보자. 이 작업은 여기서 처음 하면서 새로운 논의를 시작한다. 신화에 대한 문학사적 연구를 하다가 신화 일반론에 다가갔다. 신화에서 역사를 찾으려고 하지 않고, 신화의 역사를 통괄해서 이해하는 이론을 마련하고 시대마다의 변화를 고찰하고자 했다. 한국의 경우를 먼저 다루고 세계로 나아갔다. 아직 많이 모자라지만 앞에서 제안한 방향 전환을 구체화하는 데 도움이 된다고 믿는다.

신화는 무엇인가 하는 의문은 신화와 신화 아닌 것의 차이를 들어 풀어야 한다. 신화는 전설이나 민담, 그리고 소설과 다르다는 점을 들어 신화에 대한 정의를 내렸다. 자아와 세계의 대결 양상을 들어 차이점을 밝힐 수 있다. 자아와 세계가 신화에서는 동질적이거나 상호 보완적인 관계를 가지고, 전설에서는 세계의 우위에 입각해, 민담은 자아의 우위에 입각해, 소설에서는 상호우위를 보여주면서 대결한다.

신화, 전설과 민담, 소설은 각기 그 시대가 있어 순차적으로 등장했다. 신화를 산출한 신화시대가 지나가고 전설·민담시대가 시작되었으며 소설시대가 그 뒤를 이었다. 시대 성격이 자아와 세계의 대결 양상을 결정했다. 이런 논의를 거쳐 신화 이해가 다면화되고 문학사론이 역사 일반론으로 확대되었다. 다른 어느 접근방법에서보다 더욱 분명한 논리를 갖추어 신화 일반론을 새롭게 마련할 수 있었다.

신화시대는 자아와 세계가 동질적이거나 상호 보완적인 관계를 지녔다고 여기던 시대이다. 사람이 자아라면, 자연은 세계이다. 주체가 되는 사람이 자아라면, 객체가 되는 사람은 세계이다. 자아와 세계가 대결해 동질적인 관계를 가진다는 것이 신화를 존중하던 사람들의 사고방식이었다. 사람과 자연 사이에서 생기는 마찰은 주술로, 인간사회 내부의 불화는 공동체적인 유대 강화로 해결하면 된다고 여겼다.

신화는 경험의 영역을 넘어선 근원적인 진리를 나타낸다고 인정되어야 한다. 이에 대한 불신이 나타나 신화가 밀려나거나 해체되는 과정에서 전설과 민담이 득세했다. 전설과 민담은 대립되면서 상보적인 관계를 가졌다. 전설은 세계의 우위, 민담은 자아의 우위에 입각해서 전개되는 자아와 세계의 대결이다. 신화적 질서가 무너지자, 한편으로는 세계의 전설적 횡포가, 다른 한편으로는 자아의 민담적 가능성이 두드러지게 나타난 전설·민담시대에 들어섰다. 그 뒤에 자아와 세계가 상호우위를 가지고 하면서 새로운 진실성을 추구하는 소설시대가 시작되었다.

신화시대, 전설·민담시대, 소설시대는 일반 역사의 어느 단계에 시작되어 다음 단계까지 지속되었다. 신화시대는 원시에서 고대까지 걸쳐 있었고, 중세로 이어지기도 했다. 전설·민담시대는 고대에서 중세를 전성기로 하고 그 뒤까지 남아 있다. 소설시대는 중세에서 근대로의 이행기에 비롯해 근대로 넘어왔다. 역사의 단계를 넘어서서 지속되면서 성격이 변해, 그 양상 고찰이 세부적인 연구의 긴요한 과제이다.

신화는 말 또는 산문이기도 하고 노래 또는 율문이기도 하다. 구전되는 형태의 산문서사문학은 설화라고 하고 율문서사문학은 서사시라고 하는 것이 예사이지만, 양쪽이 겹친다. 설화뿐만 아니라 서사시에도 신화가 있고, 전설이나 민담이라고 할 것도 있다. 서사시를 신령서사시, 영웅서사시, 범인서사시로 나누면, 신령서사시와 영웅서사시는 신화, 범인서사시는 전설과 민담이 율문으로 표출된 형태이다. 범인서사시 가운데 일부는 소설의 특징을 지녔다.

세 서사시의 하위 부류를 정리하고 형성과정을 밝히는 작업을 함께 했다. 신령서사시는 신앙서사시였다가 창세서사시까지 갖추고, 영웅서사시에서는 여성영웅서사시가 먼저 나타나고 남성영웅서사시가 뒤를 이었다고 했다. 이러한 사실은 신화의 형성과 변천에 관한 일반적인 논의를 전개할 수 있게 하는 출발점이 된다.

율문신화와 산문신화 가운데 율문신화가 더욱 소중한 자료이다. 율문신화가 공식적인 전승이라면, 산문신화는 비공식적인 전승이었다. 공식적인 전승이라야 신화의 전모를 간직하고 있다. 공식적인 전승이 사라진 탓에 산문신화만 남은 곳에서는 신화를 납득하기 어려운 이야기로 여기고 말 수 있다.

서사시무가라고 일컬어지는 한국의 율문신화는 신화 일반론을 이룩하는 데 크게 기여할 수 있는 생생한 자료이다. 산문신화의 부족을 개탄하는 것은 자기가 타고난 행운을 모르고, 남들의 불운을 부러워한다고 할 수 있어 부적절하다. 우리 자료를 다루어 얻을 수 있는 성과를 가지고 세계로 나아가 큰 학문을 해야 할 때가 되었다. 믿을 만한 형태로 기록된 율문신화를 찾아내 지금도 구전되는 율문신화와 비교해 고찰하는 최상의 연구이다.

지금까지 신화연구를 주도한 유럽 학자들은 불리한 조건을 타고난 것을 알지 못했다. 율문신화는 사라지고 산문신화만 지나치게 윤색된 채 남아 있으며, 서사시 또는 구전은 자취를 감추고 기록창작물만 있어 신화와 연결시킬 수 없다. 결핍을 보충하기 위해 멀리까지 간다고 해도 현장에 들어가 생생한 체험을 하기는 어렵다. 이런 제약 조건에서 벗어나 신화 일반론을 바람직하게 이룩하는 작업을 율문신화가 전승되는 유리한 조건을 타고난 곳에서 선도해야 한다.

신화(1)의 비교연구 1

최초의 신화는 세상이 처음 생긴 내력을 말해주는 창세신화가 아니다. 내용과 형성 시기를 혼동하지 말아야 한다. 처음에는 추상적인 생각을 하지 못하고, 누구나 흔히 가지는 의문을 해결하려고 신화를 만들었다. 짐승을 잡아 살아가면서 짐승과 사람의 관계를 절실한 의문으로 삼았다. 이 의문을 풀어주는 착상이 최초의 신화였다.

짐승과 사람이 서로 같고 다른 양면을 어떻게 연결시켜 이해할 것인가 하는 것이 구체적인 과제였다. 짐승과 사람은 본원적인 공통점과 단계적인 차이가 있다고 하는 것이 가능하고 설득력 있는 추론이었다. 지금의 인류보다 먼저 나타난 선행인류가 짐승으로 변해 남아 있다고 하는 착상을 마련했다. 북미대륙의 원주민은 늑대 비슷한 동물인 코요테가 선행인류의 변신이라고 여겼다. 선행인류라면 신비한 존재이므로 코요테를 신으로 여긴다. 짐승을 신으로 섬기는 신앙서사시가 최초의 신화였다.

짐승과 사람의 관계를 말한 신화 가운데 아이누민족의 '가무이 유카르'가 특히 좋은 자료이다. '가무이'는 '신'(神)이고 '유카르'는 '서사시'여서, '가무이 유카르'는 '신의 서사시'이다. 일본어로 '신요'(神謠)라고 하는 것이 적절한 번역이다. '가무이 유카르'는 '아이누 유카르'와 구별된다. '아이누'는 '사람'이라는 말이고, '아이누 유카르'는 '사람의 서사시'이다.

신의 서사시에서 짐승을 신으로 섬긴다. 여러 짐승 가운데 곰이 으뜸이다. 〈곰의 노래〉라고 하는 것을 보자. 곰을 사냥하는 것을 곰을 신으로 섬기는 행위라고 하고서, 곰이 말을 한다는 일인칭 서술로 사건을 전개한다. 사람이 자아이고 곰이 세계인 관계를, 곰이 자아이고 사람이 세계라고 역전시켜 자아와 세계의 동질성을 설득력 있게 확인하는 방법을 마련했다.

사람의 사냥감인 곰을 신이라고 받드는 것은 그 자체로 거짓이다. 그러나 사냥꾼보다 사냥감이 존귀하고, 사람보다 짐승이 더욱 신령스럽다고 해야 양쪽이 대등하게 된다. 힘이 있다고 해서 짐승을 함부로 죽이지 말고 보호하는 데 힘써야 한다는 지침이 마련된다. 해마다 일정한 시기에 곰을 섬기는 굿을 하면서 이런 노래를 불러, 사람 때문에 희생되는 다른 생명체를 최대한 존중하도록 하는 성스러운 가르침을 거듭 확인한다.

그 자체로 말이 되지 않기 때문에 말에 나타나 있는 것 이상의 본원적이고 포괄적인 원리를 나타내는 이야기가 신화이다. 굿을 하면서 노래하는 것이 신화를 전달하는 본래의 방법이다. 아이누민족은 신화 노래에서는 격식을 갖춘 '아어'(雅語)를, 신화 말에서는 예사로 하는 '구어'(口語)를 사용한다. 신화를 노래하는 서사시는 공식의 전승이라면, 신화를 말로 하는 것은 비공식의 전승임을 분명하게 확인할 수 있다.

피노-우그르아민족도 수렵 행위와 관련된 신앙서사시를 이어오고 있다. 칸티와 만시 민족의 경우를 보자. 러시아공화국에 속하는 두 민족은 우랄산맥 동쪽 시베리아 서쪽의 칸티-만시자치구에 함께 거주하고 있다. 곰을 섬기는 굿을 할 때 일인칭으로 전개되는 신앙서사시를 노래하는 것이 아이누의 경우와 같다. 그런데 곰 노릇을 하는 인물과 다른 인물이 굿에 함께 등장하고, 다른 인물이 일인칭으로 노래를 하는 점은 다르다. 만시 민족의 노래에서는 서술자가 신성한 곰의 뜻을 거역했다가 화를 당했다고 한다. 칸티 민족은 짐승 가죽을 몸에 걸치고 발에 신은 신령이 하늘에서 내려와 곰에게 인사를 하고 사람들을 찾는다고 한다.

곰의 구실을 하는 사람이 굿에 등장하는데도 곰이 노래하지 않고 다른 등장인물이 노래를 하는 것은, 신앙의 대상에서 신앙의 주체로 관심이 옮겨간 증거이다. 곰과 신령이 분리되어 수렵의 신인 신령이 곰과 사람 사이의 매개자 노릇을 한다고 이해할 만한 관계를 가지고 있다. 그 신령은 짐승 가죽을 두르고 있어 사냥을 하는 사람의 행위를 나타내고 있다. 그 점에서 제주도 신앙서사시에서 섬기는 신령과 같다.

사냥이 잘 되도록 하는 굿에서 부르는 신앙서사시가 처음에는 아이누의 경우처럼 수렵의 대상 가운데 특별한 것을 토템동물로 삼아 숭상하다가 단계적인 변화를 보였다고 할 수 있다. 만시민족에서처럼 토템동물을 섬기는 쪽의 이야기를 듣게 된 것이 첫 단계의 변화라면, 칸티민족이 보여주듯이 토템동물과 사람들 사이를 매개하는 신령을 따로 설정한 것은 두 번째로 나타난 변화가 아니었던가 한다. 그런 신을 신앙의 대상으로 하고, 신과 사람의 관계를 다루는 다음 단계의 변화가 제주도에서 발견된다고 보면, 전후의 과정을 모두 이해할 수 있다.

제주도의 〈서귀포본향당본풀이〉에서는 바람의 신이 못난 본부인은 버리고 아름다운 첩과 함께 제주도에 이르러 한라산에 올라가서 새 삶을 시작해 사냥을 하고, 부부관계를 하는 장면을 서술했다. 그 광경을 우연히 목격한 사냥꾼이 반갑게 여겨 절을 하자, 자기를 받들어 모시라고 했다. 사냥의 신이 스스로 사냥을 해서 모범을 보이고 사냥감이 번성하게 하는 것을 감사하게 여겨 신앙의 대상으로 삼은 내력을 그렇게 풀이했다. 신화의 역사를 이해할 수 있게 하는 소중한 자료가 제주도에 있어 관심을 넓혀 많은 것을 알 수 있는 출발점이 된다.

북극권에 사는 이누이트 또한 소중한 유산을 간직하고 있다. 생활 영역에 흔히 있으며 수렵의 대상인 고래나 곰 가운데 아주 거대한 모습을 한 신이 있다고 믿는다. 그런 신의 내력과 업적을 설명하는 노래에 신앙서사시라고 할 것과 창세서사시라고 할 것이 함께 들어 있다. '태초의 무당할머니'가 까마귀이면서 사람인 남자를 만들어냈으며, 그 인물이 여성무당과 싸워 이기고, 고래를 작살로 잡고, 빛과 어둠의 비율을 조절했다고 했다.

신의 내력을 그렇게 설명한 가운데 창세신화의 내용이 일부 들어 있다. 빛과 어둠의 비율을 조절했다는 것은 다른 데서 해와 달을 활로 쏘아 수를 적절하게 했다는 것과 상통한다. 무당이 신통력을 가지게 된 과정을 말하고, 조상의 시련과 투쟁을 말하는 데서 영웅서사시의 원초 형태라고 할 것이 있다. 부모를 잃고 삼촌에 의해 양육되던 어린아이가 무당이 되어 다른 무당들과 싸우다가 죽었다고 하는 사건을 다룬 것이 상당한 분량으로 이어져, 영웅서사시의 원형을 이룬다고 할 수 있다. '영웅의 일생'이 거기서 나타나기 시작했다. 조상이 사냥을 나갔다가 실제로 겪은 모험과 조난을 전하는 것도 있다. 역사적 사실을 다루는 영웅서사시는 그런 데서 비롯했다고 할 수 있다.

원시서사시는 어느 것이든 사람과 다른 생명체, 사람과 자연의 바람직한 관계를 되찾게 한다. 사람은 다른 생명체를 마음대로 죽이고, 자연을 얼마든지 정복해서 이용할 수 있다고 하는 근대인의 편견을 시정하고, 우주 안의 모든 것이 서로 대등한 관계에서 화합을 이룩해야 마땅하다는 가르침을 간직하고 있다. 아이누인의 곰서사시에서 사람이 곰을 죽여 먹이로 이용하면서 곰을 신으로 섬긴다고 하는 것은 둘 사이의 우열관계를 대등관계로 만드는 역전이고, 곰사냥이 어느 때든지 함부로 할 수 없는 엄숙한 의식임을 일깨워준다.

신화(1)의 비교연구 2

수렵사회에서 농업사회로 들어서자 농사가 어떻게 해서 가능한가 하는 의문을 풀려고 추상적인 개념을 사용하기 시작했다. 이런 변화를 계기로 해서 창조신화가 마련되었다. 태초에 어떤 기운이 있어 둘로 갈라지고 다시 여럿으로 나누어져 운동을 한 결과 천지만물이 되었다고 했다. 그 기운이 남녀나 형제가 되어 서로 예사롭지 않은 사건을 빚어내고, 천지만물을 각기 나타내는 신들이 있어 다채로운 활약을 한다고도 했다.

신앙서사시와 창세서사시는 굿을 하면서 부르는 공식의 전승이라는 점이 같으면서, 전승자의 자격은 달랐다고 생각된다. 수렵의 신을 섬기는 신앙서사시는 사냥꾼이라면 누구나 자기 스스로 주술사 노릇을 하면서 부를 수 있었다. 그러나 천지창조나 인류기원의 내력을 알리는 창세서사시는 신과 사람을 매개하는 신비한 능력을 지녔다고 하는 무당이 지어내고 이어왔다.

신앙서사시는 전승이 개방되어 있고 직접적인 기능을 항상 수행하므로 노래가 아닌 말로 나타내야 할 이유가 없었다. 그러나 창세서사시는 독점적인 권능을 가진 담당자가 특별한 기회에 구연하므로, 제한조건에 구애되지 않고 누구나 아무 때든 전승에 참여할 수 있는 방식이 있어야만 했다. 일반인은 원래의 전승 방식인 노래를 익히는 데 필요한 자격도 겨를도 없어, 전문이 아닌 개요를 일상생활의 말로 이야기할 수밖에 없었다. 신앙서사시는 구체적인 기능을 수행하면 그만이지만, 창세서사시는 특별하게 받들어야 할 신성한 원리를 지녔다고 인정되어 더욱 존중되었다.

창세서사시는 흔히 생각할 수 있는 범위를 넘어서서 복잡한 내용을 갖추어야 천지만물과 인간에 관한 갖가지 의문을 해명해주고, 전승 담당자인 사제자가 지닌 남다른 권능을 입증하는 두 가지 기능을 수행할 수 있었다. 그러면서 서로 멀리 떨어진 곳에서 각기 전하는 것들에 뚜렷한 공통점이 있어 의문 해명과 권능 입증의 기본 양상이 서로 다르지 않았음을 증명해준다.

창세서사시의 복잡한 내용은 원래의 전승 담당자가 아니면 감당할 수 없다. 예사 사람들이 말로 전하면 연결이 끊어지고 내용이 단순해진다. 결락을 메우면서 합리적인 설명을 하려고 하다가 이해하기 더욱 어렵게 된다. 외부와 두절된 오지를 찾아가면 해결책이 생기는 것은 아니다. 굿을 하면서 노래하는 전승 방식이 이어지고 있는 곳에서 생동하는 자료를 얻어야 한다. 한국의 서사무가가 바로 이런 자료여서 비교연구를 거쳐 일반이론을 이룩하는 데 결정적으로 기여한다.

제주도의 〈천지왕본풀이〉를 보자. 전승본에 따라서 다르지만, 공통된 전개를 추출할 수 있다. 하늘과 땅이 분리되고 만물이 생겨난 천지개벽을 말하고, 천지왕이 천상에서 지상으로 내려와 악행을 일삼고 있던 수명장자를 징치했다고 했다. 천지왕이 지상국부인과 결연해 낳은 아들 둘이 아버지를 찾아가고, 해와 달이 여럿이어서 활로 쏘아 지금과 같이 조정한 경위를 말했다. 세상을 차지하기 위해서 둘이 내기를 할 때 부정한 술수를 쓴 쪽이 이겨 이승에는 부정이 많다고 했다.

이런 것들이 무엇을 말하고 왜 필요했는지 밝히기 위해 비교대상을 찾기로 하자. 한국에서처럼 굿에서 부르는 노래는 마땅한 것은 찾기 어렵다. 기록되어 전하는 몇 가지 자료를 원래의 전승은 확인할 수 없으나 풍부한 내용을 갖추고 있어 요긴하게 사용할 수 있다. 기록되어 전하는 자료를 원래 한국의 서사무가처럼 노래했으리라고 추정하면서 비교를 진행하는 것이 마땅하다.

중국 납서족(納西族)의 〈동파경〉(東巴經), 하와이의 〈쿠무리포〉, 중앙아메리카의 〈포풀 부〉 등을 우선적으로 다룰 만하다. 〈동파경〉은 동파(東巴) 문자라는 상형문자로 기록해 전하는 민족의 고전이다. 〈쿠무리포〉는 하와이왕국에서 소중하게 여기면서 간직해온 전승을 마지막 시기의 국왕이 로마자를 이용해 기록했다. 〈포풀 부〉는 스페인어로 번역된 형태로 전한다. 셋 다 상당한 분량을 가진 신화 집성이다.

〈동파경〉은 서두의 〈창세기〉에서 해와 달의 유래, 사람의 출현, 대홍수 등을 다루었다. 흰 기운이 이슬이 되고, 이슬이 변해 바다가 되더니 바다에서 생긴 알에서 사람이 태어났다고 했다. 〈흑백지전〉이라고 하는 다음 대목에서는 다섯 색깔의 알에서 다섯 민족이 유래해 서로 싸우다가 다른 민족의 해와 달을 훔친 쪽이 승리했다고 했다.

〈쿠무리포〉는 〈창조의 노래〉라는 뜻이다. 밤·어둠·신령의 세계가 먼저, 낮·빛·사람의 세계가 나중에 생겨난 유래를 말했다.

그 다음에는 신령이면서 사람인 마우이가 등장해 벌인 소동을 다채롭게 소개했다. 대양의 육지를 낚고 태양에 올가미를 씌우고, 대단한 신을 섬기는 신앙을 모독했으며, 아비 없는 자식이라고 핍박하는 자들을 물리치고 사회적인 권위를 부정했다.

〈포폴 부〉는 천지창조와 사람의 출현을 먼저 말하고, 대홍수가 있었다고 했다. 그 다음에는 신령이면서 사람인 이중의 존재가 일으킨 말썽을 길게 다루었다. 익스우나푸와 익스발랑케라는 쌍둥이가 죽을 고비를 넘기고 자라나 일은 하지 않고 싸움만 하다가 아버지의 원수를 찾아서 죽였다고 했다.

네 사례는 뚜렷한 공통점이 있다. 천지와 인간이 생긴 유래에 관한 의문을 공통된 상상을 마련해 풀어주고, 그 뒤에 일어난 변화를 사람들 사이에서 벌어진 투쟁과 관련시켜 설명했다. 창조자이면서 전승자인 무당은 일정한 격식을 갖춘 굿에서 이런 노래를 들려주어 천지와 인간에 대한 의문을 풀어주면서 질서와 혼란의 관계에 대해서 발언권을 가질 수 있었다. 세계 곳곳에 같은 신화가 있으면서 동일한 의미를 지녀, 전파론이 부당하고, 심리학적 이해나 구조분석이 일방적이고 피상적인 이해임을 말해준다.

공통점과 함께 차이점도 발견된다. 전개의 순서에서 천지창조에서 인간 행위로, 질서에서 혼란으로 나아간 것이 변화의 과정이었다고 할 수 있다. 이런 기준에서 살피면 〈동파경〉보다는 〈쿠무리포〉가, 〈쿠무리포〉보다는 〈포폴 부〉가 더 나아갔다고 할 수 있다. 〈천지왕본풀이〉는 천지와 인간이 생긴 유래를 질서의 관점에서 말한 대목이 얼마 되지 않아 다른 셋보다 원래의 모습에서 더 멀어졌다고 할 수 있다.

그러나 인간 행위를 문제 삼으면서 혼란으로 나아가는 데서는 평가가 달라질 수 있다. 천지왕과 두 아들이 부자 관계를 가진다고 하면서 천지와 인간의 문제를 직접 연결시켜 다룬 것은 한층 오랜 형태일 수 있다. 아버지가 지상으로 내려와 악행을 일삼고 있던 수명장자를 징치한 것과 같은 일을 지상에서 태어난 두 아들이 이어나가야 하는 것은 당연하다. 두 아들은 천상의 아버지에게서 받은 능력으로 일월을 조정해 혼란을 질서로 바꾸어놓은 공적이 있는 한편, 지상의 인간다운 결함을 지녀 세상 차지하기 내기에서 부정한 쪽이 승리해 이 세상에 부정이 많게 한 책임이 있다.

〈천지왕본풀이〉가 이렇게 맞물리는 논리를 정연하게 갖추고 있는 것은 혼란이나 파괴가 없이 제대로 전승되어 왔다는 증거이다. 반대가 되는 경우를 들어보면 특징이 더욱 분명하다. 〈동파경〉에서는 〈창세기〉와 〈흑백지전〉이 별개여서 간격이 많이 벌어졌다. 원래의 전승을 두고 새로운 것을 지어내 추가분이 생동하는 모습을 지니지 않았다고 할 수 있다. 글에 정착시켜 널리 규범이 되는 경전을 만들고자 해서 원래의 맥락에서 많이 이탈했다.

〈천지왕본풀이〉에서 이 세상 차지 내기를 할 때 부정한 술수를 쓴 쪽이 이겨 이승에는 부정이 많다는 것은 몽고신화에 같은 것이 있어 주목된다. 신화의 권역에 대한 연구가 필요하다고 일깨워준다. 여기서는 거시적인 관점으로 보편성을 찾는 작업을 계속한다. 기본 설정을 살피면 술수를 써서 혼란을 일으켰다고 하는 것이 〈쿠모리포〉와 〈포폴 부〉에도 있다. 〈쿠모리포〉의 마우이와 〈포폴 부〉의 쌍둥이가 술수를 부리는 장난꾼 노릇을 하면서 자연과 사회의 질서를 함께 교란했다. 부정한 술수를 써서 혼란을 일으켰다고 하는 것이 공통점이다.

이런 것이 있어 신화가 신화답지 않게 한 것이 아닌가? 신화를 확장했다고 하는 것이 타당하다. 창조가 질서 있게 이루어졌다고 할 수 없는 사안에 대한 의문을 해명하기까지 했다. 일탈 행위가 변혁을 가져오는 이치를 말했다. 신화가 불변의 권리를 자랑하면서 동떨어져 있지 않고 새로운 요구에 부응하도록 해서 불신을 막았다. 신령이면서 사람인 존재가 술수를 부리는 장난꾼 노릇을 했다는 것은 창세신화에서 영웅신화로 나아간 증거라고 할 수 있으나 건국신화와는 상당한 거리가 있다.

신화(2)의 비교연구 1

정치지배자가 무당인 사제자보다 우위에서 권력을 장악해 국가를 창건하고 정복전쟁을 일으키면서 원시문학과 분명하게 구분되는 고대문학을 이룩했다. 하늘에 있는 창조주의 아들인 지상의 지배자가 영웅적인 투쟁을 해서 승리자가 된 과정을 이야기하고 노래하면서 자연과의 관계보다 사람들 사이의 관계가 더욱 중요한 관심사로 등장했다. 지배자 자신 외에 전문적 사제자나 지배층의 일원으로 참여한 다른 사람들도 문학 창작에 참여해 문학의 폭이 많이 확대되었다. 일부 지역에서는 문자를 만들어 시를 적는 데 이용했으며, 금석문, 역사기록, 사상서 등을 산문으로 쓰기도 했다.

고대문학은 지배자의 문학이었다. 지배자만 홀로 우월하다는 자기중심주의를 지배자 집단의 표상으로 삼아 구비문학과 기록문학 양쪽에서 나타냈다. 통치의 대상이 되는 피지배자나 정복의 대상이 되는 다른 집단은 다 같은 사람이 아니라고 여겨 살육과 약탈을 함부로 했다. 힘이 진리이고, 용맹이 가장 자랑스러웠다. 강자와 약자가 함께 받들어야 할 이치는 없었다. 사람은 누구나 사람이라고 하는 보편주의는 다음 시기인 중세에 이르러 비로소 나타났다.

태초에 어떤 기운이 있어 남녀와 형제로 나누어져 운동한 결과 천지창조가 이루어졌다고 하던 신화가 변해서, 기운 대신에 창조주를 내세워 창조주가 천지를 만들어냈다고 하게 되자 원시신화와는 다른 고대신화가 이룩되었다. 창조주의 등장은 청동기시대 이후에 사람들 사이에서 권력자가 등장한 변화를 반영한다. 권력자와 다른 사람의 관계에 따라서 신들끼리, 신과 사람 사이의 관계를 재조정했다.

원시신화를 이룩할 때 동물의 형상을 하고, 자연현상의 어느 것을 나타내는 여러 신을 만들어낸 것은 어디서나 볼 수 있는 바와 같다. 이집트의 오시리스는 처참하게 살해되었다가 가까스로 살아났다고 하면서 농작물이 쇠멸하고 소생하는 과정을 보여주어 농업신 노릇을 하면서 최대의 숭앙을 모았다. 그런데 고대신화가 이룩되는 단계에서는 태양신인 '레'가 다른 모든 신 상위에서 군림하는 최고의 신이라고 했다. 제왕 파라오는 태양신의 아들이므로 신성하고 절대적인 권력을 가진다고 했다.

인도에서는 번개의 신, 불의 신, 공기의 신 같은 것들을 많이 설정해 섬기다가, 그 상위에 창조의 신 브라흐마가 있다고 하게 되었다. 브라흐마는 창조를, 비쉬누는 파괴를, 시바는 지속을 맡아, 최고의 신은 하나이면서 셋이라고 했다. 그 가운데 비쉬누는 사람으로 변신해 남들과 어울려 활동하기를 즐긴다고 해서 신과 인간의 간격을 좁혔다. 그 밖에도 많은 신이 있어 각기 다양한 활동을 벌이지만 화합을 근본적인 원리로 하고 있어 서로 충돌하지 않으며, 사람에게 고통을 안겨주지는 않는다고 했다.

그리스신화에서는 번개의 신인 제우스가 여러 신들을 거느리는 통치자의 위치에 올라 기존의 거인신들의 지배를 무너뜨리고 새로운 왕국을 세웠다고 했다. 그 왕국에서 자연이나 문명의 어느 한 면을 관장하는 수많은 신이 부부관계나 가족관계를 가지고 서로 사랑하기도 하고 미워하기도 한다고 했다. 도덕적 행실에서 조금도 우월할 것이 없는 신들의 횡포 때문에 사람은 운명의 시련을 겪어야 한다고 했다.

헤브리아에서는 창조주 노릇을 한 유일신이 선악을 가리고 심판을 하는 일까지 맡아 역사를 종말에 이르기까지 관장한다고 했다. 천지만물 가운데 맨 나중에 신의 형상으로 창조된 사람은 신이 준 낙원에서 자기 잘못 때문에 쫓겨나고, 신의 뜻을 어기다가 대홍수의 징벌을 받았다고 하는 신화로 인류역사를 설명했다. 그러다가 시련을 겪고 자라난 지도자 모세가 신이 내린 율법으로 구출하고 인도해 자기 민족은 구원받을 수 있는 존재가 되었다고 했다.

무당을 대신해서 제왕이 권력을 가지면서 영웅서사시가 이루어졌다. 무당이 천지창조나 인류기원의 신이한 내력을 알고 있다고 자랑하면서 창세서사시를 전승한 것처럼, 제왕은 자기와 같은 위치의 영웅이 탁월한 능력을 발휘해 거듭 닥쳐오는 고난을 이기고 역사창조의 거대한 과업을 완수한다고 자부하기 위해서 영웅서사시를 필요로 했다. 영웅서사시라고 해서 제왕이 스스로 부른 것은 아니다. 무당이 제왕을 위해 봉사하는 기능인 노릇을 하면서 자기 서사시와 제왕의 서사시를 함께 노래했다.

창세서사시의 주인공은 창세신이기도 하고, 신에 의해서 특별히 선발된 영웅일 수도 있어 영웅서사시로의 이행을 알려준다. 중국 서남부 이족(彝族)서사시에서는 신에게 특별히 선발된 영웅이 신의 능력을 물려받았다고 한다. 그런 영웅이 했다고 하는 가장 중요한 일은 해와 달의 수를 조절하고, 인류에게 기근이나 재앙을 가져오는 괴물을 퇴치했다는 것이다. 또한 사람이 살아가는 데 필요한 도구를 마련하는 문화영웅 노릇도 했다. 이런 것은 원시에서 고대로의 이행기서사시라고 할 수 있다.

창세서사시와 영웅서사시의 관계는 경우에 따라서 다르다. 창세서사시가 영웅서사시보다 우세한 곳에 마오리민족, 중국 서남부 여러 민족, 아이슬란드 등이 있다. 창세서사시와 영웅서사시가 대등하게 전승되는 곳에 제주도, 아이누 등이 있다. 창세서사시보다 영웅서사시가 우세한 곳에 필리핀, 니양가, 바빌로니아, 고대그리스, 아일랜드 등이 있다. 창세서사시가 영웅서사시보다 우세한 것은 고대영웅의 등장이 불분명해서 원시에서 고대로의 이행기의 종교적 지배자가 계속 강력한 영향력을 행사했기 때문이다. 고대를 이룩하는 정치적 지배자가 등장해 국가를 창건할 때에는 창세서사시를 밀어내고 영웅서사시가 성장했다.

영웅서사시는 탁월한 능력을 지니고 태어난 영웅이 시련과 싸워 승리를 거두는 과정을 다룬 것이 널리 발견되는 공통적인 내용이다. 태어나자 바로 버림받아 죽을 고비에 이르렀으나 구출·양육자를 만나 위기를 극복했다고 하는 영웅의 일생이 구비영웅서사시에서는 널리 분포되어 있다. 지역이 서로 아주 멀리 떨어져 있어, 영향이나 차용은 생각할 수 없다. 기록되어 전하는 영웅서사시는 내용의 탈락이나 개작 때문에 달라졌다고 보는 것이 마땅하다.

한국의 경우에는 영웅의 일생을 고구려의 주몽(朱蒙)이나 신라의 탈해(脫解)가 잘 보여준다는 것은 알려진 사실이다. 제주도 서사무가 〈김녕괴내깃당본풀이〉와 〈송당본향당본풀이〉을 더욱 주목할 필요가 있다. 세계를 두루 돌아보아도 고대 영웅의 일생을 말하는 서사단락을 이만큼 온전하게 갖추고 있는 유산을 찾아내기 어렵다. 이들 노래는 탐라국 건국서사시의 후대적 전승이라고 할 수 있다. 탐라국은 작은 나라이지만 필요한 과정을 제대로 밟아 이루어진 증거를 분명하게 남겼다. 탐라국이 망한 것을 원통하게 여긴 제주도민이 고대문학의 보고를 자랑스럽게 지켜왔다.

〈송당본향당본풀이〉를 보면, 아버지에게 버림받아 죽을 고비에 이르렀던 아들이 모든 고난을 극복하고 당당하게 되돌아오는 광경을 생생하게 노래했다. 승리자가 된 영웅은 한라영산을 차지해 제주도 전체의 지배자가 되었다고 했다. 부모와 동생들은 스스로 도망치기도 하고 새로운 통치자의 지시를 따르기도 하면서 사방으로 흩어지다가 각기 한 곳씩 차지해 좌정했다. 어려서 버림받은 아들이 큰 규모의 병마를 거느리고 귀환해, 부모는 도망치게 하고 아우들은 각기 한 곳을 차지하게 한 것은 정권교체와 임무 재배치를 뜻하는 내용이다. 정권교체가 부자의 싸움을 거쳐 이루어지는 것이 당연하다고 고대인은 생각했다.

제주도에서 발견되는 '영웅의 일생'과 거의 같은 것이 아프리카 니양가민족의 〈므윈도〉에도 있다. 주인공이 버림받고 되돌아와 아버지의 권력을 차지한 것이 공통된 전개이다. 영웅 모습의 유사한 전승이 세계 곳곳에 있어 광범위한 비교연구를 할 수 있다. 그 가운데 하나가 바빌로니아서사시 〈길가메쉬〉이다. 한 쪽은 오늘날도 구전되고, 다른 쪽은 기원전 17세기 무렵에 기록되고 기원전 10세기에는 다른 말로 번역되어 전하니, 시간상의 거리가 아주 멀다. 그런데 영웅이 얼마나 놀랍고 무서운지 잘 보여주는 공통점이 있으면서, 구전 쪽이 더욱 생동하는 내용을 갖추었다. 기록된 자료는 많이 축약되었거나 탈락되었다고 할 수 있다.

고대문학인 영웅서사시는 고대의 이념인 자기중심주의를 나타냈다. 중세보편주의를 거부하고 민족주의를 표방하는 근대의 건설자들은 고대의 자기중심주의를 재평가하면서 영웅서사시에 대단한 의의를 부여했다. 그렇기 때문에 고대서사시는 근대를 만드는 데 이미 써버려 다시 찾을 이유가 없고, 새삼스러운 갈등을 조성하기나 할 것 같지만 그렇지 않다.

근대국가 지배민족의 고대자기중심주의는 철저하게 이용되어 긍정적 의의가 소진되었지만, 피지배민족이나 소수민족의 경우에는 사정이 다르다. 근대를 이룩하는 과정에서 자주성을 잃고 소수민족의 지위로 떨어지고, 제국주의의 지배를 받다가 독립한 제3세계 국가에서조차 핍박받고 있는 제4세계민족은 아직까지 전승하고 있는 고대영웅서사시에서 자각의 근거를 찾는 것이 정당하다. 그런 위치에 있는 민족의 해방투쟁이 격렬하게 일어나야 근대를 넘어선 다음 시대의 화합을 이룩할 수 있다.

고대서사시는 새로운 역사가 창조되는 내부적인 과정을 보여주어 또한 소중하다. 불행하게 태어나 버림받은 가련한 어린 영웅이 엄청난 시련을 투쟁으로 극복한 능력을 발휘해 간악한 권력자를 무너뜨리고 새로운 역사를 창조하는 고대영웅서사시의 공통된 전개가 바로 극복이 생성임을 일깨워주는 행동지침이다. 어린 영웅은 가까운 관계에 있는 박해자를 단호하게 물리치며, 자기 아버지마저도 서슴지 않고 제거한다. 나약하고 신중한 중세인의 사고방식으로는 도저히 용납할 수 없는 크나큰 도전을 성취해 역사 발전에는 반드시 놀라운 비약이 있어야 한다는 것을 입증한다.

신화(2)의 비교연구 2

신화시대는 고대로 끝나지 않고 중세까지 이어졌다고 했다. 고대건국신화가 중세건국신화로 바뀐 것을 들어 중세신화를 이해할 수 있다. 고대의 건국시조는 하늘에서 하강(下降)했다고 하고, 중세의 건국시조는 문명권의 중심부에서 도래(渡來)했다고 했다. 시조하강건국신화는 서사시였으나 시조도래건국신화는 노래 부르지 않고 말로만 했다. 중세는 신화시대가 아니어서 신화를 원래의 모습대로 만들 수 없었다. 시조도래건국신화는 전달 방식에서도 신화 아닌 신화이다.

거론할 만한 자료가 한국에도 있다. 기자(箕子)가 동래(東來)해 예악을 전했다고 한다. 가락국 수로왕(首露王)의 아내 허황옥(許黃玉)은 인도에서 왔다고 한다. 고려 건국시조 가운데 빼어난 영웅인 작제건(作帝建)은 아버지가 당나라 황제라고 했다. 이 둘에 관한 논의는 각기 이루어지고, 공통점을 생각할 수 없었다. 많이 다른 이야기가 동떨어져 있기 때문이다. 둘 다 시조도래건국신화인 줄 안 것은 비교연구 덕분이다.

월남의 건국시조 경양왕(涇陽王)은 중국 염제신농씨(炎帝神農氏)의 후손이 월남에 가서 월남 여자를 아내로 삼아 낳은 자식이라고 했다. 유구나 일본에도 유사한 전승이 있는지 비교고찰하고 공통점을 찾았다. 사건의 내용은 많이 달라도 기본 건국신화를 개조한 근본 이유는 다르지 않았다. 시조하강건국신화와는 다른 시조도래건국신화를 마련해 중심부에서 중세문명을 받아들여 새로운 시대를 이룩한 것을 자랑하고, 고대자기중심주의와 중세보편주의가 어떻게 다른지 말하고자 했다.

비교 결과 한국 자료의 특성이 드러난다. 기자 전승은 너무 간략하다. 작제건의 출생담은 한문문명의 전래를 말했다고 할 수 없을 만큼 편벽된 내용이고 시대가 뒤떨어졌다. 허황옥을 내세워 인도와의 관련이 먼저 있었다고 한 것도 동아시아 다른 나라와 다르다. 한문문명을 한창 받아들일 때에는 독자적인 노력을 소중하게 여기고, 인도에서 얻은 것이 중국에서 얻은 것 못지않게 가치가 있다고 해서 균형을 취했는데, 수준 낮은 세력이 새 왕조를 열 때 초보적인 논의를 새삼스럽게 했다고 할 수 있다.

인도와의 관련은 힌두교나 불교를 중세보편주의의 원리로 하는 시조도래건국신화의 필수적이고 기본적인 내용이다. 캄보디아·티베트·몽골에서는 건국의 시조가 인도에서 유래했다고 한 것을 스리랑카의 《마하밤사》, 티베트의 《왕통기》(王統記), 몽골의 《몽골제한(諸汗) 원류의 보강(寶綱)》 등의 역사서를 들어 구체적으로 검토했다. 몽골에서는 선행사서 《몽골비사》에서 말하던 시조하강건국신화를 티베트의 전례를 받아들여 시조도래건국신화로 바꾸었다.

스리랑카에서는 석가여래가 자기 나라를 직접 찾고, 아쇼카 대왕이 사람을 보내 포교를 했다고 했다. 티베트에서는 아쇼카 대왕의 아들 가운데 하나가 와서 건국시조가 되었다고 했다. 몽골의 건국시조는 티베트에서 왔다고 했다. 직접적으로든 간접적으로든 인도와의 관련이 있어 자기네 나라 국왕의 혈통이 신성하다고 한 것이 공통된 논법이다.

이와 비교할 자료가 있다. 《삼국유사》에서 아쇼카 대왕과의 관련을 말했다. 〈요동성육왕탑〉(遼東城育王塔) 대목을 보면 고구려 요동성에 아쇼카 대왕이 세운 탑이 있다고 했다. 〈황룡사장육〉(黃龍寺丈六)에서는 아쇼카 대왕이 불상을 만들다가 실패하고, 배에 실어 떠나보낸 자료가 도착한 신라에서 불상을 조성했다고 했다. 아쇼카 대왕이 불교를 크게 뻗어나가도록 한 위업과 관련을 가져 자랑스럽다고 하면서, 중국에 비할 바 없이 광대한 불교의 영역에서 신라가 구심체라고 했다. 부처와 보살이 과거에는 물론 현재에도 자리 잡고 있는 불국토(佛國土)라고 했다.

이러한 사실을 한국의 자랑이라고 여기는 것은 경계해야 할 사고방식이다. 신화의 세계사를 깊이 이해하는 데 힘쓰면서 모자라는 점을 보충하는 증거로 삼아 마땅하다. 신화(2)는 고대신화로 등장해 한참 영광을 누리다가 중세신화로 바뀌어 몰락의 길에 들어섰다.

영광의 시기에는 고대자기중심주의를 나타내면서 우월감을 부추기다가 몰락하면서 방향을 바꾸어 중세보편주의를 찾았다. 그 마지막 장면을 전하는 자료로 《삼국유사》가 소중한 가치를 가진다.

신화(3)의 비교연구

신화(3)은 신화시대가 끝난 시기의 산물이다. 연원이 있다 해도 창작을 보태고 원래의 것과는 많이 다른 해석을 한다. 정상적인 신화가 아니지만 다른 어느 신화보다 영향력이 크다. 신화학(3)은 학문적 타당성이 인정되지 않지만 신화학(2)의 근저에서 작용하는 것을 흔히 볼 수 있고, 신화학(1)에까지 파장이 미치게 한다.

근대국가를 만들면서 국민이 단합하게 하려고 신화(3)을 만드는 것이 예사이다. 국가 발전이 순조로우면 억지를 줄이고 말을 부드럽게 해서 합리적인 근거를 가진 것 같은 역사의식을 국민정신의 근거로 삼는 방향으로 나아갔다. 뒤떨어진 조건에서 무리한 비약을 하고자 할 때에는 사정이 달라 자민족 우월의 주장을 무리하게 조작했다.

나치 독일과 일본이 그런 경우이다. 독일은 자기 민족이 혈통적으로 또는 우생학적으로 우월하다고 하는 주장을 과학으로 입증한다고 했다. 오랜 내력을 가진 문헌을 근거로 삼아 자기 민족은 원래부터 신성하다고 입증하는 사이비 역사학이 또 하나의 방법인데, 일본에서 적극적으로 사용했다.

신성민족은 자기 나라 사람 전부일 수는 없고, 이미 특권을 누리고 있는 지배자일 따름이다. 신성민족이 있으면 열등민족이 있다. 게르만민족의 순수성을 지키고 우월성을 입증하기 위해 유대인을 박해하고 살해하는 것은 정당하다고 했다. 일본이 아이누인이나 유구인을 줄곧 차별하고, 정복의 길에 나서서 대만인·조선인·중국인을 멸시하고 억압한 것도 같은 주장의 실현이다.

이런 기능을 하는 신화(3)은 합리적인 근거를 가지고 만들지 않았다. 무리한 조작에 감추어야 하는 비밀이 있으므로 비판적인 연구를 막고 숭앙을 요구하는 것이 예사이다. 비교연구를 배제하는 것이 보호방법의 하나이다. 절대적으로 신성한 숭앙 대상을 거짓된 주장과 비교해서 가치를 훼손할 수 없다고 한다. 이런 주장이 부당함을 밝히기 위해 비교연구를 반드시 해야 한다. 많은 사례를 조사해 함께 다루어야 한다.

터키, 타이, 에티오피아 등이 비교대상이 될 만하다. 이들은 일본과 함께 식민지가 되지 않고 주권을 지킨 아시아-아프리카 나라여서 자랑스럽다고 할 수 있다. 신화(3)을 만들어 자부심을 나타내면서 국가 발전을 앞당기는 정신적 지표로 삼고자 했다. 자아도취를 위해 희생자가 필요했다. 자민족 우월의 주장을 내세워 자기 나라 안의 다른 민족을 억압한 것이 나치 독일이나 일본과 그리 다르지 않다.

터키는 이슬람문명권의 구심체 노릇을 하던 과거를 청산하고 근대민족국가를 만들면서 자민족 제일주의를 최대한 확대했다. 터키인이 인류 최초의 문명인이며, 터키어는 모든 언어의 원조라고 주장했다. 그래도 피해를 입은 사람은 없으니 무방하다고 할 것은 아니다. 터키민족 우월사상이 터키는 터키인만의 나라여야 한다는 주장을 낳고 소수민족의 존재를 부인했다. 수천만이나 되는 쿠르드민족을 강제로 동화시키면서 차별하고, 항거하면 학살해 충돌이 심해지고 있다.

타이에서도 식민지가 되지 않고 주권을 유지한 것은 민족이 우수한 증거라고 하면서 역사를 조작하는 신화를 만들었다. 자기 민족은

6천 년 동안이나 남다른 영광을 이어왔다고 자랑하고, 소수민족은 저열하므로 멸시하고 억압하는 것이 정당하다고 했다. 그러나 자기 전통을 발전시켜 근대문화를 이룩한 것은 아니다. 유럽문화를 받아들이는 데 앞서는 것을 또 하나의 자랑으로 삼았다. 유럽에 장기간 머물다가 돌아온 왕족들이 사회 전반을 지배하면서 추종과 모방의 풍조를 부추겼다.

터키나 타이는 독일의 경우와 상통하다면, 에티오피아는 역사적 유래를 내세워 민족우월의 근거로 삼는 데 일본보다 더 나아갔다. 자국의 여왕 세바가 《구약성서》에 등장하는 지혜로운 군주 솔로몬과 관계를 가지고 나은 아들의 후손이 왕통을 이어와 에티오피아는 지구상에서 가장 신성한 나라라고 한다. 다른 모든 기독교국보다 상위의 기독교국이라고 자부한다.

이러한 내력을 전하는 역사서 《왕들의 영광》이 모든 시비를 넘어서는 불변 가치를 가져 모든 것을 판단하는 기준이고, 나라를 다스리는 절대적인 규범이라고 했다. 폭정을 일삼다가 왕국을 무너뜨리는 혁명이 일어나 혼란을 겪는다. 영광을 함께 나눈다고 인정되지 않는 여러 소수민족에 대한 차별과 억압은 전과 다름없어 내전의 원인이 된다.

일본·터키·타이·에티오피아는 특별하다고 자부하는 나라이다. 중단 없이 이어온 거룩한 역사를 간직한 나라여서, 일시적인 불운을 겪는다고 해도 좌절하지 않고 선조대의 영광을 이어받아 더욱 빛낼 수 있다고 자부한다. 자기네 군주는 신과 아주 가까운 관계에 있다는 신성국가의 신화를 버리지 않고 어떤 형태로든지 유지하고 있다. 주위의 다른 민족들을 억압과 멸시의 대상으로 삼아 자기 민족은 신성하고 우월하다고 했다. 자기 영토 안에 있는 다른 민족은 독자적인 문화를 부인하고 강제로 동화시키려고 하면서 심한 차별

대우를 한다.

침략을 받고 식민지 통치를 당한 민족도 신화(3)을 만들어 대응의 방법으로 삼을 수 있다. 한국신화(3)이 그래서 생겼다. 이것은 부당하고 무력한 논리일 뿐만 아니라 자해를 초래하기까지 하므로 착각에서 깨어나야 한다. 민족 우열론을 인정하고 신성민족이 따로 있다고 하면, 신성민족은 열등민족을 짓밟아 마땅하다고 주장에 동의하지 않을 수 없다. 다른 민족을 짓밟고 있는 것은 신성민족이라는 증거이다.

우리는 누구를 짓밟는다는 말인가? 이제 일자리를 찾아온 외국인 노동자들을 짓밟기 시작해 신성민족이 되는 길에 들어서는가? 세상 모든 사람이 대등한 위치에서 평화롭게 살도록 하는 것이 민족 해방의 참뜻이고 주체성 선양의 마땅한 방향이다. 한국신화학(2)에 들어와 있는 위장된 형태의 한국신화학(3)마저도 버리고, 한국신화학(1)이 세계 평화와 인류 화합을 위한 학문이게 하는 획기적인 전환이 있어야 한다.

다짐하는 말

지금까지의 고찰은 얼마 되지 않은 분량으로 너무 많은 논의를 전개한 탓에 보완이 대폭 필요하다. 생략된 내용을 기존 연구에서 가져와도 많이 부족하다. 그러나 한국신화학이 나아갈 방향을 제시한 의의는 있다고 믿고, 요긴한 내용을 간추려 무엇을 어떻게 해야 하는지 다짐하는 말로 삼는다.

과거의 잘못을 나무라고 주체적 연구의 당위성이나 주장하고 있는 초보적인 단계를 넘어서서 진전된 연구를 실제로 수행하자. 주장의 타당성은 반복하고 강조하는 수사법으로 입증되지 않고, 오직 실천이 입증한다. 과감하게 앞으로 나아가면서 연구 역량을 키우고 발휘하자.

신화가 훌륭하면 신화학은 아무렇게나 해도 되는 것은 아니다. 과거 미화를 일거리로 삼아 연구 수준을 낮추기나 하고, 오늘날의 학문을 제대로 해야 하는 임무를 저버리는 것은 도리가 아니다. 신화에서 신화학으로 관심을 돌려야 한다. 훌륭한 신화학을 이룩하기 위해 노력해야 한다.

이런 신화가 있다, 이것이 민족사를 자랑스럽게 한다, 이런 신화가 다른 나라에도 있는데, 다른 나라에서 왔다는 것은 잘못이고, 다른 나라로 갔다고 해야 한다, 다른 나라로 간 신화를 되찾아 민족사를 키워야 한다, 이 정도의 논의를 신화연구라고 하고 있는 것은 어리석다. 신화를 공유하고 있는 이유에 관해 사실 고증 이상의 통찰이 있어야 한다.

식민지 통치를 위한 신화학뿐만 아니라 문명인의 견지에서 야만인의 신화를 연구해온 행적까지 극복의 대상으로 삼고 대안을 마련하자. 신화가 인류 공유의 자산임을 우열론을 넘어선 대등론의 관점에서 인식하고 평가하자. 한국신화학에서 출발해 광범위한 비교연구를 거쳐 세계적인 범위의 신화학 일반론을 새롭게 이룩하자.

신화(1)의 어느 측면에서 특별한 이론을 마련하는 학풍에 말려들지 말고, 신화(2)에서 역사를 찾는 것을 능사로 하지 말자. 신화(1)과 신화(2)를 함께 다루면서 신화의 본질과 역사에 대한 다면적이고 총괄적인 연구를 힘써 하자.

신화(3)은 조작된 신화임을 분명하게 해서 비판의 대상으로 삼고, 신화(2)의 연구에 신화(3)을 옹호하고자 하는 의도가 개입하는 것을 경계하고 배제하자. 그릇된 신화에 대한 비판을 신화학의 과제에 포함시켜 의식의 착란을 막자.

신화는 국내의 연구만으로는 해명되지 않고, 사실 고증의 방법으로는 파악하지 못하는 난해한 대상이다. 쉽게 성과를 거두려고 하지 말고, 자료와 연구의 경과를 널리 살피고 슬기롭게 판가름해 포괄의 범위를 넓히고 논리의 차원을 높여야 한다.

지금까지의 국학이 민족주의를 이념으로, 실증주의를 방법으로 삼는 것을 신화연구에서도 답습하고 있다. 민족주의와 실증주의는 신화와 특히 맞지 않아 차질이 두드러지게 나타난다. 이제 방향을 전환할 때가 되었다. 편협성을 넘어서고 폭과 깊이를 확대해 세계적인 보편성을 가지는 이론을 마련하는 데 신화연구가 앞서야 한다.

신화에 관한 나의 이론을 따르라고 한 것은 아니다. 신화를 문학사의 견지에서 고찰해 얻은 이론이므로 한쪽에 치우쳤다고 할 수 있다. 불만을 가지는 것이 당연하므로 다른 이론을 만들어야 한다. 이론 창조자들끼리의 토론을 기대한다.

참고문헌

김헌선, 《한국의 창세신화》, 길벗, 1994.
서대석, 《한국신화의 연구》, 집문당, 2001.
조동일, 《한국소설의 이론》, 지식산업사, 1977.
──, 《한국문학통사》, 지식산업사, 1982~2005.
──, 《동아시아 구비서사시의 양상과 변천》, 문학과지성사, 1997.
──, 《하나이면서 여럿인 동아시아문학》, 지식산업사, 1999.
──, 《소설의 사회사 비교론》, 지식산업사, 2001.
──, 《세계문학의 전개》, 지식산업사, 2002.

──, 《세계·지방화시대의 한국학 6: 비교연구의 방법》, 계명대학교출판부, 2007.

조인성, 〈재야사서 위서론(僞書論) ─《단기고사》(檀奇古史), 《환단고기》(桓檀古記), 《규원사화》(揆園史話)를 중심으로〉, 노태돈 편, 《단군과 고조선사》, 사계절, 2000.

동북아시아 신화 속에서 본 한국신화의 정체성

서 대 석

이 글은 한국의 창세신화와 건국신화를 중심으로 중국과 일본 등
동북아시아 신화와 대비하면서 한국신화의 정체성을 모색한 연구다.
논점의 핵심은 한국의 인류시원신화에서 천상의 해와 달의 정기가
지상의 남녀로 변하고 부부가 되어 인류를 퍼뜨렸다는 것이나
건국신화의 국조 출생과정에서 천신계의 남성과 수신계의 여성이 결합하는 양상은
모두 음기 계열인 달, 물, 여성과 양기 계열인 해, 불, 남성이 결합하여
만물을 생산한다는 음양론적 사고의 신화적 표현이고,
이것이 바로 한국신화의 정체성이라는 것이다.

1. 머리말

이 글은 한국신화를 동북아시아 다른 민족의 신화와 비교하면서, 한국신화의 정체성을 논하기 위해 씌어진 것이다. 신화는 민족마다 다른 특색이 있다. 한국신화에는 문헌에 남아 있는 건국신화와 현재까지 무속의례를 통하여 전승되고 있는 무속신화가 있다. 그 밖에 성씨(姓氏) 시조신화나 마을 단위로 전승되는 당신화(堂神話)가 있으나, 이들은 민족적 특색을 짚어낼 만한 민족적 공감소(共感素)를 갖추고 있다고 보기 어렵다. 이런 까닭에 건국신화와 무속신화를 중심으로 동북아 신화와 비교하면서 논의를 펴나가고자 한다. 그러나 건국신화도 〈단군신화〉, 〈주몽신화〉, 〈박혁거세신화〉, 〈김수로신화〉 등 여러 신화가 있고, 무속신화도 전국 각 지역에서 전승되는 수십 종의 유형이 있기에, 검토대상을 선별하고 제한할 필요가 있다. 이러한 검토자료의 선별작업은 물론 한국신화의 대표성을 염두에 두고 이루어지는 것이다.

무속신화는 〈창세신화〉를, 건국신화는 《삼국유사》에 수록된 〈단군신화〉, 〈주몽신화〉, 〈박혁거세신화〉, 〈김수로신화〉를 검토대상으로 할 것이다. 한국의 창세신화와 비교할 동북아시아 지역의 신화는, 중국의 창세신화로 널리 알려진 〈반고신화〉(盤固神話)와 중국의 인류기원신화로 알려진 〈여왜고사〉(女媧故事), 그리고 만주족의 창세신화인 〈천궁대전〉(天宮大戰)과 《일본서기》(日本書紀)에 기록된 일본의 창세신화 등이다. 〈창세신화〉 비교의 주안점은 천지의 분리,

인류의 시원 등의 창세신화소의 성격이다. 한국의 건국신화와 비교할 동북아시아 지역의 신화는 중국의 삼황오제(三皇五帝) 신화, 그리고 일본의 이자나기(伊奘諾尊) 이자나미(伊奘冉尊) 신화와 스사노(素戔鳴尊) 신화 등이다. 건국신화 비교의 주안점은 국조(國祖)의 혈통에 반영된 신성(神聖) 관념이다.

한국신화의 정체성(正體性)이란 한국 민족에서 자생한 신화가 오랜 옛날부터 지녀온 본질적 성격이나 핵심요소를 의미한다고 본다. 신화에 내재된 한민족(韓民族)의 보편적 성격이 있다고 해도 그것이 반드시 다른 민족과 다른 특성이라고 할 수는 없다. 세계적 보편성은 한국에도 존재하기 때문이다. 그러므로 한국신화의 고유한 특성으로 보이는 점들 가운데에는 중국신화나 일본신화와 같은 점도 있을 것이고 다른 점도 있을 것이다. 이 글에서는 공통점보다 차이점을 중심으로 한국신화의 정체성을 파악하는 쪽으로 논의를 모아가기로 하겠다.

결론부터 말하자면, 한국 건국신화에서 파악되는 신성 혈통은 천부지모(天父地母), 일부월모(日父月母), 천부수모(天父水母) 등으로 다양하게 논의할 수 있으나, 태양과 불과 남성을 양(陽)의 축으로 하고, 달과 물과 여성을 음(陰)의 축으로 하여, 음양의 결합으로 만물이 산생(産生)된다는 사고로 집약할 수 있는데, 이것이 바로 한국신화의 전반에서 파악되는 정체성이라고 생각한다. 이러한 신화적 사고는 《역경》(易經)의 철학적 사고와 일치하는 것으로서, 원시 부족시기에 형성된 신화가 농경사회에 들어서서 가부장제 사회가 확립되면서 변모를 거듭하여 한민족의 신성 관념으로 자리 잡게 되었다고 생각한다. 건국신화는 한문으로 번역되어 문헌에 정착되었고, 신화를 번역 수록한 저술인들은 동양철학에 소양을 갖춘 학자들이었기에, 이 같은 모습에 되도록 윤식(潤飾)을 가하였을 가능성이 있다.

그러나 고대 제천의식에 관한 기록이나 농경사회에서 행해지는 기풍의례(祈豊儀禮) 등의 성격을 볼 때, 이는 한 개인의 사고를 반영한 것으로 볼 수는 없다. 이것은 우리의 민족의식이 집약된 모습이고, 오랜 기간 전승되었기에 한국신화의 정체성으로 보아도 무리가 없다고 본다. 이러한 가정이 다음에서 구체적 자료를 검토하면서 논증될 것이다.

2. 창세신화에서 발견되는 한국신화의 정체성

한국의 창세신화는 문헌에서는 찾기 어렵고, 무속신화에 그 흔적이 남아 있다. 함흥의 〈창세가〉(創世歌)와 제주도의 〈초감제〉를 중심으로 천지의 분리, 인간의 시원에 대한 신화를 검토하겠다.

2.1. 천지(天地)의 분리

천지가 분리되어 인간이 활동할 수 있는 공간이 마련된다는 이야기가 창세신화다. 그런데 천지의 분리가 스스로 일어난 것인가, 창세신(創世神)에 의하여 이루어진 것인가가 신화의 성격을 결정하는 핵심 문제다. 〈창세가〉에서는 미륵이라는 창세신이 하늘과 땅을 분리시킨 것으로 되어 있다. 그러나 제주도 〈초감제〉에서는 하늘과 땅이 스스로 분리된 것으로 나타난다.

천지혼합으로 제일입니다. 엇떠한 것이 천지혼합입니까 하날과 땅이 맛붓튼 것이 혼합이요 혼합한 후에 개벽이 제일입니다. 엇떠한 것이 개벽이뇨 하날과 땅이 각각 갈나서 개벽입니다. 천지개벽이 엇떠캐

되었스릿가 하날로부터 조이슬이 나리고 따으로부터 물이슬 소사나
와서 음양이 상통한직 천개는 자하고 지개는 축하고 인개는 인하니
하날머리는 갑자년 갑자월 갑자일 갑자시에 자방으로 열리고 따머리
는 을축년 을축월 을축시에 축방으로 열이고 사람머리는 병방으로
병자년 병자월 병자일 병자시에 열이고 동방으로는 이염을 드르고
서방으로는 츌리를 치고 남북방으로는 나래를 들으고 천지개벽이 되
엿습니다.[1]

여기에서는 하늘이 갑자년에 열리고 땅이 을축년에 열리고 인간
은 병자년에 생겨난 것으로 서술되었다. 그러나 육갑의 순서를 따른
다면 사람은 병인(丙寅)년에 생겨난 것이라고 해야 맞다. 이러한 서
술은 신화라기보다 천지개벽에 대한 설명으로서, 독경무(讀經巫)의
〈축원문〉에도 나타난다.

복원천존지비하사 세상천지 마련할제 천개어자(天開於子)하야 하
날이 자시에 생겨나니 천황씨 나계시어 삼십삼천 일월성신을 마련하
니 시방제천제군의 열위천존 나계시고 지벽어축(地闢於丑)하야 땅은
축시에 생겨나니 지황씨 나계시어 생재만물하옵시니 열위지존 나계
시고 인생어인(人生於寅)하야 사람은 인시에 생겨나니 인황씨 나계시
어 남녀지분별이며 부부혼합법을 마련하사 생남생녀시켜내야 천추만
대 내려오며 전자전손하옵시니 열위세존임네 나계시고 물생어묘(物
生於卯)하야 만물은 묘시에 생겨나니 물물상생하야 삼라만상을 마련
하고 귀발어진(鬼發於辰)하니 귀신은 진시에 생겨나니 태호복희씨가
나계시어 하도낙서 그림그려 일건천 이태택 삼이화 사진뢰 오손풍
육감수 칠간산 팔곤지 구궁팔괘 금목수화토 오행지리를 마련하니 열

---

1) 赤松智城·秋葉隆, 《朝鮮巫俗の研究》上, 大阪屋號書店, 1937, 369~370쪽.

위신도님네 차례차례로 나오실제2)

그런데 이러한 창세과정에 대한 언술에서 주목할 것은, 중국의 삼황(三皇)이 등장하고 음양오행과 팔괘가 등장한다는 점이다. 이러한 요소는 중국에서 개발된 음양오행사상의 수용으로 이루어진 것으로서, 자성(自成)의 천지개벽론의 핵심을 이루는 것이다. 삼황에 대한 언술은 전통사회 교과서였던 《사략》(史略)에 상세하게 나타나고, '천개어자 지벽어축 인생어인 물생어묘'의 서술은 중국 송대 철학자인 소옹(邵雍)의 《황극경세편》(皇極經世篇)에 나타난다. 따라서 이러한 요소는 한국의 고유한 신화적 사고를 보여준다고 할 수 없다.

한편, 〈창세가〉에는 다음과 같은 창세과정에 대한 서술이 나타난다.

> 한을과 짜이 생길적에 미륵(彌勒)님이 탄생(誕生)한즉
> 한을과 짜이 서로 부터 써러지지 안이하소아
> 한을은 복개쏙지차럼 도도라지고
> 짜는 사(四)귀에 구리기둥을 세우고
> 그 째는 해도 둘이요 달도 둘이요
> 달 한나 씌여서 북두칠성 남두칠성 마련하고
> 해 한나 씌여서 큰별을 마련하고3)

여기에서는 미륵님이 하늘과 땅을 분리시키고 땅 네 귀에 구리기둥을 세운 것으로 되어 있다. 언술이 다소 모호한 점이 없지 않으나 하늘과 땅이 붙어 있을 때 미륵이 탄생하였고, 이 미륵이 하늘을

---

2) 김영진, 《충청도무가》, 형설출판사, 1976, 197~198쪽.
3) 孫晉泰, 《朝鮮神歌遺篇》, 東京: 鄕土硏究社, 1930, 1~2쪽.

뚜껑의 손잡이처럼 도드라져 올라가게 한 뒤에 하늘과 땅이 다시 붙지 못하도록 구리기둥을 땅 네 귀에 세웠으며, 다시 두 개의 해와 달을 하나씩으로 조정하였다는 의미로 읽어낼 수 있다.

신에 의해 지상의 만물이 창조되었다는 민간의 구전신화로는 한상수가 1955년 충남 금산군에서 채록한 〈이 세상의 맨 처음〉이 있다.

> 이 세상이 처음 생겨날 때 세상은 풀도 나무도 없는 진흙투성이였다. 하늘에 사는 하느님은 해를 만든 다음 달을 만들고 있었다. 그때 하느님의 공주가 가락지를 진흙투성이인 지상에 떨어뜨렸다. 공주는 시녀를 시켜 가락지를 찾아오라고 하였다. 시녀는 지상으로 내려와 가락지를 찾느라고 진흙을 뒤지며 다녔다. 하느님은 공주가 자기가 엊그제 만든 지상에 가락지를 떨어뜨리고 울고 있는 것을 알고 장수를 시켜 가락지를 찾아오게 하였다. 장수는 지상으로 와서 진흙을 뒤지며 다니다가 공주의 시녀와 만났다. 가락지를 찾지 못한 두 남녀는 지상에서 부부가 되어 아들딸을 낳아 퍼뜨렸다. 그리고 해와 달이 모두 만들어지자 땅은 굳어져서 오늘날과 같이 되었고 장수와 시녀가 가락지를 찾으려고 진흙을 퍼낸 곳은 바다가 되었고 진흙을 쌓은 곳은 산이 되었으며 손가락으로 진흙을 긁은 것은 강이 되었다.4)

이 자료에서는 하느님이 해와 달을 만들었고, 하느님의 부하 장수와 하늘나라 공주의 시녀가 바다와 산과 강을 만들고 인간을 만든 것으로 서술되어 있다. 이는 신적인 존재에 의해 인세(人世)가 만들어졌다는 것으로서 창세신에 의한 창세신화라고 볼 수 있다.

이상에서 검토한 바, 한국에는 창세신에 의하여 인세의 공간이

---

4) 한상수, 《한국인의 신화》, 문음사, 1980, 185~187쪽. 〈이 세상의 맨 처음〉. 필자 요약.

만들어졌다는 창세신화가 전승되었다고 본다.

중국의 창세신화는 여러 유형이 전해지기에, 중국신화로서 대표성을 가지는 자료를 선별하기도 어렵고, 다양한 성격의 신화를 대상으로 중국적 정체성을 논하기란 더욱 어렵다. 중국신화 가운데에 천지가 음신(陰神)과 양신(陽神)의 협동으로 이루어졌다는 신화는 한(漢)나라 초기 문헌인 《회남자》(淮南子)에 나타난다.

옛날, 아직 천지가 생겨나지 않았을 때, 세계의 모습은 그저 어두운 혼돈뿐으로 어떠한 형상도 찾아볼 수 없었다. 그 혼돈 속에서 서서히 두 명의 대신(大神)이 나타났는데, 하나는 음신(陰神)이요 다른 하나는 양신(陽神)으로, 둘은 혼돈 속에서 열심히 천지를 만들어갔다. 후에 음양이 갈라지고 팔방(八方)의 위치가 정해져, 양신은 하늘을 관장하고 음신은 땅을 다스리게 되었으니 이렇게 하여 우리들의 이 세계가 만들어지게 된 것이다.[5]

여기에서는 신의 창조로 인세가 이루어졌다고 서술된다. 그런데 혼돈에서 음양의 두 신이 나타나고, 음양 두 신으로부터 만물이 창조되었다는 서술은 태극(太極)이나 무극(無極)에서 음양의 양의(兩儀)가 나오고, 양의로부터 사상(四象)이 나오고, 사상에서 팔괘(八卦)가 나온다는 《역경》의 논술과 상통하는 모습이다. 이는 한국 무가에서 자시(子時)에 하늘이 열리고 축시(丑時)에 땅이 열렸다는 시간의 순서와 공간의 생성질서를 연결시킨 논술과도 상통하는 것이다.

한편, 중국의 거령신(巨靈神) 창세신화로는 박보(樸父) 부부가 홍수를 다스린 이야기가 있다.

---

5) 袁珂 지음/ 전인초·김선자 옮김, 《중국신화전설 I 》, 민음사, 1992, 144쪽.

　　하늘과 땅이 막 생겨났던 그때 지상에는 홍수가 범람하였는데, 상제
(上帝)는 거인 박보(樸父)와 그의 아내를 함께 보내어 홍수를 다스리
게 하였다. 이 한 쌍의 부부는 그 몸이 엄청나게 커서 키가 천리나
되었고, 허리 둘레도 몸 길이와 대략 비슷했다. 그 둘은 일을 엉터리로
해치워 강의 물길은 막혀버리고 말았다. 그래서 여러 해가 지난 다음에
대우(大禹)가 다시 물을 다스려야만 했다. 상제는 그들 부부에게 황하
물이 맑아질 때까지 동남쪽 황무지에서 벌거벗은 몸으로 서 있게 하는
형벌을 내렸다.6)

　이 이야기는 황하의 물길을 다스리는 치수신화(治水神話)인데, 박
보 부부는 황무지의 신으로서 모습을 보여준다. 전반적인 내용은
한국의 충남 금산군에서 전승되는 〈이 세상의 맨 처음〉과 비슷하다.
　중국의 대표적 거인신(巨人神)에 의한 창세신화로는 삼국시대 서
정(徐整)이 쓴 《삼오역기》(三五歷記)에 전하는 남방 민족의 〈반고
(盤古)신화〉를 들 수 있다.

　　하늘과 땅이 갈라지지 않았던 시절, 우주의 모습은 다만 어둑한 한
덩어리의 혼돈으로 마치 큰 달걀과 같은 것이었다. 반고가 그 가운데
생겨나서 일만 팔천 세를 살면서 하늘과 땅을 열었다. 밝고 맑은 것
은 하늘이 되고, 어둡고 흐린 것은 땅이 되었다. 반고는 그 가운데
있으면서 하루에 아홉 번을 변하면서 하늘보다 신령하고 땅보다 성
스러워졌다. 하늘은 날마다 한 길씩 높아졌고, 땅은 날마다 한 길씩
두터워졌으며, 반고는 날마다 한 길씩 키가 커졌다. 이러기를 일만
팔천 해를 거듭하자 하늘은 극도로 높아졌고 땅은 극도로 깊어졌으
며, 반고는 극도로 자라났다. 그래서 하늘과 땅이 구만 리나 떨어지

---

6) 위의 책, 145~146쪽.

게 되었다.[7]

《오운역년기》(五運歷年記)에는 반고가 죽으면서 반고의 육신이 지상의 여러 가지 자연현상으로 변화하였다는 내용이 전한다.

> 그가 죽어갈 때 그의 몸에는 갑자가 큰 변화가 일어났다. 그의 숨결은 바람과 구름이 되고, 소리는 천둥이 되었으며, 왼쪽 눈은 해가 되고 오른쪽 눈은 달이 되고, 팔 다리 등 사지오체는 사극(四極)과 오악(五嶽)이 되고, 핏물은 강하(江河)가 되고, 근육과 핏줄은 땅과 길이 되고, 살은 전토(田土)가 되고, 머리카락과 수염은 별이 되고, 피부와 털은 초목(草木)이 되고, 이빨과 뼈는 쇠와 돌이 되고, 골수는 주옥(珠玉)이 되고, 흐르는 땀은 비와 연못이 되었다.[8]

이 밖에도 반고의 신통력과 변화에 대해서는 여러 가지 전설이 전한다. 그가 울어서 흘린 눈물이 강물이 되고, 그가 토해낸 숨은 바람이 되고, 그가 낸 소리는 천둥이 되고, 눈빛은 번개가 되었다고도 하며, 그가 기뻐하면 햇빛이 나는 맑은 날이 되고, 노하면 하늘에 구름이 끼는 흐린 날이 된다거나 밤이 된다고 한다.[9] 이러한 반고의 모습은 지구 자체가 반고의 육신이라는 사고의 반영이라고 볼 수 있다. 그보다도 지구를 하나의 큰 생명체로 보고, 이 생명체가 곧

---

7) 위의 책, 155쪽. 주 6)《太平御覽》권2 引《三五歷記》. "天地混沌如鷄子, 盤古生其中, 萬八千歲, 天地開闢, 陽淸爲天, 陰濁爲地, 盤古在其中, 一日九變, 神於天 聖於地 天日高一丈 地日厚一丈 盤古日長一丈, 如此萬八千歲, 天數極高, 地數極深, 盤古極長 故天去地九萬里."(필자 번역)

8) 위의 책, 155쪽. 주 7).《繹史》권1 引《五運歷年記》. "首生盤古, 垂死化身：氣成風雲, 聲爲雷霆, 左眼爲日 右眼爲月, 四肢五體爲四極五嶽, 血液爲江河, 筋脈爲地理, 肌肉爲田土, 髮髭爲星辰, 皮毛爲草木, 齒骨爲金石, 精髓爲珠玉. 汗流爲雨澤."(필자 번역)

9) 위의 책, 155~156쪽 참조

반고라고 생각한 것으로 보는 편이 더욱 적절하다. 결국 〈반고신화〉는 지구를 둘러싼 대기공간과 지구상의 자연현상 모두를 생성한 존재가 반고이고, 생멸 변화를 주재하는 신이 반고라는 것이다. 이처럼 중국에는 자성(自成)의 개벽신화와 거인신 창세신화가 공존한다. 그런데 자성의 개벽신화는 우주생성론이라고 할 수 있는 철학적 담론으로서, 신화라고 보기 어렵다.

한편 일본에도 천지개벽이 스스로 이루어졌다는 이야기와 신에 의해 만들어졌다는 이야기가 공존한다. 서기 720년에 완성된 《일본서기》(日本書紀)에는 하늘과 땅이 스스로 분리되었다는 서술이 나타난다.

그 옛날 하늘과 땅이 아직 갈라지지 아니하여, 음양이 미분(未分)일 때 계란과 같이 혼돈하였고, 흐릿한 가운데 형상의 싹이 포함되어 있었다. 맑고 양기(陽氣) 있는 것은 엷게 나부껴서 하늘이 되고, 무겁고 탁한 것은 당기고 엉키어 땅이 될 때, 정묘(精妙)한 것은 상승하기 쉽고 중탁의 엉킨 것이 굳어지기는 어려운 일이다. 그러므로 하늘이 먼저 이루어지고 땅이 후에 정하여졌다. 그 연후에 신(神)이 그 가운데 생겨났다. 개벽의 초에 국토가 떠 움직이는 것이, 말하자면 노는 고기가 물 위에 떠도는 것과 같았다. 이때 천지 가운데에 일물(一物)이 생겼다. 갈대 싹과 같았다. 문득 변하여 신이 되었다. 국상립존(國常立尊)이라 일렀다. 다음은 국협퇴존(國狹槌尊), 그 다음을 풍짐정존(豊斟淳尊)이라 하였다. 모두 삼신(三神)이다. 건도(乾道)가 혼자 변하여 이 순수 사내를 낳게 된 것이다.[10]

---

10) 전용신 역, 《완역 일본서기》, 일지사, 1989, 1쪽. 〈제1단 神代 七代〉. 필자가 원문에 노출된 한자를 괄호처리 하였음.

여기에서 천지는 스스로 이루어진 것으로 서술되었다. 하늘과 땅이 분리된 뒤에 최초의 신이 생겨났다고 하였기 때문이다. 그런데 양기가 하늘이 되었는데 땅보다 먼저 이루어졌고, 건도(乾道)가 혼자 변하여 순남(純男)이 이루어졌다고 하여, 하늘과 남성이 양기로 이루어졌음을 말하고 있다. 이러한 사고는 중국의 음양론과 맥을 같이한다. 즉 '건도성남(乾道成男) 곤도성녀(坤道成女) 건지대시(乾知大始) 곤작성물(坤作成物)'이라는 《주역》〈계사〉(繫辭)의 내용과 상통하는 성격을 찾을 수 있다. 따라서 이러한 천지개벽론을 일본 민족의 고유한 신화관이라고 보기는 어려울 듯하다.

이처럼 동양 삼국에는 대체로 스스로 하늘과 땅이 분리되었다는 천지개벽론이 공통으로 나타나는데, 이는 중국에서 형성된 음양론의 영향을 받은 것임을 알 수 있다. 그러나 일본에서도 신화로 전승된 자료에는 음양론과는 다른, 신에 의하여 대지가 만들어졌다는 이야기가 전한다. 일본 열도가 신에 의해 만들어졌다는 이야기는 《일본서기》 제4단 〈대팔주생성〉(大八洲生成)에 상세하게 기술되어 있다.

> 이자나기(伊奘諾尊)와 이자나미(伊奘冉尊)가 천부교(天浮橋) 위에서 함께 의논하여 "아래에 어찌 나라가 없겠는가" 하고 천지경모(天之瓊矛)로 아래를 향하여 휘휘 저었다. 이에 대양(大洋)을 얻었다. 그 창날 끝에서 뚝뚝 떨어진 소금방울이 엉켜서 한 섬을 이루었다. 이름을 오노고로시마라 한다.11)

여기에서는 이자나기와 이자나미가 천부교 위에 서서 큰 창으로

---

11) 위의 책, 3~4쪽.

바닷물을 저어 만든 땅이 일본 열도라고 서술되었다. 이는 일본 국토가 스스로 이루어진 것이 아니고 신에 의하여 창조되었으며, 바다의 소금물로 만들어졌다는 것이다. 이는 반고의 힘으로 하늘과 땅을 분리시키고, 반고의 육신이 지상계의 만물로 변했다는 중국신화와도 차이가 있고, 미륵에 의하여 하늘과 땅이 분리되고 해와 달이 조정되었다는 한국신화와도 다르다.

이처럼 하늘과 땅이 스스로 분리되었다는 창세신화는 동양 삼국에 공통으로 존재하는데, 이는 각 지역에서 독자적으로 형성된 것이 아니고, 중국에서 형성된 음양론적 담론이 각국에 전파된 것이라 여겨진다. 한국의 무가에서 발견되는 자성(自成)의 천지분리론은 중국의 영향을 받은 것이 확실한 만큼, 한국 고유의 신화라고 보기 어렵다.

창세신에 의해 인세가 창조되었다는 신화 또한 한·중·일 삼국에 두루 존재한다. 중국의 〈반고신화〉는 반고의 육신이 지상의 만물로 변화한다는 독성신(獨性神)의 화생신화이고, 일본에는 남녀 양성의 신에 의해 바닷물로 일본 열도가 생성된다는 양성신(兩性神)의 창세신화가 있다. 한국에는 제주도와 함경도에서 독성신의 창세신화가 전승되고, 충남 지역의 구전자료에 남녀의 협동으로 인세가 이루어졌다는 양성신의 창세 이야기가 있다.

이상의 천지분리와 지상의 만물이 만들어진 창세과정의 검토만으로는 한국신화의 정체성이 어떤 것인지 분명히 말하기 어렵다. 다만 〈창세가〉와 같은 성별 미분의 독성신에 의한 창세신화가 먼저 형성되었고, 〈이 세상의 맨 처음〉과 같은 남녀 양성신의 협동으로 인세가 이루어진다는 신화는 후대에 형성되었다고 본다.

2.2. 인류의 시원(始原)

한국의 인류시원신화는 〈창세가〉와 〈이 세상의 맨 처음〉이 있다. 먼저 〈창세가〉에 들어 있는 인류시원신화부터 검토하기로 하자

> 옛날 옛 시절(時節)에, 미륵님이 한짝 손에 은(銀)쟁반 들고, 한짝 손에 금(金)쟁반 들고, 한을에 축사(祝詞)하니, 한을에서 벌기 썰어저, 금(金)쟁반에도 다섯이오 은(銀)쟁반에도 다섯이라. 그 벌기 자리와서, 금(金)벌기는 사나희 되고 은(銀)벌기는 계집으로 마련하고 은(銀)벌기 금(金)벌기 자리와서 부부(夫婦)로 마련하야 세상(世上)사람이 나엿서라[12]

이 자료는 간략하지만 매우 중요한 신화적 의미를 담고 있다. 우선 인류의 시원을 하늘에 두었다는 점이다. 미륵이라는 창세신이 창조한 것이 아니라, 더 궁극적이고 절대적인 하늘에 빌어서 인간의 씨앗이라 할 수 있는 금벌레와 은벌레를 받아다가 남자와 여자로 키웠다는 것이다. 여기에서 금쟁반의 금벌레는 태양의 정기를 상징하고, 은쟁반의 은벌레는 달의 정기를 상징한다고 본다. 그 반대로 생각할 수도 있다. 어쨌든 해와 달의 정기가 자라서 변하여 남자와 여자가 되었다는 사고는 분명하다. 벌레 상태에서 점점 자라 인간 남녀로 진화하였다는 점에서 이 신화는 진화론적 인간시원론이라 할 만하다. 또한 다섯 쌍의 부부에서부터 인류가 나왔다는 점에서 이 신화는 근친상간의 가능성을 차단하고 있다. 대체로 동서양 신화에는 인류가 남매혼의 부부로부터 나왔다는 이야기가 많이 전승된다.

---

12) 손진태, 앞의 책, 6~7쪽.

　다음으로, 벌레들 사이에 순서나 층차가 나타나지 않는다는 점에서 인류 평등사상이 담겨 있다고 본다. 남녀 역시 출현시기도 같고, 아무런 차별성도 없다는 점에서 평등한 존재로 설정되어 있다. 구연자가 의도적으로 구연하였는지 아니면 실수인지는 알 수 없으나, 금쟁반 은쟁반과 금벌레 은벌레의 선후 순서가 일정하지 않다. 의도적으로 순서를 바꾸었다면 이는 남녀 생성의 선후가 별다른 의미가 없음을 말해 준다. 즉 금쟁반이나 은쟁반, 금벌레와 은벌레, 남자와 여자는 우열이 없고 우선 순위도 없는 평등한 존재임을 말하려는 의도가 담긴 것으로 볼 수 있다. 여기서 우리는 한국신화의 정체성의 일면을 엿볼 수 있다. 즉 한반도의 인류는 해와 달의 정기가 결합되어 탄생된 민족이라는 것이다. 천상의 해와 달은 지상의 남녀로 연결되고, 모든 인류는 이들의 결합으로 태어나 퍼졌다는 것이다. 이러한 사고는 국조신화에서도 발견된다.

　〈이 세상 맨 처음〉에서는 하느님의 딸인 천국공주의 시녀와 하느님의 부하 장수인 남성이 부부가 되어 자손을 퍼뜨려 인류가 시작되었다고 하였다. 이 자료는 천국에서 내려온 남성과 여성이 부부가 되어 자손을 퍼뜨렸다는 점에서, 인류의 시원을 하늘에 둔 점은 〈창세가〉와 상통한다. 그러나 시녀와 장수라는 신분을 명시함으로써 신과 인간의 층차를 강조하고 있으며, 하느님의 명령을 거역하고 돌아가지 않았다는 점에서 원죄의식이 내포되어 있어 언제나 인간은 하느님의 징벌을 감수해야 한다는 의미가 있다. 또한 공주의 잘못으로 잃어버린 가락지를 부하에게 찾아오라고 강요한다는 점에서 통치권자의 횡포를 읽을 수 있다. 이러한 신화는 지배층의 권력에 시달리며 살아온 피지배층의 사고가 투영된 것으로서, 절대군주 사회의 관념이 수용되어 있다고 하겠다. 이런 부분은 전승과정에서 후대에 덧붙어졌을 것으로 본다.

그러면 중국이나 일본 또는 만주족 등의 인류시원신화는 한국의 인류시원신화와 어떤 차이가 있는지를 알아보기로 하자.

중국의 인류시원신화는 《회남자》(淮南子) 〈설림편〉(說林篇)에 전하는 황제(黃帝)와 상병(上騈), 상림(桑林)이 협동하여 인간을 만들었다는 여러 신의 협동창조설과,[13] 《풍속통의》(風俗通義)에 전하는 여왜(女媧)의 황토조인설(黃土造人說)이 있는데, 황제 등 여러 신의 협동창조설은 너무 소략하여 여왜의 황토조인설이 널리 알려진 중국의 인류시원신화다.

> 속설에, 천지가 처음 개벽되었을 때 아직 인민이 없었다. 여왜는 황토를 주물러 사람을 만들었는데, 너무 힘을 써서 더 이상 일할 수가 없었다. 그래서 새끼줄을 진흙 속에 넣었다가 당겨서 들어 사람을 만들었다. 그러므로 부귀하고 어질고 지혜로운 자는 황토로 만든 사람이고, 빈천하고 범용한 자는 새끼줄로 만든 사람이다.[14]

이 신화는 여러 가지 측면에서 한국신화와는 다른 성격을 보여준다. 즉 인류의 근원을 황토에 두었고, 인간이 신에 의하여 창조되었다고 했으며, 황토로 빚은 인간과 새끼줄에 황토를 묻혀 휘둘러서 한 번에 많이 만든 사람을 구별하여 차등화하고 있다.

이상에서 논의한 한국 〈창세가〉의 인류시원신화와 〈여왜신화〉의 대조되는 성격을 요약하여 제시하면 다음과 같다.

---

13) 《淮南子》〈說林篇〉. "黃帝生陰陽 上騈生耳目 桑林生臂手 此女媧之所以七十化也"; 袁珂/ 전인초 · 김선자 옮김, 앞의 책, 158쪽에서 재인용.

14) 《中國神話硏究》, 臺北: 新陸書局, 1969, 50~51쪽. "俗說 天地初開闢 未有人民 女媧搏黃土爲人 極無力不暇給 乃引繩絚人民 擧以爲人 故富貴賢知者 黃土人 貧賤凡庸者 引絚人也."(필자 번역)

국적	인류의 근원	출현과정	인간관
한국	하늘(해와 달)	진화	평등성, 존엄성
중국	지상(황토 진흙)	창조	차등성, 비천성

한편 만주족의 인간시원신화는 다음과 같은 자료가 있다.

아부카허허와 와러두허허 두 신이 사람을 만들었는데, 제일 먼저 만들어낸 것은 모두 여인이었다. 그래서 여성은 마음이 인자하고 성질이 급한 것이다. 그러면 어떻게 남자가 생겼는가? 아부카허허와 와러두허허께서는 이번에는 바나무허허와 함께 남자를 만들었다. 바나무허허는 오친여신이 곁에서 잠을 못 자게 하고, 또 자매들이 남자를 만들라고 재촉하므로 내키지 않는 대로 견갑골과 겨드랑이의 털을 뽑아서 자매들의 인자한 성품의 살을 주물러서는 남자를 만들었다. 그래서 남자가 성격이 급하고 마음이 인자한 것이다. 여자보다 힘이 센 것은 뼈로 만들었기 때문이다. 그러나 견갑골과 겨드랑이 털로 만들었기 때문에 남자의 몸에는 여자들보다 수염과 털이 많게 되었다. 견갑골은 항상 바나무허허가 잠잘 때 몸에 깔려 있고 흙이 묻어 있어 남성들은 여인보다 때가 많고 마음 쓰는 것이 깊었다.[15]

만주족신화에서도 인간은 신이 창조한 것으로 나타난다. 만족의 창세신 아부카허허, 와러두허허, 바나무허허는 모두 여신들이다. 이들 신이 협동하여 여자를 만들고, 뒤에 여성의 몸에서 자료를 취해서 남자를 만들었다는 것이다. 이러한 신화는 모두 신의 창조에 의한

---

15) 이종주, 〈만족신화 '우처구우러본'(天宮大戰)의 창조와 투쟁〉, 《한국고전연구》 3집, 한국고전연구회, 1997, 396~397쪽.

인간 시원론으로서 한국신화와는 성격이 다름을 보여준다. 여기에서 인간을 만든 원소재(原素材)는 분명하지 않다. 살과 뼈와 털은 인간의 육신을 이루는 요소이기에, 이것이 본래 소재는 아니라고 본다. 그런데 여성을 먼저 만들고 남성을 뒤에 만들었으며, 남성을 만든 재료는 여성의 몸에서 취한 것이라는 내용에서 여성 우위의 차등적 사고를 찾을 수 있다. 이처럼 만주족의 신화는 한국과 달리 창조론적 인간시원론이면서 차등적 인간관을 반영하고 있다.

한국의 인류시원신화는 동북아시아의 다른 민족신화와 구별되는 한국신화의 정체성을 보여준다. 이 신화에 반영된 한국인의 인간관은 인간이 천상의 해와 달의 정기로 이루어진 고귀한 존재로서, 신이 단번에 만든 존재가 아니라 오랜 세월을 지나면서 벌레로부터 인간 남녀로 진화하였다는 것이다. 또한 모든 인간이 균등한 자질을 타고 났고, 같은 조건에서 성숙하였다는 점에서 평등사상을 반영하고 있으며, 다섯 쌍의 부부로부터 인류가 퍼졌다는 점에서 남매혼과 같은 근친혼의 필연성을 배제하고 있다.

일본에는 신들의 탄생담은 많으나 일본 민족의 시원이나 인류시원에 관한 신화가 따로 있는 것 같지 않다.

3. 건국신화에서 발견되는 한국적 정체성

건국신화는 개국의 시조에 관한 이야기로서 국조(國祖)의 출생과정과 결혼과정, 그리고 건국 경위로 구성된다. 그런데 국조의 출생과정과 결혼과정, 그리고 왕으로 즉위하는 과정은 자료에 따라 차이를 보인다. 〈단군신화〉나 〈주몽신화〉에서는 국조 부모의 결혼이 먼저 서술되고 잉태와 출산의 과정을 거쳐 국조가 탄생하는데, 〈박혁거세신화〉와 〈김수로신화〉에서는 하늘과 땅의 결합으로 국조가 알의 형태로 지상에 탄강하고 있다. 〈박혁거세신화〉와 〈김수로신화〉에서는 국조 부모의 결혼 사연이 없는 대신 국조의 혼례 사연이 비중 있게 서술된다. 즉위과정에서도 〈주몽신화〉에서는 주몽 자신의 힘으로 건국을 선포하는 왕권쟁취의 모습을 띠는 데 비하여, 〈박혁거세신화〉나 〈김수로신화〉에서는 부족장들에 의하여 왕으로 추대되는 모습을 보이고 있다. 이와 같이 이질적 성격을 갖는 신화들을 하나의 민족신화로 묶어 정체성을 논하기란 쉽지 않다.

한국신화의 정체성을 파악하기 위해서 국조의 출생과정을 통해 국조의 혈통을 따져보는 것이 중요하다. 국조의 혈통은 곧 신화전승 집단의 신성혈통으로서, 국가를 이루어낸 민족의 신성의식을 나타내기 때문이다. 국조의 결혼과정 또한 신성의식을 반영한다고 본다. 대체로 국조의 결혼과정을 서술한 신화에서는 국조 부모의 결혼이 나타나지 않는다. 이런 점에서 국조 부모의 혈통이나 국조와 국모의 혈통을 파악하는 것은 국가를 세운 집단이 지향하는 신성성의 정체를 파악하는 일로서, 한국신화의 정체성을 이해하는 데 긴요하다고 본다.

국조의 즉위과정은 쟁취와 추대 두 가지가 있다. 세습으로 왕이 되는 경우는 개국의 시조에게는 해당되지 않는다. 쟁취와 추대는 전혀 다른 것으로 보일 수도 있으나, 신화의 내용을 좀 더 면밀하게 검토한다면 한민족신화로서 공통성을 파악할 수 있을 것으로 본다.

3.1. 한국의 건국신화

단군은 환웅(桓雄)과 웅녀(熊女)의 결합으로 탄생되었다. 환웅은 천상의 환인천왕(桓因天王)의 아들로서 천신계의 남성이고, 웅녀는 곰이 환웅의 지시로 금기를 지켜서 여인으로 변화한 존재다. 환웅은 천상 왕국의 왕자이기에 천신(天神)이라고 할 수 있으나, 천신이 무엇을 관장하는 신인지는 좀 더 따져보아야 한다.

천신은 하늘의 신으로서 천상의 공간을 관장하는 신이라고 할 수 있는데, 천상이라는 공간에는 해, 달, 별 등의 천체도 있고, 구름이나 바람 등의 움직임도 있기에, 무엇을 관장하는 존재인가에 따라 신의 성격이 달라질 수 있다. 즉, 천상계를 지배하는 원리가 해와 달 등 천체의 운행에 초점이 있는 것과, 바람과 비 등 대기공간의 기후변화에 초점이 있는 경우가 다르다. 흔히 천신과 태양신을 동일시하기도 한다. 그러나 태양은 비록 광명과 기온을 주관하는 천체로서 막대한 영향력을 가지지만 천상계 전체를 의미하는 것은 아니다. 원시적 자연신 신앙에서는 자연현상 각각에 대하여 모두 주재하는 신이 따로 있다고 생각하였다. 그러다가 후대에 이르러 태양을 포함한 천체와 풍운 조화까지 모두 관장하는 절대적 존재로서 천신의 개념이 정립되었다.

그런데 환웅은 곰에게 태양빛을 100일 동안 보지 말라고 하였다. 햇빛은 만물의 생장을 돕는 요소로서 태양의 생산신적 기능을 의미하는데, 빛을 차단하기를 주문한 것을 어떻게 이해해야 할 것인가? 햇빛을 차단하는 것이 태양신과의 단절을 말한다면 환웅은 태양신으로 볼 수 없다. 환웅이 태백산 신단수로 내려올 때 삼천의 무리를 거느렸는데, 그들 가운데 풍백(風伯), 우사(雨師), 운사(雲師) 등이 중요한 신하로 등장한다. 여기서 비, 바람, 구름 등 천상계 공간에서 일어나는 자연현상을 관장하는 신이 환웅이었음을 알 수 있다. 또한 환웅은 인간세계의 곡식, 인명, 질병, 선악 등 360여 가지의 일을 주관하였다고 하였다. 이런 점을 고려하면 환웅은 천상공간에서 풍운 조화를 관장하는 신이고, 인간세계의 농경생산과 인간의 탄생과 질병 및 생명을 관장하는 신이었음을 알 수 있다.

그러면 단군의 어머니인 웅녀는 어떠한 신성성이 있어서 국조의 모계로 설정된 것인가? 웅녀는 곰이 변한 여인이기에 곰이 가지는 신성성을 파악할 필요가 있다. 곰은 고대 고아시아족이 신성시하던 동물로 알려져 있다. 곰은 추위를 잘 견디고, 물가에서 연어 등 어류를 먹고사는 동물로서, 강력한 힘과 끈질긴 생명력을 가진 존재다. 해안에 연접한 북방 지역에서 생활하는 아이누족과 같은 원시부족에게서는 곰에 대한 숭배가 특히 강하다. 호랑이나 사자가 서식하지 않는 지역에서 곰은 포유류와 어류 가운데 가장 강한 동물로 군림한다. 곰은 지상의 동물신으로서 물과 친연성이 강한 존재다. 그러나 곰은 환웅의 도움으로 인간으로 변화하여 국조를 출산하였다. 이런 점에서 웅녀는 지상의 동물신으로서 천신에게 복속되어 교화를 받은 존재라고 볼 수 있다.

그렇다면 단군의 신성 혈통은 천상공간의 지배자를 아버지로, 지상계의 가장 강한 동물신을 어머니로 하고 있는데, 이는 곧 천신과 지상의 수조신(獸祖神)을 신성시한 신성관의 반영이라고 할 수 있다.

주몽은 해모수와 유화의 결혼으로 탄생한 존재다. 해모수는 천제(天帝) 또는 천제의 아들이라고 하니 천신임이 확실하다. 그런데 해모수의 행위를 보면 태양신임이 드러난다. 그가 천상에서 지상으로 하강할 때의 모습이 태양이 아침에 동녘에서 솟아오르는 것을 연상시키고, 아침에 웅심산(熊心山)으로 내려와 저녁에 하늘로 돌아갔다고 한 것은, 해가 뜨고 지는 것을 의인화한 것이다. 또한 일광으로 화하여 유화에게 임신을 시켰다는 점에서 태양신의 성격이 분명히 드러난다. 여기에서 해모수는 천신이라는 점은 환웅과 같으나, 풍운조화와 같은 자연현상을 관장하는 신이 아니고 태양의 운행을 관장하는 신이라는 점에서 환웅과 차별됨을 알 수 있다.

유화(柳花)는 하신(河神)인 하백(河伯)의 딸로서 수신(水神)의 모습을 보여준다. 유화는 청하(靑河)에서 생활하였고, 우발수(優渤水)에서 물고기를 먹고살았다. 이런 점에서 유화는 강이나 하천의 신으로서 성격이 드러난다. 그러므로 주몽의 부계 혈통은 태양신이고 모계 혈통은 지상의 수신임이 확실하다. 그런데 주몽의 근본을 기록한 비문이나 중국 역사서에는 부모의 혈통이 여러 가지로 나타난다. 〈광개토왕릉비〉에는 '천제의 아들이고 어머니는 하백의 딸'(天帝之子母河伯女郞)이라고 되어 있고, 〈모두루묘지〉(牟頭婁墓誌)에는 '하백의 손자이며 해와 달의 아들'(河伯之孫日月之子)로 되어 있다. 여기서 주몽이 해모수의 아들이기에 해의 아들이라는 점은 이해할 수 있으나, 유화의 아들을 왜 달의 아들이라고 하였는가 하는 것이 문제다. 또한 주몽은 천제의 손자고 하백의 외손자라고 소개되기도 한다. 그렇다면 달의 아들이란 말과, 하백의 외손자 또는 유화의 아들이란 말은 결국 같은 말이라고 보아야 한다.

여기서 물과 달의 관계를 생각해 볼 필요가 있다. 중국에서 체계화된 음양론에서 천상의 가장 큰 양기(陽氣)는 해고, 가장 큰 음기(陰氣)는 달이라고 한다. 그래서 해를 태양이라 하고 달을 태음이라고 한다. 지상의 가장 큰 양기는 불이요, 가장 큰 음기는 물이다. 한편 인간은 남성이 양이고 여성이 음이다. 그렇다면 천상의 달은 곧 지상의 물과 같은 음기로서 서로 치환 가능한 신성 관념으로 볼 수 있다. 따라서 〈주몽신화〉에서 확인되는 한국신화의 정체성은 천상의 태양과 지상의 불, 그리고 인간의 남성을 양기의 축으로 하고 천상의 달과 지상의 물과 인간의 여성을 음기의 축으로 하여, 음양의 결합에 의하여 국조를 비롯한 만물이 생장한다는 사고를 보여준다고 정리할 수 있다. 이는 〈창세가〉의 인간시원신화에서 추출되는 관념과도 일치한다.

〈단군신화〉에서도 이와 같은 관념이 추출된다. 환웅은 천상계의 남성으로서 양기에 속하는 존재고, 곰은 물가에서 생활하는 동물신으로서 수신이면서 음기에 속하는 존재다. 따라서 천(天), 지(地), 인(人) 삼재(三才)의 음양 요소가 결합하여 만물(萬物)이 탄생된다는 음양론적 사고구조에서 벗어나지 않는다.

다음으로 〈박혁거세신화〉를 검토하기로 하겠다. 박혁거세는 하늘에서 탄강한 존재로서 천신적 성격을 가진다. 그러나 박혁거세의 부모가 구체적으로 드러나지 않기에 부모의 혈통을 따지기는 어렵다. 다만 하늘에서 자주색 기운이 지상에 드리운 가운데 알에서 탄생하였다 하였으니, 하늘과 땅이 결합하여 탄생시킨 존재임이 분명하다. 그런데 박혁거세가 박과 같은 알에서 나왔고, 광명으로 세상을 다스린다는 의미로 혁거세라고 하였다는 점에서 태양신의 후예임이 드러난다. 광명의 원천은 태양이고, 알은 태양의 모습과 같기 때문이다.

그러면 박혁거세의 부인으로 국민의 숭앙을 받은 알영(閼英)의 혈통은 어떠한가? 알영은 알영정(閼英井)이라는 우물에서 계룡(鷄龍)의 옆구리에서 나온 여성이다. 우물에서 태어났다는 것은 알영이 수신의 후예임을 말해 주는 점이다. 계룡은 닭과 관련이 있는데, 신라에서는 닭을 신성동물로 신성시한 자취가 두루 나타난다. 계림(鷄林)이라는 곳은 제전을 행하던 곳이고, 정치를 논의하던 신라의 신성 공간이다. 신라를 다른 이름으로 계림국이라고 한다.

그렇다면 닭은 어떠한 상징성을 지니는 동물인가? 흔히 닭이 울면 날이 밝는다고 생각하여 닭을 태양조(太陽鳥)로 생각할 수 있다. 그런데 태양이 우물이나 용과 관련을 가진다는 것이 자연스럽지 못하다. 신라의 육촌장은 모두 천상에서 산곡으로 하강한 존재로서, 산을 삶의 터전으로 삼았다. 그런데 계림은 특정 부족의 삶의 터전이 아니라 여섯 부족이 모여 정치를 의논하고 제사를 거행하는 곳이었다. 이런 점에서 닭이 하늘과 관련이 있다고는 할 수 있는데, 하늘의 무엇과 관련이 있는가를 생각해 보아야 한다. 닭을 나타내는 십이지(十二支)는 유(酉)인데, 유시(酉時)는 저녁이 되어 달이 빛을 발하는 시간이다. 이런 점에서 닭은 달을 상징하는 월조(月鳥)로 생각할 수 있다. 천상의 달은 지상의 물과 같은 음기 계열이므로, 박혁거세가 태양의 후예라면 알영은 태음의 후예로 설정되었다고 보는 것이 타당하다.

실제로 알영은 박혁거세의 부인이 되기 위하여 탄강한 존재로서 별다른 신이한 행적을 행함이 없다. 그런데도 육촌장(六村長)은 알영을 왕비로 인정하는 데 주저하지 않았고, 왕비가 되어 신라의 두 성인으로 추앙을 받았다. 이것은 알영이 신라인의 신성 관념의 표상으로 설정된 존재임을 말해 주는 부분이다. 알영은 태어날 때 닭의 부리와 같은 입술을 달고 있었다. 그런데 월성(月城) 뒷개울에서 목욕을 시키자 부리 입술이 떨어졌다고 하였다. 이에 대한 해석은 여러 각도에서 할 수 있으나, 닭이나 달을 숭배하던 집단이 태양숭배 집단에 동참하면서 달의 신성 징표가 사라졌다고 해석하는 것이 전체 문맥에 부합한다고 본다.

달에 대한 신성 관념은 곧 지상의 물에 대한 신성 관념과 연결된다. 물을 관장하는 수신은 뒤에 용신으로 바뀌어 국토를 수호하는 호국용신으로 등장한다. 신라의 삼국통일 대업을 이룩한 문무왕(文武王)은 동해의 용신이 되는데, 이는 바로 계림에서 탄강한 김알지(金閼智)의 후손이다. 김알지는 계림과 관계가 있고, 알영과 같은 신성성을 지닌다. 그런데 김알지의 후손이 용신이나 바다의 신이 되어 국토를 지킨다는 것은 알영이 월신(月神) 계열로서 수신적 성격이 있음을 방증하는 것이라고 본다. 결국 신라의 시조신화 역시

해의 신과 달의 신의 결합이면서 천신과 수신의 결합을 이야기한 것으로서, 태양·불·남성을 양의 축으로 하고, 달·물·여성을 음의 축으로 하는 양기와 음기가 결합하여 국조를 비롯한 만물이 생성된다는 음양론적 사고를 보여준다고 할 수 있다.

마지막으로 〈김수로신화〉의 신성성을 검토해 보기로 하자. 김수로(金首露)의 탄강은 박혁거세와 유사하다. 김수로는 하늘과 땅이 자주색 기운으로 연결된 가운데, 땅 속에서 금합자(金合子)에 담긴 여섯 알 가운데 하나로 출현한다. 이는 바로 하늘의 기운과 땅의 기운이 결합하는 모습을 보여준 것으로서, 자연 상태의 천지 결합에 의하여 국조가 탄강됨을 말한다. 하늘과 땅이 인격화되어 혼례과정을 거친 천부지모형 신화의 또 다른 모습이다.

그런데 김수로가 출현한 공간이 구지봉(龜旨峯)이고, 김수로를 찾기 위해 구간(九干)이 부른 〈구지가〉(龜旨歌)에 거북이 등장하고 있어, 거북이 가지는 신화적 의미를 고찰할 필요가 있다. 거북은 김수로의 탄강을 도와주고, 구간에게 김수로의 존재를 알려준 신성동물이다. 백마(白馬)의 인도로 혁거세가 출현하고, 계룡(鷄龍)의 몸에서 알영이 나오고, 백계(白鷄)의 울음으로 김알지의 존재가 알려진 것과 같이, 거북은 김수로와 밀접한 관계가 있다. 거북은 물에서 사는 동물로서 일찍이 달 동물로 인식되었다. 사방신(四方神) 가운데에서 북방의 신 현무(玄武)는 물의 신을 말하는데, 거북으로 형상화되어 있다. 즉 거북은 달, 물과 연결되는 음기 축에 속하는 동물이다. 혁거세가 천신 계열이고 태양신의 후예고, 알영이 수신계의 혈통이며 월신의 후예임은 이미 앞에서 논의하였다. 또한 김알지는 알영과 같이 수신이나 용신의 혈통임도 논의하였다. 그런데 김알지와는 다르게 김수로는 그의 후예인 김유신이 천신이 된다는 점으로 보아 천신의 후예임이 분명하다.

그러면 달 동물인 거북이 김수로의 탄강에 등장하는 것은 무슨 이유인가? 거북은 구지봉 지역에서 생활하던 구간 등이 신성시한 토템동물로 볼 수 있다. 구간으로 대표된 구지봉 지역의 씨족집단은 수신신앙을 가지고 거북을 신성시하던 집단이었다고 본다. 여기에 천신숭배집단인 김수로 집단이 도래하여 구간 등을 복속시키고 새로운 국가를 개국했다고 해석할 수 있다. 따라서 〈구지가〉는 수신을 숭배하던 선주집단(先住集團)으로 하여금 자진해서 천신숭배집단과 통합되는 모양새를 갖추도록 하기 위한 정치적 의도가 함축된 노래라고 볼 수 있다.

김수로는 즉위한 뒤 탈해(脫解)의 도전을 물리친다. 탈해는 용성국(龍城國) 출신으로서 수신적 성격을 지닌 존재다. 즉 김수로와 탈해의 싸움은 천신과 수신의 대결 성격을 지닌다. 이는 마치 해모수와 하백이 변신술로 경합(競合)을 벌이는 것과 같은 싸움이다. 결과는 김수로의 승리로 끝난다. 이처럼 해모수와 김수로가 하백과 탈해에 대해 우위에 있음을 보여주는 경합담은 천신족, 또는 태양숭배집단이 수신을 숭배하던 토착부족을 복속시킨 사실을 신화적으로 표현한 것이라고 볼 수 있다.

김수로는 신하들의 권유를 뿌리치고 아유타국에서 건너온 허황옥(許黃玉)을 아내로 맞이한다. 허황옥의 도래는 곧 새로운 문물의 도래로서, 가락국 발전에 크게 기여하는 계기가 된다. 그런데 허황옥은 인도에서 배를 타고 온 여인으로서 물과 친연성이 강한 인물이다. 이는 알영정이란 물길을 따라 계룡의 옆구리에서 나온 알영과 같은 신성 징표를 갖는다고 볼 수 있다. 험하고 먼 바닷길을 건너오기 위해서는 해신으로 알려진 용신의 도움이 절대적으로 필요하다. 따라서 허황옥 집단은 해신이나 용신의 가호를 받는 집단이라고 볼 수 있다. 그렇다면 김수로와 허황옥의 결합 역시 천신이나 태양신의 후예인 남성과 수신 또는 용신의 후예인 여성의 결합을 이야기한 것으로서, 혁거세와 알영의 결합을 이야기한 신라신화와 같은 성격을 지녔다고 할 수 있다.

이상에서 검토한 바를 종합하면, 한국신화의 정체성은 태양이나 천공(天空)의 원리를 상징하는 남성과, 달이나 물의 원리를 상징하는 여성의 결합으로 인류가 생성되고 국조가 출현하였으며, 모든 것이 산생되었다는 것으로 요약할 수 있다. 이는《역경》에서 발원한 음양론적 사고와 상통하는 것으로서, 천상의 태양과 태음인 해와 달, 그리고 지상의 태양과 태음인 불과 물, 인간의 양과 음인 남성과 여성이 결합하여 만물이 산생된다는 사고의 신화적 표현이라고 할 수 있다.

그러면 이 같은 신화적 사고가 중국신화나 그 밖의 동양신화에서도 보편적으로 나타나는가, 아니면 한국신화에서만 특수하게 나타나는가를 검토하여 보자.

3.2. 중국의 건국신화

중국의 건국신화는 한국의 건국신화와 성격이 다르다. 이른바 삼황오제(三皇五帝)로 알려진 신화적 존재는 중국 왕조를 개창(開創)한 주인공이 아니다. 《사략》(史略)에는 천황씨가 목덕(木德)으로 왕이 되어 형제 12명이 각각 1만 8천 년을 살았다고 되어 있다. 그러나 천황씨가 누구의 자손인지 어떤 나라를 어디에 창건했는지에 대한 서술은 없다. 삼황으로 일컬어지는 천황(天皇), 지황(地皇), 인황(人皇), 그리고 유소씨(有巢氏), 수인씨(燧人氏) 등은 국명이나 국도(國都)가 알려지지 않은 제왕으로서, 인류의 문명사에 공헌을 한 문화영웅으로서 성격을 지닌다. 천황이 목덕으로, 지황이 화덕으로 왕 노릇을 하였다는 기술은 하늘, 땅, 인간의 삼재(三才)와 오행의 상생지리 (相生之理)에 의한 시간적 순서를 연결시킨 것이다. 유소씨가 주거 (住居) 형태를 처음으로 마련하였고, 나무 열매를 먹었다고 한 것은 채취생활 시대의 삶의 형태를 보여준 것이고, 수인씨가 나무에 구멍 을 뚫어 마찰시켜 불을 내어 사용했다고 한 것은, 중국의 불 기원신 화의 모습을 보여준다. 다음으로 신농씨(神農氏)에 의하여 농사법이 마련되고 의약품이 개발되었다고 한 것 또한 인류문명사에서 획기 적 발명이나 발견으로 알려진 문화적 영웅에 대한 신화로서, 건국신 화와는 성격이 다르다. 국가가 창건되려면 국가의 명칭이 정하여지 고 도읍지가 선정되어야 하며, 치국기간이 드러나야 된다. 이런 조건 을 제대로 갖춘 황제는 요순(堯舜)부터라고 할 수 있으나, 요순의 이야기는 전설적 성격이 강하다.

중국의 본격적 신화는 복희(伏羲)와 여왜(女媧), 그리고 황제(黃 帝)의 이야기로부터 시작된다. 먼저 복희와 여왜에 대한 신화를 검토 하기로 하겠다.

《사략》(史略) 〈태호복희씨〉(太昊伏羲氏)에는 다음과 같은 기록이 있다.

> 태호 복희씨는 풍성(風姓)이요 뱀의 몸에 사람의 머리니, 수인씨를 이어서 왕이 되어 처음으로 팔괘를 긋고 글과 문자를 지어 결승으로 하던 정치를 대신하였다. 시집가고 장가드는 제도를 만들고 폐백하는 예법을 행하고, 그물을 만들어 물고기를 잡았다. 희생동물을 길러서 부엌에 채워두었기 때문에 포희라고 불렀다. 용의 상서가 있어서 용으 로 관직을 기록하여 이름을 용사(龍師)라 하였다. 목덕으로 왕을 하여 진(陳)에 도읍하였다. 포희가 붕함에 여왜씨가 서니 또한 풍성이라 목덕으로 왕을 하여 처음으로 생황을 만들었다.[16]

위의 내용에서 복희는 진국의 왕으로서 글자를 만들고 결혼제도를 정하고 그물로 물고기 잡는 방법을 개발하였으며, 신에 대한 제물을 준비하고 어로방법을 개발하고 가축을 기르는 방법을 시작하였으며, 문자를 만들어 정사를 기록하였다는 점에서 생활문화에 획기적 공헌을 한 영웅이었음을 알 수 있다. 또한 도읍을 정하고 관직을 두어 다스렸고, 신에 대한 제전을 몸소 행했음도 알 수 있다. 여기에 나타난 복희의 모습은 〈단군신화〉에 나타나는 환웅과 비슷하다. 복희는 수렵과 어로로 생활하던 제정일치 사회에서 군장의 모습을 보여준다. 그러나 복희의 탄생경위나 제왕으로 즉위하는 과정 등에 대한 언급이 없어 한국 건국신화와는 차이를 보인다.

여왜(女媧)는 복희의 뒤를 이어 군장이 되었는데, 복희와 같은 풍성(風姓)이고 목덕으로 왕 노릇을 하였다. 여왜 이후로 풍성이 15세대를 계승하여 왕 노릇을 했다고 한 것을 보아, 씨족간의 세습제로 왕위가 이어진 상황을 짐작할 수 있다. 그런데 복희가 어떤 신의 후예인지, 여왜와는 어떤 관계인지 본문에는 언급되어 있지 않다. 《사략》의 세주(細註)에는 여왜가 복희의 딸이라고도 하고, 누이동생이라도 한다고 되어 있다.[17]

한(漢)나라의 석각 그림과 벽돌 그림 가운데에는 사람 머리에 뱀의 몸을 한 복희와 여왜의 그림이 자주 보인다. 이 그림들 속의 복희와 여왜는 허리 위의 부분은 사람으로 도포를 입고 모자를 쓰고 있으며, 허리 아래 부분은 뱀의 몸으로 두 개의 꼬리가 단단하게 얽혀

16) 《詳密註解 史略諺解》一卷, 세창서관, 1964, 2~3쪽. "太昊伏羲氏는 風姓이오 蛇身人首ㅣ니 代燧人氏以王하야 始畫八卦하시고 造書契하야 以代結繩之政하며 制嫁娶하야 以儷皮로 爲禮하시고 結網罟하야 敎佃漁하시고 養犧牲하야 以充庖廚故로 曰庖犧ㄹ 有龍瑞어날 以龍으로 紀官하야 號를 龍師라 하다. 木德으로 王하야 都於陳이러니 庖犧崩에 女媧氏立하니 亦風姓이라 木德으로 王하야 始作笙簧하니라."
17) 위의 책, 3쪽. "女媧氏 伏羲之女 或曰妹也."

있다. 그림 속의 남자는 손에 기역자를 들고 있고, 여자는 컴퍼스를 들고 있다. 남자는 손으로 태양을 받들고 있고, 여자의 손에는 금빛 까마귀 한 마리가 들어 있기도 하며, 때로는 여자가 달을 받들고 있고 그 달 속에 두꺼비가 들어 있기도 하다.[18]

이 그림에는 복희와 여왜가 뱀의 몸에 사람의 머리를 한 부부신으로 나타나는데, 복희는 남성이면서 태양신이고, 여왜는 여성이면서 달의 신으로 형상화되어 있다. 이를 보면 복희와 여왜가 남매이면서 부부였음을 알 수 있는데, 이를 남매혼의 흔적이라고 해석하기도 한다.[19]

이와 같이 해와 달의 신이 부부관계로 설정된 것은 한국의 해모수와 유화, 그리고 박혁거세와 알영이 부부가 된 것과 상통된다. 다만 한국신화에는 국조 부부가 남매라는 기록은 찾을 수 없다. 또한 복희는 어로와 유목 생활을 한 집단의 군장 겸 사제인 점이 드러나는데 비하여, 유화나 주몽, 박혁거세와 알영은 농경사회의 군장이나 사제로 나타난다는 점이 다르다.

중국의 신화는 각 지역의 수많은 민족이 전승하는 자료들을 두루 엮어 편집한 것이기에, 단일한 민족의 신화로서 정체성을 추출하기가 쉽지 않다. 그러나 복희와 여왜는 후대에 중국인의 시조신으로 문헌에 등재되었고, 신화의 내용이 역사교과서인 《사략》에 집록되어 중국인뿐만 아니라 한국과 일본 등 동양 각국에 널리 알려지게 되었다.

중국 요족(瑤族)의 구비전설로 알려진 인류재전신화에서도 복희

---

18) 袁珂/ 전인초·김선자 옮김, 앞의 책, 160쪽. 聞宥, 《四川漢代畵像選集》第44圖 참조.
19) 嚴紹璗, 〈東亞創世神話構成時代的思考〉, 《비교학적 관점에서 본 동아시아 신화의 정체성》(이화여대인문학연구원 학술대회발표논문집), 2005. 5.

와 여왜는 인류의 시조로 등장한다.[20] 복희와 여왜는 남매로서, 부친이 잡아 묶어놓은 뇌공(雷公)에게 물을 주어 뇌공이 달아나 대홍수를 일으켜 지상의 인간이 모두 없어지고, 남매만 뇌공이 준 이빨이 변한 박 속에서 살아남아 부부가 되어 인류가 다시 퍼지게 되었다는 이야기가 전한다. 그런데 뇌공에게 물을 준 복희 오누이가 뇌공이 준 박씨 덕분으로 대홍수를 피하여 살아남았다는 것은, 일신과 수신의 관계를 말해주는 신화로서 새겨볼 부분이다.

이 설화에서는 박이 물 위에 뜨는 배 역할을 한 것으로 되어 있고, 수신 뇌공이 준 이빨이 자라나서 열린 열매가 박이 되었다고 한 점에서 복희와 여왜는 수신과 친연성이 있다. 그런데 복희와 여왜가 수신을 적대시한 화신적 성격을 가지는 지상 용사의 아들과 딸로 설정된 자료도 있어 혈통의 성격이 단순하지 않다. 이는 한국신화와 같이 혈통에 대한 신성 관념이 작용하여 신의 혈연계보를 만들지 않았음을 말해주는 점이라고 본다. 홍수로 인한 인류재전신화는 일신과 수신의 도움으로 인류가 존속됨을 말한다. 뇌공의 이빨이 박씨이고, 박 속에 들어있던 아이가 살아남았다는 것은, 하나의 씨앗이 습기와 적당한 열기를 받아 싹이 트는 것을 의인화한 표현으로 볼 수 있다.

이러한 중국신화는 신라의 시조가 박과 같은 알에서 탄생했다는 한국의 〈박혁거세신화〉와 비교되는 것으로서, 산란하는 동물의 출산이나 식물의 씨앗이 싹트고 자라는 자연현상과 인간의 출산을 유추 해석하여 만든 신화라고 본다. 이런 점에서 복희와 여왜에 대한 중국의 전승자료 가운데에는 한국신화에서 추출되는 양기와 음기의 결합으로 인류가 시작되었다는 흔적을 발견할 수 있다. 그러나 이러한 사고가 하나의 중국의 신화적 정형으로 자리 잡았다고 보기는

---

20) 袁珂/ 전인초·김선자 옮김, 앞의 책, 163~169쪽.

어렵다.

중국신화 가운데에서 천신과 태양신의 관계를 이야기한 신화가 황제(黃帝)와 염제(炎帝)의 전쟁이다. 《사략》에 기록된 황제 헌원씨(軒轅氏)에 대한 기술을 보면 다음과 같다.

> 황제(黃帝) 헌원씨(軒轅氏)는 공손(公孫)이 성(姓)이고 이름은 헌원이며, 유웅국(有熊國) 군장인 소전(少典)의 아들이다. 어머니가 큰 전기가 북두추성을 둘러싼 것을 보고 감응되어 황제를 낳았다. 염제(炎帝)의 시대가 쇠할 때 제후가 서로 침략하여 정벌전쟁을 하였는데, 헌원이 전쟁의 방법을 익혀 판천(阪泉)의 들에서 염제와 싸워 이겼다. 다시 치우(蚩尤)가 난을 일으켰는데, 그는 이마가 구리와 쇠로 되어 있고 능히 큰 안개를 만들었다. 헌원이 지남차(指南車)를 만들어 탁록(涿鹿)의 들판에서 치우와 싸워 치우를 생금하고 염제의 뒤를 이어 황제가 되었다. 토덕(土德)으로 왕을 하야 구름으로 기관(紀官) 하야 운사(雲師)를 삼았다.[21]

헌원은 부족들의 전쟁에서 이긴 최후의 승리자로서 정복전쟁으로 군주가 된 존재다. 염제와 치우를 제압하고 천자가 되었다는 것이 이를 말해준다. 그런데 염제는 남방의 신이고 태양의 신으로 알려져 있다. 그러면 황제는 어떤 신인가? 황제는 처음으로 전쟁의 무기를 개발한 군장이고, 배를 만들어 물을 건너는 법을 개발한 문화영웅이다. 그렇다면 황제와 염제의 싸움은 물과 불의 싸움이고, 황제의 승리는 물이 불을 이긴다는 오행 상극론을 신화적으로 표현한 것이라고 할 수 있다.

---

21) 《詳密註解 史略諺解》 一卷, 5쪽.

또한 염제와 황제의 싸움은 여름과 가을의 싸움을 의미한다고 할 수도 있다. 여름철은 태양의 위력이 극성한 계절이고, 가을은 서리가 내려 만물의 생장을 멈추게 하는 계절이다. 서리는 생명체를 죽게 한다는 점에서 전쟁에서의 살벌한 기운에 빗대기도 한다. 그런데 염제를 태양의 신이나 여름의 상징으로 보고, 황제가 전쟁무기를 개발한 영웅이라는 점에서 가을의 상징으로 본다면, 염제로 상징된 여름 다음에 황제로 상징된 가을이 이어지는 계절의 변화를 전쟁으로 군주가 바뀌는 것을 기술하였다고 해석할 수도 있다. 자연신화 학파는 신화가 자연현상의 의인화라고 하였다. 구체적 전쟁사연이 생략된 염제와 황제의 싸움은, 여름에서 가을로 변화하는 자연현상이나 물과 불의 싸움을 의인화한 신화적 기술이라고 해석할 수 있다. 이러한 기술은 중국의 왕권 교체가 선양(禪讓)이 아닌 쟁취로 이루어졌음을 말해주는 점이기도 하다.

중국신화에는 오행의 상생(相生) 상극(相剋)의 이치가 수용되어 있다. 천황씨는 목덕으로, 지황씨는 화덕으로, 인황씨는 토덕으로 왕이 되었다는 것은, 오행 상생지리(相生之理)에 의한 목생화(木生火), 화생토(火生土)의 이치를 따른 왕위의 대물림이라고 본다. 또한 태호 복희씨가 목덕으로, 염제 신농씨가 화덕으로, 황제 헌원씨가 토덕으로 왕을 하였다고 한 것 또한 왕권의 교체를 오행 상생의 순서로 나열한 기술이다. 이처럼 오행 상생의 이치로 역대 제왕의 치국 순서를 배열한 것은 한국신화와 다른 점이다. 이는 대체로 음양사상과 오행사상이 융합된 한대(漢代) 이후의 저술에서 나타나는 현상이라고 본다.

이상에서 중국의 건국신화나 왕권신화는 한국의 건국신화에서와 같은 양기와 음기의 결합 모습이 보이기는 하지만 분명하지 않고, 한국과 달리 국조의 신성혈통이 강조되지 않았고, 혈연계보도 분명하지 않으며, 음양론보다도 오행 생극론의 이치를 따르고 있음을 논의하였다.

3.3. 일본의 건국신화

일본의 건국신화는 〈아마데라스신화〉와 〈스사노신화〉를 검토하기로 한다.

아마데라스와 스사노는 천신 이자나기와 이자나미 부부 사이에서 출생한 존재들이다. 이자나기와 이자나미는 천부교(天浮橋) 위에 서서 긴 창으로 바다를 저어 창끝에서 떨어지는 간물로 섬을 만들고, 그 섬 가운데 기둥을 세우고, 두 신이 기둥을 돌며 혼례를 행하여 부부가 되었다. 하늘의 남신과 여신이 인격화되어 혼례를 올리고 부부가 된다는 것은 한국의 〈단군신화〉나 〈해모수신화〉, 〈혁거세신화〉, 〈김수로신화〉에 두루 들어 있는 국조부모의 혼인이나 국조의 혼인과 비견되는 부분이다. 그런데 한국의 건국신화에 등장하는 결혼은 천상에서 도래한 남성과 지상의 여성이 혼인하는 북방형과, 천신계의 남성과 수신계의 여성이 혼인하는 남방형으로 나타나는데, 천상에서 도래한 남신과 여신이 부부가 된다는 일본신화와는 차이가 난다.

다음에 나라를 다스리는 신들의 출생과정을 검토해 보자.

이자나기와 이자나미는 결혼한 뒤 대팔주(大八洲)를 낳고, 바다를 낳고, 산천초목을 낳고, 이어서 자식을 낳았다. 다음 바다를 낳았다. 다음 산을 낳았다. 다음 나무의 선조 구구노지(句句迺馳)를 낳았다. 다음 풀의 선조 가야노희메(草野姫)를 낳았다. 또는 노쓰치(野槌)라고도 한다. 그러한 후 이자나기와 이지나미가 함께 의논하여 "우리가 이미 대팔주국(大八洲國)과 산천초목을 낳았다. 어찌 천하의 주인 될 자를 낳지 않겠는가"라고 말하였다. 여기서 함께 일신을 낳았다. 그 이름을 오히루메노무치(大日靈貴)라고 하였다. 이 아이는 광채가 찬란하여 육합(六合)의 안을 밝게 비추었다. 두 신이 기뻐하여 "우리의 자녀들이 많지만 영특한 이 아이만 못하다. 오래 이 나라에 머물러 둘 수 없다. 마땅히 하늘에 보내어 천상의 일을 맡아 보게 하여야겠다"라고 하였다. 이때는 하늘과 땅의 거리가 멀지 않았다. 그러므로 기둥으로써 천상에 들어 올릴 수가 있었다. 다음에 월신(月神)을 낳았다. 그 광채가 해에 다음 갔다. 해에 짝지어 다스리게 하였다. 역시 하늘로 보냈다. 다음 히루고(蛭兒)를 낳았다. 3년이 지나도 서지 못하였다. 아마노이하구스부네(天磐樔樟船)에 태워 바람에 맡겨 띄워 버렸다. 다음 스사노오노미고도(素戔嗚尊)를 낳았다. 이 신은 용감하고 잔인한 일을 할 때가 있었다. 또한 항상 소리 내어 슬피 우는 일이 있었다. 그리하여 국내의 사람들이 많이 요절하게 하였다. 또 푸른산을 마른산으로 변하게 하였다. 그러므로 부모 이신이 스사노오노미고도(素戔嗚尊)에게 "너는 심히 무도하다. 그러므로 천하의 임금이 될 수 없다. 마땅히 네노쿠니(根國)로 가라"고 축출하였다.22)

여기에서 이자나기와 이자나미가 낳은 첫 번째 아기는 일신으로서 하늘나라를 다스리는 존재로 되어 있고, 두 번째로 낳은 월신과 짝을 이루게 했다고 한다. 짝을 이룬다는 것을 부부가 되는 것으로 본다면, 일모월부(日母月父)로서 여성의 태양신과 남성의 달의 신의 결합을 의미한다고 할 수 있는데, 이는 한국신화에서 남성의 태양신과 여성의 달의 신이 부부가 되는 것과 대조되는 점이다.

마지막으로 낳은 스사노는 네노쿠니(根國)를 차지한다. 그런데 천

---

22) 전용신, 《完譯 日本書紀》, 7~8쪽. 일본의 신 이름은 필자 삽입.

상을 차지한 아마데라스는 여신이고 네노쿠니를 차지한 스사노는 남신이다. 스사노는 아마데라스가 다스리는 다카노하라(高天原)로 올라가서 여러 가지 못된 짓을 하다가 지상계로 추방된다. 이는 해와 달이 다스리는 천상계에 지상계의 존재가 도전하다가 실패하는 것이다. 자연신화 학파의 이론을 적용하여 해석한다면 스사노는 해를 가리고 홍수와 해일 등을 일으키는 바람과 같은 악천후의 상징으로서, 태양신에게 바람과 구름의 신이 도전하는 것으로 볼 수 있다. 아마데라스와 스사노는 남매 사이인데, 여신이 다카노하라를 다스리고 남동생이 지상계를 관장한다는 것은 천상계의 여성군주를 신성시하고 지상계의 남성을 부정적 존재로 인식하고 있음을 말해주는 점이다. 이는 한국신화에서 천상계의 남성이 건국의 시조로 설정되고, 지상의 여성이 시조왕의 부인이 되는 것과 차이를 보이는 부분이다.

그런데 스사노가 이즈모 지방에 가서 활약한 내용을 이즈모 주민의 관점에서 정리해 보면, 한국신화와 유사한 성격을 찾을 수 있다. 《일본서기》 제8단 〈보검출현〉조의 기록을 정리하면 다음과 같다.

스사노는 아마데라스가 다스리는 다카노하라로 가서 여러 가지 말썽을 부리다가 지상계로 추방되어 출운국(出雲國) 히가와(簸川) 상류로 내려왔다. 그리고 야마다노오로치(八岐大蛇)라는 머리가 여덟 달린 큰 뱀에게 여덟 딸 중 일곱을 잃고 구시이나다히메(奇稻田姫)라는 막내딸을 또 잃을까봐 울고 있는 아시나즈치(脚摩乳)와 데나즈치(手摩乳)라는 국신(國神) 부부를 만난다. 스사노는 국신 부부를 도와 야마다노오로치를 죽이고 구시나다히메를 살려내어 그녀와 결혼하고 이즈모의 스가(素鵝)에 궁을 세우고 살면서 오아나무치노가미(大己貴神)이라는 아들을 낳는다.[23)]

이 부분을 이즈모의 국신 부부의 관점에서 본다면 스사노는 천상에서 도래한 남신임이 분명하다. 그리고 야마다노오로치에게 일곱 딸을 잃은 국신 부부는 이즈모 지방의 원주민이면서 동시에 고장을 지키는 지역신으로 볼 수 있다. 여기에서 스사노와 구시나다히메의 결혼은 바로 한국신화의 천부지모형과 같은 성격을 가짐을 알 수 있다. 스사노가 스가에 왕궁을 짓고 살며 왕자를 출산한 것은 도래한 집단이 뱀 신앙을 가졌던 토착민을 복속시키고 통치권을 확보함을 의미한다. 야마다노오로치라는 큰 뱀은 스사노에게 퇴치되기 이전까지는 이즈모 지방의 신이었다고 볼 수 있다. 발이 없고 손이 없다는 노인 부부의 이름은 세력을 상실한 원주민을 의미하고, 대사에게 희생당했다는 그의 일곱 딸들은 대사신(大蛇神)에 받쳐진 희생 제물이었을 것이다. 이러한 신화는 단군신화에서 천상에서 도래한 환웅이 곰을 여인으로 변신시켜 결혼한 것과 유사한 일면을 보여준다.

그런데 스사노신은 항상 어머니의 고향인 네노쿠니(根國)를 그리워하였고, 결국 이즈모에서 네노구니로 갔다고 하였다. 여기서 네노쿠니는 저승이라는 해석과 신라라는 해석이 있는데,[24] 신라라는 해석에 따른다면 스사노의 〈대사퇴치신화〉가 한국의 건국신화와 상통하는 성격이 발견되는 것은 당연한 현상이다. 그러나 한국의 건국신화에는 뱀에게 희생될 여인을 구해주고 그 여인과 결혼하는 이야기가 없다. 이러한 내용은 〈거타지설화〉나 〈작제건설화〉에 나타나는데, 한·일 신화의 동이성(同異性) 문제는 다시 따져보아야 할 문제라고 본다.

---

23) 위의 책, 27~28쪽. 필자 요약.
24) 박시인, 《일본신화》, 탐구당, 1980, 46쪽 참조. 《일본서기》에 "是時 素戔鳴尊 帥其子 五十猛神 降到於新羅國 居曾尸茂梨之處"라는 기록이 있는 것으로 보아 이 같은 해석이 타당하다고 본다.

4. 맺는말

이상에서 창세신화와 건국신화를 중심으로 한국신화의 정체성을 모색하였다. 한국의 창세신화에서는 하늘과 땅의 분리가 스스로 이루어졌다는 내용과 신에 의해 분리되었다는 내용이 모두 전하는데, 이는 중국, 일본 등 동양 삼국의 신화에 공통으로 존재하는 것이 확인되었다. 이 가운데에서 천지가 스스로 이루어졌다는 천지자성론(天地自成論)은 중국에서 형성된 고대 우주 형성에 관한 담론이 한국과 일본에 전파되어 영향을 준 것으로 보인다.

한국의 창세신화에서는 하늘이나 대지의 형성과정은 소략하게 나타나고, 해와 달의 조정과 인류의 시원, 그리고 인세 차지의 경쟁이 자세하게 나타난다. 반면 중국의 〈반고신화〉에서는 지상의 만물이 형성된 과정이나 인류시원에 관한 내용이 소상하고, 건국시조의 출생과정에 대한 내용은 소략하였다. 한편, 일본의 창세신화는 일본 열도의 형성과 신의 출생과 신들의 갈등이 많고, 해와 달의 수를 조정하는 내용이나 별자리가 만들어지는 내용은 소략하였다.

창세신화 가운데 인류시원신화를 검토한 결과, 한국신화의 정체성이 비교적 분명하게 드러났다. 〈창세가〉에 담긴 인류시원신화는 천상의 해와 달의 정기가 벌레의 형태로 지상으로 하강하여 남녀로 변화하고, 다섯 쌍의 부부로부터 인류가 퍼졌다고 서술된다. 여기서 주목할 점은 한민족의 시원에는 처음부터 부부 결합에 의한 양성생식이 나타나고, 하나의 신에서 탄생되는 단성생식은 찾기 어렵다는 점이다. 천상의 해와 달의 정기가 지상의 남녀로 변하고 부부가 되어 인류를 퍼뜨렸다는 것은, 음기와 양기의 결합으로 만물이 산생된다는 음양론적 사고의 신화적 표현이라고 본다. 이러한 사고는 한국 건국신화의 국조 출생과정에서도 확인되었다. 환웅과 웅녀의 결합, 해모수와 유화의 결합, 박혁거세와 알영의 결합, 김수로와 허황옥의 결합은 모두 하늘과 땅, 또는 해와 달, 해와 물이 결합하는 성격을 보이는데, 이는 결국 음기와 양기가 결합하는 것이다. 즉 천상의 해와 달, 지상의 불과 물, 인간의 남성과 여성은 모두 음양으로 대별되는 존재로서, 음양의 두 기운이 결합되어 만물을 산생한다는 사고의 신화적 표현이라고 집약할 수 있었다. 이처럼 한국신화는 단성생식이 많은 일본신화와 다르고, 남매혼의 흔적을 보이는 중국이나 일본신화와 달리 근친혼을 차단한다는 특징이 있다. 이는 하늘과 여성을 하나의 축으로 높이고, 지상과 남성을 하나의 축으로 낮추는 일본신화와 달리, 가부장제 사회가 자리 잡은 뒤에 만들어진 신화의 모습을 보여주는 것이라고 여겨진다. 중국의 왕조교체는 오행사상에 따른 상생지리로 체계화되어 있고, 투쟁으로 쟁취하는 모습을 보이나, 한국의 경우, 북방신화는 왕권 쟁취에 의한 건국과정이 나타나고, 남방신화에서는 부족장의 추대로 즉위하는 모습이 나타난다.

이러한 한국신화의 모습은 신화형성사에서 비교적 후대적 성격을 보인다. 한국의 신화자료는 12세기 무렵 고려조 문헌에 정착된 것이다. 구비신화인 무속신화는 20세기에 채록된 자료들이다. 따라서 본래의 원시적 고대신화가 한문으로 번역되어 문헌에 정착하는 과정에서 윤식되었을 가능성이 있다. 무속신화 또한 오랜 기간 전승되면서 변모를 거쳤을 것으로 생각된다. 그러나 한국 전통사회에서 부동의 사상으로 자리 잡았던 음양론적 사고는 신화에도 그대로 투영되어 있음이 확실하며, 바로 여기에서 한국신화의 정체성을 찾을 수 있다고 생각한다.

참고문헌

三國遺事

周易

赤松智城·秋葉隆, 《朝鮮巫俗의 研究》上, 大阪: 屋號書店, 1937.

金榮振, 《忠淸道巫歌》, 형설출판사, 1976.

孫晉泰, 《朝鮮神歌遺篇》, 東京: 鄕土硏究社, 1930.

한상수, 《한국인의 신화》, 문음사, 1980.

袁珂 지음/ 전인초·김선자 옮김, 《중국신화전설》 I, II, 민음사, 1992.

田溶新 譯, 《完譯 日本書紀》, 일지사, 1989.

《詳密註解 史略諺解》 一卷, 세창서관, 1964.

박시인, 《일본신화》, 탐구당, 1980.

서대석, 《한국신화의 연구》, 집문당, 2001.

이종주, 〈만족신화 '우처구우러본'(天宮大戰)의 창조와 투쟁〉, 《한국고전연구》
        3집, 한국고전연구회, 1997.

嚴紹璗, 〈東亞創世神話構成時代的思考〉, 《비교학적 관점에서 본 동아시아 신화
        의 정체성》(이화여대 인문학연구원 학술대회 발표논문집), 2005. 5

잃어버린 신화를 찾아서

- 중국신화 속의 한국신화 -

정 재 서

역사의 여명기를 전후하여 동이계 종족은 다른 여러 종족들과 더불어
중국의 초기 문명을 형성하는 데에 기여하였다. 이 글에서는
동이계 신화를 통해 잃어버린 한국신화를 추출해 볼 수 있다는 가정 아래
《산해경》 신화를 대상으로 분석을 시도하였다. 그 결과 〈조선기〉라는 별칭을 지닌 〈해내경〉의
동이계 신들과 염제·치우 계통의 신들이, 고구려 고분벽화와의 상호 대조를 통하여 잃어버린
한국신화의 일부로서 그 가능성을 점칠 수 있게 되었다.
이들 신화는 중국신화와 한국신화가 공유하는 내용이 될 것이다. 이러한 논구 결과가
앞으로 새로운 한국신화 인식체계의 정립을 위한 기초가 되기를 기대한다.

1. 머리말

중국신화와 한국신화는 깊은 관련이 있다. 이 말을 통념적으로 생각하면, 중국신화가 한국신화에 많은 영향을 미친 것으로 이해하기 십상일 것이다. 왜냐하면 우리 한반도의 문화는 역사적으로 대륙에서 많은 영향을 받아온 것이 사실이기 때문이다. 그러나 이러한 견해도 무조건적인 영향 관계로만 보아서는 안 될 것이지만, 적어도 신화에 관한 한 앞서의 언급은 일국의 신화가 일방적으로 상대국 신화에 영향을 주었다는 의미에서가 아니라, 한국신화와 중국신화가 내용에서 일정 부분을 공유한다는 의미에서 설득력을 지닌다. 그 이유를 우리는 공간적 시간적 두 차원에서 살펴볼 수 있다.

첫째, 공간적인 차원에서 중국신화는 우리가 흔히 생각하듯이 특정한 지역에서 성립된 한 민족, 한 국가의 신화가 아니다. 중국신화가 형성될 무렵의 대륙은 오늘날의 중국과 같은 거대한 국가가 존재했던 것이 아니고, 아시아의 수많은 민족들이 경합적으로 공존하는 상황이었다. 이 때문에 중국신화는 사실상 아시아 여러 민족의 다양한 신화를 포함한 '동양신화'라고 불러도 좋을 것이다.

둘째, 공간적으로뿐만 아니라 역사적으로도 중국신화는 여러 시기에 걸쳐 통합의 과정을 밟는다. 즉, 한대(漢代)에는 황제(黃帝)를 중심으로 신과 종족의 계보를 정리하여 중국인은 황제의 자손임을 자칭하지만, 현대에는 여기에 염제(炎帝)를 보태 중국내 소수민족 및 주변 민족까지 신화적으로 통합하여 염황(炎黃) 자손임을 선포한

다. 다시 최근에는 황제에게 가장 적대적이었던 치우(蚩尤)까지 조
상신으로 포함시켜, 아시아 전체 민족이 중국인의 범주에 들어갈
수도 있는 새로운 신화체계를 구성하게 되었다. 결국 이러한 3단계
의 신화 통합을 거쳐 사실상 중국신화는 아시아의 허다한 민족신화
를 망라한 셈이 된 것이다.

대륙의 다원적인 신화 형세는 주요 종족 및 그들의 거주지역에
따라 크게 동이계(東夷系), 화하계(華夏系), 묘만계(苗蠻系)의 세 가
지 계통으로 나누어지는데, 한국신화는 이 가운데 동이계 신화와
깊은 관련이 있다. 신화시대 이후 대륙의 문화가 에버하르트(W.
Everhart)의 이른바 '중국적인' 정체성을 추구해감에 따라[1] 동이계
종족 및 신화는 융합의 과정에서 중국 민족 및 신화의 형성에 중요한
요소로서 기여하게 된다. 동이계 종족의 일부로서 대륙에 잔류하지
않고 한반도로 이주했던 우리 민족은 풍토와 여러 환경의 차이로
인해 일부 신화는 여전히 유전(遺傳)해 오고, 일부 신화는 상실했을
가능성이 있다. 따라서 우리는 현존하는 중국신화 가운데 동이계
신화 속에서 잃어버린 한국신화를 찾을 수 있으리라는 희망을 가질
수 있다. 그러나 동이계 종족이 모두 한국인이 아니듯이 동이계 신화
가 전부 한국신화는 아니므로, 그 가운데서도 한국문화와의 친연성
(親緣性)을 인증할 수 있는 신화가 잃어버린 한국신화로 간주될 수
있을 것이다.

이 글에서는 과거 대륙의 일부 지역에서 활동했던 우리 민족의
잃어버린 신화를 중국의 동이계 신화에서 탐색하는 작업을 수행함

---

1) 에버하르트는 주대(周代) 이전을 지방 문화의 시대로 보고 있다. Wolfram Eberhard,
   The Local Cultures of South and East China(Leiden: E. J. Brill, 1968), trans. Alide Eberhard,
   pp.28~30.

으로써 앞으로 지향해야 할 새로운 한국신화 인식체계의 정립을 위한 기초로 삼고자 한다.

2. 중국문명의 형성과 동이계 신화

현재 역사적 고고학적으로 확증할 수 있는 중국 최초의 왕조가 은(殷) 왕조임은 잘 알려져 있지만, 은 및 동이계 종족은 대륙에 처음으로 진출하여 초기 중국문명을 형성하는 데에 큰 역할을 했다. 이것은 중국신화의 신보(神譜)를 보면 잘 나타나 있다. 중국의 대표적 오방신(五方神), 즉 동의 태호(太昊), 서의 소호(少昊), 남의 염제(炎帝), 북의 전욱(顓頊), 중앙의 황제(黃帝) 가운데에서 동, 서, 남을 대표하는 신들이 대체로 동이계 출신으로 분류되기 때문이다. 아울러 문명신 또는 문화 영웅의 상당수가 동이계 신들이다. 예컨대 농업의 신 염제, 불의 신 축융(祝融), 수레의 신 길광(吉光), 대장장이 신 치우, 배의 신 번우(番禺), 활의 신 반(般), 가무의 신 제준팔자(帝俊八子) 등이 그러하다.

동이계 신화 가운데에서 염제, 치우 계통의 신들은 특히 한국신화와 상관성이 높다. 이들은 묘만계의 신으로 분류되어 있지만, 근원을 따져보면 동방에서 남방으로 이주한 신들이다. 대륙 신계(神界)의 판도를 결정한 황제와 염제, 치우 사이의 대전쟁, 탁록대전(涿鹿大戰)은 서방의 화하계 종족과 동방의 동이계 종족 사이의 전쟁을 반영한 것인데, 이 전쟁에서 패배한 뒤 동이계 종족의 일부는 남방으로 쫓겨간다. 원래 중원에서 거주했던 묘족(苗族)의 남방 이주 또한 이 전쟁과 관련된 사건일 것이다. 위와 같은 현실이 신화적으로는 염제, 치우 등의 묘만계 귀속으로 표현된 것이다.

이러한 관점에서 화하계의 황제와 적대적 관계에 있던 염제, 과보 (夸父), 풍백(風伯), 우사(雨師) 등의 신들을 잃어버린 한국신화와 관련하여 우선 주목할 필요가 있다. 염제와 과보는 고구려 고분벽화에 등장하며, 풍백과 우사는 단군신화에 출현하기 때문이다.

그런데 지금까지 열거한 동이계 종족의 신화 내용들은 사실상 대부분이 한 권의 중국신화 책에 담겨 있는데, 그 책은 일찍이 사마천 (司馬遷)이 "감히 말할 수 없다"[2]고 했던 기서(奇書)로서, 이른바 '동이계의 고서(古書)'[3]인 《산해경》(山海經)이다. 아래에서는 《산해경》 텍스트를 바탕으로 동이계 신화 속의 한국신화를 탐색해 보고자 한다.

3. 《산해경》과 잃어버린 한국신화

《산해경》이 저술된 시기는 대략 전국(戰國)시대 무렵이지만, 반영된 시기는 은대(殷代) 또는 그 이전으로 볼 수 있다. 저자는 노신 (魯迅)이 무서(巫書)로 규정한 바 있듯이, 무당 또는 방사(方士) 계층의 인물이라는 것이 통설이다. 이 책은 고대 중국이나 중국권외의 다양한 문화를 반영하는 지리박물지(地理博物誌)이지만, 상대적으로 연(燕), 제(齊), 초(楚) 등을 중심으로 한 동이계 문화요소가 많기 때문에 그 방면의 고서로 알려져 왔던 것이다.[4] 이 글에서는 《산해경》의 이러한 문화적 성격에 착안하여 한국신화와의 관련 아래 동

---

2) 《史記》 卷123, 〈大宛列傳〉. "至禹本紀山海經所有怪物, 余不敢言之也."
3) 孫作雲, 〈后羿傳說叢考〉, 《中國上古史論文選集(上)》, 臺北: 華世出版社, 1979, 458쪽.
4) 《산해경》의 성립과 문화적 성격에 대해서는 정재서, 《산해경》, 민음사, 1985의 〈해제〉 참조.

이계 신화를 분석해 보고자 한다.

3.1. 〈조선기〉의 실체는 무엇인가

송나라 나필(羅泌)의 《노사》(路史)에 대한 아들 나평(羅苹)의 주(注)에는 전설적인 제왕 순(舜)과 관련하여 다음과 같은 글이 있다.

〈조선기〉에서 말하기를, 순에게는 아들 여덟이 있었는데, 이들이 처음으로 가무를 행하였다.(朝鮮記云, 舜有子八人, 始歌舞.)5)

그런데 《산해경》의 마지막 장 〈해내경〉(海內經)에는, 동이계 종족의 가장 중요한 신으로 간주되는 제준(帝俊)에 대해 아래와 같은 기록이 있다.

제준에게는 아들 여덟이 있었는데, 이들이 처음으로 가무를 행하였다.(帝俊有子八人, 是始爲歌舞.)

두 문장은 순과 제준이라는 주체만 빼면 똑같다. 곽박(郭璞)은 제준의 '준'(俊)을 '순'(舜)의 가차음(假借音)으로 간주하여 같은 신으로 보고 있고,6) 청(淸) 오임신(吳任臣)은 《산해경광주》(山海經廣注)에서 나평이 〈해내경〉을 〈조선기〉라는 책으로 인용했다고 언급함으로써7) 적어도 나평의 《노사》 주에서 〈해내경〉은 〈조선기〉로 인식

---

5) 羅泌, 《路史》〈後記〉 十一注. "代宗詔云, 虞夏之制, 諸子疎封, 世紀云, 九人, 朝鮮記云, 舜有子八人, 始歌舞."
6) 袁珂, 《山海經校注》, 成都: 巴蜀書社, 1996, 397쪽. "郭璞云, 俊亦舜字假借音也."
7) 吳任臣, 《山海經廣注》, 〈海內經〉 題注. "海內經及大荒經, 本逸在外. 羅苹路史注引此

되었음을 알 수 있다.[8] 그런데 왜 나평은 〈해내경〉을 〈조선기〉라고 불렀을까? 우선 생각할 수 있는 것은 〈해내경〉의 첫 구절이 조선에 관한 기록이라는 사실이다. 그 기록은 다음과 같다.

> 동해의 안쪽, 북해의 모퉁이에 조선과 천독이라는 나라가 있는데 그 사람들은 물가에 살며 남을 아끼고 사랑한다.(東海之內, 北海之隅, 有國名曰朝鮮·天毒, 其人水居, 偎人愛之.)

이 구절에 대한 전통적인 구두(句讀)는 위와 같다. 동진(東晋) 곽박(郭璞)이 천독(天毒)을 천축(天竺)으로 보아 조선과 병렬 해석했기 때문이다.[9] 그러나 조선과 천축, 곧 인도는 방위상 맞지 않기 때문에 이러한 구두에 입각한 해석에 동의하기 어렵다. 이 구절은 궁극적으로 조선에 관한 기록이므로, 천독을 조선에 대한 설명어로 보는 것이 타당하다고 할 때, 《규원사화》(揆園史話)에서의 이 구절에 대한 주석이 눈에 들어온다. 《규원사화》에서는 천독의 '독'(毒)자를 '기를 육(育)'자로 풀이하기 때문이다.[10] 이렇게 되면 '천'과 '독'은 각기 주어와 동사가 되어 다음의 '기인'(其人)을 목적어로 수반하게 된다. 새로운 구두에 의한 해석은 다음과 같다.

> 동해의 안쪽, 북해의 모퉁이에 조선이라는 나라가 있다. 하늘이 그 사람들을 길렀고 물가에 살며 남을 아끼고 사랑한다.(東海之內, 北海之隅, 有國名曰朝鮮. 天毒其人, 水居, 偎人愛之.)

篇, 作朝鮮記."

8) 《路史》〈後記〉四의 注에서도 羅泌은 〈海內經〉을 '朝鮮記'로 부르고 있다.

9) 袁珂, 《山海經校注》, 501쪽. "郭璞云, 天毒卽天竺國."

10) 北崖子, 《揆園史話》. "毒, 育之也."

동해는 우리의 서해이고 북해는 중국의 발해(渤海)이니, 강역이 요녕성(遼寧省) 일대로 비정되는 고조선임이 분명하다. "하늘이 그 사람들을 길렀고"라는 구절은 단군신화에서 보듯, 하늘과 천신을 숭배하는 우리 민족의 종교적 특성을 표현한 것이리라. "물가에 살며"라는 구절도 강을 끼고 도읍을 정하던 우리 민족의 거주 습성을 나타낸 것으로 볼 수 있다. "남을 아끼고 사랑한다"는 구절 또한 후한(後漢) 허신(許愼)의 《설문해자》(說文解字)에서 "동이의 풍속이 어질다"(夷俗仁)고 한 언급11)과 관련하여 이해되는 표현이다.

고대에는 편의상 처음 시작하는 말로 책의 편목(篇目)을 삼는 경우가 흔했으므로, 나평이 〈해내경〉의 첫 내용이 조선에 관한 것임에 착안하여 〈해내경〉을 〈조선기〉로 불렀을 가능성도 없지 않다. 그러나 편목이 정해지지 않았다면 모르지만, 엄연히 〈해내경〉이라는 이름이 있는데 굳이 〈조선기〉라고 불러야 할 이유가 없을 것이다. 더군다나 인용한 것은 정작 조선에 관한 글이 아니고, 순 및 제준 등 동이계의 큰 신들에 관한 글이었다. 여기에서 우리는 나평이 〈조선기〉를 운위(云謂)하였던 다른 두 가지 이유를 생각해 볼 수 있다.

첫째, 가능성은 적지만 〈해내경〉과 별개로 고조선에 관한 〈조선기〉라는 책이 당시까지 존재하지 않았을까 하는 점이다. 그러나 제준과 순에 관한 〈해내경〉과 〈조선기〉의 기록이 너무나 일치하기 때문에 둘이 다른 책일 가능성은 희박하다 하겠다.

둘째, 〈해내경〉이 조선에서 시작하는 것에도 영향을 받긴 했겠지만, 〈해내경〉 전체의 내용이 고조선 신화와 깊은 관련이 있다는 인상을 받았기 때문에 〈해내경〉을 〈조선기〉로 지칭한 것이 아닐까 하는 점이다. 나평이 이미 순 및 제준 신화의 출전(出典)을 〈조선기〉로

---

11) 許愼, 《說文解字》 四. "東夷從大, 大人也. 夷俗仁, 仁者壽, 有君子不死之國."

보는 것 자체가 그런 인식에서 비롯한 것이지만, 아닌게아니라 〈해내경〉에서는 제준, 염제 등 동이계 신에 대한 내용이 다른 계통의 신들보다 훨씬 많은 비중을 차지하고 있다. 〈해내경〉에서는 특히 동이계 문명신들에 대해 많은 언급을 하고 있는데, 이를테면 염제의 후손인 수(殳)는 과녁을 만들고, 고(鼓)와 연(延)은 종을 만들고 악곡을 지었으며, 소호의 아들인 반은 활과 화살을 만들었고, 제준의 아들인 안룡(晏龍)은 거문고를, 다른 여덟 명의 아들은 춤과 노래를, 후손인 번우는 배를, 길광은 수레를, 의균(義均)은 온갖 기물을 만들었다는 이야기를 하고 있다. 이렇게 〈해내경〉에 다수 기록되어 있는 동이계의 문명신들은 고구려의 사신총(四神塚)이나 오회분(五盔墳) 사호묘(四號墓) 및 오호묘(五號墓) 벽화에 집중적으로 출현하는 문명신들과 비교되어 흥미롭다. 나평이 이와 같은 〈해내경〉의 신들을 고조선과 관련하여 파악하고 〈조선기〉라는 편목에 귀속시켰다면, 우리는 〈해내경〉의 신들에 대해 잃어버린 한국신화의 신으로서 좀 더 가능성을 지니고 접근할 수 있는 좌증(左證)을 확보하게 된 것이다.

3.2. 염제와 치우 계통의 신들

《산해경》에는 황제와 치우의 전쟁, 곧 탁록대전에 대한 기록이 있다. 그런데 황제에 대항하여 도전장을 냈던 치우와 그가 속한 염제 계의 신들이 고구려 고분벽화에 자주 출현한다. 예컨대 《산해경》〈대황북경〉(大荒北經)을 보면 호불여국(胡不與國)이라는 나라가 나오는데, 이 나라는 부여(夫餘)로 추측된다.[12] 그리고 열성(烈姓)의

---

12) 《山海經》〈大荒北經〉. "有胡不與之國, 烈姓, 黍食." 정인보(鄭寅普)는 이 나라를 부여(夫餘)로 파악했다. 정인보, 〈고조선의 대간(大幹)〉, 《담원정인보전집(3)》, 연세대

그림 1. 《산해경》의 과보

나라라 하였는데, 이는 부여 종족이 염제의 후예임을 의미한다.[13] 따라서 부여와 같은 종족인 고구려의 고분벽화에는 염제·치우 계통의 신들 및 그들의 행위에 관한 내용이 대거 등장한다. 우선 주목할 만한 존재로는 염제계의 거인족인 과보(夸父; 그림 1)가 있다. 《산해경》에 실린 과보신화의 내용은 다음과 같다.

> 대황의 한가운데에 성도재천이라는 산이 있다. 두 마리의 누런 뱀을 귀에 걸고 두 마리의 누런 뱀을 손에 쥔 사람이 있는데, 이름을 과보라고 한다. 후토가 신을 낳고 신이 과보를 낳았다. 과보가 자신의 힘을 헤아리지 않고 태양을 쫓아가려고 하다가 우곡에 이르렀다. 황하를 마시려 했으나 양에 안 차 대택으로 가려 했는데, 도착하기도 전에 이곳에서 죽었다. 응룡이 치우를 죽이고 난 후에 또 과보를 죽이고

학교출판부, 1983, 61쪽.

13) 郝懿行, 《山海經箋疏》, 臺北: 藝文印書館, 1974, 442쪽. "懿行案, 烈姓蓋炎帝神農之裔."

그림 2. 삼실총의 과보

그리고 남방으로 가서 살았기 때문에 남방에는 비가 많다.(大荒之中, 有山名曰成都載天. 有人珥兩黃蛇, 把兩黃蛇, 名曰夸父. 后土生信, 信生夸父. 夸父不量力, 欲追日景, 逮之于禺谷. 將飮河而不足也, 將走大澤, 未至, 死于此. 應龍已殺蚩尤, 又殺夸父, 乃去南方處之, 故南方多雨.)14)

과보는 치우와 함께 황제와의 전쟁에도 참여했지만, 원래 태양과 경주를 했다가 목말라 죽었다는 신화로 유명하다. 태양과 적대적 위치에 있는 과보는 지하세계의 신일 것으로 추리되고, 이런 이유에서인지 그는 동이계 종족인 고구려의 삼실총(三室塚) 벽화에서 수문장의 모습으로 나타난다.(그림 2) 과보는 이뿐만 아니라 멀리 경북 영풍군(榮豊郡) 읍내리(邑內里) 고분벽화에서도 출현하는데, 손에 뱀을 쥔 조사지신(操蛇之神)의 형상을 한 벽화 속의 역사(力士)는 서역풍이 엿보이긴 하지만 거인 과보의 재현임에 틀림없다.15)(그림 3)

14) 《山海經》〈大荒北經〉.

그림 3. 읍내리의 과보

　고구려 고분벽화에서 가장 충실히 형상화된 《산해경》의 신화적 인물은 농업과 의약의 신 염제다. 염제는 오회분 4호 및 5호묘 벽화에서 세 번이나 출현할 정도로 고구려 민족이 중시했던 신인데, 특히 오회분 5호묘 벽화의 오른손에 벼이삭을 쥐고 왼손에 풀이나 약초를 쥐고 있는 인신우수(人身牛首)의 염제 형상은 농업과 의약의 신 염제의 모습을 가장 충실히 구현하고 있다.(그림 4)

　후진(後秦) 왕가(王嘉)의 《습유기》(拾遺記)에는 붉은 새가 9개의 이삭이 달린 벼를 물고가다 떨어뜨렸고, 염제가 그것을 주워 파종했다는 기록이 있는데,16) 이러한 정황 역시 그대로 묘사된 셈이다. 이 밖에도 염제 그림에 연속하여 불씨를 손에 쥔 신이 등장하는데, 이 신은 분명 염제의 보좌신이자 불의 신인 축융에 상응하는 신일

---

15) 이은창, 〈순흥 기미중묘벽화(己未中墓壁畵)의 사상사적인 연구〉, 《순흥읍내리 벽화
　　고분》, 대구: 대구대학교 박물관, 1995, 181~183쪽.
16) 王嘉, 《拾遺記》. "有丹雀銜九穗禾, 其墜地者, 帝乃拾之, 以植於田."

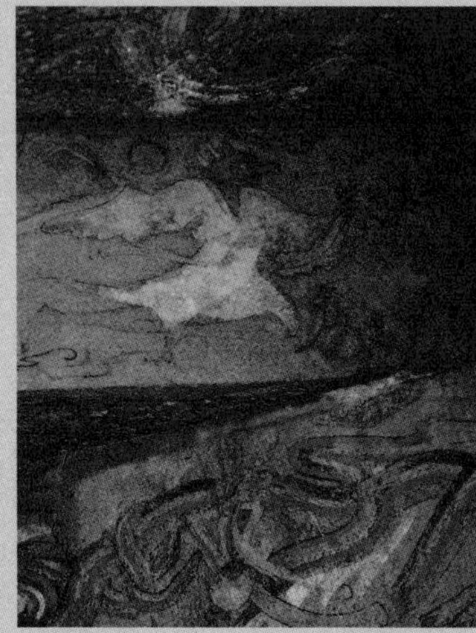

그림 4. 오회분 5호묘의 염제

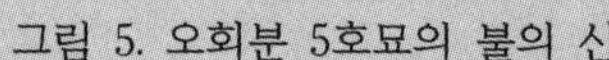
그림 5. 오회분 5호묘의 불의 신

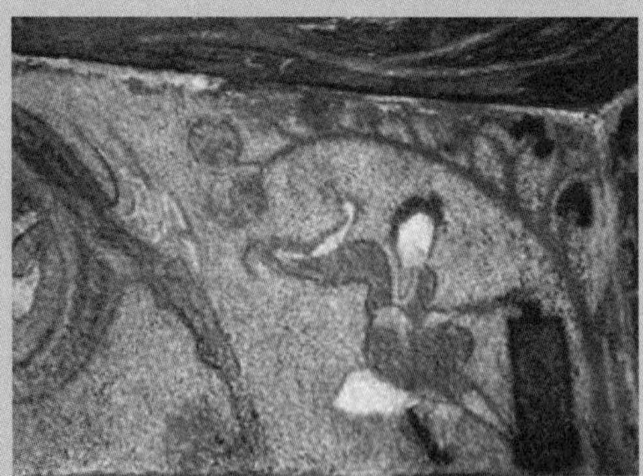

그림 6. 오회분 4호묘의 야장신

것이다.(그림 5)

오회분 4호묘 벽화에는 아울러 쇠마치질을 하는 야장신(冶匠神)이 등장하여 치우 신화와의 상관성을 고려하게 한다.(그림 6) 동두철액(銅頭鐵額)의 형상으로 갈로산(葛盧山)의 쇠를 단련하여 무기를 만들었다는 치우는, 일찍이 데츠이(鐵井慶忌)와 니담(J. Needham) 등에 의해 야련집단(冶鍊集團)의 무사(巫師)로 추정된 바 있기 때문이다.17)

이러한 내용과 아울러 부여, 고구려 계통의 종족인 맥족(貊族)이 치우를 제사했다는 사실18)을 함께 고려하면 오회분 벽화에서 염제, 축융과 함께 출현하는 야장신을 치우로 볼 가능성이 커진다. 이 그림에 덧붙여 설명해야 할 것은 각저총(角抵塚)에 그려진 각저희(角抵戱)의 장면이다.(그림 7) 각저희는 한대 이후 유행했던 황제와 치우 사이의 전쟁 상황 또는 치우의 용맹성을 상징한 씨름놀이인데, 이것이 고구려 고분벽화에 출현한다는 사실은 치우신화가 고구려에 상당히 유포되었음을 입증한다 할 것이다.

마지막으로 무용총(舞踊塚) 벽화에는 치우 편에 서서 황제와 투쟁을 했던 바람의 신 풍백이 등장한다.《산해경》에는 탁록대전에서의 풍백의 활약에 대한 다음과 같은 기록이 있다.

치우가 무기를 만들어 황제를 치자 황제가 이에 응룡으로 하여금 기주의 들에서 그를 공격하게 하였다. 응룡이 물을 모아둔 것을 치우가 풍백과 우사에게 부탁하여 폭풍우로 거침없이 쏟아지게 했다. 황제가 이에 천녀인 발을 내려 보내니 비가 그쳤고, 마침내 치우를 죽였다.(蚩

---

17) 鐵井慶忌, 〈黃帝と蚩尤の鬪爭說話について〉, 《東方宗教》(1972) 第39號, 60쪽 및 Joseph Needham, *Science and Civilization in China*, Cambridge; Cambridge University Press, 1956, Vol.Ⅱ, pp.115~120 참조.

18)《路史》〈後記〉四注. "貊祭蚩尤."

그림 7. 무용총과 각저총의 각저희

尤作兵伐黃帝, 黃帝乃令應龍攻之驥州之野. 應龍畜水, 蚩尤請風伯雨
師, 縱大風雨. 黃帝乃下天女曰魃, 雨止, 遂殺蚩尤.)[19]

치우를 도와 황제군에게 수공(水攻)을 가했던 풍백의 별칭은 비렴
(飛廉)이다. 풍백이 명백히 한국신화와 상관성을 지닌다는 사실은,
이 비렴이라는 한자어가 우리말 '바람'의 고어에서 유래한 것이라는
가설[20]로부터도 긍정되지만, 단군신화에서 환웅천왕을 모시고 하
강하여 고조선의 개국을 도와준 신이기도 하기 때문이다. 풍백은
새의 머리를 하거나 사슴의 몸을 한 동물의 형태로 출현하는데, 무용
총 벽화에 그려진 날개 달린 사슴의 신수(神獸)가 바로 이 풍백으로
간주된다.[21](그림 8)

19) 《山海經》〈大荒北經〉.
20) 蕭兵, 《楚辭新探》, 天津: 天津古籍出版社, 1988, 516~518쪽.
21) 孫作雲, 《天問硏究》, 北京: 中華書局, 1989, 138쪽.

그림 8. 무용총의 비렴

이상 살펴본 바와 같이 《산해경》 속의 염제, 치우, 과보, 축융, 풍백 등 동이계 신들이 고구려 고분벽화에 출현함을 확인함으로써 우리는 잃어버린 한국신화에 한발 접근할 수 있는 근거를 확보하게 된 것이다.

4. 맺는말

역사의 여명기를 전후하여 동이계 종족은 다른 여러 종족들과 경합적인 관계 속에서 중국의 초기 문명을 형성하는 데에 기여하였다. 이러한 정황은 중국신화에서 동이계 신화가 차지하는 비중으로 미루어 짐작할 수 있는데, 이 글에서는 동이계 신화를 통해 잃어버린 한국신화를 추출해 볼 수 있다는 가정 아래 《산해경》 신화를 대상으로 분석을 시도하였다. 그 결과 〈조선기〉라는 별칭을 지닌 〈해내경〉

의 동이계 신들과 염제·치우 계통의 신들이, 고구려 고분벽화와의 상호 대조를 통하여 잃어버린 한국신화의 일부로서 그 가능성을 점칠 수 있게 되었다.

그러나 이들 신화는 다시 몇 가지 단계적인 검토를 거쳐 보완되어야 할 것이다. 첫째, 고구려 고분벽화상의 신화 모티프들이 얼마만큼 고구려 신화의 독자성을 표현하고 있는지 입증되어야 《산해경》 속 동이계 신화들이 잃어버린 한국신화로서 인증될 가능성이 커질 것이다. 둘째, 이렇게 해서 인증된 신화들일지라도 후대 한국신화 및 문화와 계승 관계의 측면에서 치밀한 검증을 받아야 그 사실성이 입증될 수 있을 것이다. 셋째, 다시 찾아낸 잃어버린 신화는 배타적인 일국주의의 관점에서 볼 것이 아니라 중국신화와 한국신화가 공유하는 내용으로 파악되어야 할 것이다.

최근 중국, 일본은 물론 만주, 몽고, 시베리아, 월남 등 동아시아 각 지역 신화와 비교 연구 및 자료 교류가 전례 없이 활발히 이루어지면서, 한국신화 연구도 새로운 국면을 맞고 있다고 생각한다. 다시 말해서, 한국신화의 체계를 한반도나 국내 자료에 국한시키지 않고, 아시아적 범주에서 다양하고 풍부하게 재구성할 필요가 있다고 보는 것이다. 이러한 시좌(視座)를 마련할 때 기존의 한국신화 연구에서 풀리지 않던 문제들이 해결될 수 있을 것이다. 가령 고구려 고분벽화에 대거 나타나는 신화적 도상(圖像)들은 현재 그 귀속이 분명하지 않다. 즉 현행 한국신화 인식체계로서는 설명되지 않는 점들이 많은 것이다. 하지만 이 도상들은 앞서 제시한 바와 같은 다원주의적 관점에 입각하여 중국신화와의 관계 인식을 새롭게 함으로써 순조롭게 해석될 수 있을 것이라는 전망이다.

이 글에서의 논의는 아직 시도에 불과할 뿐 '잃어버린 신화를 찾아서'라는 명제는 사실 토론의 여지를 많이 남기고 있다. 앞으로 한국

신화의 인식체계에 대한 메타 논의가 깊게 진행되고, 아울러《산해
경》신화 이외의 동이계 신화에 대해서도 진지한 탐색이 이루어져
한국신화의 경역(境域)이 넓어지고 내용이 더욱 풍성해지기를 기대
하면서 거친 논의를 맺고자 한다.

참고문헌

鄭寅普, 〈古朝鮮의 大幹〉,《舊園鄭寅普全集(3)》, 연세대학교출판부, 1983.
李殷昌, 〈順興 己未中墓壁畵의 思想史的인 硏究〉,《順興邑內里 壁畵古墳》, 대구:
　　　대구대학교 박물관, 1995.
정재서 역주,《산해경》, 민음사, 1985.
정재서,《동양적인 것의 슬픔》, 살림출판사, 1996.
───, 〈고구려 고분벽화에 표현된 도교 도상의 의미〉,《도교문화연구》(2003)
　　　19집.
───, 〈중국 문헌신화 연구사에 대한 담론 분석〉,《동아시아 고대학》(2004)
　　　9집.

吳任臣,《山海經廣注》.
郝懿行,《山海經箋疏》, 臺北: 藝文印書館, 1974.
袁珂,《山海經校注》, 成都: 巴蜀書社, 1996.
司馬遷,《史記》.
許愼,《說文解字》.
王嘉,《拾遺記》.
羅泌,《路史》.
孫作雲, 〈后羿傳說叢考〉,《中國上古史論文選集(上)》, 臺北: 華世出版社, 1979.
孫作雲.《天問硏究》, 北京: 中華書局, 1989.
蕭兵,《楚辭新探》, 天津: 天津古籍出版社, 1988.
鐵井慶忌, 〈黃帝と蚩尤の鬪爭說話について〉,《東方宗敎》(1972) 第39號.

Wolfram Eberhard, *The Local Cultures of South and East China*, Leiden: E. J. Brill, 1968, trans. Alide Eberhard.

Joseph Needham, *Science and Civilization in China*, Cambridge: Cambridge University Press, 1956, Vol. II.

Charles Le Blanc, "A Re-Examination of the Myth of Huang-ti", *Journal of Chinese Religion*(1985~1986), No.13~14.

2부 이웃나라 속의 한국신화와 민족 정체성

일본신화에 영향을 미친 한국신화

노 성 환

한국의 천손강림신화가 일본으로 전래되면,
처음에는 지역 신들의 기원담으로 이용되었다.
그러다가 그것이 지역 군주들에게 받아들여져 권력기원신화로 활용되었으며,
이것이 모태가 되어 훗날 일본을 통일한 천황가에도 수용되었다.
그러나 천황가는 지역 군주들과 차별화를 이루기 위해 그것을 기반으로
왕권의 주인공이 타계를 방문하고 돌아오는 이야기를 가미시킴으로써
동아시아에서 독특한 왕권신화를 만들어 낼 수 있었다.
이같이 일본의 왕권신화의 성립의 핵심에는
한국에서 건너간 천손강림신화가 자리 잡고 있었다.

1. 머리말

영국의 역사학자 토인비는 문화교류에는 '교차로 형'과 '막다름 형'이 있다고 길에 비유하여 표현한 적이 있다. 교차로 형이란 지리적 조건상 사통팔달로 길이 뻗쳐 있기 때문에 문명이 사방에서 들어와 사방으로 나간다는 것이고, 막다름 형이란 사방에서 문화의 영향을 받으면서도 그것을 다른 곳으로 전할 수 없는 지역을 가리켰다. 그 대표적인 예로 전자로는 아프가니스탄을 들었고, 후자로는 영국과 일본을 들었다. 이처럼 토인비의 입장에서 본다면 일본 열도는 문화의 막다른 길에 위치한 지역이다.

이러한 지역에 속하는 일본에 들어간 문화전파 루트는 몇 가지를 생각할 수 있을까? 일본 고고학자 히구치 다카야스(樋口隆康)는 이에 대해 다섯 개의 길을 생각했다. 하나는 시베리아-극동 지역-사할린-홋카이도를 거쳐 일본 동북 지역을 잇는 것이며, 둘은 한반도-쓰시마 해협-규슈 북부로 상륙하는 것이며, 셋은 중국 동해안-규슈에 이르는 동중국해 루트며, 넷은 대만-오키나와-남큐슈를 잇는 루트며, 다섯은 남양 지역-오가사하라-관동 지역에 이르는 루트다.[1]

이러한 관점에서 보았을 때 일본신화에 뿌리 내린 한국신화를 찾는 작업은 한국에서 일본으로 들어간 문화의 흔적을 추적하는 일과

---

1) 樋口隆康, 《日本人はどこから來たか》, 講談社, 1971, 76쪽.

같다. 인류학자 오카 마사오(岡正雄)의 연구결과를 빌리면, 한국에서 들어가는 루트에도 동해를 통한 루트와 현해탄을 통한 루트가 있었다. 전자의 주체는 일본에 전작(田作)농업과 금속문화를 전해준 알타이어계 민족이며, 후자는 기마민족과 농경민족을 혼합한 형태의 지배자의 문화를 전해준 알타이어계 민족이라고 했다.[2]

물론 이러한 가설은 그가 처음으로 개발한 것이 아니다. 그 이전에 일선동조론을 부르짖던 1920, 1930년대의 학자인 아베 다쓰노스케(阿部辰之助),[3] 기타 사다키치(喜田貞吉)[4]를 비롯해 현대의 에가미 나미오(江上波夫)[5]의 기마민족설에 이르기까지 많은 연구자들의 성과를 토대로 만들어진 것이었다.

이러한 연구 성과는 일본신화를 연구하는 한국의 학자들에게도 지대한 영향을 끼쳤다. 대표적인 예가 김석형, 김택규, 김화경 등의 일본신화에 관한 연구일 것이다. 북한의 김석형은 이러한 루트를 응용하여 일본신화를 고고역사학적으로 분석했다. 일본신화를 크게 유형별로 나누면, 규슈에서 시작하는 천손계와 이즈모 지역을 무대로 하는 이즈모계가 있는데, 전자는 가야에서 들어간 천황가 세력이며, 후자는 신라의 세력이 들어가 일본 열도로 진출한 세력이라고 분석했다.[6]

한국의 김택규는 "다카마노하라계(高天原系) 신화의 경로와 그 분포가 부여-고구려-백제-한반도 서남해안-기타큐슈(北九州)-

---

2) 岡正雄, 《異人その他》, 言叢社, 1979, 171쪽.

3) 保坂祐二, 《日本帝國主義의 民族同化政策分析》, 제이앤씨, 2002, 145~146쪽에서 재인용.

4) 喜田貞吉, 〈日鮮兩民族同源論〉, 《同源》 3, 同源社, 1919.

5) 江上波夫, 《騎馬民族國家─日本史へのアプローチ》, 中公新書, 1967.

6) 金錫亨/朝鮮史研究會 譯, 《古代朝日關係史─大和政權と任那》, 勁草書房, 1973, 124~154쪽.

기나이 야마토(畿內大和)로 가정할 수 있다면, 네노쿠니계(根國系; 出雲系)는 예(濊; 貊) — 신라 — 산인(山陰) — 기나이 야마토(畿內大和)로 분포되었을 가능성을 보여준다고 지적했다.7) 김화경도 한국의 동해안을 따라 내려와 신라를 거쳐 이즈모 지역으로 들어간 집단의 문화와, 서해안을 좇아 내려가 가락국을 거쳐서 규슈 지역으로 들어간 집단의 문화가 일본신화에 반영되어 있다고 했다.8)

이런 가설들을 보면, 많은 일본학자들이 하듯이, 먼저 이즈모계 신화와 천손계 신화로 나누고, 전자는 신라에서 후자는 가야에서 들어간 세력이 전한 것이라 하는 데 공통점이 있다. 특히 김택규와 김화경의 문화전파 루트는 1920년도부터 일본에서 개발된 혼혈 일본인론과 아주 흡사한 형태를 취한다. 그것은 입장만 달라졌을 뿐 일선동조론이 다시 부활한 것과도 같다.

한국과 일본의 문화적 교류를 생각할 때 이러한 요소는 분명히 있다고 본다. 그것을 이용하는 이데올로기가 나쁜 것이지, 그 자체가 결코 나쁠 수가 없다. 많은 연구에서 드러나듯이 한국계 이주인들의 활약 없이 일본 고대국가 형성을 생각할 수 없는 것은 사실이다. 그럼에도 어두운 과거를 떠올리고 국수주의적인 연구방법이라 하여 그것을 덮어두는 것은 옳지 않은 일이다. 순수한 학문적 호기심에서 비롯된 연구는 모든 방법과 사상에서 자유로워야 한다.

필자는 이러한 관점에서 일본문화(신화)의 뿌리가 한국에 있으며, 또 해외로 뻗어간 한국문화(신화)를 찾아가는 작업도 매우 중요하다고 생각한다. 그러나 그 작업이 해외에서 한국문화를 찾는 것에서 끝나서는 안 된다는 생각을 하고 있다. 그것과 함께 현지에서 어떻게

---

7) 김택규, 《한일문화비교론 — 닮은 뿌리 다른 문화》, 문덕사, 1993, 37쪽.
8) 김화경, 《일본의 신화》, 문학과지성사, 2002, 291~292쪽.

수용되며, 또 어떤 영향을 미쳤는지에 대해서도 밝힐 필요가 있다고 본다. 그렇게 하지 않으면 다른 나라 문화의 독자성을 인정하지 않은 채 오로지 자국문화만 강조하는 아전인수 격의 해석이 되기 때문이다. 문화란 어느 곳에서 다른 곳으로 전파되어 정착하게 되면 변용이 이루어지게 마련이다. 고추가 일본을 거쳐 국내로 들어왔지만, 그것을 활용하여 다른 나라에도 없는 김치를 만들어낸 것과도 마찬가지다. 이제는 어떠한 것이 전래되었는지에 대한 연구의 수준을 넘어, 전래된 것이 그 사회에 어떤 영향을 주면서 뿌리를 내리고 있는지에 대한 연구를 진행할 때라고 생각한다. 이 글은 이 점에 중점을 두어 일본신화에 뿌리내린 한국신화를 연구하려는 것이다.

2. 일본신화 속의 한국신화

그렇다면 일본신화 속에 뿌리를 내린 한국신화에는 어떠한 것들이 있을까? 여기에는 많은 연구가 있었다. 그러한 연구를 기반으로 일본신화 속에 들어 있는 한국신화로 추정되는 대표적인 사례로는 천손강림신화, 곡물기원신화,9) 바다를 건너는 흰 토끼 설화,10) 어족이 다리가 된 신화,11) 일광감정,12) 이주건국,13) 사후승천,14) 삼륜산

---

9) 中島悅次, 〈食物起源の神話の展開〉, 《日本文學硏究資料叢書 日本神話》, 有精堂, 1970, 195쪽; 大林太良, 《稻作の神話》, 弘文堂, 1973, 61쪽; 依田千百子, 〈記紀神話と朝鮮神話〉, 《古事記硏究大系》 4, 古事記學會, 1993, 312쪽 등 참조.
10) 魯成煥, 〈稻羽の白兎說話と韓國の梧桐島の伝說〉, 《古事記年報》 46, 古事記學會, 2004.
11) 水谷千秋, 〈朝鮮神話と日本神話〉, 《歷史讀本》 4, 新人物往來社, 2002, 157쪽.
12) 上田正昭, 〈日朝神話の比較〉, 《古代の道敎と朝鮮文化》, 人文書院, 1989, 203쪽.
13) 大林太良, 〈神武東征傳說と百濟·高句麗の建國傳說〉, 《日本神話の比較硏究》, 法政大出版局, 1974, 124~125쪽; 吉田敦彦, 《日本神話のなりたち》, 靑土社, 1992, 157쪽;

신화15) 등 수없이 많다.

이러한 신화들 가운데 입증된 것도 있지만, 그렇지 않은 것도 있다. 따라서 이러한 모든 신화에 대해 거론하고, 그것이 수용되는 것을 분석하기란 어렵다. 그러므로 여기서는 그 가운데 한국에서 전래된 것으로 판명된 신화 하나를 선택하여 심도 있게 논의하는 것이 바람직하다고 본다. 그리하여 필자는 그 가운데에서 천손강림신화를 골랐다. 왜냐하면 그것만큼 일본신화에 영향을 미친 신화도 없기 때문이며, 또 한국과 일본 신화학자들이 모두 그것은 한국에서 전해진 것으로 보는 데는 이견이 없기 때문이다. 심지어 근래에 일본에서는 이 사실을 기정사실로 하고, 그것이 누가 어느 시기에 일본 어디에 전래되었는지 구체적으로 생각하는 연구도 나오기 시작했다. 예를 들면, 1, 2세기 이후에 낙동강 하류에서 소국가 통치를 경험한 사람들이 일본으로 건너가 소국가를 건설하면서 자연스럽게 전래하였을 것으로 보는 가미가이토 겐이치(上垣外憲一)의 연구를 대표적으로 들 수 있다.16) 그러므로 천손강림신화는 한국에서 일본으로 전래된 것이라는 해석은 이미 양국 신화학계에서는 정설화되었다고 해도 과언이 아니다. 그러므로 천손강림신화를 중심으로 한국신화가 일본에 전래되어 그것이 일본신화에 어떠한 영향을 미쳤는지를

高桑浩一, 〈アメワカヒコ神話の比較硏究—高句麗神話との比較〉, 《古代中世文學論考》 10, 新典社, 2003, 131쪽 등 참조.

14) 大林太良, 〈饒速日の降臨神話と朝鮮の類例〉, 《東アジアの王權神話》, 弘文堂, 1984, 310~321쪽.

15) 장덕순, 〈한국의 야래자 전설과 일본의 삼륜산 전설과 비교연구〉, 《한국문화》 3, 서울대 한국문화연구소, 1982; 노성환, 〈고사기삼륜산전설의 일고찰〉, 《일어일문학연구》 6, 일어일문학회, 1985; 김화경, 《한국설화의 연구》, 영남대출판부, 1987; 松前健, 〈三輪山傳說と大神氏〉, 《山邊道》 19, 天理大國語國文學會, 1975; 大林太良, 《東アジアの王權神話》, 弘文堂, 1984 등.

16) 上垣外憲一, 《天孫降臨の道》, 筑摩書房, 1986, 24~25쪽.

살펴보고자 한다.

3. 일본으로 들어간 한국의 천손강림신화

한국에서 들어간 천손강림신화는 신들의 기원 또는 지명의 유래 신화로 이용되었다. 그러한 예는 각 지역 신들의 기원신화에서 찾을 수 있는데, 가장 좋은 예가 8세기의 문헌인 《풍토기》에 실려 있는 지방 신화다. 《풍토기》에는 각 지역에서 전승되는 천손강림신화가 비교적 많이 기록되어 있다. 특히 히타치(常陸)와 이즈모(出雲) 지역에서 많이 발견되는데, 그 예를 살펴보기로 하자. 먼저 히타치의 경우를 소개하면 다음과 같다.

> 천지가 처음으로 만들어질 때 초목이 말을 하던 시절 하늘에서 내려온 신이 있는데, 그 이름을 후쓰대신(普都大神)이라 했다. 그는 아시하라나카쓰쿠니(지상)를 돌아다니며, 산과 강에 사는 난폭하고 사악한 신들을 평정했다. 대신이 완전히 (악신들을) 귀순시키는 일들을 끝내고, 마음속으로 하늘로 돌아가려고 했다. 그때 몸에 지니고 있던 무구인 투구, 창, 방패 및 가지고 있던 아름다운 구슬 등을 모두 벗어던지고 이 땅에 두고 곧 흰 구름을 타고 푸른 하늘로 돌아갔다.[17]

여기에서 보듯이 하늘에서 내려온 천신이 지상의 악신들을 제거하고 돌아갔다는 이야기가 《풍토기》에 적혀 있다. 특히 이 신은 투구, 창, 방패와 같은 무기류를 지니고 있었고, 또 지상에 내려와 악신

---

17) 吉野裕 譯, 《風土記》, 平凡社, 1982, 8쪽.

들을 물리쳤다는 내용에서 보더라도, 마치 이 신은 지상의 지배자가 내려오기 위해 사전정비작업을 하는 군사(무력)의 신이라는 느낌을 주기도 한다. 여하튼 히타치 지역에는 고대로부터 하늘에서 신이 내려와 사악한 신들을 물리쳐주는 선신의 이야기가 있었던 것이다. 그에 비해 이즈모 지역에는 한 곳이 아닌 여기저기서 여러 개가 발견되는데, 그 내용을 간추려 소개하면 다음과 같다.

> (1) 오쿠니타마(大國魂命)가 하늘에서 내려오셨을 때 그때 마침 여기서 식사를 하셨다. 그리하여 이히나시(飯梨)라고 한다.[18]
>
> (2) 다테누이는 가무무스비신(神魂神)이 "천하를 만든 대신이 살 집을 웅대하게 만들어라" 하고 아들인 아메노미토리(天御鳥命)를 다테베(楯部)로서 하늘에서 내려 보냈다. 그리하여 아메노미토리가 내려와 궁궐을 만든 것이 바로 이곳이다.[19]
>
> (3) 우야리(宇夜里)라고 하는 이유는 우야베쓰베(宇夜都弁命)가 하늘에서 그 산봉우리로 내려왔기 때문이다. 즉, 그 신을 모신 신사는 지금까지 이 장소에 진좌해 있다.[20]
>
> (4) 이히시쓰베(伊毗志都幣命)가 하늘에서 내려온 장소다. 그리하여 이히지라 한다.[21]
>
> (5) 하타쓰미(波多都美命)가 하늘에서 내려온 곳이기 때문에 하타(波多)라 한다.[22]

여기에서 보듯이 이즈모 지역에는 천손강림신화는 지명기원설화

---

18) 위의 책, 135쪽.
19) 위의 책, 162쪽.
20) 위의 책, 168쪽.
21) 위의 책, 184쪽.
22) 위의 책, 185쪽.

로 많이 이용되고 있음을 알 수 있다. 오쿠니타마는 이히나시(飯梨)를, 아메노미토리가 다테누이를, 우야쓰베는 우야리를, 이히시쓰베는 이히지를, 하타쓰미는 하타의 지명유래를 설명하고 있다. 이들 신화 가운데 특히 (5)의 경우 하타쓰미가 하늘에서 내려온 곳이기 때문에 '하타'라는 내용은 매우 시사적이다. 왜냐하면 '하타'라는 말은 한국어 '바다'와도 연결되는 말이기 때문이다. 그리고 한반도에서 건너간 사람들 가운데 '하타'라는 성씨를 사용하는 호족이 있었다. 더군다나 고대 일본어에는 하늘을 의미하는 '아마'라는 말이 '바다'를 의미하는 말이기도 하다. 그렇다면 천신이란 한반도에서 바다를 건너 일본으로 건너간 신들을 말하는 것으로도 볼 수 있다.

일본 열도 가운데서도 특히 이즈모 지역은 고대로부터 한반도의 동해안 지역문화가 많이 들어간 것으로 유명하다. 그러한 곳에서 천손강림신화가 가장 많이 서술되어 있고, 또 그들 가운데 한국계 성씨인 '하타'가 보인다는 사실은 이들 천신들의 원향(原鄕)은 한국일 가능성을 보여주는 전승이라 하지 않을 수 없다.

이러한 지역의 고대신화 가운데 특히 주목을 끄는 사항은, 지역의 호족들이 이 신화를 자신에게 유리하도록 활용하고 있다는 사실이다. 천황가가 일본을 통일하기 이전에 일본 열도에는 여기저기 소왕국들이 분포해 있었다. 그들은 고대 한국의 지배자들이 천손강림신화를 이용하여 지배의 정당성을 찾았듯이, 그들도 이를 적극 수용하고 활용하여 자신들의 계보를 하늘로 연결시켰다. 즉, 왕권의 기원신화로서 받아들였던 것이다. 그러한 흔적을 히타치, 이즈모와 규슈(九州) 그리고 야마토(大和) 지역의 왕권에서 찾아볼 수 있다. 먼저 히타치와 이즈모의 경우를 소개하면 다음과 같다.

(1) 천지가 개벽되기 이전에 여러 선조신들이 800만의 신들을 다카

마노하라(高天原)에 모이게 하고는 "지금, 나의 후손이 도요아시하라 노 미스호노쿠니(지상)을 지배하기 위해 내려간다"고 했다. 그때 다카마노하라에서 내려온 대신은 이름을 가시마(香島)의 하늘의 대신이라 했다.[23]

(2) 아메노후히신(天乃夫比命)을 모시고 내려온 야시로의 이니키의 선조신인 아마쓰히코가 "내가 목욕재계를 하고 머무르고 싶은 야시로이다"라고 하여 야시로라고 한다.[24]

(1)의 히타치 경우는 지역의 왕권신화로까지 발전하지는 않았지만, 천신들이 여러 신들을 모아놓고 나의 후손이 지상을 지배하기 위해 내려가야 한다고 강조하고 난 뒤 가시마 대신이 내려왔다는 사실은, 그가 원래는 신이 아니라 지역의 군주였을 가능성이 높다. 즉, 왕권신화로서의 성격이 퇴색하고, 신의 기원으로서 서술되었다고 볼 수 있다.

그러한 것은 (2)의 이즈모에서도 마찬가지다. 그러나 (2)가 (1)과 다른 것은 하늘에서 내려온 천신 아메노후히를 시조로 삼는 씨족들이 있다는 사실이다. 그것도 다름 아닌 이즈모 지역의 지배자인 이즈모쿠니노미야쓰코(出雲國造)이다. 그리고 야시로란 지명을 생기게 한 아마츠히코가 그를 모시고 내려왔다는 것은, 원래 이 신화가 하늘에서 단독으로 내려오는 것이 아니라 단군신화와 같이 많은 부하들을 거느리고 내려오는 형태의 신화 모습을 보여준다. 즉, 이 지역의 왕권신화였던 것이다.

《풍토기》가 중앙 정부의 명령에 따라 편찬되어 중앙에 바쳐지는

---

23) 위의 책, 19쪽.
24) 위의 책, 133쪽.

만큼 천황 측을 의식하면서 기록하지 않을 수 없었다. 그 결과 비록 자신들의 시조 이야기를 천황가의 신화와 같이 웅장하게 서술할 수는 없었을 것이다. 그리하여 자신들의 시조 이야기인 천손강림신화를 지배자적인 요소를 많이 생략하고 지명유래 설명의 형식을 빌려 천손강림신화를 간략하게 서술하였을 것이다.

이러한 천손강림신화는 규슈 지역에서도 나타난다. 《풍토기》의 〈일문〉(逸文)에 따르면, 규슈 북부 지쿠젠(筑前) 지역에는 이토테(五十跡手)라는 지배자가 있었다. 《풍토기》에 기록된 내용을 정리하여 소개하면 다음과 같다.

> 일본의 14대 천황인 중애천황(仲哀天皇)이 규슈 지역에 살고 있는 구마소라는 족속을 정벌하기 위하여 규슈로 갔을 때 이토 지역의 호족인 이토테가 이 소식을 듣고 배를 타고 천황의 마중을 나갔다. 그 때 천황이 묻기를 '그대는 누구인가?' 하자 그는 '하늘에서 고려국(高麗國)의 오로산(意呂山)으로 강림한 히보코의 후예 이토테라고 합니다'라고 대답했다. 이 말을 들은 천황은 매우 기뻐하며 그에 대한 칭찬을 아끼지 않았을 뿐 아니라, 또한 그를 그곳을 지배하는 호족으로 임명하였다.[25]

여기에서 보아 알 수 있듯이 히보코는 한국과 관련이 깊다. 그는 일본이 아닌 고려국의 오로산에 내려왔다는 것이다. 《풍토기》의 주석자인 요시노 유(吉野裕),[26] 아키모토 요시로(秋本吉郎)[27]는 오로산을 현재의 울산일 것으로 추정했다. 이러한 점 말고도 그가 산으로

---

25) 위의 책, 335~336쪽.
26) 위의 책, 336쪽.
27) 秋本吉郎, 《風土記》, 岩波書店, 1982, 503쪽.

강림하고 있다는 점도 고대 한국의 신화와 같다. 이러한 신화를 지쿠젠의 지배자 이토테는 자신의 계보로 활용했다. 즉, 히보코가 신라에서 건너오는 것이 아닌 하늘에서 지상으로 내려오는 천손강림신화를 택하였던 것이다. 그럼으로써 지배자로서의 자신을 내세웠던 것이다. 그가 규슈로 오는 천황을 마중하고, 자신의 정체를 밝히며, 호족으로서 임명받는다는 것은 그의 왕권이 천황가에 복속되는 것을 상징적으로 표현한 것에 지나지 않는다. 그러면서도 그는 자신의 계보를 하늘에 연결 짓는 천손강림신화는 남겨두었던 것이다.

한편, 현재 나라(奈良) 지역인 야마토에는 고대에는 니기하야히(饒速日命)라는 지배자가 있었다. 그도 천손강림신화를 가지고 있었다. 그는 모노노베씨(物部氏)의 조상신으로서, 그의 강림에 대해서는 《선대구사본기》(先代舊事本紀)의 〈천신본기〉(天神本紀)에 자세히 기록되어 있다. 그 내용이 너무 길어 간략하게 요약 정리하면 다음과 같다.

> 천상계의 신 아마테라스가 "지상은 나의 자식인 아메노오시호미미(天忍穗耳尊)가 지배해야 한다"고 하며 자신의 아들인 아메노오시호미미를 지상으로 내려보내려고 했다. 그 준비를 하고 있는 동안에 아메노오시호미미와 그의 아내 도요아키쓰시히메(豊秋津師姬栲幡千々姬命) 사이에 자식이 태어났다. 그가 바로 天照國照彦天火明櫛玉饒速日尊 즉, 니기하야히다. 그때 아메노오시호미미가 말하기를 "내가 내려가려고 준비하는 중에 태어난 자식이 있어 그를 내려가게 하는 것이 좋을 것 같습니다"라고 하였다. 이 의견을 듣고 아마테라스는 니기하야히로 하여금 지상으로 내려가게 했다. 그는 강림할 때 천상계의 보물 10종류를 가지고, 32명의 신과 5부족의 시조, 모노노베계(物部系) 사람 25명을 거느리고, 여러 명의 선원이 조정하는 하늘의 배[天磐船]를 타고 가와치의 이카루가미네(哮峯)로 내려와 야마토의 도미(鳥見)의

시라니와야마(白庭山)으로 이동하여 정착했다. 즉, 그는 배를 타고 하늘을 헤치며 이 지역을 둘러보고 내려온 것이다. 그가 이곳이 야마토(日本國)구나라고 말을 한 곳이 바로 이 지역이다. 그는 나가스네히코의 여동생 미카시키야와 혼인을 하였다. 그리고 나가스네의 도움을 받아 야마토를 지배하였으나, 자식인 우마시마지(宇麻志麻治命)가 태어나기 전에 죽고 말았다. 그때 천상계의 주신인 다카미무스비(高皇産靈)는 하야치(速飄命)를 지상으로 보내어 그의 시신을 하늘로 가져오게 하여 장례를 치렀다. 훗날 초대 천황인 신무가 규슈에서 야마토로 정벌하며 갔을 때 나가스네는 강력하게 반항하였으나, 우마시마지는 나가스네를 죽이고 신무에게 귀순했다.[28]

여기에서 보듯이 《선대구사본기》의 천손강림신화는 다른 어느 지역보다 장대하게 서술되어 있다. 천상계의 보물과 수많은 부하들을 거느리고 강림하는 모습은 한국의 단군신화를 연상시킨다. 특히 일본 천황계의 선조신인 니니기의 강림신화와 비교하여 보아도 규모면에서 훨씬 더 크다. 천상계의 주재신이 "지상은 나의 자손이 통치해야 한다"는 말에서 보듯이, 신화의 주제는 일본의 지배자를 하늘에서 보내는 것이다. 그에 걸맞게 지상으로 내려온 니기하야히는 야마토 지역을 둘러보았고, 또 감탄하여 "이곳이 야마토구나" 하는 말은, 그야말로 천하를 통일한 군주가 최초의 도읍을 정할 때의 모습과도 같다. 그리고 그의 부모 이름은 천황가의 선조인 니니기의 부모와 같은 이름이다. 다시 말하면, 그는 니니기의 형으로 되어 있는 것이다. 이처럼 니기하야히는 장대한 스케일의 천손강림신화를 가지고 있었던 야마토의 군주였던 것이다.

---

28) 鎌田純一 校訂, 〈先代舊事本紀〉, 《先代舊事本紀の研究〈校本の部〉》, 吉川弘文館, 1960.

이처럼 한국에서 들어간 천손강림신화는 고대 일본의 지배자들에게는 없어서는 안 될 지배의 논리로서 작용하고 있었음은 신무의 동정설화에서도 잘 나타나 있다. 즉, 초대왕인 신무가 나라를 세우기 위해서 규슈 남쪽을 출발하여 야마토로 들어가 토착세력인 나가스네히코의 군사와 대치하였을 때, 자신을 하늘에서 내려온 천손이라는 점을 강조하면서 지배권을 양도할 것을 강요했다. 그러자 니기하야히의 처남인 나가스네히코는 "옛날 니기하야히라는 천손이 배를 타고 내려와 우리는 그를 군주로 섬기고 있다. 그런데 또 천손이라 하여 나타났으니, 도대체 천손이 두 명이나 된단 말인가? 어찌하여 당신은 천신의 자손이라 일컫고 남의 땅을 빼앗으려고 하는가? 당신은 필시 가짜 천손임에 틀림없다"29)고 주장하였던 것이다. 나가스네히코로서는 천손강림신화를 가진 니기하야히를 군주로 모시고 있는데, 그와 똑같은 신화를 가진 자가 또 나타나 자신의 부하가 되라고 강요받았으니, 그렇게 하소연하는 것은 어쩌면 당연하다 하겠다. 이처럼 천손강림신화는 천황가 이전의 야마토의 소왕국에서도 지배자 기원신화로서 통용되고 있었다.

이와 같이 이즈모와 규슈, 그리고 야마토 지역 등의 군주들은 한반도에서 전래된 천손강림신화를 지배자의 기원신화로 받아들였다. 이것으로 자신들의 지배를 정당화하고 있었다. 즉, 한국에서 건너간 천손강림신화는 일본 고대의 왕권신화에 기본적인 틀을 제공하였던 것이다.

---

29) 宇治谷孟 譯, 《日本書紀(上)》, 講談社, 1990, 105쪽.

4. 또 하나의 신화를 낳은 천손강림신화

그러나 문제는 이들을 통합한 천황가의 신화다. 왜냐하면 그들과는 차별성을 지닌 신화를 가져야 하기 때문이다. 그렇지 않으면 앞에서 본 나가스네히코의 주장처럼, 지배의 정당성을 찾기가 매우 힘들어진다.

그리하여 그들은 먼저 이들의 신화를 자신들의 신화체계에 편입시키기로 했다. 그 작업들은 《고사기》와 《일본서기》를 통하여 이루어졌다. 그 결과 니기하야히는 신무에게 찾아가 "천손께서 내려오셨다는 말씀을 듣고 저도 그 뒤를 쫓아 내려왔습니다"라는 말을 하며, 그가 가지고 있던 천손의 표지를 바치면서 복속했다고 《고사기》는 서술했다.[30] 이는 앞에서 본 《선대구사본기》와는 완전히 달라진 모습이다. 《선대구사본기》에서는 그가 명실공히 일본의 지배자인 것처럼 묘사되던 것이, 《고사기》에서는 천황가의 보조적인 존재로 전락하여 묘사된 것이다.

《풍토기》에 기록된 이즈모의 아메노후히와 오호쿠니타마도 천황가의 신화에 편입되었다. 일본신화에서는 천황가의 시조인 니니기가 군주로서 지상으로 내려가기 이전에, 천신들이 기존의 지배자인 이즈모 신들을 무력으로 복속하는 이야기가 있다. 여기에 이 두 신을 집어넣었다. 아메노후히는 아메노호히로 이름을 살짝 바꾸어 천상계에서 이즈모신들을 평정하기 위해 파견하였지만, 그는 무력을 사용하지 않고 오히려 이즈모신들에게 아첨하여 자신의 임무를 수행하지 않는 신으로 묘사하였고,[31] 오호쿠니타마도 아마쓰쿠니타마

---

30) 노성환 역주, 《고사기(중)》, 예전사, 1990, 37쪽.

로 이름을 바꾸어 묘사하였다. 즉, 그는 아메노호히의 파견이 실패하여 두 번째로 파견되는 아메노와카히코의 아버지로 묘사되어 있다.32) 이들 모두 《고사기》와 《일본서기》에서는 이즈모의 신이 아니라 천신이면서 지상의 이즈모 세력에 아첨하는 무리로 기록되어 있었다. 이처럼 일본 천황가는 지역 호족의 천손강림신화를 자신들의 신화체계에 흡수시켰던 것이다.

한편 지방 호족들이 천황가를 의식하면서 스스로 편입되는 신화도 있었다. 그 좋은 예가 앞에서 언급한 이즈모쿠니노미야쓰코의 시조인 아메노후히였다. 그는 《고사기》와 《일본서기》에서는 천신이면서도 천신을 배반한 신으로 서술되어 있으나, 그들의 기록인 〈신하사〉(神賀詞)에는 이와 아주 다르게 기술되어 있다. 그것에 따르면, 이즈모노오미(出雲臣)의 시조인 아메노호히(天穗日命)이 황조인 가무로기와 가무로미의 명을 받아 이즈모로 내려와 국토를 둘러보고 현황을 보고한 다음, 자신의 아들 히나도리에 후츠누시를 부장(副將)의 역할을 맡기고 함께 지상으로 내려가게 하여 이즈모(出雲)의 신인 오호아나무치를 평정했다. 그러자 오호아나무치는 오호야마토쿠니(大倭國; 일본)를 칭송하고 국토를 바치며, 자손의 신들을 천황가의 수호신으로 받들어 모실 것이라며, 스스로 오늘날 이즈모타이샤(出雲大社)인 기즈키노미야(杵築宮)에 몸을 감추었다고 적혀 있다.33)

이처럼 원래 이즈모의 신이었던 것이, 어느덧 자신의 동족을 평정하는 신으로 변신하였다. 다시 말하자면, 천황가에 반대하는 세력을

---

31) 노성환 역주, 《고사기(상)》, 예전사, 1991, 142~143쪽.
32) 井上光貞 監譯, 《日本書紀(上)》, 中央公論社, 1993, 129쪽.
33) 倉野憲詞・武田祐吉 校註, 〈神賀詞〉, 《古事記 祝詞》, 岩波書店, 1958, 453~456쪽.

모두 평정하고 복속시키는 데 가장 크게 공헌한 신으로 묘사한 것이다. 더군다나 〈신하사〉는 이즈모쿠니노미야쓰코가 바뀔 때마다 일족 100여 명이 천황궁성으로 찾아가 많은 조공물을 바치면서, 앞에서 언급한 신화를 언급하고 자신들의 시조인 아메노호히의 명을 따라 천황가의 신하로서 신보(神寶)를 바치며, 신하(神賀)의 길사(吉詞)를 아뢰는 것으로 결말을 맺는다. 다시 말하자면, 천황에 대한 이즈모 측의 전면적인 복속의례인 셈이다.

지쿠젠의 이토테 전승도 마찬가지다. 천황이 규슈로 오는 줄 알고 스스로 마중 나가 맞이하는 내용은, 천황가가 강제로 복속하기 전에 스스로 알아서 천황 쪽에 순종하는 형태를 취하며, 자신의 지위를 낮추는 것도 바로 이러한 관점에서 해석이 가능할 것이다.

이와 같이 신화를 통합한다고 하더라도 천황가의 신화는 그들과 달라야 했다. 이러한 점을 극복하기 위하여 그들은 두 가지 신화를 이용했다. 한 가지는 천손강림신화며, 다른 하나는 타계방문신화였다. 이 두 신화를 통합하여 새로운 왕권신화를 만들어내는 것이다. 그러한 실험은 이즈모 신화에 적용했다.

《고사기》와 《일본서기》를 통하여 일본 역사를 보면, 일본은 천황가들이 지배하기 이전에 스사노오라는 신의 자손들이 지배하고 있었다. 그들의 거주지역이 이즈모 지역에 집중되어 있었기 때문에 보통 일본 신화학계에서는 그들의 이야기를 이즈모 신화라는 이름으로 구분하여 사용하기도 한다.

《고사기》와 《일본서기》에 따르면, 이들의 시조인 스사노오는 창세의 신 이자나기의 아들이자 태양의 신인 아마테라스의 남동생으로 묘사되어 있다. 그러한 그가 하늘에서 말썽부리다 천신들에 의해 지상(이즈모)으로 추방당해 내려오는데, 그 상황을 《고사기》는 다음과 같이 서술하고 있다.

천상계에서 추방된 스사노오는 이즈모(出雲國)의 ‘히노가와’(肥河) 강의 상류 도리카미(鳥髮)라는 곳에 내려왔다. 바로 그때, 젓가락이 떠내려 오는 것을 본 그는 상류에 사람이 살고 있다고 생각하여 찾아올라갔더니, 그곳에는 노부부가 딸을 사이에 놓고 울고 있었다. 이들을 보고 “너희들은 누구냐?”라고 하였더니, 노인이 “저는 국토의 신인 오호야마쓰미노가미(大山津見神)의 아들이며, 이름은 아시나즈치(足名椎)라고 하고 또 아내의 이름은 데나즈치(手名椎)라고 하며, 딸의 이름은 구시나다히메(櫛名田比賣)라고 합니다”라고 하였다. 그러자 또 스사노오가 “너희들은 어찌하여 울고 있느냐?”라고 하였다. 노인이 대답하기를, “나의 딸은 본시 여덟 명이 있었는데, 고시(高志)의 야마타오로치(八俣大蛇)라는 뱀이 매년 와서 잡아먹었습니다. 지금 그 뱀이 올 때기 때문에 이와 같이 슬프게 울고 있는 것입니다” 하였다. 이에 스사노오가 다시 묻기를, “그 모습은 어떻게 생겼느냐?”라고 하였다. 그러자 노인이 대답하기를, “눈은 빨간 꽈리와 같고, 몸뚱이 하나에 여덟 개의 머리와 여덟 개의 꼬리가 있습니다. 그리고 몸에는 넝쿨나무(蘿)와 노송나무(檜) 및 삼나무(杉)가 돋아나 있고, 길이는 여덟 계곡과 여덟 개의 산봉우리에 걸칠 만큼 길며, 또 배를 보면 그곳에서는 언제나 피가 뚝뚝 떨어지고 있습니다”라고 하였다. 그러자 스사노오가 노인에게 말하기를, “너의 딸을 나에게 주겠느냐?”라고 하였다. 이에 노인이 “고맙습니다. 그러나 저는 아직 당신의 이름도 모르고 있습니다”라고 하였다. 그러자 스사노오는 “나는 아마테라스의 동생이다. 지금 막 하늘에서 내려왔다”라고 하였다. 이에 노부부는 “그렇다면 정말 황공하옵니다. 기꺼이 제 딸을 드리지요”라고 하였다.

그리하여 스사노오가 즉시 신성한 참빗으로 그 딸을 변신시켜 머리에 꽂고 노부부에게 말하기를, “너희들은 아주 독한 술을 빚고, 울타리를 만들어 친 다음, 그 울타리에 여덟 개의 입구를 만들고, 입구마다 여덟 개의 선반을 만든 뒤, 그 선반마다 술통을 놓고, 그 술통마다

독한 술을 가득 채워 놓고 기다려라!"라고 하였다.

　이 말을 들은 그들은 스사노오가 지시한 대로 준비하고 기다렸더니 야마타노오로치가 나타나 술통에 머리를 처박고 술을 마셨다. 그러고는 술에 취해 곯아떨어졌다. 그러자 스사노오는 차고 있던 도츠카쓰루기 검(十拳釼)을 뽑아서 뱀을 갈기갈기 토막 냈다. 그 때문에 히노가와 강물은 핏빛으로 변해 흘렀다. 그런데, 이상한 것은 뱀의 가운데 부분 꼬리를 자를 때 칼날이 상했다. 이를 이상히 여겨 칼끝으로 갈라보니, 거기에는 매우 훌륭한 큰 칼이 들어 있었다. 그 칼을 끄집어내어 아마테라스에게 바쳤다. 바로 이 칼이 천황가에서 전해지는 3종의 신기 가운데 하나인 구사나기쓰루기(草薙劍)라는 것이다.[34]

이상의 내용에서 알 수 있듯이, 천상에서는 문제아였던 스사노오가 지상으로 내려와서는 고통에 빠져 괴로워하고 있는 인간을 구해주는 착한 성격의 신으로 변해 있다. 뿐만 아니라 자신이 구한 미녀 구시나다히메와 결혼하여 자식들을 낳고, 그 후손들이 대대로 지배자로서 군림했다. 그러므로 이즈모의 왕권은 스사노오의 천손강림신화를 왕권신화로 삼고 있었음을 알 수 있다.

　그러나 이즈모의 신화는 여기에서 끝나지 않는다. 그에 이어 그의 후손인 오호아나무치의 이야기로 이어진다. 그 이야기의 내용을 간략히 정리하여 소개하면 다음과 같다.

　스사노오의 6세손인 오호아나무치는 이나바의 흰 토끼의 도움을 받아 형제인 야소가미들을 제치고 야가미히메와 혼인을 하는 데 성공한다. 그렇지만 그것으로 인해 야소가미들로부터 미움을 산 그는 형들로부터 두 번이나 죽음을 당한다. 그럴 때마다 미오야신으로부터 구원

---

34) 노성환 역주, 앞의 책(1991), 94~96쪽.

을 받아 다시 살아난다. 이러한 고통에서 벗어나기 위하여 미오야신은
그를 네노쿠니(根國)라는 타계로 피신을 시킨다. 그곳에서 그는 스세
리비메와 만나 사랑에 빠져 결혼하여 살지만, 스세리비메의 아버지인
스사노오가 여러 가지 어려운 문제를 부여하나 아내의 도움으로 모두
해결한다. 그 결과 그는 스사노오로부터 이쿠타치라는 칼과 이쿠유미
야라는 활, 그리고 아메노누코토라는 악기를 얻어서, 아내와 함께 지상
으로 돌아와 형들을 물리치고, 자신이 왕권을 차지한다.[35]

여기에서 보듯이, 이즈모 신화에서는 하늘에서 내려오는 천손강
림신화만 있는 것이 아니라 타계를 방문하여 돌아오는 이야기도 있
다. 다시 말하여, 천손강림신화와 타계방문신화가 합쳐진 것이다.
이러한 형태는 앞에서 본 지역의 소왕국들이 가지고 있던 왕권신화
와는 명확한 차이를 보인다.

이러한 신화는 천손강림신화적인 요소만 가지는 호족들의 신화에
견주면 여러 가지 장점이 있다. 그 하나는 진정한 왕권의 주인공은
하늘에서 내려온 천손의 자손이기도 하지만, 타계를 방문하고 돌아
온 영웅의 자손이 된다는 점이고, 또 하나는 부계의 신성성이 하늘을
통하여 확보될 뿐만 아니라 모계의 신성성도 타계를 통하여 확보될
수 있다는 점이다. 즉, 신성왕권의 근거로 하늘만 확보하고 있는 소
왕국의 왕권과는 달리, 네노쿠니(根國)라는 타계의 외부성마저 확보
할 수 있는 좋은 점을 가졌던 것이다. 이 점은 확연하게 기존의 지배
자의 기원신화와 차별화하는 것이었다.

이러한 원리를 창세신화에도 적용시켜 보았다. 《고사기》와 《일본
서기》에 따르면, 일본 국토를 만들고, 신들을 낳는 신은 하늘에서

---

35) 위의 책, 105~114쪽.

내려온 이자나기와 이자나미라는 부부 신이었다. 그들의 마지막 작업은 우주와 신들의 세계를 지배하는 신을 낳는 것이었다. 그리하여 생겨난 것이 아마테라스와 쓰쿠요미, 그리고 스사노오의 탄생 이야기다. 아마테라스는 태양의 신으로서 하늘을 주재하고, 쓰쿠요미는 달의 신으로서 밤의 세계를 주재하고, 스사노오는 바다를 지배하는 신이다. 그러한 공간을 구분 짓고 이자나기가 그들에게 통치권을 부여하고 있다는 점에서 일단 이 신화는 우주의 지배자를 설명하는 왕권신화로 볼 수 있다.

창세신으로부터 왕권을 위임받은 3명의 신들은 우주의 지배자인 만큼 인간의 통치자들보다 그 규모나 세계관이 훨씬 더 방대해야 했다. 그러기 위해서 일본신화의 편찬자들은 현실세계가 아닌 요미노쿠니(黃泉國)라는 사후세계를 만들어냈다. 즉, 여신 이자나미를 죽게 하고, 그녀로 하여금 사후세계에 가게 함으로써 또 하나의 비현실적인 신화의 공간을 만들어낸 것이다. 그리고 그곳을 남신인 이자나기가 방문하고 돌아온 다음에 3명의 신을 낳게 되는 이야기를 만들어낸 것이다. 이로 말미암아 우주를 통치하는 3명의 신은 부계로는 하늘을 확보하고, 모계로는 사후세계를 확보할 수 있었다. 그들이 보통 지상의 지배자와는 차별화된 우주의 지배자가 될 수 있었던 것은, 다름 아닌 그들의 부모가 천상에서 내려온 것만이 아니라 요미노쿠니를 다녀오는 타계방문신화를 가졌기 때문이었다.

이와 같은 신화를 만들어낸 일본신화 편찬자들은 천황가의 신화를 만들 때도 똑같은 방법을 택하였다. 먼저 기존의 왕권신화처럼 한국에서 수입한 천손강림신화로 장식했다. 이 부분을 서술한 《고사기》의 내용을 간략하게 정리하여 소개하면 다음과 같다.

천손 니니기(邇邇藝命)가 아마테라스에게 구슬, 거울, 칼을 받고서

5부족의 족장 및 여러 신하들을 거느리고 하늘에서 구름을 가르고
위엄 있게 내려왔다. 그때 내려온 곳이 쓰쿠시(쓰紫)의 히무가(日向)
의 다카치호(高千穗)의 구시후루타케(久士布流多氣)였다. 이때 니니
기가 말을 하기를, "이곳은 한국(韓國)을 바라보고 있고, 가사사(笠沙)
의 곳(岬)과도 바로 통하여 아침 해가 바로 비치는 나라, 저녁 해가
비치는 나라다. 그러므로 여기는 정말 좋은 곳이다" 하며, 그곳의 땅
밑 반석(磐石)에 두터운 기둥을 세운 훌륭한 궁궐을 짓고 하늘[高天
原]을 향해 지기(千木)를 높이 올리고 그곳에서 살았다.36)

이러한 천손강림신화를 한국 사람이라면 전혀 낯설지 않다. 왜냐
하면 단군신화를 비롯하여 고구려, 신라, 가야 등 고대 건국신화의
대부분이 니니기와 같이 하늘에서 산으로 내려오는 형태를 띠기 때
문이다. 이러한 탓에 이 신화는 일찍부터 많은 연구자들에 의해 한국
과의 관련성이 지적되곤 하였다. 니니기가 하늘에서 가지고 왔다는
구슬, 거울, 칼 3종의 신기는 단군신화의 3부인과 같으며, 또 그가
5부족의 선조들을 거느리고 왔다는 것은 고구려와 백제에서 5개 부
족을 중심으로 구성된 사회, 군대조직의 반영이라는 해석37) 등이다.
한편 니니기가 내려왔다는 구시후루타케를 수로왕이 내려왔다는 구
지봉과 관련시켜 해석한 것은 오래전부터 한국에도 널리 알려져 있
다. 즉, '후루'라는 말은 '내린다', '다케'라는 말은 '산봉우리'를 뜻하는
말이므로, 순수한 고유의 이름은 '구시'(久士)다. 이 '구시'(久士)와
가야의 '구지'(龜旨)는 같다고 보았다. 그리고 니니기가 자신의 거처
를 '한국이 마주 바라보이고, 아침 해와 저녁 해가 비치는 곳'에 정하
였다는 사실은, 그의 고향이 한국이라는 인식을 낳게 했다.

---

36) 위의 책, 166~171쪽.
37) 岡正雄, 〈日本民族文化の形成〉, 《異人その他》, 言叢社, 1979, 4~10쪽.

이러한 것을 보더라도 천황가의 천손강림신화가 고대 한국 신화의 영향을 얼마나 받는가를 알 수 있다. 아무튼 이 내용으로 그들은 다른 지방 호족들과 같이 부계를 통하여 하늘을 확보할 수 있었다. 그러나 이것만으로 호족들과 차별성을 둘 수가 없다. 그것을 극복하기 위해서 또 하나의 신화를 이용한 것이 타계를 방문하는 이야기였다. 이즈모의 주인공인 오호아나무치가 네노쿠니를 방문하고, 또 우주의 왕권을 창출하기 위해서 이자나기가 요미노쿠니를 다녀왔듯이, 천황가의 선조인 야마사치는 해궁이라는 바다를 다녀와야 했다. 그의 바다 방문 이야기를 《고사기》는 다음과 같이 기술했다.

니니기의 자식 가운데 호오데리는 우미사치로서 바다의 고기를 잡고 아우인 호오리는 야마사치로서 산의 짐승을 잡고 살았다. 그러던 어느날 야마사치가 졸라 서로 도구를 교환하여 상대의 일터에 가서 각기 짐승과 고기를 잡았다. 아우인 야마사치가 형의 낚시바늘을 잃어버렸다. 그런데 우미사치가 잃어버린 낚시바늘을 돌려달라고 우기는 바람에 야마사치는 고민에 빠져 괴로워하다가 시오쓰치 신의 도움을 받아 바다의 궁궐을 방문하게 된다. 그곳에서 그는 해신으로부터 극진한 대접을 받았을 뿐 아니라 해신의 딸 도요타마와 결혼을 하게 된다. 그리고 행복하게 3년을 보낸다. 그러나 형의 일을 생각하고 괴로워하며 자신이 해궁을 방문한 이유를 해신에게 이야기하자, 해신은 그 낚시바늘을 도미의 목 안에서 찾아주었고, 형을 저주하는 주문과 시오미쓰타마, 시오호시타마라는 두 개의 구슬을 주어 지상으로 돌아가게 한다. 그는 해신에게 받은 주문과 구슬로 형을 물리치고 왕권을 차지한다.[38]

---

38) 노성환 역주, 앞의 책(1991), 195~201쪽.

위의 이야기는 무엇보다 이즈모 신화와 아주 흡사하다. 왕권의 주인공이 형들의 학대로 말미암아 타계를 방문하게 되고, 그곳 지배자의 딸과 혼인을 하고, 그 결과 주력적인 도구 3개를 얻어서 지상으로 돌아와 형들을 물리치고 자신이 왕권을 차지하는 점에서는 서로 같은 구조를 가지고 있다. 이즈모 왕권이 스세리비메를 통하여 네노쿠니라는 타계를 확보하듯이, 천황가는 도요타마를 통해 해궁이라는 바다를 확보하여 신성왕권을 만들어냈던 것이다. 이와 같이 일본 천황가는 한국에서 수입한 천손강림신화를 토대로 거기에다 타계방문신화를 합함으로써 지역 소왕국의 군주들이 가지고 있던 신화와 차별성을 꾀하는 데 성공했다. 다시 말하여, 천손강림신화는 타계방문신화라는 또 하나의 왕권신화를 만들어냈던 것이다.

5. 천손강림과 타계방문

이와 같이 천황가는 기존의 호족들과 차별성을 두기 위해 천손강림신화에다 타계방문신화를 결합시킨 왕권신화를 만들어냈다. 그 결과 일본에서는 성공한 왕권의 주인공은 하늘에서 내려온 천손이면서 타계를 다녀온 자여야 한다는 인식이 생겨났다.

이러한 특징은 영향을 준 한국신화와 비교해 보아도 차이가 뚜렷하다. 왜냐하면 한국의 신화는 천손강림신화만 강조되기 때문이다. 환인은 하늘에서 내려와 웅녀와 결혼하여 단군을 낳았고, 해모수는 하늘에서 내려와서 하백의 딸인 유화와 결혼하여 주몽을 낳았다. 그리고 김수로는 하늘에서 구지봉으로 내려와서 바다를 통하여 들어온 허황옥과 결혼하였으며, 박혁거세는 하늘에서 내려와 알영정에 사는 계룡의 딸인 알영과 결혼했다. 이와 같이 고대 한국의 왕권신화에는 일본과 같이 타계방문신화가 보이지 않는다.

그렇다고 한국의 왕권에는 부계의 외부성만 강조되고, 모계의 외부성은 강조되지 않느냐 하면 그렇지는 않다. 왜냐하면 웅녀(곰), 하백녀, 아유타국(바다), 계룡 등에서 보듯이, 모든 모계의 시조들은 내부(지상)의 여인이 아니다. 모두 외부에서 내부로 들어온 여성들이다. 그러므로 한국의 고대왕권도 모계의 외부성은 확보되어 있었다. 다만 차이라면 일본처럼 왕권의 주인공이 방문하여 그곳의 여성을 만나는 것이 아니라, 그녀들 스스로 왕권의 주인공을 만나기 위해 내부로 들어오는 형태를 취하기 때문에, 모계의 외부성을 확보하기 위한 타계방문담이 필요가 없었다. 그러므로 한국에서 왕권의 주인공은 굳이 일본처럼 타계를 다녀온 자여야 한다는 인식이 없는 것이다.

이처럼 부계를 통하여 하늘과, 모계를 통하여 타계의 외부성을 확보하는 것은 한국과 일본 두 나라 왕권신화에서 똑같이 보이는 신화의 논리지만, 일본은 한국과 달리 주인공으로 하여금 타계를 방문시킨다는 데 큰 특징이 있다. 마치 그것은 우리의 관점에서 본다면 고대의 천손강림신화와 중세의 신화인 고려의 작제건 신화를 합쳐놓은 것과도 같다.

이러한 신화의 법칙은 후세에도 적용되었다. 그것이 응신왕조라고 불리는 새로운 왕조출현신화에서 그 흔적을 찾을 수 있다. 일본 역사학계에서는 15대 응신천황은 기존의 왕권과 전혀 다른 새로운 왕조를 창시한 인물이라고 평한다. 즉, 초대왕이라는 의미다. 그러나 응신왕조는 응신을 계보상으로는 14대 중애(仲哀)를 그의 아버지로 만들어 놓았다. 이로 말미암아 그의 혈통은 천황을 거쳐 천손의 후손이 되었다. 그러나 문제는 중애에게는 정실부인이 있었고, 또 그 사이에 아들이 둘이나 있었다. 이 두 아들은 나이도 응신보다 훨씬 많았을 뿐 아니라, 본거지도 조정이 있는 야마토에 있었기 때문에 왕위계승에서 여러 가지로 응신이 불리하였다. 이때 사용한 것이 타계방문담이었다. 《고사기》와 《일본서기》는 그 내용을 다음과 같이 서술했다.

> 규슈의 구마소들이 반란을 일으켰다. 그들을 토벌하기 위하여 중애 천황과 신공황후는 병사들을 이끌고 규슈로 갔다. 그들이 규슈에서 적과 대치해 있는 상황에서 갑자기 서쪽에 있는 신라를 정벌하라는 신탁이 내린다. 그러나 그것을 듣고도 믿지 않는 중애(仲哀)는 벌이 내려져 죽고, 이를 믿은 신공은 출산을 눈앞에 둔 만삭의 상태임에도 신라정벌에 나섰다. 그녀는 정벌이 끝날 때까지 뱃속의 아이가 나오지 못하도록 허리 부분에다 돌을 매달고 신라로 출정한 것이었다. 이에 놀란 신라왕은 싸움도 제대로 하지 않고 호적을 바치며 항복했다. 그 소문을 들은 고구려왕과 백제왕도 신공의 군사에 필적할 수 없음을 알고 항복하며 조공을 바칠 것을 맹세했다. 그리하여 삼한을 정벌한 황후는 무사히 규슈로 돌아와 응신을 낳았다.[39]

물론 이 내용은 역사적 사실과 거리가 멀다. 적과 대치해 있으면서도 위협을 가하지 않는 신라를 정벌한다든가, 또 출산을 억제하기 위하여 허리춤에 돌을 매달았다는 것도 납득하기 힘들거니와, 만삭의 여인이 진두지휘한다는 것도 가능하지 않음은 누구나 쉽게 수긍하는 부분일 것이다. 더군다나 신공은 신라계 아메노히보코의 후손이다. 그러므로 더더욱 그녀의 신라정벌은 역사적 사실로 받아들이기 어렵다. 그리하여 이 신화가 역사적 사실이 아니라는 점은 이미

---

39) 노성환 역주, 앞의 책(1990), 178~184쪽; 宇治谷孟 譯, 앞의 책, 186~192쪽.

많은 연구자들에 의해 지적되었다.[40]

그러나 문제는, 그럼에도 그녀로 하여금 신라로 향하게 한 것은 무엇 때문일까 하는 것이다. 응신이 초대왕이라는 사실을 감안할 때, 이 이야기는 새로운 왕조 출현을 알리는 하나의 왕권신화로 보아야 할 것이다. 그러면 그가 신라로 가야 하는 이유를 찾을 수 있을 것이다. 타계가 신라로, 방문이 정벌로 되어 있지만, 그것이 역사적 사실이 아니듯이, 그러한 가공적인 요소를 제거하면 그의 신라 방문담은 새로운 군주에게 필요한 타계방문담이다. 즉, 응신왕조는 위협도 가하지 않는 도깨비 섬으로 갑자기 쳐들어가 보물을 빼앗고 돌아오는 모모타로(桃太郎)와 같은 이야기를 이용하여 왕권신화로 활용하였다.

다시 말하여, 외국정벌에서 승전하고 돌아왔다는 이야기를 가지고 초대왕 신무가 하였듯이 그도 규슈를 출발하여 야마토로 들어가 왕위쟁탈전에서 승리하여 새로운 왕조를 세우는 것이다. 만일 그가 신라정벌이라는 타계방문담을 가지지 않았더라면, 신무가 나가스네히코로부터 항의를 받았듯이, 중애의 아들들을 제치고 자신이 왕위를 계승해야 한다는 당위성을 어디에서도 찾을 수가 없었을 것이다. 이러한 점들을 감안할 때, 응신은 신무와 너무나 닮아 있다.

이처럼 일본에서는 완벽한 왕권신화가 되기 위해서는 천손강림신화와 타계방문신화가 필요로 했다. 다시 말하여, 왕권의 주인공은 천손이자 타계방문자라는 인식의 논리가 일본 고대 왕권신화에서 보이는 가장 두드러진 특징이라 하겠다.

---

40) 김정학, 〈신공황후 신라정벌설의 허구〉, 《신라문화제 학술발표회논문집》 3, 경주시, 1982; 김열규, 〈한국신화와 일본신화—일본신화에 비친 한국상을 중심으로〉, 《사상과 정책》, 경향신문사, 1984; 황패강, 〈일본신화 속의 한국〉, 《한국학보》 20, 일지사, 1980.

일본의 사회학자 우에노 치즈코(上野千鶴子)는 몇 해 전 일본의 왕권신화를 피지의 왕권신화와 비교한 아주 흥미로운 발표로 많은 신화학자들로부터 주목을 받았다. 그녀의 이론은 다음과 같다. 피지의 왕권신화에서 근간을 이루는 내용은 친족관계를 나타내는 것인데, 그것은 외부에서 들어온 자가 토착여성과 결혼하여 왕권의 주인공을 낳음으로써 왕권을 창출한다는 것이었다. 그러므로 군주는 내부인들이 보았을 때 자매의 자식인 동시에 외부에서 들어온 외래왕이라는 특징을 가진다는 것이다. 이러한 흔적은 일본신화에서도 발견되는데, 스사노오가 하늘에서 내려와 야마타오로치를 퇴치하고 토착여성인 스세리비메와 결혼하여 왕권의 주인공을 낳는 것이 바로 그 좋은 예라고 지적하였다.[41] 그러한 입장에서 본다면 하늘에서 내려온 니니기가 토착여성 고노하나노사쿠야와 혼인하는 것도 예외가 아니라고 생각한다.

그러나 그녀는 일본의 왕권신화에서 중요한 사실을 놓쳤다. 일본의 왕권신화가 피지의 왕권신화와 비교하여 전적으로 다른 점은, 모계의 시조마저 외부에서 들어온다는 점이다. 왕권의 주인공들이 타계를 방문하고 그곳의 여성과 결혼하고 돌아오는 것은 피지에서는 보이지 않기 때문이다. 그러므로 그녀가 사용한 외래왕이란 용어는 부계의 시조뿐만 아니라 모계의 시조에까지 확대하여 사용할 수 있다. 다시 말하여, 일본의 왕권은 부계만 외래왕이 아니라 모계마저도 외부에서 들어온 외래왕이었다. 엄격히 말해 그녀의 이론은 천황가가 일본을 통일하기 전에 있었던 소왕국 군주들의 천손강림신화에는 적용될 수 있지만, 그것을 통합한 천황가의 신화에 적용되는

---

41) 上野千鶴子, 〈'外部'の分節 — 記紀の神話論理學〉, 《神と佛》, 春秋社, 1986, 265～267쪽.

것은 아니었다.

이와 같이 일본의 왕권신화가 피지 신화와 근본적으로 다른 것은 부계는 물론 모계까지도 외부성이 확보되는 타계방문담을 가진다는 사실이다. 이로 말미암아 역사적으로 성공한 왕권의 주인공은 하늘에서 내려온 천손의 후예면서, 타계를 방문하고 돌아온 자가 되지 않으면 안 되었던 것이다. 이처럼 일본의 왕권신화는 한국의 영향을 받아 천손강림신화를 적극적으로 받아들이면서도, 거기에다 타계방문신화를 결합시킴으로써 일본 특유의 신화체계를 만들어내었음을 알 수 있다.

6. 타계방문 왕권신화

천황가의 왕권신화가 천손강림신화와 타계방문신화로 이루어졌다는 것은 후세의 왕권신화에도 큰 영향을 미친다. 다시 말하여, 또 하나의 왕권신화를 낳게 되는 것이다. 일본은 전통적으로 이원집정제와 같은 정치구조였다. 천황은 절대군주면서도 정치에 관여하지 않고, 그 대신 유력한 귀족이나 막부(幕府)의 쇼군(將軍)이 실제로 정치를 행한 적이 많다. 그러므로 최고 권력자는 그에 맞는 왕권신화가 필요했다. 바로 이때 천황가의 왕권신화가 절대적으로 큰 영향을 끼치는 것이다. 그러한 대표적인 예가 헤이안(平安) 시대의 후지와라씨(藤源氏)와 중세의 가마쿠라 막부(鎌倉幕府)의 권력기원신화일 것이다.

후지와라씨의 시조는 나카토미 가마타리(中臣鎌足)였다. 그는 나카노오에(中大兄; 훗날 천지천황) 황자와 함께 다이카개신(大和改新)을 계획하고, 당시 실권자였던 소가씨(蘇我氏)를 타도하고 개신정부의 중신이 되어 율령체제의 기초를 닦았다. 그러한 그였기 때문에 천지천황은 그의 임종 때 대식관(大織冠)이라는 작위와 함께 후지와라(藤源)라는 성씨를 하사하였다. 헤이안 시대가 되면 그의 후손들은 교묘하게 다른 귀족들을 몰아내고, 자신들의 딸을 천황의 아내로 바친 다음, 자신들은 섭정과 관백이 되어 일본을 통치했다. 이러한 그들이었기 때문에 그들만의 권력기원신화가 생겨나는 것도 그다지 이상한 일이 아니다.

그들의 권력기원신화는 시조인 가마타리를 주인공으로 하는데, 그 대표적인 이야기가 《대직관회권》(大織冠繪卷)에 있는 대직관의 가마타리 이야기다. 그 내용을 간략히 정리하여 소개하면 다음과 같다.

대식관(大織冠) 가마타리(鎌足)는 영화를 누리게 되자 흥복사(興福寺)의 금당(金堂)을 건립하는 것을 숙원으로 삼는다. 그의 딸 홍백녀(紅白女)는 너무나 아름다워 그 풍문을 대당(大唐)의 황제가 듣고 구혼을 한다. 그리하여 홍백녀는 황제의 비가 되어 그 뒤 부친이 건립하고자 하는 금당을 위해서 많은 보물과 함께 '무가보주'(無價寶珠)를 배에 실어서 일본으로 보낸다. 바다의 용왕들이 이 사실을 알고 도중에 보주를 빼앗아버린다. 이를 듣고 가마타리는 매우 한탄하며, 이를 되찾기 위하여 바다로 향한다. 그곳에서 젊은 여인과 부부관계를 맺고 3년이나 세월을 보낸 다음 자신의 신분을 밝히고 아내에게 용왕에게 빼앗긴 보주의 행방을 알아봐 달라고 부탁한다. 그의 아내는 그 보주가 용궁에 있다는 것을 알아낸다. 가마타리는 해상에서 잔치를 베풀고 그곳에 용왕도 초대되었다. 그 틈을 타서 해녀는 보주를 용궁에서 빼낸다. 이 사실을 눈치 챈 용왕은 큰 뱀으로 변하여 추격하여 해녀의 다리를 물어뜯고 만다. 그 때문에 해녀는 목숨을 잃는다. 그러나 가마타리는 상처 입은 그녀의 가슴 안에 보주가 숨겨져 있음을 알고 그것을

가지고 무사히 귀환한다. 이 보주는 흥복사 금당의 본존불의 미간에
끼워져 있다.[42]

이 이야기는 무로마치(室町) 시대 후기부터 에도(江戶) 시대 초기
에 유행했던 고와카마이곡(幸若舞曲)의 하나로서, 근세 극문예에 크
게 영향을 끼친 작품이다. 이 내용에서 보듯이, 일본 고대의 최고
권력자였던 후지와라 집안의 가보는 무가보주(無價寶珠)였다. 그 구
슬은 본래 당나라의 것이지만, 일본으로 가는 도중 바다의 용왕들에
게 약탈당하는 바람에, 그것을 도로 찾기 위해 가마타리가 바다를
찾아가 그곳의 여성과 부부관계를 맺고, 그녀를 통하여 보주를 찾아
온다는 이야기다. 이러한 보주가 있기 때문에 후지와라 집안은 다른
어느 집안보다 권력자가 될 수 있었다. 이처럼 그들의 권력신화는
천손강림이 아닌 타계방문담으로 이루어져 있음을 알 수 있다.

이는 매우 중요한 의미를 지닌다. 그들의 왕권신화는 천황계의
신화를 의식하면서 만들었다는 사실이다. 즉, 천황계가 가진 천손강
림신화는 이용하지 않는 것이다. 천황이 하늘을 강조하는 만큼 하늘
의 신성성을 침범하지 않는 대신, 타계방문을 통하여 외부성을 확보
하는 신화로 윤색하였다. 이처럼 천황가의 천손강림신화는 어느 누
구도 침범할 수 없는 절대적인 것이었다.

이러한 의식은 가마쿠라 막부의 신화에서도 발견된다. 가마쿠라
막부의 신화는 헤이씨(平氏)라는 기존 세력을 몰아내고 일본 최초로
세워진 군사정권이다. 이러한 막부를 세우는 데 결정적인 역할을
한 사람은 요시쓰네(義經)다. 그를 빠뜨리고 가마쿠라 막부를 이야

---

42) 黑木祥子 注釋, 〈大織冠〉, 福田晃·眞鍋昌弘 編, 《幸若舞曲研究 第10卷》, 傳承文學
會, 1998 참조.

기할 수 없다. 그러므로 가마쿠라 막부의 권력기원신화는 요시쓰네가 어찌하여 헤이씨를 몰아내고 막부를 세울 수 있었을까 하는 물음에 답을 주는 이야기가 다음과 같이 전해진다.

요시쓰네가 후지와라 노히데히라(藤原秀衡)에게 몸을 의지하고 있었을 때, 하루는 요시쓰네가 "군사를 일으켜 서울로 쳐들어가고 싶다"고 하자, 노히데히라가 "무력만으로는 승리할 수 없다. 북쪽으로 가면 지시마(千島) 또는 에조가시마라고 불리는 섬이 있다. 그 섬에는 희견성(喜見城)이 있는데, 그곳에는 '가네히라 대왕'이 살고 있다. 그 성 안 깊숙이 '대일(大日)의 법'이라는 병법이 보관되어 있다. 그 병법은 현세에서는 기도의 법이 되고, 후세에는 불도의 법이 되는 불가사의한 것이다. 이를 손에 넣기만 하면 일본은 마음대로 할 수 있다. 이에 요시쓰네는 마인국(馬人國), 나체국, 여인국, 소인국 등 이상한 나라를 거쳐 그곳에 도착하여 대왕의 제자가 되어 병법을 배웠으나, 대왕은 대일의 법만은 가르쳐 주지 않는다. 그는 대왕의 딸 아사히 천녀(朝日天女)와 결혼하여 자신의 정체를 밝히자 천녀는 아버지가 보관하고 있는 '대일의 법'을 훔쳐 요시쓰네에게 주었다. 요시쓰네는 3일이 꼬박 걸려 그 병법을 베꼈다. 그러자 신기하게도 원전에 적혀 있던 문자가 사라져 백지가 되었다. 요시쓰네는 천녀에게 같이 도망칠 것을 권유해 보았지만 천녀는 이를 거절한다. 하는 수 없이 요시쓰네 혼자서 그곳에서 도망쳐 나왔다. 그 후 요시쓰네의 꿈에 천녀가 나타나 대왕에게 처형당했다는 소식을 듣는다. 요시쓰네는 이를 슬퍼하며 승려들을 불러 그녀의 영혼을 위로했다. 천녀는 다름 아닌 변재천(辯財天)의 화신이었다.[43]

---

43) 市古貞次 校註, 〈御曹子島渡〉, 《御伽草子》, 岩波書店, 1958, 102~123쪽

이 이야기는 앞에서 언급한 고와카마이(幸若舞曲)와 거의 같은 시기에 만들어졌을 것으로 추정되는 《오토기조오시》(御伽草子)에 실려 있는 〈온조시시마와타리〉(御曹子島渡)라는 작품이다. 내용에서 보듯이, 요시쓰네는 당시 권력가인 헤이씨를 몰아내고 새로운 정권을 수립하기 위해서는 세속적인 무력만으로는 불가능했다. 그러기 위해서는 지시마의 가네히라 대왕이 가지고 있는 '대일의 법'이라는 병법이 필요했다. 그 병법은 손에 넣은 자가 일본을 평정할 힘을 지니게 되는 초능력의 원천이었다. 그러므로 새로운 정권을 창출하려는 자에게는 반드시 필요한 신비로운 마법이기도 했다. 이를 얻기 위해 요시쓰네는 가네히라 대왕의 나라 지시마를 방문했다.

그런데 그가 취한 행동이 다른 왕권신화와 공통되는 것은 그곳의 여인과 혼인한다는 사실이다. 네노쿠니에 간 오호아나무지가 그곳 여성 스세리비메와 혼인하고, 해궁으로 간 야마사치가 그곳 여성 도요타마와 혼인하고, 또 가마타리가 바다를 방문하여 그곳 여성과 혼인하듯이, 요시쓰네도 치시마를 방문하고 아사히 천녀와 혼인하는 것이다. 그리고 그 여인을 통하여 타계의 주력적인 도구를 얻어서 왕권을 거머쥐는 점에서도 같다. 즉, 오호아나무지가 칼과 활, 그리고 악기를 얻어 형들을 물리치고 왕권을 차지했고, 야마사치도 시오호시타마와 시오미쓰타마를 얻어 우미사치를 물리치고 왕권을 차지했으며, 가마타리가 구슬을 얻어 일본의 최고 권력자가 되었듯이, 가마쿠라의 요시쓰네도 '대일의 법'을 얻어 일본 천하를 평정할 수 있었다. 특히 타계의 여성이 아버지 몰래 보물을 훔쳐서 왕권의 주인공에게 넘겨주고, 또 그 일로 말미암아 아버지로부터 처참하게 살해당하는 점 등에서는 대직관 후지와라 가마타리의 이야기와 아주 흡사했다. 이처럼 가마쿠라 막부도 후지와라씨처럼 타계방문담으로 자신들의 왕권신화를 만들었던 것이다. 다시 말하여, 그들의 권력기반은 타계방문으로 얻은 '대일의 법'이었던 것이다.

　이상에서 보듯이, 후지와라씨와 가마쿠라 막부의 권력기원신화는 천황계의 신화와 일정한 거리를 두며 이야기가 만들어졌음을 알 수 있다. 다시 말하면, 그들은 천황계의 신화 가운데 타계방문담은 이용하지만, 천손강림신화만은 범접하지 않았던 것이다. 그로 말미암아 천황가는 정치적인 권력은 없다 하더라도 신화가 가지는 지존의 신성성은 계속 유지될 수 있었다. 이처럼 천손강림과 타계방문담으로 구성된 일본천황가의 왕권신화는 또 하나의 권력신화를 만들어냈던 것이다.

7. 맺는말

　이상에서 보듯이, 한국신화 가운데 하늘에서 지배자가 내려오는 천손강림신화만큼 일본신화에 영향을 끼친 신화도 없을 것이다. 일본에 전래되면서 마치 그것은 핵폭탄의 뇌관처럼 연쇄반응을 일으켜 일본신화에 큰 변화를 가져왔다. 처음에 그것이 바다를 건너 일본으로 들어갔을 때 신들의 기원 이야기로 이용되었고, 다시 지역의 군주들에게 받아들여져 자신들의 권력기원신화로 활용되었다. 즉, 소왕국의 왕권신화가 되었던 것이다.

　그러나 그러한 소왕국들을 평정한 천황가가 그들과 차별화하기 위하여 그들이 활용했던 천손강림신화를 그대로 받아들이되, 거기에다 타계방문담이라는 이야기를 덧붙여 자신만이 가지는 특유한 왕권신화를 만들었다. 이러한 천황가의 신화가 일본 사회에 정착하면, 후세의 권력자들은 이것을 매우 크게 의식하여 자신들의 신화를 만들었다.

예를 들면, 고대의 최대 권력자였던 소가씨를 물리치고 그 권력을 차지했던 후지와라씨의 권력신화가 그러했고, 일본 최초의 군사정권을 세웠던 가마쿠라 막부의 신화가 그러했다. 그들은 철저히 천황의 존재를 인정하면서 일본을 통치하는 권력기반을 다졌다. 즉, 그들의 권력과 권위는 천황계와 나누어 가지는 것에서 비롯되었다. 그러므로 그들의 권위는 천황을 능가할 수는 없었다.

그들의 권력을 정당화해줄 수 있는 신화를 만들 때에도 이러한 점이 작동하지 않을 수 없었다. 그리하여 생겨난 것이 권력의 주인공이 타계를 방문하고 돌아오는 이야기였다. 후지와라씨의 시조인 가마타리가 바다를 다녀오고, 가마쿠라 막부를 있게 한 요시쓰네가 지시마를 다녀온 이야기가 바로 그것이다. 이처럼 그들은 하늘과 연결되어 있는 천황의 신성성은 그대로 존중하면서, 그보다 낮은 단계의 타계를 확보하는 형태의 이야기를 자신들의 권력기원신화로 이용하였다.

이와 같이 한국의 천손강림신화는 처음에는 그대로 수용되어 소왕국의 권력기원신화가 되었지만, 그것이 분열되어 타계방문담이 첨가된 천황가의 왕권신화를 만들어냈고, 다시 그것이 타계방문담으로만 된 후세의 왕권신화를 만들어냈다. 이처럼 일본 왕권신화의 형성과 발전은 한국에서 건너가 일본에 뿌리를 내린 천손강림신화가 없었더라면 불가능하였을 것이다.

참고문헌

김말식, 〈物部氏와 降臨傳承〉, 《고·중세한일학술대회 발표논문집》, 울산과학
　　대학, 2002.

김열규, 〈한국신화와 일본신화 — 일본신화에 비친 한국상을 중심으로〉, 《사상
　　과 정책》, 경향신문사, 1984.

김정학, 〈신공황후 신라정벌설의 허구〉, 《신라문화제학술발표회논문집(3)》, 경
　　주시, 1982.

김택규, 《한일문화비교론—닮은 뿌리 다른 문화》, 문덕사, 1993.

김화경, 《한국설화의 연구》, 영남대출판부, 1987.

──── , 《일본신화》, 문학과지성사, 2002.

노성환, 〈고사기삼륜산전설의 일고찰〉, 《일어일문학연구》 6, 일어일문학회,
　　1985.

노성환 역주, 《고사기(상)》, 예전사, 1991

──── , 《고사기(중)》, 예전사, 1990.

保坂祐二, 《日本帝國主義의 民族同化政策分析》, 제이앤씨, 2002.

장덕순, 〈한국의 야래자 전설과 일본의 삼륜산 전설과 비교연구〉, 《한국문화》
　　(3), 서울대 한국문화연구소, 1982.

황패강, 〈일본신화 속의 한국〉, 《한국학보》 20, 일지사, 1980.

江上波夫, 《騎馬民族國家—日本史へのアプローチ》, 中公新書, 1967.

岡正雄, 《異人その他》, 言叢社, 1979.

金錫亨/朝鮮史研究會 譯, 《古代朝日關係史—大和政權と任那》, 勁草書房, 1973.

金厚蓮, 〈出雲神話の形成過程—國讓り神話を中心に〉, 《日語日文學研究(41)》, 韓
　　國日語日文學會, 2002.

吉野裕 譯, 《風土記》, 平凡社, 1982.

魯成煥, 〈稻羽の白兎說話と韓國の梧桐島の伝說〉, 《古事記年報》 46, 古事記學會,
　　2004.

大林太良, 《稻作の神話》, 弘文堂, 1973.

──── , 《東アジアの王權神話》, 弘文堂, 1984.

上野千鶴子, 〈‘外部’の分節―記紀の神話論理學〉, 《神と佛》, 春秋社, 1986.

上垣外憲一, 《天孫降臨の道》, 筑摩書房, 1986.

上田正昭, 《古代の道敎と朝鮮文化》, 人文書院, 1989.

松前健, 〈三輪山傳說と大神氏〉, 《山邊道》 19, 天理大國語國文學會, 1975.

水谷千秋, 〈朝鮮神話と日本神話〉, 《歷史讀本》 4, 新人物往來社, 2002.

宇治谷孟 譯, 《日本書紀(上)》, 講談社, 1990.

依田千百子, 〈記紀神話と朝鮮神話〉, 《古事記硏究大系》 4, 古事記學會, 1993.

中島悅次, 〈食物起源の神話の展開〉, 《日本文學硏究資料叢書 日本神話》, 有精堂, 1970.

桶口隆康, 《日本人はどこから來たか》, 講談社, 1971.

喜田貞吉, 〈日鮮兩民族同源論〉, 《同源》 3, 同源社, 1919.

만주신화에 보이는 한국 고대신화의 자취

이 종 주

이 글은 만주족 신화가 우리 신화와 어떤 신화적 혈연관계에 있는지 살피려는 것이다.
이런 시도는 단군신화와 샤머니즘 세계를 가운데 두고 이어져왔고,
최근 10여 년 동안 만주지역 자료에 관심을 기울여 왔는데, 자료수집의 한계로
건국신화와 인물전설 등을 중심으로 논의하면서, 연구가 크게 확장되지 못하고 있다.
이 글은 백두산을 배경으로 고구려의 어머니 유화가 만주족에게 창조의 여신으로,
씨족을 낳은 시조모신으로, 건국의 주인공을 낳고 돕는 산생자로 살아있음을 확인하였다.
고주몽을 낳아 고구려를 건국하게 하는 유화여신은, 풍요와 신성 능력으로 누루하치의 청나라
건국에서도 모습을 드러내고 있었고, 고려의 왕건과 조선의 이성계와도 결연하고 있었다.
유화는 한반도와 만주 지역에서 살아있는 권력의 원천으로 작용하고 있었던 것이다.

1. 머리말

이 글은 만주족 신화가 우리 고대신화와 어떠한 신화적 혈연관계를 가지고 있는가를 살펴보기 위한 것이다. 이런 시도는 단군신화와 샤머니즘 세계를 가운데 두고 이어져왔고, 최근 10여 년 동안에, 서대석, 필자, 조현설, 최원오 등 여러 분들이 구체적인 신화작품을 대상으로 지속해 온 바 있다. 그러나 이러한 비교연구는 아직 초보단계에 있다고 말할 수 있다. 만주 지역 자료를 거시적 차원에서 확보하지 못하고, 건국신화와 인물전설 등을 중심으로 논의되고 있기 때문이다. 필자가 파악한 자료의 범위도 매우 제한적이어서, 아직 1990년대 초 연구를 시작할 때의 특정 소재나 모티프 차원에서 크게 벗어나지 못하였다. 아직도 만주족 신화와 우리와의 동질적 요소를 확인해야 한다는 당위적 차원에 머물러 있는 것이다.

이 글은 이런 당위적 성격을 재확인하는 아주 제한적인 작업이라 하겠다. 무엇보다 그동안 필자의 연구가 진전된 것이 없기 때문이고, 만주 지역과 만주족에 대한 기초적이면서도 폭넓은 자료조사를 우리 손으로 하지 못하고 있기 때문이기도 하다. 아쉽게도 우리 학계는 이 분야에 대하여 거의 모두가 중국학자나 만주족 학자의 2차 자료에 의지하고 있는 것이 현실이다. 어떻게 이 문제를 극복할 수 있을까 하는 고심을 모두가 안고 있다.

필자는 여기에서 만주족 신화에 나타난 백두산 산신과, 고구려신화의 핵심 인물인 유화와 금와를 중심으로 비교 작업을 하려 한다.

백두산과 고구려라는 두 개의 개념은 신화, 특히 만주족 신화를 연구하는 사람들이 기본적으로 공유해 왔던 주제지만, 이런 현상은 앞으로도 반복될 수밖에 없다고 생각한다. 우리 신화와 만주 지역 또는 만주족 신화와의 친연성을 논의할 때, 그만큼 핵심적 인식 범주이기 때문이다.

백두산과 고구려는 우리나 만주족에게 모두 자기 정체성을 확인하기 위한 모태적 증거다. 백두산은 물리적 실체적 생명의 모태고, 고구려라는 나라는 그 실체적 생명활동이 구체적으로 실현된 가장 뚜렷한 경험적 모태다. 백두산은 지리적으로 압록강, 두만강, 흑룡강의 시원일 뿐 아니라 그 자체로 최초의 신이고 최초의 생명이었다. 물리적으로 정신적으로 생명의 어머니였던 것이다. 고구려라는 이름은, 그 최초의 생명들이 구체적인 복장을 하고, 유화로 주몽으로 현신하여 이룩한 실체적 자기 기록이다. 지상적 자기 정체성의 체험적 모태인 것이다. 백두산과 고구려라는 개념은, 객관적으로는 '산'과 '국가'라는 이질적 개념이지만, 우리와 만주족에게는 '어머니', '모태', '뿌리'라는 동질적 개념이었던 것이다.

먼저, 민족의 성지라고 일컬어지는 백두산이 만주족의 정신세계에서 어떤 실체였던가를 살펴본다.[1] 그런 다음, 만족과 우리가 고구려 건국신화의 유화 여신과 금와라는 신격을 가운데 두고 어떤 신화적 핏줄을 나누고 있는가를 살필 것이다.

---

1) 백두산이 설화에서 두 민족에게 어떤 의미로 자리하고 있는가는 서대석 등이 지적한 바 있다.(서대석, 〈백두산 전설의 연구〉, 정재호 외, 《백두산 설화연구》, 고려대학교 민족문화연구소, 1992) 여기에서는 건국신화뿐 아니라 샤먼들의 다른 신화자료를 주로 살펴보려 한다. 결론적 명제는 같을지라도 자료의 범주가 달라지면서 의미적 확대가 이루어지기를 바란다.

2. 만족신화의 백두산

2.1. 백두산, 만족의 고향

만족들은 자신을 백산흑수의 민족이라고 말한다.

만족(滿族)의 선조들은 장백산(長白山)에서 살았는데, 장백산은 태백산(太白山)이라 부르기도 한다.…… 그 중에서도 다섯 개의 큰 봉우리, 일곱 개의 영마루, 열세 갈래의 하천이 태백산에서 시작되어 동북의 각 지역에 퍼져나가고 있다. 그래서 만족들에게는 "우리는 태백산에서 발원하여 온 막북(漠北)으로 번식해 갔다"는 말이 전해지고 있다.

먼먼 옛날, 아부카언두리가 인간을 만들 때 먼저 두 사람을 만들었는데, 그 하나는 남자로 "우커선마파", 다른 하나는 여자로 "푸도마마"라 불렀다. 인간이 된 후 두 사람은 얼마 동안 후대를 번식하고 나서 태백산에 올라가서 수신하면서, 만족 후손들이 어려움이나 재난을 당하여 도움을 빌 때마다 매번 여러 방법으로 구조해 주었다. 그리하여 만족인의 생활은 갈수록 좋아졌다. 불은 어떻게 쓰며 밥은 어떻게 지으며 등 모두가 다 이 두 조상이 전수해준 것이었다.[2]

만주족에게 백두산은 민족의 출발지고 뿌리다. 모든 산맥과 강줄기가 백두산에서 뻗은 것처럼, 만주 지역의 모든 민족이 퍼져갔다고 생각하는 것이다. 그래서 자신의 조상인 두 남녀신도 백두산 위에 올려놓고 후손을 돌보고 있다고 숭배한다. 백두산과 백두산 신

---

2) 宋和平 수집 정리(중국 黑龍江省 寧安市 滿族故事家 傅英仁 구술), 《東海窩集傳》, 1985.

격에 대한 이런 일반적인 태도는 씨족의 신화에 좀 더 구체적으로
나타난다.

> "일세 태조 할아버지"
> 석씨(石氏) 성의 자손(子孫)이 세세대대
> 만대를 전해 가소서
> 만족(滿族)은 원래 버들가지 싹에서 번식하여
> 자손(子孫)이 자손주머니에서 태어났나이다
> 석씨(石氏) 성의 고조(高祖)께서는 원적지(原籍地) 백두산에서
> 남녀 자손들을 이끌고
> 걸어서 노성(老城)에 왔나이다.……
> 석씨(石氏) 성의 원뿌리
> 천지를 개벽한 옛 조상께서는
> 원래 장백산(長白山)의 사람이었나이다.[3]
>
> 석씨(石氏) 성의 부락은
> 원래 백산의
> 얼굴 붉은 백산(白山) 마파(mafa)의 총병(總兵)이더니
> 하늘에 치솟은 백산(白山)에서 왔나이다.[4]

이 샤먼 신가는 현재 길림성 구태현 소한향 등 송화강 연안에 거주
하는 석(石)씨 집안에 내려오는 것이다. 최초의 조상이 백두산 사람
이었다는 인식이 확실하다. 그들은 "백산(白山) 산림(山林)에서 강림

---

3) 송화평(宋和平) 역주, 《만족샤먼신가역주》(滿族薩滿神歌譯註), 중국사회과학출판
   사, 1993, 129쪽.
4) 〈서쪽구들신〉, 위의 책, 243쪽.

하신/ 천년을 영명(英明)하시고/ 만년을 신통(神通)해 오신 석씨성(石氏姓)의 시조모(始祖母) 신령(神靈)님 포도 마마"5)라고 하여, 시조모신의 뿌리도 백두산에 두고 있다. 《만족샤먼신가 역주》(滿族薩滿神歌譯註)에는 대신, 가신, 동물신 등 46편이 수록되어 있는데, 거의 모든 신들은 "백산 위에 계시는/ 제○층 산봉우리"에서 내려오시는 존재로, 조상신격들은 "백산 산봉우리에 계시는/ 은빛 골짜기에 강림하시는" 모습으로 나타난다. 씨족의 고향이 백두산이라는 생각은 곽씨 집안의 〈얼둬마파신화〉에서도 확인된다. 주인공 얼둬는 영고탑에 내려와 살았지만, 다시 아부카 언두리의 부름으로 백두산으로 들어간다. '사람도 아니고 새도 아닌' 씨족장이었던 그는 백두산이 본향이고, 그 신령 휘하의 존재였다.6)

백두산은 이렇듯 씨족의 본향이기에 마음속에 간직한 가장 이상적인 세계였다. "이 산은 위로는 하늘과 통하고 아래로는 땅을 디디고 있었으며, 오색구름이 산허리를 감"도는 곳이었으며, "울울창창한 송백이며 활짝 핀 가지가지 화초, 온갖 새들이 지저귀고, 짐승들이 숲속에 뛰고 날아다니는 그야말로 천당과도 같"은 곳이었다.7) 그곳은 갈등도 대립도 투쟁도 위기도 없는 '천연'의 '완전'한 신이 지배하는 세계였다.

2.2. 백두산 산신의 모습

백두산은 그들의 존재적 바탕일 뿐 아니라 정신적인 고향이다.

---

5) 위의 책, 256쪽.
6) 〈얼둬마파〉(鄂多瑪發), 부영인(傅英仁) 수집정리, 《만족신화고사》, 하얼빈: 북방문학출판사, 1985, 86~94쪽.
7) 〈사슴마마〉(抓羅媽媽), 위의 책, 104쪽.

그러기에 백두산 산신은 만족이 지켜야 하는 가치의 수호자고 힘의 원천으로 인식된다. 신화와 민담에 이루 열거할 수 없을 정도로 이런 사례를 찾아볼 수 있지만, 여기에서는 《만족신화고사》를 중심으로 만주족 각 씨족들이 섬기는 신격에 백두산 산신이 어떤 역할을 하는가 살펴본다.

1) 민족의 구원자

백두산 산신은 만족을 현실적인 고난으로부터 보호하는 절대적 힘을 가진 존재로 인식된다. '오라지 족'이 믿는 수렵신 '얼둬리 마파'는 '천신의 제자'로서 백두산에서 마을로 내려온다. 그는 사람들이 야수로부터 피해를 입지 않게 막아주는 역할을 한다. 짐승의 피해에 사람들이 마을을 떠나려 하자 "후르하 강 상류에서 버들가지로 엮은 뗏목이 떠내려 왔는데, 그 위에 노인은" "나는 장백산에서 이곳에 짐승들의 피해가 심하다는 소리가 들려 그 놈들을 다스리려 왔"다면서 온갖 방법으로 멧돼지 등을 물리친다.[8]

자연재앙으로부터 민족을 구원하는 것도 백두산 산신이었다. 태양이 너무 많이 뜬 재앙 속에서 민족을 구하는 산인베즈(三쯉貝子)는 백두산 신령의 아들이었다.[9] 강을 마르게 하고 곡식을 태우는 과도한 태양은 심한 가뭄을 뜻한다. 백두산 신령은 오색밧줄을 주면서 아들에게 태양을 잡아 땅속에 묻는 방법을 알려준다. 가뭄을 다스리는 자연이법의 주재자가 백두산 신령의 아들이고, 그 다스리는 방법

---

8) 〈악마리마발〉(鄂多哩瑪發), 위의 책, 25~30쪽.

9) 〈삼음패자〉(三쯉貝子), 위의 책, 95~99쪽. 인류를 만든 천신 아부카 언두리가 제자를 보내어 지상에 여러 개의 태양을 만들어 주었다. 아홉 개의 태양이 지구에서 놀자 세상이 불타듯 타들어갔다. 백두산 신의 아들 베즈가 태양과 싸우다가 화상을 입었다. 백두산 신령을 화상을 치료해주고 태양을 잡을 방법을 알려주었다. 베즈가 태양을 잡고 두 개 남아 해와 달이 되니 세상이 편해졌다.

을 알려주는 존재가 백두산 신령이다.

재앙뿐 아니라 길흉화복을 예견해 주는 까치는 천신의 명령으로 지상에 태어나 그 역할을 하는데, 요괴의 시련을 이겨내지 못하고 있을 때 백두산 신령의 도움으로 신수(神水)를 얻어 그들을 물리친다.[10] 희신인 까치신은 새 사람이 들어오거나 집을 짓거나 병이 낫거나 출전을 할 때 섬기는 신인데, 그가 이런 기쁨을 성취하게 되는 배경에는 백두산 신령과 신할머니가 있었다.

백두산 신령은 단순한 구원자가 아니라 민족 공동체가 지켜야 하는 질서와 가치의 표준으로 등장하기도 한다. '타라이한 마마'는 처녀의 몸으로 악한을 물리치고 마을에 올바른 도리를 세우는 여성이다. 그녀는 "48개 부락을 위해 날마다 근심하면서 빈틈없이 법규를 정하고 제자를 가르친다." 그리고 "사람들이 장수하게 하고 해마다 풍년이 들어 화목하게 살게" 한다. 그런 그녀는 악인을 돕는 승냥이를 물리치면서 "백산주의 제자"로 자처하고 "어느 해인가 대 제삿날에 이 부락장은 백발을 하고 산주의 부름에 따라 산으로 돌아"간다. 백두산 산신의 휘하에 들어간 것이다. 타라이한 마마를 섬기는 곽합락족(郭合樂族)은 사리판단의 신으로 가을에 제사지내면서, 큰 나무

---

10) 〈까치신〉(沙克沙恩都哩), 위의 책, 72~78쪽. 천신은 인류가 천재나 병을 예방할 줄 모르자 싸커싸(까치)를 하계에 파견하여 일부 길흉화복을 예보하기로 하였다. 그때 지상에서 자녀를 기르던 신불탁어머니가 천신에게 착한 나인하 지방 노인에게 아들을 점지해 달라고 청하였다. 천신은 즉시 싸커싸를 하계에 파견하여 노인의 아들이 되어서 길흉화복을 잘 예보하라고 하고 5천의 까치 병을 주었다. 노인의 집에 태어났지만 자라면서 까치 모습을 띠자 노인을 그를 버리니 까치들이 보호했다. 그는 홍수와 전염병을 사람들에게 예보해 주었다. 요괴들이 사람들을 가두고 불에 요리를 하려 하자 백두산 신령의 도움으로 신수를 얻어다가 뿌려서 불에 타지 않게 구원해 주었다. 악마 예루리는 보고를 받고 자신이 직접 와서 화룡들을 데리고 공격했지만 역시 싸커싸는 이번에도 백두산 신수를 얻어서 물리쳤다. 사람들은 그를 길흉화복을 알리는 신(喜神)이라 불렀다.

아래에 제물을 올리고 나무 위에 자작나무함을 올려놓고, 무쿤다(족장)는 반드시 그 신 앞에 꿇어앉아 씨족의 법규를 읽는다고 한다. 만주족들은 그들이 지켜야 할 규칙과 도리가 백두산 산신령의 가르침에서 나온 것으로 인식하고 있었다.

2) 최고 힘의 뿌리

〈화살여신〉
동해의 니마차우라 씨족장인 둬룽 무쿤다(족장)는 처녀였는데, 악마 싸라 대붕이 와서 사람과 짐승을 잡아먹어 세상이 어지러웠다.
아부타이라는 활 잘 쏘는 청년의 도움을 받지만 그마저 요붕에 패해 죽었다.
까치가 장백산에 가서 활쏘기를 배우라고 알려주었다.
샘물을 마시고 날개가 솟은 처녀에게 백두산 산주는 직접 활쏘는 법을 가르쳤다.
대붕을 물리친 처녀는 다시 백두산으로 들어갔다.[11]

남자 청년 아부타이의 화살이 요붕을 물리치지 못하자, 처녀 둬룽이 백두산주에게 활을 배워 활의 여신이 된다는 니마치 씨족의 신화다. 마을이 위기에 처해 어쩔 방법이 없을 때 노인은 둬룽에게 "우리 선조가 팔백 리 밖에 있는 장백산에서 살았는데, 장백산주는 아부카 언두리의 제자로 우리 선조를 보호하면서 우리들에게 활쏘기를 가르쳐 주었고, 고기잡이 사냥 농사짓는 법, 삼을 심어 옷감을 짜는 방법을 가르쳐 주었다"고 알려준다. 백두산 신령은 '활'의 기원일

---

11) 〈둬룽아가씨〉(多龍格格), 위의 책, 10~17쪽.

뿐 아니라 삶의 기원으로 인식되었던 것이다. 그러기에 그는 보호신
이다.

> 백두산은 높고 높아 아홉 마루 여덟 골짜기
> 강물도 열여덟 갈래로 흐르네
> 여덟 골짜기는 팔로군, 아홉 마루는 구중천으로 통하네
> 팔로군의 영장은 베러(왕), 아홉 마루는 아홉 제자가 지키네
> 백산주 제일 높은 산에 있으니
> 그는 만주인의 보호신이시네.[12]

민족의 보호신 백두산 신령이 그녀에게 '하나의 화살을 쏘면 백
개의 화살로 변하여 요붕을 맞추는' 활 쏘는 법을 가르친다.[13] 그가
이렇게 배운 활 쏘는 법은 "청나라 초까지 동북 만족 사람들이 제일
훌륭하고 제일 신비하게 여겼다"고 한다. 청나라가 가지고 있었던
강대한 무력의 원천이 백두산 산신령으로부터 기인한 것이라는 생
각을 보여준 것이다. 니마치 씨족들은 백두산 산신령이 '그를 둬룽마
마언두리라고 호칭했던' 신화적 사실을 새기며 자신들의 힘을 발휘
해 갔던 것이다.[14]

아래의 초하 언두리라는 군대를 관할하는 신의 내력은 백두산 신
령이 어떻게 무력의 화신이 되는가를 보여주는 본풀이다.

---

12) 위의 책, 16쪽.
13) 신비한 활쏘기를 배우려면 어깨 힘부터 키워야 하니, 두 어깨에 힘을 주면 천근
   같아야 하고, 활쏘기를 배우자면 눈정신부터 배워야 하니,…… 활쏘기를 배우려면
   정신훈련부터 해야 하니, 안정 속에 쾌의를 찾으라.
14) 둬룽처녀는 니마차족이 믿는 활신으로, 해마다 가을에 제를 지냈다고 한다.

〈오룡베즈〉

푸네부의 꼬마 오룡은 재주를 배워 부락 사람들을 위하겠다고 결심
하였다.

백두산 신령이 재주가 많다는 말을 듣고 여자친구 비라와 헤어져
길을 떠났다.

길에서 호랑이, 곰, 물고기를 차례로 만나 그들의 기량을 배웠다.

장백산에 도착하여 백두산 신령에게 나무 베고, 산을 깎고, 담을
쌓는 훈련을 거쳐 무예를 배워 제자가 되었다.

홀로 남은 비라에게 조상신 오동마마가 나타나 그녀는 무예를 익히
고 여장수가 되었다.

푸네부에서 사람이 와서 예루리의 도움으로 마왕이 난동을 부린다
고 전했다.

오동마마는 비라에게 예루리를 물리칠 구리거울[神銅鏡]과 진천고
(震天鼓)를 주었다.

백두산 신령은 오룡에게 예루리를 눌러 놓을 두 개의 큰 산이 들어있
는 자루를 주었다.

두 사람은, 악마 예루리에게 무술을 배워 나쁜 짓을 하던 부자를
잡았다.

백두산 신령은 인간을 다스린 공로로 천신으로부터 아부카이베러
로 임명받아 올라갔다.

백두산 신령의 보고를 들은 천신은 오룡을 백산성주 초하언뚜리로
임명하였다.

사람들은 그를 초하(군대를 관할하는 신) 나으리라고 불렀다.[15]

이 오룡베즈 신화는 만족의 군대가 왜 싸우면 이길 수밖에 없었는

---

15) 〈오룡베즈〉(烏龍貝子), 부영인 수집정리, 앞의 책, 122~132쪽.

가를 설명하는 본풀이라고 볼 수 있는데, 그에 맞게 신화의 주인공은 단순히 백두산 신령을 조력자로 모시던 차원에서 벗어나, 스스로 백두산 신령으로 좌정한다. 자신의 선조를 백두산 신령이라는 절대자의 화신으로 간주하면서, 승리의 믿음을 재현하는 것이다.

이 백두산 산신은 "수하에 팔 병마가 있었으며 여덟 제자가 인솔하고" "깃발도 여덟 가지 색이고, 군대도 팔로로 되어 있었다"고 하였다. 중국을 통일한 청나라 군대가 팔기군으로 이루어진 것처럼, 백두산 산신은 같은 편제를 가지고 있었다.16) 누루하치 팔기군은 무력의 원형인 백두산 체제를 가지고 모방하고 있다는 인식이다. 누르하치 군대는 백두산 산신의 군대로서 승리할 수밖에 없다는 확신을 주는 신화인 것이다.

여기에서 특이한 것은, 무력의 상징인 이 조상신이 그 힘으로 예루리와 대결을 벌인다는 점이다. 예루리는 만족의 창조신화에서 아부카허허(유화여신) 또는 천신 아부카언두리와 대결하는 악의 축이다. 어둠, 거짓, 죽음, 추위를 상징하는 이 악신을 물리치는 대표격으로 백두산 신령이 역할을 하고 있다는 것은, 그가 단순한 무력의 상징이 아니라 만족의 삶을 위협하는 일체의 조건을 물리치는 선의 축이라는 생각을 보여주는 것이다.

---

16) 한 구비를 도니 푸른 송림이 보였는데 누각과 전당들에 푸른 기와가 올려져 있었다. 오룡은 이곳이 백산주가 사시는 곳이라는 것을 바로 눈치 챘다. 백산주는 만족의 보호신으로서 수하에 팔 병마가 있었으며 여덟 제자가 인솔하고 있었다. 깃발도 여덟 가지 색이고, 군대도 팔로로 되어 있었다. 이 팔로병(八路兵)은 팔방을 보호하면서 구원만 청하면 도와주었고 어려움이 있으면 도와주었다.

3. 동국성모 유화와 만주신화[17)

3.1. 고구려의 어머니 유화

유화는 고구려 건국신화의 주인공이다. 주몽보다 오히려 서열이
높은 신격으로 대접을 받았음을 알려주는 기록도 있다.[18) 서긍(徐
兢)의 기록에는 '동신성모지당(東神聖母之堂)이란 방이 정전에 붙어
있다'고 하여 그가 성모로 숭배되고 있음을 보여준다.[19)

유화가 신앙의 대상이 된 것은, 단순히 건국의 주인공인 주몽을
낳은 어머니기 때문이 아니다. 신화는 하늘에서 내려온 해모수보다
유화가 어떻게 주몽을 주몽답게 만들면서 고구려의 정신적 틀을 짜
고 있는가를 보여준다.

해모수가 천신의 부계라는 징표를 주몽에게 주는 것에 짝하여,
유화는 수신의 모계라는 상징을 부여하는 인물이었다. 또 다른 신성
징표는 하백에게 쫓겨 나와서 금와의 구원과 보살핌을 받는다는 것
이다. 금와는 북부여의 왕 해부루가 아들이 없어 하늘에 제사지내고
얻는 신성 인물이었다. 그 자신 수신적 속성을 가지고 있는 금와가
해모수를 대신하여 유화를 '섬김'으로써 유화는 그 수신의 상징으로

---

17) 이 부분은 필자의 이전 논문 〈동북아시아의 성모(聖母) 유화(柳花)〉, 《구비문학연
구》 4집, 한국구비문학회, 1997을 전체 글에 맞게 정리하였다.

18) 《周書》 卷49, 〈高句麗傳〉. "又有神廟二所 一曰夫餘神 刻木作婦人之象 一曰登高神
云是其始祖夫餘神之子 竝置官司遣人守護 蓋河伯之女與朱蒙云"; 《北史》 卷94 列傳
第82 〈高句麗〉에도 "有神廟二所 一曰夫餘神 刻木作婦人像 一曰高登神 云是其始祖夫
餘神之子 竝置宮遣人守護 蓋河伯女朱蒙云"이라고 하였다.

19) 서긍(徐兢), 《선화봉사고려도경》 17권 〈祠字〉 '東神祠'. "東神祠…… 正殿榜曰 東神聖
母之堂 以布幕蔽之 不令人見 神像蓋刻木作女人狀 或云乃夫餘妻河神女也 以其生朱
蒙爲高麗始祖 故祀之."

서의 의미를 유지할 수 있었다.

그는 주몽에게 좋은 말을 가려 떠나게 하고, 먼 곳의 아들에게 곡식의 씨앗을 보내어 '신모(神母)께서 보낸 것'이라는 소리를 듣는다. 좋은 말을 고를 줄 아는 능력은 북방 여자들이 가져야 할 필수적인 '생존의 원리'였다. 이런 전통은 〈온달전〉의 평강공주에게서도 보인다. 남으로 이동하는 주몽에게 '맥자(麥子)를 전해주는 신모' 유화는 농업신[20]의 모습이기도 하지만, 말을 알아보는 능력에 이르기까지 다양한 풍요성을 배태하고 있었다.

이렇게 유화는 단순히 주몽을 낳은 어머니로서의 속성뿐 아니라, 그 자신이 하백의 딸로서 풍요의 원리를 배태한 신성을 간직하고 있었던 것이다. 이것이 그가 가진 일차적인 신모로서의 신성원리일 것이다.

3.2. 만족의 어머니, 창조 성모(聖母)

그런데, 유화에게서 이 수신이라는 성격은 구체적으로 어떤 의미를 갖는 것일까? 그리고 그것이 주몽뿐 아니라 나아가 고구려 사람들의 삶과 인식에 어떤 역할을 하는 것일까? 이를 이해하기 위해 우리는 만주족들에게 유화 여신이 절대적 숭배의 대상이 되고 있음을 주목할 필요가 있다. 만주족들은 유화 여신을 세계 창조의 여신으로, 시조 모신으로 섬기고 있었고, 누루하치의 생명을 구원해서 왕으로 나아가도록 인도한 보호신령으로 받아들이고 있었다.

만주족의 창조신화 〈천궁대전〉(天宮大戰)에 보이는 태초 생명의

---

20) 김철준, 〈동명왕편(東明王篇)에 보이는 신모(神母)의 성격에 대하여〉, 《혜암유홍렬(惠庵柳洪烈)박사화갑기념논총》, 탐구당, 1971.

모습과 기원을 살펴보자.

> 세상에 제일 먼저 있은 것은 무엇인가? 가장 먼저 옛날은 어떠했나?
> 가장 먼저 옛날 세상은 하늘과 땅이 나뉘지 않은 물거품이었다.……
> 물거품 속에서는 아부카허허(阿布仹赫赫)가 나타났다. 그녀는 물거품
> 처럼 작았는데 점점 커져서 물이 있는 곳, 물거품이 있는 곳에는 어디
> 에나 아부카허허가 있게 되었다.…… 그녀는 공기로 만물을 만들고,
> 빛으로 만물을 만들고, 몸으로 만물을 만들어, 허공에 만물이 많아지면
> 서 청탁(淸濁)이 갈라져, 맑은 것은 상승(上昇)하고 흐린 것은 하강
> (下降)하였다.[21]

아부카허허는 물에서 나온 최초의 신으로서, 다시 우주와 땅을
주재하는 두 여신을 만든다. 아부카는 천모를, 허허는 여인 또는 여
음(女陰)을 뜻한다. 그런데 이 허허는 만주어 불타(佛朵), 불다모(佛
多毛)와 같이 유(柳), 즉 버드나무란 의미를 갖는다. 아부카허허는
여음이 인격화된 이름으로서, 천모(天母) 또는 대모(大母)로 명명할
수 있는 생명의 가장 원형적 존재로서, 동음이의(同音異意)로 유수
(柳樹) 혹은 유엽(柳葉)을 함의하고 있으므로 유수천모(柳樹天母)라
는 이름인 것이다. 그녀는 최초의 생명일 뿐 아니라 인류의 모태로
서, '물의 용'을 관장하여 모든 강과 물줄기를 생성시키고 관장하는
주재자인 것이다.

창조의 여신 유수천모는 아래와 같이 시조모신이 되기도 한다.

> 인류의 시조모(始祖母) 불혁마마(佛赫媽媽)는 장백산의 유수(柳

---

21) 富育光, 《薩滿敎與神話》, 遼寧大學出版社, 1990, 228~229쪽. 〈천궁대전〉(天宮大戰)
　　'이모링'. 이하 〈천궁대전〉 인용은 출처표기를 생략한다.

樹)가 변해서 된 것이고, 시조부(始祖父) 오신활마발은 북해(北海) 중의 천하(天下)의 천정을 받치는 기둥 역할을 하는 돌기둥이 변해서 되었다. 악마와의 승리의 전쟁 중에 여시조(女始祖) 불혁(佛赫)은 주도적 지위를 가지고 4쌍의 자녀들을 부부(夫婦)로 짝지어주고, 그들에게 부부의 방법을 알려주어 인류가 끊임없이 지속되도록 하였다. 그리고 천상의 생생한 진흙과 버들을 모두 그들에게 주어, 그들이 자기의 모양대로 계속 많은 생명을 생산토록 하였다.[22]

남녀의 성적 결합을 암시하는 이 신화에서 시조모는 유수(柳樹) 마마란 이름을 가지고 있다. 창조신화에서의 아부카허허가 시조모로 변신하여 나타난 것이다. 유수(柳樹)는 여음(女陰)의 생명생성 원리를 간직하면서 조상신격의 신으로 모습을 바꾸어 나타나는 것이다.

불다마마(佛多媽媽)가 유수 시모신(始母神)으로 신격화되어 숭배의 대상이 되는 사례는 환쇄(換鎖; 혹은 換索)라는 버들여신맞이 의식에서도 볼 수 있다. 무성하고 푸른 버들가지를 가려 꺾어다가 서쪽 방안에 모셔져 있던 묵은 가지를 대체하는 제의는 9, 10월에 새 곡식을 사람이 먹기 전에 불다마마에 제사하는 의식이다. 불다마마와 여러 신의 보호와 풍년에 감사하면서 동시에 새로운 여신의 힘을 모셔서 새해의 풍요를 기원하는 것이다. 새로운 버들가지로 자손의 번성과 가내의 풍요를 맞이한다. 그리고 그 버들가지에 자손줄[子孫繩]을 연결하여 어린 아이의 배꼽 부분에 이어주는 과정을 통하여 유화여신의 풍요로운 생명을 전이 받는 것이다.

---

22) ‘佛赫媽媽與烏申闊瑪發’; 王宏剛, 〈試論薩滿敎柳崇拜〉,《民間文學論壇》(北京, 1992. 2), 22쪽에서 재인용.

시조모 내지는 조상 신격의 유시모(柳始母)인 불다마마는 만족 전체의 조선신이자 민족신으로서 청나라 궁정에서도 조상신격으로 제사되었음은 《만주제신제천전례》(滿洲祭神祭天典禮)라는 궁중제사 의례 기록에서도 확인할 수 있다. 고구려의 시조모신 유화는 청나라 궁정에 부활하여 생존하여 있었던 것이다.

만주족 영웅전설 〈동해침원록〉(東海沈寃錄)에 기록된 명대(明代) 동해 홀탄하(忽坦河) 부족의 유제(柳祭)에서는 완전히 벌거벗은 채 유엽(柳葉)을 허리에 두른 어린 여자들이 물에서 나와 마을을 뛰어 도는 유화 여신 강림의식이 보인다고 한다. 유신(柳神)과 해신을 대표하는 '버들잎을 허리에 두른 벌거벗은 여인'은 아부카허허의 지상적 재현으로, 그가 바로 고구려 신화에서 인격화되었던 하백의 딸 유화라는 사실을 확인해 준다.

해부루가 순찰할 때 압록강가에서 목욕하던 세 자매의 모습은 곧 이러한 유제(柳祭) 의식을 연상시킨다. 유제가 그 신화의 원형을 모방하고 재현한다고 할 수도 있고, 유화 자매가 압록강변 물속에서 노닐던 모습이 곧 이 제의의 한 모습이라고 할 수도 있을 것이다. 아부카허허, 즉 유수천모라는 이름을 가졌던 창조모신 유화는 이렇게 시조모로 변신하여 시조신화의 주인공이 되고, 일상생활의 풍요 제의에 다시 주인공이 된다. 그는 풍요 다산의 생명원리가 필요한 곳에서는 어디든 모습을 나타내는 원형적 어머니였던 것이다.

3.3. 누루하치, 왕건, 이성계의 유화

유화는 고주몽의 어머니를 넘어 창조모신으로, 시조모신으로 그 모습을 달리하면서 우리의 의식을 지배해 오고 있었다. 풍요와 생명의 원리라고 생각되는 이 위대한 힘은, 특히 왕권 생성자로서의 절대적 믿음체계로 우리와 만주 지역에서 생존해 왔다.

만주 지역에서 패권을 잡은 청태조 누루하치에게도 유화 여신을 황제의 지위에 오르는 길을 열어준 존재로 인식한 설화가 있다. 어린 누르하치가 요양의 총병 이성량(李成梁) 집에서 발 씻어주는 일을 하고 있을 때, 북경(北京) 흠천감에서 요동의 혼세용(混世龍)을 찾으라는 지시가 내려왔는데, 이성량이 그를 알아보고 잡으려 하였다. 그때 그의 작은 부인이 귀띔을 해주어 같이 탈출하다가 지쳐서 죽었다.23) 그녀가 죽자 어린 누르하치는 "당신이 내 생명을 구하고 죽었으니 내가 만일 천하를 얻게 되면, 후세 사람들에게 당신을 불탁마마(佛拓媽媽)로 섬기게 하겠소" 하였다. 그리고 천하를 얻은 왕은 불탁마마의 은정을 못 잊어 마마묘(媽媽廟)를 지어주었다24)고 한다. 길림 지역의 이 유형 설화에서 그녀는 만력마마(萬歷媽媽), 불두마마(佛頭媽媽), 불탁마마(佛拓媽媽), 완립마마(完立媽媽), 무사마마(無事媽媽)로 불리는데,25) 모두 유시모(柳始母)라는 의미다. 유수천모(柳樹天母)가 지상인격화된 유시모의 생명 보우를 거쳐 누르하치는 왕의 자리에 올랐던 것이다. 누루하치가 어린 시절 도인의 인도로 버들마마를 찾아가 온갖 무예를 익혔는데, 후일 산해관을 무너뜨린 그의 군대가 사용한 대포 등 온갖 무기와 지혜는 그 불탁노모가 가르쳐준 것이라는 설화도 있다.26) 그녀는 '천하를 얻을 모든 힘과 지혜의 원천'으로 인식되었던 것이다.

고구려 이후 우리 한반도의 시조 왕들도 모두 유화 신격과 결혼을

---

23) 〈小罕逃生記〉,《滿族民間故事選》, 春風文藝出版社, 1981, 10~14쪽.

24) 김홍한(金洪漢) 편저, 〈어린 왕 탈출기〉(小罕逃生),《청태조전설》(清太祖傳說), 춘풍문예출판사, 1987, 33~37쪽.

25) 위의 책, 38쪽.

26) 〈소한학예〉(小罕學藝), 위의 책, 49~59쪽.

하거나 그의 후예로 인식되고 있다. 일연에 따르면, 이런 인식은 단군에게까지 소급될 수 있다.《삼국유사》〈기이〉'고구려'조에서 일연은, '단군기(檀君記)에 단군이 서하(西河) 하백(河伯)의 딸과 맺어서 아이를 낳아 부루라 했는데…… 이 기록에 보면 해모수가 하백의 딸과 관계하여 주몽을 낳았다고 했다'라고 하면서, '부루와 주몽은 이복형제일 것'이라 추정하고 있다. 일연의 이러한 추론은, 천제의 후손이 풍요와 생명의 상징인 '하신의 딸'과 결합되는 시조신화와 건국신화의 보편적 구조를 실증적 차원에서 해석하려 한 오류다. 시조신화나 건국신화에 나타나는 원형적 심상에서 단군과 해모수 모두 유화여신격과 결혼을 해야 한다는 인식이 반영된 결과를 곡해한 것이다. 필자의 이런 생각은 고려 왕건과 조선 이성계에게 나타나는 버들부인의 역할에서 분명해진다.

김관의(金寬毅)의《편년통록》(編年通錄)에 따르면, 고려 선대세계(先代世系)에서 작제건(作帝建)은 노호(老狐)를 잡아 서해용왕의 딸 용녀와 결혼하고 태조의 아비 융(隆)을 낳는다. 신성(神聖) 왕의 모계를 하신(河神)으로 설정하는 점에서 용녀와 유화는 동질적이다. 해모수가 유화와 결합하여 주몽을 낳았듯, 작제건은 용녀와 결합함으로써 이름 그대로 왕을 생산할 충분한 조건을 갖추었던 것이다. 태조 왕건은, 할아버지 작제건이 용녀와 결합했던 것을 그대로 반복하여 물과 생명의 상징인 유화 신격과 결합한다.

> 태조(太祖) 신혜왕후(神惠王后) 유씨(柳氏)는 정주(貞州) 사람이니…… 태조가 궁예(弓裔)를 섬기는 장군으로 군대를 이끌고 정주를 지나다가 늙은 유수(柳樹) 아래에서 쉬는데, 왕후가 길옆 시냇가에 서 있었다.…… 태조가 그 집에 가 머물게 되었는데, 그 집에서 군대를 풍성히 먹였고 왕후로 하여금 시침케 하였다.……

궁예 말에 홍유(洪儒), 배현경(裵玄慶), 신숭겸(申崇謙), 복지겸(卜智謙)이 태조의 집에 와서…… 추대하는 뜻을 말하니 태조는 낯을 붉히며 완강히 거절하였다. 이때 왕후가 휘장에서 나와…… 손수 갑옷을 가져다 남편에게 입혀주니, 장군들이 옹위하고 나가 마침내 왕위에 올랐다.27)

'유수 아래' '시냇가'에 서 있던 유씨 부인이 왕통의 생산자가 되고 있음을 보여준다. 왕건이 그녀를 왕비에 오르게 해준 것이 아니라, 그녀가 왕건을 왕의 자리에 밀어 올리고 있다. 왕건에게서 이 유화부인과의 결합은 왕위에 즉위하기 위한 필연의 통과의례였던 것이다. 역사의 기록과 설화에서 모두 유화의 여성 원리, 즉 물의 원리가 '신성왕'을 탄생시키고 있는 것이다. 유엽부인(柳葉夫人), 즉 유화(柳花)는 태조 및 고려세계(高麗世系)가 풍요여신의 혈통을 지녔다는 상징이면서 동시에 왕통의 생성자 역할을 하는 것이다.

이성계도 왕건처럼 유엽부인, 즉 유화 인격과 결합한다. '강원도에 사냥 나간 이성계',28) '팔야리',29) '이성계 이야기'30) 등이 이성계와 유화 인격의 결합을 나타내주는 사례로 서사구조가 거의 일치한다. 이렇게 유엽부인과의 결합이 왕건과 이성계 모두에게 나타난다는 것은 유화가 신성성을 가진 존재로, '왕권의 생성'과 필연의 관계가

---

27) 《高麗史》 卷第88, 列傳 제1, 后妃 1. "太祖神惠王后柳氏 貞州人 三重大匡天弓之女…… 太祖事弓裔爲將軍 引兵過貞州 息馬古柳下 后立路傍川…… 太祖因至宿焉 其家饗一軍 甚豊 以后侍寢 厥後絶不相聞 后守志貞潔 剃髮爲尼 太祖聞之 召以爲夫人 弓裔末 洪儒 裵玄慶申崇謙卜智謙詣太祖第…… 諸將遂言推戴之意 太祖作色拒之甚堅 后遽從帳中 出…… 手提甲領以被之 諸將扶擁而出 遂 卽位."

28) 《구비문학대계》 전남편, 장성군 황룡면 설화 8

29) 《구비문학대계》 경기편, 남양주군 진접면 설화 22.

30) 《구비문학대계》 경남편, 거창군 거창읍 설화 70.

있다고 믿어진 결과일 것이다. 고구려신화는 고려를 거쳐 조선왕조의 인물에게도 반복 재현된다.

왕이 될 만한 인물이 유화부인과 인연을 맺었다는 이러한 유형의 이야기는 왕건이나 이성계와 같은 인물 이름이 빠진 채 나타나기도 한다. '대비리의 유래'[31]는 그러한 사례로서, '유화부인과 왕'과의 결합이 각별한 논리로 인정되고 있음을 보여준다고 하겠다.[32]

하백의 딸, 해모수의 부인, 주몽의 어머니 유화는 고구려 건국의 모태였지만, 그 원형적 어머니 상은 고구려에 머물지 않았다. 만주 지역에서 그녀는 창조의 여신이었고, 시조모신이었고, 건국의 어머니였다. 또 물의 신으로서 풍요와 다산의 신이었다. 그의 이런 모습은 몽고족에게서는 오도간(烏都干) 혹은 이도간(伊都干)으로 불리는 시조모신으로 나타나고,[33] 석백족(錫伯族), 악온극(鄂溫克)에게도 이런 유신(柳神) 숭배의 모습이 신화에서부터 제의에까지 다양하게 남아 있었다. 그리고 고려, 조선까지 살아 내려와 우리의 왕권에 생명을 불어넣고 있었다. 한반도라는 공간을 넘고, 고구려라는 시대를 넘어 우리의 의식 속에 살아 숨쉬는 '동신(東神) 성모(聖母)'였던 것이다.

---

31) 《구비문학대계》 전남편, 화순군 청품면 설화 18.

32) 조선 후기에 이르기까지 유화부인이 그 신비의 통과의례를 마련하는 사례가 바로 〈이장곤 설화〉다. 이장곤은 이 부인의 보호로 지내다가 왕권혁명의 공신이 된다. 이장곤이 왕위에 오르는 것은 아니지만, 유화 인격은 다른 모습으로 왕권생성에 기여하고 있다.

33) 이 여신 이름은 모두 유수(柳樹), 산파, 여음(女陰; 烏圖格, 오도그, űtűg)이란 세 가지 뜻을 동시에 갖는다. 필자가 약 3개월 머물던 사회과학원 소수민족문학연구소 빠알투라는 몽고족 학자의 집에서 들은 것이다.(1993. 3. 19. 北京 勁松)

4. 만족과 한반도에서의 '금와' 설화34)

이 장에서는 개구리[蛙]가 동북아시아의 설화와 신화에서 어떤 의미로 인식되고 있는가를 살펴본다. 단군신화 등 곰과 호랑이의 민담은 많은 연구가 축적되어 왔지만, '금와'를 중심으로 한 개구리 설화는 그 내용의 특이성에 비하여 관심의 대상이 되지 못하였다.

먼저 만족(滿族)의 〈개구리 아들〉, 〈송아리와 소청와(小靑蛙)〉 및 인류탄생 신화, 그리고 우리의 〈두꺼비 신랑〉, 〈지네와 두꺼비〉를 분석하면서 개구리가 갖고 있는 의미를 비교해 보고, 고구려 건국신화에서 금와(金蛙)와 비교할 것이다.

4.1. 만족의 개구리[蛙], 생명원리와 조상신

만족(滿族)은 인류탄생신화에서부터 일반 설화에 이르기까지 '개구리'와 관련된 이야기를 많이 가지고 있다. 다음은 개구리가, 한 가정이 요동반도에 자리 잡도록 도와주는 이야기다.

가난한 과부가 아들을 하나 데리고 살았는데, 고아 소녀 니만을 딸처럼 돌보았다. 활 잘 쏘는 송아리와 니만은 어머니가 돌아가시자 경치 좋은 연못가에 장사를 지내고, 결혼을 하기로 하였는데, 이웃 마을의 두령이 니만을 약탈해 갔다. 송아리가 어머니 무덤가에서 밤새 울고 일어난 아침, 뱀에게 잡혀먹는 개구리를 구해 주었다.

---

34) 이 장은 필자의 이전 논문 〈동북아시아 와(蛙)설화의 전승과 의미체계〉,《구비문학연구》3집, 한국구비문학회, 1996을 이 글에 맞게 정리한 것이다.

송아리의 말을 들은 개구리는, 니만의 혼례복으로 예쁜 색시를 만들어 마차에 태웠다. 또 송아리를 못생긴 젊은이로 변신을 시킨 후 둘이 함께 액진의 동네에 가서 색시를 바꿔준다고 외쳐댔다. 액진은 말을 안 듣는 니만을 더 예쁜 색시와 바꾸었다.

개구리가 입으로 불어서 원래 형태로 돌아온 송아리는 니만은 함께 도망하게 되었다. 뒤쫓는 두령을 피해 3일을 달리는데, 큰 강이 앞을 가로 막았다. 그때 개구리가 팔짝 뛰어오더니 큰 입으로 넘실대는 강물을 모두 마셨다. 송아리 일행이 다 건너고 두령이 강 중간에 이르자, 청와(靑蛙)가 물을 토해내어 그들을 물리쳤다.

둘은 마차를 타고 요동반도의 기름지고 풍요한 땅에서 행복하게 살았다.[35]

이 설화는 과부의 아들 송아리와 니만이 결혼의 위기를 넘어서 요동반도에 정착하기까지의 과정을 보여준다. 두령이 끼어드는 결혼의 위기에서 해결까지의 핵심적 자리에 청와가 자리를 잡고 있다. 청개구리[靑蛙]는 소나무 말뚝에 색시옷을 입혀 가짜 색시를 만들어 니만을 빼낸다. 그리고 부여국을 탈출하는 주몽을 강에서 건네주었던 어별(魚鼈)처럼, 강을 건네주어 새로운 세상을 열어준다.

천상적 신비 자질과 물을 주재하는 힘을 가지고 두 사람을 구해주고, '기름지고 풍요로운 요동반도'에 가정을 만들어 준 것이다. 이 설화에서 개구리는 천상적인 물의 주재자로서 구원과 가정 형성의 원리로 작용하고 있다.

천상적 존재인 개구리가 지상에 와서 결혼과 자손번식을 하고 천상으로 돌아갔다는 이야기는 만족의 설화 〈개구리 아들〉(蛤蟆兒子)

---

35) 《滿族三老人故事集》, 春風文藝出版社, 1984, 378~384쪽.

에서 볼 수 있다.

  1. 나이 많은 부부가 자식이 없어 걱정이었다.
  2. 빨래를 하는데 개구리가 다가들고 나서 알을 낳았다.
  3. 알에서 개구리가 나와 물동이를 놓고 길렀다.
  4. 개구리는 청년으로 변해 구경을 가서 처녀의 수건을 얻어왔다.
  5. 장가를 가겠다고 졸라서 처녀와 어렵게 성혼이 되었다.
  6. 개구리는 껍질에서 나와 늠름한 청년으로 조상에게 인사하였다.
  7. 자식을 낳고 살다가 외피를 입고 천상 신선이라며 회귀하였다.[36]

  자식 없는 노부부에게 내려온 생명은, 겉모습은 개구리지만 인간 처녀와 결혼한다. 불모의 땅에 생명의 닻을 내린 개구리가 다시 결혼이라는 생명 재생산활동을 하여, 자식을 낳고 생명 증식활동을 실현한 것이다. 애초에 불모의 늙은 노부부에 내려왔던 생명의 씨앗으로서 생명 생성의 지상적 풍요를 실현하는 모습을 보여주는 것이다.
  한편, 생명 증식활동 뒤에 개구리가 천상으로 회귀하는 것은, 개구리가 생명의 근원으로서, 조상신적 성격을 갖고 있음을 뜻한다. 이때 주목되는 것이 만족의 인류탄생기원신화다.

  우주가 개벽하던 시기는 커다란 바다였다. 홍수가 져서 검은 격류가 흐르기도 하고 푸른 파도가 치기도 하였는데, 생명이 여기에서 시작되었다. 천궁(天宮)의 최고 여신 아포개혁혁(阿布凱赫赫)이 어지러운 폭풍우속을 순유하다가 큰 바다에 물거품[水泡]이 생기도록 하였다. 이 물거품은 개구리 알처럼 생겼는데, 점점 많아지고 커지더니 무수한

---

36) 위의 책, 256~252쪽.

> 물거품이 한데 엉겨서 거대한 구체(球體)가 되어 물위에 떠다녔다.
> 아주 오랜 시간 자라나서 구체에서 여섯 거인과 여섯 친구가 나왔는데,
> 이들이 바로 만족 여러 신의 조상이다. 여섯 사람이 육방(六方)을 관장
> 했는데……[37]

만족의 인류탄생신화의 하나다. 개구리 알로부터 생명이 탄생함을 보여준다. 여음 상징인 천신 대모신이 개구리알 같은 물거품을 낳고 거기에서 조상인 여섯 거인이 나왔다는 논리는, 생명의 모태인 여음이 개구리로 대유되었음을 뜻한다. 여음의 생명창조 원리가 창조신화로 서사화되는 과정에서 다산의 풍요성을 지닌 개구리가 여음 상징이 되고, 생명 창조의 모태로 인식된 것이다.

개구리가 여음 상징으로, 생명의 뿌리로서의 조상신격으로서 의미를 가진다면, 이 탄생신화의 논리는 '아포개혁혁 → 수포(개구리알) → 구체 → 6거인 → 조상신'의 서사구조로서, 〈개구리 아들〉 설화의 '부인 → 알 → 개구리 → 늠름한 청년 → 천상회귀'의 구조와 일치한다. 신화와 민담이 모두 인류가 여음과 그 상징물인 개구리에서 탄생하고 있음을 형상화 구조화하고 있고, 개구리는 이 서사구조 안에서 조상신격으로 인격화하는 모습을 갖고 있다. "자식을 두었으니 천상으로 가겠다"고 한 것은, 개구리가 천상적 조상신의 성격을 갖고 있음을 말해 준다.

인류기원신화와 〈개구리 아들〉 설화는 여음의 생명 생성 원리를 공통 기반으로 하면서도, 〈개구리 아들〉은 그 천상적 본원적 원리의 구체적 실현, 즉 생명 생육의 실천 모습을 서사화하고 있다. 그런데 〈송아리와 소청와〉 설화는 결혼의 원조자로 가정이라는 공동체의

---

37) 汪玢玲, 〈論滿族水神及洪水神話〉, 《民間文學論壇》(1986.4), 16쪽에서 재인용.

산생자로서 풍요의 원리를 배경에서 실천하는 존재다.

개구리는 여음의 상징으로서, 생명 생성의 원리와 조상신격으로, 지상에서 생명 증식의 직접 활동자로, 생명활동의 구체적 모습인 결혼과 가정이라는 공동체 결성의 조력자로, 신화와 설화에서 변신하고 있었다. 개구리는 신화 공간에서 설화 공간으로 옮아가면서, 여음에서의 생명 탄생원리를 현실 공간에서 다양한 풍요의 원리로 바꾸어 실현해 갔던 것이다.

4.2. 한반도의 개구리[蛙], 생명 생성과 수호자

개구리가 노부부라는 불모의 가정에 아들로 태어나서, 결혼하고 천상으로 회귀하는 만족 설화 〈개구리 아들〉(蛤蟆兒子) 유형은, 우리 설화 〈두꺼비 신랑〉에도 보인다.

1. 노부부가 연못 낚시질로 살아가는데, 어느 날 두꺼비가 올라왔다.
2. 집에 와서 물동이에서 지내던 두꺼비가 아들로 삼아달라고 하였다.
3. 두꺼비가 장자의 집에 장가들겠다고 하여 곡절 끝에 셋째딸이 응하였다.
4. 첫날밤 신부가 자살하려 하자 두꺼비는 껍질을 벗고 옥당선비로 변하였다.
5. 장인의 환갑에 간 두꺼비는 흰 노인에게서 많은 짐승을 얻어 동서에게 주었다.
6. 잔칫날 천상(天上) 말이 천상 옷을 가져와 입고서 허물을 벗었다.
7. 부모를 국상터에 장사지내고, 처자를 데리고 천상으로 올라갔다.[38]

---

38) 〈두꺼비신랑〉, 《구비문학대계》 7-6 경북 영덕군 편(1), 718~730쪽.

만족뿐 아니라 중국에서도 개구리[蛤蟆]가 두꺼비와 상통 어휘로 사용되었던 것을 고려하면, 만족의 이야기와 이런 형식[39]을 가진 설화는 동일한 구조[40]라고 할 수 있다. 옥당선비로 변한 두꺼비가 많은 짐승을 잡아 장인의 환갑잔치를 풍요롭게 하여 그가 가진 능력을 시현하고, "서울 가서 과거하고 삼정승 육판서를 했다"[41]는 것 등은 만족신화에서 본 것과 같은, 개구리의 생산력과 풍요원리를 뜻한다.

두꺼비가 천상적 존재임도 거듭 강조된다. '잔칫날 천상 말이 천상 옷을 가져와 입고서' 허물을 벗고, '부모를 국상터에 장사지내고' 처자를 데리고 천상으로 올라간다. 안강읍 설화 75에서는 '대인이 어이해서 천상에서 죄를 짓고 이 지하에 와 가지고 두꺼비 허물을 쓴' 존재로 나타나는데, 진접면 설화 17과 현남면 설화 76에서는 '선관'으로서 '하늘로 올라'간다. 두꺼비, 즉 개구리는 천상적 존재로서 자식 없는 부부에게 자식으로 하강하여 스스로 생산과 풍요의 원리를 실현한 후 승천하여 천상 존재가 된 것이다.

이렇게 보면, 〈두꺼비 신랑〉형 설화는 만족 설화 〈개구리 아들〉과 기본 유형이 같다고 할 수 있다. 불모의 노부부에게 생명으로 내려오는 것, 생명 증식 활동으로 결혼을 하는 것, 자식을 낳고 하늘로 돌아가는 기본 주지가 일치한다. 개구리가 생명 증식을 직접 실현한다는 공통점이 있다.

---

39) 《구비문학대계》 7-3(경주 월성군 편)의 안강읍 설화 75 〈두꺼비신랑〉; 1-4(경기도 의정부시 남양주 편) 진접면 설화 17의 〈두꺼비신랑〉; 2-4(강원도 속초시 양양군 편 1) 현남면 설화 76 〈두꺼비 허물을 쓴 사람〉 등이다.

40) 1. 노부부가 연못에서 두꺼비 아들을 얻었다. 2. 두꺼비가 장가 들겠다고 하여 곡절 끝에 장자(長子)의 셋째딸과 혼사가 되었다. 3. 첫날밤에 선비로 변신한 후 온갖 기이한 능력을 보여 놀리던 사람을 놀랬다. 4. 처자를 데리고 천상으로 올라갔다.

41) 《구비문학대계》 7-3, 안강읍 설화 75.

개구리의 생명 생성 원리가 직접적 생육활동으로 나타나지 않고 간접적인 형식으로 구현되는 것이, 〈지네장터〉, 〈두꺼비와 지네〉, 〈은혜 갚은 두꺼비〉 등의 설화다.

1. 가난한 집 처자가 두꺼비에게 매일 밥을 주었다.
2. 마을에 일 년에 한 번 처녀를 바쳐야 하는 사당이 있었다.
3. 처녀의 희생의 차례가 되자 두꺼비가 몰래 따라갔다.
4. 두꺼비는 처녀를 잡아먹으려는 지네를 물리치고 죽었다.

처녀의 위기는 마을의 영속성과 관계된 문제다. 처녀는 마을의 생명을 이어갈 생명의 근원이기 때문이다. 그러므로 두꺼비가 처녀의 생명을 구원하는 것은 마을 전체의 생명을 구하는 의미를 갖는다. 두꺼비는 단순히 처녀 개인의 생명을 구하는 구원자가 아니고, 마을의 생명을 구원 영속시켜주는 공동체의 수호신이다. 동시에 반생명(反生命)의 악과 대항하고 물리치는 투쟁의 승리자로 복합적 의미를 갖는다.

생명의 간접 산생자 역할을 하는 개구리의 모습은 만족 설화의 〈송아리와 소청와〉에서 청개구리와 일치한다. 청개구리는 송아리와 니만이 결혼하고, '기름진 요동반도'에 안착하여 가정을 이루는' 결정적인 조력자였다. 결혼의 중개자, 가정이라는 공동체 형성의 산생자, 악을 물리친 투쟁자 세 역할을 하는 〈송아리와 소청와〉에서 청개구리는 바로 〈두꺼비와 지네〉 설화에서 두꺼비의 분신이다.

개구리는 만족과 우리의 신화와 민담 안에서 여음의 생명 생성 원리로, 천상적 생명 생성의 원리의 실천자로, 생명의 구원자로서 가정과 공동체의 산생자(産生者)와 수호신으로 나타나고 있었다.

4.3. 고구려 건국의 산생자 금와와 만족 설화

고구려 건국 신화에서 금와는 동부여의 왕 해부루가 자식이 없어 "산천에 제사 드리고 곤연의 큰 돌 속에서 얻은" 금색 개구리 모양의 하늘이 준 자식이었다. 그러나 이런 신성을 가지고 태어났음에도 그가 왕위를 계승하고 나서 왕국은 아들 대소 대에 고구려의 공격으로 망한다. 부루(夫婁)의 순수혈통을 끊고 대신 금와를 내려준 천명은 어떤 의미였기에, 그 상서로움에도 나라는 망하였을까? 그는 천명을 완수하지 못한 실패자일까?

〈동부여〉조의 기록만 보면 이런 의문을 가지게 되지만, '북부여', '동부여', '고구려'를 개별적인 서사 단위로 읽지 않고 전체를 하나의 통합적 서사단위로 읽으면 금와에게 부여된 '신성한 천명'은 이해가 된다. 금와는 동부여에서는 상서로운 탄생에 못 미치는 망국을 맞이하는 역설적 존재지만, 고구려의 관점에서는 그 탄생 징조에 어울리게 새로운 나라의 기틀을 마련한 건국의 산생자이다. 압록강변에 버려진 유화를 거두었고, 혈통을 모르는 주몽(朱蒙)을 양육하면서 망국의 씨앗을 길렀지만, 고구려 건국이라는 서사적 종착지에서 해부루와 주몽은 산파 역할을 충실히 해낸 존재가 된다.

금와는 하늘이 고구려를 열어주기 위해 해부루(解夫婁)에게 보낸 하늘의 사자로서 새 왕국의 산생자인 것이다. 고구려의 중심에서 탄생과 생산의 소임을 다하고 있는 것이다. 이렇게 본다면 앞에서 본 만족의 생명 생성과 가정 공동체의 산생자로 나타났던 개구리는 고구려 신화의 금와와 형제간이라고 할 수 있다. 금와는 분명 만족 설화가 간직한 생명 원리로서의 생육 실천과 공동체 산생의 원형적 모습을 가지고 유화와 주몽을 거두고, 고구려를 산생시키는 역할을 하고 있는 것이다.

금와의 모습과 만족 설화 〈개구리 아들〉과 우리의 〈두꺼비 신랑〉을 바로 비교해 보자.

금와신화
1. 해부루가 늙도록 자식이 없었다.
2. 곤연에서 금와를 얻어 아들로 삼았다.
3. 금와는 유화를 거두고 그 아들 주몽을 보살폈다.
4. 주몽은 엄수를 건너 남에서 고구려를 건국하였다.

만족 설화 〈개구리 아들〉
1. 노부부가 자식이 없었다.
2. 연못에서 개구리 아들을 얻었다.
3. 개구리는 성혼하여 아들딸 낳고 가정을 이루었다.
4. 개구리 신선은 다시 하늘로 돌아갔다.

만족 설화 〈송아리와 소청와〉
1. 과부가 아들 송아리와 남의 여식 니만과 살다가 죽었다.
2. 송아리가 니만을 두령에게 빼앗기고 개구리를 구해 주었다.
3. 개구리가 두령으로부터 송아리와 니만을 구해 주었다.
4. 송아리와 니만은 강을 건너 따뜻한 요동반도에 자리를 잡았다.

금와신화와 〈개구리 아들〉의 1, 2항은, '늙어서 자식이 없었는데 연못에서 개구리 아들을 얻었다'로 정리되면서 완전히 일치한다. 한편 금와신화와 〈송아리와 소청와〉는, '개구리가 남녀 인물을 구원했는데, 그들이 강 건너 남에서 나라(가정)을 이루었다'는 3, 4항에서 일치한다. 금와가 구원한 유화와 주몽은 모자 관계로서, 개구리가 구한 송아리와 니만의 남녀 관계와는 다르지만, '강을 건너 남쪽 땅에서 공동체를 이루는' 남 주인공을 돕는 점에서 개구리의 역할은 동일하다.[42] 송아리와 주몽의 행로는 각각 '개구리의 구원→탈출→강건너기→요동반도 정착'과, '금와의 보살핌→탈출→강건너기→남천 건국'의 과정으로서 서사구조로 보면 완전 일치한다. 개구리는 두 설화에서 모두 가정이나 국가라는 공동체의 성립을 가능하게 하는 산생자로서, 생산과 풍요 원리를 배경에서 실천하는 존재다.

이와 같이 금와가 〈개구리 아들〉과 〈송아리와 소청와〉의 두 성격을 겹합 공유하고 있음을 전제로 서사 단락을 다시 구성해 보자.

1. 노부부가 자식이 없었다.
2. 연못에서 개구리 아들을 얻었다.
3. 개구리는 성혼하여 아들딸 낳고 가정을 이루었다.
   (금와는 유화를 거두고 그 아들 주몽을 보살폈다.)
3´. 개구리가 액진으로부터 송아리와 니만을 구해 주었다.
4´. 송아리와 니만은 강을 건너 따뜻한 요동반도에 자리를 잡았다.

서사구조로 보면 금와신화의 전반부는 〈개구리 아들〉과 같고, 후반부는 〈송아리와 소청와〉와 같다. 금와는 두 설화의 결합적 성격을 갖는다. 〈개구리 아들〉처럼 생명활동을 결혼과 생자(生子)로 직접 실현하기도 하고, 〈송아리와 소청와〉처럼 공동체(가정)의 산생자 역할을 하여 생명활동을 간접 실현하기도 한다.

이제까지 본 바와 같이 만족과 우리의 설화에서 개구리는 여음을

---

42) 강을 건널 때, 주몽은 어별의 도움을 받고, 송아리는 개구리의 직접 도움을 받는다. 그러나 이 차이는 금와신화에서 금와가 인간 형상을 갖춘 왕이기에 직접 강을 건네주지 못할 뿐이다. 어별이나 개구리나 모두 물을 관장하는 존재가 강 건너기를 도왔다는 점에서 마찬가지다.

상징하면서 '성(性)의 생명원리→생육(生育) 실현의 원리→구원과 공동체 형성의 원리'로 의미가 전이 확대되어 가고 있었다. 고구려 건국신화에서 금와는 이 세 차원의 의미를 모두 가지고 건국의 산생자 역할을 하고 있었다. 그가 천상에서 파견된 존재라는 것은 개구리의 조상신적 성격으로서 성(性)의 원리를 가지고 있음을 뜻한다. 그는 늙은 해부루의 아들로 하강하여 유화를 거두고 궁중에서 주몽을 낳게 하여 보살핀다. 금와가 유화와 주몽을 거두는 것은, 〈개구리 아들〉과 〈두꺼비 신랑〉류에 보이는 결혼과 생산으로 이루어지는 가정 형성의 이형태(異形態)로 볼 수 있으므로, 금와는 생육의 성 원리를 직접 실현하는 것이다. 한편 금와신화의 후반부에서 금와는 〈두꺼비와 지네〉, 〈송아리와 소청와〉에서의 개구리와 마찬가지로 위기의 생명을 구하여 그가 가정이나 국가를 형성하는 데 결정적인 배후 조력자 역할을 한다.

개구리는 여음 상징으로서 성과 생육, 공동체 생성과 구원 등 생산과 풍요의 원리를 가지고 동북아시아의 의식공간에 자리했던 것이다. 모래집을 만들며 두꺼비에게 '새집을 달라'고 노래하던 마음이 개구리의 생명과 풍요 생성원리에 기대어 있다는 것, 만족의 무의(巫衣)에 새겨진 개구리 그림이 생명 생성의 조상신격이라는 사실을 확인할 수 있었다.

5. 맺는말

청태조 무황제 실록에는 '만주족의 선조는 장백산에서 발상했다'는 기록이 있다. 그리고 천상에서 내려온 삼선녀가 백두산 호수에서 목욕하다가 포고리옹순을 임신하여 그가 강물 따라 내려와 왕국을 세운 이야기가 함께 한다. 이 기록은 1613년 《만문로당》(滿文老檔)에 처음 문자화된 뒤 역대 왕들의 사적에 사실로 실려 있다. 우리가 백두산을 민족성지로 여기는 것처럼 그들도 민족의 모태로 삼고 있다. 그리고 거기서 흐르는 강줄기들이 자기들의 생명의 확산이라고 믿고 있다. 그래서 그 백두산신령은 만족 모두가 지켜야 할 가치의 창조자이고, 삶의 구원자이며, 절대적인 힘의 원천이다. 모든 가치와 생명의 풍요는 그에 기대어 있다. 만주족이 세운 청나라의 건국신화는 우리가 바로 그들과 같은 신화적 핏줄을 나누고 있음을 말하고 있다.

우리는 백두산을 배경으로 고구려의 어머니 유화가 만족에게 창조의 여신으로, 씨족을 낳은 시조모신으로, 건국의 주인공을 낳고 돕는 산생자로 살아있음을 확인하였다. 고주몽을 낳아 고구려를 건국하게 하는 유화여신은, 그 풍요와 신성 능력으로 누루하치의 건국에서도 모습을 드러내고 있었고, 고려의 왕건과 조선의 이성계와도 결연하고 있었다. 유화는 한반도와 만주 지역에서 살아있는 권력의 원천으로 작용하고 있었던 것이다.

만주 지역과 우리의 건국신화에 드리워진 이런 혈연성을 '와'(蛙), 즉 개구리신화에서도 확인된다. 만족의 다양한 설화에서 개구리는 여음의 생명과 풍요적 속성을 가지고, 지상에 내려와 생명을 낳고, 위기를 구원하며 가정과 공동체의 형성을 돕는 존재였다. 이런 '성(性)의 생명원리→생육(生育) 실현의 원리→구원과 공동체 형성의 원리'는 그대로 고구려 건국신화에서 작용하면서, 금와는 고구려 건국의 산생자 역할을 하고 있었다. 그리고 이런 '와'의 속성은 우리의 두꺼비, 개구리 설화에서 그대로 확인되는 것이기도 하였다.

백두산을 가운데 두고, 창조 여신 시조모 유화여신을 한 배로 우리는 만족과 혈연을 나누고 있었다고 할 수 있다. 서두에서 필자는 백두산은 우리와 만주족에게 실체적인 생명의 모태고, 고구려라는 나라는 자기 정체성의 경험적 체험적 실체라 할 수 있다고 전제하였다. 백두산은 최초 생명의 탄생지로서, 원초적 생명의 본향이었다. 그리고 고구려는 그 원형적 삶은 가진 사람들의 구체적 삶이 발현된 체험의 기록이었다. 그러기에 이 백두산의 정신적 영토 안에서 일어난 영웅들과 그 영웅들의 나라는, 백두산을 삶의 모태로 하는 원형적 심상과, 고구려라는 경험적 자아의 재현이고 반복의 기록이라고 할 수 있다. 주몽에게, 왕건에게, 이성계에게, 누루하치에게 그 존재의 배경으로 드리워진 유화의 모습은 이들이 모두 신화적 형제임을 증거하고 있다.

　건국신화나 영웅신화에서뿐 아니라 민담에서, 생활민속에서 이 공분모의 영토를 더 찾아야 하는 것이 우리들에게 남겨진 몫이다. 그럼에도 서두에서 지적하였듯 우리는 이 지역과 민족에 대한 직접적인 1차 조사도 하지 못하고 2차 자료에 의지하고 있는 것이 현실이다.

참고문헌

《高麗史》 卷第88, 列傳 제1, 后妃 1.
《구비문학대계》 경기편, 남양주군 진접면 설화 22.
《구비문학대계》 경남편, 거창군 거창읍 설화 70.
《구비문학대계》 전남편, 장성군 황룡면 설화 8
《구비문학대계》 전남편, 화순군 청품면 설화 18.
《구비문학대계》 7-3, 안강읍 설화 75.
《구비문학대계》 7-6 경북 영덕군 편(1).

《滿族三老人故事集》, 春風文藝出版社, 1984, 378~384쪽.
《周書》 卷49, 〈高句麗傳〉

김철준, 〈동명왕편(東明王篇)에 보이는 신모(神母)의 성격에 대하여〉,《혜암유
　　　홍렬(惠庵柳洪烈)박사화갑기념논총》, 탐구당, 1971.
이종주, 〈동북아시아 와(蛙)설화의 전승과 의미체계〉,《구비문학연구》3집, 한
　　　국구비문학회, 1996.
───, 〈동북아시아의 성모(聖母) 유화(柳花)〉,《구비문학연구》4집, 한국구비
　　　문학회, 1997.

金洪漢 편저, 〈小罕逃生〉,《淸太祖傳說》, 춘풍문예출판사, 1987.
傅英仁 수집정리,《만족신화고사》, 하얼빈: 북방문학출판사, 1985.
富育光,《薩滿敎與神話》, 遼寧大學出版社, 1990.
宋和平 수집 정리(중국 黑龍江省 寧安市 滿族故事家 傅英仁 구술),《東海窩集傳》,
　　　1985.
宋和平 역주,《만족샤먼신가역주》(滿族薩滿神歌譯註), 중국사회과학출판사,
　　　1993.
王宏剛, 〈試論薩滿敎柳崇拜〉,《民間文學論壇》, 北京, 1992.2.
汪玢玲, 〈論滿族水神及洪水神話〉,《民間文學論壇》, 1986.4.

민족정체성 확립에 이바지한 건국신화의 기능
- 한말의 단군운동을 중심으로 -

서 영 대

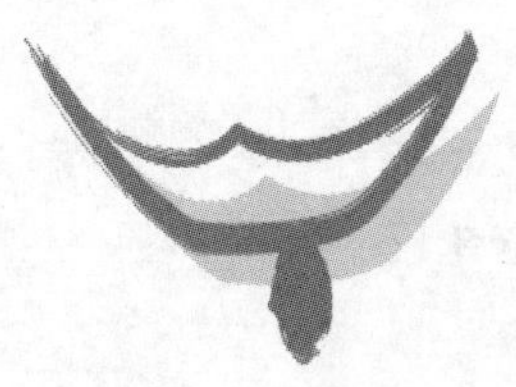

이 글은 신화가 민족 정체성 확립에 기여한다는 사실을 한말의 단군 인식을 통해
살펴보려 한 것이다. 한말은 민족의 정체성이 어느 때보다 심각하게 위협 받고 있었다.
그래서 여러 형태의 민족운동이 펼쳐졌는데, 그 가운데 하나가 신화적 존재인 단군을 통해
민족의식을 고취하려는 것이다. 이러한 일련의 다양한 움직임을 묶어 단군민족주의라 한다.
한말에는 신문·잡지나 교육을 통해 단군의 존재가 부각되었다.
이 시기 단군은 단순한 국가의 시조가 아니라, 민족의 시조라는 사실이 강조되었다.
이러한 민족 만들기와 민족의식의 고취는 종교운동으로 발전하는데, 대종교가 바로 그것이다.
오늘날까지도 이 시기의 단군 인식이 이어지고 있다 해도 과언이 아니다.

1. 머리말

당연한 이야기겠지만, 신화는 해당 신화를 낳은 민족과 밀접한 관련이 있다. 먼저 신화로써 자국의 역사를 이해하고, 신화로써 자민족의 정체성을 확인하기도 한다. 또 신화에는 그 민족의 민족성이 반영되어 있기 때문에, 신화를 통해 민족성을 읽어내기도 한다.[1]

여기서 문제 삼으려는 것은 신화와 민족정체성이다. 즉 신화가 민족정체성 확인이나 확립에 어떻게 기여하는가라는 문제다. 이 점에 대해서는 외국 신화의 경우, 상당한 논의가 있는 것으로 안다. 예컨대, 19세기 영국에서 아서(Arthur) 왕 이야기는 상층민이, 로빈후드(Robin Hood) 이야기는 하층민들이 영국인으로서의 자기 정체성을 확인하는 데 커다란 기여를 했다고 한다.[2] 또 19세기 말에서 20세기 초 중국에서는 황제(黃帝)의 자손이라는 인식을 통해 중국인의 단결을 호소했으며, 메이지(明治)유신 이후 일본에서는 천조대신(天照大神)으로부터 통치권을 위임받았다는 기기신화(記紀神話)를 통해 천황권의 정당성과 천황의 신민(臣民)으로서 일본인의 정체성을 확인했다.

민족정체성을 확립하기 위해서는 내부의 동질성 확인이 필요하

---

1) 松村武雄, 《民族性と神話》, 培風館, 1934.

2) Stephanie L. Barczewski, *Myth and National Identity in Nineteen-century Britain*, Oxford University Press, 2000.

다. 민족적 동질성을 확인하는 방법은 여러 가지가 있겠지만, 근원이나 뿌리가 같다는 인식이 중요하다. 그렇다고 할 때 한국의 경우, 단군신화만한 것이 없다. 한국의 역사와 문화의 출발점에 있는 것이 바로 단군신화기 때문이다.

또 민족정체성이 문제되는 것은 민족의식이 성립하면서 민족의 결속이 필요한 시기다. 그런데 한국에서는 한말(韓末)이 바로 그러한 시기였다. 즉 안으로는 왕조 질서와 함께 신분제가 동요하면서 내부의 차별성이 줄어들었고, 밖으로는 외세에 대한 우리라는 인식이 뚜렷해지던 시기였다. 그리고 눈앞의 대내외적 위기를 극복하기 위해 민족의 단결이 어느 때보다 필요한 시기였다.

그래서 한말에는 단군이란 신화적 존재가 민족정체성 확인과 애국심 고취를 위해 중요한 의미를 지녔다. 우리 학계에서는 단군을 구심점으로 한 한말의 민족의식과 민족운동을 '단군 민족주의'라고 하면서,3) 많은 연구를 진행해 왔다. 그 결과 상당한 연구들이 축적되고 있는바,4) 여기서는 이러한 연구들을 토대로 한말 단군의 각종

---

3) '단군 nationalism' 또는 '단군 민족주의'라는 표현은 신용하(愼鏞廈)가 처음 사용하였으며, 이후 이를 따르는 연구들이 이어지고 있다. 신용하, 〈신채호의 애국계몽사상〉, 《한국학보》 20, 일지사, 1980, 111쪽과 《신채호의 사회사상연구》, 한길사, 1984, 150쪽; 정영훈, 〈단군과 근대 한국민족운동〉, 《한국의 정치와 경제》 8, 한국정신문화연구원, 1995, 1~160쪽; 佐佐充昭, 〈檀君ナショナリズムの形成〉, 《朝鮮學報》 174, 朝鮮學會, 2000, 61~107쪽.

4) 김용국, 〈대종교와 독립운동〉, 《이은상(李殷相)기념 민족문화논총》, 1973, 187~200쪽; 박영석, 〈대종교의 민족의식과 독립운동〉, 《한민족독립운동사연구》, 일조각, 1982, 155~184쪽과 〈대종교의 민족의식과 민족독립운동〉, 《일제하독립운동사연구》, 일조각, 1984, 234~282쪽과 〈대종교〉, 《한민족독립운동사》 2, 국사편찬위원회, 1987, 397~430쪽과 〈대종교〉, 《한국사 46 — 신문화운동 II》, 국사편찬위원회, 2000, 209~224쪽; 천경화, 〈대종교의 민족교육운동에 관한 연구〉, 《백산학보》 27, 백산학회, 1983, 90~116쪽; 이현희, 〈대종교의 광복투쟁과 임정주석 이동녕〉, 《류병덕(柳炳德)화갑기념 한국철학종교사상사》, 원광대 종교문제연구소, 1990, 889~907쪽; 조원섭, 〈항일투쟁과 민족교육가운데서의 대종교의 역할〉, 《연변문사자료》 8, 연변조선족자

단군운동을 통해, 신화와 민족정체성의 문제를 살펴보고자 한다.

2. 국가의 시조에서 민족의 시조로

한말에는 단군의 위상이 강화되고, 단군을 정신적 지주로 한 다양한 민족운동이 전개되었으니, 그것은 조선왕조가 처한 상황에서 비롯된 것이었다. 다시 말해서, 19세기 후반에 접어들면서 조선왕조는 내우에다 외환까지 겹치면서, 왕조는 물론 민족의 존립마저 위협받는다. 더구나 1905년 이른바 을사보호조약이, 1907년에는 고종의 강제 퇴위와 함께 정미7조약이란 것이 체결되면서, 왕조와 민족의 운명은 풍전등화에 이른다. 이에 국가와 민족의 수호를 위해 민족의 단결이 강조되었으며, 결속을 위한 구심점으로 단군의 존재가 주목되었다.

이 시기 단군의 부각은 여러 경로를 통해 이루어지고 있었다. 그것들은 사회적 차원에서의 단군운동과 종교적 차원에서의 단군운동으로 대별해 볼 수 있다. 이 가운데 사회적 차원에서의 단군운동으로는 언론에서의 단군 강조, 역사에서의 단군 교육, 단군 유적 주목 등이

치주위원회 문사자료위원회, 1997, 100~111쪽; 황민호, 〈대종교의 항일민족운동〉, 《일제하 경기도 지역 종교계의 민족문화운동》, 경기문화재단, 2001, 289~322쪽; 佐佐充昭, 〈韓末における檀君教の'重光'と檀君ナショナリズム〉, 《朝鮮學報》 180, 朝鮮學會, 2000, 29~63쪽과 〈한말·일제시대 단군신앙운동의 전개〉, 서울대 박사학위논문, 2003; 서영대, 〈한말의 단군운동과 대종교〉, 《한국사연구》 114, 한국사연구회, 2001, 217~264쪽; 오영섭, 〈대종교 창시 이전의 나인영의 민족운동〉, 《한국민족운동사연구》 39, 한국민족운동사학회, 2004, 191~236쪽; 서영희, 〈대한제국기 단군인식과 근대적 민족의식의 형성과정〉, 《한국사의 단군인식과 단군운동》, 국제평화대학원출판부, 2006, 253~291쪽; 이지원, 〈한말 일제초기의 국수적 민족문화 인식〉, 《한국 근대 문화사상사 연구》, 혜안, 2007, 64~70쪽.

있는바, 이것부터 설명하면 다음과 같다.

2.1. 신문과 잡지의 단군의식 고취

근대 민족주의 형성에 기술적 수단을 제공한 것은 신문이었다. 신문은 많은 사람들이 거의 동시에 접하는 1일 베스트셀러로서 엄청난 대중의식을 창출할 수 있기 때문이다.[5] 마찬가지로 한말 민족의식 고취의 일환으로 단군의 존재를 부각시키는 데 앞장섰고, 그 결과 단군인식의 확산에 크게 기여했던 것은 신문이었으며, 여기에 잡지도 가세하여 일익을 담당했다.

1) 단군의 위상 강화와 단군 자손의식 보급

신문이나 잡지에서 단군의 존재가 새롭게 부각하기 시작한 것은 1905년 을사보호조약 이후부터다. 그것은 단군의 위상을 크게 높이는 것으로부터 시작한다. 이 점을 이해하기 위해서는 그 이전 시기의 단군 인식을 살펴볼 필요가 있다.

고려·조선시대의 단군 인식: 단군이란 존재는 한국사의 시작이라는 의미에서 이전부터 중시되어 왔다. 특히 13세기 몽골의 침입이란 사상 미증유의 국난을 경험하면서 그 존재는 더욱 뚜렷해졌다.[6] 그것은 역사공동체라는 의식을 강조함으로써 몽골의 침입에 저항할

---

5) Bendict Anderson, *Imagined Communities, revised edition*, Verso, 1991, p.25, 35.

6) 단군에 관한 최고(最古)의 기록인 《삼국유사》와 《제왕운기》는 근거 자료의 차이·저자들의 사상적 경향의 차이 등으로 말미암아, 단군 인식에서 상이점이 없는 것은 아니다. 그러나 단군을 한국사상 최초의 국가인 고조선 개국의 시조로 자리매김한 점에서는 차이가 없다. 이것은 이 시기에 단군의 국조로서의 위치가 확고해졌음을 의미한다.

수 있는 정신적 토대를 마련하기 위해서였다. 이 점은 13세기 이전의
역사계승의식을 살펴보면 분명해진다. 즉 12세기까지만 하더라도
고려의 역사적 위치를 부여함에, 고구려 계승의식과 신라 계승의식
이 갈라져 있었다. 그리고 이것이 정치세력의 이해관계와 겹쳐질
때, 김부식(金富軾)과 묘청(妙淸)의 대립처럼 고려사회의 분열을 조
장하는 원인이 되기도 했다.[7] 따라서 몽골의 침입에 대해 국가 역량
을 결집하기 위해서는 역사공동체 의식의 강조가 시급히 요청되었
을 것이다. 13세기에 단군의 존재가 국가의 시조로서 부각된 것은
바로 이러한 이유에서였다. 다시 말해서, 단군은 한국사의 근원이며,
삼국이든 고려든 모두 여기에 뿌리를 두고 있다는 인식을 강조함으
로써 역사공동체 의식을 뒷받침하고, 나아가 고려사회 내부의 결속
을 호소했다는 것이다.

  단군에서부터 역사가 시작되었다는 인식은 조선시대로 오면서 더
욱 확고해진다. 우선 국가 차원에서 '조선 시조'(朝鮮始祖)임을 인정
하고,[8] 단군을 국가제사의 대상으로 삼은 것은 조선시대부터다. 그
리고 관찬·사찬 가릴 것 없이 조선시대의 모든 사서(史書)들은 단
군에서부터 한국사를 서술하고 있다.

  그런데 조선시대 대부분의 문헌에 수록된 단군 전승은 고려시대
의 그것과 다르다. 즉 단군의 부계·모계가 빠지고 단군이 직접 하
늘에서 태백산(太白山) 단목(檀木) 아래로 내려왔다고 한다. 뿐만 아
니라 천년이 넘는 단군의 통치기간도, 단군의 자손이 대를 이어가
면서 재위한 햇수의 합산으로 간주되었다. 이것은 유교적 합리주의

---

7) 이규보의 〈동명왕편〉은 경주 지역의 신라부흥운동에 대항하여 고구려 계승의식을
   강조하기 위한 것이다.
8)《世祖實錄》권4, 세조 2년 7월 庚辰.

를 지향하는 조선시대 지배층이, 기존의 단군신화를 비신화화(非神話化; demythization)한 결과다.9) 그렇다고 할 때 단군의 존재를 무시하지 않고 신화를 개작까지 해가면서 단군의 존재를 인정하려 했다는 것은, 그만큼 단군의 역사적 위치가 확고했음을 의미하는 것이라 하겠다.

이렇듯 단군을 '조선 시조'로서 받들었다고 할 때, 시조의 의미가 무엇인지 궁금해진다. 그런데 조선시대에는 단군을 가리켜 '동방 최초의 군주'(東方首出之君) 또는 '동방에서 처음으로 천명을 받은 군주'(東方始受命之主)10)라고 했다. 다시 말해서, 최초의 군주라는 의미에서의 시조다. 전통시대에는 군주가 곧 국가였다. 이 논리를 적용한다면, 단군은 국가의 시조로서 받들어졌다는 것이다.

또 조선왕조에서는 단군이 국가제사의 대상이 되었다고 했는데, 무엇을 기대한 것이었을까? 혈연적으로 연결되지 않는 전왕조의 조상은 현재의 국왕에게는 '정치적 의미에서의 조상'(political ancestor)이다. 이러한 정치적 조상들을 국가에서 제사하는 목적은, 국가가 한 가문의 사유물이 아니라는 것을 보여줌과 동시에, 이전 왕조의 카리스마를 계승했다는 정통성을 과시하기 위해서라고 한다.11) 그렇다고 할 때 국가에서 단군을 제사한 것도 국왕이란 존재의 정통성과 정당성을 위한 것이었다고 하겠다.

그리고 대한제국 초기에 '단기(檀箕; 단군과 기자) 이래'란 표현이

---

9) 서영대, 〈단군관계 문헌자료 연구〉, 《단군―그 이해와 자료》, 서울대출판부, 2001, 71~72쪽.

10) 《太祖實錄》 권1, 太祖 원년 8월 庚申.

11) 정치적 조상이란 개념 및 의미에 대해서는 다음 연구 참조. Howard J. Wechsler, *Offerings of Jade and Silk—Ritual and symbol in the legitimation of the T'ang dynasty*, Yale University Press, 1985, pp.137~141.

자주 등장하는데,[12] 이것도 같은 맥락에서 이해할 수 있다. 왜냐하면 그 다음에 이어지는 내용은 보통 단군·기자 이래 큰 업적을 이루었다는 것으로, 군주의 공덕을 찬양하는 것이기 때문이다.

그러나 단기(檀箕)라고 병칭되더라도 단군의 위상은 기자(箕子)보다 낮게 평가되었다. 이는 조선시대 역사서에 기자는 '본기'(本紀)에서 언급된 데 비해 단군은 '외기'(外紀)에서 다루어지는 경우가 많았던 데서 짐작할 수 있다. 또 단군의 시대는 미개한 시대였고, 기자에 와서 비로소 문명화가 이루어졌기 때문에, 역사적 공적에서는 기자가 더 훌륭하다고 했다. 그래서 단군과는 달리 기자를 언급할 때는 극존칭을 사용하기까지 했다. 1898년 9월 5일자《황성신문》의 사설은 이러한 사실을 집약해서 보여준다.

> 昔我東方에 檀君이 初降ᄒ매 人文이 未創ᄒ야 其傳來ᄒ난 文獻이
> 足히 徵할배 無我ᄒ더니 箕子께서 八條를 設하샤 人民을 敎育ᄒ시니
> 可히 我東의 初出頭한 第一個聖人이라 謂할지라.

이러한 상황이니만큼 조선시대에는 단군이 국가의 정신적 구심점이 되기를 기대한 것은 아니었다고 할 수 있다. 더구나 왕조 질서 아래에서 구심점은 현(現) 왕조의 국왕이어야 하기 때문이다.

단군 위상의 강화: 그러나 을사보호조약 이후 일제의 국권 침탈이 가속화되면서, 신문이나 잡지에서 단군에 대한 언급이 부쩍 늘어난다. 내용은 주로 '단군 이래' 또는 '단기 이래'라는 짧은 표현이 많지만, 이러한 표현을 자주 사용함으로써 대중에게 단군의 존재를 깊이

---

12) 예컨대《高宗實錄》권36, 光武 원년 10월 13일 詔書 및 光武 원년 11월 9일 閔泳駿 疏.

각인시키는 역할을 하였다. 그리고 나아가 민족사의 유구성을 부각시킴으로써 민족에 대한 자부심을 가지게 하는 데도 일익을 담당하였을 것이다.

그리고 1906년을 전후하여서는 신문·잡지의 기사임에도 단군에 대해 존칭을 쓰기 시작한다. 우선 단군을 언급할 때 높임말을 썼으며, 단군을 지칭할 때도 격상된 칭호를 사용하였다. 단성(檀聖)이니 대황조(大皇祖)니 하는 것이 그것이다.13) 나아가 단군시대는 자료가 없어 애매하다느니 미개하다느니 하는 표현이 사라지고, 문명한 시대로 그린다.

이렇듯 단군의 위상이 높아지면서 단군과 기자가 대등하게 묘사되고, 나아가 1910년으로 가면서는 서서히 위치의 역전이 이루어진다.

단군 자손의식의 대두: 한말에도 단군의 출생과 건국, 재위 연수에 대한 전승은 조선시대의 것이 그대로 통용되었다. 즉 신인(神人) 단군이 직접 태백산으로 하강하여 고조선을 건국하고 평양에 도읍했다는 것이다.14) 그러니까 《삼국유사》나 《제왕운기》가 전하는 신화적 성격이 강한 단군 전승을 주목하고, 그 의미를 해석하려는 시도는 아직 이루어지지 않았다.

그러나 한말로 오면서, 단군은 민족의 공통시조이고, 우리 민족은 단군의 후손이며, 따라서 단일민족이란 인식이 나타난다. 이것은 당시 신문 등에 '단군자손'(檀君子孫), '단군혈손'(檀君血孫), '단군후예'(檀君後裔), '단군묘예'(檀君苗裔)라는 표현이 자주 등장하는 데서 확

---

13) 《皇城新聞》 1907. 8. 26. '開國紀元節慶祝'. "檀聖이 奠之於前하시고 箕王이 修之於後하시니"; 《西友》 1906. 12. 1, 33. "檀君의 名은 王儉이니 太白山 檀木下에 降ᄒ사 支那 唐 堯戊辰에 立而爲君ᄒ시니 神而有智ᄒ시고 國號를 朝鮮이라 ᄒ다".
14) 한말의 교과서나 신문 등에 보이는 단군에 대한 기록은 대부분이 이런 유형이다.

인할 수 있다.

한민족은 단군 자손이란 인식이 기록으로 처음 확인되는 것은 1908년부터다. 즉《대한매일신보》의 경우 1908년 1월 1일자 논설 〈신년송축〉(新年頌祝) 속의 "단군시조자손(檀君始祖子孫)으로 이 국가(國家)를 이질손가"라는 표현에서 처음 등장한다. 또《황성신문》에서는 이보다 약간 늦은 1908년 3월 13일자 논설 〈범금지인(凡今之人)은 막여형제(莫如兄弟)〉 속의 "이천만민족(二千萬民族)은 동일단군자손(同一檀君子孫)이니"라는 표현에서 처음 확인된다.

그러나《황성신문》의 경우는 단군과 기자의 후손이란 표현이 먼저 등장한다. 즉 3월 4일자 논설 〈축하해조신문〉(祝賀海朝新聞)에서 "아한민족(我韓民族)이 구시단군기자(俱是檀君箕子)의 신성후예(神聖後裔)로"라 했다든지, 3월 12일자 논설 〈근본적 개량〉에서 "아한민족(我韓民族)이 원구시단군기자후예(原俱是檀君箕子後裔)라"는 것이 그것이다. 그리고 한동안 단군의 후손이란 표현과 단군·기자의 후손이란 표현이 함께 사용되다가, 1910년 전후부터는 기자에 대한 언급이 자취를 감추는 것 같다. 이것은《황성신문》이 개신유학자들에 의해 제작되었고, 또 유학자가 주된 독자층이었음을 생각할 때,15) 기자의 존재를 간과하기는 어려웠던 탓이 아닌가 한다.

그렇지만 단군은 민족의 조상이란 인식이 처음 등장한 것을 1908년부터라고 못 박기는 어렵다.《대한매일신보》의 경우, 단군 자손이란 말은 처음 등장한지 일주일도 안 된 1월 7일자 독자의 기서(寄書) 〈생(生)홀 아대한제국(我大韓帝國)〉에도 "사천이백여년(四千二百餘年) 독립력사(獨立歷史)를 유(有)혼 단군(檀君)의 혈손(血孫) 이천만

---

15) 최기영, 〈《황성신문》의 역사 관련 기사에 대한 검토〉, 《한국근대계몽운동연구》, 일조각, 1997, 2~4쪽.

동포(二千萬同胞)여"라고 보인다. 이렇듯 신문사측뿐만 아니라 독자층에서도 단군 혈손이란 표현을 사용했다는 것은 이러한 인식이 상당히 널리 퍼져 있었음을 반영한다. 따라서 이러한 인식은 1908년 신년 벽두에 갑자기 등장했다기보다, 그 이전부터 있었다고 보는 것이 옳겠다.

그렇다면 그 시기를 어디까지 소급할 수 있을까? 그런데 조선시대까지만 하더라도 민족 전체가 단군의 후손이란 관념이 있을 수 없었다. 첫째, 단군의 후손에 대한 기록이 모호하기 때문이다. 그래서 1672년에 나온 홍여하(洪如河)의 《동국통감제강》(東國通鑑提綱) 같은 사서에서는 "나라가 끊어지고 후손이 없다"(國絶無嗣)라고까지 했다.16) 이러한 논리라면 단군이 민족의 시조가 될 수 없다. 둘째, 민족이란 관념이 성립되어 있었는지는 두고라도, 엄격한 신분제 사회에서 왕·양반·평민, 심지어 천인까지 신분을 초월하여 공통의 조상을 가진 혈족 내지 대가족이란 논리는 있을 수 없는 것이고, 나아가 불경스럽기까지 한 것이기 때문이다.17) 따라서 한말 이전에 민족은 단군 자손이란 인식이 있었다고 보기는 어렵다. 따라서 단군 자손 인식의 시기를 마냥 소급할 수는 없으며, 1908년보다 조금 앞선다고 보는 것이 온당하지 않을까 한다. 기록이 처음 등장하는 시기를 무조건 무시할 수만은 없기 때문이다.

그렇다면 단군의 자손이란 의미는 무엇일까?

단군 자손의식이 등장하는 시기는 일제가 한국의 국권 침탈에 박차를 가하던 때다. 1905년에 이른바 을사보호조약을 통해 외교권을

---

16) 1679년에 완성된 홍만종(洪萬宗)의 《순오지》(旬五志)에 "檀君乃東方生民之鼻祖"(《홍만종전집》 상, 태학사, 1980, 4쪽)라는 표현이 있다. 그러나 이것을 민족의 시조란 표현과 등치시킬 수 있을지는 의문이다.

17) 佐佐充昭, 〈檀君ナショナリズムの形成〉, 《朝鮮學報》 174, 朝鮮學會, 2000, 71쪽.

박탈했고, 1907년 한일신협약(정미 7조약)을 통해 한국의 내정을 일일이 간섭할 수 있는 권한을 장악했으며, 얼마 남지 않은 한국의 군대마저 해산했다.

일제의 국권 침탈은 한국인으로 하여금 타자와 구별되는 자아에 대한 각성을 가지게 했다. 한편 봉건체제의 붕괴는 자아 내부의 계층적 질서를 동요시켰다. 즉 타자와의 사이에 세로선이 뚜렷해진 반면, 내부의 가로선은 점차 희미해졌다는 것이다. 이러한 과정에서 민족의 존재가 발견되고, 그 결과 군주 대신에 민족이 국가의 중심 개념으로 떠오른다.

당시 국가는 일종의 대가족으로 이해되고 있었다.[18] 그런데 국가의 중심은 민족이란 입장에서 볼 때, 민족이 곧 대가족이다. 즉 민족은 핏줄이 같은 혈연공동체라는 것이다. 민족을 상상의 공동체(imagined community)라고 한다면, 그것이 성립되고 유지되는 데에는 상상의 근거가 필요하다. 이 경우 흔히 동원되는 것이 고대 왕조의 위대한 사건이나 위대한 지도자에 대한 공동의 기억이다.[19] 또 압도적인 외세의 충격 앞에서 자기를 지키려는 '토착주의 운동'(nativistic movement)의 경우, 현실에서 저항과 결속의 논리를 찾을 수 없다면, 과거의 문화 전통을 되살리려는 경향[revivalistic nativism]이 있음도 지적된 바 있다.[20] 그렇다고 할 때 일종의 대가족인 민족의 존재를 상상하는데, 조상, 그 가운데에서도 먼 고대의 시조만큼 구체적인 자료는 없다. 혈연공동체는 조상의 뿌리가 되는 시조의 존재로 말미

18) 《大韓每日申報》 1908년 7월 31일자 논설 〈國家는 卽一家族〉; 1908년 9월 4일자 논설 〈打破 家族的 觀念〉; 1909년 5월 13일자 논설 〈國은 卽一大家〉.

19) Benedict Anderson, *Imagined Communities*, revised edition, verso, 1991, p.109.

20) Ralph Linton, "Nativistic Movements", ed. Lessa & Vogt, *Reader in Comparative Religion*, Harper & Row, 1972, pp.497~503.

암아 성립될 수 있기 때문이다.

그렇다고 할 때, 단군만큼 확실한 상상의 근거를 제공하는 시조는 찾기 어렵다.

그것은 첫째, 단군은 한국사상 최초의 국가인 고조선의 건국시조이기 때문이다. 따라서 단군은 한국사의 출발점이라 하겠으며, 나아가 한국사에 등장하는 어떤 왕조의 건국시조보다 특별한 의미를 지니기 때문이다.

둘째, 단군은 민족의 유구성(悠久性)의 표상(表象)이기 때문이다. 단군이 고조선을 건국한 것은 기원전 2300년 무렵이며, 중국에서는 요(堯) 임금이 있을 때라고 전해진다. 요는 한때 중국의 시조로 여겨졌던 것 같다. 왜냐하면 《서경》(書經)에서는 요에서부터 중국사를 서술하고 있기 때문이다. 그렇다고 할 때 요와 같은 시대 인물인 단군에 의해 한국사가 시작되었다는 것은, 한국사가 중국사에 못지 않게 유구함을 의미한다.

셋째, 한국 역사와 문화의 독자성의 표상이기 때문이다. 단군의 출자(出自)는 기록에 따라 조금씩 다르지만, 단군이 하늘과 직결되는 존재라는 점에서는 이설이 없다. 다시 말해서, 단군이란 천손에 의해 한국의 역사와 문화가 시작되었다는 점에서는 기록이 일치한다. 이것은 한국의 역사나 문화가 다른 국가, 예컨대 중국으로부터 파생 내지 분봉(分封)된 것이 아니라, 나름대로 독자성을 가지고 있음을 의미한다.

넷째, 하늘과 연결되는 존재라는 점에서 국가와 민족의 신성성을 뒷받침하기 때문이다.

다섯째, 한국 사회의 동질성의 표상이기 때문이다. 널리 알려진 바와 같이 한국사에서는 많은 국가나 왕조들이 흥망을 되풀이했다. 그러나 이들 국가나 왕조는 단군에서 비롯된 역사 전통을 계승했다는 역사 인식을 하고 있었다. 다시 말해서, 이들의 근원을 거슬러 올라가면 단군으로 귀결된다는 역사 인식이 일찍부터 성립되어 있었다. 이것은 한국인의 경우, 혈통이 비교적 단일하고, 역사적 문화적 경험을 공유한 부분이 많았던 데서 기인하겠지만, 이러한 사실을 좀 더 구체화한 것이 단군이라는 것이다. 한국인에게 동질성을 확인시켜주는 토대의 하나가 단군이라는 것은 이러한 의미에서다.

이렇듯 단군은 민족에 대한 확실한 상상의 근거를 제공했을 뿐만 아니라, 민족으로 하여금 자부심을 가질 수 있게 한 토대였다. 그래서 당시 언론 등에서는 단군을 '단군성조'(檀君聖祖), 우리 민족을 '신성민족'(神聖民族), 우리 역사를 '신성역사'(神聖歷史)라 표현하면서 민족의 자부심을 고취하고자 했다. 《황성신문》 1908년 9월 12일자 논설 〈몽배백두산령〉(夢拜白頭山靈)의 일절은 이러한 사실을 압축해서 보여주고 있다.

> 我大韓民族은 神聖ㅎ신 檀君의 子孫으로 皇天의 寵賜하심을 蒙하야 世居此土에 休養生息이 迄今四千餘載인즉 可謂 文明古國에 優等民族이라 自爾祖先으로 皆其天職을 克修하며 世業을 勿失하야 太平의 福樂을 享有ㅎ더니.

나아가 1910년 무렵부터는 단군을 한민족뿐만 아니라, 동북아 여러 종족의 공통 시조라고 보는 견해까지 나왔다. 예컨대 단군의 "자손(子孫)이 백두산(白頭山) 남북(南北)에 분처(分處)ㅎ야 일(一)은 조선족(朝鮮族)이 되고 일(一)은 만주족(滿洲族)이 된지라"라든지,[21] 단군의 삼천단부(三千團部)에서 여진족(女眞族)·청족(淸族)·숙신

---

21) 《皇城新聞》 1910년 4월 21일자 논설 〈我民族의 神聖歷史〉.

(肅愼)·읍루(挹婁)·물길(勿吉)·말갈(末葛)·선비(鮮卑)·거란(契丹)이 갈라져 나왔다든지[22] 하는 것이 그것이다. 따라서 이것은 단군 자손의식의 확대라 할 수 있겠다.

그런데 한 가지 짚고 넘어가야 할 것은 단군 자손의식의 등장을 일본 근대 민족주의의 영향으로 보는 견해다.[23] 즉, 메이지유신 당시 일본의 국민 통합 이데올로기인 가족국가론(일본은 천황을 親, 국민을 子로 한 국가)이나 일본주의운동(天照大神을 國祖로 숭봉하는 新神道를 일본의 國敎로 삼으려는 운동)의 영향에서 단군 자손의식이 출현했다는 것이다. 이에 반해 《규원사화》(揆園史話)를 비롯한 선가(仙家)의 연장선에서 단군 자손의식을 이해하는 견해도 있다.[24] 전자를 영향설이라 한다면, 후자를 자생설이라 할 수 있다.

그런데 영향설의 경우, 신화적 시조의 자손임을 내세워 당면한 민족문제를 해결하려는 움직임이 중국에도 있었다는 점을 고려해야 한다. 근대 중국의 '황제자손설'(黃帝子孫說)이 그것인데, 황제자손설이란 중국 민족은 신성한 황제의 자손이며, 따라서 중국 민족은 신성 민족이라는 말이다. 이 설은 19세기 말부터 등장하며, 그것을 처음 주창한 것은 캉유웨이(康有爲)나 량치차오(梁啓超) 같은 개량파들이었다. 그 목적은 중국인이 단결할 근거를 만드는 데 있었으며, 이때 중국 민족 속에는 한족뿐만 아니라 만주족도 포함된다. 황제자손설은 1903년 무렵부터는 청조 타도를 부르짖는 혁명파들에 의해 수용되면서 중국 전역으로 확산되어 갔다. 그러나 혁명파가 지칭하는 중국 민족이란 한족에 국한된다는 점에서 개량파의 그것과 달랐고,

---

22) 《皇城新聞》 1910년 8월 9일자 논설 〈我檀君子孫의 氏族과 疆土와 敎化의 歷史〉.
23) 佐佐充昭, 〈檀君ナショナリズムの形成〉, 86~87쪽; 〈韓末における檀君敎の‘重光’と 檀君ナショナリズム〉, 41~45쪽.
24) 정영훈, 앞의 글, 13~19쪽.

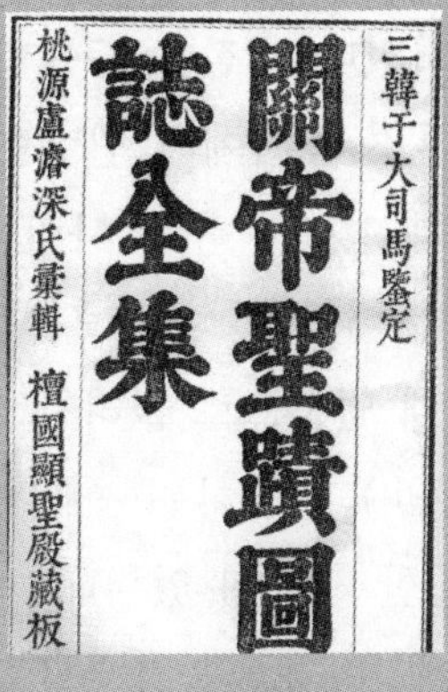

그림 1.
1876년(고종 13)에 간행된 《관제성적도지전집》
(關帝聖蹟圖誌全集) 표지

이런 의미에서 배타적 성격이 강했다. 따라서 신해혁명 이후, 개량파나 무정부주의자들의 비판에 의해 황제자손설은 생명력을 상실하고 말았다.[25]

그런데 황제자손설의 논리는 단군자손설과 흡사한 면이 많다. 또 황제자손설을 처음 거론했던 양계초의 사상은 한말 애국적 지식인들에게 많은 영향을 미쳤다. 따라서 단군자손설이 황제자손설의 영향일 가능성도 생각해 볼 수 있다.

한편 자생설의 경우, 단군 자손의식은 전근대 사회에서 통용되기 어려운 근대적 담론이므로, 어떤 계기 없이 선가의 연장선에서만 파악하기 어렵다. 따라서 어느 쪽을 따를지는 논란의 여지가 있지만,

---

25) 孫隆基, 〈淸季民族主義與黃帝崇拜之發明〉, 《歷史硏究》 2000-3, 68~79쪽; 高强·田延峰, 〈試論淸末"黃帝子孫"稱謂的勃興〉, 《寶溪文理學院學報》 20-3(2000), 40~44쪽; 高强, 〈淸末革命派尊黃現象述論〉, 《安徽史學》 2001-4, 42~45쪽; 高强, 〈辛亥革命時期"黃帝子孫"稱謂的錯位〉, 《貴州文史叢刊》 2001-4, 9~11쪽; 坂元ひろさ, 〈中國民族主義の神話〉, 《中國民族主義の神話》, 岩波書店, 2004, 59~68쪽; 김선자, 《만들어진 민족주의 황제신화》, 책세상, 2007, 91~179쪽.

조선 후기에 단군의 역사적 위치가 위로는 지배층에서부터 아래로는 피지배층에 이르기까지 확고하게 인식되었다는 점을 주목할 필요가 있다. 예컨대, 고종 8년(1871) 영해·문경 등지에서 민란을 주도한 이필제(李弼濟)가 스스로를 단군의 화신이라 하며 사람들을 끌어들이고자 한 사실26)에서 단군의 권위에 대한 인식이 보편화되었음을 보여준다.27) 뿐만 아니라 정유재란 때 일본으로 끌려간 도공(陶工)들이 녹아도현(鹿兒島縣) 묘대천(苗代川)과 립야원(笠野園)에 단군을 제사하는 옥산신궁(玉山神宮)을 건립한 사실이 있는데,28) 이 것은 도공과 같은 천민들까지도 단군을 통해 자신들의 정체성을 확인하고자 했음을 짐작하게 한다. 그리고 1876년에 간행된《관제성적도지전집》(關帝聖蹟圖誌全集)의 표지에 간행처를 '단국현성전'(檀國顯聖殿)이라 했는데(그림 1), 여기서 단국은 단군의 나라, 즉 우리 나라를 가리킨다. 그렇다고 할 때 19세기 후반에는 한국을 '단국'이라 할 정도로 단군은 국가의 시조로서 널리 인식되었다 하겠다. 그러므로 한말에 단군 자손의식이 출현할 수 있었던 것은, 바로 이와

26)《道源記書》(《東學思想資料集》 1, 아세아문화사, 1979, 215쪽).

27) 한국무속사 자료에《무당내력》(巫黨來歷; 서울대 규장각, 1996)과《무당성주기도도》(巫黨城主祈禱圖; 서울대박물관 소장)가 있는데, 이들 자료는 무속의 각 제차(祭次)를 글과 그림으로 설명하면서 무속의 기원을 단군에서 구한 것이다. 이들 자료는 제작 연대 미상이지만, 과거 19세기에 만들어진 것으로 추측되어 왔으며, 이러한 통설에 따라 필자도 이들 자료를 19세기에 단군 인식이 기층사회에까지 널리 보급된 근거로 제시했다. 그러나 현재는 이들 자료가 19세기의 것이 아니라, 단군자손이란 의식이 보급된 이후의 것, 즉 20세기의 산물로 생각하고 있다.

28) 김의환, 〈일본 녹아도현(鹿兒島縣) 묘대천(苗代川)·입야원(笠野原)의 옥산궁(玉山宮; 檀君祠堂)과 그곳에 전해오는 우리말의 가무(歌舞)·축사(祝詞)에 대하여〉,《박영석(朴永錫)교수화갑기념 한국사학논총》상(논총간행위원회), 1992, 1177~1200쪽. 최근 묘대천(苗代川) 옥산신사(玉山神社)의 제신(祭神)이 처음부터 단군이 아니라, 고려 현종(顯宗)이었다는 견해도 있다.(原田一良, 〈薩摩 苗代川 玉山宮에서의 檀君祭祀 검토〉,《한국 신을 모시는 일본의 신사》, 한국학중앙연구원, 2005, 209~239쪽)

같은 단군 인식의 보편화에서 원인을 찾아야 할 것이다. 한말 이전에 단군의 역사적 위치가 확고하지 않았더라면, 한말 단군 자손의식이 출현할 수 없었다는 것을 지나쳐서는 안 된다.

단군 자손의식이 궁극적으로 추구한 바는 무엇이었을까?

동북아 여러 종족의 공통 시조라는 것은 두고라도, 단군이 민족의 공통 시조라는 논리에는 문제가 많다. 우선 단군의 후손으로만 이어져 민족 전체가 되었다는 사실부터 분명하지 않다.[29] 그래서 김택영(金澤榮; 1850~1927)은 《한국역대소사》(韓國歷代小史; 1922)에서 "지금 조선의 종족에 단씨(檀氏)는 한 사람도 없다"고 하여, 단군이 민족의 시조라는 점을 부정했다.[30] 또 기자동래설(箕子東來說)이 움직일 수 없는 사실로 받아들여지고 그 후손이 존재하는 상황에서, 민족을 단군의 자손으로만 한정하는 것도 문제였다.

이러한 문제점들은 당시에도 인식되고 있었으며, 나름대로 답변도 준비되어 있었다. 예컨대 "자한토이주(自漢土移住)흔 동포(同胞)도 아단군혈족(我檀君血族)과 혼구상체(婚媾相遞)흐야 이생이육(以生以育)흐얏슨 즉(卽) 쏘흔 단군자손(檀君子孫)이 아니라 위(謂)키 불가(不可)흐도다"라는 것이 그것이다.[31] 그러나 이 정도의 답변으로 문제가 해결되기는 어려운 것이 사실이다. 따라서 단군의 후손이란 인식은 학문적 논증에 입각한 결론이라기보다, 선언적 의미가 강하다고 할 수 있다.

---

29) 단군의 자손에 대한 기록이 전혀 없는 것은 아니다. 예컨대 이의백(李宜白)의 《오계일지집》(梧溪日誌集)에서는 이씨를, 이덕무(李德懋)의 《청장관전서》(靑莊館全書) 58 앙엽기(盎葉記) 5 일인조가배수(一人祖加倍數)에서는 서씨(徐氏)를 단군의 자손이라 했다.

30) 최혜주, 《창강(滄江) 김택영(金澤榮)의 한국사론》, 한울아카데미, 1996, 80~81쪽.

31) 《皇城新聞》 1910 8월 10일자 논설 〈我民族의 思想 統一的 機關〉.

그럼에도 단군은 민족의 공통 시조이며, 민족은 단군의 자손이라는 인식은 급속히 확산되었다. 그것은 이러한 인식이 당시 상황에서 실천적 의미를 지녔기 때문이다. 한말의 당면과제는 일제의 침탈에 대항하여 국권을 수호하는 것이었다. 이러한 상황에서 요청되는 것은 저항을 뒷받침하고 조직화할 수 있는 이념이었다.

왕조체제에서 이런 경우 동원될 수 있는 명분은 충군애국(忠君愛國) 내지 근왕(勤王)의 논리다. 후기 의병의 '수은보원'(酬恩報怨)의 논리, 즉 군주의 은혜에 보답하고 군주의 원수를 갚는다는 논리가 바로 그것이다.[32] 그러나 일제의 침략 앞에 군주는 너무나 무력했다. 자결을 해야 한다는 요청에[33] 부응하지 못했고, 헤이그 밀사사건으로 말미암아 일제에 의해 강제 퇴위되기까지 했다. 여기에 사회계약론과 같은 새로운 사상들이 유입되면서 군주=국가관이 부정되었으며, 심지어 군주제의 폐단을 지적하면서 공화정을 지향하는 움직임까지 있었다.[34] 그러므로 충군애국이나 근왕은 저항과 결속의 논리로서 설득력을 상실했다고 하겠으며, 이에 따라 충군애국을 대신할 수 있는 새로운 논리가 모색되어야 했다.

이러한 상황에서 단군 자손의식은 우선 타자와 구별되는 자아로서의 민족정체성을 확인시켜준다. 나아가 민족이 곧 운명공동체라는 사실을 일깨워준다. 《황성신문》 1908년 3월 13일자 논설 〈범금지인(凡今之人)은 막여형제(莫如兄弟)〉의 일절은 이러한 사실을 잘 보여준다.

---

32) 木村幹, 〈臣民からネーションへ〉, 《朝鮮/韓國ナショナリズムと小國意識》, ミネルヴァ書房, 2000, 103~104쪽.

33) 조동걸, 〈의병운동의 한국민족주의상의 위치(하)〉, 《한국민족주의의 성립과 독립운동사연구》, 지식산업사, 1989, 67쪽.

34) 유영렬, 〈애국계몽사상〉, 《한국사》 43, 국사편찬위원회, 1999, 263~277쪽.

嗚呼라 我韓三千里 江山은 俱是白頭枝脈이오 二千萬 民族은 同一
檀君子孫이니 其血脈의 聯絡과 聲氣의 密接과 痛癢의 相關이 於死生
榮辱과 利害禍福에 義無獨殊오 勢必同歸라.

여기서 운명공동체이기 때문에 민족이 저항의 단위가 되어야 하
고, 그러기에 단결해야 할 당위성을 제시한다.

我全體民族의 始祖 檀君을 紀念ㅎ고 敬慕ㅎ야 血統의 密接과 天倫
의 篤愛를 致ㅎ면 上中下流의 家族觀念도 融釋되고 東西南北의 地方
觀念도 融釋되고 東敎西敎의 信仰은 不同ㅎ나 均是一祖의 子孫된 觀
念을 存홀지니 此 엇지 我民族의 思想統一的 機關이 아니리오. 此를
推而極之ㅎ야 漸次發展ㅎᄂ 境遇에ᄂ 二千萬民族의 思想을 統一홀뿐
아니라 徵古諸史ㅎ건딕 北齊主 高歡氏가 高句麗와 宗誼를 敍홈이 有
ㅎ고35) 金太祖가 高麗를 對ㅎ야 父母之邦으로 待遇흔 國書가 有ㅎ고
今淸國의 滿洲族은 卽 金人의 後裔이니 我始祖의 歷史를 發展케 ㅎ면
滿族數千萬이 쏘흔 同一檀君의 子孫이라 謂홀지니 此個 倫理思想이
發達흔卽 足히 東洋世界에 大宗의 誼를 講修홀지로다.

이것은 《황성신문》 1910년 8월 10일 논설 〈아민족(我民族)의 사상
통일적(思想統一的) 기관(機關)〉의 일부인데, 여기서 주장하는 것은
단군 숭배가 민족 내부의 모든 차별을 극복하고 사상 통일을 이룰
수 있는 근거가 될 수 있을 뿐만 아니라, 여진족·만주족까지 포용할
수 있는 토대가 될 수 있다는 것이다.36)

---

35) 광개토왕 때 북연(北燕)의 고운(高雲)이 사신을 파견하여 고구려의 종족임을 밝힌
   사실(《資治通鑑》 권114, 晉紀 36, 安帝 義熙 4년 3월)과 혼동한 것이다.
36) 박은식의 《대동고대사론》(大東古代史論;《한국학보》 67, 일지사, 1992, 240~241쪽)
   의 일절도 같은 맥락에서 이해할 수 있다. "天地之進化日新 而人智之進步日增 家族主

이상에서 언급한 바를 요약한다면, 1908년 무렵부터 단군은 민족의 공통 시조이며 우리 민족은 모두 단군의 혈연적 자손이라는 인식이 등장했으며, 이것은 민족정체성을 뒷받침하는 중요한 근거로 작용했다. 그리고 이것은 일제의 침략에 대한 저항 민족주의의 근거로서 실천적 의미를 가진 담론이었다는 것이다.

2) 단기(檀紀)의 사용

한편, 한말부터 단군의 건국을 기점으로 해서 연대를 파악하는 단군개국(檀君開國) 기년(紀年), 즉 단기가 연호의 하나로 사용되기 시작했는데, 그것을 시작한 것은 신문이었다.

전통사회에서 연대는 간지나 군주의 연호로 파악하는 것이 일반적이었다. 그러나 기년의 의미는 단순히 연대계산법에 그치지 않고, 독특한 정치적 의미와 문화적 기능까지 포함하고 있다. 즉 새로운 질서의 수립을 선언하는 의미가 있다. 왕조가 바뀌거나 신왕이 즉위하면 반드시 연호를 바꾸는 것은 이러한 사실을 반영한다. 따라서 단기라는 새로운 기년법의 사용은 나름대로 의미가 있다.

조선시대의 경우, 간지와 함께 중국 명청(明淸)의 연호로 연대를 표기했다. 그러다가 1894년 갑오경장을 계기로 새로운 기년법을 사용하기 시작하는데, 태조 이성계가 조선왕조를 건국한 1392년을 기점으로 연대를 파악하는 개국기원이 그것이다.[37]

그런데 1905년부터 단군개국 기년이 등장하기 시작한다. 즉 이

義進而爲民族主義者 以其爲民族競爭之時代故也 既有對他之競爭 不可不求吾同族之相助矣 不可不遡吾所自出之本原 以明其血統之關係 以發其親愛之情 根此現世各族以發達其祖先歷史 爲自强自主之精神 對他競爭之助力者也…… 嗚呼 我大東民族 有四千年之歷史者也 四千年歷史之祖誰也 太白山檀木下天降神人 吾始祖也."

37) 《高宗實錄》 권32, 高宗 31년 7월 1일.

해부터 신문의 연도 표시란에 단군개국이 등장한다.[38] 물론 단군의 건국이 지금부터 몇 년 전이란 인식은 이전에도 있었다. 예컨대, 이승휴(李承休)는 《제왕운기》에서 단군의 개국 연대를 기원전 2354년으로 보았으며,[39] 고려 말의 백문보(白文寶)는 단군에서 공민왕 때까지를 3600년이라 했다.[40] 또 한말 국사 교과서들도 현재 또는 조선왕조 건국을 기점으로 단군 건국의 연대를 환산하고 있다. 그러나 이것을 단군개국 기년의 사용이라 할 수 없다. 왜냐하면 단군 건국에서 현재까지의 연대가 누적된 체계로서 파악된 것이 아니기 때문이다.

단기를 처음 사용할 때, 신문은 1905년을 단군개국 4238년이라 했다. 즉, 서기전 2333년이 단군 건국 연대라는 것이다. 그런데 단군의 개국 연대는 이를 전하는 최고(最古)의 사서인 《삼국유사》와 《제왕운기》부터가 서로 다르다. 또 조선시대에는 《동국통감》 이래로 이들과도 달리, 중국의 당요(唐堯) 25년 무진설을 통설로 삼았다.[41] 이것을 서기로 환산하면 바로 기원전 2333년이다. 따라서 한말에 처음 사용되기 시작한 단군개국 기년은 조선시대의 통설에 따른 것이라 할 수 있다.

그런데 개화기 교과서에서는 단군의 건국 연대를 1905년 이전에는 기원전 2343년이라 했다가, 1905년 이후에는 모두 기원전 2333년

---

38) 《황성신문》에서는 4월 1일부터, 《대한매일신보》에서는 8월 11일부터 '단군개국' 연호를 사용했다. 또 미주 신문인 《신한민보》(新韓民報)도 9월 15일부터 건국기원이란 이름으로 단기를 사용했다.(조동걸, 〈국사연구와 한말사서〉, 《한민족독립운동사》 2, 국사편찬위원회, 1987, 114쪽, 주 30)

39) 신라 경순왕이 고려에 항복한 935년에 대해 "我太祖十八年也 自檀君戊辰 至此凡三千二百八十八年"이라 했는데, 이를 환산하면 단군 건국 연대는 기원전 2354년이 된다.

40) 《高麗史》 권114, 列傳 27, 白文寶.

41) 이것은 서진(西晉) 황보밀(皇甫謐)의 《제왕세기》(帝王世紀)나 북송(北宋) 소옹(邵雍; 1011~1077)의 《황극경세서》(皇極經世書)에 따라 요 원년을 갑진년으로 보고, 고조선의 건국을 요 25년인 무진년으로 간주한 것이다.

이라 했다.[42] 따라서 단군개국 기념의 사용과 더불어 단군 건국=기원전 2333년이라는 연대관이 확립되었고, 이것이 오늘날까지 이어진다고 할 수 있겠다.

그런데 개국 기념의 사용은 당시 중국이나 일본에서도 추진되고 있었다. 이 점에서 앞선 것은 일본이다. 일본에서는 1872년 〈태정관포고〉(太政官布告) 제342호에 의해, 초대천황 진무(神武)가 일본을 건국한 기원전 660년을 기점으로 연대를 표시하는 진무천황기원(=皇紀)이 정식 기년법으로 채택된다. 이렇듯 황기가 법제화됨에 따라, 이후 공·사문서에는 황기 사용이 공식화된다.[43]

한편 중국에서는 20세기 초부터 황제자손설과 함께, 황제가 출생한 해를 기점으로 하는 황제 기원(=黃紀)의 사용이 주장된다. 그것은 대략 1903년부터인데,[44] 주로 청조(淸朝) 타도를 부르짖는 혁명파들에 의해 주장되었다.[45] 이 과정에서 황제기년의 기점에 대해서는 기원전 2711년이라는 설(《黃帝魂》), 기원전 2698년이라는 설(《民報》), 기원전 2491년(《江蘇》)이라는 설 등이 병존하여 약간의 혼란이 있기도 했지만, 중국인들 사이에서 상당한 공감을 불러일으켰다.[46]

일본과 중국을 비교하면, 일본은 관 주도 아래 이루어진 것이고, 중국은 민간에서 자발적으로 사용한 것이라는 점에서 차이가 있다.

---

42) 박정동(朴晶東)의 《초등대동역사》(初等大東歷史)에서 "我韓開國紀元前 3727년", 즉 기원전 2336년이라 한 것은 오자가 아닌가 한다.
43) 吉田隆久, 《皇紀·万博·pリンピック》, 中公新書, 1998, 2~6쪽.
44) 劉師培가 1903년에 발표 간행된 〈黃帝紀年說〉(《黃帝魂》, 中國國民黨中央委員會黨史史料編纂委員會, 1970, 1~4쪽)에서 황제기년의 사용이 처음 주장되었다.
45) 焦潤明·王建偉, 〈晚淸"紀年"論爭之文化解讀〉, 《遼寧大學學報(哲學社會科學版)》 32-6, 2004, 43~50쪽.
46) 張聞玉, 〈辛亥革命後的黃帝紀年〉, 《貴州社會科學》 2002-1, 108~110쪽.

또 일본은 진무천황에서 비롯된 천황의 권위를 높이는 데 목적이 있으며, 중국은 한족(漢族)의 동질성을 강조하여 반청운동(反淸運動)에 더 많은 한족 인사들을 끌어들이는 데 목적이 있었다. 그렇지만 일본의 황기(皇紀)든 중국의 황기(黃紀)든 개국 기점에서부터 역사를 누적적으로 파악함으로써, 자국사의 유장(悠長)함을 부각시켜 자국의 역사에 대한 자부심을 고취하려 한 점에서는 마찬가지라고 할 수 있다.

그렇다고 할 때, 단기의 경우는 중국형에 가깝다. 당시 국가의 공식 기년은 개국기원이며, 단기의 누적적 기년이란 아이디어 자체도 직접적으로는 개국기년에서 따왔을 가능성이 크다. 따라서 단기는 공식화된 기년이 아니며, 자발적 사용이 권장될 뿐이었다. 1905년 이후에도 단기는 민간신문에서 개국기년 등과 함께 병기되는 데 그쳤을 뿐,《관보》에서는 병기조차 되지 않았다는 것은 이러한 사실을 반영한다.

그럼에도 단기의 사용이란 당시로서는 의미가 컸다. 우선 편리하다는 점도 있겠고, 이를 통해 단군에서 비롯된 민족사의 유구성을 확인하고 나아가 애국심을 고취한다는 의미가 있었다. 특히 일본보다 한국사가 앞선다는 점을 부각시킬 수 있다는 점에서도 의의가 있었다. 1909년 6월 6일자《대한매일신보》기서(寄書)〈력사(歷史)에 대(對)흔 관견(管見) 2칙(二則)〉에서 사벽생(史癖生)이란 독자의 주장은 이를 뒷받침한다.

我韓國聖祖 檀君으로 記허야 某年은 檀君後第幾十年이라 書허며 某年은 檀君後第幾百年이라 書허면 一般讀者의 腦際에 煩惱도 除ᄒ며 且歷史를 對ᄒ믹 同祖同族의 觀念이 油然自生허야 愛國心을 喚起홈에 大裨益이 有ᄒ리라 ᄒ노라.

3) 애국가사(愛國歌詞) 게재

단군을 기리고, 이를 통해 민족의식을 고취하는 애국가사들이 창작되었으며, 이러한 애국가사는 1909년 이후부터 신문이나 잡지에 발표되기 시작한다. 이 가운데에서 단군의식을 고취한 것으로는 〈단단가〉(檀檀歌;《대한매일신보》1909년 7월 27일), 〈단군가〉(檀君歌;《대한매일신보》1909년 8월 6일), 최남선(崔南善; 1890~1957)의 〈태백산가〉(太白山歌;《소년》3-2, 1910)와 〈태백(太白)에〉(《소년》3-5, 1910) 등이 그것이다.

그리고 전래의 민요를 가지고 민족의식을 고취하려는 것도 있으니, 예컨대 "저 건너 초당 압헤 빅년언약 화초를 심어드니 박년초는 아니 나고 금년 리별화초가 만발이라"라 구절을 "저 건너 흔반도에 단군혈족을 심엇드니 단군혈족은 어듸로 가잔 말리냐 왜놈의 종자가 드러를 온다"로 고친 〈가조(歌調) 육자배기〉 같은 것이 그것이다.[47]

이들 애국가사는 물론 나름대로 특징이 있지만, 다음과 같은 점에서 많은 공통분모를 가지고 있다. 즉 단군의 위대함과 신성함을 부각하면서, 바로 이러한 단군의 자손이 우리 민족이라는 선민의식을 강조한다. 따라서 우리 민족은 낳고 기르고 보호해 주는 단군을 잊어서는 안 되며, 이를 통한 민족의 단결을 호소한다.

2.2. 역사 분야에서의 단군 강조

한말 단군 인식을 확산하는 데 역사교육이 한 축을 맡았다. 각급 학교에서 한국사 교육이 정식으로 이루어진 것은 갑오경장 이후 새

---

47) 裵洋子, 〈歌調 육자배기〉,《太極學報》24, 태극학회, 1908. 9, 54쪽.

로운 교육제도가 시행되면서부터였다. 즉 개화파의 개혁 추진 일환으로 신교육을 실시하는 소학교·중학교 등 각급 관립학교가 설치되고, 이들 각급 학교의 교과과정에 본국사가 포함되어 있었던 것이다.[48]

그러나 본국사 교육이 평탄하게 실시된 것은 아니었다. 을사보호조약과 통감정치로 말미암아 교육행정의 실권이 일본인에게 넘어가면서, 정부는 국사 교육을 축소 내지 폐지하는 정책을 세웠다. 그래서 1905년에는 공립학교에서 본국사 교육을 폐지했고, 1908년에는 〈사립학교령〉(私立學校令)과 〈교과용도서검인정규정〉(敎科用圖書檢認定規程)을 통해 교과서 검열을 강화했다. 또 1909년에는 치안에 방해되는 모든 출판물의 발매금지를 규정한 〈출판법〉(出版法)을 시행하여, 국사 교과서 등을 압수했다. 그렇지만 사립학교에서는 애국심 고취의 수단으로 국사 교육이 계속되었다.[49]

이러한 과정에서 단군이 교육 현장에서 강조되었음은 당시 사용된 교과서를 보면 짐작할 수 있다. 한국사 교과서는 본국사 교육의 실시와 더불어 개발되기 시작했다. 그 결과 1895년부터 교과서가 간행되기 시작했는데, 초기에는 학부(學部)가 편찬을 주도했다. 그러나 본국사 교육의 폐지와 더불어 학부의 교과서 편찬은 중단되고, 그 대신 1905년부터는 개인이나 민간단체 명의의 교과서들이 나왔다. 그래서 교과서 검정이나 출판법 등의 제약이 있었음에도, 1910년에 일제가 한국을 강점할 때까지 10여 종 이상의 한국사 교과서가 간행되었다.

---

48) 김성준, 〈구한말의 국사교육에 대하여〉, 《대동문화연구》 8, 성균관대, 1971, 166~172쪽.
49) 위의 글, 172~189쪽.

학부 편찬이나 개인 저술을 가릴 것 없이, 한말의 교과서는 다 한국사를 단군에서부터 시작하였다. 뿐만 아니라 단군 인식에서도 많은 공통점을 보인다.

첫째, 단군의 신성성이 강조되고 있다. 물론 교과서에 따라 단군에 대한 표현은 신인(神人), 신성한 사람, 성덕(聖德)을 갖춘 사람 등으로 조금씩 다르다. 그러나 단군을 신성한 존재로 묘사한 점에서는 일치한다.

둘째, 단군 이전은 초의목식(草衣木食)・하소동혈(夏巢冬穴)의 미개상태를 벗어나지 못했으나, 단군이 편발개수(編髮盖首), 군신(君臣)과 남녀, 음식과 거처의 제도를 정함으로써 문명화의 단계로 진입했다고 했다.

셋째, 현재 또는 조선왕조의 개국에서 단군까지 수천 년의 연대를 구체적 숫자로 제시하고 있다.

넷째, 단군이 태어난 태백산은 영변의 묘향산, 처음 도읍한 곳은 지금의 평양이라 했다.

물론 이상과 같은 단군 이해는 조선시대와 크게 다르지 않다. 그러나 이것을 당시 상황과 결부시켜보면 이것이 전달하는 메시지가 있다. 그것은 한국이 유구한 역사를 가진 신성한 국가며 문명국가라는 것이다.

그러나 1905년에 간행된 최경환(崔景煥) 편집, 정교(鄭喬) 평열(評閱)의 《대동역사》(大東歷史)를 경계로, 그 이전과 이후가 상당한 차이를 보인다. 이후에 나타난 새로운 측면이란 다음과 같은 것들이다.

첫째, 단군에 대한 존경심이 더욱 강하게 표출된다. 최경환의 《대동역사》에서는 '단성'(檀聖)이란 표현을 사용했으며, 1908년 이후의 교과서에서는 단군을 언급하면서 경어체를 사용한다.

　　檀君이 나라를 세우시니 檀君은 우리나라의 처음 나신 님금이시라 神靈ᄒ신 德이 하날처럼 크샤 그 빗나심이 아츰날의 고홈이 만물을 비치임과 같으심으로 國號를 朝鮮이라 ᄒ니라.50)

　둘째, 단군 재위시대의 사실들에 연대가 매겨진다. 예컨대 강화 마니산에서의 설단제천(設壇祭天)은 재위 59년 병인, 백악(白岳) 천도는 127년 갑술 등이 그것이다. 이것은 기존 사서에는 보이지 않으며, 최경환의 《대동역사》에서부터 나타나기 시작한다. 그러나 근거에 대한 언급이 없으므로 문제가 있지만, 구체적인 연대를 제시했다는 점에서 단군의 역사적 실재성을 부각하는 효과는 컸을 것이다.

　셋째, 태자 부루(扶婁)의 도산회(塗山會) 참가에 대한 표현이 달라진다. 부루가 하우(夏禹)의 도산회에 갔다는 전승은 이미 고려시대부터 확인되며,51) 이것을 전통 사서들은 조공으로 표현했다. 그리고 초기의 교과서들도 이를 따르고 있다. 그러나 최경환의 《대동역사》에서는 인접국가 사이의 교빙(交聘) 통호(通好), 만국박람회 참가 정도로 이해했으며,52) 이후 다른 교과서들도 조공 대신 참예(參預), 왕부(往赴) 등으로 서술했다. 이것은 한국이 일찍부터 자주 독립국가였음을 강조하기 위한 것이라 할 수 있겠다.

　넷째, 단군 강역의 범위가 구체적으로 언급된다. 단군과 관련해서는 그동안 하강처가 태백산(=묘향산), 도읍지가 평양, 마지막을 장식한 곳이 장당경(藏唐京; 문화현 구월산)으로 알려져 왔다. 그래서 단군조선은 막연히 한반도 서북 지역에 있던 국가로 이해되었다. 그러다

---

50) 興士團編輯部, 《初等本國史略》 1, 同文館, 1909; 한국문헌학연구소 편, 《한국개화기 교과서총서》 20, 아세아문화사, 1977, 363쪽.
51) 김성환, 〈단군전승의 유형 Ⅰ〉, 《중앙사론》 11·12, 중앙대, 1999, 19쪽.
52) 최경환, 《大東歷史》 권1 檀君朝鮮記; 한국학문헌연구소 편, 앞의 책 17, 1905, 45쪽.

가 조선 후기부터 만주도 단군의 영역이란 주장이 제기되었다.[53] 그러나 강역의 사지(四至)에 대해서는 명확한 설명이 없었다. 그런데 최경환의 《대동역사》에서 처음으로 단군의 강역을 동으로 태평양, 서로 요하(遼河), 남으로 조령(鳥嶺), 북으로 흑룡강(黑龍江)에 접한다고 했고,[54] 이후 많은 교과서들이 이를 따르고 있다. 그렇다고 한다면 단군조선은 만주까지 포함하는 넓은 영토를 가진 셈이 된다. 따라서 이러한 서술은 단군조선이 반도국가가 아니라, 대륙에 걸쳐 넓은 영토를 가진 강대국이었음을 암시하는 것이라 하겠다.

다섯째, 단군의 계통이 부여 또는 북부여로 이어졌고, 그것이 다시 고구려·백제로 이어진다고 했다. 초기 교과서들에서는 단군이 아사달 산신이 된 것만 언급하고, 후손에 대한 서술이 없다. 즉 단군의 계통이 단절되었다는 주장이다. 그러나 이들 교과서에서는 단군의 계통이 단절되지 않고, 우리 민족의 혈관 속에 단군의 피가 흐르고 있음을 시사하고 있다. 나아가 이러한 서술은 당시 유행하던 단군 자손 의식을 역사적으로 뒷받침하는 것이라 하겠다.

단군과 단군조선에 대한 이러한 서술은 한국사 교과서뿐만 아니라, 다른 교과서도 마찬가지였다. 예컨대 주시경(周時經; 1876~1914)의 《국문초학》(1909)이 그것인데, 여기서는 단군에 대한 서술을 "그런고로 단군처럼 쟝ᄒ신 임군은 예로 지금ᄭ지 텬하에 다시 업ᄂ니라"로 끝맺고 있다.[55]

이처럼 1905년 이후 교과서의 서술이 달라지는 것은 무엇보다도 당시의 시대 상황과 밀접한 관련이 있다. 즉 일제의 침략이 가속화됨

---

53) 예컨대 《星湖僿說》 권1, 天地門, 檀箕彊域.
54) 최경환, 앞의 책; 한국학문헌연구소 편, 앞의 책 17, 41쪽.
55) 이기문 편, 《주시경전집》 상, 아세아문화사, 1976, 513~517쪽.

표 1. 한말 교과서의 단군 서술

간행	서 명	저 자	건국연대	영역	조상	후예	塗山會	경어체	비고
1895	朝鮮歷史	學部	B.C.2343				朝		
	朝鮮歷代史略	學部	B.C.2343				朝		
1899	東國歷代史略	學部	B.C.2343				會諸侯會…往會		한문
	朝朝鮮略史十課	學部	B.C.2343				朝		1895[56)]
	普通教科 東國歷史	玄 采	B.C.2343						
1905	歷史輯略	金澤榮					會諸侯會…往會		한문
	大東歷史	崔景煥	B.C.2333	언급		扶餘	塗山會 如		한문
1906	中等教科 東國史略	玄 采	B.C.2333	언급	언급	扶餘	相見		
	普通教科 大東歷史略	國民教育會	B.C.2336			扶餘	萬國會…參		
	新訂東國歷史	元泳義·柳瑾	B.C.2333		언급	北扶餘	塗山會往赴		
1908	初等本國歷史	柳瑾	B.C.2333			北扶餘	塗山會參	사용	
	초등딕한역ᄉ	조종만	B.C.2333			北扶餘	만국회 참예	사용	
	딕한역ᄉ	헐버트·吳聖根	B.C.2333	언급	언급	扶餘	도산회 보내다	사용	
	初等大韓歷史	鄭寅琥	B.C.2333	언급	언급	北扶餘	萬國會參	사용	
	初等大東歷史	朴晶東	B.C.2336				塗塗山萬國會 參預	사용	
1909	初等本國略史	興士團	B.C.2333					사용	
	初等本國歷史	安鍾和				扶餘	塗山會參	사용	
1910	新撰初等歷史	柳瑾	B.C.2333			언급	北扶餘	塗山會 참예	사용	

에 따라 애국심이나 민족의식 고취가 더욱 필요해진 상황의 반영이라는 것이다. 그래서 이들 교과서는 단군의 존재를 부각하고, 이를 통해 자주독립의 당위성을 확보하는 방향으로 서술이 이루어졌다고 하겠다.

한말의 한국사 교과서는 많은 문제점을 안고 있었다. 군주 중심의 역사관을 탈피하지 못했고, 주자(朱子)의 강목체(綱目體)와 삼한정통론의 영향을 크게 받고 있었다. 전통적 유교사관의 한계를 극복하지 못했다는 것이다. 더구나 임나일본부설·신공황후(神功皇后) 신라정복설 같은 일본 사학의 주장을 수용한 점 등은 문제가 아닐 수 없었다.57) 그래서 당시에 이미 신채호는 이들 교과서를 역사라고 한다면, 역사가 없는 것만 못하다고까지 혹평했다.58)

그렇지만 이들 교과서의 내용은 교육 현장에서 학생들에게 널리 퍼져나갔을 것이며, 대중의 한국사 지식을 드높이는 데 이바지했음을 부인할 수 없다. 《제국신문》(帝國新聞) 1905년 3월 22일자의 다음 논설은 이 점을 지적하고 있다.

> 전에난 선비들이…정작 우리 나라의 역듸와 스젹에눈 캄캄ᄒ야 당초에 알 싱각도 아니ᄒ고 혹 얼론ᄒᄂ 좌석을 당ᄒ미 입을 벙굿도 못ᄒ더니 근릐에 학부에서 본국스긔를 여러 가지로 긔간ᄒ미 각학도들이 당연히 공부ᄒ 걸로 아ᄂ고로 비록 삼척동ᄌ라도 단군 이후 몟쳔 년 릭력을 능히 니야기ᄒᄂ 으희가 만히 잇스니.59)

---

56) 조동걸, 〈국사연구와 한말사서〉, 《한민족독립운동사 2 — 국권수호운동 II》, 국사편찬위원회, 1987, 141~142쪽에서는 "《조선약사(朝鮮略史) 십과(十課)》가 1895년에 간행되었고" 했다.

57) 한영우, 〈한말 신채호의 민족주의사론〉, 《한국민족주의역사학》, 일조각, 1994, 42~52쪽.

58) 신채호, 〈讀史新論〉, 《改訂版 丹齋申采浩全集》, 형설출판사, 1979, 472쪽.

그렇다고 할 때 이들 교과서에 기초한 교육은 단군에 대한 인식을 확산시키는 데 일익을 담당했을 것이다. 나아가 이것이 단군 자손의식과 결합될 때, 애국심과 민족의식 고취에도 상당한 기여를 했을 것임은 충분히 짐작할 수 있는 사실이다.

2.3. 단군 유적에 대한 관심

단군의 존재와 의미가 새롭게 부각됨에 따라, 한말에는 단군 유적에 대한 배려가 정부 차원에서 베풀어지기도 했다.

단군 유적의 하나로는 평안도 강동군(江東郡)의 단군릉이 있다. 1899년과 1901년에 지역 출신들이 단군릉에 대한 국가 차원의 수리를 건의했지만, 고종은 신중하게 처리해야 한다고 하면서 실천에 옮기지 않았다.[60] 당시 평양 주변에 있던 기자릉이나 동명왕릉이 수리되었음에도 단군릉은 그렇게 하지 않았다는 것은, 아직 단군의 위상이 확립되지 못했음을 의미한다.

단군릉에 대한 관심이 드러난 것은 1909년 순종의 평안도 지방 순행을 계기로 해서였다. 즉 순종은 1월 31일 평양에 도착하여, 평안남도 관찰사로 하여금 평양의 단군 사당인 숭령전(崇靈殿)을 치제(致祭)토록 하는 한편, 단군릉이 황폐하다는 말을 듣고 이에 대한 보호 조치를 강구하라는 조서를 내린다.[61] 또 단군묘에서 단군릉으로 개봉(改封)한 것에 대한 문적(文蹟)을 찾아내라고 하여, 전의관(前議官) 이명환(李明煥)의 집에서 그의 아버지 단군전령(檀君殿令)

59) 김성준, 앞의 글, 171~172쪽 재인용.
60) 《高宗實錄》 권40, 光武 4년 1월 29일 및 《高宗實錄》 권41, 光武 5년 8월 31일.
61) 《純宗實錄》 권3, 隆熙 3년 1월 31일.

이응주(李膺柱)가 본군(本郡)·본도(本道)에 올린 관련 자료를 찾아내기도 했다.62)

이에 따라 이 해 5월 내부(內部)에서 소요 경비와 역군(役軍) 동원 계획을 마련하여 지방관에 지시를 내렸다.63) 그러나 재원 조성이 문제가 되었다. 즉 황제 순행 예산 가운데 남은 부분을 투입한다는 방안과 탁지부(度支部)에서 경비를 조달한다는 방안의 대립 때문이었다.64) 그 결과가 어떠했는지는 알 수 없지만, 단군릉 정자각(丁字閣) 및 각종 석물(石物)의 수리비로 3,500원이 책정되었고, 지방관에게 모든 것을 위임한다는 결정이 내려졌음이 확인된다.65)

한편, 강화도의 참성단에 대한 실측 조사가 실시된다. 참성단은 단군이 하늘에 제사하던 제단이라 전하는 곳이다. 이에 대해 1909년 3월 농상공부에서는 일본인들에 의뢰하여 실측을 하도록 했다.66)

1909년 순종의 지방 순행은 통감 이토 히로부미의 정치적 계산에서 실행된 것이었다. 즉 황제와 동행함으로써 한국과 일본 사이의 우호를 대내외적으로 과시한 것이었다. 그러나 그것은 국민의 반발로 뜻한 바의 목적을 달성하지 못했다.67) 또 참성단 실측은 일본인

---

62) 《皇城新聞》 1909년 2월 11일자 雜報 〈檀墓事蹟〉.

63) 《皇城新聞》 1909년 5월 5일자 雜報 〈檀君墓封築提議〉; 《大韓每日申報》 1909년 5월 5일자 雜報 〈檀陵改築〉.

64) 《大韓每日申報》 1909년 5월 16일자 雜報 〈道傍築室〉. 이에 앞서 평안남도관찰사가 개봉축(改封築)과 수호(守護) 의절(儀節)에 대한 구체적 방안에 대해 질의했다고 하는데, 이것도 경비의 출처 문제 때문이 아닌가 한다.(《皇城新聞》 1909년 5월 12일자 雜報 〈箕察質稟〉)

65) 《大韓每日申報》 1909년 5월 25일자 雜報 〈檀陵開役〉. 이에 앞서 단군릉 등 역대 능침(陵寢)의 개사비(改莎費)는 퇴락 정도에 따라 책정한다는 결정이 내려졌다.(《皇城新聞》 1909년 5월 19일자 雜報 〈歷代陵改莎費〉)

66) 《皇城新聞》 1909년 3월 27일자 雜報 〈天壇觀測〉. 한편 和田雄治, 〈江華島塹城壇〉, 《考古學雜誌》 1-6, 1911, 12~22쪽에는 참성단의 실측도가 수록되어 있는데, 이것은 이때 실측의 결과를 보여주는 것이 아닌가 한다.

의 힘을 빌린 것이다. 이런 점에서 단군릉 개축이나 참성단 실측의 의미가 반감될 수도 있다.

그렇지만 이러한 사실들은 민간 차원에서뿐만 아니라 정부 차원에서도 단군을 주목했음을 보여준다는 데 의미가 있다.

3. 민족의 시조에서 종교적 신앙대상으로

3.1. 대종교의 성립

한말 단군 인식의 팽배는 마침내 단군을 신앙하는 종교단체의 출현을 가져왔으니, 1909년에 창시된 대종교가 그것이다.

대종교 개창을 주도한 인물은 홍암대종사(弘巖大宗師) 나철(羅喆; 1863~1906)이다.[68] 나철이라는 이름은, 원래의 이름 나인영(羅寅永)을 대종교를 창시한 뒤인 1910년에 개명한 것이다.[69] 나철은 전남 낙안군(樂安郡) 남산면(南山面) 금곡리(錦谷里)의 한미한 가문에서 태어났다. 그러나 그는 호남지역의 한학자로 널리 알려진 왕석보(王錫輔; 1816~1868)의 문하에서 수학했고, 20대 초반에 상경해서 온건 개화파의 거두 김윤식(金允植; 1835~1922)의 문인으로 들어가 사회

---

67) 국사편찬위원회, 《한국독립운동사》 1, 정음문화사, 1983, 380~389쪽.

68) 나철의 생애에 대해서는 다음 연구에 의거하였다. 신철호, 《한국중흥종교 교조론(教祖論) ― 홍암(弘巖) 나철(羅喆) 대종사》, 대종교총본사, 1979; 박환, 〈나철의 인물과 활동〉, 《만주한인민족운동사연구》, 일조각, 1991, 256~271쪽; 박환, 《나철·김교헌·윤세복》, 동아일보사, 1992, 7~37쪽; 정영훈, 〈홍암 나철의 사상과 현대적 의의〉, 《국학연구》 6, 국학연구소, 2001, 22~26쪽; 오영섭, 〈대종교 창시 이전 나인영의 민족운동〉, 《한국민족운동사연구》 39, 한국민족운동사학회, 2004, 191~236쪽.

69) 《황성신문》 1910년 1월 23일자에 나인영(羅寅永)을 나철(羅喆)로, 오기호(吳基鎬)를 오혁(吳赫)으로 개명한다는 광고가 있다.

진출 기반을 마련한다.

이후 1891년에서 1893년까지는 과거를 거쳐 관직생활을 했고, 1893년부터 1901년까지는 제주도에서 유배된 김윤식을 돌보는 일을 하다 다시 상경했다. 이때부터 그는 오기호(吳基鎬; 1863~?), 이기(李沂; 1848~1909) 등과 함께 구국활동을 전개한다.

그의 구국활동의 첫 단계는 동양평화론에 입각한 외교적 노력이었다. 이를 위해 1905년부터 1908년 동안 세 차례나 일본으로 가 일본으로부터 한국 독립을 보장 받으려 했다. 이런 외교적 노력이 있었음에도 을사보호조약으로 한국이 일본의 보호국으로 전락하자, 자신회(自新會)를 조직하여 을사보호조약을 인정한 5적 암살을 기도했다. 그러나 이것마저 실패로 끝나 1907년 7월부터 12월까지 지도(智島)에서 유배생활을 했다.

이 무렵 단군운동이 점차 종교적 색채를 띠고, 나아가 조직화하려는 움직임을 보이기 시작했다. 즉 1890년 무렵 평안도 영변인(寧邊人) 김염백(金廉白)이 묘향산에서 천일기도 끝에 단군 성령에 감응하여 신교(神敎)를 창설했는데, 그 문도가 수천 명에 이르렀다고 한다. 또 김염백이 동학농민운동 때 참사 당한 뒤인 1893년 무렵에는, 그에게 수학한 영흥인(永興人) 한명윤(韓明允)이 스스로 교장(敎長)이 되어 포교활동을 벌였다고 한다.70) 뿐만 아니라 백봉(白峰)이란 인물은 백두산에 들어가 10년 기도 끝에 단군의 묵계(默契)를 받고, 1904년 백전(白栓) 등 32명의 제자와 함께 단군교 포명(佈明)을 선언했다고 한다.71)

---

70) 村山智順, 《朝鮮の類似宗教》, 朝鮮總督府, 1935, 446쪽; 이강오, 《한국신흥종교총감》, 대흥기획, 1992, 315쪽; 서영대, 〈김선생염백기(金先生廉白記)에 대하여〉, 《단군학연구》 9, 단군학회, 2003, 221~237쪽. 단 전자에서는 김염백을 평안남도 맹산군(孟山郡) 읍내면(邑內面) 신금리(新金里) 출신이라 했다.

대종교측 자료에 따르면, 바로 이 백봉이 나철에게 사람을 보내어 대종교 창교를 권유했다고 한다. 즉 1906년에는 제자 백전(伯栓)으로 하여금 《삼일신고》(三一神誥)와 《신사기》(神事記)를 전하게 했고, 1908년 두일백(杜一白)을 보내어 〈단군교포명서〉(檀君敎佈明書), 《고본신가집》(古本神歌集)을 전하는 한편, 단군대황조(檀君大皇祖)의 교화를 펴도록 권유했다. 이에 나철은 구국운동이 몇 사람의 노력으로 달성될 수 없음을 깨닫고 대종교 창시를 결심했다고 한다.[72] 그렇다고 한다면 대종교는 이러한 단군신앙운동의 연장선에서, 이를 더욱 조직화 체계화한 것이라 할 수 있겠다.

나철에게 대종교는 그가 취할 수 있는 최후의 결단이었다. 그래서 그는 1909년 2월 5일(음력 1월 15일)에 오기호·이기·김윤식 등과 함께 한성 북부 재동(齋洞) 취운정하(翠雲亭下) 8통 10호 6간 초옥에서 '단군대황조(檀君大皇祖) 신위(神位)'를 모시고 제천의례를 거행하면서 단군종교운동을 시작했다고 한다.[73]

이때 교명은 대종교가 아니라 단군교였다. 그리고 이것은 새로운 종교를 만든 것이 아니라 단군 이래의 신교(神敎) 전통의 부활을 표명했다. 즉 단군에서 비롯된 고유종교가 있었지만, 이것이 불교·유교의 침투로 명맥만 유지하다가, 이때 다시 부흥했다는 것이다. 그래서 개창이 아닌 중광(重光)이라는 표현을 사용했다.

대종교의 존재가 세상에 널리 알려진 것은 1909년 7월부터다. 즉 이때부터 대종교가 신문에 오르내리기 시작한다. 예컨대 1909년 7월 22일자 《대한매일신보》 잡보 〈양씨열심〉(兩氏熱心)에서는 나철·

71) 大倧敎總本司, 〈檀君敎佈明書〉, 《大倧敎重光六十年史》, 1971, 80～92쪽.
72) 위의 책, 9～10, 77～79쪽.
73) 위의 책, 80쪽.

오기호가 단군교에 헌신 종사함이 보도되었다.

그런데 1909년 3월 24일 원동(苑洞) 소재 나철의 집을 방문한 김윤식은, 나철이 벽에 신인(神人)으로부터 꿈에서 받은 말을 써서 붙여둔 것을 보고 이상한 일[異事]이라고 했다.[74) 앞서 언급한 바와 같이 김윤식은 나철의 스승으로 제주도 유배생활을 함께 했다. 뿐만 아니라, 대종교 성립 이후에도 나철 아들의 학비를 보조해 주는가 하면,[75) 대종교 행사인 개천절 행사 때마다 음식을 보내는 등[76) 대종교 활동을 이해하는 쪽이었다. 그럼에도 김윤식이 나철의 행위를 이상하다고 한 것이 오히려 이상하다. 여기서 가능한 추측의 하나는, 나철이 김윤식에게도 비밀에 부칠 정도로 대종교 활동을 비공개적으로 했으며(이 점에서 대종교 창시일에 김윤식도 참가했다는 기록은 문제가 있다), 7월 무렵부터 공개적으로 활동하기 시작했다는 것이다.

활동이 표면화되면서 대종교는 비교적 빠른 속도로 교세가 확장되었다. 교인 수가 성립된 지 14개월 만에 3,500명이 되었고,[77) 4개월 뒤에는 6천 명[78) 또는 2만 1539명에 이르렀다고 한다.[79) 그리고 1915년에는 10여 만 명이란 자료도 있다.[80)

여기에는 여러 가지 원인을 생각할 수 있겠다. 우선 입교 절차가 간단했다. 그것은 입교자가 분향 재배하고 서사(誓辭)를 낭독하면,

---

74) 金允植, 《續陰晴史》 권13, 隆熙 3년 3월 22일, 국사편찬위원회본 하, 285쪽.
75) 金允植, 《續陰晴史》 권14, 壬子 1월 12일, 국사편찬위원회본 하, 359쪽.
76) 《大韓每日申報》 1909년 11월 20일자 雜報 〈開國日慶祝〉; 《皇城新聞》 1909년 11월 21일자 雜報 〈開極節紀念〉; 金允植, 《續陰晴史》 권14, 庚戌 11월 4일, 국사편찬위원회본 하, 285쪽.
77) 《皇城新聞》 1910년 3월 13일자 雜報 〈檀君敎況〉.
78) 《大韓每日申報》 1910년 7월 12일자 雜報 〈檀君敎擴張〉; 《皇城新聞》 1910년 7월 12일자 雜報 〈檀君敎徒〉.
79) 大倧敎總本司, 앞의 책, 156쪽.
80) 金允植, 《續陰晴史》 권15, 乙卯 3월 24일, 국사편찬위원회본 하, 415쪽.

백두산의 백봉대종사가 나철에게 전했다는 〈단군교포명서〉와 백봉의 도장이 찍힌 입도증서(入道證書)를 나누어주는 정도였다.[81]

그러나 이것이 당시 시대적 요청에 따른 것이었음을 지나쳐서는 안 된다. 개화기 이후 일상생활 속에 미분화되던 종교가 하나의 독립된 사회문화 영역으로 자리 잡게 된다.[82] 이에 따라 종교의 역할과 기능이 주목되는데, 한말의 상황에서는 국가를 일으키고 국가주의를 뒷받침할 수 있는 종교의 필요성이 제기된다.[83] 그렇다고 할 때 단군을 신앙 대상으로까지 승화시킨 대종교가 각광을 받는 것은 당연한 일이라 할 수 있다.

여기에 당시 언론의 지원도 큰 힘이 되었을 것이다. 예컨대 《대한매일신보》 1910년 3월 11일자 논설 〈동국고대선교고〉(東國古代仙敎考)에서 한국의 고유종교로 단군의 선교가 있다고 했고, 《황성신문》 1910년 8월 9일자 논설 〈아단군자손(我檀君子孫)의 씨족(氏族)과 강토(疆土)와 교화(敎化)의 역사(歷史)〉에서 단군의 신교를 신인의 후예인 우리가 신앙하는 것은 당연한 일이라 했다.

이렇듯 교세가 확대되어 감에 따라, 교리와 교단의 체계화 작업이 진행된다. 대종교가 처음 성립될 당시에는 교리 체계나 교단 조직이 아직 완비되지 못했던 것 같다. 《황성신문》 1910년 5월 25일 잡보(雜報) 〈단군교설필기〉(君敎說筆記)는 대종교 쪽에서 제공한 기사 같은데, 여기에 "본교(本敎)의 진정(眞正)흔 원리(原理)눈 아교(我敎)의 경전(經典)과 기타서적(其他書籍)의 발포(發佈)되기를 고대(姑待)흐야 차제(次第) 연구(研究)흐시려니와 금일(今日)은 위선(爲先) 아교

---

81) 《大韓每日申報》 1909년 10월 19일자 雜報 〈檀君敎傳布〉.
82) 김종서, 〈개화기 사회문화 변동과 종교인식〉, 《한국 개항기 근대국가와 문화의 모색》, 서울대 한국문화연구소 학술토론회 요지, 2001쪽, 2~5쪽.
83) 《大韓每日申報》 1919년 11월 28일자 論說 〈今日宗敎家에 要흐눈바〉.

(我教)의 유래연혁(由來沿革)과 금일(今日) 재흥(再興)ㅎ는 취지(趣旨)만 잠청(暫聽)ㅎ시기를 망(望)ㅎ나이다"라는 구절이 있다. 이로 미루어 1910년까지도 경전이 완비되지 못했음을 짐작할 수 있다.

그래서 먼저 1909년 12월 1일에는 실천 강령으로 5대 종지(宗旨; ① 敬奉祖神, ② 感通靈誠, ③ 愛合族友, ④ 安固其土, ⑤ 勤務産業)를 제시하고, 12월 11일에는 5단계로 구성된 교임제(教任制)를 선포한다(司教·參教·贊教·施教師·巡教員).[84] 뿐만 아니라 1910년에는 의례를 규정한 의식규례(儀式規例)을 발포했고(9월 27일), 남부지사와 북부지사를 설치했으며(8월 5일), 만주 북간도 삼도구(三道溝)에 지사(支司)를 설치한다. 또 1911년 1월에는《신리대전》(神理大典), 1912년 3월에는《삼일신고》를 발행하여 경전을 정비해 나간다.[85]

단군 신앙을 정면으로 표방하는 대종교가 기초를 다져나간다는 것은 일제의 처지에서 볼 때 달갑지 않은 일임에 틀림없다. 그래서 대종교가 신문지상에 언급되기 시작하던 1909년 7월에 벌써 경시청은 조사에 착수했다.[86] 이에 따라 대종교는 단군교라는 이름을 버리고 대종교로 개명한다. 그것은 단군 종교를 표방함으로써 돌아올 불이익을 미연에 방지하기 위해서였다고 한다.[87]

그러나 이것이 교단 분열의 원인이 되었다. 즉 정훈모(鄭薰模) 등 교명 고수파의 반대가 있었고, 그래서 정훈모 계열은 단군교총본부라는 이름으로 독립해 나간다. 여기에 관련한 자들 가운데에는 친일

---

84) 大倧教總本司, 앞의 책, 152쪽;《大韓每日申報》1910년 4월 27일자 雜報〈宗旨와 任員〉에도 5宗旨와 5任員이 내용이 소개되어 있다.

85) 大倧教總本司, 위의 책, 155∼165쪽.

86)《皇城新聞》1909년 7월 25일자 雜報〈檀君教調査〉.

87) 大倧教總本司, 앞의 책, 155∼158쪽. 대종교로 개명하기 이전에도 종교(倧教)라는 명칭은 사용했던 것 같다. 단 인조(仁祖)의 이름을 피휘(避諱)하기 위해 표기는 '倧教'라 했다.(金允植,《續陰晴史》권14, 隆熙 4년 6월 29일, 국사편찬위원회본 하, 327쪽)

파가 많았으며, 정훈모 자신이 친일단체에 가담한 적도 있었다.[88]
따라서 대종교의 분열은 한국 강점을 눈앞에 둔 일제의 사주에 따른
것일 가능성도 있다.

한국 강점 이후 일제는 대종교에 대해 더욱 촉각을 곤두세웠다.
1911년 《조선총독부시정연보》(朝鮮總督府施政年報)의 다음과 같은
기사는 이러한 사실을 반영한다.

> 특히 조선인의 조직과 관련되는 것에는 天道敎·侍天敎·大倧敎·大
> 同敎·太極敎·圓宗宗務院·孔子敎·大宗敎·敬天敎·大成宗敎 등의 諸
> 宗이 있어 그 종류가 대단히 잡다할 뿐만 아니라, 그 움직임은 정치와
> 종교를 혼동하며 순수한 종교로 인정하기 어려운 것도 있으므로 적절
> 한 取締를 가하여야 한다.(제30절 宗敎取締)

이로써 보면, 일제는 한국의 신흥종교들이 정치단체화하는 것을
매우 꺼려하였고, 따라서 이들에 대한 감시 감독을 늦추지 않았음을
알 수 있다.

뿐만 아니라 일제는 1915년 조선총독부령 제83호로 〈포교규칙〉을
발표하여[89] 종교에 대한 통제를 강화한다. 여기서 조선총독부는 종
교의 범위를 신도 · 불교 · 기독교로 한정한다(제1조). 따라서 이 범
위에 들지 못하는 종교는 그나마 종교로서 누릴 수 있는 특권을 박탈
당한다.

이러한 일제의 탄압에 대해 대종교측은 만약의 사태를 대비하고
있었다. 1911년에는 교단의 중심인 총본사를 백두산 북록 청호(靑

---

88) 황민호, 앞의 글, 313~314쪽.
89) 《朝鮮總督府官報》 911호, 1915년 8월 16일자.

湖)로 옮기는 한편, 동도본사(東道本司; 북간도 汪淸縣)・서도본사(西
道本司; 上海)・북도본사(北道本司; 露領 巢鶴嶺)・남도본사(南道本
司; 京城)를 둔 것이 그것이다.[90] 이것은 대종교에 대한 박해가 강화
되어 국내에서의 존립이 위태로울 경우를 대비한 조처라 할 수 있다.

그렇지만 대종교가 취한 행동은 일제와의 정면 대결은 아니었다.
1910년 12월 30일 나철은 〈세모소감〉(歲暮所感)에서 "종교와 정치는
서로 간섭하지 않고 엄정 분리하는 것이 정론(正論)"이라 했다.[91]
정교(政敎)의 분리를 주장함으로써 일제의 박해를 피하고 대종교를
지키려 한 것이다. 또 〈포교규칙〉이 공표된 직후, 나철은 청호(靑湖)
의 총본사에서 급거 귀경하여 〈포교규칙〉에 따른 서류를 제출하였
다.[92] 이것은 대종교를 종교로 공인 받기 위한 조처였다. 이상과
같은 일련의 사실들은 일제를 대하는 대종교의 태도가 처음부터 투
쟁적이지만은 않았음을 보여준다.

그러나 일제는 대종교의 요청을 기각했다. 일제가 대종교의 요구
를 들어줄 리가 없었다. 나철로서는 한・중・일 삼국이 연합하여
서양 세력을 막아야 한다는 동양평화론에 입각한 외교적 노력이 실
패한 이후 또 한 번의 좌절이었다. 이런 의미에서 나철의 대일관은
일제의 정체를 제대로 파악하지 못한, 너무나 소박하였다는 점도
있었던 것 같다.

일제가 대종교의 요청을 거부한 것이 나철에게는 커다란 좌절감
을 안겨주었다. 그래서 그는 죽음의 길을 택했다. 1916년 8월 15일,
환인・환웅・단군을 모시는 사당인 구월산 삼성사(三聖祠)에서였

---

90) 大倧教總本司, 앞의 책, 183~184쪽.
91) 위의 책, 154쪽.
92) 위의 책, 185~186쪽.

다. 이후 대종교는 적극적인 항일 독립투쟁을 전개하여 커다란 발자취를 남긴다.

3.2. 대종교의 단군 인식

대종교에서 단군은 신적 존재로서 신앙의 대상이다. 신적 존재로 여겼다는 점에서 대종교의 단군 인식은 단군을 역사적 존재로 이해하는 언론매체나 교육현장의 그것과는 일단 다르다고 할 수밖에 없다.

그러나 같은 대종교의 단군 인식이라 하더라도, 시기에 따라 차이가 보인다. 즉 초창기인 단군교 시기와 교명을 단군교에서 대종교로 바꾼 1910년 이후가 다르다.[93]

단군교 시기의 단군 인식은 〈단군교포명서〉를 통해 엿볼 수 있다. 〈단군교포명서〉는 대종교를 시작하면서 처음 공포한 문건이기 때문이다.[94] 이에 따르면, 단군은 인간들에게 복록과 재앙을 내릴 수 있는, 거의 유일한 신격이다. 그러므로 인간들은 단군의 "지인대덕(至仁大德)을 체(體)하야 성심성의로 숭경봉행(崇敬奉行)"해야 한다고 했다. 그러나 단군을 '대황조'(大皇祖)라 칭한 사실에서도 짐작할 수 있는 바와 같이, 단군은 조상적 성격을 탈피하지 못했다. 천명을 받아 이 땅에 직접 강림했다는 점에서도 그렇고, 배달민족은 모두 단군의 '천자만손'(千子萬孫)이라는 논리도 그랬다. 이런 의미에서 이 시기의 단군 인식은 민족적 성향이 강했다고 할 수 있다.

---

93) 이욱, 〈근대 제천의례를 통해 본 민족정체성 연구〉《배달민족의 역사의식과 사상가들》, 흔뿌리, 2008, 166~168.

94) 〈단군교포명서〉는 《신한국보》에 1909년 9월 7일부터 10월 19일까지 7회에 걸쳐 연재된 것으로 미루어, 성립 당시의 대종교 문건임은 확실하다.

이상과 같은 단군 인식은 1910년 7월 30일 대종교로 개명하면서 상당한 변화를 보인다. 이러한 사실을 감지토록 하는 것이 1910년 9월 27일에 발포한 〈의식규례발포안〉(儀式規例發佈案)이다.[95] 여기서 단군은 대황조 대신 천조(天祖) 또는 천신(天神)으로 일컬어진 사실도 주목되지만, 이것보다 "천조는 삼신일체(三神一體)시니 환인과 환웅과 환검이라 함은 실아(實我) 천조 단군 일위의 분칭(分稱)"이라 한 것이 큰 변화다.

우선 환인과 환웅의 존재가 거론된 점이 변화다. 앞서 언급한 바와 같이 조선시대에는 환인과 환웅의 존재는 배제된 채, 단군이 직접 하늘에서 태백산 단목(檀木) 아래로 내려왔다는 것이 공인된 단군전승이었다. 이것은 단군의 존재를 강조할 필요는 있으나, 단군에 함께 따라다니는 신화는 받아들일 수 없는(비합리적이기 때문에) 조선시대 지배층들의 입장에서 단군신화를 개작한 결과다.[96] 따라서 〈단군교 포명서〉의 단군 인식은 이것의 연장선 위에 있는 것이라 하겠으며, 이에 비해 〈의례규식발포안〉은 환인과 환웅의 존재를 인정하는 《삼국유사》나 《제왕운기》 전승에 가까운 것이라 할 수 있다.

그러나 〈의례규식발포안〉의 단군 인식은 《삼국유사》나 《제왕운기》의 복사판은 아니다. 즉 환인·환웅·환검을 각각 조·부·자 3대로 전하는 《삼국유사》나 《제왕운기》와는 달리, 여기서는 이들을 삼신일체(三神一體)로 파악했다는 점에서 다르다. 이러한 인식은 대표적 경전인 《삼일신고》를 통해 더욱 구체화된다. 즉 환인은 조화주(造化主), 환웅은 교화주(教化主), 단군은 치화주(治化主)이며, 이

---

95) 大倧敎總本司, 앞의 책, 160~163쪽.
96) 서영대, 〈단군관계 문헌자료 연구〉, 《단군 그 이해와 자료》, 서울대출판부, 2001, 71~72쪽.

들은 작용 내지 기능[用]에서는 각각 독립된 신이지만, 본체[體]에
서는 하나라는 것이다. 그렇다고 할 때, 대종교의 삼신일체관은 환인
과 환웅을 인정하는 고려시대의 단군 인식과 그것을 부정하는 조선
시대의 단군 인식을 동시에 수용하면서, 둘 사이의 모순을 조화한
것으로서 의미를 지닐 수 있겠다.

또 신앙대상이 국가나 민족의 경계를 넘어 보편적인 존재로 여겨
졌다는 것이다. 《삼일신고》〈신훈〉(神訓)의 다음 문장은 이러한 사
실을 잘 보여주고 있다.

신은 위 없는 으뜸 자리에 계시사, 큰 덕[大德]과 큰 지혜[大慧]와
큰 힘[大力]으로 하늘의 이치를 만드시고, 수많은 세계를 주관하시며
만물을 만드시되 티끌만치도 빠짐이 없으며, 밝고도 신령하셔서 감히
이름 지어 헤아릴 수 없도다.97)

이에 따르면, 대종교의 신은 만물을 만든 창조주이며, 큰 덕과 큰
지혜와 큰 힘을 갖춘 전지전능의 최고신이다. 그러니까 이 삼신일체
의 신격은 한국 사람들뿐만 아니라, 창조주로서 모든 인류를 양육하
는 존재다. 이렇게 되면 대종교의 신앙대상은 전 인류적 차원의 지고
무상한 신격으로 승화되는 셈이다.

이것은 단군을 국가 또는 민족의 시조로 보는 인식과 다르다. 그러
므로 이에 따르면, 단군은 우리 민족과 관련되는 특수한 존재가 아니
라 전 인류와 관계하는 보편적인 존재라 할 수 있다.

그렇다고 해서 단군과 우리 민족 사이의 특수한 관계를 부인하는

---

97) "神在無上一位 有大德大慧大力生天 主無數世界 造牲牲物 纖塵無漏 昭昭靈靈 不敢
名量"

것은 아니다. 우리 민족은 단군의 적자로서 상고시대에 만주를 중심으로 큰 세력을 형성했고, 높은 수준의 문화를 누렸다고 한다.

이러한 인식은 민족의 정체성 확립과 자부심 고취에 상당한 기여를 했다고 할 수 있다. 그러나 이러한 인식의 행간에서 전통 질서에 대한 비판이나 개혁의 의지는 찾아보기 어렵다.[98] 조선왕조 자체의 모순이 국가의 붕괴를 촉진한 면이 없지 않음을 생각할 때, 이러한 인식에는 나름대로 한계가 있는 것 같다. 또 그러한 문제점이 이후의 단군운동에서 한계로 작용한 점이 있는 것 같다.

그렇지만 대종교는 국가 차원이나 일부 지역 차원으로만 한정되었던 단군신앙이나 단군제사를 민족적 차원으로 확산시켰다는 의의는 부정할 수 없다.

3.3. 개천절과 어천절 기념

대종교는 성립 당시에 두 가지 중요한 단군 기념일을 제정했으니, 개천절(開天節)과 어천절(御天節)이 그것이다.

개천절은 음력 10월 3일로, 단군이 하늘에서 내려온 날인 동시에 고조선을 건국한 날이다. 대종교에서 개천절을 처음 기념한 것은 1909년 11월 15일(음력 10월 3일)이며, 당시에는 개극절(開極節)이라[99] 했다. 이때 기념식은 원동(苑洞) 소재 나철의 집에서 열렸는데, 중추원 의장 김윤식(金允植)이 음식을 제공했으며, 참가자는 200명에 이르렀다고 한다.[100]

---

98) 강돈구, 《한국 근대종교와 민족주의》, 집문당, 1992, 144쪽.

99) 《皇城新聞》 1909년 11월 21일자 雜報 〈開極節기념〉; 鄭喬, 《大韓季年史》 권9, 隆熙 3년 11월, 국사편찬위원회본 하, 324쪽; 金允植, 《續陰晴史》 권14, 庚戌 11월 4일, 국사편찬위원회본 하, 339쪽에는 건극일(建極日)이란 표현도 보인다.

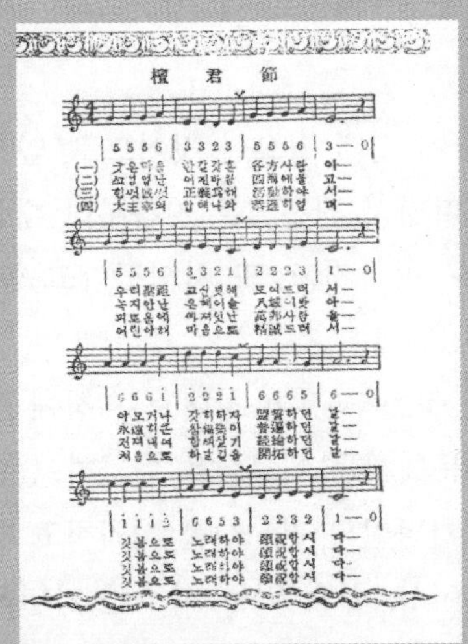

그림 2. 《소년》에 수록된 단군절 노래

개천절 행사는 대종교도만의 행사는 아니었다. 대한의학교(大韓醫學校)에서는 휴교를 하고 학생들을 참여시켰으며,[101] 잡지 《소년》(少年) 2-10에는 전 4절로 이루어진 〈단군절〉(檀君節)이라는 노래가 실렸다.(그림 2)[102] 뿐만 아니라 《황성신문》은 1910년 11월 21일자 논설 〈단군성조제일〉(檀君聖祖祭日)이라는 사설에서 행사의 의미를 다음과 같이 평가했다.

此로 由ᄒ야 我民族의 祖國性도 存在ᄒ며 團合心도 凝結ᄒ지니 此엇지 億萬無彊의 基礎가 아니리오…… 惟我一般民族은 同一 誠意로 歲歲設行ᄒ고 歲歲遵守ᄒ야 우리 始祖의 功德을 紀念不忘ᄒ며 우리

100) 《大韓每日申報》 1909년 11월 20일자 雜報 〈開國日慶祝〉.
101) 《皇城新聞》 1909년 11월 21일자 雜報 〈開極節紀念〉.
102) 《少年》 2-10(1909), 2~4쪽.

民族의 構成을 永久維持ᄒ며 團合心을 一致凝結ᄒ야 文明한 國民의
資格을 發表홀지어다.

즉 이것이 민족의식 고취와 단결에 절대 필요한 것이므로, 앞으로
도 계속 이어져야 한다는 것이다. 따라서 개천절은 처음부터 대종교
만의 행사가 아니라 국민적 행사로 여겨지고, 또 치러졌다고 할 수
있겠다.

그런데 개천절이 이처럼 주목된 것은 그것이 시대적 요청에 부응
한 점이 많았기 때문이다. 당시 신문에서는 애국심을 배양하고 민족
적 결속을 유도할 수 있는 국민적 기념일의 필요성을 제기하고 있었
다.103) 나아가 만종(蠻種)이 아닌 이상, 공덕 있는 시조를 기념하지
않는 것은 민족적 수치라고 하면서, 구체적으로 단군 기념일이 제시
되기도 했다.104)

이러한 주장이 설득력을 얻게 된 데에는 당시 국가에서 각종 기념
일을 제정하고 시행한 것이 일조를 했다고 생각한다. 예컨대 조선왕
조의 건국을 기념하는 개국기원절이 1984년부터,105) 고종의 황제
취임을 기념하는 계천기원절(繼天紀元節)이 1897년부터 거행되고
있었다.106)

이와 같은 국가기념일은 민족국가 수립 이후 서구에서 시작되었
다. 프랑스 제3공화국에서 1880년에 제정한 혁명기념일 같은 것이
그것이다. 그리고 일본에서는 1873년 진무천황(神武天皇)의 즉위를
축하하는 국가기념일로 기원절제(紀元節祭)를 제정했으며, 이것이

---

103) 《大韓每日申報》 1909년 8월 5일자 論說 〈名節書感〉.
104) 《皇城新聞》 1909년 4월 21일자 論說 〈檀君聖祖由來紀念〉.
105) 黃玹, 《梅泉野錄》 권3下, 高宗 32년 7월, 국사편찬위원회본, 182쪽에서 이 행사를
    언급하면서, 구미의 풍속을 따른 것으로 상년(上年, 1894)부터 시작되었다고 했다.
106) 鄭喬, 《大韓季年史》 光武 원년 12월 9일, 국사편찬위원회본 상, 171쪽.

처음에는 왕실 행사였으나, 1889년부터 서서히 국민적 행사로 발전하였다. 그리고 그 목적이 기기신화에 기초한 천황권 정당화였음은 두말할 나위가 없다.[107]

그렇다면 조선왕조의 개국기원절도 서구나 일본의 국가기념일의 영향에서 비롯된 것이겠지만, 왕조와 군주의 권위를 높이며, 국민을 국가와 동일시하게 만드는 데 일정한 효과가 있었을 것이다. 그러나 개국기원절은 조선왕조의 권위가 실추된 상황에서는 민족정체성의 표상이나 민족 단결의 상징으로서 한계가 있었다. 여기서 단군 기념일이란 착상이 나오는 것도 어렵지 않았을 것이라 생각된다. 즉 민족의 정체성 확인과 민족의 결속을 위해, 민족이 시작되는 열광의 순간을 1년에 한 번씩 정기적으로 기억할 필요성은 충분히 상상할 수 있었을 것이다.

개천절은 일제가 한국을 강점한 1910년에도 거행되었으며,[108] 일제시대를 통하여 대종교의 기념일로 계속되었음이 확인된다. 뿐만 아니라 개천절의 민족적 의미 때문에 상하이 임시정부에서도 공식 기념일이었으며, 이것이 지금까지 이어지고 있다. 단 해방 이후 대한민국의 개천절은 음력 10월 3일을 양력 10월 3일로 바꾼 것이다.

한편 어천절은 단군이 황해도 구월산에서 신으로 화한 음력 3월 15일을 기념하는 행사며, 승천기념제(昇天紀念祭)라고도 했다. 이것이 처음 기념되는 것은 1910년 4월 24일(음력 3월 15일)이다.[109] 이 날은 비가 내리는데도 다수의 교인들이 도사교(都司教) 나철의 집에 모여 기념식을 거행했다고 한다. 어천절 또한 대종교에 의해 일제시

---

107) 家永三郎, 〈日本近代史と紀元節〉, 《日本のあけぼの》, 光文社, 1959, 173~174쪽.

108) 金允植, 《續陰晴史》 권14, 庚戌 11월 4일, 국사편찬위원회본 하, 339쪽.

109) 《皇城新聞》 1910년 4월 22일자 雜報 〈昇天紀念祭〉 및 1910년 4월 27일 雜報 〈行祭說敎〉; 《大韓每日申報》 1910년 4월 16일자 雜報 〈紀念準備〉.

대에도 계속되었다. 그러나 개천절처럼 국민적 기념일로 승화되지
는 못했다.

이와 같은 단군 기념일은 단군의 의미를 정기적으로 확인한다는
데 의미가 있다.

3.4. 백두산 중시

한말에는 백두산이 민족의 발상지로 새롭게 부각되었으며, 이렇
게 인식되기까지에는 대종교의 영향이 컸다.

백두산이 민족의 발상지라는 것은 단군이 태어난 곳이며, 도읍한
곳이란 뜻이다. 그런데 《삼국유사》 이래 조선시대의 통설을 살펴본
다면, 단군의 하강처 또는 탄생지로 알려진 태백산(太伯山)은 영변의
묘향산으로 비정되었다. 그리고 이를 뒷받침하듯 조선시대의 각종
기록에는 단군굴(檀君窟; 그림 3)을 비롯하여 다양한 묘향산의 단군
유적들에 대한 언급이 있었다.[110] 이러한 인식은 한말에도 이어졌
고, 1907년 일본의 승려가 묘향산 보현사(普賢寺)를 매입하려는 사실
이 알려지자 반대 여론이 들끓었는데, 이유는 묘향산이 단군의 발상
지라는 것이었다.[111]

한편 백두산 역시 일찍부터 주목의 대상이 되어왔다. 우선 백두산
은 풍수지리설의 입장에서 모든 산들의 근원이며 국토의 시작인 조
종산(祖宗山)으로 중시되었다. 이러한 인식은 고려시대부터 확인되

---

110) 허흥식, 〈설암(雪巖) 추붕(秋鵬)의 묘향산지(妙香山誌)와 단군기사〉, 《청계사학》
　　13, 청계사학회, 1997; 김성환, 〈고려시대 묘향산의 단군전승〉, 《명지사론》 11·12,
　　2000; 김성환, 《고려시대의 단군전승과 인식》, 경인문화사, 2002, 109~115쪽.
111) 《皇城新聞》 1908년 7월 3일자 論說 〈妙香山의 晚翠景況〉; 《大韓每日申報》 1908년
　　3월 4일자 雜報 〈寺亦讓日〉.

그림 3. 묘향산 단군굴의 현상

며, 조선시대로 이어졌으니, 조선시대의 지도에서 백두산이 매우 크게 그려지거나 특별하게 채색된 것은 이러한 사실을 반영한다.[112] 또 백두산은 국토 내의 최고봉이란 사실도 조선시대에는 알려져 있었는데, 이러한 사실 역시 백두산의 위상을 높이는데 일조를 했으리라 짐작된다.[113]

그리고 백두산은 신앙의 대상, 제사의 대상으로 주목되었다. 백두산 신앙 역시 고려시대부터 확인되는데, 1131년(인종 9) 묘청이 서경의 임원궁 내에 팔성당을 설치하고 팔성 중 첫 번째로 '호국백두악태백선인실덕문수사리보살'(護國白頭嶽太白仙人實德文殊師利菩薩)을 모신 사실이 그것이다.[114] 조선시대에도 백두산 신앙은 이어져, 민간신앙 차원에서뿐만 아니라 국가 차원에서도 제사가 행해졌다. 민

---

112) 양보경, 〈옛 지도에 나타난 북방 인식과 백두산〉,《역사비평》1996 여름호, 역사문제연구소; 송용덕, 〈고려~조선전기의 백두산 인식〉,《역사와 현실》64, 2007, 135~140쪽.
113) 이규경의《오주연문장전산고》권 54, 〈山高辨證說〉에 "我東則高山莫如白頭而高二百餘里"란 언급이 있다.
114)《고려사》권 127, 열전 40, 반역, 妙淸.

간신앙 차원에서 백두산 산신은 '국사대천왕'(國師大天王)으로 일컬어졌으며,[115] 사냥감을 내려주고 기후를 관장하는 등, 백두산 일대를 지배하는 신으로 여겨졌다.[116] 그래서 외지인들도 백두산에 입산할 때는 미리 산신의 가호를 비는 제사를 거행했다.[117] 그리고 국가 차원에서는 1437년(세종 19)까지 소재관(所在官)에 의해 치제(致祭)되었고,[118] 1767년(영조 43)부터는 격이 높아져 중사(中祀) 북악(北岳)으로 국가의 사전(祀典)에 등재되었다.[119]

1767년 국가 사전에 백두산이 재등재된 것은 백두산이 조선의 영토라는 점과 조선왕조의 발상지라는 사실을 강조하기 위한 조처였다.[120] 백두산이 왕조의 발상지로서 중시된 것은 비단 조선왕조만의 일은 아니었다. 여진족의 금(金)나라와 만주족의 청(淸)나라에서도 '흥왕지지'(興王之地) 내지 '조종발상지'(祖宗發祥地)로 백두산은 숭배되고 제사되었다.[121]

이렇듯 백두산은 한국인뿐만 아니라, 여진족이나 만주족에서도 중시되고 있었지만, 조선시대까지 백두산과 단군을 연결시킨 흔적

---

115) 최남선, 《백두산근참기》(《육당최남선전집》 6, 현암사, 1973, 51쪽).
116) 李宜哲, 《白頭山記》(이상태 외 역, 《조선시대 선비들의 백두산 답사기》, 혜안, 1998, 238쪽).
117) 이상태 외 역, 위의 책, 238, 253, 258, 287쪽.
118) 《세종실록》 권 76, 세종 19년 3월 계묘.
119) 李花子, 〈朝鮮王朝的長白山認識〉, 《中國邊疆史地研究》 17-2, 2007, 132~133쪽.
120) 위의 글, 133쪽.
121) 금과 청의 백두산 숭배에 대해서는 다음과 같은 연구 등이 있다. 王孝平, 《長白山志》(吉林文史出版社, 1989), 61~69쪽; 李自然, 〈清代統治者祭祀長白山的實質是封禪〉, 《中央民族大學學報》1993-3, 23~27쪽; 劉厚生, 〈長白山與滿族的祖先崇拜〉, 《清史研究》 1996-3, 93~96쪽; 郝庚云, 〈肅慎族系長白山觀念透析〉, 《中國邊疆史地研究》 2003-4, 83~85쪽; 王玢玲, 〈長白山崇拜與民族文化融合〉, 《山岳與象徵》(游琪·劉錫城 主編), 商務印書館, 2004; 村田治郎, 〈長白山崇拜考〉, 《山岳與象徵》(游琪·劉錫城 主編), 商務印書館, 2004.

은 없으며, 더구나 민족의 발상지로서 성산이란 관념은 확인되지 않는다.

그렇지만 조선 후기부터 단군이 탄생한 태백산은 묘향산이 아니라 백두산이란 주장이 대두되기 시작한다. 안정복(安鼎福; 1712~1791)이 이런 주장을 했는데,[122] 당시에는 아직 널리 수용된 것 같지는 않다.

그러나 한말에는 백두산에 민족적 의미를 부여하는 새로운 인식들이 서서히 자리 잡기 시작한다. 우선 애국계몽운동기에 간행된 각종 신문이나 잡지에서 백두산은 지켜야 할 국토와 표상으로 거론되고,[123] 우리 민족을 '백두산하민족'(白頭山下民族)으로 일컫기까지 한다.[124] 또한 백두산신은 민족의 수호신으로 그려지기도 했다.[125]

---

122) 《東史綱目》附錄 下卷, 地理考 太白山考. 1901년에 일본인이 작성한 〈백두산미래기〉(白頭山未來記; 《寺內正毅文書》 32 수록)라는 문서에는 스사노오노미코토(素盞雄尊)가 그 아들 이타케루노미코토(五十猛命)과 신하를 거느리고 백두산을 근거로 만주를 경영했으므로, 백두산은 아마테라스오호미카미(天照大神)의 손자 아마츠히코히코호노니니기노미코도(天津彦彦火瓊瓊杵尊)가 내려온 다카치호(高千穂峯)과 형제라는 기록이 있다. 일본에서는 18세기 이래로 스사노오노미코토(素戔嗚尊)란 신이 한국으로 건너가 단군이 되었다는 설이 있었다. 따라서 이것도 단군이 백두산에 하강하여 만주를 경영했다는 의미다. 이렇듯 단군이 출현지가 백두산이란 설이 일본인에게까지 알려졌다면, 조선에서도 이것이 생소한 설만은 아니었을 것이다.

123) "惟我 大韓이 其 疆域인즉 同一 白頭山之枝派이며 其 種族인즉 同一 檀箕之子孫이라."(〈西北學會趣旨書〉, 《西友》 15, 1908. 2); "白頭山脈은 三千里요 檀箕 子孫은 二千萬이라. 然則家而息之之處ㅣ 非吾白頭之山乎며 國而韓之之者ㅣ 非吾檀箕之恩乎아."(徐炳玹, 〈告我同胞諸君〉, 《太極學報》 26, 1908. 11); "白頭山 下에 一大家族이 現作何等情景也오"(高元勳, 〈大呼蒼天〉, 《大韓學會月報》 3, 1908. 4, 34쪽).

124) "嗚呼白頭山下 愛我二千萬同胞 今做何事 爲欲結歷史的連鎖環歟 抑亦斷絶其連鎖環歟"(金寬會, 〈天職論〉, 《大韓興學報》 9, 1910. 1, 42쪽); "本記者ᄂ 甲辰以後 七年間에 世界列國의 外交上 變動과 밋 韓帝國의 支離ᄒ 政治問題의 過去經路와 現在狀態를 論述코져 ᄒᆷ에 當ᄒ야 伊昔을 撫念ᄒ고 白頭山下韓民族의 慘狀을 言念ᄒ건딩"(嘯卬生, 〈申辰 以後 列國 大勢의 變動을 論ᄒᆷ〉, 《大韓興學報》 10, 1910. 2, 5쪽).

125) 《태극학보》 13, 태극학회, 1907, 51쪽에 수록된 〈비추사〉(悲秋詞; 無何狂 宋旭鉉 작)에는 백두산신이 민족의 수호신으로 여겨지고 있다. "/終夜轉展生覺타가 心亂魂迷就睡ᄒ니/似夢非夢恍惚間에 何許白髮一老翁이/短筇弊屣불군발로 獨立冠을버셔들고/半泣半歎ᄒᄂ말이 我本東土鎭界肺로/劃野分州黃帝時에 白頭山靈되야잇셔/三

이러한 인식은 전통적 백두산 인식의 연장선으로만 이해할 수 없다. 여기에는 백두산은 단군이 태어나고 도읍한 민족의 발상지라는 새로운 인식이 바탕에 깔려 있다. 이러한 주장을 본격적으로 펼친 이는 신채호(申采浩; 1880~1936)로서, 그는 1908년에 발표한 〈독사신론〉(讀史新論)에서 장백산(長白山) 일대가 단군 초기(初起)의 땅이라 했다.126) 그리고 같은 주장을 언론에다 계속 발표함으로써127) 백두산=민족 발상지라는 설을 빠르게 확산시켜 나갔다.

그런데 대종교 측의 자료에 따르면, 이러한 인식은 1904년 백봉(白峯) 등의 〈단군교포명서〉(檀君敎佈明書)에 이미 제시된 것이다. 즉 〈단군교포명서〉에는 대황조 단군이 태백산(=백두산) 단목영궁(檀木靈宮)으로 강림하여 교화를 폈다고 한다.128) 그렇다면 민족 발상지로서의 백두산 의식 고취에 대종교 계통의 흐름이 커다란 영향을 미친 것이라 할 수 있다.

그러나 〈단군교포명서〉에는 1904년 자료임에도, "무릇 우리 동포 형제자매는 모두 우리 대황조 백세본지(百世本支)의 자손"이라고 하는 등,129) 1908년 전후하여 등장하는 단군자손의식이 보인다. 따라서 〈단군교포명서〉의 성립 연대에 대해서는 의문의 여지가 있다. 그러

千里의널은疆域 保全토록힘셧더니/桑田海波翻覆됨이 白頭山이祛汰로세/捿接홀處所이엽셔 定處업시가든길에/너도亦是祖韓子라 니턴사정ᄒ잣더니".
126) 신채호, 〈독사신론〉, 《개정판 단재신채호전집》 상, 형설출판사, 1979, 479쪽.
127) 예컨대 《대한매일신보》 1910년 2월 20일자 논설 〈한국민족지리상발전〉(韓國民族地理上發展)에 다음과 같은 기사가 있다. "韓國民族이 北方에셔 시始ᄒ야 南方으로 發展된 故로 檀君王朝는 太白山에셔 起ᄒ야 第一次 妙香山으로 移ᄒ며 第二次 平壤으로 移ᄒ며 第三次 九月山으로 移ᄒ고". 여기서는 백두산과 묘향산이 아예 별개로 취급되는데, 이 논설 역시 신채호의 글로 추정되어 그의 《개정판 단재신채호전집》 별집 198~199쪽에 수록되어 있다.
128) 〈단군교포명서〉, 《대종교중광육십년사》, 81쪽.
129) 위의 글, 85쪽.

나 〈단군교포명서〉는 대종교와 밀접한 관련이 있으며, 대종교는 한 말·일제시기의 민족운동가들에게 절대적인 영향을 미쳤음을 생각할 때, 이러한 백두산 인식이 대종교에서 시작된 것이 아니라 할지라도, 그것이 확산되는 데에는 대종교의 영향이 컸다고 생각된다.

4. 맺는말

한말은 국가와 민족의 운명이 풍전등화와 같은 시기였다. 이에 따라 다양한 국권 수호를 위한 운동들이 펼쳐졌으니, 의병운동이나 애국계몽운동이 그것이다. 그런데 이러한 운동이 뜻한 바 효과를 거두기 위해서는 민족적 역량의 결집이 필요했고, 민족적 역량의 결집을 위해서는 민족의식 확립과 애국심 고취가 필요했다. 나아가 민족의식의 확립을 위해서는 민족정체성의 확인이 필요했으니, 이 시기에 단군의 존재가 강조된 것은 바로 이러한 이유에서였다.

한말 단군의 존재를 부각시키는 움직임은 크게 사회운동 차원과 종교운동 차원에서 이루어지고 있었다. 이 가운데 사회운동으로는 우선 신문이나 잡지에서의 단군 강조를 들 수 있는데, 이들 언론매체에서는 단군을 민족의 시조로 받들며, 따라서 우리 민족은 단군의 혈손(血孫)임을 강조하였다. 국가나 민족의 위기에 단군의 존재가 주목된 것은 이전에도 확인되는 바지만, 그것은 어디까지나 국가의 시조로서고, 군주제의 정당성을 뒷받침하는 논리였다. 그러나 이 시기의 단군혈손의식은 단군을 민족의 시조로 내세워 민족의 정체성을 확인하고, 단군을 구심점으로 민족의 대동단결을 강조했다는 점에서 이전의 단군 인식과 차이를 보인다고 하겠다.

이와 함께 역사교육의 현장에서 단군의 존재가 민족의 시조로 부각되면서 단군 인식의 대중화에 한 축을 맡았고, 단군의 중요성이 부각되면서 국가 차원에서도 단군에 대해 관심을 표명했으니, 단군릉 보수나 참성단 실측이 그런 것이다.

한편 종교운동으로는 대종교의 창립과 활동을 들 수 있다. 1909년에 시작된 대종교는 단군 인식에서 사회운동 차원의 그것과 차이를 보인다. 사회운동에서의 단군은 민족의 시조로서 역사적 존재인 데 비해, 대종교의 단군은 신앙대상으로서 환인·환웅과 삼위일체의 신격이라는 점에서 다르다. 그러나 대종교에서도 단군이 민족정체성 확인의 근거며, 민족의식 고취에 중요한 근거가 되었다는 점에서는 마찬가지다. 그래서 대종교에서는 단군의 기념일인 어천절과 개천절을 제정하여 단군을 선양했을 뿐만 아니라, 백두산을 민족의 발상지 내지 민족의 성산(聖山)으로 부각시킴으로써 국토를 민족정체성 확인의 새로운 근거로 제시하기도 했다.

그렇다면 이후의 단군 인식은 어떻게 전개되었을까? 이 문제에 대해서 앞으로의 연구를 위해 나름대로 전망을 제시하면 다음과 같다.

이렇듯 한말 애국계몽운동기에 민족의식 고취의 근거로 단군혈손 의식이 강조되자, 한편에서는 단군과 일본의 아마테라스(天照大神)는 형제기 때문에, 이들을 합사(合祀)해야 한다는 운동이 전개되었다. 신궁봉경회(神宮奉敬會)와 신궁경의회(神宮敬義會)의 활동이 그것인데, 그들은 서울에 단군과 아마테라스, 그리고 태조 이성계를 합사하는 사당을 짓기 위해 터를 마련하고 공사 착수까지 하였다. 이러한 움직임이 의도하는 바는 일선동조론(日鮮同祖論)에 입각하여 한국과 일본의 친밀함을 강조하여 국권 침탈에 대한 거부반응을 최소화하려는 것이었다. 그렇기 때문에 1910년 일제의 한국 강점이 강행된 이후에는 이용 가치가 없어졌기 때문에, 총독부에 의해 중단된다.130)

이런 일도 있었지만, 단군의 강조는 한말이란 민족적 위기 상황에서 민족공동체 의식을 확립하고 민족의 결속에 일익을 담당했음에 틀림없다. 그러나 밖으로부터의 위기 극복에 치중하다보니, 민족 내부의 문제에 소홀한 점이 있었다. 다시 말해서 민족구성원의 권리와 의무, 그리고 상호 관계 등에 대해서는 방향 제시가 없었다. 따라서 한말의 단군 강조는 스스로 한계를 지니고 있었다.

그 결과 단군은 1920년대부터 민족 내부의 분열을 조장하는 촉매제가 되기 시작한다. 다시 말해서, 3·1운동 이후 민족진영이 부르주아 계열과 사회주의 계열로 나누어지면서, 부르주아 계열에서는 단군의 중요성이 계속 강조된다. 상하이 임시정부에서는 개천절과 어천절이 중요한 국경일로 기념되었고,131) 1920년 《동아일보》는 창간과 더불어 '단군영정현상모집'(檀君影幀懸賞募集)을 한다.132) 그러나 사회주의 계열에서는 단군신화를 한국사의 출발점으로 보는 것은 극복되어야 할 '특수사관'이라 하면서, 이것은 어디까지나 세계사에서 흔히 볼 수 있는 역사발전의 한 단계(농업공산체 붕괴 단계)를 반영하는 데 불과한 것으로 보았다.133) 이렇게 되면 단군을 민족정체성이나 민족의식과 관련하여 논의하기는 어렵게 된다.

단군 인식의 분기(分岐)는 해방 이후 오늘까지 이어지고 있다. 역사학계와 재야학자들의 단군 이해의 차이에서 비롯된 이른바 교과서 파동,134) 서울시의 단군성전 건립이나 특정 단체의 단군상 건립에 대한 기독교계의 반발, 그리고 북한의 이른바 단군릉 발굴 이후

---

130) 서영대, 〈한말의 단군운동과 대종교〉, 249~262쪽.

131) 오영섭, 〈대한민국임시정부 요인들의 단군인식〉, 《한국사의 단군인식과 단군운동》, 세계평화대학원대학교출판부, 2006, 295~350쪽.

132) 이지원, 〈1920년대 사상계의 동향과 민족주의 민족문화론〉, 《한국 근대 문화사상사 연구》, 혜안, 2007, 221~231쪽.

133) 白南雲, 《朝鮮社會經濟史》, 改造社, 1935, 13~33쪽.

134) 윤종영, 《국사교과서 파동》, 혜안, 1999에 그 전말이 자세히 소개되어 있다.

남북한의 단군 인식의 거리가 더욱 넓어진 것 등이 그것이다.

과거 단군이 민족정체성 확립에 기여하고 민족적 위기를 극복할 수 있는 정신적 원동력이 되었음을 생각할 때, 작금의 이러한 현상들은 가슴 아픈 일이 아닐 수 없다.

참고문헌

黃玹, 《梅泉野錄》 권3下, 高宗 32년 7월, 국사편찬위원회본.

金允植, 《續陰晴史》 권13, 隆熙 3년 3월 22일(국사편찬위원회본 하).

鄭喬, 《大韓季年史》 光武 원년 12월 9일, 국사편찬위원회본 상.

大倧敎總本司, 《大倧敎重光六十年史》, 1971.

한국문헌학연구소 편, 《한국개화기교과서총서》 20, 아세아문화사, 1977.

강돈구, 《한국 근대종교와 민족주의》, 집문당, 1992.

김성준, 〈구한말의 국사교육에 대하여〉, 《대동문화연구》 8, 성균관대, 1971.

김성환, 《고려시대의 단군전승과 인식》, 경인문화사, 2002.

──, 〈조선시대 단군묘에 대한 인식〉, 《한국사학사학보》 13, 2006,

김의환, 〈일본 鹿兒島縣 苗代川・笠野原의 玉山宮(檀君祠堂)과 그곳에 전해오는 우리말의 가무(歌舞)・축사(祝詞)에 대하여〉, 《박영석교수화갑기념 한국사학논총》 상(논총간행위원회), 1992.

김종서, 〈개화기 사회문화 변동과 종교인식〉, 《한국 개항기 근대국가와 문화의 모색》, 서울대 한국문화연구소 학술토론회 요지, 2001.

白南雲, 《朝鮮社會經濟史》, 改造社, 1935.

서영대, 〈단군관계 문헌자료 연구〉, 《단군 ─ 그 이해와 자료》, 서울대출판부, 2001.

서영희, 〈대한제국기 단군인식과 근대적 민족의식의 형성과정〉, 《한국사의 단군인식과 단군운동》, 국제평화대학원출판부, 2006.

송용덕, 〈고려~조선전기의 백두산 인식〉, 《역사와 현실》 64, 2007.

신채호, 〈讀史新論〉, 《改訂版 丹齋申采浩全集》, 형설출판사, 1979.

沈松僑/ 조우연 역, 〈나의 피를 軒轅에 바치리라〉, 《역사민속학》 27, 한국역사민
　　　속학회, 2008(原載: 《臺灣社會硏究季刊》 28, 1997).

裵洋子, 〈歌調 육자배기〉, 《太極學報》 24, 태극학회, 1908.

양보경, 〈옛 지도에 나타난 북방 인식과 백두산〉, 《역사비평》 1996 여름호, 역사
　　　문제연구소.

오영섭, 〈대한민국임시정부 요인들의 단군인식〉, 《한국사의 단군인식과 단군운
　　　동》, 세계평화대학원대학교출판부, 2006.

原田一良, 〈薩摩 苗代川 玉山宮에서의 檀君祭祀 검토〉, 《한국 신을 모시는 일본의
　　　신사》, 한국학중앙연구원, 2005.

유영렬, 〈애국계몽사상〉, 《한국사》 43, 국사편찬위원회, 1999.

윤종영, 《국사교과서 파동》, 혜안, 1999.

이강오, 《한국신흥종교총감》, 대흥기획, 1992.

이기문 편, 《주시경전집》 상, 아세아문화사, 1976.

이상태 외 역, 《조선시대 선비들의 백두산 답사기》, 혜안, 1998.

이 욱, 〈근대 제천의례를 통해 본 민족정체성 연구〉 《배달민족의 역사의식과
　　　사상가들》, 흔뿌리, 2008.

이지원, 〈1920년대 사상계의 동향과 민족주의 민족문화론〉, 《한국 근대 문화사
　　　상사 연구》, 혜안, 2007.

조동걸, 〈국사연구와 한말사서〉, 《한민족독립운동사》 2, 국사편찬위원회, 1987.

─────, 〈의병운동의 한국민족주의상의 위치(하)〉, 《한국민족주의의 성립과 독
　　　립운동사연구》, 지식산업사, 1989.

佐佐充昭, 〈한말·일제시대 단군신앙운동의 전개〉, 서울대 박사학위논문, 2003.

최기영, 〈《황성신문》의 역사 관련 기사에 대한 검토〉, 《한국근대계몽운동연구》,
　　　일조각, 1997.

최남선, 《백두산근참기》 (《육당최남선전집》 6, 현암사, 1973).

최혜주, 《창강(滄江) 김택영(金澤榮)의 한국사론》, 한울아카데미, 1996.

한영우, 〈한말 신채호의 민족주의사론〉, 《한국민족주의역사학》, 일조각, 1994.

허흥식, 〈설암(雪巖) 추붕(秋鵬)의 묘향산지(妙香山誌)와 단군기사〉, 《청계사
　　　학》 13, 청계사학회, 1997.

焦潤明·王建偉, 〈晚清"紀年"論爭之文化解讀〉, 《遼寧大學學報(哲學社會科學版)》

32-6, 2004.

李花子, 〈朝鮮王朝的長白山認識〉, 《中國邊疆史地研究》 17-2, 2007.

張聞玉, 〈辛亥革命後的黃帝紀年〉, 《貴州社會科學》 2002-1.

焦潤明·王建偉, 〈晚淸"紀年"論爭之文化解讀〉, 《遼寧大學學報(哲學社會科學版)》 32-6, 2004.

家永三郎, 〈日本近代史と紀元節〉, 《日本のあげぼの》, 光文社, 1959.

吉田隆久, 《皇紀·万博·pリンピック》, 中公新書, 1998.

木村幹, 〈臣民からネーションへ〉, 《朝鮮/韓國ナショナリズムと小國意識》, ミネルヴァ書房, 2000.

松村武雄, 《民族性と神話》, 培風館, 1934.

佐佐充昭, 〈檀君ナショナリズムの形成〉, 《朝鮮學報》 174, 朝鮮學會, 2000.

───, 〈韓末における檀君敎の'重光'と檀君ナショナリズム〉, 《朝鮮學報》 180, 朝鮮學會, 2000.

村山智順, 《朝鮮の類似宗敎》, 朝鮮總督府, 1935.

和田雄治, 〈江華島塹城壇〉, 《考古學雜誌》 1-6, 1911.

Bendict Anderson, *Imagined Communities*, revised edition, Verso, 1991.

Howard J. Wechsler, *Offerings of Jade and Silk—Ritual and symbol in the legitimation of the T'ang dynasty*, Yale University Press, 1985.

Ralph Linton, "Nativistic Movements", ed. Lessa & Vogt, *Reader in Comparative Religion*, Harper & Row, 1972.

Stephanie L. Barczewski, *Myth and National Identity in Nineteen—century Britain*, Oxford University Press, 2000.

제주도 무속의 창세신화로 본 민족문화의 정체성

이 수 자

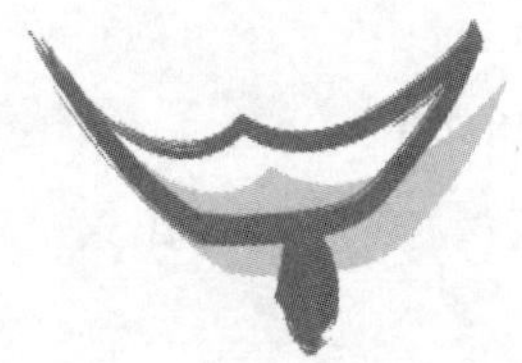

'배포도업침'에는 천지혼돈과 개벽, 일월조정과 관련된 사양설화,

신들의 인세차지경쟁 등 수많은 중요한 요소가 들어 있지만,

무엇보다 중요한 것은 여기에 '열다섯 15성인 도업' 내용이 들어 있다는 것이다.

이들 내용은 사마천의 《사기》에 기록되어 있어 모두 중국의 신 또는 신화로 알려져 있지만,

원래는 '배포도업침' 속에 들어 있던 우리 민족의 신화라 할 수 있다.

그간 신농씨, 복희씨… 등이 동이족의 신 또는 신화라는 것이 조심스럽게,

그러나 끈질기게 제기되어 왔는데,

이 글은 이것이 사실일 수 있음을 확인시켜 준다는 데에 큰 의의가 있다.

1. 제주도 무속의 창세신화 '배포도업침'

제주도에서 행해지는 무속제의 가운데에서 큰굿과 같은 것을 할 때는 굿의 맨 처음에 '배포도업침'이라는 무가가 구송된다. 내용은 우리가 살고 있는 이 세상의 모든 사물 및 인간 세상의 여러 문화들이 어떻게 마련되었나를 설명하는 것인데, 예를 들면 최초에 하늘과 땅은 어떻게 되어 있었으며, 이 사이에서 신과 인간들, 동물, 식물, 그리고 해와 달, 별, 산과 물 등은 어떻게 생겨났는가, 그리고 우리가 살고 있는 인간 세상의 여러 가지 다양한 문화현상들, 즉 집짓는 법, 불 사용법, 팔괘법, 약초법, 농사법, 혼인법 등과 같은 것들은 어떻게 마련되었는가 하는 것이다. 그러기에 이러한 배포도업침은 바로 창세신화(創世神話)라 할 수 있는데,[1] 제주도에 남아 있는 큰굿

---

1) '배포도업침'에서 '배포'는 이 세상의 배판, 즉 저절로 이 세상이 만들어진다, 또는 나누어진다는 뜻이 아닌가 생각해 볼 수 있고, '도'는 신을 뜻하는 말이며, '업'은 일, 공과, 행적 등을 뜻하는 것이고, '침'은 말하다는 의미인 '치다'의 명사형이다. 그러므로 배포도업침이란 이 세상이 만들어짐에 있어 저절로 무엇이 마련되는 것을 말로 구송함, 또는 이 세상이 만들어짐에 있어 신들이 행한 업적을 말로 구송함이란 뜻으로 이해할 수 있을 것이다. 《제주도무속자료사전》에는 이 말이 '베포도업침'으로 표기되어 있는데, 이 말은 '베'보다는 '배'로 써야 할 것이 아닌가하는 생각이 들어 이 글에서는 '배포도업침'이라 쓰기로 한다. '배포도업침'에서 '베'를 우리말 '베풀다'에 나오는 '베'와 관련하여 보면 '베포도업침'이 맞을 듯한데, 또 '배포하다'는 말과 관련하여 보면 '배포도업침'이라 쓰는 것이 맞기 때문이다. 그런데 배포에서 '포'는 널리 나눈다는 의미의 한자어 '포'(布)이기 때문에 '배'자도 한자어로 보아야 하는 것이 아닌가 하여 여기에서는 '배포도업침'이라 쓰기로 한다. 그런데 또 한편 '비롯하여 난다'는 의미의 고어로 '베퍼나다'가 있는 것을 보면, 베포도업침도 이런 흔적을 드러내는 것이 아닌가 하여 '베포도업침'도 맞을 가능성이 있다. 용어는 한번 결정되면 바꾸기 어려운 것이어서 심사숙고한 가운데 '배포도업침'으로 사용하였다.

의 위상을 생각하면 이것은 바로 우리 민족의 창세신화로 볼 수 있다. 배포도업침이 우리 민족의 창세신화라 한다면, 이것은 그만큼 중요하다 할 수 있는데, 여기에 대해서는 아직 깊이 있는 연구가 이루어지지 않았다. 때문에 이 글에서는 배포도업침의 내용을 소개하는 한편 이것이 가지고 있는 의미나 의의를 한번 살펴보고자 한다.

신화의 발생이 제의(祭儀)와 상관이 있는 것이라 한다면,[2] 우리 민족문화에서 창세신화를 찾을 때 우선 중시해야 할 것은 바로 무속 제의인 굿이라 할 수 있다. 왜냐하면 현존하는 무속은 고대에 우리 조상님들이 인간사를 관장하는 수많은 신들이 실재(實在)한다고 믿고, 우리 삶의 복락과 평안을 기원하고자 이들 신에게 제의를 했던 것을 본질로 하고 있는바, 바로 열두거리 큰굿이라는 고대적 제의에 뿌리를 두고 있기 때문이다. 그런데 배포도업침은 바로 이와 같은 무속제의 속에 존재하는 것이어서, 그 발생기원이 제의와 상관이 있을 가능성이 높다. 이런 점에서 배포도업침과 같은 창세신화는 일단 우리 문화사에서 아주 소중한 것이라 할 수 있는데, 이것은 또 다른 면에서도 매우 중요한 의의가 있다.

신화란 원고(原古)의 시대에 이루어진 신들의 행위에서 비롯하여, 현존하는 자연환경의 여러 현상이나 인간사회의 의례, 또는 의미

---

* 참고로 《국어대사전》(이희승 편저, 민중서림)에 나와 있는 내용을 소개해 보기로 한다. ◦배포(配布) : 널리 배부하는 일. ◦배포(排布) : 머리를 써서 일을 이리저리 조리 있게 계획함. 예: 그의 배포를 누가 알겠소? ◦베퍼나다 : 〈옛〉비롯하여 나다. ◦베풀다 : 차리어 벌이다. ◦베프다 : 〈옛〉베풀다.

2) 프레이저(J. G. Frazer)와 그 제자들인 캠브리지 학파를 포함한 일련의 제의학파(祭儀學派)의 학설을 중시하면, 신화란 제의와 상관하여 발생한 것이며, 제의가 소멸하고 난 뒤 그 구술상관물(口述相關物, oral-correlative)로서의 신화는 수많은 문학작품의 근원이 된다 하였다. 때문에 이런 사실을 감안한다면, 신화를 연구하고자 할 때 일단 우선적인 대상이 되는 것은 현재도 제의 속에서 불리어지는 무속신화를 중시할 수밖에 없다.

있는 모든 인간행동의 범례를 정하는 기능을 갖는 점을 중시하면,[3] 신화 속에는 반드시 창세(創世)의 원리 및 수많은 의식(儀式)의 기원을 설명하는 내용이 들어 있을 수밖에 없다. 그런데 배포도업침에는 이러한 내용이 아주 많이 남아 있다. 즉, 여기에는 하늘과 땅과 사람이 생겨나는 내용이 언급된 뒤 해와 달이 동쪽에서 떠서 서쪽으로 지는 이유가 설명되었는데, 그러면서 '~한 신의 일에 비롯하여 ~이러저러한 ○○법이 마련되었다'(法之法)고 하는, 이른바 여러 가지 '~사물의 현상에 대한 기원' 내용이 많이 들어 있다. 배포도업침에 남아 있는바, 이러한 '창조' 및 '의식기원'의 내용을 중시하면, 배포도업침은 아직도 신화의 본래적 모습을 매우 많이 간직하고 있다고 볼 수 있어 매우 고형의 신화일 가능성이 있다는 것을 짐작할 수 있다.

그런데 배포도업침의 내용이 매우 고형일 수 있음은, 실제 제주도의 큰굿을 연구하면 분명하게 드러난다.[4] 제주도에 남아 있는 큰굿은 바로 우리 민족이 고대에 창조해낸 열두거리 큰굿의 본래적 모습

---

3) 미르치아 엘리아데/이은봉 역, 《종교형태론》, 형설출판사, 1982, 444쪽 참조 및 미르치아 엘리아데/이은봉 역, 《신화와 현실》, 성균관대출판부, 1985, 14쪽 참조; 大林太良, 《神話學入門》, 中央公論社, 1966, 48~50쪽, 바우만에 의한 신화의 정의 참조; 왕빈, 《신화학입문》, 금란출판사, 1980, 18, 44쪽 참조.

4) 이수자, 〈제주도 무속과 신화연구〉, 이화여대 박사논문(미간행), 1989 참조; 이수자, 《제주도 무속을 통해서 본 큰굿 열두거리의 구조적 원형과 신화》, 집문당, 2004 참조. 제주도의 큰굿에서 구송되는 신화들을 대상으로 하여 제주도 큰굿의 구조를 다시 연구해 보면, 이러한 큰굿은 원래 열두 거리로 구성되었던 것이고, 그 구조체계도 매우 논리적이고 체계적임을 알 수 있다. 이로 볼 때, 현재 제주도에 남아 있는 큰굿은 어쩌면 고대에 우리 민족이 창조하고 행한 고대적 제의였던 큰굿이, 제주도가 섬이기에 남아 있는 것이라 할 수 있다. 즉, 이것은 제주도의 큰굿이 매우 고형의 문화물임을 알게 하는데, 제주도에 이처럼 우리 민족의 고문화가 남아 있을 수 있게 된 것은, 제주도에서는 굿이 자주 행해졌고 세습무가 많았기 때문이기도 하지만, 무엇보다도 이곳이 섬이었기 때문에 가능할 수 있었다고 보아야 한다.

을 아직도 많이 간직하고 있는, 가장 원형적이고도 고형적인 문화 양태라 할 수 있다. 제주도에서 행해지는 큰굿과 같은 무속제의는 원래 육지 쪽에서 창조되고 거행되던 열두거리 큰굿과 같은 무속제 의가 과거 언제인가 제주도로 건너가 여기에 남게 된 것이라 하겠는 데, 이것이 비교적 원형적 모습이나 고형성을 많이 간직할 수 있게 된 것은 제주도가 섬이었기에, 그리고 세습무가 많았기 때문이라 할 수 있다. 따라서 이러한 점들을 중시하면, 제주도의 큰굿 속에 존재하는 배포도업침은 어쩌면 고대에 우리 민족이 창조해냈던 창 세신화일 가능성이 있어, 우리 민족의 창세신화를 연구하고자 할 때 가장 우선적인 대상이 되어야 한다.

배포도업침은 이상과 같은 중요성을 가졌기에 그 동안 부분적으 로 소개되고 연구되어 왔다.[5] 그러나 이러한 업적들 가운데는 배포 도업침의 일부 내용이라 할 수 있는 '천지왕본풀이' 같은 것만 중시 하여 언급한 경향이 있거나, 아니면 배포도업침 내용 가운데 천지창 조와 관련된 내용만 다루었기에, 여기에 대해서는 다시 본격적으로 연구될 필요가 있다. 그런데 이러한 사실 말고도 더욱 중요한 것은, 배포도업침과 같은 창세신화 속에는 천황씨, 지황씨, 인황씨, 유소

---

5) 그간 제주도의 배포도업침에 대해 소개하거나 연구한 업적은 다음과 같다. 연대순으 로 정리하기 위해 출간연도를 앞에다 쓰기로 한다.

임석재(1977), 〈우리나라의 천지개벽신화〉, 《경학김영돈선생화갑기념 교육학논총》.
서대석(1980), 〈창세시조신화의 의미와 변이연구〉, 《구비문학》 4집, 한국정신문화연 구원 한국어문연구실.
이수자(1989), 〈제주도 무속과 신화연구〉, 이화여대 대학원 박사학위논문.
현용준(1992), 《무속신화와 문헌신화》, 집문당.
김헌선(1994), 《한국의 창세신화》, 길벗.
박종성(1999), 《한국창세서사시연구》, 태학사.
이수자(2004), 《제주도 무속을 통해서 본 큰굿 열두거리의 구조적 원형과 신화》, 집 문당.

씨, 수인씨, 복희씨, 신농씨…… 노자님 등, 지금은 중국의 신화적 존재로 알려진 신들이 대거 등장하고 있다는 것이다. 그런데 이들은 우리 민족의 천지창생신화라 할 수 있는 배포도업침에도 들어 있는 내용이다. 그렇다면 이러한 사실에 대해서는 어떻게 이해해야 할 것인가 하는 문제가 생긴다. 이들은 원래부터 배포도업침에 들어 있었던 내용인가, 아니면 후대에 중국의 신화적 사실이 수용된 것인가? 이렇게 보면, 배포도업침은 다시 한 번 심도 있게 연구되어 이러한 문제가 해명되어야 한다는 명제가 생긴다.

배포도업침은 이상에서 언급한 것처럼 여러 가지 측면에서 중요성을 갖고 있는 신화라 할 수 있다. 따라서 이 글에서는 배포도업침의 내용과 신화적 성격을 규명해보고, 구조적 원리를 해명하여 그 본래적 성격이나 의의 및 문화사적 위상을 밝혀보기로 하겠다. 그리고 이를 통해서는 민족문화의 정체성을 고찰해 보기로 한다.

연구의 순서는 먼저 배포도업침이 채록되어 있는 자료를 소개하고, 이어서 앞서의 자료를 근거로 배포도업침의 내용을 요약·정리·소개하는 한편, 그 신화적 의미를 밝혀보기로 한다. 그리고 배포도업침의 제의적 기능과 생성요인을 언급하고, 이어서 배포도업침의 문화사적 위상을 고찰해 보기로 하겠다. 마지막으로는 배포도업침을 통해 우리 민족문화의 정체성을 언급해 보기로 한다.

2. '배포도업침'이 채록·소개된 자료들

배포도업침은 큰굿과 같은 대규모 굿에서 맨 처음에 불리는 무가(巫歌)다. 큰굿은 맨 처음에 〈초감제〉라는 의식이 거행되는데, 이것은 바로 큰굿에서 제향(祭享)을 받는 수많은 신들을 한꺼번에 제청

(祭廳)에 불러 모시는 종합적인 신맞이 의식, 즉 영신의례(迎神儀禮)라 할 수 있다. 〈초감제〉에는 큰굿에서 모시는 많은 신들이 모두 등장한다고 볼 수 있어, 큰굿에서 모시는 신의 종류나 성격을 알고자 할 때 도움이 된다. 그런데 배포도업침은 바로 이와 같은 〈초감제〉라는 의식의 맨 앞에서 구송되는 것이다.

《제주도무속사전》에 따르면6) 〈초감제〉라는 의식은 ① 배포도업침 ② 날과국섬김 '제청도업' ③ 집안연유닦음 ④ 군문열림 ⑤ 새드림(새풀이 등 포함) ⑥ 오리정 ⑦ 젯드리앉혀살려옴 ⑧ 정데우 ⑨ 산받아분부사룀의 순으로 진행된다. 이렇게 보면 배포도업침은 큰굿 안에서 행해지는 〈초감제〉 속에 포함된 작은 의식이라 할 수 있는데, 그 내용이 바로 창세신화인 것이다.

배포도업침은 〈초감제〉라는 의식에서 불리는 무가이기에, 이 의식과 더불어 채록되는 편이다. 따라서 배포도업침 내용을 파악하고자 한다면, 간혹 이것만 따로 채록한 자료도 있기는 하지만, 대개는 〈초감제〉 자료에서 살펴보아야 한다. 배포도업침이 채록된 자료를 살펴보면, 자료에 따라 내용에 약간씩 차이가 있는데, 이것은 이들이 형성시기로부터 매우 오랜 기간 구비전승되어 왔기에 나타난 현상이라 할 수 있다.

그간 제주도의 큰굿 및 〈초감제〉, 그리고 배포도업침과 같은 내용들이 채록·소개된 자료들을 소개하면 다음과 같다.

① 赤松智城·秋葉隆,《朝鮮巫俗の硏究》, 조선총독부, 1937
　　― 초감제(서귀포시 박봉춘 구연본)

---

6) 현용준,《제주도무속자료사전》, 신구문화사, 1980. 이 책은 제주도에서 행해지는 큰굿의 제의적 모습을 있는 그대로 다 조사·채록·기록하고 있어, 제주도 큰굿의 제의적 현황을 잘 알 수 있게 해주는 소중한 책이다.

② 진성기, 《남국의 무가》, 프린트본, 1968

 ─천지왕본풀이 1편(287쪽, 표선면 표선리 이무생 구연본)

 ─초감제 3편(① 한경면 고산리 김병효 구연본, ② 서귀포읍 하효리 강태욱 구연본, ③ 안덕면 창천리 남무 고창희 구연본─여기에는 제목이 도업으로 되어 있는데, 내용은 배포도업침임)

③ 현용준, 《제주도무속자료사전》, 신구문화사, 1980

 ─초감제(제주시 안사인 구연본)

④ 《풍속무음》, 1982

 ─ 초감제(안덕면 덕수리 문정옥 구연본)

⑤ 진성기, 《제주도무가본풀이사전》, 민속원, 1991

⑥ 심우성 역, 《조선무속의 연구》, 동문선, 1991

⑦ 현용준·현승환 역주, 《제주도무가》, 연강학술도서 한국고전문학전집 29, 고려대 민족문화연구소, 1996

⑧ 문무병, 《제주도 무속신화 열두 본풀이 자료집》, 제주칠머리당굿보존회, 1998

 ─ 천지왕본풀이(제주시 이중춘 구연본), 초감제(제주시 김윤수 구연본) 등7)

⑨ 장주근, 《제주도 무속과 서사무가》, 도서출판 역락, 2001

⑩ 제주도, 《제주도 큰굿자료》, 제주전통문화연구소, 2001

이상은 중요한 자료만 소개한 것이며, 그 밖에 부분적으로 채록된

---

7) 이 밖의 자료로 장주근의 《韓國の民間信仰》 자료편(金花舍, 1973; 제주시 고대중 구연본)도 있다. 배포도업침 가운데 일부 내용인 〈천지왕본풀이〉가 실린 자료는 이 밖에도 《제주무가집》이 있으나 이것은 용화사 주지 김두원이 무가를 연구하기 위해 진성기의 《제주도무가집》 1집(1960)을 옮겨 쓴 것이라 하여 제외하였고, 《풍속무음》 자료는 그 동안 원전에 관한 시비가 있었으나, 제주대 탐라문화연구소에서 《풍속무음》 영인본(1994)을 낼 때, 〈풍속무음해제〉에서 현용준 교수가 그 시비를 가려준 바 있기 때문에 일단 이 내용을 중시하여 자료로 소개하기로 한다.

것까지 포함하면 더 많다. 이 글에서는 앞서의 여러 자료 가운데 ①, ②, ③, ④, ⑧, ⑨, ⑩ 등을 주로 참고하기로 한다. ⑤, ⑥, ⑦을 빼는 것은 ⑤는 ②의 자료가 다시 출간된 것이고, ⑥은 ①의 자료를 우리말로 번역 출간한 것이며, ⑦은 ③의 자료와 거의 같기에 앞서의 자료만 중시해도 별 문제가 없다고 생각되기 때문이다. 여기에서는 편의상 ①《조선의 무속》은《조선》으로, ②《남국의 무가》는《남국》으로, ③《제주도무속자료사전》은《사전》으로, ④《풍속무음》은《풍속》으로, ⑧《제주도무속신화 열두 본풀이 자료집》은《열두 본》으로, 그리고 ⑨《제주도 무속과 서사무가》는《서사무가》로 줄여서 적기로 한다. 앞서의 다섯 자료 가운데 특히《조선》과《사전》의 자료를 더 중시하겠는데, 이것은 전자는 제주도 무가가 채록된 최초의 자료라는 점에서, 그리고 후자는 제의상황 전체가 조사·기록되어 있어 〈초감제〉 속에서 차지하는 배포도업침의 기능이나 의의를 더 잘 알 수 있게 하기 때문이다.

3. '배포도업침'의 내용 및 신화적 의미

우리나라에서는 배포도업침과 같은 중요한 신화가 일찍 문헌에 기록·정착되지 못하고,[8] 오랜 세월, 특히 제주도에서, 그리고 무속 제의인 굿 속에서 심방들에[9] 의해 구비전승되어 왔을 뿐이다. 그런데 앞서와 같은 자료들은 이제 이러한 신화들이 문자로 채록·기록

---

8) 어쩌면 일찍 문헌에 기록되었을 가능성도 있으나 자료의 인멸로 사라져버렸을 수도 있고, 또한 일찍 기록되었다 하더라도 후대로 오면 이러한 내용이 모두 다 중국 것으로 잘못 이해되었을 가능성도 있다.
9) 제주도에서는 무당을 가리켜 '심방'이라 한다.

되었다는 점에서 중요한 의의를 가진다. 그런데 이러한 자료들을 검토해 보면, 배포도업침의 내용은 채록된 자료에 따라서, 그리고 구송하는 심방에 따라 내용이 약간씩 다르다는 것을 알 수 있는데, 이것은 이들이 오랜 기간 구비전승되어 왔기에 나타난 현상이라 할 수 있다. 그렇지만 이들 자료를 유심히 살펴보면, 이들 내용에는 어떤 일정한 흐름이 있고, 전체적인 내용을 보면 유사한 내용들이 다소 뒤섞여 있을 뿐이어서, 이를 약간만 보완하면 원래의 내용을 쉽게 추정할 수 있음을 알 수 있다. 배포도업침은 그 내용이 대체로 ① 천, ② 지, ③ 인 세계의 순서에 맞추어, 이들 세상에서 여러 유·무형의 존재들이 마련되는 상황을 설명하고 있다. 이어서는 ④ 현재 굿을 하는 지역의 지리적 역사적 상황이 구송된다. 그런데 이와 같은 배포도업침의 내용에 대해서는 필자가 연전에 학회에서 이미 정리하여 발표한 적이 있으므로,10) 여기에서는 이 내용을 그대로 요약·정리하여 소개하기로 하겠다. 이어서는 이러한 내용에 대한 신화적 의미를 분석해 보기로 한다.

3.1. '배포도업침'의 내용 소개

1	하늘세계와 땅의 정리정돈, 뭇 생명체의 탄생, 별, 해, 달, 이승과 저승이 생기는 이야기

① 이 세상은 처음에 하늘과 땅이 붙어서 한 묶음이었다.

② 그런데 갑자년 갑자월 갑자일 갑자시에 하늘과 땅 사이에 우연

---

10) 민속학회 창립 30주년 기념 민속학 국제학술대회[1999.9.14(화) 제주도 라곤다호텔].
이 때 발표했던 자세한 내용은 나중에 배포도업침에 대한 연구를 책으로 발간할 때 수록하기로 한다.

히 떡징 같은 금이 생기고 하늘과 땅이 갈라지기 시작한다. 그리고 이 사이에서 물이 나와 음양이 상통하여 신, 인간, 동물, 만물 푸십새(식물) 등이 생겨난다.11)

③ 이어서 천황닭이 머리를 들고, 지황닭이 날개를 치며, 인황닭이 꼬리를 치니 동방이 열리면서 천지가 더욱 벌어지고 하늘은 위에 삼 하늘, 지하에 삼 하늘, 땅에 삼 하늘이 생겨 삼십삼천 하늘이 된다. 땅은 처음에는 백사지땅이었는데, 여기에 산이 먼저 생기고 나중에 물이 생겨, 이 땅에는 수많은 산과 물이 있게 되었다.(《조선》에는 이후에 산 이름과 물 이름들이 나열됨) 이어서 하늘에는 오방위에 먼저 별이 생기는데, 북쪽에는 북두칠성, 동쪽에는 견우성, 서쪽에는 직녀성, 남쪽에는 노인성, 그리고 중앙에는 ○○별이 생긴다.12)

④ 하늘에 오방위의 별만 있었기 때문에 어두워서 사람들이 살기 어려워하자 하늘궁의 수문장이 이를 보고 걱정을 했다. 견우성과 직녀성이 오작소로 다리를 놓고 천상배필을 맺었는데, 이때 하늘로는 청이슬이 내리고 땅으로는 물이슬이 솟아 천지 음양이 상통하여 이 음양 끝에 청의동자 반고씨가 생겨난다. 이 아이의 앞이마에 눈이 둘, 뒤의 이마에도 눈이 둘이 있어 하늘궁의 수문장이 이것을 가져다 섭제 땅에 축수를 하여 하늘에 해와 달을 만들어주니, 하늘에는 해가 둘, 달이 둘 생겨났다.13) 그러

---

11) 《사전》에는 하늘에서는 청이슬, 땅으로는 흑이슬, 중앙에는 황이슬이 내려 합수될 때 친지인황 도업이 되었다 하고 있다.(33쪽 참조)

12) 자료에 따라 사방위의 별이 생기는 내용도 있고, 오방위에 생겼다는 내용도 있으며, 도는 28수가 생겼다는 내용도 있다.

13) 별만 있어 이 세상이 어두워 사람이 살기 어려웠다는 내용과, 해와 달이 두 개씩 생기게 되어 낮에는 타서 죽고 밤에는 얼어서 죽었다는 것은 거의 모든 자료에 공통한다. 따라서 이것은 원래 있었던 내용이라 볼 수 있다. 해와 달이 두 개 생기는 요인은

자 이제 세상에서는 사람들이 낮에는 타서 죽고 밤에는 얼어서 죽게 되었다.

⑤ 하늘의 천지왕이 이것을 걱정하다가 해와 달을 먹어 뵈는 꿈을 꾸고 지상으로 내려온다. 이때 지상의 부인은[14] 가난하여 이웃의 부자인 수명장자에게 쌀을 꾸어다 밥을 지어 천지왕을 대접하는데, 천지왕은 밥을 먹다가 돌을 씹고는 이것이 수명장자가 쌀의 양을 늘리려고 모래를 섞어 주었기 때문에 생긴 일인 줄 알고는 화가 나서 벼락을 내려 장자 및 장자네 집을 불천수시키고, 딸은 팥벌레로, 아들들은 똥소래기(솔개)로 만들어 버린다. 천지왕은 합궁일을 받아 부인과 천상배필을 맺고 아들 형제 둘 것을 예언한 후 본메(신물, 신표)로 박씨를 주고 아들의 이름을

견우성과 직녀성이 결혼하여 청이슬과 물이슬이 생겨 여기에서 청의동자가 반고씨가 생겨났는데, 하늘의 수문장이 이 아이의 앞눈 두 개와 뒷눈 두 개를 떼어다 하늘에 두었기 때문이라는 내용을 담은 자료가 두 편 이상이다. 신화창조집단은 하늘에 하나씩 떠있는 해와 달을 중시하여 이것이 생기는 유래를 매우 특별한 내용으로 신성화하여 신화적으로 형상화해 낸 듯하다. 그런데 이렇게 보면, 이와 같이 중요한 의미를 지니는 해와 달이 처음 생기는 것도 그냥 우연히 생겨났다고 했을 것 같지는 않다. 이것 또한 어떤 신비로운 과정을 거쳐 만들어지는 것으로 내용을 형상화시켰을 것 같은데, 다행히도 반고씨 이야기는 신화형성집단이 해와 달의 첫 출현을 이와 같이 어떤 신비로운 요인에 의해 생긴 것으로 형상화시켰음을 보여주는 것이다. 따라서 이 글에서는 반고씨 이야기가 해와 달의 첫 출현 동인을 설명해 주는 것으로 원래 있었던 내용으로 본다. 또한 '음양법을 설연하던 견우성별' 운운하는 내용이 나타나는 자료가 두 편이나 되는데(《남국》의 김병효본 및 고장흥본), 신화가 인간 사회의 여러 현상의 기원을 설명하는 본질이 있다는 것을 중시하면, 이 내용은 어쩌면 인간 사회에서 남녀가 음양을 통하여 아이를 낳게 된 기원을 설명했던 것이었는지도 모른다. 이 내용에 나타나는 것으로 음양이 통할 때 하늘에는 청이슬이 내리고, 땅으로는 물이슬이 솟아났다는 내용은 우리 인간의 삶에서 녀의 음양이 통할 때의 모습과 유사하기 때문이다.

14) 자료에 따라 그 이름이 약간 다르게 나타난다. 어떤 자료에는 총멩왕이라 나오는 곳도 있고, 어떤 자료에는 아버지 박에왕과 어머니 총멩부인 사이에서 낳은 딸인 서수암이로 되어 있는 경우도 있다.

지어주고 하늘로 돌아간다.

⑥ 부인은 후에 쌍둥이를 낳아 형은 대별왕, 동생은 소별왕이라 이름 짓는다. 형제는 글공부를 하다가 사람들에게 애비 없는 자식이란 말을 듣고 어머니에게 부친이 누구인가를 묻는데, 모친은 자식이 열다섯 살이 되었을 때 사실을 말해 준다. 형제는 정월 돼지날 부친이 남겨준 박씨를 심고 그 줄기를 타고 하늘에 올라 아버지를 만난 뒤 백 근이 되는 활과 화살을 받아, 형인 대별왕은 두 개의 해 가운데 앞의 것은 남기고 뒤의 것을 활로 쏘아 동쪽의 샛별을 만든다. 동생 소별왕은 두 개의 달 가운데 앞의 것은 남기고 뒤의 것을 활로 쏘아 밤하늘의 수많은 작은 별들을 만든다. 그래서 이 세상에는 지금처럼 해와 달이 각기 하나씩만 남게 되었다. 원래는 북방에 북두칠성, 동쪽에 견우성, 서쪽에 직녀성, 그리고 남방에 노인성, 중앙에 ○○성만 있었는데, 이렇게 되어 세상에는 샛별과 수많은 뭇별들이 생겨 하늘에는 이십팔 수 별자리가 도읍했다.(《조선》)

⑦ 형제신은 이어 이승과 저승차지 시합을 벌이는데, 서로 이승을 차지하려고 하자 수수께끼와 꽃피우기 시합을 벌여 이긴 존재가 이승을 차지하기로 한다. 수수께끼는 형이 먼저 묻고 동생이 대답하는 것이었는데, 두 번 다 형인 대별왕이 이긴다. 동생은 수수께끼에서 지자, 형에게 꽃이나 심어 번성하는 꽃을 피우는 자가 이승을 차지하자고 한다. 형제가 꽃씨를 타서 동이에 심었는데, 형의 꽃은 번성꽃이 되고, 동생꽃은 검뉴울꽃(시든 꽃)이 된다. 이에 동생은 형에게 잠이나 자자고 하여 형이 잠든 사이에 꽃을 바꾸어 놓고 자기가 이겼다고 한다. 이렇게 되어 동생은 이승을 형은 저승을 차지하게 되는데, 형은 저승으로 가며 동생에게 "네가 속임수로 이승을 차지하게 되었기 때문에 이제 인간

세상에는 살인과 역적, 도둑, 간음 등등 수많은 죄악이 많을 것이라"고 예언한다. 이렇게 되어 이승은 죄악이 많게 되었음에 반해 저승법은 맑고 청랑한 법이 되었다. 동생 소별왕이 이승에 와 보니 (귀)신 및 인간과 뭇 동물들이 다 함께 말을 하고 있어 송피가루를 뿌려 인간만 말을 하게 하였다.

이상의 내용 가운데 ⑤, ⑥, ⑦은 특별히 '천지왕본풀이'라고도 한다. 여기에는 천지왕과 그 부인, 대별왕, 소별왕을 중심으로 하는 서사구조가 있어 기억하기 쉬워서인지 거의 모든 자료에 비슷한 내용으로 나타난다. 그래서 현재까지 배포도업침이라고 하면 주로 '천지왕본풀이'를 대상으로 연구해 온 경향이 있었다. 천지왕본풀이에는 아버지가 없는 가운데 태어난 아들이 부친을 찾는 심부담(尋父譚)적 요소도 있고,[15] 형제 갈등적 요소도 나타나, 우리 문학사를 이해하는 데 아주 소중한 자료라 할 수 있다. 심부담적 요소는 신으로 좌정하기 위한 시련 과정이라 할 수 있으며, 형제 갈등과 같은 것은 하늘과 땅, 해와 달, 이승과 저승이라는 상반되는 두 세계의 창조에 관여하기 위해 형제가 등장하고 있는 것이기에, 신화 내용 속에는 갈등요소가 내재할 수밖에 없다.

2   인간 세상의 여러 가지 문화가 생기는 이야기

앞의 내용에 이어서는 인간 세상의 여러 가지 문화가 마련되는 내용이 설명되어 있다. 여기에는 대개 '열다섯 15성인' 운운(云云)하

---

15) 이수자, 〈심부담의 시원적 양상과 문화사적 위상〉, 《나주대학논문집》 3집, 나주대학, 1998 참조.

면서 아래의 내용들이 언급된다. 이 글에서는 《조선》의 내용을 중심으로 소개하겠는데, 이것은 이 자료가 1930년에서 1933년(昭和 5~8년) 사이에 채록된 것으로, 배포도업침으로서는 맨 처음으로 채록된 자료이기 때문이다.16) '열다섯 15성인'과 관련한 천황씨, 지황씨, 인황씨, 유소씨…… 등에 관한 내용은 《조선》 말고도 《남국》의 김병효본, 강태욱본, 고창희본 및 《민간신앙》 등에도 나와 있으며, 《풍속》에도 나와 있고, 기타 최근에 채록된 여러 자료에도 등장한다.17) 따라서 이 내용은 원래부터 배포도업침 속에 있었다고 볼 수 있는데, 다음에 이 내용을 간단히 요약하여 소개하기로 하겠다.

'별자리' 뒤로

① 태고천황씨는 목덕으로써 왕하야 세를 섭제에 기하여 허염업시 화하니 형제 십이 인이 각 일만 팔천 세러라.(열두 형제 열두 고을)

② 지황씨는 화덕으로써 왕하야 형제 십일 인이 각 일만 팔천 세러라.

③ 인황씨는 형제 구인이 분장구주하야 범 일백 오십 세에 합 사만 오천 육백 세외다.

④ 인황씨 이후에 유소씨 있사오니 구목위소하옵고 식목실하옵더니,

⑤ 수인씨 수를 뚫어 사람에 화식을 가르쳐 주신 성인님들도 도읍으로 제일이옵니다.

---

16) 《조선》은 일본인 赤松智城·秋葉隆이 채록한 무가집인데 1937년에 발간되었다. 그러나 여기에 실린 무가자료들은 쇼와 5년에서 8년 사이(1930~1933)에 채록된 것이라 하며, 배포도업침 자료는 서귀포시의 심방인 박봉춘이 제보자로 되어 있다.

17) 다만 《사전》에는 '인간 열다섯 15성인(聖人) 도업'이라는 말을 하면서 천황씨 열두 양반, 지황씨 열한 양반, 인황씨 아홉 양반이라는 내용만 나와 있다.

⑥ 태호복희씨는 타(사)의 몸이며 인의 머리니, 수인씨를 대신하야 왕이 되시니 비로소 팔괘를 끄으시고, 서계를 지어 결승의 정을 대하시며 가취를 지어 려피로써 예를 하시고 망고를 매 저던어를 가르치시고……

⑦ 녀와씨 립하니 풍성이라 목덕으로써 왕하사 셩(생)황을 지으시니

⑧ 녀와씨 후에 풍성이 십오 세를 이으니 도읍으로 제일입니다.

⑨ 염제신농씨는 강셩이니 인신우수라. 풍성을 이어 화덕으로 왕하니 단목위시하고 유목위래하야 경을 가르치시고 처제를 지어 자편으로써 초목을 편하고 백초를 상하야 비로소 의약을 마련하고 사람을 일중에 시하야 교역하고 퇴하기를 가르쳐 진에도 하얏더니 곡후에 시하여 무릇 팔세에 오백 이십 년이외다.

⑩ 황제훤원씨는 간과쓰기와 지남차를 맨드시고 일월과 성진의 상을 보와서 성관의 근원을 점하고 갑자를 짓고 역을 짓고, 산술을 짓고, 귀천을 표하고 주차를 지어 불통을 제하고 야를 끊어 주에 나노와 백리의 국과 만구를 만들고

⑪ 소호금천씨는 조로 기관하고

⑫ 전옥고양씨는 민과 신이 잡유하야 방물치 못하여

⑬ 전옥남금정을 명하여 하늘을 맡아 신을 속케 하고

⑭ 화정려로 땅을 맡아서 민을 속케 하오니 도읍으로 제일입니다.

⑮ 로자님은 만리극락세계 불법당에 가서 팔만대장경과 통부채를 내어다가 당과 절을 설연하였사오니 불도선생 로자님이 내인 법으로 인명이 없으면 인명을 빌고 복이 없으면 복을 빌고 록이 없으면 복을 빌어서 기에선도에산에 불법을 마련하얏사오니 로자님의 도읍 제일입니다.

이상 ①에서 ⑮까지의 내용이 열다섯 15성인과 관련된 내용들이
다. 여기서는 편의상 《조선》의 내용만 정리·소개했으나, 앞으로
여러 자료를 비교·검토하여 이들 내용을 다시 정리할 필요가 있
다.[18] 그런데 거의 모든 자료에, 이 부분에서 열다섯 15성인이 있었
다는 내용이 언급되고 있기에, 배포도업침 속에는 원래 이 내용이
있었고, 성인의 숫자는 15인이었음이 거의 확실하다고 하겠다.《조
선》에 나오는 ⑬ 전옥남금정과 ⑭ 화정려는 ⑫ 전옥고양씨에 소속
된 신들이라, 이들까지 합쳐서 15성인이었던 것인지, 아니면 이들은
제외하는 것이 맞는지[19] 확언하기 어렵다. 다음에는 이들 내용을
편의상 '열다섯 15성인' 도업 내용이라 언급하면서, 앞으로의 논지를
진행하기로 하겠다.

3 우리나라 여러 소국과 제주도의 지리적 역사적 상황 말하기

이어서는 산 배포 물 배포 도업을 이르자 하면서 고구려와 같은
나라 이름이 언급된다. 그리고 '제청도업'을 말한다 하면서 〈초감제〉
가운데 ② 날과 국 섬김이 시작되는데, 이것은 신들에게 제의가 행해
지는 날짜(날)와 장소(국)를 말씀드리는 것이다. 따라서 여기에서는
먼저 굿을 하는 날짜와 장소(제주도의 ○○마을)가 언급되고, 이어서
는 우리나라의 여러 작은 나라 이름과 제주도의 지리적 역사적 상황
이 언급되고, 마지막으로는 다시 굿을 하는 장소인 제주도의 ○○마
을 이름 등이 언급된다.

---

18) 여기에 대해서는 앞으로 다시 연구해 다른 글을 통해 발표해 보기로 하겠다.
19) 만약 전옥남금정과 화정려가 전옥고양씨에 포함된 신들이라 이들을 제외해야 한다
  면, 나머지 2성인은 구비전승되어 오는 도중 전승이 중단되었다고 볼 수 있다.

《조선》에는 '열다섯 15성인' 내용이 언급된 뒤에, 여러 나라 이름, 지역 이름 등과 제주도의 역사들이 설명된다. 예를 들면, "낙양은 천하지중이요, 강남천지 대한국이요, 일본은 준여삼국이요, 조선은 사해 밖에 십삼도나 사해 안에 십이국 예나라, 허나라, 대초나라, 초나라, 몽고나라 이스리 만저축성도 상시당, 첫서울은 송도계판, 둘채는 신님. 셋재는 한양……" 등과 같다. 이어서는 제주도에 대한 내용이 언급되는데, 여기에는 제주도에는 아흔아홉 골밖에 없어 범도 곰도 신하도 왕도 없다는 것과, 당 오백 절 오백이 파당되는 이야기 등이 나오고, 이어서 제주도의 여러 당에 대한 소개가 이어진다.

《사전》에도 앞서와 비슷한 내용이 '열다섯 15성인' 운운하는 내용에서부터 시작하여 '날과 국 섬김' 부분에 이르기까지 언급되고 있다.20) 여기에서는 "우리나라 고구려 신 베포도업 제이르자, 왕이 나사 국 입고, 국이 나 왕입네다"라는 내용이 나오고, 또한 "국은 갈릅긴~ 이스리 안람국 두만강 몽고대천 십이제국 안입니다. 사해안도 열두 나라 사해 밖도 열두 나라, 강남가민 천자지국, 일본은 주년지국, 우리나라 천하해동조선국……"이라는 말들이 언급되고 있으며, 이어서는 우리나라의 여러 지명, 제주도의 지리적 역사적 상황 등이 설명되는데, 핵심 내용은 《조선》에 나오는 것과 유사하다. 그리고 제주도의 역사에서는 대정현과 정의현이 이씨조선에 생겼다는 내용과 제주도에는 십삼 면이 있다는 것이 첨가되어 있다.

이상 살펴본 1, 2, 3이 실은 배포도업침의 내용이라 할 수 있다. 여기에 이어서는 굿을 하는 이유가 설명되는데, 이것은 ③ 집안연유 닦음이라 한다. 〈초감제〉에서 이처럼 굿하는 시간과 장소, 그리고

---

20) 《사전》, 43~45쪽 참조.

굿을 하는 이유 등을 말하는 것은, 큰굿에 모시는 신들로 하여금 언제, 어디로 오셔야 하는지, 그리고 왜 오시는지 그 이유를 알려드리기 위해서이다. 이것은 마치 우리가 손님을 초청할 때 왜 오시라 하는지, 그리고 언제 어디로 오셔야 하는지를 알려드리는 것과 같다.

다음에는 앞에서 소개한 배포도업침의 내용을 중심으로 그 의미를 분석해 보기로 하겠다.

3.2. '배포도업침' 내용의 신화적 의미

<table>
<tr><td>1</td><td>하늘과 땅, 생명체,
별, 해, 달, 이승과 저승이 생기는 이야기</td></tr>
</table>

① 천지합일 : 카오스 상태의 우주

처음에 '이 세상은 하늘과 땅이 한 묶음으로 붙어 있었다'라는 것은 천지가 혼합되어 있었음을 뜻한다. 이것은 곧 이 신화를 창조한 집단은[21] 이 세상은 태초에 하늘과 땅이 분리되지 않고 붙어 있는 상태, 곧 카오스(caos)의 상태로 인식했음을 알려준다.

② 천지개벽과 뭇 생명체의 탄생, 그리고 하늘과 땅의 정리정돈

이 세상의 처음에는 하나로 붙어 있던 하늘과 땅이 어느 날 우연히 금이 생겨 둘로 갈라지기 시작하고, 그 사이에서 물이 나와 신과 인간, 그리고 동물과 식물 등이 생겨나기 시작했다는 사실에서는 여러 가지 의미를 파악해 볼 수 있다. 여기에는 우선 천지개벽(天地開闢)의 모습이 담겨 있다. 그리고 생명체가 생겨나는 모습도 들어

---

21) 이하 이러한 신화를 만든 집단을 '신화창조집단'이라 칭하기로 한다.

있다. 하나로 뭉쳐 있던 하늘과 땅 사이에 우연히 금이 생겨 갈라지기 시작했다는 것, 그리고 여기에서 물이 나와 뭇 생명체들이 생기기 시작했다는 것은 마치 달걀과 같은 알에서 우연히 금이 생겨 갈라지고, 여기에서 생명체인 새끼들이 나오는 것과 유사하다. 그러므로 우리 신화 속의 천지개벽 모습은 알[卵]의 갈라짐과 여기에서 생겨나는 생명체의 생성으로부터 유추된 것이라 해도 과언이 아니다.

　세계의 많은 신화들이 최초의 생명체를 물에서 생겨나는 것으로 이야기하고 있다는데,[22] 우리 신화 또한 이와 같다. 여기에서 최초의 생명이 탄생된 물은 이런 의미에서 '원수'(原水)라 할 수 있을 것이다. 우리 민족도 물이야말로 생명의 기원이고 본질이라고 인식했던 흔적이 여기에 나타나 있다.

　③ '계명성'(鷄鳴聲), '동성개문'(東星開門), '삼십삼천 생성', '산과 물 생성', '오방위의 별 생성'

　이 세상의 처음, 아직 별들도 만들어지지 않았고 다만 맞붙어 있던 하늘과 땅이 막 벌어지기 시작할 때, 하늘에 있는 닭이 머리를 들고, 땅에 있는 닭이 날개를 치며, 인간 세상에 있는 닭이 꼬리를 치니, 그 이후부터 하늘과 땅 사이가 급격하게 벌어지기 시작하여 하늘은 위로 올라가 삼십삼천이나 되는 하늘이 생기고, 땅은 원래 흰 모래 땅이었는데, 여기에 수많은 산과 물이 생겨 지상에는 수많은 산과 물이 있게 되었다고 하는 내용에는 우주 개벽 때의 격동적이고도 다이나믹한 모습이 잘 드러나 있다.

　천황닭 · 지황닭 · 인황닭이 각기 머리와 날개와 꼬리를 치니, 하늘과 땅 사이가 더욱 벌어지고 동쪽의 문이 열리면서 이 세상에 비

---

22) 왕빈, 《신화학 입문》, 금란출판사, 1980, 81쪽 참조.

로소 별이 생기기 시작했다고 하는 것에는, 신화창조집단이 이 세상을 천·지·인 삼분세계로 나누어 인식했다는 것과, 닭[鷄]이란 무엇인가를 새롭게 시작하게 하는 존재로 인식하고 있었음을 알 수 있다. 닭의 몸짓과 더불어 동쪽 문이 열린 뒤 하늘과 땅 사이가 더욱 벌어지기 시작하는 것은, 마치 우리 인간 현실에서 닭이 울면서 동쪽에 먼동이 트고, 태양이 떠오르면서 날이 밝아오고 하루가 시작되는 모습과 비슷하다. 그러므로 이와 같은 신화 내용은 우리의 현실 삶에 있어 새벽에 닭이 울고 날이 밝아오는 모습으로부터 유추한 것이라 할 수 있다. 신화창조집단은 일상사에서 보고 겪었던 하루의 모습을 신화적으로 사유·은유하고, 이를 천지개벽의 모습에 반영했던 것이다.

처음 이 세상에는 해나 달보다 별이 먼저 생겨났다고 하는 것, 그리고 이것이 특히 오방위에 각기 하나씩 생겨났다고 하는 것을 통해서는 빛의 근원을 별로 인식했음과, 방위에서는 동서남북 사방만 중시한 것이 아니라 동서남북, 그리고 중앙까지 더해 오방위를 중시했음을 알 수 있다. 그리고 별의 종류에서는 특히 오방위에 있는 별들을 신성시하고 중시했음을 알 수 있는데, 이 가운데에는 북두칠성도 있다.

④ 해와 달의 생성: 하늘궁 수문장의 실수로 두 개씩 생긴 해와 달
천지가 갈라지고 하늘이 만들어진 뒤 맨 처음 하늘에 등장한 다섯 개의 별 가운데, 동서의 두 별이 혼인하여 아기가 태어나고, 하늘의 수문장이 이 아이의 눈을 떼어 하늘에 각기 해와 달 두 개씩 만들어 주었다는 내용, 그리고 이런 까닭에 사람들은 낮에는 타서 죽고 밤에는 추워서 얼어 죽었다는 내용은, 결과적으로 하늘의 수문장이 사람을 위해 해준 일은 실수며 실패가 되고 말았다는 뜻이다. 그래서

하늘에서 지고의 존재인 천지왕은 걱정을 하게 되고, 결국에는 아들들을 통해 이러한 해와 달의 숫자를 조정해야만 하는 것이다. 동서의 두 별이 만나 결혼을 하였다는 것은 오늘날 전하는 견우직녀전설과 그 뿌리가 닿아 있고, 별들의 결합으로 낳은 아이의 두 눈으로 해와 달이 생겼다는 것은 빛의 근원으로 별을 중시했음을 의미한다.

아이의 눈을 떼어 하늘의 해와 달을 만들어 주었다는 것에는, 이 신화를 창조한 집단은 사람의 눈[目]을 해나 달과 같은 것으로 사유했음이 드러나 있다. 해나 달은 하늘과 땅의 중간에 있으면서 이 둘을 매개하는 존재들이다. 그러면서 모든 것을 볼 수 있도록 스스로 빛을 내면서 밖의 세계를 밝게 비춰주고 있다. 우리 몸에서 눈은 신체의 내부와 외부를 연결하는 매개물이다. 그러면서 스스로 광채를 내며 모든 것을 보게 하고 또한 밖을 향하고 있다. 우리의 눈은 곧 빛을 내는 발광체라 할 수 있는데, 해, 달, 별 또한 발광체라 할 수 있다. 인간의 눈과 하늘의 해나 달이 상호 상동성(相同性; homology)을 가질 수 있음은 앞에서 설명한 여러 요인에 의해 가능하다. 그런데 신화창조집단은 바로 이러한 사실을 인식하고, 청의동자 반고씨의 눈을 떼어 하늘의 해와 달을 만들었다고 하고 있는 것이다.

⑤ 천지왕 도업

하늘의 신인 천지왕이 하늘에 해와 달이 각기 두 개씩 뜨게 되어 사람들이 타 죽거나 얼어 죽자 걱정을 하다가, 이를 조정할 아들을 얻을 꿈을 꾸고 지상으로 내려와 부인을 얻어 수태를 시키고 떠나가는 내용을 통해서는, 신화창조 당시에도 꿈이 앞일을 예견하는 예조, 또는 전조로 인식되고 있었음을 알 수 있다. 또한 '빈/부'의 갈등이 이미 사회적으로 존재하였다는 것과, 부자들은 비교적 부도덕한 존재로 인식되었다는 것, 그리고 벼락과 같은 것은 거짓이나 부도덕에 대한 하늘의 징치수단으로 인식되었음을 알 수 있다. 하늘의 천지왕이 지상으로 내려와 부인과 결합하고 아이를 수태시켰다는 것에서는, 하늘은 아버지로 보고, 땅은 어머니로 보는 대우주적 인식, 곧 천부지모(天父地母) 사상이 나타나 있다. 우리 신화를 포함하여 고소설 등에는, 주인공이 되는 인물들이 헤어질 때 반드시 신물(信物) 등을 교환했다가 나중에 이를 통하여 서로의 신분을 확인하는 것이 나오는데,23) 여기에도 이러한 요소가 등장하고 있다. 남편인 천지왕과 헤어질 때 지상의 부인은 본메본짱을 달라고 하는데, 이것은 바로 신물을 말하는 것이다. 천지왕은 이에 박씨 두 알을 주며, 정월 첫 돼지날에 이를 심으면 알 일이 있다고 한다.

⑥ 대별왕과 소별왕의 일월조정 도업

가) 하늘의 천지왕과 지상의 부인과의 결연에서 태어난 쌍둥이 형제, 곧 대별왕과 소별왕이 이웃으로부터 아비 없는 자식이란 말을 듣고 자라다가 열다섯이 되었을 때 어머니로부터 아버지에 대한 이야기를 듣고, 아버지가 남겨놓은 박씨를 심어 그 줄기를 타고 하늘에 올라 아버지를 만나는 내용에는 신화창조집단은 열다섯 살을 성인(成人)으로 인식하였음이 나타난다. 그리고 형제가 아버지를 찾아갈 때 박씨를 심어 그 줄기를 타고 오른다고 하는 내용에는, 하늘과 땅은 완전히 분할된 별개의 공간으로 인식했음이 드러나 있다. 까닭에 두 공간의 왕래에는 반드시 매개물이 필요하였는데, 여기에서는 그것이 박 줄기로 나타난다.24) 천지왕이 본메로 준 것이 박씨고,

---

23) 이수자, 〈고대서사문학에 나타난 신분인지소〉, 《고전문학연구》 3집, 한국고전문학회, 1986.

24) 영국의 민담 〈잭크와 콩나무〉에는 잭크가 콩 줄기를 타고 하늘에 있는 거인의 집에 왕래하는 것으로 보아, 영국에서는 콩 줄기를 하늘과 땅을 잇는 매개물로 인식했음을

또한 하늘에 오를 수 있는 매개물이 박 줄기로 나타나는 것을 통해 신화창조집단은 박[瓢]을 아주 신성한 식물로 인식했음을 알 수 있다. 그런데 이를 통해서는 우리 문화에서 왜 박이 중시되었는가도 짐작할 수 있다. 이것은 식용식물로서 박나물의 실용성과 그릇으로 사용되던 바가지의 실용성에서 기인했을 가능성이 크지만, 다른 한 편으로는 지붕 위까지 뻗어나가서 한밤중에 하얗게 빛나는 아름다운 박꽃의 모습에서, 이것을 하늘에 오르는 매개물로 인식했기에 가능했다고 할 수도 있다.

쌍둥이 두 아들이 하늘에 오르니 아버지의 용상이 비어 있어, 둘이 아버지를 찾으며 용상 옆을 지날 때 용상의 왼쪽 뿔이 부러져 지상으로 떨어져 버렸다고 하는 내용은, 두 아들이 얼마나 힘이 센 존재인가를 상징적으로 보여주기 위해 설정된 것이겠지만, 그 뒤로 우리나라 나라님도 왼쪽 뿔이 없는 용상에 앉게 되었다고 하는 의식 기원이 나오는 만큼, 이 내용은 매우 특이하다 하지 않을 수 없다.[25] 그런데 이러한 내용을 중시하면, 만일 어디에선가 왼쪽 뿔이 부러진 용상, 또는 이와 같은 형상의 그림이 발견된다면, 이것은 우리 문화를 해명할 수 있는 아주 중요한 근거가 될 수 있다.

나) 쌍둥이 형제신이 아버지 천지왕을 만나 각자 백 근이나 되는 활과 화살을 받아 두 개씩 있던 해와 달 가운데 하나씩 쏘아 맞추어 하늘에 있는 해와 달을 오늘날처럼 하나씩 되도록 하는 내용에는, 해와 달을 하늘과 땅의 중간적 존재로 인식했음이 드러난다. 또 이들을 조정하는 존재가 지상에서 태어난다고 하는 것에는, 해와 달을 특히 우리 인간과 관련하여 중시했음도 알 수 있다.

알 수 있다. 반면에 우리 민족은 박 줄기로 인식했던 것이다.

25) 이러한 신화 내용은 《사전》, 39쪽 참조.

하늘에 해와 달이 하나씩 남게 되는 것을 말할 때, 이제 이렇게 하여 하늘에 해와 달이 하나씩 남는 '법지법'(法之法)이 마련되었다고[26] 하는데, 여기에서 '법지법'이란 법 가운데서도 가장 중요한 법, 즉 인간의 힘으로서는 어찌할 수 없는 하늘이 만든 법칙이란 뜻으로 천강(天綱)과 같은 것이다. 신화창조집단은 하늘에 해와 달이 하나씩 있는 것은 변할 수 없는 자연의 법칙이라 보고, 이것을 법 가운데서도 가장 기본이 되는 중요한 자연의 법칙으로 보고 있다.[27]

해와 달이 처음에는 두 개씩 있었다고 설정하고, 이것을 화살로 쏘아 하나씩 마련하도록 한 것은 가뭄과 더위, 그리고 홍수와 추위를 미리 예방하고 풍요를 기원하기 위한 것으로, 곡물재배문화를 배경으로 형성되었다고 한다.[28] 여기에 나오는 일월(日月) 조정의 내용 가운데 두 개의 태양은 가뭄을 뜻하고, 태양을 쏘아서 떨어뜨린다는 것은 농작물에 타격을 주는 가뭄을 방지하려는 의도의 표현이다. 따라서 태양의 수를 조정하는 것은 더위와 가뭄을 미리 방지하려는 것이다. 달은 물을 상징하는 것이므로, 이것은 홍수와 관련시켜 앞서

---

26) 《사전》, 40쪽에는 두 형제가 활로 뒤의 해를 맞혀서 동이와당(바다) 진도밭에 두고, 뒤의 달 가운데 하나를 쏘아 서해바다 진도밭에 두어서 그 법으로 해는 하나 동방으로 뜨고, 달은 하나 서방으로 지는 법지법이 마련되었다는 내용으로 되어 있다.

27) 이상의 내용은 《조선》에 나오는 내용이다. 《사전》에는 이와 같은 내용이 아니라 하나의 해를 쏘아 동해바다에 두고, 뒤의 달을 쏘아 서해바다에 두어 그 법으로 해는 하나 동방으로 뜨고, 달은 하나 서방으로 지는 법지법이 생겼다고 하고 있다. 그런데 《사전》의 내용과 같이 보면 이러한 내용은 두 형제가 왜 그 이름이 대별왕과 소별왕인지를 해명하지 못한다. 이들은 대별왕은 샛별과 같은 큰 별을 만들었기에 대별왕이라 하였을 가능성이 있고, 동생은 작은 뭇별들을 만들었기에 소별왕이라 했을 가능성이 있음을 감안하면, 이상의 내용은 《조선》의 것이 맞을 가능성이 있다고 본다. 때문에 이 글에서는 《조선》의 내용을 중시하고자 하였다.

28) 현용준, 〈월명사 도솔가 배경설화고〉, 《한국언어문학》 10집, 1973, 87~106쪽(《무속신화와 문헌신화》, 집문당, 1992, 424~448쪽) 및 서대석, 〈창세시조신화의 의미와 변이〉, 《구비문학》 4집, 한국정신문화연구원 어문연구실, 1980, 17쪽 참조.

와 같이 이해할 수 있다. 신화 속에 나오는 이러한 사실은 우주의 질서를 반복 갱신하고, 하계의 천후(天候) 조절을 꾀하여 작물의 풍작을 도모하려는 의도에서 마련된 것이다. 앞서와 같이 해와 달의 수 조정이 천후의 조절과 관계있다고 본다면, 신화창조집단은 천후가 고르지 못할 것을 두려워하여 신화 내적 질서에 그들의 신들로 하여금 미리 이러한 일들을 하도록 내용을 구성했다고 볼 수 있다. 여기에는 쌍둥이가 천후를 조절할 수 있다고 믿었던 사고도 반영되었으며, 쌍둥이를 신성하게 인식했음도 드러난다. 하늘에 원래 여러 개의 해와 달이 있었는데, 뛰어난 영웅이 있어 이를 화살로 쏘아 떨어뜨려 오늘날과 같이 하나만 남도록 했다는 이야기는 흔히 '사양설화'(射陽說話)라 하는데, 이런 설화들은 우리나라 주변 동북아시아 지역에서 보편적으로 발견된다. 그런데 우리 민족의 창세신화라 할 수 있는 배포도업침에도 바로 이런 내용이 전해진다.

다) 형인 대별왕은 하늘에 해가 하나만 있게 한 동시에 동쪽의 샛별을 만들고, 동생 소별왕은 하늘에 달이 하나만 있게 한 동시에 밤하늘의 수많은 작은 별을 만들었다. 그래서 이제 이 세상에는 지금처럼 해와 달이 하나씩 떠 있게 되었으며, 밤하늘에는 28수 별자리가 도읍하게 된 것이라는 내용을 통해서는 신화창조집단이 하늘에 있는 천체 가운데 어떤 것들을 특별히 신성시하고 중시했나를 알 수 있다. 샛별은 태양이 떠오르기 직전까지 동쪽 하늘에 반짝이고 있어 태양과 관련하여 많은 민족들이 신성시하는 별이라 하는데, 하나의 해를 쏘아 만든 것이 바로 샛별, 즉 금성(金星)이라고 한 것을 보면, 우리 민족도 샛별을 신성시하였음을 알 수 있다.

⑦ 이승과 저승 차지 시합 : 이승과 저승 세계의 마련
대별왕과 소별왕이 해와 달의 수를 오늘날과 같게 조정한 뒤 이승

과 저승 차지 시합을 벌인다는 것은, 이제 이 세상에는 삶의 세계인 이승과 죽음의 세계인 저승이 생겼음을 뜻한다. 이것은 신화창조집 단이 그만큼 우리 인간 삶에서 삶과 죽음, 즉 '생/사' 문제를 심각하게 인식하였음을 의미한다.

그런데 이승을 차지하기 위한 조건이 바로 수수께끼와 꽃피우기 시합에서 이기는 것이다. 이승과 저승이 삶의 세계와 죽음의 세계를 의미하는 것이라면, 이러한 수수께끼와 꽃피우기 시합은 바로 삶의 세계, 즉 생명의 세계를 차지하기 위한 통과의례(通過儀禮, initiation) 라 할 수 있다. 쌍둥이 형제는 이승을 차지하기 위해 두 번에 걸친 수수께끼 시합과 한 번의 꽃피우기 시합을 벌인다. 수수께끼 시합에 서는 모두 형이 먼저 묻고 동생은 대답하는 것으로 되어 있는데, 그 내용은 다음과 같다.29)

　문제 1
　형 : 어떤 나무는 주야 평생 잎이 아니 지고, 어떤 나무는 잎이 지느냐?
　동생 : 오곡이란 것은 마디가 짤막한 나무는 주야평생 잎이 아니 지고, 속이 빈 나무는 잎이 진다.
　형 : 청대 갈대는 마디마디 속이 비어도 잎이 아니 진다.

　문제 2
　형 : 어떤 일로 언덕의 풀은 성장이 나쁘고, 낮은 쪽의 풀은 무럭무럭 잘 자라느냐?
　동생 : 2, 3, 4월 샛바람에 봄비가 오더니, 언덕 위의 흙이 낮은 쪽으로 내려가니, 언덕의 풀은 잘 자라지 않고, 낮은 데 풀이 잘 자란다.
　형 : 어떤 일로 사람은 머리털은 길고, 발등의 털은 짧으냐?

---

29) 《사전》, 40~41쪽 참조.

문제 1에서 형이 물은 것은 잎이 지는 나무와 그렇지 않은 나무를 구별해 보라는 것이다. 여기에서 잎이 지는 것을 사(死), 곧 죽음을 의미하는 것으로 보고, 잎이 안 떨어지는 것은 생(生), 곧 생명을 의미하는 것으로 본다면, 이와 같은 질문은 곧 생과 사의 속성을 지닌 나무를 구별해 보라는 것으로서, 바로 식물의 본질적인 생명력에 관계되는 질문이었음을 알 수 있다. 그런데 동생은 이런 의미를 알아차리지 못하고 단순히 키가 '크다/작다', 또는 속이 '비었다/가득 찼다' 등 외면적으로 구별될 수 있는 현상에만 관심을 가졌기 때문에 물음의 핵심에 어긋나는 대답을 하고 만다. 그래서 형은 대나무와 같이 외면적으로 보아 속이 빈 나무도 항상 푸를 수 있다고 대답함으로써 동생의 답이 틀렸음을 지적한다.

문제 2의 수수께끼도 첫 번째 것과 동일한 사고체계에서 나온 질문이다. 형은 "어째서 동산의 풀은 잘 자라고 구렁의 풀은 잘 자라지 않는가"라고 묻는다. 여기에 대해 동생은 봄비에 동산의 흙이 구렁으로 내려갔기 때문에 그런 것이라고 대답한다. 형은 "그렇다면 인간은 왜 머리카락이 길고 발등의 털은 짧은가" 하고 반문한다. 형은 그의 물음에서 '상(上)/하(下)'라는 공간적인 위치를 중요하게 생각한 것이 아니다. '풀이 잘 자라고[生]/자라지 못하는[死]' 이유, 즉 앞서와 마찬가지로 식물(풀)이라는 생명 있는 것들의 생을 가능하게 하는 내재적이고도 근본적인 이유를 묻는 것이다. 이것은 곧 환경에 따라 변하지 않는 불변(不變)의 생명력이 무엇인가를 묻는 것과도 같다. 그런데 동생은 '상/하'라는 공간적 위치만 중시하고, 생을 가능케 하는 본질적 이유에 대해서는 살펴보지 못했기에 공간적 위치만을 중시하는 대답을 하고 만다. 그래서 형은 '상/하'의 공간적 의미를 인간 신체의 '머리/발등'으로 대치하여 보여주면서, 생의 본질이란 공간적 위상에 따른 것이 아니라 생명 있는 것을 생명 있게 하는 내재적인 힘이 중요하다고 대답한다.

수수께끼를 하자고 먼저 제의했던 동생 소별왕은 두 번 다 여기에서 졌다. 대별왕인 형이 훨씬 똑똑하고 지혜가 있는 것이 판명된 셈이다. 그러나 동생은 다시 꽃피우기 시합을 하자고 제안하고, 속임수로 형을 이겨 이승을 차지하고 만다. 이에 형은 동생에게 이승을 차지하라 하며, 그렇지만 거짓과 속임수로 이승을 차지했기 때문에 이제부터 이승에는 살인·역적·도적·간음 등과 같은 나쁜 죄가 만연할 것이라고 예언하면서 저승으로 간다.

수수께끼와 꽃피우기 시합 내용은 단순히 지혜다툼이란 의미를 가질 수도 있지만, 다른 한편으로는 인간 생사의 원리를 식물체계에 비유하여 나타내 보이면서 어느 신이 좀 더 인간의 생명을 잘 맡아 관리할 수 있는가를 가늠해 보여주는 것이다. 결과적으로는 형인 대별왕이 식물들의 생과 사의 원리나 속성을 더 잘 알고 있기 때문에 인간의 삶도 더 잘 맡아 관장할 수 있을 것임을 암시하고 있지만, 결국에는 동생이 속임수를 사용하여 이승을 차지하기에 세상은 온갖 죄가 만연하는 엉망의 세상이 되고 말았다.

소별왕이 이승에 오니 이 세상에는 신, 인간, 동물, 식물 등 모두가 말을 하고 있어, 송피가루를 뿌려 인간만 말을 할 수 있게 하였다고 하는 내용은, 이 세상의 뭇 생명체 가운데 오직 인간만 말을 하는 현실 상황을 감안하여 이렇게 된 기원과 이유를 설명하는 것이다. 여기에는 인간이 가진 문화 가운데 다른 종과 구별되는 것으로 특히 말, 즉 언어가 중시되었음이 나타나 있고, 또한 소나무를 신성하게 생각했음도 나타나 있다.

2 인간 세상의 여러 가지 문화가 생기는 이야기

배포도업침을 창조해낸 집단은 이 세상에 있는 해, 달, 별, 그리고 이승과 저승세계가 어떻게 마련된 것인가를 설명하고 난 뒤, 이제는 사람 사는 세상으로 관심을 돌린다. 인간 세상에서 사람들은 집을 짓고, 음식을 먹으며, 옷을 입고 살고, 결혼도 하며, 시장에서 물건을 사고팔기도 하고, 물고기를 잡기도 하며, 아프면 약도 먹는다. 그렇다면 도대체 이런 것들은 어떻게 생겨났을까? 우리가 몸담고 있는 이 우주에 대한 관심을 갖고, 이것이 어떻게 마련된 것인가를 해명하고자 했던 신화창조집단은, 이제 다음에는 이러한 인간세상의 문화들이 어떻게 마련된 것인가를 해명해야 한다고 생각했다. 배포도업침에 등장하는 '열다섯 15성인(聖人)'과 같은 내용은 바로 이러한 내용을 해명하는 것이라 하겠는데, 이것은 원래 여기에 나오는 15성인과 같은 분들이 있어 이들이 여러 문화를 만들어 주었기에 생겨난 것이라고 설명하고 있다.

① "처음 이 세상에는 별자리 후로 천황(天皇)씨가 있었고, 다음에는 지황씨가 있었으며, 다음에는 인황씨가 있었다"는 내용에서 보면, 천황씨나 지황씨, 인황씨 등은 ○○덕으로 왕을 하고 형제가 ○○이며, 세가 ○○○살이나 살 수 있었다라고 하는 것이 핵심내용인 만큼, 신화창조집단은 혈연이나 나이 등을 중시했다고 볼 수 있다.

② 인황씨 이후에는 유소씨가 있었는데, 나무를 엮어 집을 짓고 나무열매를 먹고 사는 방법을 가르쳤다. 다음에는 수인씨가 나무를 뚫어 사람들에게 화식법을 가르쳐 주었다. 다음에는 뱀의 몸에 사람의 머리를 가지고 있는 태호복희씨가 팔괘를 만들어 글을 짓고 결혼하는 법을 알려주었다. 여와씨는 생황을 만들었다. 나중에 인신우수

의 모습을 했던 염제신농씨는 가래와 같은 도구를 만들어 농사짓는 법을 가르쳐 주었고, 또한 백초를 맛보아 의약을 마련하고, 시장을 만들어 교역하는 법도 가르쳐 주었다. 다음의 황제헌원씨는 간과쓰기와 지남차를 만들고, 성신(星辰) 보는 법, 역술, 산술, 귀천표시, 주차만들기, 땅을 나누어 주를 나누고 나라의 경계를 정하는 법을 마련하였다. 다음에는 소호금천씨가 있었는데, 조(鳥)로 기관하였다.30) 다음에 전옥고양씨는 민과 신이 잡유치 못하도록 전옥남근정을 명해서 하늘을 맡은 신들을 속하게 하고, 화정려를 시켜 땅을 맡게 하여 민을 속하게 하였다. 마지막으로 불도선생 노자님은 퉁부채로 당과 절을 마련하여 불도법을 마련해서 사람들로 하여금 명, 복, 녹을 기원하게 하는 법을 마련해 주었다.

이와 같은 내용들은 우리 인간 삶에서 집이 생긴 유래, 불을 사용할 수 있게 된 유래, 팔괘가 생긴 유래, 혼인 하는 법을 알게 된 이유, 그물을 엮어 물고기 잡는 법을 알게 된 유래, 생황 같은 것을 사용하여 음악을 즐길 수 있게 된 유래, 백초를 사용하여 의약품으로 사용할 수 있게 된 유래, 시장에서 교역하는 법을 알게 된 유래, 간과쓰기와 지남철을 사용하여 일월성진의 상을 보는 법, 역술법, 산술법, 땅을 재어 분할하여 나라경계 정하는 방법을 알게 된 유래, 벼슬법이 있어 사람들이 위계질서를 지키게 된 유래, 그리고 인간 세상에 명과 복, 녹을 빌 수 있는 불도법이 생긴 유래 등을 설명하고 있다. 때문에 여기에 나오는 여러 문화들은 배포도업침과 같은 신화가 창조되던 당시에 이미 존재했고, 보편적으로 생활화되고 있었다고 보아야 한다.

---

30) 의미가 확실하지 않다. 나중에 다른 자료를 참고하여 다시 고찰해 보기로 한다. 《조선》에는 "소호금천씨는 조로기관하고……"라고만 나온다.

<table>
<tr><td>3</td><td>우리나라 여러 소국과 제주도의 지리적 역사적 상황 말하기</td></tr>
</table>

'열다섯 15성인'에 이어 구송되는 '제청도업'이나 '날과 국 섬김' 내용은 모두 굿을 하는 시공간을 중심으로 그것이 마련된 유래나 역사를 설명하고 있다. '제청도업'이란 제청(祭廳), 곧 굿하는 장소가 생기거나 마련되는 내용을 뜻한다. '날과 국 섬김'은 바로 굿하는 날짜, 곧 시간과 국, 즉 장소(공간)를 말한다는 뜻이다. 이것은 결국 현재 굿을 하는 시공간을 중심으로 하여 그것이 마련되는 과정을 설명한다는 뜻이므로, 여기에서는 굿을 하는 시간이 먼저 언급되고, 이어서는 굿을 하는 장소인 제주도의 ○○마을이 언급되는 것이며, 이들이 마련된 유래를 설명하는 것이기에 먼저 어떤 나라로부터 시작하여 제주도의 지리적 역사적 상황이 설명되고, 마지막으로는 굿을 하는 ○○마을 등이 말해지는 것이라 할 수 있다.

이와 같은 내용들은 이제 굿이 행해지는 시공간을 중심으로 하여, 이와 같은 시공간이 마련된 유래를 설명하는 것이므로, 여기에서 언급되는 내용을 통해서는 굿이 창조되어 거행되던 그때로부터 시작하여 제주도의 역사적 상황이나 유래 등을 알 수 있게 된다.

4. '배포도업침'의 성격과 제의적 기능, 그리고 생성 동인

지금까지 배포도업침의 내용을 소개하고 그 의미를 고찰해 보았다. 그런데 이상과 같이 배포도업침의 내용을 고찰해 보면, 여기에는 아주 소중한 내용들이 많이 들어 있다는 것을 알게 된다. 그렇다면 도대체 이러한 배포도업침과 같은 창세신화는 왜 만들어진 것일까?

그래서 다음에는 배포도업침의 제의적 기능과 생성 동인을 고찰해 보기로 하겠다. 그런데 이를 위해서는 먼저 배포도업침의 성격을 좀 더 구체적으로 해명할 필요가 있어 먼저 이것을 살펴보고, 이어서 제의적 기능과 생성 동인을 언급해 보기로 하겠다.

4.1. 배포도업침의 성격

배포도업침은 바로 우리 인간이 몸담고 살고 있는 이 우주만물과 뭇 생명체들, 그리고 인간 세상의 문화가 어떻게 생겨나서 오늘날과 같이 마련되었는지를 설명하는 것이다. 천지개벽의 그 순간에 뭇 생명체들은 물속에서 자연발생적으로 생겨났다. 하늘에 있는 해와 달, 뭇 별들은 자연발생적으로 생긴 것도 있지만, 일부는 특정한 신들이 있어 그 창생과 숫자의 조정에 관여하였다. 반면 인간 세상에 있는 많은 종류의 문화들은 모두 어떤 성인(聖人)들이 있어 이를 만들어 주었기에 생겨났다고 한다. 이런 면에서 우리의 배포도업침은 창조신화(創造神話)이면서 동시에 창생신화(創生神話)적 성격을 갖고 있다고 보겠는데, 이 둘을 통칭하여 창세신화(創世神話)라 하는 것이 적합할 듯하다.

이렇게 보면 '배포도업침'이란 곧 이 세상, 또는 이 세상에 있는 것들이 만들어지는 것을 말로 읊는다는 뜻으로 해석할 수 있다. 여기에서 '침'이란 말은 바로 '말하다'의 명사형이다. 우리말에는 《천수경》을 읊는 것을 '천수 친다'라 했는데, 바로 여기에 말하는 것을 가리켜 '치다'라고 했던 흔적이 남아 있다. 《사전》(874쪽)에서 현용준 교수는 자연사상(自然事象)의 발생 가창을 '베포 친다'고 하고, 인문사상(人文事象)의 발생 가창을 '도업 친다'라 한다고 설명하였다.

배포도업침에는 하늘에 있는 해와 달과 별은 어떻게 하여 오늘날과 같이 존재하게 되었는지, 그리고 우리 인간은 처음에 어디서, 어떻게 생겨났는지, 그리고 산과 물은 어떻게 생겨났는지, 우리들 인간이 살고 있는 이 세상의 여러 가지 문화현상은 누구에 의해 어떻게 마련되었는지 등등이 설명된다. 이것은 곧 배포도업침과 같은 신화를 창조해낸 집단은 우리 인간이 몸담아 살고 있는 이 세계의 여러 양상에 관심을 갖고 그 기원이나 시원(始原)에 대해 궁금증을 가졌으며, 이 신화의 내용을 통해 이것을 해명해 보고자 노력했음을 시사한다. 배포도업침에는 이 신화를 창조해낸 집단의 세계관, 곧 세계에 대한 인식이 반영되어 있다. 그런데 배포도업침은 바로 우리 민족의 창세신화라 할 수 있다는 점에서 이러한 세계관은 곧 우리 민족의 그것이라 할 수 있다.

4.2. 배포도업침의 제의적 기능

배포도업침은 큰굿과 같은 대규모의 굿에서 맨 앞에서 구송되는 신화이며 의식이라 할 수 있다. 그렇다면 큰굿과 같은 무속제의에서, 굿이 시작되는 맨 앞부분에서 배포도업침과 같은 창세신화가 불리는 것은 어떤 의미나 의의가 있는 것일까? 이것은 바로 우리나라 창세신화가 갖는 제의적 기능을 설명하는 것이기도 하여 중요하다.

큰굿의 맨 처음 의식은 〈초감제〉로 시작된다. 〈초감제〉는 큰굿에 모시는 수많은 신들을 모두 불러 함께 모시는 종합적인 영신의례(迎神儀禮)라 할 수 있다. 앞에서도 소개한 것처럼 〈초감제〉는 ① 배포도업침, ② 날과국섬김(제청도업), ③ 집안연유닦음, ④ 군문열림, ⑤ 새두림(새풀이 등 포함), ⑥ 오리정, ⑦ 젯두리앉혀살려옴, ⑧ 정데우, ⑨ 산받아분부사룀의 순으로 진행된다.

① 배포도업침은 앞에서 살핀 것처럼, 이 세상 천·지·인 세계의

모든 사물들이 생겨나는 과정을 설명하는 것이다. 그리고 이어지는
② 날과국섬김, 즉 제청도업은 제의가 행해지고 있는 곳의 시간과
공간을 언급하는 것이다. 굿을 행하는 시간과 장소를 말하는 이유는,
신들로 하여금 굿청(제청, 祭廳)에 오시게 하려면 신들이 굿을 하는
시공간을 알아야 오실 수 있다고 생각하기 때문이다. 그런데 이처럼
굿하는 시공간을 언급하는 데서 심방은 곧바로 그 시간이나 장소를
말하는 것이 아니라, 이와 같은 시공간이 마련된 기원적 사실부터
말하기 시작하여 현재의 시공간까지를 설명하는 것이다. 그래서 여
기에서는 태초에 천지합일의 순간부터 시작하여 천지개벽, 생명체
의 탄생, 별들의 창생, 해와 달의 조정, 이승과 저승의 생성, 인간
세상의 문화가 만들어지는 과정, 그리고 민족사의 발전에서 굿이
형성되던 당시의 국가 이름부터 시작하여 다음에 있었던 여러 나라
이름들이 언급되고, 나아가서는 제주도의 지리적 역사적 상황들이
언급되며, 마지막으로는 현재 굿을 행하는 시공간이 언급되는 것이
다. 그리고 여기에 이어서는 ③ 집안연유닦음이라 하여, 누가 굿을
하는지, 즉, 제주(祭主)가 누구인지, 그리고 왜 굿을 하는지 그 이유
를 설명한다. 이러한 '날과국섬김'이나 '집안연유닦음'은 굿에서 모
시는 신들을 제청으로 모셔오기 위해 신들에게 굿하는 날짜와 장소,
그리고 왜 굿을 하는지를 신들에게 알리는 것이라 할 수 있다. 이어
서는 수많은 신들이 각자 그들이 살고 있는 궁(宮)에서 나와 새[鳥]를
타고 지상으로 내려오는데, 일단은 먼저 지상에 있는 '오리정'이라는
정자에 내려와 여기에 잠시 머물렀다가 다시 가마나 말을 타고 굿하
는 장소인 제청으로 오신다고 생각했다. 그래서 ③ 집안연유닦음을
한 뒤에는 신들이 살고 있는 수많은 궁(宮)의 문을 열어주는 의식(④
군문열림)을 한 후, 오리정이라고 하는 정자에서 신들을 맞이하는
의식(⑥ 오리정)을 한다. 그런데 오리정이라는 의식에 앞서서는 ⑤

새ᄃ림이라는 의식을 하는데, 이것은 신들을 맞이할 오리정을 깨끗하게 청소하기 위해 은하봉천수를 가지고 이곳을 청소하는 내용과 하늘에서 신들을 태우고 내려오는 새들이 배도 고프고 목도 마를 것이라 생각하여 쌀과 물을 가지고 새를 맞이하는 내용으로 이루어져 있다. ⑤ 새ᄃ림과 ⑥ 오리정이라는 의식을 통해 신들은 일단 지상의 공간인 오리정에 모였다가 여기서부터 굿하는 장소인 제청까지는 말이나 가마를 타고 간다. 그리고 제청에 오신 신들은 위계순서에 맞추어 자리에 순서대로 앉는데, 이처럼 위계에 맞추어 신들을 자리에 앉혀드리는 의식이 바로 ⑦ 젯ᄃ리앉혀살려옴이다. 이것은 제의에 맞이하여 자리에 앉혀드린다는 뜻이다. 이후에는 자리에 앉은 여러 신들에게 술잔을 바치는 의식을 하고(⑧ 정데우), 점치는 도구인 산판을 던져 앞서의 모든 일들이 제대로 잘 되었는지를 점친 뒤,31) 잘 되었다는 결과가 나오면 그 결과를 굿을 하는 제주에게 알려 준다. 이것이 바로 ⑨ 산받아분부사룀이다.

　이상과 같은 의식까지 진행하여 〈초감제〉는 일단 끝나지만, 혹시라도 여기에 빠진 신들이 있을까 우려하여 다시 〈초신맞이〉나 〈초상계〉와 같은 의식을 하기도 한다. 열두거리 큰굿과 같은 무의식(巫儀式)인 굿을 창조해낸 집단은 무엇이든 신과 관련된 제의라면 세 번을 해야 완벽하다고 생각했다. 그래서 이와 같은 의식을 하고 있는 것이다. 그리고 이처럼 수많은 신들을 청하여 자리에 모신 뒤에는 음식도 권하고 폐백이나 선물도 드리고 놀이 같은 것도 보여드리는데, 이러한 성격을 가진 의식이 바로 〈추물공연〉이나 〈보세감상〉 같은 의식이다. 이렇게 하면 큰굿과 같은 대규모의 굿을 행하는 종합적인 신맞

---

31) 이 때 산판을 던져 나쁜 결과가 나오면, 심방은 다시 또 산판을 던져 좋은 결과가
　　나올 때까지 계속한다.

이 의식이 모두 끝나고, 다음에는 인간 삶과 밀접한 상관성을 지닌 특정한 직능을 가진 대상신들을 모시고 개별의례를 행한다. 그런데 열두거리 큰굿에서는 원래 이러한 개별 의례가 최소한 열한 개 이상 되었던 듯하다. 그리고 마지막에는 큰굿과 같은 제의에 모셨던 수많은 신들을 다시 제자리로 돌려보내는 종합적인 송신의례를 거행하는데, 이것이 바로 '도진'이다. 큰굿의 구조나 형태는 간단히 말하면 이상과 같다고 할 수 있다.

〈초감제〉의 성격 및 여기에서 구송되는 배포도업침의 위상을 이상과 같이 살펴보면, 배포도업침은 바로 다음에 신들이 하강할 '날짜와 장소'를 알려드리기 위해 이러한 시간과 공간이 마련된 기원적 사실부터 이야기하고자 등장했음을 알 수 있다. 〈초감제〉는 수많은 신들을 불러 모아 다함께 제청, 곧 신청(神廳)에 맞이하는 의식이므로, 여기에서 빼놓을 수 없는 요소는 바로 '굿하는 시간과 공간'이다. 그런데 배포도업침은 바로 이러한 내용을 설명하면서, 그것이 마련되는 시원(始原), 즉 기원(起源)부터 설명하고자 나타났다고 할 수 있는 것이다. 이것은 곧 예를 들면, 한 개인을 설명할 때 그 조상의 조상의 조상의…… 조상 때부터 시작하여 현재에 있는 개인을 이야기하는 것과 비슷한 상황이다. 그래서 배포도업침의 내용은 늘 태초의 천지혼합 및 천지개벽에 이르는 사건으로부터 시작하여, 마지막에는 결국 제의가 행해지는 현장의 시간 및 공간과 맞닿아 있는 것이다. 배포도업침, 곧 큰굿 속에서 창세신화가 마련된 배경은 바로 이와 같다.

배포도업침의 내용은 이렇게 되어 늘 처음에는 천지의 혼합과 그것이 개벽되는 순간으로부터 시작된다.[32] 그런데 이것은 결국 제의

---

32) 가령 《사전》을 참조하면, 굿의 시작은 "천지혼합으로 제이르자. 천지혼합을 제일룹

가 시작되는 시간을 우주가 창조되는 아득한 '그 태초의 때'(in illo tempore)로 되돌림으로써, 제의되는 시간을 속(俗)으로부터 분리시켜 성(聖)적인 시간으로 만들어 주고 있다. 배포도업침으로 하여 제의의 시공간은 우주 창조의 그 순간과 접맥되고, 현실로부터 분리되면서 성스러운 시공간이 되는 것이다. 그리고 성스러운 이러한 시공간으로 하여, 제의는 더욱 신성성을 획득할 수 있게 된다. 이렇게 보면 배포도업침은 큰굿 속에서 제의되는 시공간을 현실로부터 분리시킴으로써, 이것을 성적(聖的)인 시공간으로 정화시켜 주는 의의를 갖는다 할 수 있다. 엘리아데(M. Eliade)도《신화와 현실》에서 천지창조신화가 가지는 제의적 기능은, 제의의 시공간을 현실로부터 분리시킴으로써 속적인 시간을 성적인 것으로 바꾸어 주는 데 있다고 하였는데,33) 우리의 배포도업침도 바로 이런 제의적 기능을 지니고 있는 것이다.

4.3. 배포도업침의 생성 동인

배포도업침의 성격이나 제의적 기능을 앞서와 같이 살펴보면, 창세신화 배포도업침은 왜, 그리고 어떻게 창조되었는가를 알 수 있다. 이것은 바로 현재 굿이 진행되는 시간과 공간을 설명하면서, 그 기원적 사실부터 설명하고자 생성된 것이다. 그리고 동시에 제의되는 시공간을 현실로부터 분리시켜 성스럽게 만들고자 창조된 것이라

긴 천지혼합시절, 하늘과 땅이 굽이 엇어 늬 귀 좀쑥허여 올 때 천지가 일무꿍뒈옵데다. 개벽시 도업 제이르자[樂舞]. 개벽시 시절, 천과이는 ᄌᆞ흐고……"로 시작한다.
33) 엘리아데(M. Eliade)/이은봉 역,《신화와 현실》, 성대출판부, 1985, 20~62쪽. 천지창조신화가 가지는 제의적 기능은, 제의의 시공간을 현실로부터 분리시킴으로써, 속적인 시간을 성적인 것으로 바꾸어주는 데 있다고 하였다.

할 수 있다.

신에 대한 제의, 무속에서는 이것을 '굿'이라 하는데, 이러한 의식은 신성한 것이기에, 가능하면 모든 것이 신성해야 한다. 그래서 많은 굿이나 동제(洞祭) 같은 것을 행할 때 제관이나 제주들은 목욕재계를 하고, 제물은 가능한 신성한 것으로 마련하고자 첫 번째 것, 또는 크고 좋은 것을 바치려고 노력하고 있다. 그리고 제의의 시간은 가능한 새로운 날이 시작되는 첫 시간에 행하고자 한다. 배포도업침은 바로 이와 같은 마음에서 제의의 시공간을 신성하게 만들고자 창조된 것으로, 제의를 신성하게 하고자 했던 일종의 신성장치이며 전략이라 할 수 있다. 이것이 바로 우리의 창세신화 배포도업침이 마련된 배경이며 이유라 하겠다.

5. '배포도업침'의 문화사적 위상

이상에서 살펴본 것처럼 배포도업침은, 우리 인간이 몸담아 살고 있는 이 세상의 여러 가지가 어떻게 생겨나서 어떤 과정을 거쳐 오늘날과 같이 마련되었나를 설명하는 창세신화라 할 수 있다. 현재 제주도에서 행해지는 큰굿은 바로 고대에 우리 민족이 창안해낸 열두거리 큰굿이라는 고대적 제의가 섬 지방인 제주도에 남아 있는 것이라 할 수 있다. 그런데 이와 같은 사실을 중시하면 이것은 바로 고대에 우리 민족이 창조해낸 창세신화일 수도 있는 것이다. 따라서 이러한 창세신화를 통해서는 우리 민족의 창세관을 파악할 수 있음은 물론, 나아가서는 앞에서 고찰한 바와 같은 내용들, 즉 창세의 순간부터 시작하여 굿이 행해지는 순간까지의 여러 상황을 통해 큰굿이 형성될 당시의 시간적 공간적 문화적 상황이나 그 이후의 역사적 상황

등을 이해할 수 있다.

그런데 이와 같이 말하면 난색을 표하는 사람도 있을 것이다. 배포도업침의 일부 내용들, 곧 반고와 관련된 이야기나 일월조정과 관련된 내용들, 그리고 '열다섯 15성인'의 도업 내용은 현재 중국의 역사, 또는 신화로 알려져 있기도 하여, 이들 내용이 원래 배포도업침과 같은 신화가 창조될 당시부터 있었던 것인지 의문을 제기할 수도 있기 때문이다. 따라서 여기에서는 정말로 배포도업침을 우리 민족의 창세신화로 볼 수 있는지 확인하기 위해, 우선 배포도업침이 차지하는 문화사적 위상을 설명해 보기로 하겠다.

5.1. 큰굿의 내용적 측면에서 본 배포도업침의 위상

배포도업침의 문화사적 위상을 고찰하기 위해, 여기에서는 우선 배포도업침의 내용 가운데서도 '열다섯 15성인'을 중심으로 논해 보기로 한다. 이것은 배포도업침의 전체 내용이 너무 길어 이것을 다 언급하자면 지면상 무리가 있기 때문이기도 하지만, 특히 이 부분이 현재 중국의 것으로 알려져 있기 때문이다.

(1) 인식론적 측면 및 구조적 원리에서 본 '열다섯 15성인'의 위상

배포도업침 내용이 시사하는 중요한 의미는, 이것을 창조해낸 집단은 우리가 몸담아 살고 있는 이 세계의 시원(始原)에 대해 매우 궁금하게 생각했고, 이 내용을 통해 이것을 해명하려 했다는 것이다. 그런데 이것을 창조해낸 집단은 기본적으로 이 세상을 천·지·인 삼분체계로 나누어 생각하고, 신화 내용을 이러한 틀에 맞추어 구성하고 있다. 신화창조집단이 이러한 인식을 가지고 있었다는 것은 배포도업침의 곳곳에서 발견할 수 있는데, 가령 예를 들면 다음과

같다.

① 천과이는 자하고 지벽에는 축하야 인ㄱ이는 인이 도업하야…….
② 천지인황 도업 운운…….
③ 하늘로 청이슬 땅으론 흑이슬 중앙(인의 세계)에는 황이슬……
④ 천황닭이 목을 들러 지황닭은 날갤 치와 인황닭은 출릴 칠 때…….
⑤ 천황씨 지황씨 인황씨…….

이런 까닭에 배포도업침의 내용도 하늘세계의 별, 해, 달, 그리고 이승과 저승 세계가 마련된 내용이 먼저 설명되고, 지상세계의 산과 물이 만들어지는 내용이 설명된다. 이어서는 인간 세상의 여러 문화가 마련되는 내용이 나오고, 현재 굿하는 장소가 마련된 과정이 설명된다. 따라서 배포도업침의 내용은 구조적으로 천·지·인 삼분세계로 나누어 구조화되었다고 볼 수 있다. 그런데 이렇게 보면 '열다섯 15 성인 도업' 내용은 원래 천지인 삼분체계의 인식 속에서 하늘과 땅에 이어 인간 세상의 여러 문화현상의 기원을 설명하기 위해 창조되고 형성되었던 것이라 할 수 있으므로, 처음부터 배포도업침 속에 있었던 내용으로 보아야 한다.

배포도업침이 포함되어 있는 〈초감제〉라는 의식의 내용을 보면, 이 내용은 굿을 하는 현 상황을 중시하고, 그 이전까지의 상황을 원인론적으로, 원론적으로 설명하고 있다. 굿을 행하는 현재의 상황과 관련하여 배포도업침의 내용을 구성했다고 한다면, 하늘세계, 지상세계의 내용에 이어, 우리가 살고 있는 인간 세상의 문화현상도 큰굿과 같은 것이 만들어졌을 당시까지의 여러 문화현상과 관련하여 설명이 되어야 한다. 이렇게 보면 우리들 인간 세상의 여러 문화양상도 굿이 형성될 당시의 상황까지 관련하여 설명하였을 가능성이 있는데, 이것이 바로 '열다섯 15성인' 도업 내용이다. 후술하겠지만 큰굿의 구조를 보면, 열두거리 큰굿을 창조하고 이를 거행했던 집단은 이 세계나 사물을 인식하는 데에서, 매우 논리적이고도 체계적으로 사유했다고 볼 수 있다. 큰굿 형성집단이 이 세계를 인식할 때 그 순서가 천·지·인 세계로 삼분하여 인식했다면, 하늘 세계가 마련된 이후 지상 세계, 즉 땅에 관해 언급하였을 것이고, 이어서는 인간 세상에 대해 언급하였을 가능성이 있다. 그런데 실제 배포도업 침의 내용을 살펴보면 이러한 순서로 내용이 구성되어 있다. 이런 까닭에 인간 세상과 관련된 내용인 '열다섯 15성인'의 내용은 원래부터 배포도업침 속에 있었다고 보아야 한다. 즉, 이것은 열두거리 큰굿과 같은 것이 창조되어 거행될 때, 이미 여기에 포함되어 함께 창조되었던 내용이라 할 수 있다.

(2) 이승과 저승 세계에서 대응되는 신들의 숫자―열다섯 신의 대응관계

배포도업침에 나오는 '열다섯 15성인' 도업 내용은 열두거리 큰굿과 같은 것이 창조되고 거행되던 당시, 인간 세상에 존재하던 다양한 문화를 창조해낸 신들에 관한 업적을 설명하고 있는 것이다. 그런데 여기에 등장하는 신은 모두 열다섯 분이라고 한다. 이들은 각기 역할을 달리하며 각종의 다양한 문화를 창조해냄으로써, 사람들로 하여금 이 세상에서 편안하게 잘 먹고 잘 살 수 있도록 해준 위대한 신들이다. 그러기에 이들은 성인(聖人)이라 불리고 있다.

열두거리 큰굿을 창조한 집단, 편의상 이를 큰굿창조집단이라 한다면, 큰굿창조집단은 이 세상을 크게 수직적으로는 천·지·인으로 3분했지만, 관념적으로는 생사 문제를 중시하여 이 세상을 2분하여 인식했다. 바로 '이승'과 '저승'이다. 이것은 배포도업침에 나오는 바, 대별왕과 소별왕이 하늘에 있는 해와 달의 숫자를 조정하고 난 뒤 바로 이승과 저승 차지 시합을 벌이는 것을 상기하면 금방 알

수 있다. 그런데 이러한 사실은 큰굿집단이 우리들의 삶에서 생과 사의 문제, 즉 삶과 죽음의 문제를 얼마나 심각하게 인식하고 있었나를 암시한다. 그들은 존재론적 차원에서 우리들 인간의 현재적 삶을 중시했지만, 한편으로 인간은 죽지 않을 수 없다는 사실을 인식하고, 이 세상을 크게 삶의 세계인 이승과 죽음의 세계인 저승이 있는 것으로 구별하여 상정하고, 이를 창세신화 속에 반영했던 것이다. 그리고 그들은 또한 이러한 죽음의 세계인 저승에도 수많은 신들이 실재(實在)한다고 믿고, 이러한 신들에게 제의를 하면서 우리들이 죽어 저승에 가더라도 다시 잘 살 수 있기를 기원했다.

큰굿 내용을 살펴보면, 인간 사후세계로 저승이 있다고 믿고 여기에도 신들이 실재한다고 믿으며, 인간 사후의 재생과 평안을 기원했던 제의가 있다. 바로 〈시왕(맞이)제〉와 같은 것이라 할 수 있는데, 이러한 제의는 후술하겠지만, 아마도 열두거리 큰굿 가운데 여섯 번째 거리에서 행해졌을 가능성이 있다. 〈시왕제〉 또는 〈시왕맞이제〉는 저승에 있는 신들인 시왕(屍王, 혹은 尸王) 및 강림차사와 같은 저승차사에게 제의를 행하면서, 우리들 인간이 죽어 저승까지 저승차사를 따라갈 때 편안하게 잘 가도록 기원하고, 저승에 가서는 이승 삶의 죄에 대해 가능한 가벼운 형벌을 받고, 또한 최후의 심판을 받을 때는 저승에 있는 좋은 곳에 가서 잘 살 수 있게 되기를, 아니면 새나 나비로 환생할 수 있도록 기원했던 제의다. 그런데 〈시왕제〉 가운데 '시방광서불', 또는 '방광침'과 같은 소의식에는 저승에 대한 모습이 아주 자세하게 설명되어 있는데, 여기에 보면 저승 시왕의 숫자가 바로 열다섯으로 나온다. 이들 시왕들의 이름은 '제1 진광대왕, 제2 초강대왕, 제3 송제대왕, 제4 오관대왕, 제5 염라대왕, 제6 변성대왕, 제7 태산대왕, 제8 평등대왕, 제9 도시대왕, 제10 전륜대왕, 제11 지장대왕, 제12 생불대왕, 제13 좌도(두)대왕, 제14 우도(두)

대왕, 제15 동자판관' 등이라 할 수 있다. 이상과 같은 사실을 중시하면, 큰굿창조집단은 '이승/저승'을 구별하면서 여기에 있는 신들을 각기 열다섯 분으로 짝을 맞추어 설정했다고 볼 수 있다. 즉, 이승의 인간 세상에는 15성인이 있고, 저승에는 15시왕이 있는 것이다.

큰굿의 '배포도업침' 및 '방광침'에 나타나고 있는바, 이승과 저승 신들의 내용을 편의상 간단히 표로 요약하면 다음 쪽과 같다.

그런데 이상과 같이 보면, 큰굿 속에 나타나 있는 인간 세상과 저승 세계의 모습은 상호 어떤 공통점이 있음을 알 수 있다. 즉, 각각의 공간에는 각기 열다섯 신들이 나타나고 있는 것이다. 이승에서는 장수(長壽)하는 것이 모든 인간의 소망이기에 열다섯 번째 성인으로 나이가 아주 많은 노자(老子)와 같은 신을 설정하여,[34] 노자님이 '불도법'을 마련하여 명(命), 복(福), 녹(祿)을 빌도록 해주었다고 했다. 반면에 저승에서는 그 누구라도 심판을 받을 때, 이왕이면 심판관이 선입견을 갖지 않고 공정하게 심판해 주기를 원하고 있을 것이기에, 마지막 열다섯 번째 시왕인 최후의 심판관은 어린아이인 동자(童子)로 설정했다. 이것은 바로 어린아이들이 지니고 있는 순진함, 깨끗함, 순수함, 순수성, 무후(無朽)함 등을 인정하고 이처럼 설정한 것이다.

'이승/저승' 세계에 공통적으로 열다섯 신이 등장한다는 것, 그리고 각각의 세계에서 마지막으로 등장하는 신이 '노자↔동자'로 대응되는 것은, 이들 내용이 의도적으로, 그리고 인위적으로 구성되었을 가능성이 있음을 시사한다. 그런데 이렇게 보면, '열다섯 15성인' 도업 내용은 원래 큰굿, 또는 배포도업침 속에 있었던 내용으로 볼

---

34) 일부 자료에는 로자님으로 되어 있으나 편의상 노자로 표기하도록 한다. 또한 일부 자료에는 불도선생 노자님이 어머니 뱃속에서 80년을 있다가 태어났다고 하는 내용도 있다.

큰굿 속에 나타난 이승 및 저승의 신들(15존재)

숫자 (15) 공통	이승(삶의 세계) 〈초감제〉 중 '배포도업침' 인간세상의 문화창조 (15성인)	저승(죽음의 세계) 〈시왕제〉 중 '방광침' 저승의 시왕들 (15시왕) *시왕 이름: 출생에 따라가는 지옥명/ 이승에 살 때 베풀어야 했던 공덕 내용	비 고
1	태고천황씨	제1 진광대왕: 갑생차지, 도산지옥/ 월천공덕, 급식공덕	
2	지황씨	제2 초강대왕: 을생차지, 화탄지옥/ 급수공덕, 착복공덕	
3	인황씨	제3 송제대왕: 병생차지, 한빙지옥/ 부모효심, 일가화목, 동네존장	
4	유소씨: 구목위소, 식목실	제4 오관대왕: 정생차지, 검수지옥/ 함정에 빠진 사람 구해주기	
5	수인씨: 수를 뚫어 화식	제5 염라대왕: 무생차지, 발설지옥/ 공손한 말	
6	태호복희씨: 팔괘 서계, 망고를 매어 물고기 잡는 법	제6 변성대왕: 기생차지, 독사지옥/ 역적도모, 살인강도	
7	여와씨 : 생황(음악)	제7 태산대왕: 경생차지, 거해지옥/ 남의 눈 속이기, 되나 말 속이기	
8	풍성(?)	제8 평등대왕: 신생차지, 철상지옥/ 남의 가속과 놀아나기,	
9	염제신농씨: 단목위시 유목위래야경, 의약 마련	제9 도시대왕: 임생차지, 풍도지옥/ 혼인식을 못하기.	
10	황제훤원씨: 지남차, 역법, 산술	제10 전륜대왕: 계생차지, 흑암지옥/ 남녀구별 몰라 자식 못 낳기	
11	소호금천씨: 조로 기관하고...	제11 지장대왕: 원혼구제	
12	전옥고양씨: 민과 신이 잡유하여 방물치 못하게 함.	제12 생불대왕: 일찍 죽은 아기들을 서천 꽃밭에서 보살핌	
13	전옥남금정(?)	제13 좌도(두)대왕: 심사하여 문서정리	
14	화정려(?)	제14 우도(두)대왕: 문서정리	
15	노자: 퉁부채를 내어다 절이나 불당을 만들어 불도법 창조(장수, 복록을 기원)	제15 동자판관: 문서를 보고 최후의 심판을 함	*노자/동자의 대칭구조 *노인/어린이
비고	삶의 세계인 이승에서 인간세상의 문화를 창조해 준 문화영웅신들(15성인)	죽음의 세계인 저승에서 죽은 인간을 다스리는 열다섯 시왕들(15시왕)	15 숫자 공통

수 있다. 어떤 이는 저승과 관련하여 나타나는 열다섯 시왕(15屍王, 15尸王)의 내용을 불교적인 것으로 생각하여, 이를 불교적인 내용이 수용된 것이라고 생각할지 모르나 사실이 아니다. 이 내용은 원래 열두거리 큰굿과 같은 무속제의가 창조되던 그때에 형상화되어 나타나기 시작한 것으로서, 무속에서 사후 세계인 저승 세계를 설명하기 위해 사용되었던 것인바, 중요한 무속소(巫俗素)라 할 수 있다. 그런데 현재는 여러 사찰의 명부전(冥府殿)에 이와 같은 내용이 남아 있어 불교적인 것으로 이해되고 있는 것이다. 사찰의 명부전에는 저승의 시왕이 15시왕이 아니라 열 시왕이라 하여 1번부터 10번까지의 대왕만 남아 있다. 때문에 이들은 시왕(十王)으로 이해되기도 한다. 사찰에 남아 있는 명부전의 시왕들이 외래종교로서의 불교와 상관있는 것이 아니라, 우리 민족의 고유한 종교체계인 무속과 관련된 것일 수 있음은 이미 다른 글에서 밝힌 바 있기에,35) 여기에서는 더 이상의 언급하지 않기로 한다. 다만 여러 사찰에 이와 같은 내용이 남게 된 이유가 무엇인지는 해명되어야 하겠기에, 여기에 대해서는 이후 다른 글에서 밝혀보기로 하겠다.

결론적으로 요약하면, 큰굿 속에 나타나는바, '초감제 : 시왕제'='배포도업침 : 방광침'='이승 : 저승'='15성인 : 15시왕'='노자 : 동자'인 점을 중시하여, 이들 사이에 어떤 공통성 및 특징이 있다는 점을 감안하면, 이들은 큰굿이 형성될 때부터 원래 이렇게 구성되었

---

35) 저승에 있는 열다섯 시왕의 내용에 대해 일부 사람들은 불교적인 것이 수용되었다고 말할 수도 있겠지만, 이것은 사실이 아니다. 이들 내용은 원래 큰굿과 같은 무속제의 속에 있었던 것인바, 우리 민족 고유의 사상이라 할 수 있다. 여기에 대해서는 다른 글에서 언급한 적이 있다. 이수자, 〈저승, 이승의 투사물로서의 공간〉, 《종교연구》 7집, 한국종교학회, 1990; 이수자, 〈저승, 이승의 투사물로서의 공간〉, 《죽음이란 무엇인가》, 도서출판 창, 1990; 이수자, 〈지장본풀이의 제의적 성격과 의의〉, 《제주도 무속을 통해서 본 큰굿 열두거리의 구조적 원형과 신화》, 집문당, 2004 등 참조.

다고 보아야 한다. 그러기에 배포도업침에 등장하는 '열다섯 15성인' 도업 내용은 원래 처음부터 있었던 것이라 하겠다. 또한 저승의 15시왕 내용도 마찬가지로 보아야 한다.

5.2. 큰굿 열두거리의 구조와 배포도업침의 위상

배포도업침은 열두거리 큰굿의 맨 처음에 구송되는 창세신화이며, 동시에 〈초감제〉의 맨 처음에서 구송되는 신화였다. 그러므로 〈초감제〉, 또는 큰굿의 문화사적 위상을 밝힐 수 있다면 자연스럽게 배포도업침의 위상도 드러날 수 있다.

현재 제주도에서 행해지는 큰굿은 열두거리로 되어 있지도 않고, 또한 그 구조에는 어떤 논리성이나 체계성도 드러나 있지 않다. 그러나 연구해 보면 이것은 원래 열두거리로 구성되어 있던 것이고, 그 구조도 매우 논리적이며 체계적인 것이었다. 그리고 이들 구조 및 여러 신화 내용에 나타나는 고태성, 그리고 여기에 나오는 신화들이 육지 쪽의 무속신화 및 전설·민담·고소설 등과 관련이 있는 점 등을 중시하면, 현재 제주도에 남아 있는 큰굿은 제주도가 섬이어서 남게 된 매우 고형의 문화물임을 알 수 있다. 이러한 열두거리 큰굿의 구조와 의미에 대해서는 필자가 연전에 이미 밝힌 바 있으므로,[36] 여기에서는 이 내용을 간단히 요약·소개하고, 이어서 배포도업침의 위상을 언급해 보기로 하겠다.

큰굿 열두거리의 구조는 다음과 같다. ① 초감제는 큰굿에서 모시는 수많은 신들을 종합적으로 맞이하는 신맞이 의식이면서 동시에

---

36) 이수자, 〈제주도 무속과 신화연구〉, 이화여대 박사논문(미간행), 1989 참조; 이수자, 《제주도 큰굿을 통해서 본 큰굿 열두거리의 구조적 원형과 신화》, 집문당, 2004 참조.

이 세상의 질서를 잡아 주고 문화를 마련해 준 창세신들의 공업을 칭송하는 의례도 겸하고 있는 제의이다. 여기에는 신들이 하강할 시간과 공간을 알려 주기 위해 그것이 마련되는 기원적 사실부터 언급하고 있으므로 창세신화인 배포도업침과 같은 것이 등장한다. ② 불도제는 아이를 산육(産育)시키는 생불신에 관한 제의인데, 이 신과 함께 아이의 질병을 일으키는 구삼승할망과 마마신이 제향되고 있다. 이것은 인간의 출생이나 탄생을 문제 삼고 있다는 점에서 생(生)의 문제를 다룬 제의라 할 수 있다. ③ 초공제는 무조신(巫祖神)들에 대한 제의이다. 이것은 굿이라고 하는 무의식(巫儀式)을 처음으로 만들고 거행했던 신들에 대한 제의다. ④ 이공제는 인간을 죽게 할 수도 있고 환생시킬 수도 있는 주화(呪花)인 생명꽃이 피어 있는 '서천꽃밭'에서 이러한 생명꽃을 감독하고 관장하는 이공신들에게 베푸는 제의다. 이것은 인간의 죽음 및 환생에 대한 관심을 갖고 행했던 제의라 할 수 있다. ⑤ 삼공제는 인간 한평생의 삶의 과정을 문제 삼고, 인간 삶의 행·불행을 맡고 있는 전상신을 모시고 행했던 제의다. ⑥ 시왕제는 사후 세계인 저승에 있는 열다섯 시왕과 강님차사와 같은 저승차사를 모시고 행하는 제의라 할 수 있다. 이것은 저승세계가 실재(實在)한다는 것을 믿고 그곳에서 재생할 수 있기를 기원했던 것이다. ⑦ 명감제는 인간들로 하여금 오래 살 수 있도록 방액법(防厄法)을 창조해 준 사만이라는 장수신(長壽神)에 대한 제의이다. 이것은 장수에 대한 소망이 담겨 있는 의례이다. ⑧ 세경제는 우리에게 오곡의 종자와 메밀씨를 가져다 준 농경신에 대한 제의인데, 목축신도 함께 제의되고 있다. ⑨ 칠성제는 풍농을 담당하고 있는 풍농신에 대한 제의다. 풍농신은 뱀[蛇]으로 되어 있는데, 부신(富神)으로 관념되기도 한다. ⑩ 성주제는 집이나 성과 같은 주거공간의 각 곳(문전·조왕·측간)을 지켜주는 수호신에 대한 제의며, ⑪ 본향제는 마을과 같은 일정한 주거지역을 지키는 수호신에 대한 제의다. 마을신은 본향신이라 한다. 마지막으로는 ⑫ 조상제가 행해졌다고 볼 수 있다. 이것은 한 집단의 조상신이나 수호신을 제의하는 의례다. 이상과 같은 열두 개의 굿거리가 끝나면 마지막으로는 큰굿에 모셨던 모든 신들을 한꺼번에 원래 신들이 있던 곳으로 돌려보내는 종합적인 송신의식이 거행된다. 이상을 종합하면, 이와 같은 열두거리 큰굿은 인간 삶을 긍정하고 한평생에 걸쳐 아이의 안전출산, 다산, 건강, 복락, 부귀, 장수, 안전, 저승에의 재생, 풍농 등을 기원하면서 행해졌음을 알 수 있다.

이러한 열두거리 큰굿의 순차적 구조는 먼저는 우주적 차원에 대한 관심(①), 인간 삶의 존재론적 차원에 대한 관심(②~⑦), 먹고 사는 식(食) 문제에 대한 관심(⑧~⑨), 거주공간에 대한 관심(⑩~⑪), 그리고 마지막으로는 조상이나 혈통에 대한 관심(⑫) 등이 표명되어 있는 것이다. 그런데 앞부분의 신들을 상위신(上位神)으로, 그리고 뒤쪽으로 올수록 하위신(下位神)으로 인식하고 있는 것을 보면, 이것은 큰굿창조집단의 사유체계가 매우 원론적이며 논리적이었다고 할 수 있다. 그런데 큰굿 구조에서 더욱 놀라운 사실은, 맨 마지막에 본향제와 조상제가 있다는 것이다. 이것은 각기 다른 지역 또는 집단에서도 큰굿과 같은 제의를 행할 수 있음을 미리 상정하고, 각 지역이나 집단에서 큰굿과 같은 제의를 행할 때 ⑪ 본향제와 ⑫ 조상제에서 각자 모시는 신, 또는 신화만 다른 것으로 바꾸면 큰굿의 전체구조를 바꾸지 않고도 제의가 가능하도록 미리 이와 같은 구조적인 가변성과 변용성을 둔 것이라 할 수 있기 때문이다.[37]

---

37) 참고로 말하면, 많은 자료에서 〈초감제〉 중 제청도업 내용에서는 "사해안은 열두나라 사해밖은 열세나라……"라고 하는 내용이 공통적으로 나타나고 있어, 큰굿을 처음

큰굿 속에서 불리는 신화들, 가령 예를 들면 배포도업침, 생불할망본풀이(마누라본풀이 포함), 초공본풀이, 이공본풀이, 삼공본풀이, 방광침 및 강림차사본풀이, 사만이본풀이, 세경본풀이, 칠성본풀이, 문전본풀이 등에는 인간의 생명체계를 식물의 생명체계로 비유하여 생각했고, 대지(大地)를 인간 생명의 본원으로서 사고했던 흔적이 있다. 그리고 이 가운데 일부 신화 속에는 앞서와 같은 사고를 바탕으로 해서 형상화된 특수한 생명공간으로서의 신화공간인 '서천꽃밭'이 나타나는데, 다섯 편 이상의 신화에 이들 서천꽃밭이 등장하는 것은 이들 신화들이 유기적인 상관관계가 있다는 것을 시사함으로써, 이들 신화가 동일집단에 의해 동시대에 형성되었을 가능성이 있음을 암시한다. 또한 이상의 신화 속에는 천부지모신(天父地母神)적 관념, 지모신과 곡모신을 겸하는 여신적 관념, 뱀을 풍농신으로 생각하는 관념, 쌍둥이에 대한 신성 관념 등이 나오는데, 이러한 사실들은 큰굿과 같은 것이 비교적 이른 시기의 농경문화적 사회에서 형성되었을 가능성이 있음을 시사한다. 이러한 큰굿에서는 희생제물의식도 행해졌던 흔적이 있는데, 여기에서는 지장본풀이 같은 신화가 구송되었다. 그런데 열두거리 큰굿 속에서 불렸던 이들 신화는, 그 내용이 육지 쪽의 무속신화, 전설, 민담, 고소설 등과 상호 깊은 관련이 있다. 까닭에 열두거리 큰굿은 제주도에서 자연 발생한 것이 아니라 원래는 육지 쪽에서 창조되었고 형성된 것이라 할 수 있다. 그런데 우리 민족의 고대적 제의라 할 수 있는 열두거리 큰굿이 제주도에 남아 있게 된 것은 이곳이 섬이어서, 그리고 세습무가 많아서 이렇게 된 것이라 할 수 있다. 이렇게 보면 열두거리 큰굿, 나아가서

창안하여 행하던 당시 이 의식을 거행하던 집단에는 열두 나라가 있었던 듯한 흔적이 있다.

는 현재 제주도에서 행해지고 있는 큰굿은 매우 고형의 문화물이라 할 수 있는데, 이러한 연장선에서 보면 배포도업침과 같은 창세신화도 매우 오랜 고형의 신화라 할 수 있다.

5.3. 육지 쪽의 무속자료에 나타나는 배포도업침의 흔적

제주도에서 현재 행해지는 큰굿은 제주도에서 자연 발생한 것이 아니다. 이것은 원래 육지 쪽에서 들어온 것이라 할 수 있어 육지 쪽의 무속과 그 뿌리가 같다고 하겠다. 우리 무속이 앞에서 소개한 바와 같은 열두거리 큰굿을 모태로 하는 것이라면, 그리고 배포도업침은 이러한 큰굿 가운데 맨 처음에 불렸던 창세신화라 한다면, 배포도업침의 내용은 육지 쪽의 무속에도 그 흔적을 드리우고 있을 수밖에 없다.

육지 쪽에서 채록된 무가자료를 살펴보면, 여기에는 배포도업침과 같은 내용이 있었던 흔적이 아주 많다. 이것은 특히 굿의 앞부분에 많이 나타나는데, 이와 같은 결과는 배포도업침이 원래 큰굿의 맨 앞에서 불렸던 신화였기 때문이다. 육지 쪽의 무속에서, 그리고 비교적 굿의 앞부분에서 배포도업침의 흔적이 발견된다면, 이것은 고대에 육지 쪽의 무속에도 배포도업침과 같은 신화가 구송되었음을 시사한다. 이러한 자료 가운데에는 하늘과 땅, 해와 달, 별들이 생기는 내용과 두 형제 신들이 인세차지경쟁을 벌이는 내용, 또는 꽃피우기 시합을 하는 내용들이 있고, 또한 신농씨, 수인씨…… 등이 언급되는 자료들도 많다. 그리고 어떤 자료에는 여기에 이어서 노자, 공자, 맹자 등도 언급되는데, 이들은 어쩌면 원래 배포도업침의 내용에 노자와 같은 성인이 등장하였기 때문일 수도 있다. 다음에는 육지 쪽 무속에 나타나는 이러한 내용을 좀 더 구체적으로 살펴보

면서, 고대에 큰굿 속에 원래 배포도업침이 있었던 내용임을 피력해
보기로 하겠다.

(1) '천지왕본풀이'의 흔적

배포도업침의 내용에는 '천지왕본풀이'가 있었다. 하늘에 해와 달
이 각기 두 개씩 생겨 사람들이 살기 어렵게 되자 하늘의 천지왕이
이를 걱정하다가 지상으로 내려와 부인을 얻어 쌍둥이 아들을 수태
시킨 후 떠나가고, 나중에 태어난 쌍둥이 두 형제는 하늘에 올라
부친으로부터 활과 화살을 받아 두 개씩 있던 해와 달 가운데 하나씩
을 쏘아 오늘날과 같이 하나가 되도록 만들고, 이어서 두 형제가
이승과 저승 차지 시합을 벌인다는 내용이 바로 그것이다. 그런데
이와 유사한 서사구조를 가진 무가들이 육지 쪽에서도 채록되었
다.38) 여기에서는 편의상 경기도 오산 지역의 자료를 살펴보기로
한다.39)

천하궁 당칠성이 지하궁에 내려와 매화부인과 동품을 하고 떠난
뒤 선문이 · 후문이라는 쌍둥이 형제를 얻는다. 그들은 나중에 하늘
에 올라 부친을 만나 선문이는 대한국을 지녀먹고, 후문이는 소한국
을 차지한다. 그때 마침 달과 해가 각각 두 개씩 있어 이들은 철화살
을 쏘아 해 하나는 제석궁에, 달 하나는 명모궁에 걸어둔다. 오산
지역의 '시루말'에 나타나는 이와 같은 내용은 분명히 '천지왕본풀
이'와 유사한 서사구조를 갖고 있다. 그러므로 이것은 천지왕본풀이,

---

38) 이들은 대개 지두서, 시루말, 치국잡기와 같은 곳에서 나타나는데, 이와 같은 내용에
　　대해서는 서대석, 〈창세시조신화의 의미와 변이연구〉, 《구비문학》 4집, 한국정신문
　　화연구원 한국어문연구실, 1980을 참조하면 자세한 내용을 알 수 있다.
39) 赤松智城 · 秋葉隆, 《朝鮮巫俗の硏究》(조선총독부, 1937), 오산 十二第次 중 二 시루
　　말 부분, 128〜132쪽 참조,

또는 배포도업침과 같은 창세신화가 육지 쪽에서도 불렸음을 시사한다. 여기에서 주인공인 신들의 이름이 다른 것으로 바뀐 것은, 이들이 오랜 기간 구비전승되어 왔기에 나타난 현상이라 할 수 있다. 오산의 무가자료 시루말을 통해서는 주인공들의 이름은 쉽게 다른 것으로 바뀔 수 있지만, 서사구조는 잘 바뀌지 않는다는 사실도 알 수 있다. 시루말은 오산 지역 12제차 가운데 두 번째 거리라서 비교적 굿의 앞부분이라 할 수 있다.

(2) '열다섯 15성인'의 흔적

육지 쪽의 무가자료에서 앞부분에 '열다섯 15성인'과 같은 내용이 나타나는 예는 수없이 많아 일일이 들기도 어렵다. 여기에서도 편의상 한 가지 예만 들어보기로 하겠다. 다음 자료는 김태곤 교수가 1966년 5월 20일 전남 목포시 죽동에 살고 있던 이점덕(여, 당시 46세) 무녀에게서 채록한 것인데, 여기에는 배포도업침, 또는 '열다섯 15성인'의 흔적이 고스란히 남아 있다. 이 자료는 '축원굿' 가운데 맨 처음에 행했던 '안당'굿 자료다.[40]

> 아황 임금아 공심은 절에 주고 남산은 본이로구나
> 조선은 국이요 팔만은 사두석이요 한양도읍 서울이라 집터잡어 삼
> 십삼천이오 날 굴너(골라) 이십팔수
> 허궁천 비비천 삼마도리 열세왕으 이득 마련하옵실 적
> 자시에 생천하니 올나 하날 생기시고 나리굴너 축시에 되니 땅이
> 생기시고 인 생겨나니 인싱 사람 마련하야
> 경상도는 칠십칠관이오 일흔일곱골 마련하고 전라도 오십삼관 시

---

40) 김태곤 편, 《한국무가집》 2, 집문당, 1979, 101~103쪽 참조.

운시골을 마련하여

　본야(처음) 나슨겐(나시기는) 수탈왕씨 나시옵고

　두차 나수기는 수탈왕 아니옵고

　시차(세째)에 나순니는 화탕과 여와씨 났아올제

　유수씨는 기무유수 한견으루 낭기(나무) 얽어 집을 짓고

　수인씨 불을 비비 인간 화식법을 마련하야 인황씨 나이 계여 아홉
성제 구줄 나느실제

　태호라 보인씨는 사오신진승하야 발길 거시고 글자를 지으내되……

　여와씨여 나기여서 새강유를 알사올제 두푼수법을 마련하시더
라……

　염제 실농씨는 나기여 상벽초 한전으루 일백불 맛을 보구 의학을
정하시더라 만민병을 보옵실제

　황제 헌훤씨는 능작되목안 통철학을 잡으시니 이제불통 되옵시고

　소오금천 전으공양 요순 우탕 문물주고 나리 날이 생기실제

　골융산 일지막은 하(한)날개 떨어져 우리 조선국이 생기실제[중략]

　제우라 도당씨 나시든 질이시여……

　귀자씨여 나기여서 당나래 사람 무천을 다리고 우리 조선국 나와
계서 펭양에 천년 도읍하야 일코롭습니다.……

　무라년 치국을 잡으실제 모냐(먼저) 치국은 증상도(경상도) 짐부대
황 치국이요

　두 번차 치국은 송도 송악산 아에 송쩨왕 치국이요

　시번차 치국은 전라 전주 이씨왕 치국이라 늬번차 치국을 나스를
제 증시황에 치국이라……

　해동 조선 전라남도 무안국 죽동 왕년 지덕이요 가문 정중을 들며
나니 ○○씨 가문 안이 ○○씨 정중이오

　해동 조선 전라도 - .

이상을 보면, 내용은 하늘과 땅, 인간 세상이 마련되는 것과 나아
가서는 인간 세상의 여러 가지 문화현상들이 마련되는 것, 그리고
조선과 같은 나라가 생겨나는 유래 및 그 역사적 과정이 설명되었음
을 알 수 있다. 그리고 마지막으로는 해동조선 전라남도 무안국 죽동
왕년 지덕과 ○○씨 가문이 언급되는데, 이것은 이곳이 굿하는 장소
이기 때문에 이렇게 나타나는 것이다. 그런데 이와 같은 내용은 앞에
서 고찰했던 배포도업침의 구조나 내용과 매우 유사함을 알 수 있는
데, 이들은 바로 원래 무속제의의 앞에서 배포도업침과 같은 것이
있었기에 이와 같은 양상으로 나타난다고 볼 수 있다. 이들이 배포도
업침과 구조나 내용은 비슷하지만, 다소 차이를 보이는 것은 워낙
오랜 기간에 걸쳐 구비전승되어 왔기 때문이라 할 수 있다. 그러나
이런 와중에서도 이와 같은 유사성을 보이는 것은 구비전승의 힘이
얼마나 강한지 보여주는 것이다. 특히 무가와 같은 것은 제의 속에서
불리는 것이기에 좀 더 보수성을 띨 수 있다.

5.4. 종합

이상 여러 상황을 중시하면, 원래 큰굿 속에는 '배포도업침'과 같
은 창세신화가 있었고, 이 속에는 앞에서 고찰한 바와 같은 '천지왕
본풀이' 및 '열다섯 15성인' 도업 같은 내용이 포함되어 있었다고
볼 수 있다. 그래서 이들은 육지 쪽의 무속에서도, 그것도 특히 앞부
분에 그 흔적을 많이 담고 있으며, 제주도의 큰굿 속에서는, 그 가운
데에서도 특히 배포도업침에는 그 모습이 선명하게 남아 있는 것이
다. '열다섯 15성인' 도업 내용이 원래부터 있었던 것이 아니라 한다
면, 즉 이들 내용이 후대에 중국의 신화자료들을 수용하여 배포도업
침 속에 수용된 것이라 한다면, 육지 쪽이나 제주도를 포함한 우리나

라 전 지역의 무가자료에, 그것도 특히 굿의 첫 부분에 이와 같은 내용이 공통으로 존재할 수는 없다. 이것은 오히려 원래부터 여기에 있었기에 이렇게 나타난 것으로 보는 것이 더 온당하고 타당할 수 있다. 그런데 이렇게 볼 수 있다면, 배포도업침, 그 가운데서도 특히 '열다섯 15성인' 내용은 열두거리 큰굿의 창조와 더불어 나타난 신화 내용이라 할 수 있어, 오히려 우리 문화를 해명할 단서가 될 수 있다.

6. '배포도업침'의 내용으로 본 민족문화의 정체성

배포도업침은 이상에서 고찰한 것처럼, 바로 우리 인간이 몸담아 살고 있는 이 세상이 어떻게 생겨나서 어떤 과정을 거쳐 오늘날과 같이 마련되었나를 설명하는 창세신화다. 따라서 여기에는 현재 제주도에서 행해지는 큰굿과 같은 무속제의를 만들어낸 집단이 창조해낸 우주만물의 창생원리, 또는 창조원리가 담겨 있다고 볼 수 있다. 그런데 제주도에 남아 있는 큰굿은 바로 우리 민족이 창안해낸 열두거리 큰굿이라는 고대적 제의가 섬 지방인 제주도에 남아 있는 것이라 한다면, 이러한 배포도업침은 바로 고대에 우리 민족이 창조해낸 창세신화라 하겠다. 따라서 이제는 이러한 내용을 통해 우리 민족문화의 정체성을 살펴볼 수 있을 것이다. 여기에서는 편의상 정신적 인식론적 측면과 문화사적 측면으로 나누어 이러한 내용을 고찰해 보기로 하겠다.

6.1. 정신적 인식론적 측면

첫째, 배포도업침은 천·지·인의 세계를 분리해서 인식하고 그 순서에 따라 모든 것을 논리적으로 설명하고 있다. 이와 같은 사실을 중시하면, 우리 민족은 열두거리 큰굿, 또는 배포도업침과 같은 창세신화가 창조되고 제의되었던 고대에 이미 이 세상을 천·지·인 삼분체계로 나누어 인식했음을 알 수 있다. 이것은 바로 가시적으로 보이는 이 세상을 수직적으로 나누어 인식한 세계관이다. 이렇게 보면, 조선조의 훈민정음 창제가 천·지·인 삼분체계를 기반으로 하여 만들어진 것도 나름대로는 그 문화적인 뿌리가 있었다고 볼 수 있다.

둘째, 원래는 하나로 붙어 있던 천지가 우연히 금이 가서 둘로 나뉘는 천지개벽 내용과, 이때 생겨난 물 속에서 모든 생명체들, 곧 신이나 인간, 동물 및 식물들이 생겨났다고 하는 인식은 바로 알과 같은 것에서 생명이 탄생하는 모습과 맞닿아 있다. 따라서 이러한 내용을 중시하면, 우리 민족은 고대로부터 생명의 기원으로서 물[水], 알[卵] 등을 중시했음을 알 수 있다.

셋째, 하늘은 33천, 별자리는 28수(宿)가 있다고 생각했고, 방향에 있어서는 4방(四方)이 아니라 5방위(五方位)를 중시했다. 별 가운데서는 특히 북두칠성, 견우성, 직녀성, 샛별 등이 중시되었다.

넷째, 천지왕인 남성신은 하늘신으로, 여성신은 땅의 신으로, 그리고 이 두 신의 결합으로 대별왕과 소별왕이 태어난다는 것에서 일찍부터 하늘은 남성이며 아버지고, 땅은 여성이며 어머니인 것으로 인식하고 있었던바, 곧 천부지모(天父地母)사상을 갖고 있었음을 알 수 있다. 그리고 어머니인 여신이 지상에 존재하는 여신으로 나타난다는 점에서 대지모신(大地母神)사상도 갖고 있었다고 볼 수 있다.

다섯째, 해와 달은 하늘과 땅 사이에 있는 것으로 관념되었으며, 여러 천체물 가운데 가장 중시되었다. 이것은 해, 달과 관련하여 '낮/밤'이 생겨 우리의 삶에 지대한 영향을 미치고 있기 때문이었을 것이다. 그런데 해와 달의 조정과 관련된 신들이 모두 남성신으로 나타나는 것은 매우 특이한 일이다. 다른 나라의 경우, 달의 신은 흔히 여성신으로 나타나는 경우가 많다고 하는데, 우리는 그렇지 않기 때문이다.[41]

여섯째, 태초에 해와 달이 생긴 것이, 별들의 결합으로 생긴 청의동자 반고씨의 눈으로 만들어졌다는 것은 매우 특이한 내용이다. 여기서는 하늘의 해나 달은 별과 같은 것들이 모여 만들어진 빛의 총체로서 인식하고 있었다는 것, 그리고 인체의 눈과 하늘의 해와 달을 상호 상동성(相同性, homology)을 가진 것으로 인식했음을 알 수 있다.

일곱째, 우리 민족은 삶의 세계로서 '이승'을, 반면에 죽음의 세계로는 '저승'이 있다고 상정했다. 천·지·인의 세계 인식이 가시적인 차원에서 형성된 것이라 한다면, 이승과 저승은 비가시적인 세계로서 어디까지나 인식론적 차원에서 형상화된 세계라 할 수 있다. 이와 같은 세계는 삶과 죽음과 같은 인간 삶의 존재론적 조건을 중시하고 만들어진 것이라 할 수 있어, 이러한 내용으로는 우리 민족이 얼마나 현실 삶에서 '생/사' 문제를 중시했는지 알 수 있다. 그런데 대별왕과 소별왕이 벌이는 이승차지 시합에서 두 신이 서로 이승을 차지하고자 했다는 것에서는 삶을 매우 긍정하고 죽음을 부정했음을 알 수 있다. 우리 속담에 '개똥밭에 굴러도 이승이 낫다'고 했는데, 이것은 바로 이러한 인식과 맞닿아 있는 것이다.

여덟째, 이승은 악하고 죄가 많은 세상인 데 반해 저승법은 맑고

---

41) 이수자, 〈무신도 〈일월신도〉의 형성배경과 문화사적 의의〉, 《한국무속학》 8집, 한국무속학회, 2004, 147~178쪽 참조. 육지 쪽에는 해와 달의 신으로 두 분의 남성신이 그려진 무신도들이 많이 남아 있다.

깨끗하다고 인식했다. 이승이 악하고 죄가 많은 세상이라 한 것은, 현실적으로 사람들이 살아가면서 죄를 많이 짓고 있는 상황을 중시하여 상정된 것이라 할 수 있다. 그런데 이와 같은 상황은 인간은 본능적으로 죄를 짓지 않고는 살 수 없다고 인식한 것으로서, 성악설(性惡說)과 맞닿아 있다. 저승법을 맑고 청량한 법이라 생각했던 것은, 죽음이란 신분 고하를 막론하고 누구에게나 똑같이 평등하게 찾아오는 것이기에 이렇게 인식되었다고 볼 수 있다.

수수께끼나 꽃피우기 시합을 거쳐서 대별왕이 소별왕보다 훨씬 지혜롭고 똑똑하며 능력이 있음이 판명되었음에도 이승을 차지하지 못했다고 하는 것에는, 이 세상을 원천적으로 모순이 많은 곳으로 인식했음이 나타나 있다.

아홉째, 배포도업침에 나오는 내용은 아니나, 앞에서 15성인과 관련하여 설명했기에 여기에서 언급하면, 저승에는 열다섯 시왕(屍王, 또는 尸王)과 열 개의 지옥이 있다고 생각했다. 구체적인 내용은 앞의 도표에서 소개한 것과 같다. 열다섯 시왕 가운데 첫 번째부터 열 번째 시왕은 열 개의 지옥을 담당하는데, 사람들은 죽은 뒤 저승에 있는 열 지옥을 돌며 이승에서 지은 죄에 대한 형벌을 받는다. 그러나 열한 번째 시왕인 지장대왕은 이승에서 억울하게 죽은 사람을 구제하는 역할을 한다고 생각했고, 열두 번째 생불대왕은 이승에서 아기를 낳지 못한 사람과 어려서 일찍 죽은 아이들을 돌보면서 이들을 서천꽃밭에서 다시 살게 해준다고 생각하기도 했다. 다시 말하면, 열한 번째, 열두 번째 시왕들은 이승에서 못다 한 삶에 대한 보상을 해 주는 신들이다. 열세 번째와 열네 번째 시왕은 앞서의 일들을 문서로 기록하고, 마지막 열다섯 번째 시왕인 동자판관은 이러한 기록을 보면서 최후의 심판을 한다. 여기에서는 저승에 있는 좋은 마을에서 살거나, 아니면 새나 나비가 되어 환생하는 것을 가장 바람직한 것으로 관념했다. 저승에서 받는 열 지옥의 형벌 내용이나 죄목은 사람들로 하여금 이승에 살 때 죄를 짓지 않고 선(善)하게 살 수 있도록 하는 사회적 규제 장치로 기능했을 가능성이 있는데, 이것은 바로 이승을 앞서와 같이 죄가 많은 세상으로 보고 있었기에 이에 대한 규제 장치로 마련한 것이라 할 수 있다.

열째, 〈초감제〉 속의 '새드림' 내용을 보면, 신들은 하늘에서 지상으로 내려올 때 새[鳥]를 타고 온다. 새는 곧 하늘과 땅을 매개하는 존재로 인식한 것이다. 그런데 천지개벽의 모습을 보면, 여러 새 가운데서도 특히 닭[鷄]이 중시되고 신성시되었음을 알 수 있다. 닭은 카오스와 같은 혼돈의 세상을 질서 있는 세계, 곧 코스모스로 만들어 주는 우주창생의 생물로 관념했으며, 어둠을 물리치고 광명을 가져오는 새, 세상을 변화시킬 수 있는 새로 인식하였다. 닭을 이와 같이 생각하게 된 것은 현실 삶에서 닭소리와 함께 새벽이 오고 새로운 하루가 시작되는 것으로부터 유추된 사상일 수 있는데, 닭에 대한 신성시는 고구려 고분벽화뿐만 아니라 우리나라 건국신화에도 많이 나타나 있다.42) 닭은 비록 날지는 못하지만, 어둠을 가르고 빛을 가져오는 새이기 때문에 많은 민족이 신성시했다고 하는데, 우리 민족도 여기에서 벗어나지 않는다.

6.2. 문화사적인 측면

앞에서 고찰한 바와 같이 '열다섯 15성인' 도업 내용이 원래 배포

---

42) 임재해, 〈왜 지금 겨레문화의 뿌리를 주목하는가〉, 《비교민속학》 31집, 2006. 여기에는 신라가 계림국이었다는 것, 김알지신화 등에 닭이 등장하는 것 등을 통해 신라문화가 닭과 큰 관련이 있음을 밝히고 있다.

도업침 속에 포함되었던 내용이라 한다면, 우리는 이러한 사실에서 배포도업침을 비롯하여 이것이 포함된 열두거리 큰굿과 관련된 많은 정보를 얻을 수 있다. 큰굿의 형성 시기, 형성 집단, 형성 공간, 그리고 '열다섯 15성인'과 관련된 내용들이 왜 《사기》와 같은 중국의 역사서에 기록되었을까 하는 이유 등등을 알 수 있다. 따라서 다음에는 이러한 문제들을 고찰해 보기로 한다.

첫째, 배포도업침에 나오는바 원래 각각 두 개씩 있던 해와 달을 화살로 쏘아 각기 현재처럼 하나가 되게 만들었다고 하는 내용에서는, 우리 민족은 활이나 화살 등을 아주 중시했으며, 화살을 매우 잘 쏘았음을 알 수 있다.[43] 우리나라 주변에 있는 동북아시아의 여러 소수민족 사이에는, 비록 원래 있던 해와 달의 숫자에서는 다소 차이가 있으나, 하늘에 걸려 있던 태양을 화살로 쏘아 그 수를 오늘날과 같이 하나로 만들었다는 사양설화(射陽說話)가 많이 전승된다.[44] 그런데 이러한 설화들은 우리의 배포도업침에 나오는 사양신화 내용과 깊은 상관이 있을 가능성이 높다.

둘째, 신화에서 수수께끼는 흔히 신들의 지혜를 판가름하는 수단으로 쓰인다 하는데,[45] 우리 민족의 창세신화라 할 수 있는 배포도

---

[43] 동이족이란 말에 있어 '夷'라는 글자는 큰대(大)자와 화살 궁(弓)이 합해진 글자다. 그래서 夷자는 '큰 화살' 또는 '화살을 아주 잘 쏜다'라는 뜻으로 해석할 수 있다. 우리 민족의 창세신화인 배포도업침에 이처럼 하늘에 걸려 있는 해나 달을 활이나 화살로 쏘아 맞춘다고 하는 내용이 있는 것은, 우리 민족도 활과 화살을 매우 중시했음을 반영한다.

[44] 우리 주변국의 사양설화에 대해 많은 것을 알 수 있는 중요한 책이 최근 출간되었다. 김인희, 《동이신화 태양을 쏘다》 1·2권, 도서출판 박이정, 2007 참조.

[45] Robert Scholes, *Structuralism in Literature*, Yale University Press, 1974, p.45. 신화에는 흔히 신들의 능력을 다투는 것으로 수수께끼가 등장하고 있다 한다. 이렇게 보면 수수께끼는 신화에 나오는 중요한 신화소임을 알 수 있다. 오이디프스 신화에 있어 스핑크스가 주인공 오이디프스에게 질문하는 사람의 일생과 관련된 수수께끼는 아주 유명한 내용이다.

업침에도 이와 같은 모습이 보인다.

셋째, '열다섯 15성인' 도업 내용은 원래 배포도업침과 같은 창세신화가 창조될 때 여기에 함께 포함되어 창조된 내용이라 할 수 있다. 이들은 '이승 : 저승'='열다섯 성인 : 열다섯 시왕'이 있는 것으로 상정하여 형상화된 내용들로서, 원래부터 열두거리 큰굿 속에 들어 있었던 내용이었기에 지금도 육지 쪽 무가자료에 이들이 흔하게 발견되거나 이야기되고 있다. 여기에 나오는 열다섯 15성인들, 즉, 천황씨, 지황씨, 인황씨, 유소씨, 수인씨, 태호복희씨, 여와씨, 염제신농씨, 황제훤원씨, 소호금천씨, 전옥고양씨,…… 불도선생 노자님 등은 바로 이와 같은 배포도업침과 같은 창세신화를 창조해냈거나 아니면 열두거리 큰굿과 같은 고대적 제의를 창조해낸 민족의 신들이라 할 수 있다. 그런데 이와 같은 배포도업침이나 열두거리 큰굿을 보유하고 있는 민족은 바로 우리 한국어를 쓰는 민족이라는 점에서 이러한 신들은 바로 우리 민족의 신이라 할 수 있다. 즉, 이들은 우리 민족에게 새로운 문화를 창조해준 문화영웅적인 신인 것이다. 이러한 신은 열두거리 큰굿과 같은 고대적 무속제의가 창조되었을 때 형상화된 신이라고 할 수 있으며, 실재했던 신이라기보다는 어디까지나 신화적으로 허구화된 신일 가능성이 있다. 그 동안 복희씨나 신농씨와 같은 신은 동이족(東夷族)의 신이었을 가능성이 있다는 학설이 조심스럽게, 그러나 꾸준하게 제기되어 왔는데, 이 글은 바로 이런 내용이 사실일 수 있음을 확인시켜 준다는 데에 의의가 있다.

넷째, '열다섯 15성인' 도업 내용 가운데 일부는 사마천의 《사기》에도 실려 있고, 그 뒤에 편찬된 《사략》 등에도 실려 있다. 그래서 이들 내용은 중국뿐만 아니라 한국, 일본 등 동양 각국에 널리 알려져서, 현재 중국의 신들 또는 신화로 인식되는 경향이 있다. 그렇지만 이와 같은 내용은 앞서 고찰한 것처럼 여러 가지 측면에서 볼 때 원래부터 배포도업침, 또는 열두거리 큰굿 안에 있었던 내용으로서, 바로 우리 민족이 창안해낸 신들이며 신화라 할 수 있다.

《사기》에는 '열다섯 15성인'에 나오는 일부 내용들이 삼황오제(三皇五帝)로 정리되어 중국 역사의 첫 쪽을 기록하고 있다. 여기에서 삼황이란 신농씨, 복희씨, 수인씨를 가리키는데 천황, 지황, 인황이라 한다고도 한다.46) 그런데 이와 같은 삼황의 모습은 우리의 배포도업침에 나오는 내용과 비슷하면서도 차이가 있다. 우리 자료는 천황씨, 지황씨, 인황씨가 삼황이고, 신농씨, 복희씨, 수인씨는 이와 전혀 상관이 없는 별개의 존재인데, 여기에는 이들이 겹쳐 있는 것이다. 사마천은 삼황과 관련된 내용은 신화시대의 이야기이기에 신빙성이 없다 하여 《사기》에 기록하지 않았고, 단지 오제(五帝), 즉 황제헌원씨, 소호금천씨, 전욱고양씨 등의 내용만 중시하여, 오제를 중국 역사의 시작으로 보고 이로부터 본기(本紀)를 시작하였다. 그런데 삼황의 내용은 나중에 당(唐)나라의 사마정(司馬貞)이 《사기》에 수록한 것이라 한다.47) 그런데 사마천이 《사기》에 기록했다는 오제 내용 가운데 일부 내용 또한 우리의 배포도업침에 나오는 내용인 것이다.

우리 배포도업침의 '열다섯 15성인' 내용은 구성으로 보면 완전한 구조와 내용을 갖고 있다. 특히 여기에 나오는 15성인의 숫자는 저승에 있는 15시왕의 숫자와 일치하기에, 이것은 열두거리 큰굿과 같은 고대적 제의가 만들어질 때부터 애초부터 열다섯 성인이 있는 것으로 구성되었다 할 수 있다. 이렇게 보면 '열다섯 15성인'과 관련된 내용은 《사기》가 본래적인 것이라기보다 우리 배포도업침이 원래

---

46) 사마천/ 김진연·김창 편역, 《한권으로 보는 사기》, 서해문집, 1999, 51쪽 참조.
47) 위의 책, 51쪽 참조.

적인 것이라 할 수 있다. 그런데 이와 같은 사실을 중시하면, 중국의
《사기》와 같은 곳에 실려 있는 삼황, 또는 오제의 내용은 우리의
배포도업침에 나오는 '열다섯 15성인' 도업 내용 가운데 일부 내용들
이 수록된 것으로서, 그 일부 내용들이 시대를 달리해 가며 수용된
것이라 할 수 있다.

'열다섯 15성인'과 관련된 내용은 원래 우리 민족이 보유하고 향유
했던 열두거리 큰굿 속의 배포도업침에 나오는 신들이며 신화였다.
그리고 이들의 성격은 우리 민족에게 다양한 여러 문화를 만들어준
문화영웅 신들이었던 것이다. 그런데 이러한 신, 또는 신화 내용이
어느 순간에 중국의 역사서인 《사기》 및 《사략》 등에 수록되면서
중국의 것으로 인식되기 시작했다. 그래서 현재 세상 사람들은 이들
내용을 중국의 신화, 또는 신들로 인식하게 된 것이며, 오히려 중국
의 신화 내용이 우리의 창세신화에 영향을 미쳐 배포도업침과 같은
것이 만들어진 것으로 오해하기도 한다.

중국에서는 이들이 역사서에 수용·수록되었기에 나중에는 이들
이 실존했던 역사적 인물로 재창조되어 이와 관련된 여러 가지 사건,
사실, 전설, 설화, 또는 도상들이 만들어지기도 했다. 그래서 한(漢)
나라의 석각 그림과 그림 가운데에는 사람 머리에 뱀의 몸을 한 복희
와 여왜가 부부신으로 나타나기도 한다.[48] 그리고 원가(袁珂)의 《중
국의 고대신화》 및 여타 중국신화를 소개하는 책에는 모두 이런
내용들이 소개되고 있다. 또한 중국에서는 이들 신, 또는 신화가 자
국의 문화라 생각하기에, 지금 관광자원을 위해 황화 유역에 태호복

---

48) 서대석, 〈동북아시아 신화 속에서 본 한국신화의 정체성〉, 《한국신화의 정체성을
밝힌다》(민족문화의 원형과 정체성 정립을 위한 학술대회Ⅲ 발표요지집), 비교민속
학회, 2007.11.1, 108쪽 참조.

희씨와 염제신농씨의 석상(石像)도 크게 만들어 놓고 있다.

정재서 교수는 중국신화와 한국신화는 깊은 관련이 있는데, 흔히 한국신화가 일방적으로 중국신화의 영향을 받았다고 생각할지 모르나 신화에 관한 한 한국신화가 오히려 중국신화의 형성에 일정한 영향을 미쳤다고 보는 것이 좀 더 설득력이 있다고 하였다. 그 이유로, 우선 공간적인 측면에서 볼 때 중국신화가 형성될 무렵의 대륙은 오늘날의 중국과 같은 거대한 국가가 존재했던 것이 아니고, 아시아의 수많은 민족들이 경합적으로 공존하는 상황이었으며, 역사적으로 볼 때 중국신화는 여러 시기에 걸쳐 통합의 과정을 밟는데, 한대(漢代)에는 황제를 중심으로 하는 신과 종족의 계보를 정리하여 황제의 자손임을 자칭하고, 근대 이후에는 여기에 염제(炎帝)를 보태 중국내 소수민족 및 주변 민족까지 신화적으로 통합하였으며, 최근에는 황제에게 가장 적대적이었던 치우(蚩尤)까지 조상신으로 포함시켜 아시아 전체 민족이 중국인의 범주에 들어갈 수 있는 새로운 신화체계를 구성하고 있기 때문이라 하였다. 따라서 중국신화는 사실상 아시아 여러 민족의 다양한 신화를 포함한 동양신화로 보는 것이 옳을 것이라 하고, 중국의 신들 가운데 태호, 소호, 염제, 치우 등은 동이계 출신의 신으로서, 이 가운데서도 염제는 고구려 고분벽화에도 나타나기에 한국신화와의 상관성이 높다고 하였다.[49] 이와 같은 학설을 중시하면, 사마천의 《사기》에 우리 민족의 창세신화에 나오는바, 많은 신들이나 신화가 수용되었을 가능성도 완전히 배제할 수 없는 일이다.

다섯째, 배포도업침이나 여기에 나오는 '열다섯 15성인' 내용은

---

[49] 정재서, 〈잃어버린 신화를 찾아서 — 중국신화 속의 한국신화〉, 위의 책, 118~120쪽 참조.

분명히 우리말인 한국어를 쓰는 우리 민족이 만들어낸 문화다. 이것은 중국어를 쓰는 민족이 만든 것이 아니다. 그런데 이와 같은 문화 속에 나오는 내용들이 중국의 역사서에 수용되어 있다면, 이것은 거꾸로 고대 언젠가에 지금은 중국 땅으로 인식되는 곳에서도 열두거리 큰굿과 같은 것이 행해졌고, 또한 여기에서 배포도업침과 같은 창세신화가 구송되었음을 시사한다. 그런데 이러한 사실은 고대 언젠가에 우리 한국어를 쓰는 민족이, 지금은 중국 땅으로 인식되고 있는 어떤 곳에서 살았다는 것과, 열두거리 큰굿은 이때 여기에서 창조되어 행해지고 있었음을 암시한다. 다만 시기가 언제인가 하는 것과 장소가 어디인가 하는 문제는 앞으로 연구되어야 할 과제지만, 현재까지의 상황으로는 중국에 남아 있는 바, 이와 관련된 문화들은 우리가 중국 땅에 남겨 놓고 온 우리 문화라고 보는 것이 타당할 듯하다.

　여섯째, 배포도업침에 나오는 '열다섯 15성인' 내용의 일부가 사마천의 《사기》에 기록되어 있다고 한다면, 이러한 사실은 배포도업침과 같은 창세신화가 이미 《사기》와 같은 책이 편찬되기 이전부터 존재해왔음을 시사한다. 그런데 이러한 사실은 더불어 열두거리 큰굿 같은 무속제의도 이미 그 전부터 존재하였음을 알게 한다.[50] 즉, 사마천이 살았던 시기가 기원전 145년부터 기원전 86년까지인 점을 감안하면, 열두거리 큰굿이나 배포도업침은 이미 그 전에 창조되었다고 볼 수 있다. 열두거리 큰굿과 같은 무속제의, 그리고 배포도업침과 같은 창세신화를 처음 창조한 집단의 정체성에 대해서는 앞으로 다시 본격적으로 연구되어야 할 과제이나, 일단 앞서와 같은 사실

---

50) 열두거리 큰굿이 창조된 시기는 이상의 내용으로도 확인이 되지만, 또 다른 내용들을 통해서도 파악할 수 있다. 여기에 대해서는 이후 다른 글로 발표하기로 한다.

을 중시하면, 열두거리 큰굿과 같은 고대적 제의가 형성되었고, 배포도업침과 같은 창세신화가 구송되었던 시기가 최소한 기원전이라는 것만은 확실하다.

일곱째, '열다섯 15성인'이 만들었다고 하는 여러 문화들, 예를 들면, 나무로 집짓기, 불 만들기, 화식법, 팔괘법, 글쓰기, 혼인법, 생황 사용하기, 가래와 같은 농기구로 농사짓기, 백초를 이용한 의약법, 시장에서 교역하기, 간과쓰기, 지남차, 성신 보는 법, 역술, 산술, 귀천법(계급법), 주차 만들기, 신을 모시는 법, 당과 절에서 명·복·녹을 기원하는 불도법과 같은 것은 열두거리 큰굿과 같은 제의가 창조되고 거행되기 시작했을 때 이미 당대에 보편적으로 존재했던 문화로 보아야 한다. 이와 같은 다양한 문화들은 인류사의 발전을 통해 서서히, 그리고 오랜 세월을 거쳐 형성되어 온 것이라 할 수 있다. 그러나 신화창조집단은 배포도업침과 같은 창세신화를 만들 당시까지 존재하던 여러 가지 상황에 대해 그 기원을 설명해야 했기에, 이러한 '열다섯 15성인'과 같은 신들을 형상화해내고, 이러한 성인들이 있어 앞서와 같은 여러 문화를 창조한 것이라고 설명하고 있다. 그러므로 '열다섯 15성인'의 내용은 일부 사실적인 것도 있을 수 있겠으나 대부분은 실재적 사건이 아니라 신화적 허구라고 보아야 한다. 배포도업침과 같은 창세신화, 나아가서는 큰굿과 같은 것이 창조되거나 형성될 당시 이미 앞에서 언급한 다양한 문화들이 보편적으로 존재하거나 생활화되고 있었다면, 이러한 사실은 고고학계나 역사학계에도 도움을 줄 수 있지 않을까 한다.

여덟째, 고구려의 고분벽화 가운데 오회분 5호묘 등에는 불의 신이나 염제신농씨의 그림이 남아 있다. 배포도업침의 내용이 우리 민족이 창조하고 거행했던 열두거리 큰굿 속에 포함된 창세신화로서, 여기에 나오는 '열다섯 15성인'의 내용이 우리 민족이 창조하고 형상화한 신들이라 한다면, 우리 조상이 세웠던 국가인 고구려의 고분벽화에 이러한 신들이 남아 있는 것은 당연하다. 고구려 고분벽화에 '열다섯 15성인'과 관련된 그림이 남아 있다는 것은 오히려 당대까지만 해도 고구려 사람들은 이들 신을 우리 민족의 신이라고 인식하였다는 사실을 반영하는 것일 수도 있다. 그런데 이러한 인식은 바로 이러한 벽화가 만들어지던 당시, 고구려에는 열두거리 큰굿과 같은 것이 행해졌을 뿐만 아니라 여기에서 배포도업침과 같은 창세신화가 구송되었기 때문에 형성된 것일 수도 있다. 《후한서》(後漢書) 및 진수(陳壽, 233~297)의 《삼국지》(三國志) 동이전 고구려조에는, 고구려에서는 귀신, 사직, 별 등을 모시기 좋아하고, 10월에는 제천대회를 열었는데 이를 동맹(東盟)이라 하였다는 기록이 있으며, 사람들이 가무를 좋아하고 밤에는 남녀가 모여 노래하기를 좋아했다는 기록이 있는데,51) 이는 큰굿의 내용 및 큰굿을 하는 모습과 매우 일치한다. 이런 의미에서 고구려는 열두거리 큰굿을 계승 보유한 민족이라 할 수 있으며, 이러한 까닭에 큰굿 속의 배포도업침에 나오는 내용들이 문화 전반에 반영되어 있다고도 볼 수 있다.

정재서 교수는 한국신화의 체계를 한반도, 또는 국내 자료에 국한시키지 말고 아시아적 범주에서 다양하고 풍부하게 재구할 필요가 있다고 하며, 이러한 시좌(視座)를 마련할 때 기존의 한국신화 연구에서 풀리지 않던 문제들이 해결될 수 있다고 했다. 그러면서 해결되지 않는 예로서 고구려 고분벽화에 대거 출현하는 신화적 도상(圖像)들을 들고 있다.52) 고구려 고분벽화에 등장하는 수많은 신적 도

---

51) 박성봉 편, 《동이전 고구려 관계자료》, 경희대학교 전통문화연구소, 1982, 17~22쪽 참조.
52) 정재서, 앞의 글, 129쪽 참조.

상들의 배경이나 의미는 앞서와 같이 해석할 수 있다는 점에서 이 글이 의의를 지닌다고 하겠다.

아홉째, 배포도업침의 내용과 '날과국섬김'(제청도업)과 같은 무가에서 불리는 언어적 흔적을 중시하면, 열두거리 큰굿이 형성되고 행해지기 시작할 당시 어떤 나라가 열두 개 존재했던 것이 아닌가 한다. 이와 같은 상황은 이들 자료에 '사해 밖은 열세 나라 사해 안은 열두 나라'라고 하는 말이 자주 언급되기 때문인데, 이와 같이 당시 우리 민족에게 열두 개의 나라가 있었다는 말은 육지 쪽의 무가자료에도 흔히 나타난다.[53]

열째, '날과국섬김'의 언어적 흔적을 중시하면 제주도의 역사를 설명할 때는 흔히 고구려와 관련하여 이야기된다. 이것을 통해서는 제주도에서 큰굿과 같은 무속제의가 행해진 것은 고구려와 관련이 있었던 것이 아닌가 한다. 제주도 언어에 원시 고구려어가 많다는 연구도[54] 이러한 사실의 규명을 뒷받침해 줄 수 있다고 본다.

열한째, 우리 민족의 창세신화 '배포도업침'은 세계사적으로는 이 세상에 존재하는 수많은 창세신화들이 어떻게, 그리고 왜 생겨났나 하는 것을 설명해 줄 수 있는 중요한 자료이다. 또한 이 세상에 존재하는 수많은 문화기원신화들이 왜 생겨났는지를 설명해 줄 수 있는 중요한 자료이기도 하다. 즉, 이 세상에 존재하는 수많은 창세신화들의 발생기원을 설명해 줄 수 있다는 점에서 이것은 중요한 의의를 지닌다고 할 수 있다. 그러나 국가적 민족적으로는 우리 문화의 역사성, 또는 민족의 정체성을 알게 해주는 중요한 자료라 할 수 있으므

---

53) 예를 들면 서대석·박경신, 《안성무가집》, 집문당, 1990, 33쪽에도 이러한 사실이 나오고 있다. 이 자료는 1988년에서 1989년 무렵 안성의 남무 송기철이 〈재수굿〉 가운데 〈부정굿〉에서 구송한 자료다. 여기에는 동천하 12제국이 있었다고 한다.
54) 현평효, 《제주도 방언 연구》, 이우출판사, 1985, 307쪽 참조.

로, 앞으로 깊은 관심을 가져야 한다. 또한 여기에 포함된 '열다섯 15성인' 내용은 다른 무속자료들, 또는 중국에 남아 있는 자료들과 비교 고찰하여 우리 문화를 해명하는 데 보조적인 자료로 삼아야 할 것이다. 여기에 대해서는 앞으로 다시 심도 있게 연구해 보기로 하겠다.

우리가 어떤 선입견을 갖지 않고 자료에 나타난 실상만을 중시한다면, 배포도업침과 같은 창세신화가 창조될 때 분명히 앞에서 고찰한 바와 같은 '열다섯 15성인' 도업 내용이 포함되었다고 볼 수 있다. 이 글에서는 이와 같은 입장에서 배포도업침의 내용을 통해 우리 민족문화의 정체성을 논해 보았다. 그러나 이렇게 해도 어떤 사람은 또다시 의문을 가질지도 모른다. '열다섯 15성인' 도업 내용이 정말 우리 민족의 창세신화에 나오는 내용이 맞는 것일까라고…….

'열다섯 15성인' 내용에는 마지막으로 불도선생 로자(노자)님이 극락에 가서 통부채를 내어다가 당과 절을 설연하여 명(命) 없는 사람들에게는 명을, 복(福) 없는 사람들에게는 복을, 그리고 녹(祿) 없는 사람들에게는 녹을 빌도록 '불도법'을 마련했다는 내용이 있다. 이 내용을 중시하면 고대의 언젠가에는 절이나 당에 부채[扇]와 같은 것이 신체(神體)로 모셔져 있었고, 사람들은 이것을 명, 복, 녹을 가져다주는 신체로 인식하였음을 알 수 있다. 다시 말하면, 고대의 언제인가에는 부채가 신적인 존재로 인식되었던 때가 있었다는 것이다. 이것은 사실일 수 있는가? 그런데 만약 이것이 사실이기만 하다면, 우리는 앞서와 같은 배포도업침의 내용이나 '열다섯 15성인' 도업의 내용이, 비록 무가(巫歌)로서 구비전승된 것이라 하더라도 모두 진실을 전하고 있다고 믿어야 할 것이다.[55] 따라서 여기에 대해

---

55) 이 글은 1930년대 이후에 채록된 무가자료들, 그렇지만 길게는 수천 년을 통해 구비전

서는 따로 다른 글에서 밝혀 보기로 하겠다.

참고문헌

● 자료집

김태곤 편, 《한국무가집》 2, 집문당, 1979.
문무병, 《제주도 무속신화 열두 본풀이 자료집》, 제주칠머리당굿보존회, 1998.
서대석·박경신, 《안성무가집》, 집문당, 1990.
심우성 역, 《조선무속의 연구》, 동문선, 1991.
박성봉 편, 《동이전 고구려관계 자료》, 경희대 전통문화연구소, 1982.
장주근, 《제주도 무속과 서사무가》, 도서출판 역락, 2001.
제주도, 《제주도 큰굿자료》, 제주전통문화연구소, 2001.
진성기, 《남국의 무가》, 프린트본, 1968.
──── , 《제주도무가본풀이사전》, 민속원, 1991.
현용준, 《제주도무속자료사전》, 신구문화사, 1980.
현용준·현승환 역주, 《제주도무가》(연강학술도서 한국고전문학전집29), 고려
　　　대 민족문화연구소, 1996.

《풍속무음》, 초감제(안덕면 덕수리 문정옥본), 1982.

승 되어 온 무가자료를 근거로 마련한 글이다. 문헌만을 중시하는 사람들은 그토록
오랫동안 구비전승되어 온 자료를 어떻게 믿고, 그것을 토대로 연구를 할 수 있겠는가
하고 문제를 삼을 수도 있겠지만, 원래 고대의 제의는 글이나 문자로 행해졌던 것이
아니라 전부 말, 즉 언어로 행해졌던 것이다. 이것은 말은 하는 대로 이루어진다고
믿는 이른바 언어가 가지고 있는 주술력을 인정하고, 이를 바탕으로 하여 만들었기에
그렇게 된 것이라고 볼 수 있는데, 우리 민족의 고대적 제의였다고 볼 수 있는 무의식
인 '굿' 역시 원래 전부 말, 즉 언어로 만들어지고 행해졌던 것이다. 이런 면에서 무가
자료는 오히려 구비전승되어 오는 것이 본래적 모습이며 생명력을 가진 것이라 할
수 있다.

赤松智城・秋葉隆, 《朝鮮巫俗の研究》, 조선총독부, 1937.

● 논저
김인희, 《동이신화 태양을 쏘다》 1·2, 도서출판 박이정, 2007.
김헌선, 《한국의 창세신화》, 길벗, 1994.
박종성, 《한국창세서사시연구》, 태학사, 1999.
서대석, 〈창세시조신화의 의미와 변이 연구〉, 《구비문학》 4집, 한국정신문화연
　　　　구원 한국어문연구실, 1980.
─────, 〈동북아시아 신화 속에서 본 한국신화의 정체성〉, 《한국신화의 정체성
　　　　을 밝힌다》(민족문화의 원형과 정체성 정립을 위한 학술대회 Ⅲ 발표요
　　　　지집), 비교민속학회, 2007.11.1.
왕　　빈, 《신화학입문》, 금란출판사, 1980.
이수자, 〈고대서사문학에 나타난 신분인지소〉, 《고전문학연구》 3집, 한국고전
　　　　문학연구회, 1986.
─────, 〈제주도 무속과 신화연구〉, 이화여대 박사학위논문, 1989.
─────, 〈저승, 이승의 투사물로서의 공간〉, 《종교연구》 7집, 한국종교학회 편,
　　　　1990.
─────, 〈심부담의 시원적 양상과 문화사적 위상〉, 《나주대학논문집》 3집, 나주
　　　　대학, 1998.
─────, 《제주도 무속을 통해서 본 큰굿 열두거리의 구조적 원형과 신화》, 집문
　　　　당, 2004.
─────, 〈무신도 〈일월신도〉의 형성배경과 문화사적 의의〉, 《한국무속학》 8집,
　　　　한국무속학회, 2004.
이지영, 《한국의 신화 이야기》, 도서출판 사군자, 2003.
임석재, 〈우리나라의 천지개벽신화〉, 《경학김영돈선생화갑기념 교육학논총》,
　　　　1977.
임재해, 〈왜 지금 겨레문화의 뿌리를 주목하는가〉, 《비교민속학》 31집, 비교민속
　　　　학회, 2006.
정재서, 〈잃어버린 신화를 찾아서 ─ 중국신화 속의 한국신화〉, 《한국신화의 정
　　　　체성을 밝힌다》(민족문화의 원형과 정체성 정립을 위한 학술대회 Ⅲ 발
　　　　표요지집), 비교민속학회, 2007.11.1.
현용준, 〈월명사 도솔가 배경설화고〉, 《한국언어문학》 10집, 1973.

———,《무속신화와 문헌신화》, 집문당, 1992.
현평효,《제주도 방언 연구》, 이우출판사, 1985.

미르치아 엘리아데(M. Eliade)/ 이은봉 역,《종교형태론》, 형설출판사, 1982.
———,《신화와 현실》, 성균관대출판부, 1985.
사마천/ 김진연·김창 편역,《한권으로 보는 사기》, 서해문집, 1999.
袁珂/ 정석원 역,《중국의 고대신화》, 문예출판사, 1989.

大林太良,《神話學入門》, 中央公論社, 1966.
Robert Scholes, *Structuralism in Literature*, Yale University Press, 1974.

3부 비교연구로 본 한국신화의 정체성

동·서양 신화 비교로 본 한국신화의 정체성

나 경 수

한국의 신화로서 〈창세가〉와 기독교 신화인 〈창세기〉에 대한 신화론적 비교는,
동서양 신화의 차이를 밝히면서 한국신화의 정체성을 파악하는 데 유용할 것이다.
왜냐하면 이 두 신화는 비교의 준거로 들 수 있는 등가성의 원칙에 가장 합당하기 때문이다.
이들 두 신화는 비교의 기준에서 일치한다. 우주, 인류, 문화의 기원을 모두 갖추고
있기 때문이다. 〈창세가〉와 〈창세기〉가 인간이 사는 현세적인 삶의 공간을
부정적으로 보고 있다는 점에서 일치한다.
이와는 달리 인식의 차이를 드러내면서 한국신화의 정체성을 살필 수 있는 것으로서
진화형 우주기원, 동물조상형 인류기원, 천부지모형 남녀관, 현세주의적 문화관 등이 있다.

1. 민족신화의 정체성과 비교신화학의 한계

서양의 철학사로 보면, 이미 2,500여 년 전 탈레스(B.C. 640~B.C. 546) 이래 이오니아 지방의 많은 선진적인 지식인들은, 여행을 하면서 여러 민족들이 그들만의 신화를 통해서 각기 다른 세계관을 가지고 있는 것을 확인하고, 이를 극복하기 위해 자연에서 제1원인(arche)을 찾으려 하였다. 이들을 가리켜 자연론 철학자라 하며, 여기서 서구 학문의 태동이 시작되었다. 동양에서도 마찬가지로 《역》(易)을 통한 고대의 자연과학적인 붕아가 있었으며, 동양의 아카데미즘을 개설한 공자는 주나라의 신권적 세계관을 극복하기 위해 《춘추좌씨전》을 기술하면서, '天帝'에서 '帝'를 삭제하고 '天'만 취했으며, 결국 그의 《논어》에 섭리로서의 '천'을 담게 되었다.[1]

동·서양을 가릴 것 없이 학문의 남상은 신화의 극복과 함께 이루어졌다. 학문이 보편성과 타당성을 목표로 하는 것이라면, 이러한 학문의 소사에서 드러나는바, 신화와 학문의 성격은 대치적이며, 그런 점에서 신화는 보편성과 타당성을 문제 삼지 않는다고 보아도 좋을 것이다.

흔히 "뮈토스(mythos)에서 로고스(logos)로" 또는 "종교에서 철학으로"라는 완성된 표현은 이러한 문화사적 전환을 지시하는 말이기도 하다.[2] 실제로 신화는 민족 단위로 전승된다. 그런 점에서 민족어와

---

1) 池田末利, 《中國古代宗教史硏究》, 東京: 東海大學出版部, 1981, p.65.

같이 수많은 신화들이 존재했으며, 지금도 존재하고 있다. 따라서 신화는 이미 그 자체의 본질적 성격이 민족별로 고유한 것이다. 달리 말하면 고유하지 않으면 신화가 아니라고 하겠다.

그러나 서구의 역사로 보자면, 자연론 철학자들이 극복하고자 했던 신학적 세계관이 중세의 신권적 이념에 의해 다시 부상하는 대신, 그들의 철학적 고안들은 역사 속에 매몰되고 말았다. 르네상스시대의 도래와 함께 중세의 기독교적 이념이 극복되기 전까지 역사는 다시 성경에 의해 도그마적 신화시대로 회귀하고 말았던 것이다. 르네상스시대의 대표적인 과학자인 갈릴레오는 성경이라는 렌즈를 대신해서, 그가 닦은 렌즈를 망원경 속에 넣고 인간의 눈으로 천체를 바라보고자 했다. "그리스로 돌아가자"는 르네상스시대의 지배적 표어에서 알 수 있는 바와 같이, 또한 '부활'이라는 의미의 르네상스라는 말이 뜻하는 바와 같이, 1천년 동안 성경이라는 신화에 의해서 지배된 신본적 역사를 극복하고, 신화에서의 탈각을 통해 인본주의적 아프락사스를 향한 여정을 다시 시작하게 된 것이다.

르네상스시대 지식인들의 신본주의를 극복한 인본주의 주창은 그리스시대 지식인들이나 고대 중국 제자백가의 고뇌와 궤를 같이한다고 하여 크게 그릇된 말은 아닐 것이다. 말하자면 인류사를 통해서 두 번에 걸친 신화의 극복이 있었던 셈이다. 이는 보편성에 대한 인류의 갈구며, 학문이라는 형식을 통해서 구체화되었던 것이기도 하다. 우주의 기원은 빅뱅에 의해 150억 년 전에 시작된 것이라고 이야기되기도 하지만, 여전히 4,500년 전에 만들어진 것이라는 믿음이 공존한다.3) 공존할 수 없는 두 자질이 공존하는 방식, 그것은

---

2) F. M. 콘퍼드/남경희 옮김, 《종교에서 철학으로》, 이화여대출판부, 1995, 50쪽.
3) 조찬선, 《기독교 죄악사》, 평단문화사, 2000.

아이러니다. 진화와 창조가 대립하고 있지만, 대립적 공존을 하는 것이고 보면 아이러니의 힘은 대단해 보인다.

인문사회적 현상의 특징 가운데 하나는 극복이 반드시 유무로 이어지지는 않는다는 것이다. 카메라가 발명되고 나서 그림이 없어지지 않은 것과 마찬가지로, 학문이 등장했다고 해서 종교가 사라진 것은 아니다. 오히려 둘이 공존하면서 인류사적 기능과 기여를 함께 하고 있는 것이다. 그런 점에서 서구의 역사에서 보듯 르네상스의 탈각을 통해서 기독교가 없어진 것이 아니라, 오히려 둘은 공존하면서 인류사의 거대 아이러니를 형성해온 것이다. 특히 성경이라는 신화는 르네상스 이후 근대에 와서 더욱 왕성한 읽기가 이루어졌다. 서구에 한정되지 않고 세계의 신화로 독자를 확장해 왔던 것이다. 그런 점에서 과학주의가 팽창했던 근대에 오히려 기독교는 세계종교로 교세를 확장해왔던 것은 인류사의 한 아이러니이기도 하다.

신화와 학문만이 아이러니의 구조에 놓이는 것은 아니다. 특히 보편과 통일이 강조되던 근대의 패러다임이 공존과 균형을 중시하고 다원성을 강조하는 현대의 패러다임으로 대체되면서, 세계신화로 자처하던 성경 또한 그 가운데 하나로 다시 읽기가 시작된 것이다. 다시 말해서, 세계의 각종 신화에 대한 해금이 이루어지고, 오히려 더 적극적으로 말하자면, 모든 민족신화에 개체적 정체성을 인정하게 되는 신화의 민주화가 실현되어 가는 것이다. 근대적 제일성(齊一性)의 관념으로 보면, 오늘날의 현상은 공존 불가능한 신화가 공존을 부르짖는다는 점에서 아이러니의 남발이 기도되는 것으로 보겠다.

신화는, 다른 설화가 단지 이야기되는 것인 데 비해, 사용되었거나 사용되고 있는 이야기다.4) 또한 언어와 마찬가지로 전승집단의 무

---

4) Theodor H. Gaster, "Myth and Story", *Sacred Narrative*, ed. A. Dundes, Berkeley: University

의식적 지식으로서 DNA적 권위를 가진 문화적 유전인자인 셈이다. 그러나 다른 한편에서 보면, 모든 문화의 속성이 그런 것처럼, 신화 역시 신화원형론자들의 주장처럼 항구적 보편성을 가진 결정론적 인자로 보이지는 않는다. 말하자면 신화도 마찬가지로 변화하며, 변화를 통해 더욱 풍부해진다고 볼 수도 있다.

한국에는 여러 무덤 형식이 있다. 무덤의 권위 역시 신화에 못지않다는 점에서 무덤은 형태를 달리하는 민족신화이기도 하다. 여러 무덤의 형태가 한 민족사회에 존재하는 것과 마찬가지로, 신화도 한 사회에 다양한 형태로 공존할 수 있다. 그것은 문화사적 변화와 문화권적 변동에 의해 나타날 수 있는 당연한 현상이다. 예를 들어, 한국신화에 반영되어 있는 한민족의 타계관(他界觀)은 매우 다양하다. 천상타계, 지하타계, 수중타계, 해양타계 등이 공존하는 현상은 타계관의 혼란이 아니다. 또한 신화에 반영된 타계관을 넘어서 불교나 기독교 등의 고등종교가 전파되고, 오랜 시간 동안 많은 사람들에 의해서 믿어지면서 다른 한 층위의 타계관을 구성하여 왔다. 이들은 모두 시간적 차원의 문화사적, 공간적 차원의 문화권적 전개의 결과로서, 민족 이동이나 신화 이동에 의해 오늘날 우리가 받게 된 문화적 유산이다.[5]

신화의 정체성이 순수 염색체여야 한다는 주장은 포기되는 것이 옳다. 선택적이며 임의적 정체성이 말해질 수밖에 없다는 것은 사실상 우리 능력의 한계가 아니라, 신화 현실의 정직한 자기 고백적 실존이다. 따라서 신화의 정체성을 말하기에 앞서 그 한계부터 인정

---

of California Press, 1984, p.123.
5) 나경수, 〈한국건국신화의 타계관〉, 《어문논총》 12·13호, 전남대 어문학연구회, 1991, 53~70쪽.

하는 것이 옳겠다. 극단적으로 학문에서 가장 어려운 것이 바로 비교학이라고 한다. 오히려 엄격한 의미에서 비교학이란 불가능하다는 극단적 지적도 있다.6) 논의를 확대하면, 그런 점에서 비교학문 무용론까지도 제기될 수 있겠다.

한국신화의 정체성을 말하기 위해서는, 그리고 그것도 비교론적 관점에서 논의를 통해 정체성을 확보하자고 들면, 우선 텍스트 확정부터 하여야 할 것이다. 그런데 어느 시대까지의 한국신화를 취해서 그 대상으로 삼아야 한국적 정체성을 파악할 수 있을지 의문이 앞선다. 또 한국의 신화 현실로 볼 때 여러 가지 전승매체와 전승집단에 의해서 다양하게 소유되어 왔기 때문에, 그들 가운데 어떤 것에 중점을 두고 선별해서 텍스트로 활용해야 할 것인지 아무도 확정적인 대답을 줄 수 없다.

그럼에도 신화의 비교론적 접근이 원천적으로 차단된 것은 아닐 것이다. 인문학이 자연과학의 예속을 벗어나기 위해서는 서로 목적을 달리하여 존재할 수밖에 없다는 사실부터 직시할 필요가 있다. 인문학에 대한 이러한 고민은 그것들을 각각 딜타이(Wilhelm Dilthey)는 정신과학(Geisteswissenschaften)이라 불렀던 것에 반해서, 리케르트(Heinrich Rickert)는 문화과학(Kulturwissenschaften)이라 하였으며, 또한 빈델반트(Wilhelm Windelband)는 역사과학(Geschichtswissenschaften)이라 하여 서로 다르게 불렀던 데서도 알 수 있듯이, 보는 주요 관점에 따라서 성격이 달라질 수 있다. 따라서 우리가 경계해야 할 점은, 인문학에서의 정체성이 데카르트식의 본유주의(innatism)를 근간으

---

6) Charles Bernheimer, "The Anxieties of Comparison", *Comparative Literature in the Age of Muliculturalism*, ed. Charles Bernheimer, Baltimore: The Johns Hopkins University Press, 1995, p.3.

로 하게 된다면, 그 자체가 애초부터 성립되기 어렵다는 사실이다.[7] 또한 레비스트로스가 지적하고 있는 것처럼, 원시적인 문화와 문명화된 문화가 각각 다른 정신구조에 따라 구성된다고 볼 수 있기 때문에,[8] 우리 신화의 정체성을 고집하는 것은 우리의 문화를 원시적인 것으로 치환하는 다른 하나의 기도에 지나지 않을 것이다.

결국 여기에서 우리는 비교론적 신화 이해의 한계를 인정하고, 비교 가능한 범위를 한정하여 그 한계에 충실할 수밖에 없다. 다시 말해서, 신화의 존재 층위가 매우 다양하다는 것을 인정하면서도, 비교될 수 있는 대상의 확정을 위하여 한계를 무릅쓰고 비교 범위를 제한하지 않으면 안 된다는 것이다.

필자는 "신화란 기원을 설명하는 것으로 믿어지는 이야기다"라고 정의를 내린 바 있다.[9] 그런 점에서 신화는 역사와 학문과 종교의 모태요, 한편으로는 예술적 자질을 함의한다고 본다. 한국의 신화는 한국적 역사요, 학문이요, 종교인 한편, 한국적 예술의 한 양태인 셈이다. 이들에 대한 종합적인 접근은 매우 광범위하게 논의되어야 할 문제기 때문에, 여기에서는 기원의 문제만 염두에 두고자 한다. 즉, 한국의 신화에 나타나는 기원에 대한 설명을 비교 대상으로 한정하여, 다른 대상화된 신화와 비교를 시도해 보려는 것이다.

신화는 일종의 도그마(dogma)다. 도그마는 '교의'라는 말뜻과 '독단'이라는 말뜻을 함께 가졌다. 동음이의어처럼 생각될 수도 있지만, 그렇지 않다. 종교적 입장에서는 교의가, 과학적 입장에서는 독단인 것이다. 예의 우리 단군신화에서, 동물인 곰이 사람인 웅녀로 변신한

---

7) T. K. Sung, *Structuralism and Hermeneutics*, New York: Columbia University Press, 1982, p.20.
8) Lévi-Strauss, *Savage Mind*, Chicago: University of Chicago Press, 1966, pp.223~234.
9) 나경수, 〈신화의 정의〉, 《한국민속학》 26호, 민속학회, 1994, 143~171쪽.

것은 고조선 사회에서는 교의였겠지만, 유전공학적으로 보면 독단에 빠져 있는 것과 마찬가지로, 성경에서 흙을 빚어 사람을 만든 것 또한 과학적으로 보면 믿는 사람만 진실로 믿는다는 점에서 일종의 독단인 셈이다. 신화는 교의일 때 비교를 거부하지만, 독단일 때 비교는 허용된다. 아니 허용보다는 비교가 적극적으로 수행되어야 옳다고 하겠다.

기독교적 도그마의 근원인 성경은 세계적으로 가장 널리 읽혀온 신화다. 구약은 물론 신약조차도 이미 던데스(A. Dundes)는 역사가 아닌 설화의 관점에서 연구를 주창한 바 있다. 신화집(mythology)으로서 구약은 물론이요, 신약 또한 계시종교의 일회적인 역사가 아닌 인류가 보편적으로 가지고 있는 문화자원으로서 일종의 신화라는 관점에서 접근하자는 의도가 깔려 있다. 특히 던데스는 예수의 일생을 영웅설화로 보고, 그 신화적 형태를 분석하고 있다.[10) 이미 성경이 세계신화로서 성장은 했지만, 그 원상은 역시 민족신화라는 관점에서 한민족의 신화와 비교해 보고자 한다.

여기서 선택한 직접적인 비교의 대상 자료는 구약의 〈창세기〉와 우리나라의 〈창세가〉이다. 두 이야기는 모두 여기서 비교의 준거로 삼고 있는 우주 기원, 인류 기원, 그리고 문화 기원을 내용 속에 포함하고 있어서, 비교를 위한 등가성의 원칙을 충족시키고 있다. 물론 둘은 민족신화라는 점에서 비교 범위의 한계를 지니고 있기는 하다. 동양과 서양의 신화로서 대표성을 인정하려는 데 따르는 난점이다. 그러나 이미 캠벨이 말한 바 있듯이, 신약시대는 물론 구약의 근거가 서양의 문화사와 뿌리를 함께 하고 있다는 점에서 〈창세기〉의 서양

---

10) Alan Dundes, "The Hero Pattern and the Life of Jesus," *Quest of the Hero*, Princeton: Princeton University Press, 1990, p.181.

신화로서의 자격을 인정하는 한편,11) 같은 맥락에서 우리나라의 〈창세가〉역시 시대를 따라 쉽게 달라질 수 있는 표층문화 또는 상층문화에 소속된 신화가 아니고, 심층문화로서 전해져 오던 무속신화라는 점에서 동양적 고유성을 인정할 수 있다.

한편, 이 글에서 취하는 동양과 서양을 오늘날 우리가 지도에서 볼 수 있는 아시아와 유럽 대륙으로 선을 긋는다면, 이 글은 다소간 비교대상에 대한 착종을 감수해야만 한다. 즉 〈창세기〉가 전승되어 오던 지역을 지금의 중동으로 본다면 완전한 유럽이라 하기는 어렵기 때문이다. 그러나 앞서 캠벨의 논의에서 알 수 있듯이,《구약성서》에 실려 있는 〈창세기〉는 문화사적으로 유럽의 동부까지를 전승권에 포함시킬 수 있다는 점에서 명확한 선긋기가 사실상 어렵다. 다만 〈창세기〉가 서양 신화를 대표하는 텍스트일 수 있느냐 하는 의문은, 그 어떤 신화를 취하더라도 기실 같은 의문이 제기될 수 있다는 점에서 역시 감수해야 할 의문일 것이다.12) 엄밀히 말하자면, 그 어떤 신화도 오롯하게 서양을 대표하거나 동양을 대표하는 텍스트일 수는 없을 것이다. 따라서 대표성보다는 전형성에 의거해서 비교대상을 선정할 수밖에 없으며, 그런 점에서 한국의 〈창세가〉는 동양적 기원신화의 전형에 속하고,《구약성서》의 〈창세기〉는 서양적 기원신화의 전형일 수 있다는 점에 희망을 건다.

비교의 목적은 여러 가지일 수 있다. 여기에서의 목적은 한국신화의 정체성을 밝혀보려는 것이다. 정체성은 동일성과 차별성을 함께 지닌다. 한국신화의 정체성을 찾는 일이란 결국 인류가 만들어왔던

---

11) 조지프 캠벨/한영목 옮김,《신의 가면 Ⅲ, 서양신화》, 까치, 2003(3쇄), 416~384쪽.
12) 〈한국신화의 정체성을 밝힌다〉(비교민속학회 전국학술대회, 2007. 11. 1~2)에서 이 논문에 대한 토론을 맡았던 장영란 선생은 "동서양신화의 비교 대상 선별의 문제"를 제기한 바 있다.

신화의 하나로서, 그것이 지니고 있을 보편적 동질성을 밝히는 작업과, 다른 한편으로는 우리나라의 민족신화로서 고유한 개성을 지니고 있음을 함께 포착해내야 하는 것이다.

2. 〈창세가〉와 〈창세기〉의 비교 분석

2.1. 우주기원에 대한 비교 분석

언어와 사고는 상호 형성적 관계를 지닌다. 말이 없다는 것은 생각이 없다는 것이며, 생각이 없으면 말도 없다. 또한 생각에 따라 말이 형성되며, 말에 따라 생각이 형성된다. 말의 유무는 물론, 말의 개념은 생각과 밀접한 관계를 구성한다.

애초에 동양에는 '천지창조'라는 말 자체가 없었다. 기독교가 동양에 전파되고 성경이 번역되기 전까지만 하더라도 동양에는 '천지개벽'이라는 말만 있었다. 말의 있고 없음은 개념의 있음이나 없음과 상통한다. 동양에는 천지가 창조되었다는 개념조차 존재하지 않았다는 뜻이다. 세계적으로 존재하는 우주기원신화를 가장 크게 유형화하면 창조형과 진화형으로 구분된다고 한다.[13] 천지개벽형 신화는 당연히 진화형에 속하며, 성경 〈창세기〉에 나오는 천지창조의 신화형은 마땅히 창조형에 속한다. 일반적으로 한자문화권으로 대별되는 동아시아에는 창조형 우주기원신화가 존재하지 않는 것으로 이야기되고 있다.

《구약성서》의 〈창세기〉에서는 우주의 시작을 이렇게 기술하고

---

13) 大林太良, 《神話學入門》, 東京: 中央公論社, 1982, pp.68~69.

있다.

> 태초에 하나님이 천지를 창조하시니라. 땅이 혼돈하고 공허하며 흑암이 깊음 위에 있고 하나님의 신은 수면 위에 운행하시니라. 하나님이 가라사대 빛이 있으라 하시매 빛이 있었고, 그 빛이 하나님의 보시기에 좋았더라. 하나님이 빛과 어두움을 나누사 빛을 낮이라 칭하시고 어두움을 밤이라 칭하시니라. 저녁이 되며 아침이 되니 이는 첫째 날이니라. 물 가운데 궁창이 있어 물과 물로 나뉘게 하리라 하시고, 하나님이 궁창을 만드사 궁창 아래의 물과 궁창 위의 물로 나뉘게 하시매 그대로 되니라. 하나님이 궁창을 하늘이라 칭하시니라. 저녁이 되며 아침이 되니, 하나님이 가라사대 천하의 물이 한 곳으로 모이고 뭍이 드러나라 하시매 그대로 되니라. 하나님이 뭍을 땅이라 칭하시고 모인 물을 바다라 칭하시니라. 하나님의 보시기에 좋았더라.……

비교의 선명성을 위해 먼저 〈창세가〉와 더불어 창세신화로 잘 알려진 제주도의 〈천지왕본풀이〉를 들어본다.

> 태초에 천지는 혼돈(混沌)으로 있었다. 하늘과 땅이 금이 없이 서로 맞붙고, 암흑과 혼합으로 휩싸여 한 덩어리가 되어 있는 상태였다. 이 혼돈 천지에 개벽의 기운이 돌기 시작했다. 갑자년(甲子年) 을축월 을축일 을축시에 땅의 머리가 축방(丑方)으로 열려 하늘과 땅 사이는 금이 생겨났다. 이 금이 점점 벌어지면서 땅덩어리에는 산이 솟아오르고 물이 흘러내리곤 해서, 하늘과 땅의 경계는 점점 분명해져 갔다. 이때 하늘에서 청(靑)이슬이 내리고 땅에서는 흑이슬(또는 물이슬)이 솟아나, 서로 합수(合水)되어 음양상통(陰陽相通)으로 만물이 생겨나기 시작했다. 먼저 생겨난 것은 별이었다. 동쪽에는 견우성, 서쪽에는 직녀성, 남쪽에는 노인성, 북쪽에는 북두칠성, 그리고 중앙에는

삼태성 등······ 많은 별들이 별이어 자리를 잡았다. 그러나 아직 암흑은
계속되고 있었다. 동쪽에서 청(靑)구름이, 서쪽에서는 백(白)구름이,
남쪽에서는 적구름이, 북쪽에서는 흑구름이, 그리고 중앙에서는 황
(黃)구름만이 오락가락하는데, 천황닭[天皇鷄]이 목을 들고, 지황닭
[地皇鷄]이 날개를 치고, 인황닭[人皇鷄]이 꼬리를 쳐 크게 우니, 갑을
동방(甲乙東方)에서 먼동이 트기 시작했다. 이때 하늘의 옥황상제(玉
皇上帝) 천지왕이 해도 둘, 달도 둘을 내보내어 천지는 활짝 개벽이
되었다.······14)

둘은 모두 카오스에서 시작하여 코스모스에 이르는 것은 같지만,
둘 사이의 명확한 차이는 인격신의 유무다. 〈창세기〉에는 하나님이
등장하여 우주의 질서를 세워가는 창조신으로서의 역할을 하고 있
음에 반해서, 〈천지왕본풀이〉에서는 알 수 없는 계기의 연속에 의해
서 우주의 형성이 이루어지고 있다. 특히 후자는 청이슬, 흑이슬 등
으로 형상화되어 있기는 하지만, 음양론적인 지지를 받고 있다는
점에서 중국사상의 분식(粉飾)이 심하게 나타남을 알 수 있다.
일반적으로 동양의 우주기원신화는 창조형보다는 진화형(개벽형)
이 일반적이며, 그런 점에서 〈천지왕본풀이〉는 이러한 동양의 신화
일반을 벗어나지 않고 있다.
그러나 손진태의 〈창세가〉는 이렇게 시작한다.

　　한을과짜이생길적에,
　　彌勒님이誕生한즉,
　　한을과짜이서로부터,

---

14) 현용준, 《제주도의 신화》, 서문당, 1976, 11~12쪽.

썰러지지안이하소아,
한을은복개쏙지차럼도도라지고,
싸는四귀에구리기동을세우고.
그째는해도둘이요달도둘이요,
달한나씩여서北斗七星南斗七星마련하고,
해한나씩여서큰별을마련하고,
잔별은百姓의直星별을마련하고,
큰별은님금과대신별노마련하고,[15]
......

〈천지왕본풀이〉와는 달리 위 〈창세가〉는 얼핏 〈창세기〉를 닮았다. 특히 미륵이라는 신격이 나타나 천지분리뿐만 아니라, 우주적 질서를 세워가는 주신의 역을 맡고 있다는 점에서 창조형 신화에 가깝다. 왜 개벽형 신화권에서 〈창세가〉와 같은 창조형 신화에 가까운 우주기원신화가 발견되는지 그 까닭을 밝히기는 쉽지 않다. 그러나 눈여겨볼 것은 바로 미륵이라는 신격이다. 미륵 자체만 해도 그렇지만, 〈창세가〉가 진행되면서 또 다른 신격으로 석가가 등장한다. 미륵과 석가가 우리 신화에 등장하는 것은 불교의 영향으로 보아 틀림없을 것이다. 외래어처럼 화소의 차용이 신화에 나타나는 경우는 아주 자연스러운 일이다. 외래어가 많이 사용되더라도 문법이 바뀌지는 않는 것처럼, 신화에 외래화소가 많이 사용되더라도 신화 구조는 쉽게 바뀌지 않는다.

따라서 이러한 관점에서 보면, 한국의 우주기원신화는 '개벽형'과 '창조형'을 공유한다고 생각할 수도 있다. 그러나 엄밀한 의미에서

---

15) 손진태, 《조선신가유편》(朝鮮神歌遺編; 《손진태선생전집》), 태학사, 1981(영인본), 9~10쪽.

〈창세가〉는 창조형으로 분류되기는 어렵다. 말하자면 진화형 또는 개벽형의 다른 유형으로 분류되는 천지분리형에 속할 수 있기 때문이다. 이러한 천지분리형 신화는 특히 농경사회를 역사문화적 배경으로 함도 함께 참고되어야 할 것이다.16) 《구약성서》의 〈창세기〉에 보듯이 무에서 유를 창조하는 것이 아니라, 분리와 소거를 통해서 우주의 질서를 실현시켜가고 있다는 점에서 창조형과는 궤를 달리하는 개벽형 신화에 속하는 것이다. 그런 점에서 〈창세가〉의 예는 미륵의 활약이 있다 해도 천지창조보다는 천지개벽이라는 동양적 우주기원신화에 훨씬 가깝다고 여겨진다.

한편, 한국의 우주기원신화는 또 다른 측면에서 〈창세기〉와 대별되는 점이 있다. 즉 이승과 저승의 분기를 설명하는 것이다. 원래 자연종교와 인위종교는 타계의 구조가 아주 다르다.17) 〈천지왕본풀이〉와 〈창세가〉는 이승과 저승을 차지하는 신격간의 경쟁담을 매우 자세하게 말하고 있다. 그러나 〈창세기〉에는 이러한 내용은 찾아볼 수 없다. 원리적으로 보면 낙원인 에덴동산과 아담과 이브가 쫓겨난 실낙원의 구조가 한국신화의 저승과 이승을 닮았다. 그러나 신화의 전반적인 전개구조에서 큰 차이를 보이며, 내세관의 차이를 반영하고 있는 것으로 보아 틀림없을 것이다.

경험적 세계로서의 우주만 아니라, 초경험적 세계로서의 저승까지를 마련해 가는 우주기원의 완전성을 한국의 신화는 보이고 있다. 다시 말해서 〈창세기〉에서는 사람이 죽어서 가게 되는 공간을 따로 장치하고 있지 않지만, 한국의 신화에서는 삶과 죽음을 대극화시켜

---

16) K. Numazawa, "The Cultural-Historical Background of Myths on the Seperation of Sky and Earth", *Sacred Narrative*, ed. A. Dundes, Berkeley: University of California Press, 1984, p.192.
17) 나경수, 〈한국 건국신화의 타계관〉, 《어문논총》 12 · 13호, 전남대 어문학연구회, 1991.

공간화하였다는 점에서 차이를 보이고 있다. 이는 단지 신화상의 차이로 보아서는 안 될 줄 안다. 기독교에서는 창조신화에서 말해지지 않은 두 극단의 타계, 즉 천당과 지옥을 장치하여 믿는 대신에, 한국의 우주기원신화에서는 저승을 단일한 지선(至善)의 공간으로 그리고 있을 뿐, 저승을 선악으로 대치시킨 두 극단적 대립공간으로 보지 않는다.

하지만, 기독교적인 믿음과 한국의 우주기원신화가 일치점을 보이는 한 근거는, 그것이 어떤 공간이든 선과 악의 공간을 그리고 있다는 것이다. 다만 한국에서는 저승과 이승을 선악으로 구별하는 것에 반해서, 기독교 신앙에서는 타계를 천당과 지옥으로 나누어 선악을 구분하고 있다는 점에서 차이를 보인다.

한편, 이러한 차이가 두 비교 자료에 국한된 고유의 성격으로 보이지는 않는다. 우리 민족이 신화를 통해 가지고 있는 이승과 저승의 관념구조는 다만 우리 민족만의 독특한 것은 아니기 때문이다. 내세가 선악의 공간구조로 이루어져 있다는 것 또한 기독교만의 독특한 내세관은 아니다. 일반적으로 자연종교는 이승과 저승이라는 두 공간을 나누고, 두 공간 사이의 질적 차이만을 신화적으로 말하는 것에 반해서, 기독교를 비롯한 불교, 회교 등 이른바 고등종교는 내세를 여러 층위의 질적 성층으로 나눈다. 따라서 한국의 신화와 기독교신화를 비교함으로써 얻어진 결과는 단지 비교 대상의 한정에 따른 것이며, 비교 대상을 확대해 간다면 좀 더 확장된 비교로 이어질 수 있을 것이다.

2.2. 인류기원에 대한 비교 분석

한국에는 여러 유형의 인류기원신화가 혼재한다. 그 가운데 하나는 이른바 남매혼신화라는 것이다. 이는 그리스·로마신화에서까지 발견되는 매우 광범위한 신화적 모티프로서, 거의 전 세계적인 분포권을 이루고 있다.[18] 한국의 건국신화에서도 진정한 인류기원신화로 보기는 어렵지만, 인간이 탄생하는 몇 가지 사례가 신화적으로 보이고 있다. 예를 들면, 단군신화에서 곰이 인간 여자로 탄생하는 것도 그렇고, 알 속에서 인간이 탄생하는 것도 그렇고, 모두 인류기원신화의 유습들로 보인다.

한편 〈창세기〉에서는 이른바 흙을 빚어 아담을 만들고, 아담의 갈비뼈를 빼내 이브를 만든다. 인류의 기원신화로서 잘 알려져 있는 신화다.

> 여호와 하나님이 흙으로 사람을 지으시고 생기를 그 코에 불어넣으시니 사람이 생령이 된지라. 여호와 하나님이 동방의 에덴에 동산을 창설하시고, 그 지으신 사람을 거기 두시고 여호와 하나님이 그 땅에서 보기에 아름답고 먹기에 좋은 나무가 나게 하시니, 동산 가운데에는 생명나무와 선악을 알게 하는 나무도 있더라.…… 아담이 돕는 배필이 없으므로 여호와 하나님이 아담을 깊이 잠들게 하시니 잠들매…… 그가 그 갈빗대 하나를 취하고 살로 대신 채우시고 여호와 하나님이 취하신 그 갈빗대로 여자를 만드시고 그를 아담에게로 이끌어 오시니, 아담이 가로되 이는 내 뼈 중의 뼈요 살 중의 살이라 이것을 남자에게서 취하였은즉 여자라 칭하리라 하리라.

손진태의 〈창세가〉에는 우주를 마련한 미륵이 계속해서 인간을 만드는 인류기원에 대한 다음과 같은 노래가 이어지고 있다.

---

18) 나경수, 〈남매혼설화의 신화론적 검토〉, 《한국언어문학》 26집, 한국언어문학회, 1988.

옛날옛時節에,

彌勒님이한짝손에銀쟁반들고,

한짝손에金쟁반들고,

한을에祝詞하니,

한을에서벌기쩌러져,

金쟁반에도다섯이오,

銀쟁반에도다섯이라.

그벌기잘이와서,

金벌기는사나희되고,

銀벌기는게집으로마련하고,

銀벌기金벌기자리와서,

夫婦로마련하야,

世上사람이나엿서라.19)

　　대체로 한국의 신화에서 인간이 탄생하게 되는 배경을 보면 몇 가지 유형이 있지만, 그 가운데 하나는 바로 동물이 인간으로 되는 형상이 많다. 위 〈창세가〉에서는 벌레가 사람이 된 것으로 되어 있다. 다른 예이기는 하지만, 우리는 퉁구스어를 쓰는 퉁구스족에 속한다. 그런데 '퉁구스'란 같은 알타이어권인 터키어로는 '돼지'를 뜻한다고 한다. 이른바 퉁구스족은 돼지를 수조신(獸祖神)으로 하고 있다는 언어적 증거를 확보할 수 있는 예이다. 우리는 수조신적 관념이 농후한 동북아시아의 신화권에 속하기 때문에, 위의 예에서처럼 벌레에서 사람으로 화하는 예까지도 나타난다.

　　인류의 조상을 동물로 보는 수조형 신화는 모두 창조형에 대립되

---

19) 손진태, 앞의 책(1981, 영인본), 15쪽.

는 진화형에 속한다. 〈창세기〉에서는 흙을 빚어 인간을 창조하고 있다. 〈창세가〉에서는 벌레들이 인간으로 바뀌고 있다. 이는 우주의 기원에서 역시 확인했던 바와 같이 동일한 논리, 즉 우주기원신화가 창조형인 지역의 인류기원신화는 역시 창조라는 과정을 거치게 되며, 반대로 우주기원신화가 개벽형인 지역에서는 인류기원신화 역시 진화형으로 말해진다.

흙을 빚어 남자인 아담을 만들고, 아담의 갈비뼈를 뽑아 여자인 이브를 만든 〈창세기〉의 인류기원신화는 남녀 사이의 서열화가 매우 분명하다. 서양에서 man은 사람과 남자를 동시에 뜻하는 말로 사용된다. 여성(woman)은 일반적인 사람이라기보다는 특수한 사람으로서, 자궁을 가지고 있는 사람(womb+man)이라는 뜻이다. 여성의 열등한 자격을 설명해 주는 신화로서는 프로메테우스신화에 등장하는 판도라의 이야기가 있다.

남녀를 동등 자격으로 보지 않는 이와 같은 신화적 발상은, 서양의 인류기원신화가 깔고 있는 공통적인 신화소는 아닌지 더 많은 신화자료를 검토하면서 계속 규명해 보아야 할 문제이기는 하다. 예를 달리하지만, 서양의 전통에서 여자는 자기의 고유 성(姓)을 가지지 못한다. 아버지나 남편의 성을 따라야 하는 것은 여자를 독립된 인격적 개체로 보지 않았던 서구적 전통이 반영된 관습으로 보아야 한다. 바로 이러한 전통적 관습에 직접적 영향을 미쳤던 것은 그 무엇보다도 신화였을 것임은 자명하다.

남녀의 차이를 이미 발생론적으로 구분 짓고 있는 이러한 차별화가 우리의 신화에서는 존재하지 않는다. 비록 금과 은이라는 가치론적 차이는 발견되지만, 그렇더라도 그것이 존재론적 차이까지는 아니다. 일반적으로 말해서 음양론적 이원화가 존재론을 구성하는 기저의 자질을 가질 경우, 사회적 성별(gender)의 문제는 차별보다는 차이를 우선적으로 드러내는 성향이 짙다. 따라서 기독교신화가 지배했던 서구사회에서는 남녀관이 심각한 차별성으로 대표되는 것에 반해서, 우리와 같이 음양론적 구속을 받는 신화권에서는 남녀관이 차이성에 기반을 두고 있다는 것을 하나의 특징으로 꼽을 수 있겠다.

2.3. 문화기원에 대한 비교 분석

기원신화 가운데 가장 많은 신화는 역시 문화기원신화일 것이다. 문화기원신화는 인간다운 삶을 위해 필요한 일체의 기원과 관련된다. 다시 말하면, 자연적인 삶에서 일탈하여 사회적인 또는 인간다운 삶을 누리는 데 필요한 일체의 기원을 설명하는 것은 모두 문화기원신화로 볼 수 있다. 우리는 흔히 실낙원이라는 단어를 쓴다. 《구약》의 〈창세기〉에서 아담과 이브가 선악과를 따먹고 에덴동산에서 추방당한 것에서 나온 말이다. 에덴동산은 낙원에 비정되는 세계다.

여호와 하나님의 지으신 들짐승 중에 뱀이 가장 간교하더라. 뱀이 여자에게 물어 가로되 하나님이 참으로 너희더러 동산 모든 나무의 실과를 먹지 말라 하시더냐. 여자가 뱀에게 말하되 동산 나무의 실과를 우리가 먹을 수 있으나, 동산 중앙에 있는 나무의 실과는 하나님의 말씀에 너희는 먹지도 말고 만지지도 말라, 너희가 죽을까 하노라 하셨느니라. 뱀이 여자에게 이르되 너희가 결코 죽지 아니하리라. 너희가 그것을 먹는 날에는 너희 눈이 밝아 하나님과 같이 되어 선악을 알줄을 하나님이 아심이니라. 여자가 그 나무를 본즉 먹음직도 하고 보암직도 하고 지혜롭게 할 만큼 탐스럽기도 한 나무인지라, 여자가 그 실과를 따먹고 자기와 함께한 남편에게도 주매 그도 먹은지라. 이에 그들의 눈이 밝아 자기들의 몸이 벗은 줄을 알고 무화과나무 잎을 엮어 치마를 하였더라. 그들이 날이 서늘할 때에 동산에 거니시는 여호와 하나님의 음성을 듣고 아담과 그 아내가 여호와 하나님의 낯을 피하여 동산 나무 사이에 숨은지라. 여호와 하나님이 아담을 부르시며 그에게 이르시되 네가 어디 있느냐. 가로되 내가 동산에서 하나님의 소리를 듣고 내가 벗었으므로 두려워하여 숨었나이다. 가라사대 누가 너의 벗었음을 네게 고하였느냐, 내가 너더러 먹지 말라 명한 그 나무 실과를 네가 먹었느냐. 아담이 가로되 하나님이 주셔서 나와 함께하게 하신 여자 그가 그 나무 실과를 내게 주므로 내가 먹었나이다. 여호와 하나님이 여자에게 이르시되 네가 어찌하여 이렇게 하였느냐 여자가 가로되 뱀이 나를 꾀므로 내가 먹었나이다. 여호와 하나님이 뱀에게 이르시되 네가 이렇게 하였으니 네가 모든 육축과 들의 모든 짐승보다 더욱 저주를 받아 배로 다니고 종신토록 흙을 먹을지니라. 내가 너로 여자와 원수가 되게 하고 너의 후손도 여자의 후손과 원수가 되게 하리니 여자의 후손은 네 머리를 상하게 할 것이요 너는 그의 발꿈치를 상하게 할 것이니라 하시고. 또 여자에게 이르시되 내가 네게 잉태하는 고통을 크게 더하리니 네가 수고하고 자식을 낳을 것이며, 너는 남편을 사모하고 남편은 너를 다스릴 것이니라 하시고, 아담에게 이르시되 네가 네 아내의 말을 듣고 내가 너더러 먹지 말라한 나무 실과를 먹었은즉 땅은 너로 인하여 저주를 받고 너는 종신토록 수고하여야 그 소산을 먹으리라. 땅이 네게 가시덤불과 엉경퀴를 낼 것이라 너의 먹을 것은 밭의 채소인즉, 네가 얼굴에 땀이 흘러야 식물을 먹고 필경은 흙으로 돌아가리니, 그 속에서 네가 취함을 입었음이라 너는 흙이니 흙으로 돌아갈 것이니라 하시니라. 아담이 그 아내를 하와라 이름하였으니 그는 모든 산 자의 어미가 됨이더라. 여호와 하나님이 아담과 그 아내를 위하여 가죽옷을 지어 입히시니라. 여호와 하나님이 가라사대 보라 이 사람이 선악을 아는 일에 우리 중 하나 같이 되었으니 그가 그 손을 들어 생명나무 실과도 따먹고 영생할까 하노라 하시고, 여호와

하나님이 에덴동산에서 그 사람을 내어 보내어 그의 근본 된 토지를
갈게 하시니라. 이같이 하나님이 그 사람을 쫓아내시고 에덴동산 동편
에 그룹들과 두루 도는 화염검을 두어 생명나무의 길을 지키게 하시니
라. 아담이 그 아내 하와와 동침하매 하와가 잉태하여 가인을 낳고
이르되 내가 여호와로 말미암아 득남하였다 하니라. 그가 또 가인의
아우 아벨을 낳았는데 아벨은 양 치는 자이었고 가인은 농사하는 자이
었더라.

〈창세가〉역시 일종의 문화기원신화로 볼 수 있는 대목들이 나오
며, 특히 미륵과 석가와의 인세차지경쟁담은 전형적인 문화기원신
화로 보겠다.

미럭님이옷이업서짓겟는대,
가음이업서
이山져山넘어가는,버덜아가는
칙을파내여,백혀내여,삼아내여,익혀내여,
한을알에배틀노코,
구름속에영애걸고,
들고쌍쌍,노코쌍쌍짜내여서
칙장삼을마련하니,
숫匹이지개요,
半匹이소맬너라.
다섯자이섭힐너라,
……
석자세치씩치내여,
마리곡갈지어내니,
턱무지에를내려왔다.
미럭님이誕生하야,

미럭님歲月에는,
生火食을잡사시와,
불안이넛코,
생나달을잡사시와,
……
새양쥐를잡아다가,
승문삼치째리내여,
물의根本불의根本아느냐.
쥐말이,나를무슨功을시워주겟습닛가.
미럭님말이,너를天下의두지를차지하라,
한즉,쥐말이,금덩山들어가서,
한짝은차돌이오,한짝은시우쇠요,
툭툭치니불이낫소.
소하山들어가니,
삼취솔솔나와물의根本.
미럭님,水火根本을알엇스니,
人間말하여보자.

〈창세가〉에서는 이렇게 인간을 만들기 전에 먼저 옷을 짓는 방법
과 물과 불의 근본을 찾아둔다. 문화의 가장 기본은 의식주다. 주생
활과 관련되어서는 다른 무속신화인 성조무가가 있어서 의도적으로
배제했는지 모르겠지만, 여기서는 주로 의생활에 필수적인 베를 짜
는 법과 식생활에 필수적인 불과 물을 찾고 있다.

문화(culture)란 자연(nature)과는 대립적 자질을 지닌다. 그러나 종
교나 신화의 맥락으로 보자면 자연은 우리가 알고 있는 것과 같은
객관적 실체, 또는 자율적 존재로서의 자연이 아니라 초자연
(supernature)의 성격을 지닌다.[20] 애초에 인류는 자연에 신격을 부여

했다. 초자연의 다른 이름은 신이다. 따라서 원초적인 종교적 관념으로 보자면 처음부터 자연 자체는 없는 셈이다. 문화와 자연의 대립적 자질은 결국 문화와 초자연의 대립적 자질이 되며, 그런 점에서 문화적 존재로서의 인간과 초자연적 존재로서의 신이 또한 대립항을 이룬다.

문화기원신화란 결국 초자연적인 신격이 문화적 존재인 인간에게 삶을 위해 필요한 뭔가를 제공해 주는 이야기라고 하겠다. 〈창세기〉에서는 에덴동산에서 쫓겨난 아담과 이브를 위해 가죽옷을 해주었다. 그리고 농사를 지어 스스로 생계를 꾸려 가도록 하였으며, 자식을 낳아 종족을 유지하게끔 하였다. 에덴동산의 반대공간은 이렇듯 옷을 입고 살아야 하며, 인간 스스로 삶을 도모해야 하는 문화의 공간이다. culture는 cultivate에서 유래되었다고 한다. 〈창세기〉에서 "여호와 하나님이 에덴동산에서 그 사람을 내어 보내어 그의 근본된 토지를 갈게 하시니라" 했던 것은 바로 인간으로 하여금 cultivate를 하도록 한 것이며, 그들이 경작한 세계, 그것이 곧 culture인 셈이다. 뿐만 아니라 문화의 공간에서는 가식의 징표이기도 한 옷을 입고 살아야 한다.

더구나 에덴동산에서 쫓겨난 아담과 이브는 자식을 낳아 길러야 하는 운명을 짊어지게 된다. 에덴동산 속에서의 그들은 영생을 사는 존재였다. 그들에게 생명의 실과를 따먹을 수 없도록 에덴동산의 출입을 금지시킨 것은 유한한 생명을 사는 존재로 그들을 만들었다는 뜻이며, 그 대신에 그들은 자식을 낳아서 종족을 유지해야 하는 '사람'이 되어버린 것이다.

---

20) 나경수, 〈아담신화와 무위자연론의 비교〉, 《용봉논총》 22, 전남대 인문과학연구소, 1993.

아담과 이브가 경험한 두 종류의 다른 공간, 즉 에덴동산과 실낙원 후에 살아야 하는 공간은 결정적으로 다르다. 영원히 죽지 않는 존재, 그것은 신의 자질이다. 에덴동산에서의 아담과 이브는 영생을 할 수 있는 존재였기 때문에 신적인 존재였다. 죄를 짓기 전까지는 그랬다. 그러나 죄를 짓자마자 그들은 인간으로 살아가야 한다. 마치 하늘에서 죄를 지은 등장인물이 지상으로 귀양을 오는 우리의 적강류 고대소설과 유사하다.

낙원에서 쫓겨난 아담과 이브가 살아가야 할 공간이 바로 문화적 공간이다. 낙원을 영원히 잃어버린 그들은 실낙원이라는 회복 불능의 운명을 짊어지면서, 그것은 그들만의 일회적인 형벌로서 그치는 것이 아니라 그들에게서 태어난 모든 이에게 동일하게 적용되는 형벌이 되고 말았다. 스스로 노동을 해서 살아갈 수밖에 없는 운명을 타고나게 된다. 이러한 노동과 노동의 과실을 최대화하려는 욕구 등은 죄악을 낳는 또 다른 원인이 된다. 실낙원은 도덕적 타락도 함께 유발시키게 된 셈이다. 성경에서는 부자가 천당에 가는 것은 낙타가 바늘구멍을 통과하기보다 어렵다고 하였다. 사실은 부자여서 어렵다는 것이 아니라 부자가 되기 위해서는 온갖 비리를 저지를 수밖에 없는 인간세계에 대한 비유적 표현일 것이다. 이 역시 인간이 살아가는 세계를 죄의 세계로 규정하고 있는 것이다.

이러한 문화적 공간, 즉 인간이 살아가야 하는 공간에 대한 유사한 해석이 〈창세가〉에서도 내용을 달리하여 나온다. 이른바 인세 차지 경쟁담이라고 불리는 것으로서, 석가와 미륵이 서로 인간 세상을 차지하기 위해 경쟁을 벌이는 내용이다.[21]

---

21) 〈한국신화의 정체성을 밝힌다〉(비교민속학회 전국학술대회, 2007. 11. 1~2.)에서
　　이 논문에 대한 토론을 맡았던 장영란 선생은 "문화기원의 적절한 근거 부재와 비교

人間歲月이太平하고.

그랫는대,釋迦님이내와셔서,

이歲月을아사쌧자고마련하와,

미럭님말숨이,

아직은내歲月이지,너세월은못된다.

釋迦님말숨이,

彌勒님歲月은다갓다,

인제는내歲月을만들겟다.

彌勒님의말숨이,

너내歲月앗겟거든,

너와나와내기시행하자,

미륵이 맡았던 인간 세상은 태평했다. 그러나 석가가 나타나 인간 세상을 빼앗으려 하자 미륵은 석가에게 내기를 걸었다. 결국 속임수로 석가가 이기고 만다.

미럭님이석가의너머성화를밧기실허,

석가에게歲月을주기로마련하고,

축축하고더러운석가야,

너歲月이될나치면,

썩이마다솟대서고,

너歲月이될나치면,

대상의 문제"를 제기한 바 있다. 하지만 문화에 대한 개념은 매우 다양하며, 필자는 위 논문(〈아담신화와 무위자연론의 비교〉)에서 필자 나름의 문화의 개념을 설정한 바 있다. 따라서 필자가 〈창세기〉와 〈창세가〉에서 문화기원신화를 거명하는 것은 바로 필자의 문화의 개념에 근거를 한 것이며, 특히 〈창세가〉에서 미륵과 석가의 내기를 일명 '인세차지경쟁담'이라고 하는 데서 문화의 기원담으로 볼 수 있다는 근거를 확보한다.

家門마다妓生나고,

家門마다寡婦나고,

家門마다무당나고,

家門마다逆賊나고,

家門마다白丁나고,

이처럼 석가가 인간 세상을 차지하면서부터 온갖 좋지 않은 일들이 인간 세상에 나타난다. 인간 세상에 대한 설명이 〈창세기〉의 실낙원 상황과 유사한다. 그러나 미세한 차이가 드러나기도 한다. 〈창세기〉에서는 에덴동산이라는 낙원과 거기에서 추방된 실낙원이라는 이질적 공간을 배경으로 하고 있음에 반해서, 〈창세가〉에서는 미륵의 세월과 석가의 세월이라는 시간적 차이를 대비시켜 보여준다. 또 〈창세기〉의 경우는 인간 스스로의 죄악에 따른 형벌로 낙원을 잃어버리는 비극을 접수하게 되지만, 〈창세가〉에서는 인간의 어떤 행위항도 드러나지 않은 채 신에 의해 그 결과가 전도되고 있다.

〈창세기〉의 두 세계는 공간, 그리고 〈창세가〉의 두 세계는 시간을 축으로 한다는 점에서 차이를 보이지만, 이는 그리 심각한 문제가 아닐 수 있다. 시간과 공간은 필요에 따라 선택될 수 있기 때문이다. 예를 들면, 동일한 대상을 가리키는 '내세'라는 말과 '타계'라는 말이 함께 쓰인다. 전자는 시간을 단위로 했고, 후자는 공간을 단위로 했지만, 결국 가리키는 대상은 같다. 원래 세계, 우주, 존재 등은 모두 시간과 공간을 합성한 말로서, 그 가운데 대표단수를 취해 말해질 수도 있기 때문이다.

〈창세기〉의 경우는 아담과 이브가 신이 정해놓은 금기를 파기함으로 해서 이질적인 두 세계가 분기하는 것에 반해서, 〈창세가〉의 경우는 인간의 의지에 상관없이 신격인 미륵과 석가의 분쟁으로부터 두 세계가 나누어진다는 점은 그리 간단히 해명될 것 같지 않다. 이는 문화에 대한 동서양의 근본적인 인식의 차이를 내포하고 있기 때문에, 그에 대한 해명이 수반되어야 비로소 두 이야기의 근본적 차이를 드러낼 수 있다.

동양과 서양의 차이를 이렇게 설명하기도 한다. 일본의 한 과학자가 독일에 유학하고 있을 때, 절친한 독일인 과학자 친구와 '달구경'을 가기로 했다. 보름날 밤에 공원에서 만난 둘은 가방 속에서 각각 뭔가를 꺼냈다. 독일인 과학자는 쌍안경을 꺼내서 달을 관찰했다. 일본인 과학자는 피리를 꺼내 지그시 눈을 감고 불었다.[22]

자연을 관찰의 대상, 객관적 실체로 간주하는 서양과는 달리, 동양의 자연관은 저절로 그리한 것, 즉 스스로 자기 존재를 규정하는 내재적인 법칙을 지니고 있어서 인간이 관여할 수 없는 섭리로 간주한다.[23] 신은 자연을 관리하고, 인간은 문화를 만들어간다. 서양의 경우는 자연과 문화가 뚜렷하게 대극적이며, 신과 인간이 서로 대립적인 측면도 강하다. 그러나 동양에서는 신과 인간을 대립적 존재로 그리거나 자연과 문화를 대립적으로 배치하지 않는다. 애초에 동양에서는 문화라는 단어조차 없었다. 우리가 즐겨 쓰는 문화라는 말이 실은 서양의 culture를 번역하기 위해 만들어낸 19세기의 조어일 뿐이다.

동양과 서양의 가장 대표적인 문화영웅신화인 우왕신화와 프로메테우스신화는 이러한 사실을 극명하게 보여준다. 홍수를 막기 위해

---

22) 쓰지무라 아키라, 〈동서의 대조적 사고방식〉, 《문명 — 동서문화의 만남과 세계문화의 창조》, 우석, 1998, 183~184쪽.
23) 김경수 외, 《동서양 문학에 나타난 자연관》, 보고사, 2005, 10~11쪽.

신에게 도전했던 곤은 홍수를 막지도 못한 채 자신의 목숨마저 잃고 말았지만, 신의 뜻을 따랐던 우는 치수에 성공하여 영원히 숭앙을 받는 문화영웅이 되었다. 반면 프로메테우스는 신의 뜻을 거역하여 태양에서 불을 가져다 인간에게 주었으며, 그로 인해서 견딜 수 없는 형벌을 받기는 했지만, 불이 없던 인간에게 불을 가져다 준 것만은 성공을 하였다. 자연의 물과 불을 문화의 물과 불로 만드는 데 따른 동서양의 뚜렷한 신화 논리의 차이를 보여주고 있다. 우왕신화의 천제와 프로메테우스신화의 제우스는 자연에 대한 총책임자다. 동양에서는 그에 대한 도전이 허용되지도 않을 뿐만 아니라, 도전해 보아야 결국 실패로 끝나는 순응의 신화논리가 지배적인 데 반해서, 서양에서는 도전이 용납되지 않는다는 것은 동일하지만, 도전을 통해서 의도한 바가 결과적으로는 이루어진다는 점에서 뚜렷한 차이를 보인다.

낙원에서 추방당한 아담과 이브는 물론 그들의 자손인 모든 인간은 스스로의 노력으로 살아가야 한다. 프로메테우스신화도 그렇듯이 〈창세기〉에서 역시 신역(神域)과는 다른 인간의 세계를 상치해놓고 있다. 반면에 우왕신화도 그렇듯이 〈창세가〉에서는 인간의 세계를 인간에게 맡겨둔 것이 아니라 여전히 신에 의해서 지배되는 신역으로 남겨두고 있다. 따라서 동양에서는 이러한 신화적 논리로 인해서, 서양에서 인간의 자유의지를 인정한 공간으로서의 문화가 설정된 것에 반해서, 동양에서는 애초에 문화라는 말조차 없었던 것이다.

3. 비교연구로 본 한국신화의 정체성

신화도 종교도 인간 집단이 걸어온 사회적 경험의 반영물이다.[24]

성경에는 신이 인간을 만들었다고 되어 있지만, 이것은 종교적 주장이요 신화적 사실일 뿐이다. 종교도 신도 모두 신화로부터 말미암는다. 신화는 인간이 상상력을 통해서 만든 하나의 문학작품이다. 인간이 만든 신화를 통해 신이 탄생하지만, 신으로 말미암아 종교가 탄생한다. 인류는 자신들이 스스로 만든 신과 종교에 의해 지배되는 아이러니를 겪어왔다.

한편, 정말로 신이 인간을 만들고 세계를 창조했다면, 우선 신화를 비교한다는 말부터 성립되지 않는다. 신이 인간을 만들면서 제각각 만들었을 까닭이 없기 때문이다. 초기의 자연론 철학자들이 신을 대신하여 자연을 제일원인으로 규정했던 것도 신의 역사(役事)에 대한 부정이었다. 신화는 민족마다 다르며, 그 다름의 근본 원인은 그들의 집단적이며 통시적인 경험을 반영하여 신화를 만들었던 까닭이다. 따라서 우리는 신화를 통해서 인류라는 종의 보편적 경험이 반영된 신화소를 읽는 한편, 경험의 세계를 달리했던 집단의 특수한 경험을 읽기도 하는 것이다.

신화는 세계에 대한 이해를 가능하게 하지만 제약하기도 한다. 하나의 원형으로 굳어진 일정한 문화권의 신화가 갖는 상징체계는 신화의 계통발생론적인 종의 범주를 제한하는 힘을 갖는다.25) 동일 문화권 속에서 신화는 공용의 세계인식에 대한 논리요 창구가 되는 것에 반해, 다른 문화권과 구별시키는 척도로도 작용하는 것이다. 그러나 차이를 넘어선 인류의 보편적 발상을 신화를 통해서 확인하기도 한다. 따라서 비교신화학의 근본적 동기는 보편성과 특수성의

---

24) E. Durkeim(ed. Roland Robertson), "The Social Foundations of Religion", *Sociology of Religion*, New York: Penguin Books, 1978, p.47.
25) 나경수, 《한국의 신화연구》, 교문사, 1993, 157쪽.

발견에 있으며, 민족신화의 정체성이란 결국 인류의 신화를 관통하는 보편성과, 다른 한편에서는 민족만의 개성적이며 변별적인 특수성을 함께 찾게 되는 것이다. 마치 한 인격체의 정체성 형성에 동일시와 거부행위가 동시에 작용하는 것과 같은 원리이다.

　말을 바꾸면, 비교되는 대상은 등가성의 원칙을 벗어날 수 없다. 말하자면 같아야 비교를 할 수 있다. 그러나 같기만 하다면 비교할 필요가 없다. 같으면서도 달라야 비교의 효과를 얻는다. 다른 예로, 기독교의 예수설화와 우리의 단군신화는 삼위일체라는 점에서 같은 것으로 간주되어 왔다. 기독교의 삼위일체론과 마찬가지로 단군신화에 대해 지금까지 환인·환웅·단군을 기독교식의 삼위일체론적으로 파악했던 것이 일반적이다.[26]

　그러나 두 설화의 삼위일체론이 일치하기에는 근본적인 문제점을 안고 있다. 단군신화든 예수설화든 삼위란 남신만을 선택한 것이다. 그런 체계에 맞추고 있기 때문에 중요한 신격인 여신이 위치할 곳이 없어졌다. 편의상 웅녀를 예수설화의 마리아와 견줄 수는 있지만, 그러기 위해서는 웅녀와 마리아의 신격이 일치해야만 가능하다. 공교롭게도 두 개의 이야기가 그림으로는 일치한다. 마리아와 요셉이 잠정적으로 부부 관계였듯이, 곰과 호랑이도 한 동굴에서 살았다. 신화학적으로 한 굴속에서 살았던[同穴而居] 두 동물은 원초적인 짝으로서 부부 관계로 해석된다.

　외형적으로 같아 보이는 것과는 달리, 내용적인 검토를 해보면 두 신화 사이에는 큰 차이가 확인된다. 단군신화와 예수탄생설화의

---

26) 안호상, 〈고대의 한국사상 연구〉, 《아세아연구》 Vol.5, No.1, 고려대 아세아연구소, 1962, 173~174쪽; 이은봉, 《한국고대종교사》, 집문당, 1984, 84쪽; 이을호, 《한사상의 묘맥》, 사사연, 1986, 10쪽.

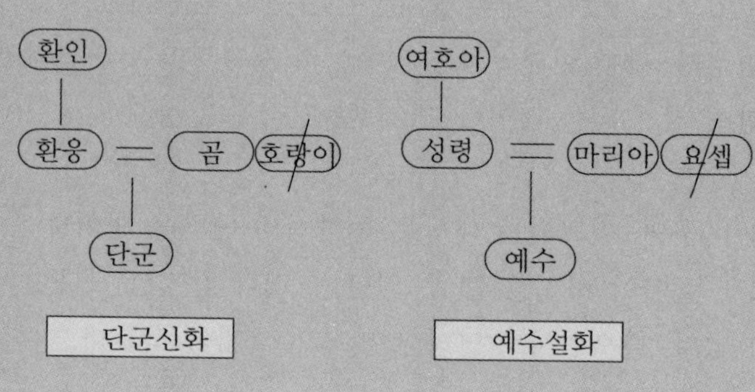

비교에서 주목할 점은 바로 여신의 자질이다. 웅녀에 대응되는 마리아는 종교적 이니시에이션을 경험하지 않는 대신에, 웅녀는 굴속에 들어가 죽음과 삶의 시련을 통해서 인격으로 전환된다. 이것은 중요한 차이다. 단군신화의 환웅과 웅녀는 남성과 여성으로서 대등한 관계를 이루지만, 예수탄생설화에서 마리아는 자기 부정을 체험하지 않은 인간으로서, 다만 신인 성령에 의해 선택되는 종속적인 관계에 놓일 뿐이다. 신화 문면으로 보더라도 웅녀가 적극적으로 잉태를 추구했던 것에 반해서, 마리아는 단지 선택에 의한 이류교혼 또는 감정(感精)을 통해서 예수를 수태하게 된다. 마리아의 적극적 의지가 신화에 드러나지 않는다는 것은 설화의 주체적 인물이 될 수 없다는 의미다. 요셉과 마리아의 관계가 무시되고, 동정녀로서 예수를 수태한다는 점도 참고 된다.

즉, 예수탄생설화는 천부지모(天父地母)와 같은 농경사회의 신화적 세계상에 기반을 두고 있는 것이 아니라, 천상의 하나님이 인간계에 신자(神子)를 내려 보내기 위해서 일시적인 도구로 마리아를 선택한 예에 불과하다. 마리아가 지모신으로서 자격을 갖추지 못함은 바로 이 때문이며, 유목 계통의 세계상에 근거한 것이다. 농경사회에서는 지모신이 믿어지는 반면에, 유목사회에서는 단성적 남계 또는 부계적 출자의 천신이 믿어지는 것이 일반적이다.[27]

신의 죽음과 부활이라는 되풀이되는 신화적 사건은 종교의 중심적인 신비를 이루어왔다. 캠벨은 이것이 서양의 신화에서 특히 예수에게서 나타난다는 점을 주목하였다.[28] 본래 농경사회에서는 달동물(lunar animal) 또는 여신에게서 볼 수 있는 현상이다. 단군신화를 비롯한 우리의 건국신화에서 모든 여신이 삶과 죽음의 변증법을 실현하는 방식으로서 이중탄생을 겪고 있는 것은 바로 이 때문이다.[29] 그러나 예수설화는 남신의 배우로서 여신이 죽음과 부활을 경험하는 것이 아니라 예수가 신비한 이중탄생을 경험하게 되고, 그로 인해서 한 알의 밀알이 땅에 떨어져 썩은 것처럼 많은 열매를 맺기에 이른 것이다.

지금까지 기독교신화로서 〈창세기〉와 한국신화로서 〈창세가〉를 거칠게 비교해 보았다. 이들은 여러 가지 점에서 겉으로는 비슷한 점이 있지만 내용에서는 차이를 드러낸다. 이러한 차이를 통해 한국신화의 정체성을 발견할 수 있겠는데, 물론 그 정체성이라는 것도 한계가 있다. 즉, 그것은 단지 중동의 기독교신화와 한 비교이기 때문에 한국의 신화적 정체성을 파악하기 위해서는 동양권의 신화와 비교하는 다시 한 번의 섬세한 작업이 이루어져야 한다. 따라서 여기에서 얻어진 결론은 앞으로 비교신화학을 통해서 한국신화의 정체성을 확보해 가기 위한 하나의 시론적 습작일 뿐이라는 사실을 자인할 수밖에 없다.

27) W. Richard Comstock, *The Study of Religion and Primitive Religion*, New York: Harper & Row, 1971, p.95.
28) 조지프 캠벨/한영목 옮김, 앞의 책, 384~385쪽.
29) 나경수, 《한국의 신화연구》, 교문사, 1993, 158~163쪽.

앞에서도 말했듯이, 정체성이란 동질성과 이질성을 공유한다. 비교 또한 동이점(同異點)을 찾는 작업이겠다. 그러므로 신화의 비교를 통해서 정체성을 찾는 작업은, 비교되는 신화가 지니는 공통점과 차이점을 밝히고, 이를 통해 정체성을 탐문해 가는 작업이 될 것이다. 그러나 여기서 말하는 공통점 또는 동질성이란 두 신화만의 그것에 그치는 것이 아니다. 그것은 보편적 공통성, 그 인류의 신화에 공통적으로 나타나는 보편소로서의 공통점을 찾는 일이다.

모든 개인은 인간으로서의 정체성을 지니고 있다. 이때의 정체성이란 사람이 아닌 다른 존재와 구별되는 존재로서, 인간이기 위한 생물학적 사회학적 문화적 동질성을 지녀야 하며, 반대로 모든 인간은 나름대로 자아라는 개별적인 인간이기도 해서, 역시 각각의 개인들은 차별성을 함께 지닌다.

민족신화의 정체성도 마찬가지로 양면성을 띤다. 같으면서도 다른 점을 공유하는 것이 신화의 정체성이다. 한국의 신화라고 해서 다른 나라의 신화와 차이만 있는 것은 아니다. 모든 종족은 신화를 가진다. 그들의 경험이 반영된 것이 신화이기 때문에, 경험의 차이만큼 신화도 차이를 가지는 것은 당연하다. 그러나 이것은 고유성이지 정체성은 아니다. 신화는 인류의 문화적 발명품이다. 따라서 인류라는 보편적 자질과 보편문화로서 신화 사이에는 차이를 넘어선 신화 자체의 보편적 자질이 있다. 따라서 한국의 신화는 한국인의 특수한 문화적 정체성을 담고 있기도 하지만, 인류의 보편적인 문화적 정체성을 담고 있는 그릇이기도 하다.

편의상 〈창세기〉와 〈창세가〉를 동서양의 대표적인 기원신화로 꼽고 비교를 해보았지만, 이들 사이에 차이도 있고 공통점도 있음을 살펴왔다. 이들을 더 명료하게 하기 위해서 먼저 두 신화에 공통적인 관념을 점검해 보고, 차이 나는 관념을 정리해 보려 한다.

　무엇보다도 〈창세기〉와 〈창세가〉에서 공통적으로 생각되는 것은 사람들이 삶을 영위하는 세계, 즉 문화적 공간의 불완전성이다. 공간 구조로 볼 때, 〈창세기〉에서는 낙원과 실낙원이 대립하고, 〈창세가〉에서는 이승과 저승이 나뉘어 있다. 한편 이들 공간 배치의 선후가 차이가 나는 점이 인상적이다. 〈창세기〉에서는 완전 공간(낙원, 에덴동산)에서 불완전 공간(실낙원)으로 이동하는 것에 반해서 〈창세가〉는 불완전 공간(이승)에서 완전 공간(저승)으로 이동하는 것으로 그려지고 있다.

　에덴동산에서 쫓겨나서 아담과 이브가 살아야 하는 공간, 그리고 속임수를 써서 미륵에게 이긴 석가가 다스리는 공간, 바로 그곳은 문화지대이다. 그리고 바로 그 문화지대에서 인간은 살아가야 한다. 이러한 문화지대를 설정하고, 그 세계를 불완전한 세계로 몰아붙이는 이른바 신화 속의 문화기원은 우주기원과 인류기원 이후의 상황이다.

　우주기원과 인류기원은 존재론적인 설명이다. 엘리아데도 이런 점에서 신화를 원시적인 존재론이라고 불렀다.[30] 그러나 문화기원은 존재론이라기보다는 인식론적 차원으로 이해된다. 우주와 인류가 있고 없고의 존재적 문제에 종속되는 반면, 문화는 완전과 불완전이라고 하는 인식의 문제에 속하기 때문이다. 〈창세기〉와 〈창세가〉는 모두 인간이 삶을 영위하는 공간을 불완전한 공간으로 말하고 있다. 비록 존재의 기원과 형성은 달리 이해된다고 할지라도, 인간의 삶의 조건에 대해서는 보편적으로 동질적인 불완전성을 신화를 통해서 말하고 있는 것이다.

---

30) M. Eliade(trans. W. R. Trask), *The Sacread and The Profane*, New York: Harcourt Brace Jovanovich, 1959, p.95.

전 세계의 보편적 신화소로 이야기되는 홍수는 신화학적으로는 갱생의 기능을 한다. 타락을 불제하는 기능이다. 홍수신화가 보편적인 신화소라고 하는 자체가 벌써 인류의 신화에서는 인간이 살아가는 세계를 보편적으로 불완전한 세계로 인식하고 있다는 증거이기도 하다. 동서양의 대표적인 문화기원신화로 꼽히는 그리스-로마의 프로메테우스신화가 그렇고, 중국의 우왕신화가 그렇듯이, 문화의 세계는 불완전하며, 그 불완전을 개선해 가는 것이 신화적으로 말해질 때 문화영웅이 탄생한다. 죄악이 있어서 그것을 불식하기 위해 홍수가 있듯이, 문화영웅이라는 말 자체가 문화의 불완전성 때문에 탄생하는 영웅으로 보아 틀림없을 것이다.

문화지대의 불완전성은 인류의 신화에 보편적으로 나타나는 동질성이다. 〈창세기〉도 〈창세가〉도 그러한 보편적 동질성을 내용으로 가졌다. 우리 민족의 신화는 따라서 인류신화의 보편적인 사유체계에서 벗어나 있는 것이 아니라, 인류 공유의 신화적 세계를 가졌다는 점에서 동일시의 정체성을 내면에 지녔음을 알게 된다.

다른 한편으로, 〈창세기〉와 〈창세가〉의 비교를 통해서 둘 사이의 많은 차이를 밝힐 수 있다. 이러한 차이는 모든 사람이 인간이면서 다른 한편으로 개인차가 있는 것과 마찬가지다. 유아기와 아동기를 거치면서, 동일시와 거부행위라는 양면적 행위를 통해서 인간이 인간으로서의 정체성을 확립해 가는 것과 마찬가지로, 신화도 두 가지 측면을 함유한다. 앞에서 말한 문화지대에 대한 불완전성을 공통으로 가진 신화의 보편적 정체성이라고 한다면, 이와는 달리 다음과 같이 정리되는 개별적 정체성을 우리의 신화는 지니고 있는 셈이다.

첫째, 창조형과 대립적인 개벽형의 우주기원신화를 보았다. 개벽형은 일명 천지분리형 또는 진화형으로도 불리는데, 이러한 신화유형이 발견되는 곳에서는 우주기원신화만 아니라 인류기원신화 및 문화기원신화 역시 동일 유형을 따른다는 점에 유념할 필요가 있다. 말하자면 동질적인 신화적 체계가 문화권을 결정하는 중요한 요소가 된다는 것이다.

둘째, 우주의 범주에 단지 경험적 세계에 머물지 않고, 초월적 세계인 저승에 대해서도 말하고 있다는 것이다. 이는 죽어서 사람이 가는 저승에 대한 성격을 규정한 것으로서, 이념종교인 기독교신앙과는 다른 현세주의적인 자연종교적 성격을 신화를 통해서 잘 표현하고 있는 것으로 보겠다.

셋째, 한국의 인류기원신화는 대개 동물조상신을 통해서 이루어지는 것이 특징이다. 이는 수렵채취사회의 신화가 농경사회의 신화로 재편되면서 나타난 현상의 하나로 간주되기도 하는데, 굳이 인류기원신화가 아니라 하더라도, 새로운 신인이 출현하는 과정에서 즐겨 사용되는 화소의 하나다. 즉 현재까지 전해지는 신화 가운데에서 그나마 고대신화에 속할 건국신화에서도 이러한 편린을 읽을 수 있다.

넷째, 남녀의 태생적 차이는 기독교신화나 한국신화 모두에서 보이는 내용으로, 여성비하의 화소를 보인다는 점에서는 같지만, 근본적으로 남녀관의 차이가 담겨 있다. 기독교신화의 경우는 존재론적 차이 또는 발생론적 차이를 전제로 하고 있음에 반해서, 한국의 신화에서는 남녀 사이의 가치의 차이를 말한다는 점에서 그 차이의 심각성이 훨씬 덜하다고 보겠다.

다섯째, 한국의 신화는 천부지모형을 바탕으로 깔고 있으며, 이는 바로 농경민적 세계상이 신화에 반영된 것으로 보인다. 천부지모적 신화적 세계상을 훗날 음양론이라는 형이상학으로 재탄생을 하게 되는데, 이는 한국만의 신화적 정체성이라기보다는 농경민적이며 동양적인 세계 인식의 한 전형으로 굳어진 것으로 보인다.

특히 크게 보면 동서양의 신화, 그리고 작게 보면 기독교신화와 한국의 신화에 대한 비교를 통해 지금까지 한국신화의 정체성을 찾기 위한 시도를 해보았지만, 이는 정치한 비교신화학적 결론이라기보다는 논의의 시발을 위한 일종의 탐색일 뿐이었다. 앞으로 기독교신화와의 비교에 머무를 것이 아니라, 더욱 확대된 동서양의 신화비교 및 이를 근거로 한 동양권에서의 신화비교를 계속해서 추진함으로써 좀 더 한국적인 신화적 정체성이 발견될 수 있을 것으로 본다.

참고문헌

김경수 외, 《동서양 문학에 나타난 자연관》, 보고사, 2005.
나경수, 〈남매혼설화의 신화론적 검토〉, 《한국언어문학》 26집, 한국언어문학회, 1988.
──, 〈한국 건국신화의 타계관〉, 《어문논총》 12·13호, 전남대학교 어문학연구회, 1991.
──, 〈아담신화와 무위자연론의 비교〉, 《용봉논총》 22, 전남대학교 인문과학연구소, 1993.
──, 《한국의 신화연구》, 교문사, 1993.
──, 《한국의 신화》, 민속원, 2005.
손진태, 《조선신가유편》(《손진태선생전집》), 태학사, 1981(영인본).
안호상, 〈고대의 한국사상 연구〉, 《아세아연구》 Vol.5, No.1, 고려대학교 아세아연구소, 1962.
이은봉, 《한국고대종교사》, 집문당, 1984.
이을호, 《한사상의 묘맥》, 사사연, 1986.
현용준, 《제주도의 신화》, 서문당, 1976.

쓰지무라 아키라, 〈동서의 대조적 사고방식〉, 《문명─동서문화의 만남과 세계문화의 창조》, 우석, 1998.

조지프 캠벨/ 한영목 옮김, 《신의 가면 Ⅲ, 서양신화》, 까치, 2003(3쇄).
F. M. 콘퍼드/ 남경희 옮김, 《종교에서 철학으로》, 이화여대출판부, 1995.

大林太良, 《神話學入門》, 東京: 中央公論社, 1982.
池田末利, 《中國古代宗敎史硏究》, 東京: 東海大學出版部, 1981.

Bernheimer, Charles, "The Anxieties of Comparison", *Comparative Literature in the Age of Muliculturalism*, ed. Charles Bernheimer, Baltimore: The Johns Hopkins University Press, 1995.

Comstock, W. Richard, *The Study of Religion and Primitive Religion*, New York: Harper & Row, 1971.

Dundes, Alan, "The Hero Pattern and the Life of Jesus", *Quest of the Hero*, Princeton: Princeton University Press, 1990.

Durkeim, E., "The Social Foundations of Religion", *Sociology of Religion*, ed. Roland Robertson, New York: Penguin Books, 1978.

Eliade, M.(trans. W. R. Trask), *The Sacred and The Profane*, New York: Harcourt Brace Jovanovich, 1959.

Gaster, Theodor H., "Myth and Story", *Sacred Narrative*, ed. A. Dundes, Berkeley: University of California Press, 1984.

Lévi-Strauss, *Savage Mind*, Chicago: University of Chicago Press, 1966.

Numazawa, K., "The Cultural-Historical Background of Myths on the Seperation of Sky and Earth", *Sacred Narrative*, ed. A. Dundes, Berkeley: University of California Press, 1984.

Sung, T. K., *Structuralism and Hermeneutics*, New York: Columbia University Press, 1982.

세계 창세신화 속에서 본 한국 창세신화의 정체성

- 한국 제주도와 중국 운남 납서족의 창세서사시 비교를 예증으로 -

김 헌 선

이 글은 한국 창세신화의 정체성을 규명하기 위해서
제주도와 납서족의 사례를 논의했다. 두 지역의 사례는 일단 인접하면서도
한 번도 비교된 바 없다는 점에서 충분한 비교의 가능성을 제시한다.
제주도의 〈베포도업침 · 천지왕본풀이〉와 납서족 창세서사시 〈숭반도〉를 비교하였다.
구전서사시의 전개가 단계적으로 일치하고, 구전문화의 다양성을 지니고 있는 점에서
이 비교는 유효 적절한 가치를 지닌다. 특히 창세서사시가 독특한 방식으로 전승되며,
창세신화의 관점에서 비교될 수 있는 것은 매우 유용한 가치를 지닌다.
원시적인 문화의 충동적인 생명력을 지닌 제주도와 운남성 납서민족 창세신화는
동질성과 함께 이질성을 많이 보여준다.

1. 창세서사시 비교의 필요성

문화적 다원성은 강조되어야 한다. 문화적 다원성은 인류 공영의 이상이며 결국 이념이 되어야 한다. 이 사실이 무시되면 문화 비교론도 의의가 없다. 이 비교론의 핵심은 단일문화를 부정하고 인류의 문화적 다원성을 강조하는 것으로 가야만 의의가 있는 셈이라고 하겠다. 중국의 가능성은 문화적 다양성과 다원성에서 비롯된다. 중국의 문화적 가능성과 의의는 중국의 전체적 면모를 보이는 다음의 지도에서도 잘 드러난다.

지도의 핵심은 다양한 문화 체험이 현재도 이루어지며, 이를 구현하는 다원성이 선명하게 부각되고 있다는 점이다. 우리가 비교하려는 것의 한 부분이지만 운남성의 납서족(納西族) 문화가 소중하고 원시적인 순수성을 가지고 있으므로 이를 중심으로 온전한 논의를 할 필요가 있다. 아울러서 여러 소수민족의 집합체인 중국 운남성 소수민족군이 주목되어야 할 이유가 여기에 있다. 중국 운남성 소수민족군에 대한 연구가 어떠한 의의를 가지는지 앞으로 증명하려고 한다.

우리나라의 제주도 또한 이러한 특성을 가지고 있다. 우리 역사 속에 편입되었으면서도 문화적 독자성을 유지하고 있으므로, 제주도의 문화적 가능성을 입증해야 한다. 제주도의 문화적 다원성과 다양성을 찾는 방향에서 제주도의 가능성과 의의를 강조하는 것이 필요하다고 하겠다.

제주도는 한국의 변방이 아니라 엄연하게 독자성과 문화적 특징

중국의 주요 성시, 그리고 운남성

을 가지고 존속한 민족이며, 문화적으로 중심부 가운데 하나다. 제주도의 문화적 특징은 여러 가지지만, 그 가운데서도 구비적승의 위력은 대단해서, 이 구비전승에 입각한 문화적 독창성을 유지하고 있다. 한국의 문화적 다원성은 현저하게 떨어지고 문화적 다양성이 심각하게 부족한데, 이것은 역사적으로 단일한 실체를 유지하고 지속해왔기 때문으로 평가된다.

제주도의 문화적 독창성과 특수성은 자체로 온전한데, 이를 평가하는 관점이 현저하게 민족주의적 관점을 채택하고 있으므로, 이 때문에 부득이하게 제주도의 문화적 다양성과 특수성은 낮추어서 평가되었다고 생각한다. 이는 부당하다고 생각하며, 역사적으로 단일하게 유지된 것을 해체해서, 이것의 저변에 놓인 특수성을 발굴하고 재평가하는 것이 필요하다. 제주도의 특수성이 지닌 독창성은 잘 보이지 않지만, 가령 다른 곳의 문화적 다양성과 견주어보면 이 점이 그렇게 질적으로 떨어지는 것은 아니다. 오히려 여기에 중요한 문화적 보편성과 공통점이 발견된다.

중국 운남성의 소수민족군과 제주도가 지니는 문화적 공통점은 고대 이전의 문화적 원시시대를 그대로 유지하고 있는 점이다. 구비전승의 문화적 공질성이 유지되면서 원시시대에나 이룩했을 법한 구전서사시를 그대로 유지하고 있음이 드러난다. 이것은 별개의 대상으로 살필 때에는 잘 보이지 않다가 구전서사시나 문헌으로 정착된 서사시를 보게 되면 이 원시시대적 공통점이 아주 선명하게 확인된다. 이것이 운남성 소수민족과 제주도를 비교하는 긴요한 관점이라고 할 수 있다.

운남성 소수민족군에 전승되는 서사시의 다양성과 시대적 의의에 대해서는 한 차례 상세한 연구가 있었는데, 이를 도표로 정리해서 보면, 이 지역의 문화적 다양성과 다원성이 요긴한 이유를 알 수 있다.

여강 주변에 주로 거주하는 납서족의 《동파경》(東巴經)은 시대적으로 단일하게 하나로 되어 있지 않고 역사적 단계의 변천하였으며 일정하게 역사적으로 변화된 사실을 전승하고 있다.

이 가운데 창세서사시는 매우 중요한 의의를 가진다고 할 수 있다. 선행 연구에 따르면, 창세서사시는 운남성 소수민족군에게 다양하게 전승된다. 납서족을 비롯한 25개 소수민족 가운데 주요한 이 서사시를 체계적으로 정리하면 다음과 같다.[1]

---

1) 조동일, 〈아이누·유구·만주족·운남민족군〉, 《동아시아구비서사시의 양상과 변천》, 문학과지성사, 1997, 198쪽. 이 책에 근거해서 시대구분을 원용하되, 이를 구체적

서사시의 갈래	納西族	白族	侗族	彝族
신앙서사시	祭天歌			
창세서사시	崇搬圖	創世紀	起源之歌外	勒俄特依
				査瑪
				梅葛
여성영웅서사시			薩世之歌	
남성영웅서사시	東埃術埃 (黑白之戰)	放羊歌	祖公之歌	侗鼓王
				氏族部落史
생활서사시	魯般魯饒	青姑娘	梁山伯 · 祝英臺	阿詩瑪
		黃氏女와 金剛經		力芝 · 索布

장차 진행될 인류문화 비교는 단계적으로 성숙시키고 진전시켜야 마땅하다. 이 비교 연구를 위해서 가장 시급한 일은 문화적 다양성을 민족의 우열론을 극복하고 민족의 다수에 관계없이 호혜균등한 시각으로 보는 관점의 수립과 자료의 다양성을 확장하는 일이라고 생각한다. 비교 연구는 자료 이외에 어떠한 관점이나 이념이 앞서서 이룩되어서는 안 된다. 자체로 흥미로운 비교 연구를 할 수 있어야만 일단 선험적으로 이루어진 무분별한 관점의 적용에서 벗어날 수 있다. 연구를 온당하게 하는 것은 자료의 공통점과 차이점에 근거한 역사적 비교가 가장 중요하다고 생각한다. 연구를 위해서 이 문제를 논의하는 것이 필요하다 하겠다.

제주도에 전승되는 창세서사시인 〈베포도업침 · 천지왕본풀이〉

인 자료에 근거해서 보완하고 수정하기로 한다. 내용에 의한 여러 가지 보완은 현지조사에 입각해서 하기로 한다. 이 현지조사는 2007년 7월 26일에서부터 8월 3일까지 중국 운남성 여강현(麗江縣)과 영랑현(寧蒗縣)에서 이루어졌다. 자료의 근거는 다음에 입각한다. 雲南省 社會科學院 東巴文化硏究室 · 雲南省 麗江東巴文化硏究室, 《納西東巴經選譯》, 출간연도 미상.

는 매우 중요한 의의가 있다. 아마도 본풀이가 굿에서 구연되는 사례는 매우 희귀한 자료이면서 세계의 보편적 가치가 있다고 생각한다. 희소가치가 중요한 기준이 될 수는 없지만, 굿에서 아직도 창세의 과정과 창세의 주체인 특정한 신의 본풀이가 이어지는 것은 세계적으로 의의를 가지는 사례로 보인다. 동시에 창세서사시가 현대적 의의를 가지는 것이지만, 이 보편적 사례가 원시시대까지 소급할 수 있다는 점에서 매우 중요한 의의를 가진다.

대체로 이 본풀이는 제주도의 큰굿에서 구연된다. 심방이 삼석연물을 울리고 나면 울쇠를 쥐고서 위아래로 흔들면서 선 채로 구연하는 것이 본디 모습인데, 현재는 심방이 말미장귀를 두드리면서 이 굿을 하는 것이 일반적인 용례라고 할 수 있다. 말미장귀를 치면서 일정한 가락으로 천지조판의 내력과 천지왕이 자식을 낳아서 이승과 저승을 나누어서 다스리도록 하는 것이 이 본풀이의 주된 내용이라고 할 수 있다. 이 본풀이에는 천지조판과 천지가 생겨난 연원, 천지를 가르고 특정한 기운이 자식으로 낳아져서 신으로 정립되는 과정이 상세하게 서술된다. 우주적 혼돈과 사회적 혼돈을 정립하면서 천지만물이 만들어지는 것을 보여주는 것이 이 본풀이에서 요긴한 대목이라고 할 수 있다.

운남성 납서족에게도 여러 가지 서사시가 전승된다. 이 경우에는 본풀이에 해당하는 노래가 전승되는 것이 아니고, 납서족의 샤먼인 동파(東巴) 또는 달파(達巴)가 이를 전사하고 낭독하는 것으로 되어 있어서 어느 정도 본풀이와 같은 기능을 한다고 할 수 있다. 두루마리로 된 자료를 낭독하는 것이 본풀이로 어떠한 의의를 부여할 수 있는지 의문의 여지가 있다. 그러나 샤먼이 신과 접촉하기 위해서 서사적 내용으로 되어 있는 자료를 구연하고 낭독하는 것이므로 구전과 문전 두 가지 의미를 동시에 지닌다고 보아도 잘못이 아니라고 생각한다. 본풀이에서 의의를 가지고 있다.

2. 〈베포도업침·천지왕본풀이〉와 〈숭반도〉의 창세신화소 비교

먼저 두 지역의 비교가 필요한 근거가 긴요하다. 서사시를 누가
부르는가 하는 점이 긴요하며 이 서사시의 구연자가 서사시를 언제
어떻게 부르는가가 핵심적으로 필요하다.

2.1. 제주도와 납서족의 창세서사시 비교 요체

〈베포도업침·천지왕본풀이〉와 〈숭반도〉(崇搬圖)는 깊은 관련이
있으며, 마땅히 비교될 만한 공통점이 확인된다. 두 각도에서 비교가
가능한데, 하나는 본풀이로 의례에서 사용된다는 공통점에 근거하
여 논의를 할 수 있다. 다른 하나는 본풀이의 내용에서 창세신화적
요소가 어떻게 되어 있는지 논의가 가능하다고 하겠다. 핵심적 공통
요소는 무엇인지 궁금한데, 다음과 같다.

  가) 천지의 일정한 기운에 의해서 창조된다.
  나) 신은 셋인데, 선신·악신·장난꾸러기 등이 그들이다.
  다) 사람과 천지만물의 창조로 이어진다.

세 가지 사실은 창세서사시의 핵심적인 내용을 이루는 요소다.
이 신화소(神話素)를 다각도로 분석할 수 있지만, 핵심을 간추리면서
말할 필요가 있다. 천지가 일정한 기운에 의해서 만들어진다고 하는
것은 매우 복잡하게 말하고 있지만 천지만물이 생겨나는 과정이 복

잡하다는 말이다. 특정한 주체가 없이 기운이 합쳐져서 우주가 이루어진다고 하는 생각을 그대로 드러냈다고 할 수 있다. 이것은 달리 보면 일정한 신화소를 차용하고 있어서 음양론과 관련이 있을 것 같지만 그런 것은 아니다. 이러한 기운에 의해서 천지만물이 만들어진다는 생각은 보편적으로 발견되기 때문이다. 아프리카나 다른 데서도 기운에 의해서 만들어지는 것은 동일하게 발견된다.

창세서사시에서 핵심적으로 다루고 있는 문제는 우주갈등과 사회갈등인 점은 다 아는 사실이다. 그 동안에 이 신화소를 세분해서 다룬 바 있는데, 이제는 이를 압축하여 간추릴 필요가 있다. 그렇게 한다면 이상과 같은 우주갈등과 사회갈등으로 요약된다. 이 갈등을 간추려서 보면 창세서사시의 총괄적 구조가 보인다.

우주창조는 애초에 혼돈으로 되어 있었다고도 하고, 저절로 되어 있었다고도 한다. 창조는 단순한 것이 아니라 우리가 아는 형태로 이루어지기 위해서 일정한 기운에 의해서 형성되었다고 보는 편이 적절하리라고 본다. 창조는 특정한 주체에 의해서 이룩되기도 하지만, 다른 서사시에서는 창조가 다른 기운에 의해서 이룩된다고 말하고 있다. 창조는 저절로 이루어지는데, 이 창조에 힘입어서 자연스럽게 변형되었다고 할 수 있다.

혼돈이 아니고 정상적으로 되어 있었으며, 이 혼돈이 있기 전의 무시간성과 무공간성이 자체로 질서를 이루고 있다가, 여기에 특정한 주체가 개입하면서 이 창조에 일정한 변화가 생기게 되었으며 혼돈이 만들어졌다고 하는 경우도 생긴다. 창조주가 구체적인 창조를 하는 것이 아니라 이에 따른 변화를 야기하는 창조가 이어진다고 할 수 있다. 이 창조는 구체적으로 이루어진다고 보기보다는 따르는 변화가 매우 중요하다고 할 수 있다. 정상적인 것을 비정상적인 것으로 만들자 우주의 갈등인 혼돈이 시작되었다. 혼돈은 자체로 정립할 수 없고 변화를 야기할 수 없어서 이 변화의 이면에서 창조주는 혼돈을 지탱하거나 이를 비롯하게 하는 변화가 생긴다.

혼돈은 혼돈으로 온전할 수 없으며 이를 수습하기 위한 창조주의 대행자 노릇이 필요했다. 이 대행자 노릇을 하는 인물이 곧 창조주를 겸하기도 하고 분리되기도 한다. 창조주의 주체는 인물신이거나 인격신이기도 하다. 이 신이 하는 온전한 창조를 유지할 수 없어서 이를 주관하는 신격이 필요하게 되었다. 창조주는 매개적인 구실만 하고 이를 가능하게 하는 신격이 따로 필요하였다. 이 신격이 곧 혼돈을 수습하는 주체인데, 이 신격이 곧 아들 신격이거나 창조주를 겸하는 인물이거나 창조를 유지하는 신격과 별도로 존재한다.

인격신의 아들이거나 따로 설정된 신격의 대립적 보편자인 경우가 많다. 이 인격신의 아들이 항상 쌍둥이로 되어 있는 것이 일반적이다. 쌍둥이는 선신과 악신의 대변자이고 선악의 대립을 수행하는 대변자이기도 하다. 우주적 혼돈은 이들이 수습하지만, 이 신들이 그 결과로 인해서 결국 사회적 혼란이 야기되는 것이며, 이 사회적 혼란은 영원하거나 사회적 악의 근원이 되는 것이 예사이다. 이것이 인격신의 근본적 혼란이라고 할 수 있다.

선신과 악신의 대변자는 그 자체로 의의가 있지만 이 신격과 다르게 장난꾸러기가 필요하기도 하다. 이 장난꾸러기는 사회의 무질서와 관련되고 혼돈을 야기하면서 사회적 장애를 일으키기도 하는데, 악신과 이를 겸하기도 해서 일정한 것은 아니다. 선신과 악신의 대결은 이 자체로 의미가 있으며, 장난꾸러기가 있어서 사회적 질서에 교란작용을 하는 인물이 있기도 하다.

장난꾸러기는 일종의 트릭스터들인데, 이 장난꾸러기가 사회적 질서를 무너뜨리거나, 이와는 다르게 이 장난으로 인해서 정상적인 사회에 역동적인 힘을 불어넣기도 하고, 이 사회의 경계면을 오고

가게 하는 면모를 갖게 한다. 이것이 장난꾸러기의 행위라고 할 수 있다. 창세서사시에서는 이러한 요소가 근본적으로 작용하고 있으며, 이러한 내용을 갖추고 있어야 흥미로운 이야기로 신화로 구조화될 수 있다.

2.2. 제주도의 〈베포도업침 · 천지왕본풀이〉 창세신화소 분석

〈베포도업침 · 천지왕본풀이〉는 창세신화의 전형적인 구조를 갖추고 있다. 자연스러운 기운에 의해서 천지와 일월성신 등이 모두 만들어지는데, 이 창조에 의해서 벌어지는 혼란은 없이 자연스러운 천지창조로 간다. 그런데 여기에 일정한 우주적 혼란이 오게 된다. 혼란은 천지일월에 혼돈이 생긴 것을 말하는데, 이 혼돈이 곧 일월이 하나가 아니라 여럿으로 되어 있기 때문이다. 이 혼란은 단순한 것이 아니라, 천지인간의 모든 국면에서 자연적 질서를 교란시키는 것이라고 할 수 있다. 이 혼란이 결국 인간의 세상에서 질서가 혼착될 뿐만 아니라 정상적인 생활을 어렵게 한다. 심각한 갈등을 자아내는 구실을 한다. 저절로 생긴 기운에 혼란이 우주적으로 연장되고 갈등이 생기게 마련이다.

구체적인 문면을, 과거에 전승된 자료보다 현재 전승이 이루어지고 있는 자료에서 하나 골라 살펴보기로 한다. 〈베포도업침 · 천지왕본풀이〉는 큰굿의 서두에서 삼석연물을 울리고 나서 하는 것이므로 이를 근거로 해서 살필 필요가 있는 자료이다. 이 자료는 매우 중요한 것으로 큰 심방이 하는 특징이 있다. 제주도의 마지막 큰 심방 가운데 하나로 평가되는 이중춘의 구연본을 근간으로 이 대목을 살피기로 한다.

초감제(初監祭) 연ᄃ리로 천지혼합(天地混合) 제이르난 상갑자년
(上甲子年) 갑자월(甲子月) 갑자일(甲子日) 갑자시(甲子時)에 밤도
왁왁 일무꿍허고 낮도 왁왁 일무꿍 되옵네다. 을축년(乙丑年)은 을축
월(乙丑月) 을축일(乙丑日) 을축시(乙丑時)에 천가에는 ᄌ(天開於
子)허고 지가엔 축(地關於丑)허고 인가에는 인(人生於寅)허시난 하
늘머린 지도트고 땅의 머린 지나추난 갑을동방(甲乙東方) 니엄들고
경신서방(庚申西方) 츨릴 들고 백년남방(丙寅南方) 놀개들고 해저북
방(亥子北方) 활갤 든다.

동성개문, 수성개문, 상경지개문 도업 제이르난 인헌 이도 삼하늘
디딘 이도 삼하늘 삼십삼천(三十三天) 서른 시하늘 도업을 제이르난,
요 하늘은 요금세상 대명천지(開明天地) 붉은 날 되어수다. 천구일월
(千古日月) 명허시고 지부총목(地府叢木) 황해수(黃河水) 되옵디다.

검고 희고 높은 건 하늘이요. 무거웁고 산발허건 땅입네다. 짚으로
짚은 물 대천 바당 되어십네다.[2)]

〈베포도업침〉은 천지혼합의 혼돈을 가정하고 이것에 하늘과 땅이
섞이면서 이룩되는 변화를 말하고 있다. 이 변화의 이면에 심각한
변화가 있어서 이에 대한 것을 기술하고 있는데, 이 변화의 핵심은
갑자을축(甲子乙丑)과 삼재법(三才法)에 의한 변화를 말하는 점이 각
별하다고 할 수 있다. 이 변화에 중국에서 유래된 육십갑자법과 여타
의 특이한 변화가 있으니 이것이 문제라고 생각한다. 그러나 기본적
으로 우주적 갈등을 극복하고 우주가 온당하게 변화하는 것을 기술
한다는 점에서는 같다고 할 수 있다. 이 변화의 이면에서 자리 잡고

---

2) 이 〈베포도업침·천지왕본풀이〉는 2000년 12월 16일에 있었던 제주도 북제주군 구좌
  읍 행원리 웃당 큰당에서 있었던 자료다. 예사로이 하는 당클맨굿에서의 큰굿을 가상
  하여 인공적인 조건 아래서 녹음한 자료다. 녹음에 참여한 인물은 이중춘 말고도
  문순실, 오춘옥, 원일이어멍이라고 하는 아주망 등으로, 모두 네 사람이었다.

있는 영향을 걷어내면 본디의 우주생성에 대한 관점을 읽어낼 수 있다. 혼돈 자체로 우주가 생성되었다고 하는 것은 흥미로운 일이다.

삼재법에 따라서 변화가 이루어지는데, 마치 우주적 동물이 있어서 이 동물에 의해서 혼돈이 걷히고 특별한 변화가 생기는 것으로 기술되는데, 이것이 곧 머리, 날개, 활개, 꼬리 등으로 이루어져 있다고 상정되었다. 이 변화의 이면에 담긴 근본적 사실은 동물, 그 가운데서도 특정한 날짐승이 이면적으로 제시되었는데, 그것이 무엇인지 분명하지 않다. 아마도 닭과 같은 것이 어둠을 걷어내는 짐승이라고 상정되는 점을 감안한다면, 그 동물이 아닌지 의문이 든다. 어둠이 끝나고 날개와 활개를 치자 우주가 열리고 해와 달이 밝아졌다고 하는 것과 상통한다.

〈베포도업침〉은 우주적 갈등과 혼란을 주 내용으로 하고 있다. 이 갈등은 심각한 것이어서 그 자체로 수습되지 않는다. 따라서 이 우주적 혼란을 수습할 수 있는 인물이 필요한데, 이 때문에 〈천지왕본풀이〉가 따로 설정되어 있다. 창조자 자신이 아니라 창조주의 임무를 수행하는 인물이 따로 있다. 이 본풀이의 주인공은 천지왕인 것이 사실이지만, 문제는 이 본풀이에서 천지왕과 총명부인은 매개적인 구실만 하고, 우주적 혼돈은 자식들인 대별왕과 소별왕에 의해서 이루어진다.

천지왕은 지부왕은 초경, 이경, 소사삼경 짚은 밤을 거새와내 천지왕이 옥황으로 상천허잰 허난 지부왕 총명부인,

"천지왕님아 지나간 밤 배인 애기 이름 성명이나 지와도완 갑서."

"아들랑 낳건 몬저 난 건 대별왕, 말제 난 건 소별왕, 딸로 낳건 몬저 난 건 대틸왕 말제 난 건 소틸왕 이름 성명 지옵소서 아방 본메 두고 갑서."

　　옹에왓 콕시 세 방울 내여주며 하는 말이,
　　"정월 쳇돌날에 이름 심엉 양 콕줄낭 옥황덜에 버치고 흔 콕줄랑
　지붕덜에 버쳐근 나를 촛앙 보냅소서."
　　천지왕이 옥황덜에 상천허난 지부왕 총명부인 흔 탯줄에 아들 성제
　솟아나난 몬저 난 건 대별왕 말제 난 건 소별왕 이름 성명 지웁디다.
　흔 설 두 설 열다섯 십오세호만 준삭을 차가난에 아방국도 득투고
　어망국도 득툽디다.[3]

　　인용한 대목은 천지왕과 지부왕의 총명부인이 결연하는 과정을
말하고 있다. 천부지모(天父地母)의 관념에 의해서 우주적인 혼인이
이루어지는 것은 각별한 차이점을 가지고 있다고 생각한다. 아이가
결국 우주의 혼돈을 해결하는 존재인데, 이 존재는 아들일지 딸일지
확신이 안 서는 상황으로 가정되어 있다. 이에 따라 자식들의 이름이
아들일 경우에는 대별왕과 소별왕, 그리고 딸일 경우에는 대틸왕과
소틸왕이라고 가정되어 있는데, 이것이 중요한 가정이라고 할 수
있다.

　　천지왕이 자식들이 자신의 존재를 찾을 것을 대비해서 문제를 예
시하고 자신을 찾아오는 방법을 말한 것도 아주 특별한 현상이라고
할 수 있다. 이 현상은 핵심적으로 긴요한데, 이것이 곧 특별한 날에
하늘에 오를 수 있는 박씨와 여러 가지 의문을 풀어주는 것을 말하는
데, 이에 대한 처결은 심부담(尋父談)의 요점이 된다. 혼자 자라는
아이가 자신의 의문을 풀 수 있는 핵심이 된다. 이것이 곧 천부지모
의 자식이 아버지를 찾아가는 신화소라고 할 수 있다.

　　천지왕과 총명부인의 결합은 이렇게 볼 때에 우주적 기운의 별도

---

3) 위와 같은 자료.

설정자와 같은 구실을 한다. 하늘의 양기와 땅의 음기가 결합하는 변화가 있었다고 할 수 있다. 기운이 남녀 또는 천부지모로 바뀌는 과정은 인격신의 개입에 의해서 우주를 해명하고자 하는 자연스러운 변화일 수 있다. 이 점에서 남다른 면모가 있다. 이 기운의 변화야말로 가장 소중한 의의가 있다고 하겠다. 여기에 한 단계의 변화가 생기는데, 가령 수명장자와 같은 존재는 트릭스터인 장난꾸러기 노릇을 하지만 원만하게 이 대목이 이해되는 것은 아니다. 여기에 결함이 있다고 할 수 있다. 특수한 인물의 창조로 보인다.[4]

천지왕이 직면한 혼란을 수습하는 인물은 천지왕과 총명부인에 의해서 만들어진 인물로, 곧 아들인 대별왕과 소별왕이다. 이들이 쌍둥이로 되어 있는 설정은 특별하기는 하지만 이 인물들이 일반적으로 심각한 구실을 한다. 이승과 저승의 분치자로 아버지인 천지왕에 의해서 명명되기 때문이다. 이 인물의 특성은 천지왕의 우주적 갈등을 수습하는 구실을 한다. 이러한 점에서 남다른 구실을 한다. 대별왕과 소별왕의 분치는 여러 가지 대결을 통해서 이루어진다.

> 대별왕이 수친제낀 지어가난 다시 수치,
> "설운동생아 수친제껴내 지었저만은 서천꽃밭 도올라 꽃실 타당 은소반에 꽃번성을 시겨 그네 번성꽃 되는데로 저싱법, 이싱법을 마련허기 어찌허냐."

---

4) 수명장자 또는 쉬멩이의 존재는 매우 각별한데, 이 본풀이의 여러 양상 가운데 아마도 까다로운 대목이 아닌가 생각한다. 이 인물의 변형이 본풀이 전반에 미치는 변화를 야기하는 것으로 볼 수 있다.(김헌선, 《한국의 창세신화》, 길벗, 1994) 이 책에서는 천지개벽신화소와 수명장자징치화소가 배타적 관계에 있다고 했는데, 다시 본다면 창세신화와 홍수신화의 화소가 결합되어 있는 복합양상이고, 1의 창조와 2의 창조 또는 인간의 악에 대한 응징 등이 수반되는 신화소임이 새삼 논의되어야 할 것을 보인다.

"걸랑 기영헙서."

대별왕과 소별왕 서천꽃밭 도올라네 꽃실 타당 은수발에 꽃번성을 시겨뒀니 대별왕 앞의 꽃은 궁에송에 가지가지 번성꽃, 소별왕 앞의 꽃은 검뉴울꽃 되옵데다.

"설운 성님아 옵서 좀이나 자게."

수면은 좀을 자당 성님 앞의 꽃은 앞덜에 둔겨놓고 이녁 앞에 꽃은 성님 앞덜에 밀려내

"일어납서 꽃 상게(算計)나 하게."

대별왕이 일어난 보난 꽃은 선후 도착이 되였구나. 글루부터 음융허기로 이싱법을 마련허긴 마련허라만은 강적수적(强賊水賊), 스해살인(四海殺人)이십니다.

저싱법은 의수농장법이로다. 죽는 날 츰실끝은 법이로구나.⁵⁾

대별왕과 소별왕이 천지왕이 분치를 명령한 것을 어기고 소별왕이 제안해서 서로의 다툼이 생기는 과정에서 부득이한 둘 사이의 다툼이 생기게 마련이다. 이 다툼의 요점이 곧 수수께끼와 함께 꽃피우기 경쟁을 하는 것인데, 이 경쟁은 심각한 양상으로 전개되지 않고 지혜를 겨루고 다시금 생명을 키우는 능력, 곧 주술적 생산력을 겨루는 것이라고 할 수 있다. 이 점에서 남다른 면모를 보여준다고 할 수 있다. 그런데 이는 능력의 문제가 아니라 자신이 미리 알아서 이를 활용하는 것이 핵심임을 말하는데, 이것이 곧 속임수와 관련된다. 속임수를 활용해서 문제를 해결하자, 문제는 우주적 갈등은 해결되는데 이는 사회적 갈등이 된다.

쌍둥이의 대결은 세계적으로 편재하는 '꽃 피우기 경쟁 화소'를

---

5) 위에서 인용한 자료.

그대로 차용하고 있다. 이 인물들이 대결하는 이유가 결국 우주적 갈등을 수습하면서도 사회적 혼란이 불가피하게 연유되는 것을 의도적으로 보여주는 측면이 있다. 우주적 갈등을 해소하기는 해도 사회적 갈등은 해소하지 못한다고 하는 것이 기본적 면모라고 할 수 있다. 이것이 곧 인간 사회의 새로운 기원론을 이룩하는 것이라고 하겠다. 쌍둥이의 대결에서 소별왕이 주도권을 차지하고 인간 세상을 다루고자 하므로 속임수가 불가피했고, 이 속임수로 인해서 결국 인간 사회의 혼란이 생기게 되었다는 결말이다.

신의 잘못이 인간 세상에 잘못을 일으키는 요인으로 되었다고 하는 것이 기본적인 면모라고 할 수 있다. 이것은 심각한 사회갈등의 원인이고 이 사회적 혼란이 우주적 혼란과 함수관계가 있음을 창세신화에서 끊임없이 보여주고자 하는 것이다. 신의 잘못과 인간의 잘못이 갈라지는 함수가 있기는 해도, 이 사회적 혼란은 창세서사시의 주요 구성소이다. 우주적 갈등과 사회적 갈등은 창세서사시의 핵심적 요소이고 서로 불가분의 관계에 있다고 할 수 있다.

세 가지 요소에 의해서 이룩된 창세신화의 보편적 요소는 한 나라 민족마다 차이가 있어서 일정하지 않다. 이 차이는 분명하게 드러나는데, 이 차별성에 대한 논의는 차후에 자세하게 진행되어야 한다. 그러나 얼개를 추려서 말한다면, 이 차이는 혼돈이 제시되고 특정한 주체가 나타나서 대결하는 것으로 되어 있어서 간단한 문제가 아니며, 전체의 대강이 비슷한 것으로 되어 있다. 이 과정에서 분명한 특징이 드러나는데, 미륵과 석가의 대결담으로 바뀌는 현상이 나타난다.6) 이것은 지역적 차이 가운데 분명한 차별성이라고 할 수 있다.

---

6) 이 신화소의 동아시아적 분포와 변이에 대해서 여러 차례에 걸친 논의가 집약되어 있으며 한국, 몽골, 유구 등의 화소 변이와 의의에 대해서 집약된 논의를 전개한 바

미륵과 석가의 대결에 따른 꽃 피우기 경쟁은 사회적 혼란과 갈등을 드러내는 핵심 화소라고 할 수 있다.

미륵과 석가의 대결로 된 것은 북방불교와 일정한 관련이 있음을 부인할 수 없는데, 이 대결을 하는 인격신의 명칭이 무엇이든지 본질적으로는 선신과 악신의 대결이라는 점에서는 변함이 없다고 하겠다. 특정한 기운으로 창조된 우주에 인간 세상의 악이 기원하는 과정을 보여주는데, 이 화소는 일정한 구실을 하고 있다. 이 신화소가 각 민족의 창세신화소로 조금씩 변화를 겪으면서, 명칭에서나 신화소에서 변이가 있는 것은 각별한 현상이다. 게다가 제주도 본풀이에 〈삼승할망본풀이〉와 같은 것이 있어서, 여기에 일정한 변화가 생겼음을 알 수 있다.

2.3. 납서족 창세서사시 〈숭반도〉의 창세신화소 분석

납서족의 창세서사시에서 위에서 말한 창세신화소를 확인하는 것은 어려운 일이 아니다. 비록 편집된 서사시 자료이기는 하지만 대체로 비슷한 면모를 확인할 수 있다.[7] 《동파경》(東巴經)으로 된 창세서사시는 여럿이지만, 그 가운데 핵심 내용을 이루는 것이 곧 〈숭반도〉(崇搬圖)이다.[8] 이 〈숭반도〉의 이름이 곧 인류가 어떻게 생성되

있다. 김헌선, 《한국의 창세신화》, 길벗, 1994; 노로브냠, 〈한국과 몽골의 창세신화 비교 연구〉, 서울대 석사학위논문, 1999; 박종성, 《한국창세서사시 연구》, 태학사, 1999; 김헌선, 〈한국과 유구의 창세신화 비교 연구〉, 《고전문학연구》 22집, 한국고전문학회, 2002.

7) 高峰編繪, 《納西族三大祭祀—祭天》, 雲南民族出版社, 2001. 이 책은 세 권으로 이루어져 있는데, 동파문자와 한족 역문이 병기된 것으로 매우 소중한 문헌이다. 세 권은 각기 창세신화, 자연신의례, 남녀의 순정고사(殉情故事)를 다룬 것이다.

8) 〈숭반도〉가 창세기의 저본이 된 사정은 여러 자료에서 전하는데, 이에 대한 개괄적 서술은 《中國各民族宗教與神話大詞典》(北京 : 學苑出版社, 1993), 492쪽에서 구체

고 변천되었는지 알 수 있는 '인류천도기'(人類遷徒記)라는 뜻이다. 이를 달리 창세기라고 해서 널리 소개하고 있음이 확인된다.9) 이 자료가 다소 생소한 것이므로 일단 전체의 대강을 정리하고 이 자료 정리에 입각해서 위에서 논의한 결과를 압축하기로 한다.

〈숭반도〉는 납서족의 중요한 경전으로 아주 유명한 서사시에 속하는데, 이 서사시는 납서족의 양대 방언 지역에서 유전하는 것이며, 세 가지 긴요한 내용으로 되어 있다고 정평이 나 있다.10) 첫 번째는 천지(天地)·일월(日月)·인류만물(人類萬物)·제신(諸神)의 기원과 이들이 천지개벽하는 내용을 주로 한다. 두 번째는 종은이은(從恩利恩) 5형제와 6자매에 관한 이야기로, 이들이 난혼하고 홍수로 고통받는 내용이라고 되어 있다. 세 번째는 종은이은이 하늘에 올라가서 자신의 아내를 맞이하는 이야기로 되어 있다고 한다. 세 가지 구분은 흥미롭기는 해도 다시 정리할 필요가 있어 보인다. 그래서 세 가지를 다시 간추려서 기술하기로 한다.

납서족의 창세신화는 모두 세 가지의 중요 신화소로 되어 있는데, 첫 번째 신화소가 천지창조로 해와 달이 생기고 천지혼돈과 미분이 제시되면서 다양한 변화를 일으킨 과정에 관한 내력을 기술하고 있다. 이것이 본풀이의 주요 내용 가운데 하나다. 그런데 원문에는 상세한 내용이 제시되었는데, 단순한 제시 이상의 의미를 가진다. 서두

적으로 이루어졌으므로 이에 근거해서 판단한다. 〈숭반도〉가 창세신화로 되었으며, 주요한 연구 대상이 되는 신화집임을 밝혔다.

9) 雲南省民族民間文學 麗江調査隊, 《納西族民間史詩 創世紀》, 雲南人民出版社, 1960; 권태효, 《중국 운남 소수민족의 제의와 신화》, 민속원, 2004. 이 책에서는 이자현의 도움으로 원문을 입수하고 자료를 전문 번역해서 상당한 도움을 얻을 수 있다. 이 자료가 가지고 있는 의의와 한계를 분명하게 하면서 자료의 전반적 가치를 논의하고 있다. 원문과 번역문을 동시에 제공받고 이에 대한 의의를 논할 수 있었다. 이에 대해서 권태효 선생에게 감사드린다.

10) 《中國各民族宗教與神話大詞典》, 北京 : 學苑出版社, 1993, 509쪽.

를 보면 다음과 같다.

> 하늘과 땅이 혼돈하여 아직 나누어지지 않고
> 동신(東神)과 색신(色神)이 만물을 늘어놓을 때에
> 인류는 아직 탄생하지 않았다.
>
> 돌들은 사납게 부서지고
> 나무들은 달리면서 움직이고
> 혼돈하고 아직 나누어지지 않은 하늘과 땅이
> 요동치면서 밝고 또 흔들렸다.[11]

하늘과 땅이 혼돈하고 미분하면서도 여기에 일정한 움직임이 있
어서 변화하는 양상을 말하는 점에서 주목된다. 다만 이 와중에 동신
과 색신이 작용하고 있는데, 이에 대한 주석에서 동신과 색신을 일월
의 선신이라 말하고, 동은 남신으로 온전한 이름이 '미리동아보'(米
利東阿普)라고 했으며, 색은 여신으로 온전한 이름이 '늑금색아자'(勒
金色阿仔)라고 했다. 방위의 관념과 신격이 함께 작용하고, 여기에
일정한 기운이 남녀로 작동하면서 만물을 늘어놓는다고 했으므로,
하늘의 혼돈과 미분이 자체로 기운을 가지고 있는 것을 이렇게 말한
것으로 볼 수 있다. 혼돈하면서 미분한 채로 일정한 기운이 작용하면
서 천지만물이 작용하는 셈이다.

다음의 문면에서 혼돈의 양상을 말한다. 혼돈은 단순하게 되어
있는 것이 아니라 혼돈하는 양상대로 일정한 움직임을 가진 것이므

---

11) 원문은 다음과 같이 되어 있는데, 이를 옮겨 적는다. 이하 인용 시에도 동일한 방식으
로 한다. "天地混沌未分 東神色神在布置萬物 人類還沒有誕生 石頭在爆炊 樹木在走
動 混沌未分的天地 搖晃又震蕩."(1쪽)

로, 이 미분의 작용이 훨씬 역동적이고 의미 있는 기운을 가지고 있다. 돌과 나무들이 마치 생명체처럼 움직이고 일정한 작용을 하고 있는데, 이것이 곧 혼돈의 양상이다. 마치 우리나라 창세서사시에서 나무와 돌이 말을 했다는 혼돈과 상통하는 대목이라고 하겠다. 혼돈이 기운에 의해서 생성을 거듭함을 말하고 있다.

다음으로 이 기운이 움직이면서 천지만물이 생겨나는 과정을 묘사하고 있는데, 이 또한 다른 민족의 창세서사시와 다르게 이채로운 특별한 것이어서 인용하고 논의할 필요가 있다.

> 하늘과 땅이 아직 나누어져 있지 않았는데도
> 먼저 하늘과 땅의 형상[影子]이 있었고,
> 일월성신(日月星辰)이 아직 출현하지 않았는데도
> 먼저 일월성신의 형상이 있었고,
> 산골짜기와 물길이 아직 형성되지 않았는데도
> 먼저 산골짜기와 물길의 형상이 생겨났다.
>
> 셋이 아홉을 낳고
> 아홉이 만물을 낳았다.
> 만물은 진(眞)이 있고 가(假)가 있으며
> 만물은 실(實)이 있고 허(虛)가 있다.
>
> 진과 실이 서로 배합하여
> 빛이 밝으나 밝은 태양을 만들어냈고,
> 가와 허가 서로 배합하여
> 차디차고 맑은 달을 만들어냈다.12)

---

12) "天地還未分開 先有天和地的影子 日月星辰還未出現 先有了日月星辰的影子 山谷水

참으로 흥미로운 부분이다. 천지창조에 일정한 기운이 있고 이들이 신격의 이름으로 작용하다가 이제는 이것을 실상과 그림자로 배분하여 그림자가 먼저 있고 이것에 근거한 실상이 작용하면서 마침내 실제가 창조되는 과정을 묘사하고 있다. 이것이 이 형상에서 특별한 양상이라고 할 수 있다. 그렇기 때문에 나중에 일정한 숫자가 만물을 만든다고도 했다. 형상이 먼저인가 실재가 먼저인가 하는 문제는 현상론과 본질론에서 반드시 거론되는 긴요한 문제라고 할 수 있다. 이 과정에서 이것이 먼저 문제가 된 것은 원시신화가 구비철학으로 직결되는 사고를 보여주는 것이고, 여기에 구체적인 과정이 예시되어 있다. 신화나 서사시에 있는 기운이 철학의 보편자로 나아가는 면모를 보여준다고 할 수 있다.

셋이 아홉을 낳고 아홉이 만물을 낳았다고 하는 것은 이해되지 않는 대목일 수 있지만, 나중에 다루어지는 인류창조의 신화소와 관련지어서 생각하면 의미 있는 대목이기도 하다. 셋이 아홉을 낳았다고 하는 것은 무슨 말인가? 위에서 말한 신화적 창조의 일환일 수 있지만 그 자체로도 잘 이해되는 것은 아니다. 비슷한 사고 과정을 보여주는 고대 철학의 문면은 있지만, 과연 그것이 어떻게 연결될 수 있을지 분명한 것은 아니다. 유사한 사례를 보이면 다음과 같다.

> 도(道)는 1을 낳고, 1은 2를 낳고, 2는 3을 낳고, 3은 만물을 낳는다. 만물은 음(陰)을 품고 양(陽)을 껴안아, 빈 기(氣)로써 화(和)를 이룬다.13)

渠還未形成 先有山谷水渠的影子 三生九 九生萬物 萬物有‘眞’有‘假’ 萬物有‘實’有‘虛’ 眞和實相配合 産生了光亮亮的太陽 假與虛相配合 出現了冷淸淸的月亮."(1~2쪽)
13) "道生一 一生二 二生三 三生萬物 萬物負陰而抱陽 沖氣以爲和."(《老子》 42장)

발상은 비슷한데 실제 이루어지는 분수(分殊)의 과정은 차이가 있다. 신화가 철학일 수 있는 증거를 《노자》의 한 대목과 견주어보면 이해가 된다고 생각한다. 위에서 예로 든 것이 분명하게 이해되는 것은 아니지만, 결국 만물의 근원, 있음의 총체, 작용의 총체, 많음의 총체를 연결하는 사고의 틀이 구체적으로 관련되는 일을 일정한 관계 속에 규정짓는 것이라고 생각한다.

본디 만물에 두 가지 서로 다른 작용을 하는 요소가 있다고 했다. 그것이 곧 진(眞)과 가(假)이고, 다른 하나가 실(實)과 허(虛)이다. 진－가와 실－허가 결합하면서 만물의 근원적 대립적 보편자를 형성하는데, 결국 이들이 응집되어서 만물의 근원인 태양과 달이 결정되었으며 이들의 근본 성격도 결정되었다고 했다. 태양과 달이 결정되는 데에서 대립자 둘을 상정했다. 태양은 진과 실이 배합되었다고 했으며, 달은 가와 허가 배합되었다고 했다. 태양과 달이 서로 다른 성격의 대립자를 배합했으므로 성질도 달라졌으며, 이 기운을 가진 신도 달라졌다고 하는 것이 결과적으로 제시된다.

서로 다른 요소가 태양과 달이 되는 것에 그치지 않고, 다시 태양과 달에 의해서 신이 만들어졌다고 했는데, 여기에서 중요한 변화가 있음이 확인된다.

> 태양빛이 변화하여 녹송석을 만들어내고, 또 변화해서 한 덩어리의 기운을 만들어내고, 이 하얀 기운이 변화해서 아름답고 신묘한 소리를 만들어내고, 다시 이 아름답고 신묘한 소리가 변화해서 최고의 선신인 의격와격이 만들어지게 되었다.
>
> 한편, 달빛이 변화해서는 검은 보석을 만들어내고, 다시 검은 보석이 변화하여 한 가닥의 검은 기운을 만들어내고, 검은 기운이 변화하여 시끄러운 소리를 만들어냈다. 이 시끄러운 소리가 변화하여 최고의 악신인 의고정나를 만들어냈다.[14]

만물에 보편적으로 편만한 빛이 기운으로 변화하여 응집하고, 이 것이 특정한 만물 가운데에 돌로 변하고, 이 돌이 기운으로 바뀌고, 기운이 변화해서 아름다운 소리로 생산되고, 이 생산된 아름다운 소리가 변화해서 선신인 의격와격이 되었다고 하였다. 이 변화의 이면에 잠재된 것이 만물과 만물을 관장하는 기운이 대립적으로 작용하면서 이 작용의 끝에 소리로 바뀌고, 이 소리가 결국 선신 가운데 가장 으뜸인 선신의 인격신으로 바뀐다는 것이 기본 설정이다.

이에 대립하는 기운 또한 같은 과정을 거쳐서, 대립적인 기운에 의한 인격신인 악신이 생겨난다는 것을 거듭 강조하고 있다. 기운이 인격신으로 바뀌어서 인격신에 의한 창조가 지속되는 것을 분명하게 알 수 있으며, 이 세상 만물의 창조에서 이 대립적 작용이 항구적으로 지속될 수밖에 없는 사정을 거듭 말한다. 창조가 온전하게 이루어져야 하지만, 이 창조의 이면에 선과 악이 대립한다는 생각이 바탕에 깔렸음이 확인된다.

선신과 악신이 정해졌으므로 당연히 예상되는 것은 선신과 악신에 의한 창조가 지속되며, 이 행위에 의해서 천지만물에 있는 모든 기운이 여기에 부합하리라는 것은 너무나 당연한 과정이라고 할 수 있다. 이 창조는 선악의 대립에 의한 것으로 만물에도 일정하게 작용하리라고 예견되는 것임을 알 수 있다. 이 대립에서 선악이 지속적으로 작용하는 것은 창조신화에서 공통적으로 구현되는 상황이다.

선신과 악신이 각각의 작용을 한다. 선신은 일정한 신들의 계보를 형성해서 다른 신들로 하위의 신격을 만들고, 악신 또한 동일한 신들

---

14) "太陽光變化 産生綠松石 綠松石又變化 産生一團團的白氣 白氣又變化 産生美妙的聲音 美妙的聲音又變化 産生依格窩格善神 月亮光變化 産生黑寶石 黑寶石又變化 産生一股股的黑氣 黑氣又變化 産生噪耳的聲音 噪耳的聲音又變化 産生依古丁那惡神." (2~3쪽)

의 계보를 형성한다. 이 신들이 곧 상위의 신과 하위의 신들 관계를 형성하면서 지속적 창조를 하고 있다. 이 창조는 선신과 악신에게서도 일관되게 이어진다. 선신인 의격와격(依格窩格)과 악신인 의고정나(依古丁那)가 한 일을 대강 추리면서 이 문제를 살펴보고자 한다.

　　의격와격이 법술을 부려 다시 변화하여 한 개의 하얀 알이 출현하였고, 이 흰색 알이 부화하여 한 마리 닭이 되었으며…… 자기 스스로 이름을 은여은만(恩余恩曼)이라고 하였다.…… 은여은만은 흰색 알 9쌍을 낳았다. 한 쌍의 하얀 알은 천신으로 변하고, 또 한 쌍의 알은 지신으로 변했으며, 또 한 쌍의 알은 하늘을 여는 아홉 형제들로 변했으며, 또 한 쌍의 하얀 알은 땅을 만드는 일곱 자매들로 변하였다.
　　의고정나는 법술을 부려 변화해서 한 개의 검은 알로 출현하였고, 이 검은 알이 부화하여 한 마리의 검은 닭이 되었다. 아무도 이 검은 닭에게 이름을 붙여주지 않자 그 스스로 이름을 부금안남(負金安南)이라 하였다. 부금안남은 아홉 쌍의 검은 알을 낳았고, 이 아홉 쌍의 검은 알이 다시 부화하여 아홉 가지의 요괴와 악마를 만들어냈으며, 아홉 가지의 귀신과 괴물을 만들어냈다.[15]

　선신과 악신이 한 일이 주목되는데, 술법을 부려서 천지의 기운을 알로 변화하게 하고, 이것을 다시 닭으로 변화하게 하였으며, 이에 필요한 이름을 스스로 붙이고, 다시 알을 여러 개의 알로 변화시켰음을 알 수 있다. 아홉 쌍의 알이 부화해서 천신, 지신, 개천(開天)의

---

15) "依格窩格作法又變化 變出一個白卵 白卵孵出一只白鷄……自己取名爲'恩余恩曼'……恩余恩曼生下九雙白卵 一雙白卵變天神 一雙白卵變地神 一雙白卵變成開天的九兄弟 一雙白卵變成闢地的七姉妹 依古丁那作法又變化 變出一個黑卵 黑卵孵出一只黑鷄 黑鷄沒人取名字 自己取名爲'負金安南' 負金安南生下九雙黑卵 九雙黑卵孵化 孵化出九種妖魔 孵化出九種鬼怪."(3~5쪽)

아홉 형제신, 벽지(闢地)의 일곱 자매신이 되는 것을 확인할 수 있다.

상위의 신과 하위의 신이 일정한 신통을 형성해서 총괄적인 신과 분별적인 신의 관계를 형성하는 것이 이른바 신통기와 선악의 이원성을 형성하는 것임을 알 수 있다. 여기에 근본적 결합이 있음이 확인된다. 선신에게도 계보가 있듯이 악신에게도 계보가 있어서 신들의 계보가 형성되는 것을 구체적으로 확인할 수 있다.

총괄신과 개별신이 어떠한 관계에 있는지 알아보는 것이 요긴하며, 이에 따라서 우주론적 구성이 이룩되는 사실을 알 수 있다. 선과 악이 구체적으로 총체적 기운에서 인격신으로, 인격신에서 다시 세부적인 신으로 전환되는 과정이 여기에 있음을 알 수 있다. 본체인 신과 작용하는 신이 서로 긴밀한 함수관계에 있음을 구체적으로 확인하게 된다.

천지만물의 핵심적 신이 기운으로 되어 있고, 그 기운이 신의 법술로 알이 되고, 알이 다시 닭이 되었다고 하며, 이 알에서 여러 쌍의 알이 나오고, 이 알에서 각기 신이 되었다고 하는 것은, 알이 생명의 근원이며 이 생명의 근원으로부터 모든 것이 비롯되었다고 하는 생각을 갖게 한다. 이 생명의 근원이 변화해서 우주만물의 신이 되고, 이 신들이 인간 세상과 천지만물의 신이 된다고 하는 것은 특별한 신의 계보를 이룩한다.

납서족의 창세서사시 가운데 첫 번째 신화소인 천지만물의 창조와 일월의 기원에 관한 신화적 내력을 살폈다. 신들이 복잡하게 뒤얽혀 있으며, 이 기운과 신들이 단계적이고 상관적으로 어울려 하위의 여러 신들이 만들어지는 과정이 매우 복잡하게 되어 있으며, 이 신들이 선신과 악신으로 패가 갈리는 것도 아주 특별하다고 할 수 있다. 이 점에서 이 신들이 모이고 흩어지는 과정이 납서족의 창세신화에서 각별한 점이라고 할 수 있겠다. 이 신들의 창조와 신이 만나는 여러 가지 사정은 이 글 다음에 비교할 예정이다.

두 번째 창세신화소는 인간의 창조이다. 도대체 인간이 어디에서 부터 비롯되는가가 각별한 문제인데, 신들의 창조와 인간의 창조가 서로 연결되어 있으므로 이에 대해서 살펴보기로 한다. 인간의 기원은 다음과 같은 문면에서 찾을 수 있다.

> 하얀 알이 바다로 날아가 암석에 부딪히니 암석은 금빛 섬광을 번쩍였고 알이 갈라지면서 하늘을 진동하는 소리를 내더니 한 마리의 들소를 세상에 내놓았다.…… 거나약라산(居那若倮山) 위에선 아름답고 흥겨운 소리가 나고, 거나약라산 아래에서는 아름다운 흰 기운이 솟아나네. 좋은 소리와 좋은 기운이 서로 혼합되어 흰 이슬 세 방울을 만들어 내서 세 방울의 이슬이 다시 변화하여 하나의 큰 바다를 이루었구나. 인류의 알이 하늘로부터 내려오고 인류의 알을 땅이 안으니 하늘의 알이 넓은 바다에 감싸여 있고, 넓은 바다가 한시한인(恨矢恨人)을 부화시키는구나. 한시한인이 후대를 퍼뜨리니 한 대 한 대 아래로 전하면서, 제9대에 이르니 곧 종인이은약(從忍利恩若)이로다. 이은 형제가 다섯이고 이은 자매가 여섯이다.16)

창세신화소를 구성하는 중요한 것 가운데 하나가 인류가 어떻게 기원했는지 아는 일이다. 은여은만(恩余恩曼)이 낳은 아홉 쌍의 알 가운데 한 쌍은 부화하지 않았다. 이 알은 어떠한 기운으로도 부화하지 않아서 바다에 버렸다. 이 알이 바위에 부딪혀서 갖가지 기이한

---

16) "白卵飛出海 撞在巖石上 巖石閃金光 卵裂震天 一條野牛出世上……居那若倮山 産生了美妙的聲音 居那若倮山下 産生了美好的白氣 好聲好氣相混合 産生了三滴白露水 三滴露水又變化 變成了一個大海 人類之卵由天下 人類之卵由地抱 天卵抱在大海里 大海孵出恨矢恨人來 恨矢恨仍傳後代 一代一代往不傳 傳到第九代 便是從忍利恩若 利恩弟兄有五個 利恩姊妹有六人."(7~14쪽)

일을 겪다가 나중에 갈라져서 거기에서 들소[野牛]가 탄생한 것으로 되어 있다. 들소에 대해 길고 복잡한 이야기가 이어지는데, 이 이야 기는 뒤에 분석하기로 한다. 여기서 알고자 하는 것은 인류의 기원에 관한 것이므로 이를 추적해서 문제를 해명하기로 한다.

흰 알에서 들소가 탄생하고, 들소가 신들과 협의해서 산을 형성하자, 여기에 인류의 기원을 이루는 알이 하늘에서 내려온 것으로 되어 있다. 그런데 이 알이 출현하기 위해서 흰 기운이 약라산(若倮山)에 내려오고, 세 방울의 이슬이 모이고, 이 세 방울의 이슬이 큰 바다를 이루었다고 되어 있다. 인류의 알이 천란으로 땅과 결합하고, 이 결합으로 바다의 기운과 합쳐져서 한시한인(恨矢恨人)이 왔다고 되었다. 한시한인이 인류의 직접 기원으로 되어 있다. 구대에까지 이르러서 마침내 인류의 직접 기원을 이루어서 오늘날 나시족의 조상이 된 형제 자매가 탄생했다고 되어 있다.

구대에 걸친 과정은 상세하게 되어 있는데, 이들의 계보는 한잉노잉(恨仍老仍), 노잉미잉(老仍美仍), 미잉초초(美仍初初), 초초초여(初初初余), 초여초거(初余初居), 초거거인(初居居忍), 거인정인(居忍精忍), 정인종인(精忍從忍), 종인이은(從忍利恩) 등으로 이루어졌다. 종인이은은 다섯 형제와 여섯 자매로 되어 있다고 하는데, 이들에 대한 자세한 이름이 있으며 자매 이름은 나오지 않는다. 다섯 형제와 여섯 자매 가운데 다섯 형제의 이름은 이은고고(利恩高古), 이은과고(利恩夸古), 이은금고(利恩金古), 이은찰고(利恩扎古), 이은비고(利恩卑古) 등으로 되어 있으며, 여섯 자매의 이름은 존재하지 않는다. 다소 복잡한 과정을 거쳤지만 오늘날 납서족의 직접 조상이 드러나는 대목이며, 인류의 기원이 민족의 기원을 이루는 과정이라고 할 수 있다.

이은 다섯 형제와 여섯 자매는 종족을 잇기 위해 부득이하게 서로 남매혼을 할 수밖에 없었다. 이 남매혼은 심각한 의미를 가지는 것이지만, 여기에서는 사실 지적만 하기로 한다.

> 이은(利恩) 다섯 형제 외에 세상에는 다른 남자가 없었고, 이은 여섯 자매 외에 다른 여자가 없었다. 형제들은 반려자를 구할 수 없자 자기의 누이들을 찾게 되었다. 자매들도 배우자를 구할 수 없자 자기의 오라비를 찾게 되었다. 형제자매가 부부를 이루고 형제자매가 서로 배필이 되었다.[17]

서로 적절한 배우자가 없는 상태에서 혼인하여 부부가 되는 과정을 보여준다. 이 남매혼은 우리의 경우 홍수신화와 밀접한 관련을 가지는데, 이 혼인이 되는 신화소는 먼저 혼인을 하고 홍수신화소가 나중에 있는 것으로, 우리 기준으로 본다면 뒤바뀐 것이다. 이 뒤바뀐 신화소는 앞으로 연구해야 할 과제이지만, 신화소가 각각의 특징에 따라서 구성되는 것에 차이가 있음을 말해 주는 증거이다. 이 증거에 따라서 이를 중심으로 하는 비교가 가능하다.

여기에서 들소의 존재가 긴요하다. 들소는 여러 신들과 다니면서 신을 섬기고, 어떻게 하면 이 세상에 인류가 생길 수 있는지 실질적인 도움을 준 존재이기 때문이다. 들소는 자체로 혼돈자의 대변자이고, 질서를 수립하면서 무너뜨리는 존재로 경계면에 서 있는 인물이다. 들소가 한 행실을 정리하면, 생김새가 각별하고 다른 신에게 가르침을 청하고 하지 말라는 경고를 동신(東神)과 색신(色神)이 하게

---

17) "除了利恩五弟兄 天下再沒有男的 除了利恩六姊妹 世上沒有女的 弟兄探不到伴侶 探上了自己的姊妹 姊妹探不到配偶 探上了自己的弟兄 兄弟姊妹成夫婦 兄弟姊妹相配匹."(15쪽); 박연옥, 〈선조이은에 대한 이야기〉, 《중국소수민족신화전설집》, 흑룡강성민족출판사, 1992, 172~177쪽. 온전한 자료는 아니지만 좋은이은에 관한 이야기를 신화로 정리해서 소개한 것으로 참고할 만하다.

된다. 그리고 하늘과 땅을 다시 열기 위해서는 동신과 색신이 들소를 보석도끼와 황금도끼로 찍어야 하는 것으로 되어 있다. 그래서 들소 덕에 새로운 세상의 개벽이 가능해진 것으로 되어 있다.

들소가 일으킨 세상을 새롭게 재건하기 위한 신들의 회합이 있었는데, 이 신들은 넷으로 들소가 최초로 상의했던 신이다. 네 신은 정(精), 촬(撮), 고(固), 사(斯) 등인데, 이들은 신의 이름이기도 하고 신들의 계보를 구성하는 원래 조상이기도 하다. 정과 촬은 납서족의 고어로 '사람'이라는 뜻이고, 고와 사는 납서족의 신화적 인물이다. 이 신들이 곧 세상을 새롭게 일으키는 존재이고, 이 신들에 의해 근본적 변화가 일어나는 것이며, 이들이 상의해서 신산(神山)을 만들어서 새로운 세상을 만들어낸다.

결국 들소는 신화적 존재이고, 동신과 색신이 만든 우주를 재구성하고 재창조하게 하는 파괴자이면서 생성자이다. 이 신화적 동물을 죽여야 새 세상이 열린다고 할 수 있다. 새 세상을 여는 핵심 인물 노릇을 하는 들소는 모습 자체가 혼돈을 야기하고 있다. 그래서 동신과 색신이 처단을 한 것이다. 동물을 희생하고 이 희생에 의해서 새로운 세상을 여는 것이 인류 기원의 신화소에 있는 셈이다.

창세신화의 세 번째 신화소는 홍수신화소이다. 인간이 저지른 잘못으로 인해서 세상의 잘못을 격파하는 것이 이 신화소의 핵심이다. 흔히 인간의 오만이 홍수를 일으키는 주범인데, 이 신화에 이 점이 분명하게 되어 있다. 인간이 자연물에게서 여러 가지 일하는 방법을 배웠는데, 일을 하다가 신의 영토를 침범하게 되자 홍수를 일으키는 것으로 되어 있다. 물론 신들이 이러한 홍수에 선인을 살릴 방도를 두는 것은 당연하다. 해당하는 문면을 보면 이렇다.

종인이은(從忍利恩)이 말하기를, "홍수 재난이라고요? 어떻게 하면 벗어날 수 있는지요? 미리동아보(米利東阿普)여! 부탁하건대 알려주시오!" 미리동아보가 말하기를, "네가 나에게 잘해준 것을 내가 잊지 않았다. 너에게 재난이 있으니 나도 너를 도울 방법을 생각하겠다. 너는 가서 거세한 야크소를 잡아, 가죽을 벗겨 팽팽하게 말린 다음 가는 바늘과 굵은 실로 꿰매어, 재난을 피할 수 있는 가죽부대를 만들어라.[18]

인용한 문면은 그 자체로 의미 해독이 안 되지만, 앞과 뒤를 연결하면 홍수신화의 원인과 경과가 드러난다고 판단된다. 신들에게 도전한 것이 인간에게 홍수를 일으킨 원인이다. 앞에서 금고와 과고가 쟁기질을 할 줄 몰라서 천신이 사는 곳까지 쟁기질을 해서 천신인 자노아보를 노하게 해, 이를 홍수로 다스릴 계획을 세웠다고 할 수 있다.

이 신들의 분노를 알아차린 동신과 색신이 멧돼지로 변해서 금고와 과고가 범한 신의 영토에 있는 밭을 망쳐놓고, 금고와 과고가 이를 알아차리지 못하고 멧돼지로 변한 동신과 색신을 죽이려고 하는데, 이은이 살려주자 위와 같은 말을 하며 홍수에서 살아날 방도를 일러준 것이다. 야크를 죽여서 가죽부대를 만들고, 여기에 여러 살아갈 방도의 연장과 씨앗을 넣고 살아가라고 한다. 이 대목은 노아의 방주에서 나올 법한 이야기가 그대로 재현되었다고 할 수 있다.

좋은이은이 홍수를 견뎌내고 새 세상을 재구하는 데 진력하지만, 결국 외로움을 견딜 수 없어서 자신의 배필을 찾는 것이 기본적인 구조다. 이 이야기는 새 세상에서 아가씨와 새롭게 세상을 이어가는

---

18) "從忍利恩說 洪水災難喲 怎樣能逃脫 米利東阿普啊 請你告訴我 米利東阿普說 你雙我的好處我沒忘 你有了災難 我要想法幫忙 你去殺條騸牦牛 剝下牛皮來繃晒 細針粗絲縫 縫成逃難的皮囊."(20쪽)

이야기가 뒤에 첨부되어 있다. 아보아자(阿普阿仔)의 딸인 친홍포백(襯紅褒白)과 혼인하는데, 우리나라의 〈나뭇꾼과 선녀〉와 같아서 천녀지남(天女地男)의 결연구조를 보여준다. 그 다음 내용은 하늘에서 벌어지는 싸움을 근간으로 한다. 결국 이 과정을 거치고 하나의 핏줄에서 갈라져서 장족(藏族), 백족(白族), 납서족(納西族)이 분화되는 과정을 결말로 제시하였다.

신화가 역사로 되는 과정이 마지막 부분이다. 종은이은이 지상으로 다시 돌아와서 여러 시련을 겪은 뒤에 다시 각 민족이 달라지는 과정을 보여준다. 신화적 인물의 후손이 결국 역사를 이룩한 민족의 선조이고, 이들이 한 형제였음을 말하는 것이 언어의 분화와 밀접한 관련을 가진다고 했다. 하늘에 닿은 바벨탑 때문에 인간의 언어가 달라졌으며, 인간의 보편어가 상실되었다는 비슷한 설정을 하고 있지만, 서로 한 핏줄이고 한 형제라는 생각은 독자적이라고 할 수 있다. 결말 대목을 하나 보기로 한다.

하늘에 제사를 지내고 있는데, 말 한 마리가 와서 순무를 먹으니 세 아들이 다급하여 일제히 세 가지 서로 다른 말을 하였다. 큰아들은 "다니위마오먀오"(打你羽毛妙)라고 했으며, 막내아들은 "마이니쥐구어위"(買你苴果愚)라고 했으며, 둘째아들은 "루안니아컨즈"(軟你阿肯子)라고 하였다. 큰아들이 한 말은 장족 말이고, 막내가 한 말은 백족 말이고, 둘째가 한 말은 납서족 말이다. 한 단지에 세 가지 술을 담그고, 한 필의 포에서 세 가지 색을 짜고, 한 어머니에서 세 가지 사람이 나고, 세 형제가 세 가지 말을 하고, 세 민족은 조상이 같네.[19]

---

19) "正在祭着天 一匹馬來吃蔓菁 三個兒子着急了 齊聲說出三種不同的語言 長子‘打你羽毛妙’ 幼子‘買你苴果愚’ 次子‘軟你阿肯子’ 長子說的是藏族話 幼子說的是白族話 次子說的是納西話 一個瓮釀出三種酒 一匹布織三樣色 一母生出種人 三弟兄說三種話 三

이은(利恩)과 친홍(襯紅)이 하늘에 갔다 지상으로 내려올 때, 세 가지 곡식 종자와 두 종의 가축을 가지고 온 까닭에 세 아들이 말을 할 수 없었다. 박쥐와 수리가 태양 먼저 보고 내기 시합을 했는데, 하늘의 미리동아보(米利東阿普)에게 가서 어떻게 하면 아이들이 말을 할 수 있는지 알아오는 것이었다. 박쥐가 은밀하게 말을 알아듣고 와서 아이들에게 순무를 놓고 하늘에 제사를 지내게 했다. 그런데 아이들이 각기 다른 말을 해서 결국 세 민족의 언어가 구사되었다고 말하면서, 세 언어를 사용하는 민족이 공통의 선조로부터 비롯되었음을 강조하고 있다.

이은과 친홍은 하늘에서 인간을 위한 3종의 곡식과 2종의 가축을 가지고 왔으니 일종의 트릭스터적 성격을 지닌 인물이고, 여기에 다시 박쥐와 수리가 매개가 되어서 이 둘 사이의 내기 시합이 있는 것을 본다면 대리전을 치루는 트릭스터적 성격이 한 차례 강조된 인물이 있는 셈이다. 이것이 요점이라고 할 수 있다. 이 트릭스터적 면모는 특히 의의가 있으며, 새로운 문화 창조로 이어지는 면모를 보여준다.

납서족 창세서사시는 선명하게 요약되는 창세신화소가 분명하게 존재한다. 필자의 분석에 따르면, 산만하게 정리되었는지 몰라도 이 분석에 의해서 우리는 납서족 창세서사시가 분명한 체계를 갖추고 있을 뿐만 아니라, 이로정연한 사상을 담고 있음을 알 수 있었다. 우주적 갈등과 사회적 갈등에 대한 분명한 생각을 가지고 있을 뿐만 아니라, 신화소에서 비교적 정확하게 이에 관한 체계적 사고를 드러내고 있음이 확인된다. 앞에서 분석한 세 가지 창세신화소인 천지창조와 인류의 기원 및 홍수에 의한 인류의 재창조 등이 기본적으로

個民族同祖先.”(93쪽)

정리되는 신화소임을 알 수 있다.

납서족 창세서사시가 분명한 생각을 갖추고 있으며, 철학에서 논하는 생각의 단초가 여기에 있음이 확인된다.[20] 우주적 혼돈에서도 보편자가 있어서 이것이 천지창조와 관련되고, 이 창조에 신이 개입하기도 하지만, 여기에 우주적 보편자가 있어서 이것이 작동해서 특별한 변형이 이루어진다는 것을 매우 중요하게 생각한 점이 확인된다. 진과 실, 가와 허 등이 작용해서 하늘의 해와 달이 되었다고 하는 것이 아주 각별한 생각임이 확인된다. 이 생각은 결국 우주론의 구성과 철학적 사고가 창세신화에서 비롯되었다는 점을 명확하게 하고 있다.

아울러서 인간의 기원을 이루는 데서도 앞에서 이룩된 신들의 개입과 기운의 창조가 특별하게 작용하고 있음을 그대로 보여준다. 인간의 기원을 이루는 신화소는 아주 특별하여, 신의 창조가 인간의 창조와 직결되며, 기운이 닭이 되고 닭이 알을 낳아서 결국 인간이 비롯되었으며, 이들이 서로 복수로 낳아져서 근친상간을 벌이면서 현생인류의 시조가 되었다고 하는 것이 이 신화소의 핵심 면모이다.

홍수신화소가 있어서 이들이 이룩한 문명이 신들에 의해서 한 차례 파괴되고, 여기에 새로운 인류가 번식하고 이 문화의 창조에 의해서 현생인류가 갈라졌다고 하는 것은 특별한 변화라고 생각한다. 이 변화의 이면에 우리와 깊은 공통점이 있어서, 홍수신화와 〈나뭇꾼과 선녀〉의 천녀지남의 신화소가 결합됨을 알 수 있다. 오늘날의 소수민족이 한 갈래에서 나왔음을 말하는 것도 특별하다고 할 수 있다.

---

20) 納西族文學史編寫組, 《納西族文學史》, 成都: 四川人民出版社, 1992; 伍雄武 編, 《納西族哲學思想論叢》, 北京: 民族出版社, 1990.

2.4. 제주도와 납서족의 창세신화소 비교 분석

제주도와 납서족의 창세신화소는 아주 각별하게 상통하는데, 공통점의 이면에 차이점이 있음이 확인된다. 우선 이 두 가지의 창세신화소를 비교하고 분석하는 것이 매우 긴요한데, 일단 전승에서 실마리를 찾아가는 것도 한 가지 방법이라고 생각한다. 그렇게 하는 데에는 두 가지 비교가 가능하다. 하나는 전승의 양상과 실태를 문맥에 의거해서 비교하는 것이고, 다른 하나는 구체적인 내용을 비교하는 것이라고 할 수 있다. 제주도와 납서족의 창세신화는 이러한 각도에서 비교 연구가 가능하다.

창세서사시를 어떻게 전승하느냐 하는 것이 중요한 판별 기준이 된다. 창세서사시는 구전되는 것이 원칙인데, 제주도에서는 이러한 사정이 분명하게 지켜지고 있다. 제주도의 창세서사시는 오늘날에도 구연되고 있으며, 문자로 기록된 것은 20세기 초엽부터다. 여전히 제주도 심방들은 이를 구전으로 잇고 있으며, 굿에서 구연하는 것이 근본적 특징이라고 할 수 있다.

제주도에 전승되는 〈베포도업침·천지왕본풀이〉는 현재 대략 20여 편이 채록되었는데, 이 본풀이는 구연하는 심방마다 일정한 전승 계보를 유지하면서 구연자마다 비슷한 대목과 함께 차이를 보여주는 점에 특징이 있다. 심방의 전승본이 온전하게 채록된 것은 그다지 많지 않으며, 현재는 전승이 큰 위기에 직면해 있다. 전승이 문제가 있어서지만, 결정적으로 문자문화가 힘을 발휘하고 있으므로 이 전승에 심각한 위기가 오고 있음이 확인된다. 큰 심방이라고 지칭되는 인물 가운데서도 몇 명만 이를 전승하고 있을 따름이다.

납서족의 창세서사시는 동파문자로 기록되었다. 동파문자로 기록된 것은 기록서사시로서 의의를 가지지만 구전되는 것에 근거해서 이러한 서사시가 성립되었을 가능성이 있다. 납서족의 서사시는 동파문자로 정리되었으므로 상당 부분 체계적인 구성을 갖추었다. 그런데 이 서사시가 언제부터 동파문자로 기록되었는지 알기 어렵지만, 의의가 있는 자료라고 생각한다. 오늘날 볼 수 있는 서사시 자료는 여러 원천을 편집하면서 이루어진 것임을 알 수 있다.

납서족의 창세서사시는 세 가지 원천이 작용하면서 편집되고 정리된 것으로 보인다.21) 문헌전승으로 이루어지던 것을 정리한 자료로 《동파경》(東巴經)에 기재된 것의 저본 6종을 합쳤다고 하였다. 여강(麗江) 지역의 자료로 동파들에 의해서 구전되던 창세서사시 10편을 기록한 것으로, 홍수신화에서 종은이은(從恩利恩)과 친홍포백(襯紅布白)이 결합하는 과정에서 친홍이 지상에 내려와서 밥을 해주는 과정의 신화소가 합쳐진 것으로 되어 있다. 아울러서 영랑(寧蒗) 지역의 마사족(摩梭族) 동파가 전승하던 5종의 창세서사시가 합쳐졌다고 밝혀 놓았다.

《창세기》에 영랑 지역 창세서사시 가운데 두 가지 신화소가 편록되는 데 삽입되었다고 하는데, 하나가 친홍포백이라는 자신의 딸을 자로아보(子勞阿普)가 야수로 변장시켜서 종은이은이 참다운 친홍포백으로 알아보지 못하게 하는 내기를 하는 대목에서 이 이야기가 합쳐진 것으로 보이고, 다른 하나가 종은이은이 이를 알아내자 자로아보가 자신의 딸 가운데 하나를 친홍포백과 똑같이 변장시켜서 종은이은이 찾아내지 못하도록 하는 신화소가 동원된 것임을 알 수 있다.

납서족의 창세서사시는 특수한 사정이 있음이 확인되는데, 구전

---

21) 雲南省民族民間文學 麗江調査隊, 《納西族民間史詩 創世紀》, 雲南人民出版社, 1960, 95~100쪽; 권태효, 위의 책, 61~63쪽.

과 문전이 양 측면에 작용해서 이 서사시 자료가 형성되었음을 알 수 있다. 문제는 구전과 문전으로 전하는 자료의 실상에 대해서 입체적인 현실문맥적 접근은 어려워졌다고 할 수 있다. 이 문맥을 알고서 구체적으로 어떠한 제의적 기능을 하고, 이 제의적 기능이 어떠한 전승과정을 통해서 이룩되었는지 아는 것이 필요한데, 이 연구는 실제로 불가능하다. 이 점이 극복될 수 있어야 하는데, 현재 이것이 가능한지 의문이다.

전승의 외면적 상황에 대한 비교는 올곧게 되어 있지 않지만, 우리가 접근할 수 있는 것은 역시 창세신화의 내용에 대한 구체적인 비교 연구다. 이것은 매우 중요한 의미가 있어서 이를 통해서 내용 비교는 가능하다고 생각한다.

창세신화의 핵심적 신화소는 우주창조와 인간창조이고, 이 창조는 반드시 혼돈과 질서로 양립한다. 이 둘을 형성하는 신화소가 품고 있는 내용을 우주적 갈등과 사회적 갈등이라고 한다면, 이 둘의 관계를 어떻게 해명하며 이 신화소를 어떻게 구현하는지 의문이 많이 생긴다. 이 신화소의 이면에 담긴 의미를 비교하는 것이 필요하고, 이에 따른 가능성을 말할 수 있어야 온전한 비교가 가능하다.

제주도의 창세서사시는 천지창조와 인간창조를 분명하게 연계하고 있으며, 이 창조를 통해서 문제 해결 방향을 제시하고 있다. 그것은 우주적 갈등과 사회적 갈등이 서로 함수관계에 있으며, 이 함수관계가 신과 인간의 문제로 연결되어 있다. 창세신화 문제의 관건은 일월의 혼돈과 인간사회의 선악이 깊은 관련이 있다는 것이다. 하늘에 여러 개의 해와 달이 생긴 문제를 해결하기 위해서 쌍둥이 신을 낳았는데, 이 신들이 이 문제를 해결하고 인간 세상을 다스리는 문제를 가지고 결국 다툼을 벌여서 인간 사회에 악이 만연하게 되었다고 하는 것이 주된 내용이다.

납서족의 창세서사시는 문제의 설정이 비슷하지만, 우주적 갈등과 사회적 갈등을 전혀 다른 각도에서 접근하고 있어서 중대한 차이가 생겨났다. 우주적 갈등은 자체로 해결되고 신의 등장으로 창조되고 해소되는 것으로 되어 있으며, 신의 갈등과 대립이 우주적 갈등과 사회적 갈등으로 애초부터 분화되어 있다. 신에도 선신과 악신이 있고, 선신과 악신의 작용이 동시에 이루어져서 이 신들의 작용에 의해서 인간의 선악이 이미 결정되었다는 생각이 작용하고 있다.

인간이 선악을 자체로 갖춘 것이 아니고 신에 의해서 결정되었다는 점에서 동일하지만, 신들의 창조에 이미 선과 악이 결정되었다는 것이 아주 특별한 설정으로 보인다. 인간의 순선(純善) 가능성은 없고, 신 가운데 악신이 작용해서 문제를 일으키는 것이라고 생각한다. 인간의 잘못으로 악이 생겼는지, 아니면 신의 잘못으로 인간에게 악이 생겼는지는 매우 중요한 창세신화적 선악신인론(善惡神人論)이라고 할 수 있다.

제주도와 납서족의 창세신화소는 각기 다르지만, 비슷한 문제를 다루는 방식이 다르고 이를 해소하는 방향도 다름을 알 수 있다. 이 문제를 복잡하고 다양한 시각으로 풀어보면, 이를 구현하는 자료의 구체성을 갖추고 있는 것은 납서족의 신화이지만, 제주도의 자료가 내용은 영성해도 핵심은 결국 같다는 사실을 결론적으로 얻을 수 있다. 앞에서 살핀 바와 같이 기운이 세상을 창조하고, 이 창조에 의해서 특정한 신격이 등장하고 인간의 세상을 다스리는 신이 각기 만들어진다고 하는 과정이 있음이 입증되었다.

3. 제주도와 납서족의 서사시 단계적 대응과 논의의 확대 가능성

제주도와 납서족의 굿과 제사는 일정하게 대응한다. 외면적인 일치점과 내용적인 일치점에 의해서 굿과 제사에 소용되는 서사시를 비교하는 것이 필요한 작업이라고 할 수 있다. 먼저 제주도와 납서족의 의례적인 절차를 알아보고 서사시의 시대적 대응양상을 살펴보기로 한다. 그러기 위해서 심방과 동파, 굿과 의례의 공통점을 살펴보고 서사시의 대응양상을 논하기로 한다.

심방과 동파는 굿의 사제자라는 점에서 동일한 존재다. 이들은 굿을 하면서 인간과 자연, 인간과 영혼 사이의 의사소통을 돕는 존재다. 심방과 동파는 굿을 하고 이를 전승하는 일을 하는데, 모두 특별한 신 내림의 일을 하거나 세습으로 하는 점에서도 같은 본질을 지녔다. 동파의 존재에 대한 좋은 연구서들이 많이 나왔으므로, 이 점에서 긴요한 전거를 제공받을 수 있다고 생각한다.[22]

심방과 동파는 사제자라는 점에서 비교가 가능하다. 이들은 굿을 주관하고 굿을 하면서 서사시를 구연하는 점에서 비교가 가능하다. 심방은 여러 가지 기능을 수행하는데, 이 기능은 신을 부리는 사제자라는 점에서부터 다양한데, 그 가운데 긴요한 것이 곧 서사시의 구연자라는 점이다. 이 기능은 매우 중요하여서, 이 서사시의 기능을 중심으로 둘을 비교할 필요가 있다.

심방이 본풀이 학습을 어떻게 하는지는 매우 궁금한 일이다. 심방은 흔히 '너사매너도령'이라는 학습을 하는 것이 기본 출발점이라고

---

22) 馮驥才・白庚勝 主編, 馮莉 著,《習阿牛 阿明東奇》, 民族出版社, 2007. 동파의 내력과 여러 인물의 구술사를 문답으로 싣고 있어서 도움이 된다.

할 수 있다. 악기 가운데, 가령 설쇠를 두드리면서 하는 것이 시작점
인데, 이를 근간으로 해서 정확한 장단을 익히고, 나머지 굿에서 사
용되는 음악의 근간을 배우는 것이 기본 일이다. 본풀이는 흔히 한
번 듣고 배우는 것은 아니고 반복적으로 학습해서 이를 전승하는
것이 기본이다. 본풀이는 흔히 말미 장귀라고 하는 장단을 사용한다.
기억과 전승에 의해서 이러한 본풀이를 구성하고 연행할 수 있다.

동파는 여러 가지 일을 하지만 본풀이 구연이 근본 기능 가운데
하나다. 동파는 암송과 독경 두 가지 방식으로 굿을 하는데, 이 의례
는 종류에 따라서 세 가지 정도로 나누어진다. 암송하는 문서는 따로
있으며, 암송과는 다르게 경전을 읽어나가는 것이 기본적인 방식이
다. 동파가 읽는 경전에 독경이라는 말이 나오는 것은 이 때문이다.

동파는 본풀이에 해당하는 것은 암송하지 않는다는 문제가 있다.
왜냐하면 동파문자로 된 《동파경》을 읽고 독경을 하는 문제가 있기
때문이다. 《동파경》을 읽는 것은 문제일 수 있으나, 여기에서 근본
적인 문제를 다시 제기할 수 있다. 일단 《동파경》은 구전을 전제로
하는 것이므로, 일차적인 구전은 아니지만 구전에 근거하고 있다는
사실이다. 구전에 근거한다는 것은 소리 내서 읽는 것을 원칙으로
하고, 제의에서 실제로 구송하는 것을 볼 수 있기 때문이다.

본디 구전으로 전승되는 것이 근간이 되어서 문자로 전사되었으
며, 전사된 문헌에 근거하여 구전으로 재현하는 것이 분명하다. 실제
로 전승되는 현장에서 이를 녹음하고 기록하는 과정에서 이 점이
분명하게 밝혀졌다. 암송하는 것을 원칙으로 하면서 해당 경전을
읽는 것이 확인된다. 읽는 것이 문자로 그대로 읽는 것은 아니다.
일정한 운율이 있는 것이 확인되는데, 실제로 동파 역시 운율이 있다
고 했으며, 이는 구전되는 것을 전사했음이 분명하다. 게다가 읽는
방법을 동파끼리 전수하지 않을 수 없다고 해서, 이 읽는 방식의

전승이 중단되면 자연스럽게 《동파경》의 전승이 깨어진다고 하는 것이 이 《동파경》 전승의 한계라고 할 수 있다.

심방이 하는 굿에는 여러 가지가 있지만, 이것은 크고 작은 의례가 망라되어 있다. 이에 대해서 한 차례 상론하였으므로 이 글에서는 결과만 이용하기로 한다.[23] 굿은 여러 각도에서 정리되는데, 이 신들을 위한 굿은 각양각색임을 알 수 있고, 큰굿에서는 이러한 다양한 시각의 굿을 정리해서 모듬으로 보여주는 특징이 있다고 할 수 있다. 큰굿에서 보여주는 다양한 시각의 신격은 일관성을 가진 것으로 보인다.

제주도의 굿에서는 천신에 대한 의례가 있는데, 이 천신의례는 초감제와 같은 굿에서 한다. 천신의례는 이 세상을 만든 창세신이나 최초의 신들이 어떻게 역사적인 과정을 거쳐왔는지 논의하는 것이 기본 특징이라고 할 수 있다. 제주도의 굿에서 자연신에 대한 의례가 존재하는지 의문이다.

자연신이라고 하는 것은 주로 일월성신이나 산천초목을 비롯한 자연물을 중심으로 하는 신앙의례인데, 이 신앙은 굿에서 특별하게 채택하고 있지 않다. 그리고 죽은 조상이나 사람의 원혼에 대한 신앙은 흔히 굿에서 시왕맞이나 당신을 위한 본향다리 등에서 섬기고 있다. 집안에서 특별하게 가지고 있는 산신제나 요왕제 등은 자연신의 관념을 일부 가지고 있는데, 완전하게 일치하는 굿의 성향에서 일반적인 특징을 온전하게 보이고 있다고 보기 어렵다.

인격신에 대한 의례는 굿에서 흔하게 나타난다. 조상에 대한 의례

---

23) 김헌선, 〈제주도 굿의 구조와 원리〉, 《한국무속학》 14집, 한국무속학회, 2007, 33~46쪽. 제주도의 무속의례의 특수성과 보편성을 논하는 대목에서 제주도 굿의 전반적인 양상을 체계적으로 정리하였다.

는 여러 굿에서 다양하게 진행되는데, 구체적으로 불도맞이 뒤에 하는 일월맞이나 군웅일월 등에서뿐만 아니라, 다양한 조상의 석살림 등에서 이러한 의례적 일체감을 드러낸다. 시왕맞이와 같은 의례에서는 이러한 의례적 기원을 가지고 있는 여러 조상을 놀리게 되어서, 굿의 실상을 아는 데 매우 큰 도움이 된다.

동파가 하는 의례 절차에서는 이러한 의례적 특성이 세분되어 있다. 가령 삼대의 의례가 있는데, 이것이 곧 제천(祭天), 제서(祭暑), 제풍(祭風)이다. 이들은 명백하게 신의 성격에 따라서 차별성을 가지고 있다. 제천은 나시어로는 '몽본'(蒙本)이라고 한다. 나시족에게는 일 년 가운데 가장 중요한 의례의 하나이고, 마을에는 몇 개의 제천장이 있다. 특히 제천장에는 몇 가지 제천군이 있는데, 이것이 '보도'(普都), '고서'(古徐), '고재'(古哉), '고산'(古山) 등으로 나누어져 있어서, 마을 사람들이 나누어서 이를 행하는 것으로 되어 있다.

나시족의 제천에서 천은 보통 세 가지로 나뉜다.24) '몽'(蒙)은 천이고, '달'(達)은 천모(天母)이고, '허'(許)는 천구(天舅)이다. 세 가지의 상징은 흔히 삼과수(三棵樹)로 제장에서 구현되는 대상이다. 그 상징의 내용에는 천지자연, 인류조선 등이 해당된다. 제천의례를 거행하는 목적은 조상을 칭송하고 창업의 역사를 추구하는 것이면서 부족의 응집력을 강화하는 것에 있으며, 사람과 천계자연의 연계를 강화하고, 규범사회의 법칙을 강화하는 것이고, 제액초복을 하는 기능을 하며, 사람과 자연의 조화를 강화하는 것에 있다고 한다.

이 의례에서 읽는 《동파경》은 〈소천향경〉(燒天香經; 冲巴吉), 〈제예경〉(除穢經), 〈영청천신경〉(迎請天神經; 蒙灑達灑), 〈인류천사기〉

---

24) 李錫 主編, 《納西族傳統祭祀儀式-麗江東巴文化學校敎材 第二冊》, 雲南人民出版社, 2003. 이하 이 책에 의거하여 제천, 제서, 제풍 의례를 요약 정리하기로 한다.

(人類遷徙記; 崇般薩), 〈생제〉(生祭; 蒙木吉), 〈숙제〉(熟祭; 哈使), 〈영청장생불로약〉(迎請長生不老藥; 考拆薩), 〈구복택경〉(求福澤經; 諾哦幼), 〈정재경〉(頂灾經; 度比), 〈송신경〉(送神經; 蒙部達部), 〈속죄경〉(贖罪經; 丹恕) 등이 있다. 이 경전 가운데 여러 가지가 주목되지만, 특정한 의례와 관련된 서사시가 있어서 긴요하다. 이것은 곧 〈인류천사기〉로 창세서사시와 관련되는 내용이라고 할 수 있다. 따라서 시대적으로 의례가 오래되었음을 알 수 있다.

제서는 자연신에 대한 제례의식이라고 할 수 있다. 나시어로 '서고'라고도 하는데, 나시족의 전통 제사의식 가운데 하나다. 이는 나시족이 자연보호는 물론이고, 생태환경을 보존하면서 인간과 자연의 친화감을 조성하는 것으로, 전통적인 생태 관념과 깊은 관련이 있음을 충실하게 재현하는 것이라고 할 수 있다.

나시어로 자연신은 '서'라고 일컫는다. 나시민족의 관념 속에 존재하는 초자연적이며 신비로운 존재로서, 모든 우주공간을 관장하는 인물이라고 할 수 있다. 서의 형상은 상반신은 사람이고, 하반신은 뱀이 휘휘칭칭 감은 형국이다. 머리에는 두 마리 작은 뱀이 휘감은 형상이 있는 보화를 쓰고 있다.

《동파경》에 따르면, 인류와 자연신은 본디 동부이모의 관계를 가진 두 형제이고, 뒤에 이 형제가 분가하여 '가'의 범위에 속한 것은 인간에게 귀속되었으며, '야'에 속하는 부분은 산천, 시내, 초원과 모든 야생동물은 자연신인 서에 귀속되었다고 한다. 그런데 인간이 자연을 훼손하고 재화를 남벌하면서 자연신의 영역을 침범하자, 자연신은 인간에게 우박, 홍수, 기근, 질병 등을 주었다. 인간과 자연의 싸움이 치열하고 격화되어 서로 심각한 위기가 도래했다.

이 때문에 인류동파의 시조인 '동파십라'(東巴什羅; 원명은 동바 세랍 미오 Dongba Serab Miwo)가 '대붕신'(원명은 가루다 Garuda)의 도움을 받아서 자연신을 굴복시키고 이들 사이에 합의를 이루었다. 인간은 자연을 파괴해서는 안 되고, 자연신은 기후를 조절하고 오곡이 풍성하도록 도와주라고 했다. 인류는 이에 해마다 자연신에 대한 제사의식을 거행하게 되었으며, 자연신에게 잘못했으면 비는 의례를 거행한다.

옛날에는 거의 모든 나시족 마을에 자연신에게 의례를 드리는 고정된 제사터가 있었는데 이를 '서고단'이라고 했다. 이 제사터는 흔히 마을 주위의 샘물 주변에다 정했다. 이곳은 정갈하게 보존하고 불결한 행위를 하지 않는다. 나무를 함부로 베지 않고, 동물을 함부로 포획하지 않으면서 이곳을 신성하게 보존한다.

평상시에는 정월 15일이나 아니면 명절날 제사를 지낸다. 자연신에 대한 제례의식은 음력 3월에 자일(子日), 진일(辰日), 사일(巳日), 신일(申日) 가운데 하나를 택해서 지낸다. 굿의 규모는 작게도 하고 크게도 하는데, 집 단위와 마을 단위가 여기에 해당한다. 이에 대한 의례는 제사터를 준비하고, 정화의식인 제예를 하고, 분향을 하고, 자연신을 맞이하고 자연신에게 약을 올린다. 그리고 수귀를 죽이고, 악한 자연신을 보낸 다음에 자연신에게 소원을 올리면서 기복을 하며, 자연신을 보내는 것으로 결말을 삼는다.

이 과정에서 읽는 《동파경》은 〈소천향경〉(燒天香經), 〈제예경〉(除穢經), 〈영청좌체우마〉(迎請左體優麻), 〈서신의 내력〉(暑神的來歷), 〈일정고와경〉(日丁高臥經), 〈약의 내력〉(藥的來歷), 〈맹은수〉(猛恩隨; 殺俄鬼), 〈보척아로 고사〉(普尺阿魯的故事), 〈다살구토 고사〉(多薩歐土的故事), 〈미생도정 고사〉(美生都丁的故事), 〈미리항주 고사〉(米利恒主的故事), 〈미리동주 고사〉(米利董主的故事), 〈숭인이은 고사〉(崇忍利恩的故事), 〈고래취 고사〉(高來趣的故事), 〈심탐점서경〉(尋探占書經), 〈동술전쟁〉(董術戰爭), 〈합사전쟁〉(哈斯戰爭), 〈대

붕조여서 전쟁〉(大鵬鳥與暑的戰爭), 〈닭의 내원〉(鷄的來源), 〈급서신적헌계〉(給暑神的獻鷄) 등이 있다. 주로 창세서사시나 영웅서사시가 이 과정에서 불리는 것을 알 수 있다. 이러한 점에서 남다른 면모가 있다.

제풍(祭風)은 나시족의 독자적인 의식 가운데 하나다. 이 의례는 일종의 귀신혼백에게 제사를 지내는 의식인데, 정사로 말미암아서 생긴 원귀에게 제사를 지내는 의식이라고 할 수 있으며, 귀혼의 종류가 갖가지다. 가령 조사귀(弔死鬼), 순정귀(殉情鬼), 독귀(毒鬼), 측귀(仄鬼), 흉사귀(凶死鬼), 호두귀(虎頭鬼), 운귀(云鬼), 풍귀(風鬼) 등이 이러한 귀신에 해당한다.

제풍에는 두 가지가 있는데, 하나는 제대풍이고, 다른 하나는 제소풍이다. 대풍은 집안에 여러 원인으로 말미암은 귀혼이 있을 때, 갖가지 목패화를 준비하고 제물을 준비해서 거행한다. 이 의례에서 반드시 필요한 여러 가지 소도구들과 제물들이 준비되면 이 의례를 거행하는 것이 일상적이다. 이에 견주어서 소풍은 집안사람 가운데 병든 사람이 있거나 집안의 행사 가운데 순조롭지 못한 일이 있을 경우에, 이 원인이 풍귀에게 있다고 보아서 이를 거행한다. 그러나 이와는 다르게 실제로 작은 의례를 경제적인 규모에서 파악하기도 한다.

제대풍은 풍성하고 다채롭게 주로 다섯 천기에 의거해서 진행한다. 제일천(第一天)에는 준비하는 시간으로, 각종 법기나 여러 제물이나 헌물을 준비한다. 법기, 신상, 목패화, 제목, 면우 등을 준비하는 것을 말한다. 제풍터에는 이러한 제물을 준비하는 일이 긴요하고 규모가 크다고 하는 것은 이 때문이다.

제이천(第二天)에는 제장을 설치하고 처음으로 제사하는 이른바 초제를 거행한다. 제장에 설치된 여러 신들에게 돌아다니면서 경전을 읽고 갖가지 의례를 거행하는 것을 말한다. 여러 경전의 내용은 《동파경》에 있는 것을 가져다가 읽는데, 낮과 밤 사이에 필요한 경전을 상황에 맞게끔 읽는 것을 알 수 있다.

제삼천(第三天)에는 핵심이 죽은 사람을 모셔다가 정사자를 위해서 제사 지내는 것을 말한다. 여러 신격을 청하기도 하고, 창세에 관련되는 신격의 내력을 읊음으로써 제사를 지내는 여러 신들과의 관련성을 노래하는 것으로 되어 있다. 이 과정에서 중요한 서사시를 노래하는데, 바로 〈창세기〉나 남녀의 정사에 관련된 〈노반노요〉(魯般魯饒) 등이 불러진다. 여러 경전이 모두 읽히지만, 이 과정에서 긴요한 구실을 하는 것이 이 서사시라고 할 수 있다.

제사천(第四天)에는 죽은 사람을 보내는 것이 핵심적인 절차다. 그리고 귀사자를 초월적 세계로 인도하도록 하는 것이 이 내용이라고 할 수 있다.

제오천(第五天)에는 여러 가지 부정한 것에 해를 입지 않도록 하는 제차다. 이 제차에서는 몇 사람만 참여하고 제장을 헐어내는 것이 기본 의례다. 제풍의례에 사용되는 《동파경》은 너무 많아서 옮기기도 곤란하다. 다만 핵심적인 기능을 하는 것이 곧 이 〈창세기〉와 〈노반노요〉임을 알 수 있었다.

제소풍은 제대풍 가운데 상당 부분의 제차를 줄이고 간단하게 하는 것이 특징이라고 하겠다. 소풍의 상세한 제차 설명은 하지 않고 간단하게 요약하면, 제의절차를 간단하게 하는 것이 기본적인 특징이다. 간단하게 하는 것은 제의의 세분된 절차를 의미한다.

제주도와 납서족의 서사시는 단일한 것이 아니며 역사적으로 중요한 변천을 겪었다고 생각하며, 이에 관한 서사시가 일정하게 대응하고 있음을 알려주는 자료가 있어서 충분한 비교 연구가 가능하다. 이를 비교하는 도표를 본다면 이 점이 분명하게 인지될 것이다.

원시시대에서부터 중세에서 근대로의 이행기까지 중요한 서사시가 대응하는 것만으로도 중요한 현상이라고 생각하며, 풍부한 비교 연구과제가 될 수 있다고 생각한다. 이에 관한 비교 연구는 한 차례 진행된 바 있어서, 이를 근거로 해서 시대적 구분에 입각한 비교 연구의 사례를 예시하기로 한다.

서사시의 갈래	제주도	납서족
신앙서사시	서귀포본향당신본풀이	祭天歌
창세서사시	베포도업침 · 천지왕본풀이	崇搬圖
여성영웅서사시	삼승할망본풀이	
남성영웅서사시	궤눼깃당신본풀이 · 초공본풀이	董埃術埃(黑白戰爭)
생활서사시	이공본풀이 · 세경본풀이	魯般魯饒

위의 표는 필자가 제안한 것이 아니고 조동일이 《동아시아 구비 서사시의 양상과 변천》이라고 하는 저서에서 이미 제시한 바 있으므로, 이를 근거로 해서 색다른 논의를 할 수 있다. 이에 근거한 비교도 같은 관점에서 할 수 있다. 일단 우리가 잘 아는 자료가 제주도의 본풀이이므로 이에 근거한 논의가 필요하다.

제주도 본풀이로는 세 가지가 있는데, 이들이 각기 주요한 시대적 징표를 지니고 있음을 알 수 있다. 원시시대, 고대시대, 중세에서 근대로의 이행기시대 등에 있는 시대적 징표가 문제로 되는데, 문제는 이러한 일관성을 구현하는 예증의 적절함과 의의가 무엇인지 하는 논란을 비교할 필요가 있다고 생각한다. 서사시가 일관성에 의한 지속과 변화를 말하는 것이라고 하는데, 현재 이루어진 연구 결과로는 이 점이 선명하게 부각되지 않았다고 생각한다.[25]

제주도의 본풀이는 특수한 사정이 있어서 세 가지 본풀이가 각기 일정한 역사적 성격을 반영하면서 나름대로 시대적 징표를 갖추었다고 판단되는데, 이 판단에서 긴요한 사항은 당신본풀이는 원시·고대·이행기시대의 특징을 고루 갖추면서 변화되고 지속되었다고 생각한다. 이에 견주어서 일반신본풀이는 당신본풀이에 견주어서 훨씬 일관된 틀을 유지하면서, 이것이 전승되면서 원시·고대·이행기시대라고 세분되는 각 시대의 특징을 갖추면서 지속과 변화를 구현한 것임이 확인된다. 조상신본풀이는 시대적 특징을 한정되게 가지고 있으면서 이행기적 특징을 그대로 구현한 것임이 확인된다.

원시서사시·고대서사시·이행기서사시로 되어 있는 본풀이의 특징을 하나 들어서 이를 비교하면 이 점이 분명하게 나타난다. 가령 위의 도표에서 예증으로 제시된 〈베포도업침·천지왕본풀이〉, 〈삼승할망본풀이〉, 〈초공본풀이〉 등은 같은 가지에서 나왔으면서도 각기 다른 시대를 반영한 것으로 볼 수 있다. 이 세 가지 본풀이는 각기 다른 시대의 증후를 지닌 것이어서, 다른 본풀이지만 신화적 구조가 같음이 확인된다.

일단 창세서사시는 원시시대의 유산이므로 아주 중요한 원천이 된다. 이 원천이 시대적으로 계승되면서 달라졌다고 생각하는데, 이것이 어떻게 이루어졌는지 증명하는 작업이 요긴하다고 생각한다. 제주도에는 원시시대의 서사시로 신앙서사시가 있는 것이 특징인데, 이 특징 역시 고대서사시로 이어졌음이 확인된다. 일단 논의의 초점은 창세서사시의 지속과 변천에 있으므로 이것이 무엇인지 증명해야 한다.

〈천지왕본풀이〉에서 요점은 창세과정에서 천지왕이 지상의 총명

---

25) 조동일, 〈제주도〉, 《동아시아 구비서사시의 양상과 변천》, 문학과지성사, 1997, 48~110쪽.

부인과 결연하고 이 자식들이 자신의 아버지인 천지왕을 찾아 하늘로 올라가 아버지에게 세상을 다스릴 분치의 명령을 받는 것이 초점이다. 지상의 자식이 천상으로 올라가서 아버지를 만나고 이승과 저승을 다스리는 임무를 부여받는 설정은 아주 긴요하다고 생각한다. 이것은 창세과정에서 발생한 천상신과 이들의 아랫대인 쌍둥이 내지 선악신의 연결과정과 상통하는 설정이다. 세상의 창조주가 있으며 이 다음의 선악에 관한 임무로 선신이나 악신, 장난꾸러기신이 있는 것을 알 수 있는데, 이 점이 〈천지왕본풀이〉에서 중요한 분화과정을 보이는 특징인 셈이다.

쌍둥이신이 선신과 악신으로 세상을 나누어서 다스리는 신이 되고 속임수를 쓰는 신이 필요한데, 이 신은 〈천지왕본풀이〉에서는 보이지 않는다. 그런데 문제는 이 신화소는 자체로 마무리되지 않고 다른 본풀이와 지속적으로 연결관계를 지닌다. 구체적 증거가 대별왕과 소별왕의 인세차지경쟁이라고 할 수 있다. 둘의 경쟁은 이른바 꽃 피우기 경쟁이라고 할 수 있는데, 이 요소는 〈천지왕본풀이〉의 감출 수 없는 핵심 가운데 핵심이라고 할 수 있다.

제주도에서는 〈천지왕본풀이〉가 고대의 영웅서사시로 지속되었다고 할 수 있다. 가령 여성영웅서사시인 〈삼승할망본풀이〉와 남성영웅서사시인 〈초공본풀이〉가 그것이다. 이 본풀이들은 창세신화인 〈천지왕본풀이〉와 일정한 관련을 가진다고 할 수 있다. 신화적 구성과 의례적 상관성이 이 점을 증명한다.

〈삼승할망본풀이〉는 대별왕과 소별왕의 인세차지경쟁에서 꽃피우기 경쟁화소를 가져다가 동이용왕따님애기와 명진국따님애기의 꽃 피우기 경쟁화소로 활용하고 있다. 물론 트릭스터는 필요하지 않았으므로 이를 속임수의 전환으로 사용하고 있지는 않다. 여기에서 아주 각별한 특징이 활용되고 있음을 보여준다. 〈초공본풀이〉는 대별왕과 소별왕이 부친이 없이 자라다가 천상에 아버지를 찾아가는 〈천지왕본풀이〉의 구조를 가져다가 변형했다고 생각한다. 구조적으로 일치하는 이유가 여기에 있다.

이 현상은 우리나라 육지부에서 일어난 〈창세신화〉와 〈제석본풀이〉에서 이루어진 현상과 동일한 면모라고 할 수 있으며, 두 신화가 서로 일치하는 것이어서 미륵과 석가의 대결담이 〈제석본풀이〉로 삽입되는 점과 일치한다.26) 이 현상은 원시신화인 〈천지왕본풀이〉가 고대의 영웅신화로 이어지면서, 이것이 여성 중심의 영웅신화에서는 생명을 키우는 이야기로 지속되면서 이 신화소가 〈삼승할망본풀이〉로 계승되었으며, 남성 중심의 영웅신화에서는 무당의 시조신화로 작용하여 〈초공본풀이〉로 이어졌음을 알 수 있다.

두 신화의 연속성은 신화의 내용으로만 구현되는 것은 아니다. 실제 제주도의 굿에서도 의례절차에서 같은 면모를 확인할 수 있다. 굿에서 〈초감제〉는 따로 굿의 서두에서 시행되며, 여기에서 처음에 삼석연물을 연주하면서 곧 〈베포도업침·천지왕본풀이〉를 구연한다. 〈불도맞이〉를 연행하면서 〈삼승할망본풀이〉를 구연하고, 다음으로 〈초공본풀이〉를 구연한 뒤에, 이어서 〈초공맞이〉를 한다. 의례인 굿의 절차에서도 이 순서가 반복적으로 구연되는 점은 매우 흥미로운 일이라고 할 수 있다. 신화나 서사시의 단계적 구연이나 성립과정과 일치하면서, 이 굿의 순서가 시대적 서사시의 단계를 간직하고 있음을 보여준다.

신앙서사시에서 이루어진 〈서귀포본향당신본풀이〉와 고대남성

---

26) 서대석, 〈창세시조신화의 의미와 변이〉, 《한국신화의 연구》, 집문당, 2001, 245~252쪽. 이 논저에서 창세신화와 시조신화가 결합된 양상에 대해서 심도 있는 논의를 했는데, 이 논의가 가지고 있는 사실이 신화의 시대적 변천과 지속에 있는 점을 재론한다.

영웅서사시에서 이루어진 〈궤눼깃당신본풀이〉에서 이룩된 결과 또한 이러한 일치점으로 볼 수 있으리라고 생각한다. 특히 신맞이 행사를 중심으로 하면서 남성신과 여성신이 각기 일정한 구실을 하면서 마을의 수호신으로 자리잡는 것이라든지, 살림살이의 문제가 발생하거나 인물신의 식성이나 대식성이 문제가 되었던 것도 같은 각도에서 논의할 수 있는 면모라고 생각한다.

생활서사시는 아주 특별한 현상인데, 이 현상에서 주목되는 것은 신화소가 한 군데 머물러 있다기보다는 내용이 여러 가지로 떠돌아다니면서 이 신화소의 내용을 수용하는 것으로 이어졌다고 할 수 있다. 민담이나 기록문학에서 이룩된 내용을 본풀이로 수용한 것은 생활서사시가 그만큼 일상화되었음을 말한다. 일상적 소재로부터 풍부한 소재를 구하고, 남녀 사이에 이루어진 사랑의 문제를 주요한 소재로 삼고 있다.

서사시의 내용적 시대구분과 형식적인 제천의례는 각기 상응하는 문맥을 형성한다. 이들의 상관성에 대해서 논의를 하면서 서사시의 대응양상에 대한 논의를 추론하기로 한다. 현재까지 이러한 연구는 자세하게 되어 있지 않으므로, 이를 비교하는 기초적인 작업이 필요하다.

납서족 서사시에서 신화나 서사시의 내용이 구조적으로 연계되는 것은 아니지만 대응하는 양상을 본다면 유사하므로, 이에 대한 정밀한 비교 논의가 필요하다. 신앙서사시의 존재는 인간이 신을 어떻게 맞이했는지 그 과정이 서사적으로 전개되어야 하는데, 이 가능성이 있는 노래는 있지만 서사시로 되어 있지 않아서 온전한 서사시로 보기 어려운 형편이라고 할 수 있다. 이 점에서 납서족의 원시서사시 가운데 신앙서사시는 가능성만 제기되었을 따름이고, 이에 준하는 서사시는 의문만 있는 셈이다. 원시서사시로《동파경》에 〈제천고가

(祭天古歌)·사반소(査班紹)〉가 이에 해당한다.

창세서사시는 앞에서 말한 〈숭반도〉를 중심으로 하는 《동파경》과 구전으로 풍부하게 전승되었음을 알 수 있다. 이것이 창세서사시의 내용을 이룬다고 할 수 있다. 《동파경》에 남성영웅서사시가 있다. 이 서사시는 주요 내용이 곧 요괴를 물리치는 내용이고, 전대의 영웅과 후손의 관계를 명시하는 작품으로, 이 이야기 가운데 가장 중요한 것이 곧 〈동애술애〉(董埃術埃)로, 달리 〈흑백전쟁〉이라고 하는 것이다.27)

〈동애술애〉라는 이 영웅서사시는 운남성(雲南省) 여강현(麗江縣) 화중전현(和中甸縣) 일대에서 전승되는 서사시로, 동파문자로 기재된 주요 《동파경》이라고 할 수 있다. 액운을 멀리하는 노래라는 뜻으로 전하는 것임을 알 수 있다. 이 작품에 대해서 정리한 결과를 인용해서 보이면 다음과 같다.

동부락(東部落) 수령 미리동주(美利董主)는 신령스러운 흰 알로부터 변화한 사람이다. 신의 세계로부터 인간세계에 이르러서 아홉 남자와 아홉 여자를 낳았다. 마을을 세우고 흰 하늘 흰 땅 흰 태양 흰 달 흰 별 흰 산천 흰 말과 흰 소의 지방에 거처하게 했다.

술부락(術部落) 수령 미리술주(美利術主)는 신령스러운 검은 알로부터 변화한 사람이다. 인간세계에 이르러서 아홉 남자와 아홉 여자를 낳았는데, 마을을 세우고 검은 하늘, 검은 땅, 검은 태양, 검은 달, 검은 나무, 검은 말과 소의 지방에 거처하게 했다.

술주가 아들 안생미온(安生米溫)으로 하여금 동부의 흰 태양과 흰 달을 잠입해서 훔치도록 하였으나 이루지 못하고 죽었다. 술주는 아들

---

27) 《中國各民族宗敎與神話大詞典》, 北京: 學苑出版社, 1993, 493·510쪽.

의 보복을 위해서 미리술주가 이끌고 있는 동부를 대거 공력하게 되었다. 전쟁으로 광명과 정의의 동부가 암흑을 대표하고 사악한 술부락을 싸워 이겨 종말을 고했다. 미리동주는 고대 납서족의 이상적 영웅인물이다.[28]

이 신화의 내용은 흥미로운데, 주요 내용은 영웅이 태어나는 과정을 전혀 다른 각도에서 말하고, 흰색·초록색·붉은색·노란색·검은색의 알에서 다섯 민족이 생겨나고, 이들 사이에 불가피한 다툼이 벌어지는 과정을 기술하고 있다. 영웅신화에서 민족 간의 다툼은 핵심 주제이므로 다른 민족 간의 싸움이 불가피한 점을 말하고 있다.

백계(白界)의 동족(董族)과 흑계(黑界)의 술족(術族)이 다투는 것이 처절하게 진행되어서, 이 전쟁이 생긴 원인은 술족의 통치자가 동족의 해와 달을 훔쳐갔는데, 이 싸움을 동족이 승리해서 영원한 광명을 누리게 되었다고 하는 것이 결말이다. 영웅이 등장해서 싸우는 내용이 구체적이지 않지만, 영웅이 한 나라의 위업을 이루고 민족이나 집단을 이룩하는 이야기는 흔하게 발견되는 것이 아니므로 값진 영웅서사시를 가지고 있는 셈이다. 이 밖에도 영웅서사시로 더 꼽을 수 있는 것이 〈합사전쟁〉(哈斯戰爭), 〈고래추수옥〉(高來秋受沃; 高來秋和山神龍王家的鬪爭), 〈보척아로철작〉(普尺阿魯哲作; 普尺阿魯傳略) 등이다.[29]

---

28) "東部落首領美利董主由神卵變化 從神界來到人間 生下九男九女 建立了村塞 居于白天白地白太陽白月亮白星宿白山川白牛馬的地方　術部落首領美利術主由一個黑卵變化 來到人間 生下九男九女 建立了村塞 居于黑天黑地黑太陽黑月亮黑木黑牛馬的地方 術主唆使兒子安生米溫傛盜東部的白太陽和白月亮不成而身亡　爲報子仇術部落在美利術主帶領下大擧 進攻東部落 戰爭以代表光明, 正義的東部落戰勝代表暗黑 邪惡的 術部落告終 美利董主爲古代納西人理想的英雄人物."(위의 책, 510쪽)

29) 위의 책, 493쪽.

이는 흑샤먼과 백샤먼 두 파가 싸웠으며, 이 전례가 이와 관련되는 것은 아닌지 의문이 들게 하는 영웅서사시이다. 빛과 어둠, 선악의 투쟁이 영웅과 결부되어서 투쟁으로 이어지는 이야기라는 점에서 〈동애술애〉는 깊은 관련이 있다고 할 수 있다. 여기에서 영웅서사시의 구실은 분명하다.

〈노반노요〉는 이행기 서사시로 중요한 의의를 가지는 서사시다.[30] 이 서사시에 대해서는 애정서사시로 정평이 있으며, 이 서사시의 내용은 비극적 결말을 가진 내용이라고 해서 이를 〈유비조〉(游悲調)라고도 한다. 주된 내용은 납서족 청년인 개미구명(開美久命)과 자고우륵반적(慈古羽勒搬的)인 순정고사(殉情故事)로부터 비롯된 것이라고 하면서, 눈물을 자아내는 이야기라고 했으며, 이 이야기의 영향이 민간문학에서 절대적이라고 했다. 개미구명이라는 청년이 다른 여성을 사랑하다가 사랑을 이루지 못하고 죽은 이야기다. 사랑의 파탄을 그리는 이야기로 긴요하다고 할 수 있다.

이렇게 본다면 시대적으로 변화하는 서사시의 양상이 구체적으로 일치한다는 사실은 매우 중요한 시사점을 갖는다. 원시서사시인 창세서사시가 각기 공존하고 있으며, 고대영웅서사시가 있기도 하고, 중세에서 근대로의 이행기 서사시인 애정서사시가 있는 점도 흥미롭게 대응한다. 단계적 일치가 결국은 공통된 사고에서 발생한 것으로 볼 수 있으며, 이 사고는 거의 같았음을 역설적으로 보여준다.

---

30) 高峰編繪, 앞의 책. 이 자료집에 〈노반노요〉의 핵심 내용이 동파문자와 함께 소개되어 있다. 서사시의 내용이 전승되고 있으며, 이 자료에 근거하면서 이 서사시를 다루기로 한다. 아울러서 이에 대한 내용은 《中國各民族宗敎與神話大詞典》, 510쪽에도 전승된다.

4. 창세서사시 비교의 의의 —정체성 규명을 위해서

제주도와 납서족의 창세서사시뿐만 아니라 다른 단계의 서사시가 공통적으로 대응하는 것이 확인되었다. 특히 이 가운데 창세서사시는 중요한 공통점을 가졌으며 뚜렷한 사고의 보편성이 있음이 드러났다. 이 사실은 원시시대의 보편적 사고를 보여주는 증거다. 이 공통점을 전파로 해명하거나 같은 기원으로 보는 견해는 적절하지 않다. 구비전승이나 유사한 전승 속에서 시대적 공통점을 구현한 것으로 보는 편이 적절하다.

창세 단계를 몇 가지로 나누고 이를 일관되게 구성하고자 하는 데서 보편성이 발견된다. 창세에서 가장 중요한 것은 우주갈등과 사회갈등이다. 이 신화적인 문제는 창세서사시의 핵심적인 것으로 양대 축을 이룩한다. 우주갈등은 이 우주를 만들어내는 데서 생기는 문제를 말한다.

우주갈등은 창세과정에서 매우 중요하게 작용하는 여러 가지 문제점을 말하고, 이에 대한 대책을 강구하는 것이 신의 창조와 관련된다. 인류창조에 이어서 인류가 벌인 잘못을 응징하기 위해서 홍수가 있었다는 것은 같은 발상이라고 하겠다. 인류의 생식과 번영 과정에서 인간 사회의 갈등이 있는데, 이 사회갈등이 긴요한 의미를 가지면서 서로 연관되는 점에서도 같다.

창세서사시라는 구체적인 대상이 구비전승에 있는 것은 매우 소중한 시사점이다. 이것은 생각의 일치점을 말하는 것이고, 이 일치점을 통해서 인류문화의 보편성을 확인할 수 있으며, 보편성의 이면에 잠재된 근원적 공통점을 발견할 수 있다. 문화적으로 서로 깊은 관련이 있으며, 이것은 사람은 누구나 대등하다는 생각을 갖게 하는 근거다.

문화가 다원적으로 존재하는 이유도 저마다의 공통점을 근간으로 문화적 다양성을 유지하고, 이를 통해서 상호간의 이해를 증진할 수 있기 때문이다. 단일한 문화로 획일화되는 것은 문제점이 아주 크다. 서로의 문제를 이해할 수 있는 시야나 의식을 갖지 못하면서 문화적 다양성을 견지하지 못하는 것은 심각한 반문화적 행위라고 할 수 있다.

제주도와 납서족의 창세신화소는 각기 다른 지역에서 다른 방식으로 존재하지만, 인간이 하늘이나 자연에 숭배하고 제사를 지내면서 이룩한 서사시의 표현이라는 점에서는 같다. 현재 천지만물의 지구적 차원의 위기가 심각하게 제기되는데, 온 우주를 하나의 생명으로 파악한 점에서 창세서사시의 온 생명 관점은 거듭 계승해서 이 시대에 발현해야 할 핵심적 요소라고 생각한다.

창세서사시의 자료를 비교문화론적 각도에서 다양한 시각으로 살피면서 이 문제를 해명하고자 했다. 특히 납서족의 신화는 인류문화 이해에 소중한 단서를 제공하는 자료다. 내용이 장편서사시로 체계적인 사고를 보여준다. 그에 견주어서 제주도의 창세서사시는 영성하고 간략한 내용이지만 생각의 이면은 근본적으로 같은 발상이다.

서로 다른 문화 속에서 서로 다른 방식으로 존재하며 서로 다른 표현인데도, 두 창세서사시의 내용에서 핵심은 같다. 이것이 이 글의 중요한 결론이다. 앞에서 살핀 바와 같이, 기운이 세상을 창조하고 이 창조에 의해서 특정한 신격이 등장하고, 인간의 세상을 다스리는 신이 각기 만들어진다고 하는 과정이 있음이 입증되었다. 사고가 정밀하게 단계적으로 일치하는 점도 매우 소중한 의의를 지닌다.

게다가 제주도와 납서족의 굿과 의례 또한 긴요한 비교 연구 과제다. 특히 이 비교 연구는 굿과 의식의 비교를 가능하게 하면서도

서사시의 역사적 변천을 다루고 이해하는 데서 긴밀한 관련을 다시
한 번 강조하게 하는 요소다. 이 점에서 제주도의 굿과 납서족의
세 가지 의례는 긴밀하게 연결됨을 알 수 있었다. 큰굿은 여러 가지
본풀이를 하나로 합쳐서 종합적으로 보여주는 제전인데, 납서족의
의례는 이것이 분리되어 있으며 다채롭게 활용된다. 그런데 결과를
놓고 보면 의례적 일치점이 매우 중요함을 알 수 있다.

참고문헌

김헌선, 〈제주도 굿의 구조와 원리〉, 《한국무속학》 14집, 한국무속학회, 2007.
————, 〈한국과 유구의 창세신화 비교 연구〉, 《고전문학연구》 22집, 한국고전
　　　문학회, 2002.
노로브냠, 〈한국과 몽골의 창세신화 비교 연구〉, 서울대 석사학위논문, 1999.
박연옥, 〈선조이은에 대한 이야기〉, 《중국소수민족신화전설집》, 흑룡강성민족
　　　출판사, 1992.
서대석, 〈창세시조신화의 의미와 변이〉, 《한국신화의 연구》, 집문당, 2001.
조동일, 〈아이누·유구·만주족·운남민족군〉, 《동아시아구비서사시의 양상
　　　과 변천》, 문학과지성사, 1997.
————, 〈제주도〉, 《동아시아 구비서사시의 양상과 변천》, 문학과지성사, 1997.

권태효, 《중국 운남 소수민족의 제의와 신화》, 민속원, 2004.
김헌선, 《한국의 창세신화》, 길벗, 1994.
박종성, 《한국창세서사시 연구》, 태학사, 1999.

《中國各民族宗敎與神話大詞典》, 北京：學苑出版社, 1993.
高峰編繪, 《納西族三大祭祀—祭天》, 雲南民族出版社, 2001.
納西族文學史編寫組, 《納西族文學史》, 成都：四川人民出版社, 1992.
伍雄武 編, 《納西族哲學思想論叢》, 北京：民族出版社, 1990.

雲南省 社會科學院 東巴文化硏究室·雲南省 麗江東巴文化硏究室,《納西東巴經選
    譯》, 출간연도 미상.
雲南省民族民間文學 麗江調査隊,《納西族民間史詩 創世紀》, 雲南人民出版社,
    1960.
李錫 主編,《納西族傳統祭祀儀式-麗江東巴文化學校敎材 第二冊》, 雲南人民出版
    社, 2003.
馮驥才·白庚勝 主編, 馮莉 著,《習阿牛 阿明東奇》, 民族出版社, 2007.

동아시아 건국신화의 보편성과 한국 건국신화의 특수성

- 〈단군신화〉를 중심으로 -

조 현 설

이 글은 단군신화에 초점을 맞춰 동아시아 건국신화의 보편성과 한국건국신화의 특수성을 밝히려 하였다. 동아시아 건국신화는, 신격기능체계의 관점에서 볼 때 시조신화가 지닌 양자 관계에 제3의 항을 개입시킴으로써 형성되었기 때문에, 시조신화에서 신격은 '원인자-출현자'라는 두 기능만 지니지만, 건국신화에서 그것은 '파견자-중개자-실현자'라는 세 기능을 가진, 3기능 구조를 지닌다. 그런데 단군신화는 이러한 건국신화의 구성 원리가 가장 적절하게 구현된 잘 짜인 서사일 뿐만 아니라 신화소의 차원에서 보면 천신과 수조신의 결합 형식이 선명하고, 이념의 차원에서 보면 백성의 신체와 정신까지를 이롭게 한다는 홍익인간을 건국이념을 제시했다는 점이 특징적이다.

1. 문제 제기

한국 건국신화의 특수성은 존재하는가? 동아시아 건국신화의 보편성과 한국 건국신화의 특수성이라는 논제는 이 물음에서부터 시작되어야 한다. 그러나 한국 건국신화의 특수성이란 논리적으로 불가능한 문제 설정일 수 있다. 왜냐하면 고조선, 고구려, 신라, 가락국, 혹은 탐라국, 고려 등의 건국신화는 존재하지만, '한국' 건국신화는 존재하지 않을 뿐만 아니라 그 특수성을 말하기는 더욱 어려운 개념이기 때문이다.

'한국'을, 우리 역사에 존재했던 고대국가의 건국신화들을 하나의 범주로 묶는 형식적 개념으로 사용할 수는 있다. 하지만 범주 속의 각 나라들이 보여주는 신화의 모습이 다양하기 때문에, 이 다양성들을 보편성으로 수렴하여 다른 민족국가들의 건국신화와 비교하여 상대적 특수성을 드러내는 작업은 쉽지 않을 뿐만 아니라, 그런 작업이 한국 건국신화를 해명하는 데 유용한지도 의문스럽다. 따라서 건국신화에 대한 논의는 역사적으로 존재했던 개별 국가 단위로 이루어질 수밖에 없다고 생각한다. 다시 말하면 동아시아에 존재했던 개별 국가들의 건국신화가 보여주는 보편성과 특수성을 문제 삼아야 한다는 말이다.

그렇다면 건국신화의 보편과 특수를 어떤 차원에서 해명할 것인가 하는 것이 다음 문제다. 이 문제는 먼저 건국신화의 본질을 통해 접근할 수밖에 없다. 두루 알려졌듯이, 건국신화는 국가 건립의 정당성을 건국 집단이 신성(神聖)하다고 여기는 초월적 존재의 힘에 의거해 설명하는 신화다. 따라서 이 설명을 위해서는 어떤 서사적 논리가 작동해야 한다. 이 원리를 해명하는 것이 동아시아 건국신화의 보편성을 찾는 길이다. 그런데 보편성이란 여러 요소에 두루 존재하는 성질이므로, 동아시아 국가들의 건국신화를 비교할 수밖에 없다. 그러나 원리가 같다고 해서 실현 양태가 같은 것은 아니다. 개별 고대국가는 서로 다른 지리적 문화적 환경 속에서, 서로 다른 신화적 전통을 가진 집단들에 의해 설립된 것이므로, 건국신화의 얼굴도 조금씩 다를 수밖에 없다. 같은 원리를 가진 건국신화가 신화소들을 어떻게 조직하여 한 편의 이야기를 만드는가, 이렇게 만들어진 이야기는 어떻게 전승되고 재인식되는가? 여기에 건국신화의 문화적 역사적 특수성이 존재한다.

그렇지만 제한된 지면에 한국 건국신화 전체를 다 다루기는 어렵다. 동아시아 건국신화의 보편성을 추출하는 과정에서 여러 건국신화가 거론되겠지만, 이를 통해 특수성을 드러내는 문제는 〈단군신화〉에 한하려고 한다. 〈단군신화〉는 한국 건국신화를 대표하는 신화일 뿐만 아니라, 고대국가를 넘어 민족신화로 전환된 역사적 과정까지 지니고 있어 한국 건국신화의 특수성을 드러내는 데 가장 적절하다고 생각하기 때문이다. 다른 건국신화들은 앞으로 〈단군신화〉를 기준으로 삼아 더 논의하려고 한다.

2. 동아시아 건국신화의 구조적 보편성

신화의 유사성과 보편성은 현생인류의 동일한 마음의 구조에서 비롯된다.[1] 뒤르켕이 '집단의식', 융이 '집단무의식', 레비스트로스가 '구조'라고 부른 것은 이 마음의 구조를 각기 다른 방식으로 석명한 것이라고 해도 좋을 것이다. 건국신화의 보편성 또한 이런 관점에서 접근할 필요가 있다고 생각한다. 건국신화가 국가 건립의 정당성을 신화를 통해 구현하고자 하는 욕망의 표현이라면, 거기에는 동일한 욕망의 문법이 있을 수밖에 없기 때문이다.

건국신화는 명시적이든 암시적이든, 건국의 정당성을 건국 집단이 추인하는 가장 신성한 존재의 명령이라고 말한다. 이때 호명되는 것이 최고신이다. 이 최고신은 세계를 창조한 창조신이지만, 비국가적 사회의 제의 체계에서는 잘 기억되지 않던 신이다. 널리 알려졌듯이 엘리아데는 이 최고신을 '감추어진 신'(隔絶神, Deus otiosus)[2]이라고 불렀다. 이 최고신이 새로 등장한 국가권력의 권위에 의해, 국가권력의 정당성을 변호하는 신성의 마지막 보루로 소환된다.《삼국유사》에 실린 〈단군신화〉를 잠시 검토해 보자.

고기(古記)에 일렀다. 옛날 환인(桓因)의 아들 가운데 환웅(桓雄)이 있어 천하에 자주 뜻을 두고 인간 세상을 탐구(貪求)했다. 아버지가 아들의 뜻을 알고 삼위태백(三危太伯)을 내려다보니 인간들을 널리 이롭게 할 만했다. 이에 천부인(天符印) 세 개를 주어 내려가 다

---

1) 이 문제에 대해서는 뇌 연구를 통해 인류의 마음의 구성과 발전을 해명하려고 하는 인지고고학(Cognitive Archaeology)의 관점이 좋은 시사점을 준다. 이 관점에 따르면, 신화는 인류의 자연사 지능, 사회적 지능 등이 통합되는 인식의 유동성이 증가하면서 발생했다. 초기 인류가 자연사 지능을 통해 동물을 생각하고, 사회적 지능을 통해 사람에 대해 생각했다면, 현생인류는 지능의 통합을 통해 사람을 동물로, 동물을 사람으로 생각할 수 있게 되었고, 거기서 토템 신앙이 생성되었다는 것이다. 현생인류의 마음으로부터 비롯된 신화가 보편성을 지니는 까닭이 여기에 있다. 이 문제에 대해 자세한 것은《마음의 역사》(스티븐 미슨/윤소영 옮김, 영림카디널, 2001)를 참조할 것.

2) M. 엘리아데/이은봉 옮김,《종교형태론》, 한길사, 1996, 105쪽 참조.

스리게 했다.

환웅은 무리 삼천 명을 거느리고 태백산 꼭대기 신단수(神壇樹) 아래로 내려와 이곳을 신시(神市)라고 불렀는데, 이 분이 환웅천황이다. 풍백(風伯), 우사(雨師), 운사(雲師)에게 곡식, 수명, 질병, 형벌, 선악 등을 맡기고, 무릇 인간살이 삼백 예순 가지 일을 주관하여 세상에 살면서 교화를 베풀었다.

때마침 곰 한 마리와 범 한 마리가 같은 굴에서 살았는데, 늘 신웅(神雄)에게 사람 되기를 빌었다. 이때 환웅신이 영험한 쑥 한 심지와 마늘 스무 개를 주면서 "너희들이 이것을 먹고 백 일 동안 햇빛을 보지 않는다면 곧 사람의 모습을 얻으리라"고 했다. 곰과 범은 이것을 얻어먹고 삼칠일(三七日) 동안 몸을 삼갔다. 곰은 여자의 몸이 되었지만 금기를 지키지 못한 범은 사람의 몸을 얻지 못했다. 웅녀(熊女)는 혼인할 자리가 없었으므로 늘 단수(壇樹) 밑에서 아기를 배게 해달라고 빌었다. 이에 환웅은 잠시 사람으로 변해 웅녀와 혼인하여 아들을 낳으니 이름을 단군왕검(壇君王儉)이라 했다.

단군왕검은 요(堯) 임금이 왕위에 오른 지 50년인 경인년에 평양성에 도읍하고 비로소 조선(朝鮮)이라 일컬었다. 또 도읍을 백악산(白岳山) 아사달(阿斯達)로 옮겼는데, 그곳을 궁홀산(弓忽山)이라고도 하고 금미달(今彌達)이라고도 한다. 그는 일천오백 년 동안 나라를 다스렸다. 주(周)의 무왕(武王)이 즉위한 기묘년(己卯年)에 기자(箕子)를 조선에 봉하니, 단군은 곧 장당경(藏唐京)으로 옮겼다가 뒤에 돌아와 아사달에 숨어 산신(山神)이 되었다. 수(壽)는 1908세였다.3)

---

3) 古記云 昔有桓因(謂帝釋也)庶子桓雄 數意天下 貪求人世 父知子意 下視三危太白 可以弘益人間 乃授天符印三箇 遣往理之 雄率徒三千 降於太伯山頂(卽太伯今妙香山) 神壇樹下 謂之神市 是謂桓雄天王也 將風伯雨師雲師 以主穀主命主病主刑主善惡 凡主人間 三百六十餘事 在世理化 時有一熊一虎 同穴而居 常祈于神雄 願化爲人 時神遺靈艾一炷 蒜二十枚曰 爾輩食之 不見日光百日 便得人形 熊虎得而食之 忌三七日 熊得女身 虎不能忌 而不得人身 熊女者與爲婚 故每於壇樹下 呪願有孕 雄乃假化而婚之 孕生子 號曰壇君

이 자료에서 천신의 이름은 환인이고, 그가 최고신이다. 환웅 역시 천신이지만 환인과 부자 관계의 위계를 가지고 있으므로, 환웅 위에 환인이 있다. 그런데 환인은 〈단군신화〉의 천신이자 최고신이지만, 그가 세계를 창조한 신인지는 명확하지 않다. 〈단군신화〉 속에는 세계 창조의 서사가 없기 때문이다. 〈단군신화〉에 없는 창조의 서사는 무당에 의해 구전된 무속신화에 있다. 함경도 지역 무속신화 〈창세가〉에 등장하는 '미륵', 제주도 무속신화 〈천지왕본풀이〉에 등장하는 '천지왕'이 그런 존재다.4) 이 미륵이나 천지왕과 환인의 관계는 아직 밝혀지지 않았다. 그리고 미륵이나 환인은 이미 불교적 이미지를 입고 있고, 천지왕은 '옥황상제 천지왕'이라는 이름으로 도교의 이미지를 뒤집어쓰고 있어 원래 이름을 알 수 없지만, 이들은 한반도와 제주도 지역에 전승되는 창조주 천신이라는 점에서 무관한 존재는 아니다. 이 최고신이 건국신화에서 국가권력의 존재 근거로 재등장하는 것이다.

이 건국신화의 최고신은 정신분석학이 말하는 대타자와 동일한 위계를 갖는다. 아이가 상징계로 진입하기 위해서는 아버지의 법을 습득하고 추인하는 과정이 필요하듯이, 국가라는 질서가 수립되기 위해서는 왕에 대한 복종이 필요하다. 유아의 성장과 언어 습득의 과정에서 상상계의 이자관계(dual relation)를 중재하는 대타자가 필요하듯이, 비국가적 사회가 국가적 사회로 전이되기 위해서는 '아버지'

王儉 以唐高卽位五十年庚寅(唐高卽位元年戊辰 則五十年丁巳 非庚寅也 疑其未實) 都平壤城(今西京) 始稱朝鮮 又移都於白岳山阿斯達 又名弓(一作方)忽山 又今彌達 御國一千五百年 周虎王卽位己卯 封箕子於朝鮮 壇君乃移於藏唐京 後還隱於阿斯達爲山神 壽一千九百八歲.(《三國遺事》 卷1 古朝鮮)

4) 미륵과 천지왕에 대해서는 각각 《서사무가Ⅰ》(서대석·박경신 역주, 고려대 민족문화연구원, 1996), 《제주도 무가》(현용준·현승환 역주, 고려대 민족문화연구원, 1996)를 참조할 수 있다.

와 '아버지 따르기'가 필요하다.5) 이 복종을 위해 요청되는 것이 왕과 동일시되는, 달리 말하면 왕의 혈통적 근원으로 설정되는 최고신이다. 그래서 〈단군신화〉의 환인은 홍익인간(弘益人間)의 뜻을 가지고 환웅을 지상에 보내는 파견자의 기능으로 건국신화에 배치된 것이다. 환인에 의해서만 단군은 건국자로서의 위상을 확보할 수 있다. 그 역도 가능하다. 단군에 의해서만 환인은 최고신의 지위로 복귀할 수 있는 것이다.

그런데 〈단군신화〉의 환인은 최고신이기는 하지만, 그 이름에서 알 수 있듯이 불교의 신격이라는 것이 문제가 되어 왔다. 〈단군신화〉 연구 초기에는 나카 미치요, 시라토리 구라키치, 이마니시 료우 같은 일본인 학자들이 환인을 근거로 〈단군신화〉가 고려시대에 승려에 의해 만들어진 신화라는 견해까지 제시한 바 있다. 그러나 건국신화의 최고신은 권력의 요청에 의해 의미가 부여된 존재이기 때문에 요청이 달라지면 이름도 달라진다. 고조선 건국신화의 최고신은 불교 쪽에서는 제석천(帝釋天)으로 호명되고, 도교 쪽에서는 진인(眞人)으로 호명된다.6)

따라서 이름을 근거로 건국신화 자체의 제작시기를 추단하는 것은 합리적인 신화 해석이 아니다. 이는 건국신화의 파견자가 천신이었다가 석가족(釋迦族)으로 변형된 티베트나 몽골의 사례,7) 중국의

---

5) 이 문제에 대한 자세한 논의는 조현설, 〈세 신화 세 현실〉(《겨레어문학》 33집, 겨레어문학회, 2004)을 참조할 것.

6) 일연은 《삼국유사》의 기사에서 환인에 대해 제석천이라는 주석을 달고 있고, 도가계 문헌인 16세기 《청학집》(靑鶴集)에는 환인을 진인(眞人)으로 부르고 있다.

7) 참조로 티베트와 몽골의 자료를 들면 각각 아래와 같다.
   티베트: [석가족(釋迦族)의 후예 가삼왕(佳森王)과] 그 아우 마갑파(瑪甲巴)는 하와왕(夏瓦王)의 아들인데 이 두 사람이 부왕(父王)의 왕정(王政) 계승 문제에서 불화로 전쟁이 발생했다. 가삼왕 때 마갑파는 전쟁에 패했다. 이때 마갑파의 처 교상모(喬桑姆)는 아들 하나를 낳았는데, 아이는 눈이 새눈처럼 위로 닫혔으며, 갈색 머리칼과 구렛나루,

신격체계를 수용하여 염제신농씨(炎帝神農氏)를 파견자의 위계에

녹송석(綠松石) 같은 눈썹, 나사무늬가 있는 흰 소라 같은 이빨, 발가락 사이에 갈퀴가 이어진 큰 기러기 같은 손을 가지고 있었다. 예언대로 우각산에서 태어났으므로 이름을 여와결(如瓦結; '牛角에서 태어났다'는 뜻)이라고 했다. 흉조라고 생각하고 죽여 버리라고 명령을 내렸다. 대신(大臣)은 차마 왕자를 죽이지 못하고 그를 덮개가 있는 구리함 속에 넣어 항하(恒河)에 던졌다. 구리함은 표류하다가 양파견성(揚巴堅城) 부두의 물도랑에 닿았는데, 농부 아토견(阿吐堅)이 그것을 주웠다. 함 속의 왕자는 살아 있었는데 농부는 감히 집으로 데려가지 못하고 그를 숲 속에 두고 양육했다. 숲 속에서 새들이 와 그와 함께 했고, 뭇 짐승들이 그를 위해 고기를 보냈고, 나무그늘은 그를 위해 뜨거운 햇빛을 가려주었다. 왕자는 차츰 성장하여 농부에게 물었다. "나는 아주 복 있는 사람이에요. 내 고향은 어디며, 내 부모 조상은 누구에요? 내 집에는 어떤 사람이 있어요?" 아토견은 곧 자세한 상황을 왕자에게 이야기해 주었다. 왕자는 들은 후 놀랍고도 화가나 곧 도망쳐 강탈신산(羌脫神山) 정상에 이르렀다. 또 계속해서 북쪽 설역(雪域) 방향으로 달아나 나중에 약파신산(約波神山) 정상에 이르렀다. 천신(天神)이 그의 머리카락 위에 등천승(登天繩)을 매어 그를 하늘로 끌어올려 그는 제13층천인 도솔천(兜率天)에 도착했다. 천신은 그의 이름을 '천부신우주호주도신'(天父神宇宙怙主導神; 약칭 '우주신')으로 고쳤다.…… 그는 네 씨족의 군주가 되려고 생각했다. 천신은 그의 머리 위의 등천승을 길게 당겨 아홉 계단의 사다리로 만들었고, 그는 곧 천제(天梯)로부터 약파신산(約波神山) 꼭대기로 내려갔다. 이때 신산의 활동암(活動岩)과 초원이 교차하는 지역에는 바로 색본파(色本波)·아본파(哦本波)·감본파(甘本波)·탁본파(卓本波)·경본파(瓊本波)·사본파(些本波)·연본파(年本波)·협본파(夾本波)·색랍본파(色拉本波) 등 12명의 외도(外道)가 신(神)을 찾고 있었다. 그 가운데 똑똑한 네 사람이 그의 앞에 가 물었다. "당신은 어디서 왔습니까?" 그는 자신의 내력을 설명한 후 손을 들어 하늘을 가리켰다. 본파들은 곧 그의 머리 꼭대기와 하늘 사이에 길고 긴 하얀 등천승이 있는 것을 보았다. 이에 그들은 말하기를 "이는 하늘로부터 내려온 천신 찬보(贊普)고 특출한 분이다. 우리가 마을 사람들에게 저 분을 보이자"라고 했다. 본파들은 그를 나무틀(가마)에 앉혀 어깨에 메고 마을로 돌아가 사람들에게 말했다. "이 분은 오늘 우리 본파들이 신을 찾고 있을 때 오셨고, 하늘에서 오신 천신 찬보시다. 빨리 와서 보라!" 마을 사람들은 말했다. "이 천신 찬보는 정말로 특출하시구나! 당신은 본파들이 어깨 위에 모신 천신 찬보, 천신 경좌찬보(頸座贊普) 당신은 곧 우리의 국왕 찬보가 되시라!" 그 뒤로 사람들은 그를 섭적찬보(聶赤贊普; 頸座贊普 - 어깨에 앉은 왕)라고 불렀다. 그는 또 마치 새가 하늘에서 내려온 것 같아서 갑적찬보(甲赤贊普; 鳥座贊普 - 새처럼 내려온 왕)라고도 불렸다. 섭적찬보는 곧 토번 땅 최초의 군왕이다.(馬學良 外 主編,《藏族文學史》, 四川民族出版社, 1994 修訂版, 335~337쪽에서 재인용; 北京民族文化宫 手抄本 64~69쪽)
　　몽골: 이가 곧 토번 최초의 왕 고순삼탑리도왕(庫諄三塔里圖王)이다.…… 그 아들이 대래소빈아이탄삼탑리왕(大萊蘇賓阿爾灘三搭里王)이다. 왕은 세 아들이 있었는데 장자(長子)는 박라출(博羅出), 차자(次子)는 석파고지(錫巴罟持), 유자(幼子)는 패아첩적나(孛兒帖赤那)였다. 내부 불화로 인해 패아첩적나는 북쪽으로 등길사해(騰吉思海)를

배치한 베트남, 일본의 신격체계를 수용하여 천황(天皇)을 동일 위
계에 배치한 류큐국 등의 사례에서도 확인할 수 있는[8] 일반적인

건너 절특(浙忒) 지방에 이르렀다. 활애마란륵(豁埃馬闌勒)이라고 하는 처녀를 아내로
삼고 절특 지방에 정착했는데 이것이 몽골 부락이다.…… 타분멸아간(朵奔蔑兒干)은
그 처녀에게 물었다. "당신들은 누구냐?" 처녀가 대답했다. "독마척(禿馬惕)의 활리자아
태멸아간(豁里剌兒台蔑兒干)의 큰 부인 파아홀진활아(巴兒忽眞豁阿)가 아리흑올손(阿
里黑兀孫)에서 아란활아(阿蘭豁阿)라고 부르는 처녀를 낳았는데, 바로 나다." 이에 타분
멸아간(朵奔蔑兒干)은 그녀를 취해 처로 삼았다. 후에 두 사내아이를 낳았는데 장자는
불홀합답길(不忽合答吉), 차자는 불합적살륵지(不合赤撒勒只)다. 이로부터 불합적살
륵지는 살륵지올척(撒勒只兀惕)으로 씨(氏)를 삼고, 불홀합답길(不忽合答吉)은 합탑근
(合塔斤)으로 씨를 삼았다. 타분멸아간이 죽은 후 그 처 아란활아는 과거(寡居) 중에
또 세 아들 불고납태(不古納台), 별륵고납태(別勒古納台), 패단찰아(孛端察兒)를 낳았
다. 이로 하여 불홀합답길과 불합적살륵지는 의심이 일어나서 뒤에서 "우리에게는 친척
이 없는데 이 아이들은 누구의 것이냐?"라고 수군댔다. 이를 어머니 아란활아가 알고
말했다. "내 두 아들아! 너희들이 나를 의심하는 것도 일리가 있다." 그 후 아들마다
화살 한 대씩을 주니 각자 즉시 꺾었다. 또 아들마다 다섯 대의 화살을 주었는데 능히
꺾지를 못했다. 이에 아란활아가 말했다. "너희 다섯이 모이면 역량이 이처럼 견고해진
다. 이 세 아이를 임신했을 때 밤에 어떤 누런 빛을 띤 아이가 들어왔는데 방 안이
바로 환해졌다. 내 배를 쓰다듬고는 한 마리 누런 개로 변해 혀를 핥고 입술을 문지르면
서 문 오른쪽으로 나갔다. 이로 볼 때 나는 반드시 천명(天命)을 받고 강생(降生)한
아들이라고 생각한다."…… 테무친 칭기스 카한은 천명을 받고 태어났다. 불타가 열반에
든 지 3250여 년 뒤 세상에 12폭군이 태어나 중생을 괴롭히니 그들을 다스리기 위하여
불타가 표(標)를 주어 칭기스 카한을 탄생케 했다. 오색사이(五色四夷) 및 염부제(閻浮
提) 361종 성씨(姓氏), 720종어국(種語國)으로부터 부역을 거두었다. 백성들로 하여금
수족(手足)을 분별케 하고 세상살이를 태평케 하고 생활을 안녕케 하여 전륜왕(轉輪王)
처럼 이름을 떨쳤다.(朱風/賈敬顔 譯,《漢譯蒙古黃金史綱》, 呼和浩特: 內蒙古人民出版
社, 1985)

8) 류큐국과 베트남 관련 자료를 들면 각각 아래와 같다.
　류큐국: 아득한 옛적에 천손씨(天孫氏)가 먼저 나서서 임금이 되고서, 처음으로 중산
(中山)에 도읍을 정하고, 나라 전각을 짓고 국왕의 통치를 열어 만민을 다스렸다. 그
뒤에 임금이 된 사람은 모두 이 성에 거처했으나 규모가 협소하고 제도가 미비했다.
순천왕(舜天王)에 이르러서 왕이 선정을 베풀고 멀고 가까운 곳을 두루 어루만졌으며,
성의 규모를 크게 해서 그 장관이 자못 새로웠다.(조동일,《하나이면서 여럿인 동아시
아 문학》, 지식산업사, 1999, 160쪽)
　베트남: 염제 신농씨의 3세손 제명이 제의를 낳은 후 남쪽으로 순수하여 오령에 이
르러 무선의 딸을 만났다. 제명은 그녀를 데리고 돌아와 녹속을 낳았는데, 녹속은 용
모가 단정했으며 총명하고 숙성하였다. 제명이 기특하게 여겨 제위를 물려받게 했다.

현상이다. 요컨대 이름은 달라져도 슈퍼 파워라는 기능은 달라지지 않는 파견자는 건국신화의 존재 근거인 것이다.

그러나 녹속은 고사(固辭)하며 그 형에게 양보했다. 이에 제명은 의를 내서 제위를 잇게 하고 북쪽 땅을 다스리게 했다. 한편 녹속을 경양왕에 봉해 남방을 다스리게 했는데 그 나라 이름을 적귀국이라고 했다. 경양왕은 능히 수부에 출입할 수 있어 동정군 용왕의 딸에게 장가들어 승람을 낳았으니, 이 분이 곧 낙용군이다. 경양왕은 낙용군에게 자기 대신 나라를 다스리게 했는데, 그 후 행방을 알 수 없다.…… 제래에게 제위를 물려받은 제유망 때 이르러 치우가 반란을 일으켰다. 황제가 제후의 군대를 이끌고 와서 치우와 싸웠으나 이기지 못했다. 치우는 짐승의 모습이었으나 사람 말을 했는데 용맹스럽고 위엄이 있었다. 어떤 이가 황제로 하여금 짐승 가죽으로 북을 만들어 그것으로 명령을 내리며 싸우라고 했다. 그렇게 했더니 치우가 놀라 탁록에서 패하였다. 제유망이 황제와 판천에서 전쟁을 벌였는데 세 번 싸워 패하였다. 그리하여 낙읍에 갇혀 있다가 죽었다. 이로써 신농씨는 마침내 망하였다. 용군과 구희가 함께 산 지 1년 만에 구희는 삼 하나를 낳았는데, 상서롭지 못하다 하여 들판에 내다 버렸다. 7일이 지나자 삼이 열리며 백 개의 알이 나왔는데, 알 하나마다 사내아이 하나가 태어났다. 그래서 데려와 길렀는데 젖을 먹이지 않아도 각자 자랐다. 그 모습은 수려하고 기이했으며 지혜와 용맹함을 다 갖추었다. 사람들은 두려워 복종하면서 비상한 형제들이라고 했다. 용군은 오랫동안 수부에 있어 자식이 있는 줄 잊고 있었으며 뭇 자식들도 아버지가 있는 줄 모르고 있었다. 모자는 가장 없이 지내고 있어 북쪽 나라로 돌아가려고 생각했다. 모자가 국경에 이르자 황제가 이 사실을 전해 듣고 두려워하여 군사를 나누어 변방을 막았다. 그래서 모자는 돌아가지 못하고 남쪽 나라로 되돌아와 용군을 부르며 말하기를 "아버지! 어디 계시나요? 왜 우리 모자를 이다지도 슬프게 하나요!"라고 하였다. 그러자 용군이 얼른 달려와 양야에서 서로 만났다. 구희가 울며 말했다. "저는 본래 북쪽 사람인데 당신과 살아 백 명의 사내아이를 낳았어요. 이 아이들을 양육할 길이 없으니 당신을 따라갔으면 해요. 우리를 내팽개쳐 남편 없고 아비 없는 사람으로 만들어 슬픔에 잠기게 하지 마세요." 용군이 대답했다. "나는 용의 종내기로 수족의 우두머리고 당신은 선인의 종내기로 지상의 사람이니, 비록 음양의 기운이 합해져 자식이 태어나기는 했으나, 물과 불처럼 상극이요 종류가 서로 다른지라, 오래 함께 살기는 어렵소. 그러니 이제 서로 헤어집시다. 50명의 아이는 내가 수부로 데리고 가서 각처를 나누어 다스리게 할 테니 당신은 나머지 50명과 함께 지상에 남아 자식들로 하여금 나라를 나누어 다스리게 하오. 산에 있든 물속에 있든 무슨 일이 생기면 서로 알리고 관계를 끊지 말도록 합시다." 백 명의 자식들은 그 말을 따랐다. 그리하여 용군과 50명의 자식은 떠났다. 구희와 나머지 50명의 자식은 봉주에 거처했는데, 자식 가운데 웅장한 자를 추대해 임금으로 삼아 웅왕(雄王)이라 칭하고 국호를 문랑국(文郞國)이라 했다.(무경 엮음/박희병 옮김, 《베트남의 신화와 전설》, 돌베개, 2000)

그러나 파견자만으로 건국신화의 서사가 완성되는 것이 아니다. 파견자의 건국의지가 실현되려면 대리자가 긴요하다. 최고신의 뜻을 지상에서 성취할 존재가 요청되는 것이다. 이 역할을 담당하는 것이 각 씨족 집단의 시조 신격인데, 이는 건국의 형식과 무관하지 않다. 고대의 나라 세우기가 부족집단들의 통합으로 이루어진다는 것은 잘 알려진 사실인데, 이 과정이 건국신화에 투영된다. 부족을 상징하는 존재들이 건국주의 출현을 중개하기 위해 연합하는 것이다. 〈단군신화〉와 〈주몽신화〉가 웅녀와 환웅, 유화와 해모수의 신성혼(神聖婚)을 통해 그 연합을 표현한다면, 〈박혁거세신화〉와 〈김수로신화〉에서는 6부의 조상, 9간이 그 역할을 대신한다. 신성혼이 매개되어 있는 경우 신격이 등장하고, 그렇지 않은 경우 조상(부족장)이 등장하는 차이가 있지만, 이들의 중개를 통해 건국주가 출현하는 것은 마찬가지다.

시조신격의 중개자 역할에서 우리가 주목해야 할 건국신화 형성의 주요 원리는 바로 시조신화의 건국신화로의 발전이다. 시조신화와 건국신화는 한 집단의 기원을 최초의 존재를 통해 이야기한다는 점에서는 동일하지만, 이야기 원리와 원리에 스며 있는 세계관은 이질적이다. 시조신화는 아버지를 말하지 않지만, 건국신화는 아버지가 근간이다. 시조신화는 토테미즘을 바탕에 두고 있지만, 건국신화는 반토테미즘을 보여준다.9) 곰의 웅녀로의 변신, 늘어난 입술을 세 번이나 자르고서야 말을 할 수 있게 된 유화의 변신이 그것이다. 시조신화에서 곰이나 수조(水鳥)는 변신을 통해 인간과 동물 사이를 자유롭게 왕래하는 존재지만, 건국신화에서 이들의 변신은 일방향

---

9) 조현설, 〈여러 얼굴을 지닌 단군신화〉, 《한국의 고전을 읽는다》, 휴머니스트, 2006, 67쪽.

적이다. 인간으로 변신한 뒤에는 다시 이전 상태로 돌아가지 않는다. 시조신화에서는 인간과 동물, 또는 식물 사이의 쌍방관계만 문제가 되지만 건국신화에서는 이 관계가 깨진다. 아버지―최고신의 등장에 따라 이들은 시조신화의 관계를 깨고 건국신화의 중개자 기능을 지닌 하위 신격으로 재배치된다.

중개자 기능에서 또 하나 주목할 부분은, 천지의 결합이라는 보편적 형식이다. 환웅과 웅녀의 결합은 남신과 여신의 결합이지만, 동시에 천상과 지상의 결합이라는 상징성도 지니고 있다. 신성혼이 없거나 건국주의 출현 후 신성혼이 이루어지는 경우, 천상에서 하강하는 건국주와 이를 맞이하는 지상의 대표자(족장)들 사이의 결합이라는 형태로 나타난다. 말하자면 건국신화는 천상적 세계와 지상적 세계의 통합을 통해 국가라는 새로운 사회 형태를 창조하는 것이다.

그런데 이런 형식은 창조신화가 가진 보편적 우주론의 재현으로 보인다. 창조신화는 천지미분의 혼돈 상황에서 천지가 분리됨으로써 세계가 생성되었다고 이야기한다. 이때 창조신은 천지 사이에서 생성되어 천지를 구성하는 제3항으로 존재한다. 중국의 반고나 한국의 미륵, 또는 만주의 아부카허허의 형상에서 알 수 있듯이, 창조신은 개벽된 천지와 하나이면서 둘인 존재다. 창조신화에서 천상과 지상은 세계 자체다. 따라서 건국신화가 천지의 결합을 통해 건국주를 창조하는 것은 창조신화의 원리가 투사된 것이면서 건국주가 세계를 통합하는, 다시 말해 우주적 원리를 구현하는 존재라는 뜻이다. 건국주는 천상적 원리와 지상적 원리, 남성적 원리와 여성적 원리 같은 이원적 세계를 통합하는 일원적 존재인 셈이다.

건국신화는 이렇게 시조신화가 지닌 양자 관계에 제3의 항을 개입시킴으로써 출현한다. 그래서 시조신화에서 신격은 '원인자―출현자'라는 두 기능만 지니지만, 건국신화에서 신격은 '파견자(지고 신)-중개자(시조신)-실현자(국조신)'라는 세 기능을 가지는 것이다. 이 세 기능은 '조부손'(祖父孫) 3대에 걸친 혈통으로 나타나기도 하지만, 반드시 그런 것은 아니다. 집단이 숭앙하는 시조와 건국자 사이에는 여러 세대가 존재할 수 있고, 건국신화 또는 건국서사시가 이들 세대들을 반영한다면 세대는 얼마든지 늘어날 수 있다. 그러나 세대수와 상관없이 건국신화는 3기능 구조라는 보편적 형식을 속에 담고 있다.10)

3. 구조와 신화소의 관점에서 본 〈단군신화〉의 몇 가지 특수성

이런 구조적 관점에서 〈단군신화〉를 살피면 흥미로운 특징이 드러난다. 〈단군신화〉는 건국신화의 구성 원리가 가장 적절하게 구현된 잘 짜인 서사라는 것이다. 〈단군신화〉는 천신 환인이 홍익인간하려는 뜻을 가지고 아들인 환웅을 지상에 보내, 지상의 신성한 존재인 웅녀와 혼인을 하게 함으로써, 이들 천지 신성의 혈통적 중개를 거쳐 건국주인 단군이 탄생하여 조선을 세우고 다스린 뒤 산신이 되는, 대단히 완성도가 높은 드라마를 연출한다. 풍백(風伯), 우사(雨師), 운사(雲師) 등의 천신을 거느리고 하강하는 환웅의 모습, 곰과 호랑이의 통과의례 과정은 이 건국서사의 백미라고 할 수 있다.

〈단군신화〉가 '건국신화의 구성 원리가 적절하게 구현된 잘 짜인 서사'라는 지적에 대해, 오히려 '단편적'이 아니냐는 반론이 있을 수 있다. 이는 《삼국유사》의 '고조선'(古朝鮮)조가 《위서》(魏書), 《고

---

10) 동아시아 건국신화의 3기능 구조에 대한 자세한 논의는 조현설, 《동아시아 건국신화의 역사와 논리》, 문학과지성사, 2003을 참조할 것.

기》(古記), 《배구전》(裵矩傳), 《통전》(通典)을 모아 편집한 성격을
가지고 있기에 제기된 문제다.[11] 이는 일연이 고조선 역사에 대한
중국 쪽의 '단편적'인 기록을 모아 편집하면서 발생한 자연스러운
결과다. 하지만 〈단군신화〉의 요지는 중국 쪽 자료가 아니라 '고기'
라는 이름의 우리 쪽 자료에 있다. 고기 역시 분량으로는 그리 길다
고 할 수 없어 단편적이라는 평가를 받을 수도 있지만, 중요한 것은
그 안에 건국신화의 핵심이 잘 정리되어 있다는 사실이다. 건국신화
가 간명하게 요약되는 것은 구전서사시가 기록의 옷을 입으면서 생
겨난 필연적 결과일 뿐이다. 중요한 것은, 그 기록 과정에서 건국신
화의 핵심이 어떻게 보존되느냐는 것이다. 이는 〈단군신화〉를 다른
건국신화 자료들과 비교하면 더 분명해지는 문제다.

〈단군신화〉에 비해 티베트는 뵌뽀와 라마교[12]의 건국신화가 병
존할 뿐만 아니라 신성혼이 드러나지 않는 특징이 있고, 몽골 건국신
화도 구전서사시를 기록한 형식과 라마교 쪽에서 재구성한 건국신
화가 병존할 뿐만 아니라, 몽골이라는 민족과 국가의 성립이 뒤늦게
이루어져 시조와 건국주의 탄생이 20대(代) 이상의 세대가 벌어진
특징이 있고, 만주도 민족과 국가의 성립이 늦어져 기존의 시조신화
를 본격적인 건국서사시로 만들 수 있는 환경이 조성되지 못한 까닭
에, 천신의 형상이 불분명하고 건국주의 결혼도 간단하게 처리되어
있을 뿐만 아니라, 부쿠리용숀이 건국한 만주국은 민족의 이름이지

---

11) 일찍이 이병도 선생이 단군에 관한 고기록(古記錄)이 단편적이라는 지적(이병도,
〈단군설화의 해석〉, 《조선사대관》, 1948)을 한 바 있고, 〈한국신화의 정체성을 밝힌
다〉는 표제의 학술발표회(비교민속학회, 2007. 12. 7)에서 이 발표문의 토론자였던
김선자 교수도 이를 거론한 바 있다.
12) 뵌뽀(bonpo)는 티벳의 원시종교고, 라마교는 설산(雪山)을 넘어온 불교가 뵌뽀와
만나 티베트화한 불교다. 티베트의 건국신화는 《부똥불교사》를 비롯한 라마교의 문
헌에 역사(불교사)의 일부로 기록되어 있다.

국가의 실명이 아니다.13) 중국은 《사기》(史記) 등에 고대국가의 신화가 언급되어 있지만, 건국 시조의 탄생담 중심의 기술이어서 건국신화라 하기에는 미흡한 부분이 있고,14) 베트남과 류큐는 각각 염제 신농씨, 일본 천황에 건국주의 혈통을 연결시켜 민족 외부의 힘을 통해 건국의 신성함을 드러내려는 중세적 건국신화의 성격이 강한 특징이 있고,15) 일본은 잘 알려져 있듯이 8세기 천황가 중심의 신화 통합이라는 정치적 의도에 따라 기기신화(記紀神話)가 편집되었기 때문에 건국신화는 독립되어 있지 않고, 신대사(神代史)라는 이름 아래 창조신화, 건국신화[國讓神話], 왕권신화 등이 함께 편집되어 있다.

이런 각각의 특수성들은 개별 건국신화 구성 당시의 역사성을 반영하고 있는 것이어서 우열을 가릴 것은 아니다. 하지만 이들 건국서사에 비해 〈단군신화〉의 서사적 완성도 높은 것은 사실이다.

〈단군신화〉의 특수성으로 두드러지는 또 하나의 국면은, 천신(天神)과 수조신(獸祖神)의 결합 형식이 선명하다는 것이다. 이는 〈단군신화〉의 형성시기가 동아시아의 다른 건국신화보다 이르다는 것을 의미하면서16) 동시에 〈단군신화〉의 독자성을 드러낸다. 건국신화

---

13) 티베트, 몽골, 만주 건국신화의 대해 자세한 것은 필자의 앞의 책을 참조할 것.
14) 《사기》(史記) 본기(本紀)를 보면, 오제(五帝) 다음에 하(夏)에 대한 기술이 있어 《사기》에 등장하는 최초의 국가는 하나라다. 그러나 이 기록에는 건국사라고 할 수 있는 부분은 있지만 건국신화는 없다. 우(禹)라는 건국영웅이 등장하지만 기록되어 있는 것은 우의 혈통적 계보가 황제에 닿아 있다는 것, 우가 홍수를 잘 다스려 나라의 기틀을 잡았다는 내용이다. 우의 신성한 탄생에 대한 이야기는 보이지 않는다. 탄생담은 다음 장인 본기 제3 은(殷) 부분에 나타나는데, 유융씨(有娀氏)의 딸이고 제곡(帝嚳)의 차비(次妃)인 간적(簡狄)이 목욕을 하러 갔다가 현조(玄鳥)가 떨어뜨린 알을 삼키고 잉태하여 은나라 시조 설(契)을 낳았다는 내용이 골간이다. 같은 신화적 역사 서술이지만 고기(古記)가 〈단군신화〉를 기록하는 방식과 상당한 차이가 있다.
15) 중세 건국신화의 특징에 대해서는 조동일 교수의 앞의 책을 참조할 것.
16) 〈단군신화〉의 불교적 요소, 홍익인간이라는 선명한 건국이념의 제시 등을 근거로

는 천상적 원리와 지상적 원리의 우주적 결합을 보여주는데, 이 결합에서 지상적 원리를 담당하는 것은 지상에 속한 신성한 존재들이다. 대표적인 것이 수조신인데, 이 수조신은 시조신화의 주인공이고, 〈단군신화〉의 곰과 호랑이가 그런 존재들이다. 그러나 동아시아의 다른 건국신화에는 수조신이 통과의례의 과정을 거쳐 인간-여성의 형상으로 변신하는 신화소를 발견하기는 어렵다. 티베트에는 야크를 조상신으로 모시는 여섯 부족들이 있었지만, 야크신과 천신의 아들이 결합하는 이야기가 없고, 몽골에는 부르테 치노(잿빛 푸른 이리)와 코아이 마랄(흰 사슴)이라는 두 수조신이 등장하여 부르칸 칼둔(신성한 고봉) 기슭에서 바타치칸이라는 아들을 낳지만, 이것만으로는 건국 서사라고 할 수 없고, 만주신화는 천상에서 하강한 부쿠룬은 선녀(仙女)의 형상이고, 주과(朱果)를 물고 온 신작(神鵲) 역시 수조신 여부가 불분명하다. 고구려의 유화, 신라의 알영, 가락국의 허황옥, 탐라국의 3공주, 베트남(文郎國)의 구희(嫗姬), 일본의 고노하나노사쿠야비메는 모두 인간의 형상이다.

〈단군신화〉의 세 번째 특수성은 건국이념이 선명하게 제시되어 있다는 점이다. 잘 알려져 있듯이, 환인은 지상을 내려다보고 '홍익인간'할 만하다고 하여 천부인(天符印) 세 개를 주어 환웅을 지상에 파견한다. '널리 인간을 이롭게 한다'는 이념은 다양하게 해석될 소지가 있지만, 환인의 뜻을 받아 신시(神市)를 건립한 환웅이 "곡식을 주관하고, 생명을 주관하고, 질병을 주관하고, 형벌을 주관하고, 선

〈단군신화〉가 상당히 후대에 형성되었다는 견해가 제시되어 왔다. 그러나 전승과정에서 그런 요소들이 부가된 것은 부정할 수 없는 사실이지만, 그런 지표들을 근거로 〈단군신화〉의 최초 형성시기를 말할 수는 없다고 본다. 만약 〈단군신화〉가 통일신라나 고려 시대에 형성되었다면 웅녀의 변신 서사를 용납할 수 있었을까? 웅녀의 존재는 〈단군신화〉가 고조선 건국기에 형성된 신화라는 점을 웅변하는 중요한 지표라고 본다.

악을 주관하여”(主穀主命主病主刑主善惡) “인간 세상을 이치대로 다
스리는”(在世理化) 것을 보면 홍익인간이란 법과 제도를 통해서만이
아니라 질병과 목숨까지 다스려 인간을 이롭게 한다는 뜻을 가지고
있다. 이른바 전인적 통치이념인 것이다. 동아시아에 건국신화가 많
지만, 이런 분명하고도 이상적인 통치이념을 건국신화에 새겨놓은
경우는 찾아보기 어렵다. 티베트의 경우, 여섯 부족의 주재자가 되려
고 하강하고, 만주의 경우 3성(姓) 씨족의 분쟁을 끝내려고 배를 타
고 내려가 왕이 된다. 신라의 경우 질서를 세우는 덕 있는 임금이
되는 것(세상을 밝게 하는 것)이, 가락국의 경우 나라를 세워 다스리려
는 것이 건국의 목적이었다. 명시적으로 표현되든 암시적으로 드러
나든 ‘사회적 질서’를 수립하는 것이 건국의 목표이자 이념이다. 중
국의 경우 건국시조에 관한 전승보다는 후대의 역사 서술에서 성군
(聖君)의 덕성이 통치이념으로 제시되는 형식을 가지고 있고, 일본
의 경우 아시하라노나가츠쿠니를 평정(平定)했다고 하여 힘에 의한
정복과 통치를 분명히 하고 있다. 이처럼 분쟁의 종식, 부족의 통합
등 고대국가적 정복과 통합의 논리를 내세우는 경우가 대부분이다.
따라서 건국신화를 통해 백성의 신체와 정신까지 이롭게 한다는 건
국이념을 내세운 점은 〈단군신화〉만의 특이성이라고 해도 좋을 것
이다.

4. 근대 민족신화의 형성과 〈단군신화〉의 특수성

건국신화는 신화이자 역사다. 성화(聖化)된 역사다. 그래서 《삼국
유사》의 저자 일연은 기이(紀異) 편 서문에서, 나라를 세우는 데 신
이(神異)한 사적이 있다는 것이 조금도 기이(奇異)할 것이 없다고

했다.[17] 《삼국사기》와 《삼국유사》가 그러하듯, 건국신화가 각국 역사서의 첫머리를 장식하는 것도 그 때문이다. 건국신화는 신성시된 역사이기 때문에 고대국가가 소멸된 뒤에도 그 고대국가의 역사를 재인식하는 과정에서 다시 호명된다. 특히 건국신화가 민족을 통합하는 이념적 구심으로 소환될 때 그런 현상이 부각된다. 〈단군신화〉의 역사적 특수성도 이 국면에서 잘 드러난다.

한국의 경우 삼한일통의식(三韓一統意識)에 따라, 삼한의 공통 기원으로 고조선을 배치하는 역사 인식과 기술이 생겨난다. 이런 역사 인식이 〈단군신화〉에도 일정한 영향을 주어, 〈단군기〉와 같은 기록에서는 "단군이 서하 하백의 딸과 결혼하여 부루를 낳았다"[18]는 식으로 고조선 〈단군신화〉와 고구려 〈주몽신화〉의 통합이 일어난다.

이런 방식의 역사와 신화 통합은 한국 건국신화의 경우에만 발생한 독자적인 현상은 아니다. 중국의 경우 《사기》에서 이미 이런 역사 통합을 시도된 바 있다. 《사기》는 역사 서술을 통해 신화를 역사화하면서 황제(黃帝)를 공동 조상으로 배치하여 중화의 신화를 만들었다.[19] 일본의 경우, 두루 알려졌듯이 〈기기신화〉를 통해 천황가 중심의 신화 통합 작업이 이루어진 바 있다.[20] 다만 한국의 경우

---

17) 叙曰, 大抵古之聖人, 方其禮樂興邦, 仁義設敎, 則怪力亂神, 在所不. 語然而帝王之將興也, 膺符命, 受圖籙, 必有以異於人者. 然後能乘大變, 握大器, 成大業也. 故河出圖, 洛出書, 而聖人作. 以至虹繞神母而誕羲, 龍感女登而生炎. 皇娥遊窮桑之野. 有神童自稱白帝子, 交通而生小昊. 簡狄呑卵而生契. 姜嫄履跡而生棄. 胎孕十四月而生堯. 龍交大澤而生沛公. 自此而降. 豈可殫記. 然則三國之始祖. 皆發乎神異. 何足怪哉. 此神異之所以漸諸篇也. 意在斯焉.

18) 壇君記云, 君與西河河伯之女要親, 有産子, 名曰夫婁. 今按此記, 則解慕漱私河伯之女而後産朱蒙. 壇君記云, 産子名曰夫婁, 夫婁與朱蒙異母兄弟也.(《三國遺事》卷1 高句麗)

19) 김선자, 〈황제신화(黃帝神話)와 국가주의—중국신화의 역사화 작업의 배경 탐색〉, 《중국어문학논집》 31호, 2005; 김선자, 《만들어진 민족주의 황제신화》, 책세상, 2007.

20) 김화경, 《일본의 신화》, 문학과지성사, 2002, 17쪽 참조.

다른 두 나라와 비교할 때, (건국)신화 통합이 의식적으로 철저하게 이루어지지 않았던 점, 나아가 신화 통합이 주류의 역사 인식 또는 신화 인식에서 벗어나 있었다는 점은 특기할 만하다.[21]

고대와 중세를 거쳐 통합된 건국신화는 근대를 통과하면서 민족의 신화로 재생산된다. 이 점 또한 동아시아 삼국에서 보편적으로 확인할 수 있는 현상인데, 근대 민족신화 재생산 과업에는 역사가, 사상가, 종교가뿐만 아니라 민속학, 신화학, 역사학과 같은 근대 학문이 함께 참여한다. 중국의 경우 고대의 신화를 '복원'하고 '발굴'하는 과정을 통해 중국신화라는 표상체계를 만든다. 이 표상체계는 실상을 넘어선 것이라는 점에서 새로운 '신화'지만, 이를 통해 중국은 다민족국가적 민족주의(중화주의)를 제조한다. 일본의 경우 〈기기신화〉는 18세기 국학파에 의해 재인식된 이래 1880년까지 두 개의 민족주의와 동행했고, 그 뒤에도 크게 달라지지 않는다. 하나가 일본 민족은 후래의 정복자와 선주민족의 혼합이라는 혼합민족론이라면, 다른 하나는 태고로부터 일본 민족이 살고 있었고 그 혈통이 계속 이어졌다는 단일민족론이다.[22] 〈기기신화〉는 그때그때의 필요에 따라 두 민족론을 입증하는 근거로 작용한다. 한국의 경우 《환단고

---

21) 《삼국유사》에 보이는 〈고기〉(古記)나 〈단군기〉(壇君記), 《제왕운기》(帝王韻紀)에 인용된 〈단군본기〉(檀君本紀), 조선시대 문헌인 《청학집》(靑鶴集)에 인용된 〈수사문록〉(壽四聞錄) 등이 〈단군신화〉를 전하거나 단군과 고구려의 관계를 언급한 주요 자료들로 판단되는데, 일연이 인용한 〈고기〉에는 고조선과 후대 국가들 사이의 역사적 계승관계가 언급되지 않지만 〈단군기〉나 〈단군본기〉에는 그 점에 분명이 명시되어 있다. 건국신화의 통합이 철저하게 이루어지지 않았다는 것은 서로 다른 견해들이 공존을 염두에 둔 평가이다. 게다가 이들 자료들은 은 대개 선가(仙家) 계통의 전승으로 판단된다. 다시 말해 《삼국사기》를 중심으로 한 주류의 역사인식에 대해 비주류라고 할 수 있는 이들 도가사학(道家史學) 쪽에서 고조선 중심의 신화적 역사에 관심이 깊었다는 것이다. 주류의 신화(역사) 인식에서 벗어나 있었다는 것은 그런 뜻이다.

22) 오구마 에이지/ 조현설 옮김, 《일본 단일민족신화의 기원》, 소명출판, 2003, 54쪽 참조.

기》와 《규원사화》와 같은 비서(秘書)들의 출현이나 1909년에 창시된 대종교에서 알 수 있듯이, 〈단군신화〉는 민족의 신화로 재탄생하고, 민족종교의 경전이 된다. 그 뒤 대종교의 활동에서 알 수 있듯이, 단군은 항일운동과 맞물리면서 강력한 민족 통합의 상징이 된다.[23] 여기에는 근대 계몽기 교과서를 통해 이루어진 단군 역사에 대한 교육도 일정한 영향을 주었던 것으로 보인다.[24]

이렇게 본다면 세 나라 모두 신화적 전승의 발굴이나 복원, 또는 재해석을 통해 고대 건국신화를 근대 민족신화로 재탄생시켰다는 점에서는 같지만, 다른 두 경우와 달리 〈단군신화〉는 단일민족론의 표상으로만 설립되었다는 특수성이 있다. 역사의 기원에 자리 잡고 있는 황제의 신화가 다민족국가적 민족주의[25]와 손을 잡은 중국, 천황의 신화가 두 개의 민족주의를 오가는 일본의 경우와 흥미로운 대비를 이룬다고 할 수 있다.

---

23) 이 문제에 대한 자세한 경과는 이 책에 실린 서영대 교수의 논문을 참조할 것.
24) 조현설, 〈군대계몽기 단군신화의 탈신화화와 재신화화〉, 《민족문학사연구》 32호, 민족문학사학회, 2006.
25) 중국의 경우 '다민족국가적 민족주의'라는 점에서 우리의 '단일민족국가적 민족주의'와 신화가 작동하는 방식이 다르다고 생각한다. 본 논문을 발표한 후 토론자로 나선 김선자 교수가 황제 역시 단일민족의 표상이 되어가고 있다고 했지만, 표상 만들기와 현실 사이의 긴장 관계 속에서 '차이'가 발생한다는 점을 아울러 고려할 필요가 있다고 본다. 중국의 경우, 황제를 통해 '중화민족'라는 표상을 재생산하더라도 개별 민족의 기원신화에 바탕을 두고 존재하는 민족이라는 또 하나의 표상이 지워지지는 않는다. 황제의 표상체계 속으로 편입되기를 거부하는 티베트나 위구르족 등을 참조하면, 이 차이와 차이에서 생성되는 긴장은 쉽게 확인할 수 있다. 그러나 한국의 경우, 단군이 단일민족의 표상이 되는 과정에서 그런 긴장이 존재하지 않았다.

참고문헌

서대석·박경신 역주, 《서사무가 I》, 고려대 민족문화연구원, 1996.

현용준·현승환 역주, 《제주도 무가》, 고려대 민족문화연구원, 1996.

김선자, 〈황제신화(黃帝神話)와 국가주의—중국신화의 역사화 작업의 배경 탐색〉, 《중국어문학논집》 31호, 2005.

———, 《만들어진 민족주의 황제신화》, 책세상, 2007.

김화경, 《일본의 신화》, 문학과지성사, 2002.

김후련, 《타계관을 통해서 본 고대일본의 종교사상》, 제이앤씨, 2006.

노성환, 《일본신화의 연구》, 보고사, 2002.

무경 엮음/ 박희병 옮김, 《베트남의 신화와 전설》, 돌베개, 2000.

서대석, 《한국신화의 연구》, 집문당, 2001.

조동일, 《하나이면서 여럿인 동아시아 문학》, 지식산업사, 1999.

조현설, 《동아시아 건국신화의 역사와 논리》, 문학과지성사, 2003.

———, 〈세 신화 세 현실〉, 《겨레어문학》 33집, 겨레어문학회, 2004.

———, 〈근대계몽기 단군 신화의 탈신화화와 재신화화〉, 《민족문학사연구》 32호, 민족문학사학회, 2006.

———, 〈여러 얼굴을 지닌 단군신화〉, 《한국의 고전을 읽는다》, 휴머니스트, 2006.

서울대 종교문제연구소, 《단군—그 이해와 자료》, 서울대출판부, 1995.

M. 엘리아데/ 이은봉 옮김, 《종교형태론》, 한길사, 1996.

스티븐 미슨/ 윤소영 옮김, 《마음의 역사》, 영림카디널, 2001.

오구마 에이지/ 조현설 옮김, 《일본 단일민족신화의 기원》, 소명출판, 2003.

시베리아신화와 견주어본 한국 무속신화의 정체성

이 용 범

이 글은 신격·타계관·신화적 사건의 발생, 해결의 맥락이라는 세 주제를 중심으로 시베리아신화와 한국 무속신화를 비교한다. 신격의 경우, 시베리아신화에서는 선신과 악신의 구분이 분명하고 동물신의 역할이 중요한데, 한국 무속신화에는 선신과 악신의 구분이 미약하며 동물신 개념 자체가 잘 드러나지 않는다. 여성신의 역할은 한국 무속신화에서는 두드러지나, 시베리아신화에서는 미약하다. 타계관은 시베리아신화에서는 천상, 지상, 지하의 삼층적 우주론이 일반적이나, 한국 무속신화에는 지하계의 관념이 거의 나타나지 않는다. 신화적 사건의 발생, 해결의 경우, 한국 무속신화에서는 대체로 가족관계의 맥락에서 이루어지는데 시베리아신화에서는 가족관계보다 큰 맥락에서 이루어지는 경향이 있다.

1. 머리말

어느 한 지역의 신화와 다른 지역의 신화를 비교하기 위해서는 각 지역의 신화 및 신화 비교방법론에 대한 거시적인 이론적 틀을 전제하고 포괄적이고도 일반적인 비교를 하거나, 아니면 두 지역의 개별적인 신화들을 세밀하게 실증적으로 비교, 검토해가는 작업을 해야 할 것이다. 아쉽게도 시베리아신화와 한국 무속신화를 비교하려는 이 글은 어느 쪽의 작업도 충실하게 해내지 못하였다. 다만 이 글은 신화를 이해할 때 선택될 수 있는 세 가지 주제를 중심으로 두 신화를 비교하고자 했을 뿐이다.

이 글은 신격(神格), 타계관(他界觀), 신화적 사건의 발생과 해결의 맥락이라는 세 주제를 중심으로 시베리아신화와 한국 무속신화를 비교하려 하였다. 신격은 각 신화에 등장하는 신의 유형과 성격, 역할을 파악하려는 것이고, 타계관은 그러한 신의 활동이 이루어지는 공간을 이해하려는 것이다. 신화적 사건의 발생과 해결의 맥락은 신화에 등장하는 캐릭터 상호간의 관계 속에서 이른바 신화적 사건이나 문제가 어떻게 발생, 수용, 해결되는가를 살피려는 것이다.

신격에 대해서는 먼저 시베리아신화는 선신과 악신의 구분을 분명하게 보여주는 반면에, 한국 무속신화에는 선신과 악신의 구분이 매우 미약하다는 것을 지적하려 한다. 또한 시베리아신화에는 동물신의 역할이 두드러진 반면에 한국 무속신화에는 동물신 개념 자체가 잘 드러나지 않는다는 점과, 아울러 한국 무속신화에는 여성인물의 역할이 두드러지나 상대적으로 시베리아신화에는 여성인물의 역할이 미약하다는 것을 밝히고자 한다.

타계관의 경우, 기존에 알려진 바와는 달리, 시베리아신화에는 천상, 지상, 지하의 삼층적 우주론이 일반적이나, 한국 무속신화에는 지하계의 관념이 거의 나타나지 않는 것을 그 특징으로 제시하려고 한다.[1]

신화적 사건이나 문제의 발생, 해결에 대해서는 한국 무속신화에서는 대체로 그것이 가족관계의 맥락 속에서 이루어지는 반면에, 시베리아신화에서는 가족관계보다 큰 맥락에서 이루어지는 경향이 있다는 점을 지적하고자 한다. 이런 점에서 신화적 사건의 발생과 해소에서 가족관계를 강조하는 모티프를 한국 무속신화의 한 가지 특징으로 제시할 수 있을 것이다.

비교라는 것은 비교대상이 되는 현상 사이의 공통점과 차이점을 통해 각 현상의 특징과 성격을 파악하는 것인데, 이 글은 주로 시베리아신화와 대비했을 때 두드러진 한국 무속신화의 차별성을 평면적으로 기술하는 데 그치고 있다. 따라서 둘의 공통점에 대해서는 거의 고려하지 못하였다.

또한 두 신화의 비교로 드러난 한국 무속신화의 특징이 한국 무속신화의 정체성을 파악하는 데 어떤 의미가 있는지를 고려할 필요가 있을 것이다. 시베리아신화와 비교를 함으로써 드러난 한국 무속신화의 차별성이 한국 무속신화의 정체성을 밝히는 데는 큰 의미가 없을 수도 있기 때문이다. 이러한 문제에 대해서도 이 글은 충분한

---

[1] 여기서 말하려는 것은 무속신화에서 지하계의 관념이 잘 나타나지 않는다는 것이다. 한국신화 일반으로 논의를 확대하면 당연히 지하계의 관념이 나타난다고 해야 할 것이다.

고찰을 시도하지 못했다.

이런 점에서 이 글은 시베리아신화와 대비해서 한국 무속신화의 특징을 찾아보는 개설적인 글이다. 자료에서도, 이 글은 한국 무속신화는 〈바리공주〉, 〈제석본풀이〉 등 대표적인 서사무가를 대상으로 하고, 시베리아신화는 주로 *The Mythology of All Races* IV[2]) 및 시베리아 샤머니즘 관련 연구서에 실린 신화 등을 중심으로 둘에 대한 개괄적이고도 거친 비교를 시도하였다.

시베리아 지역은 상고대부터 한반도와 인적 문화적 교류가 이루어져 온 지역이다. 또한 우리 사회와 학계 일각에는 시베리아 지역이 바로 한민족과 한국문화가 기원한 곳이라는 인식이 자리 잡고 있다. 신화가 한 지역의 원형적인 삶의 모습과 사고를 반영하고 있다는 점에서, 한국 무속신화와 시베리아신화를 비교하는 이번 글은 부족하나마 한국문화와 시베리아문화에 대한 이러한 전제를 점검하는 데 나름의 기여를 할 수도 있을 것이다.

2. 신 격

2.1. 선신과 악신

시베리아신화와 한국 무속신화의 신격 비교에서 두드러지는 점으로 먼저, 시베리아신화에는 선신과 악신의 구분이 나타나고 이른바 악신의 존재가 확인되는 반면에, 한국 무속신화에서는 그러한 선신

---

2) Uno Holmberg, *The Mythology of All Races IV: Finno-Ugric, Siberian*, Cooper Square Publishers, 1964.

과 악신의 구분을 확인하기 어렵고 이른바 악신의 존재 역시 뚜렷하게 발견되지 않는다는 점을 들 수 있다.

시베리아신화의 경우, 세계창조신화에서부터 악신의 존재가 드러난다. 잘 알려진 것처럼, 시베리아의 세계창조신화는 원초적 물, 물 속으로 잠수하여 흙을 가져오기, 가져온 흙으로 창조주가 대지(大地) 만들기 등의 모티프로 구성되어 있다.3) 그런데 원초적 물에 잠수하여 대지를 만드는 기초가 될 흙을 가져와 창조주의 대지창조에 도움을 주는 존재에는 인간도 있고 물새와 같은 새도 있지만, 악마와 같은 악신도 있다.

예컨대 알라스크(Alarsk) 지방의 브리야트족 신화를 보면, 브르칸(Burkhan)이 하늘에서 내려와 대지를 만들려고 할 때, 악마인 솔모(Sholomo)가 나타나 도움을 준다. 솔모는 대지가 어떻게 물속의 흙과 돌로 만들어지는지에 대해 충고를 하고, 아울러 물속에서 흙과 돌을 가져다준다. 브르칸은 악마가 가져온 흙과 돌을 물 위에 흩뿌리면서 "세상이 생겨나라"고 명하여 세상을 만든다. 이때 악마는 자신의 도움에 대한 대가로 자기 지팡이를 꽂을 만큼의 땅을 요구하여 받았는데, 거기에 그의 지팡이를 꽂자 뱀과 같은 온갖 종류의 파충류가 지팡이를 꽂은 구멍에서 나왔다. 악마는 이렇게 세상의 해로운 것들을 창조했다고 한다.4)

또한 야쿠트(Yakut)족의 전승에는 아예 악신의 이름이 사탄(Satan)으로 나타난다. 태초에 흰[白] 창조신인 우륀 아야 토욘(Yryn–Ajy–Tyon)이 끝없는 물위로 움직이다가 물위에 떠있는 기포(bladder)를 보고 누구며 어디서 왔느냐고 묻는다. 그러자 기포는 자신이 사탄으

---

3) 이필영, 《샤머니즘의 종교사상》, 대전: 한남대출판부, 1988, 63쪽.
4) Uno Holmberg, op.cit., p.315.

로 물 밑의 숨겨진 땅위에서 산다고 대답한다. 그러자 신이 정말로 물 밑에 땅이 있다면 한줌의 흙을 가져다 달라고 부탁하고, 사탄은 잠수하여 잠시 후에 입에 흙을 물고 나타난다. 신은 그것을 받아 축복한 후 물의 표면에 놓고 그 위에 앉는다. 사탄은 그 땅을 잡아당겨서 신을 물속에 빠뜨리고자 하나 잡아당기면 당길수록 그 땅은 더욱 단단해져 물 표면의 많은 부분을 덮어버린다.[5]

이 신화의 변형이라고 할 수 있는 다른 신화에는 신의 이름이 그리스도(Christ)로 나타난다. 사탄은 그리스도의 형인데, 전자는 사악하고 후자는 선하다. 신이 세상을 창조하고 싶을 때 사탄에게 말하였다. "너는 늘 모든 것을 할 수 있고 나보다 힘이 강하다고 말하였다. 좋다. 나에게 바다 밑바닥의 모래를 가져다 다오." 사탄은 두 번 연속 실패하다가, 세 번째는 제비로 변신하여 그의 부리에 약간의 진흙을 가지고 나왔다. 신은 그 작은 양의 진흙을 축복하여 평평한 대지를 만들었다. 사탄은 자신만의 세계를 만들기 위해 약간의 흙을 그의 목에 감추어 두었는데, 신이 그것을 알고 그의 목 뒷덜미를 치자 그 흙이 뿜어져 나와 본래는 평평했던 대지에 산이 생겨나게 되었다.[6]

---

5) Ibid., p.313. 사탄까지 등장하는 이러한 뚜렷한 이원론적 신화에 대해, 시베리아 사람들의 본래적인 믿음을 반영한 것이 아니라 러시아를 통한 기독교의 영향 또는 중근동 종교의 영향이라는 주장이 있다.(Ibid., p.314) 그러나 이원론이란 모든 종교적 삶에 일반적이라는 주장도 있다. 즉 오른쪽과 왼쪽을 구분하듯, 삶의 여러 측면에 대한 평가와 구분이 이루어지면서 자연스럽게 이원론이 나타난다는 것이다. 이런 점에서 이러한 이원론적 시베리아신화의 기원을 기독교나 이란 종교와 같은 중근동(中近東) 종교에서 찾을 필요는 없다고 주장한다.(Charles Long, *Alpha: the Myths of Creation*, Collier Books, 1963, p.196) 이 글은 시베리아신화에 나타나는 선신과 악신의 기원 문제에 대해 깊이 다루지 못한다. 이 글은 선신과 악신의 기원 문제와는 별도로 시베리아신화의 여러 자료에서 선신과 악신의 존재가, 비록 그것이 기독교와 같은 다른 종교의 영향을 보여주고 있음에도 분명히 나타나며 각각 일정한 역할을 담당한다는 점에 초점을 두고 논의를 진행한다.

이처럼 처음부터 악신의 존재를 설정하는 신화도 있는가 하면, 신을 돕던 인간이 나중에 악신이 되었다는 신화도 있다. 알타이신화에 나오는 에를릭(Erlik)이 바로 그 예다. 알타이의 타타르(Tatar)신화에 따르면, 땅도 하늘도 없고 물만 있을 때 위대한 월갠(Ülgen)이 세상을 창조하기 위해 물위로 내려왔다. 그는 생각하고 또 생각하였으나 어떻게 시작할지 알 수 없었다. 그때 인간이 그에게 왔다. 월갠이 누구냐고 묻자, 인간은 자신 또한 땅을 만들기 위해 왔다고 대답하였다. 월갠은 나도 만들지 못하고 있는데 네가 어떻게 할 수 있느냐고 화를 낸다. 그러자 인간은 자신이 어디서 흙을 구할지 안다고 대답한다. 신이 인간을 재촉하자 인간은 물속으로 뛰어 들어가 흙을 입에 물고 와서 일부는 월갠에게 주고, 일부는 입속에 숨겨두었다. 입 속의 흙을 뱉었을 때 땅위에 늪과 습지가 생겨났다.7)

다른 알타이신화에 따르면, 월갠이 물위에 떠있는 사람 형상의 진흙을 보고 생기를 불어넣어 그를 에를릭이라 이름 지었다고 한다. 에를릭은 최초의 인간으로서, 처음에는 신의 친구이자 형제였으며, 신이 세상을 창조할 때 신을 돕는다. 그러나 나중에 신의 적이 되어 악신으로 발전하게 된다. 인간이 악신이 된 것은 인간의 자만심 때문으로, 신은 그를 지하로 보내 죽음 세계의 지배자로 살게 한다.8)

이러한 악신의 존재는 인간창조신화에도 나타난다. 인간창조를 말하는 시베리아신화는 다음의 세 유형으로 나누어진다. 먼저 창조신이 홀로 자연의 여러 요소를 가지고 인간을 창조하는 유형이 있고, 또 세계창조신화처럼 선신과 악신이 인간창조에 개입하는 유형이

---

6) Uno Holmberg, op.cit., p.314.
7) Ibid., p.315.
8) Ibid., p.316.

있으며, 마지막으로 신의 개입 없이 특정 동물이나 식물에서 인간의 유래를 구하는 유형이 있다.9) 이 가운데서 두드러지는 것은 두 번째 유형의 신화다.

인간창조신화 가운데 두 번째 유형의 중심 내용은 선신에 의한 인간창조의 마지막 단계에 악신이 개입하여 육체적으로나 정신적으로나 불완전한 인간이 탄생한다는 것이다. 이 유형의 신화는 다시 두 유형으로 나누어진다.

첫 번째는 악신의 개입으로 인간의 육체가 더러워져 인간이 병이나 죽음을 갖게 되었음을 설명하는 유형이다. 흑(黑)타타르(Black Tatar)신화에 따르면, 위대한 파자나(Pajana)가 흙을 가지고 첫 번째 인간을 만들었으나 생명을 줄 수가 없었다. 그래서 그는 쿠다이(Kudai)에게 생명의 기운을 얻기 위해 하늘로 올라가야 했는데, 그동안 개에게 사람들을 지키도록 하였다. 그러나 그가 떠난 뒤 악신 에를릭이 찾아와 벌거벗은 개에게 털옷을 줄 테니 영혼이 없는 사람들을 자신에게 달라고 한다. 개가 에를릭의 제안을 받아들이자, 에를릭은 사람들에게 침을 뱉어서 그들을 더럽힌다. 쿠다이가 돌아왔을 때 사람들의 몸이 더러워져 다시 깨끗하게 할 수 없음을 알고, 그는 사람의 안과 밖을 바꿔버린다. 그때부터 사람의 몸은 더러움과 침으로 가득 차게 되었다.10) 이러한 유형의 신화는 왜 신이 창조한 인간의 내부가 더러운가를 설명하고, 아울러 만약 악신이 인간의 창조에 개입하지 않았더라면 인간이 병이나 죽음에서 자유로웠을 것이라는 메시지를 담고 있다.

두 번째 유형의 신화는, 인간이 왜 정신적으로 불완전한 존재가

---

9) 각각의 유형에 대한 자세한 설명은 이필영, 앞의 책, 105~109쪽 참조.
10) Uno Holmberg, op.cit., pp.373~374.

되었는지를 설명하는 신화다. 알타이신화에 따르면, 월갠이 흙으로 육체를 만들고 돌로 뼈를 만들어 남자를 창조한 뒤, 남자의 갈비뼈로 여자를 창조하였다. 그는 그들에게 불어넣을 생기를 갖고 있지 않아서 그것을 찾으러 가야만 했다. 그는 털이 없는 개에게 남녀를 지키도록 하였다. 그런데 이 개는 악신의 배설물을 먹고서 털옷을 얻게 된다. 악신은 갈대를 이용해서 인간에게 생기를 불어넣었는데, 잠자는 사람의 몸 직장 속에 넣었다. 월갠이 돌아왔을 때 남녀가 살아있음을 보고, 그는 새로운 인간을 창조해야 할지 말아야 할지를 고민한다. 그가 고민하고 있을 때 개구리 한 마리가 다가와 말했다. "왜 이들을 파괴하려고 하는가? 죽는 사람은 죽게 두고, 사는 사람은 살도록 놔두어라." 그래서 월갠은 사람들이 살도록 놔두었다.[11]

이 신화는 앞 신화와 함께 신이 창조한 인간 존재의 불완전함, 특히 정신적 측면의 불완전함을 설명하고 있다. 즉 인간이 사악하고 죄를 짓는 경향 등과 같은 정신적 결함이 있는 것은 악마의 손길이 닿았기 때문으로 설명하는 것이다. 결국 인간기원신화에는 인간을 망가뜨린 존재로서의 악신이 나타나 있다.

한편 시베리아신화에서 악신의 존재는 병과 죽음을 설명하는 신화에도 나타난다. 이들에게 꿈, 병, 죽음은 자연스러운 것으로 받아들여지지 않는다. 꿈이나 병, 죽음은 모두 인간영혼의 이탈 때문에 일어나는 것으로 믿는다. 단지 꿈은 영혼 스스로의 의지에 의해 일시적으로 인간의 몸을 떠나는 것이지만, 병과 죽음은 인간 자신의 의지와 무관하게 강제로 영혼이 몸에서 이탈됨을 겪는 것이다. 이처럼 한 사람의 몸에서 그 영혼이 이탈되는 것은 놀람이나 충격, 재채기 등에 의한 경우도 있으나,[12] 대부분 그것은 악신이나 악한 정령의

---

11) Ibid., p.377.

인간 영혼탈취에 의한 것으로 여겨진다.

예컨대 브리야트인에 따르면, 죽음왕국의 지배자인 에를렌 칸 (Erlen-Khan)은 자신의 부하들을 보내 방황하는 영혼을 잡아오도록 한다는 것이다.[13] 랩(Lapp) 사람들은 모든 인간과 동물의 질병을 악한 정령의 수작으로 여긴다. 야쿠트인도 질병은 다 악한 정령이 노해서 생기는 것으로, 이때 인간의 영혼은 악한 정령에게 붙잡혀 있다고 한다. 또한 야쿠트인은 보통 자연사는 70세가 지나서 나타나는 것으로, 그 나이 이전에 걸리는 큰 병이나 요절은 모두 악신이 손을 댄 표지라고 한다.[14] 예컨대, 잘 알려진 니샨샤먼 신가(神歌)에서도 염라대왕의 친족인 몽골다이 낙추가 서르구다이 피양고의 혼을 빼앗아 죽게 한다. 물론 이러한 영혼의 탈취는 악신이나 악한 정령뿐만 아니라 샤먼에 의해서도 일어날 수 있다. 이처럼 악신에 의한 영혼 탈취로 병과 죽음이 발생할 수도 있기 때문에, 시베리아 샤머니즘 의례에서 주된 모티프의 하나는 이렇게 빼앗긴 영혼을 되찾아오는 것이다.

이처럼 시베리아신화에는 신격에서 선악의 구분이 명확하게 나타나는 반면, 한국 무속신화에서 그러한 선악 구분을 찾아보기 어렵다. 한국 무속신화에도 서로 대립되는 신화적 존재를 찾을 수 없는 것은 아니다. 창세신화나 제주도의 당(堂) 본풀이, 다른 서사무가 등에서 그런 예를 찾을 수 있다. 그러나 한국 무속신화에서 나타나는 신화적 존재의 대립과 갈등을 시베리아신화의 경우처럼 선신과 악신의 도식으로 설명하기에는 어려움이 있다.

---

12) Ibid., pp.472~475.

13) Ibid., p.477.

14) 니오라쩨/이홍직 역, 《시베리아 제민족의 원시종교》, 신구문화사, 1976, 69쪽.

예컨대 함경도 창세가에서 나타나는 미륵과 석가의 대립, 제주도 천지왕 본풀이의 대별왕과 소별왕의 대립을 그러한 예로 들 수 있다. 이들 신은 이승을 관장하는 존재와 저승을 관장하는 존재로 나누어진다. 그러나 이들 신을 선신과 악신으로 나누는 것은 무리다. 인세차지 경쟁에서 속임수로 패배한 미륵과 대별왕이 저승세계를 관장하게 되나, 이들을 악한 존재로 규정할 수는 없다. 더욱이 그들은 저승으로 돌아간 뒤에는 이승의 일에 거의 관여하지 않는다. 그렇다고 이승을 차지한 석가와 소별왕을 선신으로 규정하는 것도 적절하지 않아 보인다. 이런 점에서 이들 신은 선신과 악신의 도식으로 제대로 설명되기 어렵다.

역시 제주도 생불할망 본풀이의 두 주인공인 생불할망과 구 삼승할망을 선신과 악신으로 설명하기는 어렵다. 제주도 서귀포 본향당 본풀이의 바람운, 고산국, 지산국의 대립이나, 괴네기당 본풀이의 소천국과 백주도의 대립도 마찬가지다. 경기도 성주풀이의 황우양씨와 소진랑과의 대립도 선신과 악신의 대립으로 설명이 잘 되지 않는다.

사실 한국 무속의 신들은 선신과 악신으로 잘 구분되지 않는다. 인간에게 화(禍)를 가져다주는 신을 손쉽게 악신으로 규정하기 쉬우나, 무속의 중요한 신들은 모두 화를 가져올 수 있다. 예컨대 한 사람의 조상 역시 그 후손에게 화를 내릴 수 있는데, 그렇다고 조상을 악신이라 할 수는 없을 것이다. 선신과 악신의 구분은 '신의 속성'의 선악 여부를 기준으로 신을 규정하는 것이다. 그런데 한국 무속에서 신이 인간에게 화와 복(福)을 내리는 것은 신의 본래적인 속성에 따른 것이라고 말하기 어렵다. 신의 본래적 속성보다는 오히려 '인간과의 관계'에 따라 한국 무속의 신들은 복을 내리기도 하고 화를 내리기도 하는 양면적인 모습을 보여주는 것이다.

또한 무속의 신들이 인간에게 야기하는 여러 삶의 문제나 우환거리, 즉 화는 인간을 괴롭히고 인간 삶을 파괴하려는 신의 본래적인 악한 동기에서 비롯된 것이라고 보기 어렵다. 그것은 신의 존재를 망각하고 소홀히 하는 인간의 잘못에 대한 벌로서, 신의 존재를 확인시키고 신에 대한 인간의 의무를 상기시키는 의미를 가진 것이다. 화를 내려 인간에게 고통을 주고 문제를 일으켰던 신들도, 인간이 태도를 바꿔 신의 존재를 인정하고 받아들이면 인간에게 내렸던 화를 거두어들인다. 이런 점에서 복과 화를 선과 악으로 등치시킬 수는 없다.

반면에 시베리아 샤머니즘에서는 신과 정령이 선악 이원론에 입각하여 분류, 대립된다. 선신의 우두머리와 악신의 우두머리가 설정되고, 또 선신과 악신에 종속된 하위의 선령과 악령이 있다. 대체로 천상계의 신은 선하며 소극적이며, 지하계의 신은 악하고 활동적으로 여겨진다.[15]

시베리아신화와 한국 무속신화에서 선신과 악신의 문제를 제대로 밝혀내기 위해서는 현상의 차원을 넘어 그 이면의 원형적 사유에 눈을 돌릴 때 가능할 것이다. 그래야만 시베리아신화와 한국 무속신화의 특징이 제대로 드러날 수 있을 것이다. 그리고 시베리아신화에 나타나는 선신과 악신의 구분은 역사적인 요인이나 타종교의 영향으로 인한 후대적 윤색으로 볼 수도 있을 것이다. 그러나 선신과 악신의 기원이나 의미, 평가에 대해서 어떻게 생각하든 현재 주어진 자료를 보면, 시베리아신화에는 선악이라는 두 개의 원리, 질서의 맥락에서 세계의 기원이나 인간의 삶을 설명하려는 모티프가 분명하게 나타난다. 반면에 상대적으로 한국 무속신화에는 그러한 모티

---

15) 시베리아 샤머니즘의 신격의 선악에 대해서는 이필영, 앞의 책, 94~97쪽.

프가 두드러지게 나타나지 않는다. 이런 점에서 선신과 악신의 존재와 역할을 인정하는가 여부는 시베리아신화와 한국 무속신화를 구분하는 하나의 변별점이 될 수 있다고 하겠다.

2.2. 동물신

신격의 측면에서 나타난 시베리아신화와 한국 무속신화의 또 하나의 차이는, 시베리아신화에는 많은 동물신이 주요 행위자로 등장하고 여러 역할을 담당하는 반면에, 한국 무속신화에는 동물신의 존재와 역할이 미미하다는 점이다.

수렵, 유목, 어로 생활을 위주로 하는 시베리아 지역에서 상대적으로 동물신의 존재가 두드러지는 것은 너무나 당연하다 할 것이다. 이런 문화에서는 동물이 인간과 똑같이 말을 하고 행동하며, 인간이 동물로 되기도 하고 동물이 인간으로 변신하기도 한다. 동물은 인간과 동격이며, 특정 동물은 신이 되기도 하는 이른바 애니멀리즘(animalism)의 사고방식이 나타난다.[16]

예컨대 세계창조신화에서 일정한 역할을 하는 악신의 경우, 보통 인간의 형상으로 나타나나, 제비나 물새와 같은 새의 모습으로 나타나는 경우가 많다. 또한 백조나 곰이 인간과 결혼하기도 하며,[17] 곰, 늑대, 호랑이, 개, 돼지가 한 씨족의 조상으로 여겨지기도 하고,

---

16) 大林太良·兒玉仁夫/ 권태효 역, 《신화학입문》, 새문사, 1996, 122쪽.

17) 백조의 경우는 호수에서 목욕하기 위해 지상으로 내려온 세 마리 백조 가운데 하나가 사냥꾼과 결혼하여 살다가 나중에 다시 하늘로 올라가는 내용의 브리야트신화가 있다.(Uno Holmberg, op.cit., pp.501~502) 곰과 인간의 결합이나 곰에 대한 제의는 김헌선, 〈동북아시아 곰신화 비교연구 — 한국, 만주, 아이누의 곰신화를 중심으로〉, 《아시아문화》 14, 한림대 아시아문화연구소, 1999 및 나카자와 신이치/김옥희 역, 《곰에서 왕으로 — 국가, 그리고 야만의 탄생》, 동아시아, 2002 참조.

제의의 대상이 되기도 한다.[18]

시베리아 샤머니즘에서도 첫 번째 여성 샤먼이 자신의 힘을 독수리에서 얻었다는 브리야트 신화가 있다. 태초에 동쪽의 악령으로부터 인간을 보호하기 위해 서쪽의 텡그리들이 독수리를 보냈다. 그러나 인간들이 독수리의 말을 알아듣지 못하자 독수리는 자신의 힘을 양 치는 여자에게 전하여 그녀는 최초의 샤먼이 되었다.[19] 그래서 독수리의 출현을 샤먼의 소명을 받았다는 징표로 해석하기도 한다.[20]

야쿠트인 또한 가장 위대한 샤먼은 솔개미가 보냈다고 믿는다. 야쿠트신화에는, 솔개미는 샤먼이 될 숙명을 가진 한 어린아이의 혼을 집어먹은 후 여름철 태양이 떠오르는 남동쪽으로 날아갔는데, 거기에는 해묵은 초목이 우거진 산 가운데 백화(白樺)와 낙엽송이 솟아나 있었다. 이 두 나무 가운데 한 나무에 솔개미는 알을 낳아서 까고, 그 유아를 나무 밑 풀밭에 놓아서 짐승들에게 양육을 맡겼다.[21]

이처럼 시베리아 샤머니즘에서 동물신들은 샤먼의 입문과정이나[22] 의례에서 대단히 중요한 역할을 한다. 엘리아데에 따르면, 샤

---

18) Uno Holmberg, op.cit., pp.502~503. 한 사례를 들면 다음과 같다. "옛날에 누이동생의 간교로 오빠가 누이동생과 결혼하여 남자아이와 여자아이를 낳았다 오빠는 자신의 아내가 누이동생이라는 것을 우연히 알았다…… 오빠는 이 사실을 알고 자신의 누이-아내를 죽였고, 아이들은 동물에게 버렸다. 그러나 암호랑이가 남자아이를 우연히 발견하여 키웠고, 수콤이 여자아이를 우연히 발견하여 키웠다. 성장한 남자아이와 여자아이는 각각 암호랑이와 수콤과 결혼하였다. 이 결혼으로 오로치족과 우데게이족이 시작되었다."(곽진석, 〈시베리아 오로치족의 신화와 신앙에 대한 연구〉, 《구비문학연구》 12, 한국구비문학회, 2001, 61쪽)

19) Ibid, p.505. 이 여자와 독수리가 결합하여 난 아들이 최초의 샤먼이 되었다는 전승도 있다.(미르치아 엘리아데/이윤기 역, 《샤머니즘》, 까치, 1992, 83쪽)

20) 미르치아 엘리아데/이윤기 역, 위의 책, 83쪽.

21) 니오라쩨/이홍직 역, 앞의 책, 16쪽.

먼은 동물 수호령이나 보조령 없이는 샤먼 의례를 진행할 수가 없으며, 이런 점에서 조상령과 같은 역할을 한다고 한다.23) 이처럼 샤먼의례에서 샤먼은 다양한 동물신의 도움을 얻기도 하지만, 아예 동물의 형태를 취하거나 동물의 흉내를 내기도 한다. 예컨대 야쿠트 샤먼은 다른 샤먼과 싸움을 벌일 때, 어머니 동물(Animal Mother)인 엘크(Elk)나 사슴의 형태를 취한다.24) 뱀을 보조령으로 하는 퉁구스 샤먼은 파충류 흉내를 내고 축치와 에스키모 샤먼은 이리로 표변한다. 이러한 시베리아 샤머니즘의 모습은 인간계와 동물계가 분화되지 않고, 둘의 신비스런 유대관계가 강조되는 문화를 잘 보여준다.

반면에 한국 무속신화나 무속에서 동물들은 미미한 역할을 하고 있을 뿐이다. 물론 동물들이 중요한 역할을 하고, 인간과 동물의 구분이 없었던 시간이 있었다고 말하는 신화도 있다. 예컨대, 함경도 〈창세가〉에서는 풀메뚜기, 풀개구리, 새앙쥐가 물과 불의 근본을 밝히는 데 중요한 역할을 한다. 인간도 벌레에서, 즉 남자는 금벌레에서 여자는 은벌레에서 탄생하는 것으로 나타난다.25) 또한 동래지역의 〈성조신가〉에는 성주신이 인간에게 집 짓는 법을 가르치기 이전의 인간세계는 식물과 동물, 인간의 구분이 없는 것으로 나타난다.26) 이러한 한국 무속신화는 시베리아신화처럼 인간과 동물을 포함한 자연과의 미분화, 둘의 유대관계를 나타내는 것으로 해석할

---

22) 대체로 샤먼의 입문과정에서 동물신이 중요한 역할을 하는 것은 북부 시베리아 지역이라고 한다. 반면에 남부 시베리아 지역에서는 상대적으로 조상의 영이 중심적인 역할을 한다고 한다.(Anna-Leena Siikala, "Shamanism; Siberian and Inner Asian Shamanism," *The Encyclopedia of Religion* 12, Thomson Gale, 2005, pp.82~84)

23) 샤머니즘 의례에서 동물신의 역할은 미르치아 엘리아데/이윤기 역, 앞의 책, 99~105쪽 참조.

24) Anna-Leena Siikala, op.cit., p.8284.

25) 손진태, 〈창세가〉, 《조선신가유편》(손진태선생전집 5), 태학사, 1981, 13, 15쪽.

26) 손진태, 〈성조신가〉, 위의 책, 109~110쪽.

수 있다. 그러나 이러한 신화는 인간 문화 탄생 이전의 원초적 상태를 그렇게 그리고 있을 뿐이며, 오히려 인간이 그러한 원초적 상태를 벗어나 문화를 갖게 되는 것을 강조하고 있다.

물론 한국 무속신화가 인간세계와 동물계의 완전한 분화나 분리를 말하지는 않는다. 여전히 둘의 유대관계가 존속된다. 그러나 그러한 둘의 관계가 시베리아신화에서처럼 중심적인 위치를 차지하거나 중요한 역할을 하지는 못한다. 한국 무속신화에서 동물이 적극적이고 유의미한 역할을 하는 사례를 찾기는 어렵다. 예컨대, 동물들은 바리공주나 강림이 저승을 갈 때 길 안내에서 약간의 도움을 주는 정도의 역할을 하는 데 그치고 있다.

이는 한국 무속에서도 마찬가지다. 뱀이나 족제비가 칠성신이나 당신, 업신으로 모셔지는 경우가 있지만, 무속신의 세계에서 그다지 중요한 위치를 차지하지 못한다. 한국 무속의례에서 중심적인 위치를 차지하는 신들은 인물신은 물론이고 다른 신들도 모두 의인화된 존재로 나타난다. 그리고 이렇게 의인화된 신 가운데 동물을 상징하는 신은 없다. 또한 무당의 탄생에서 중요한 역할을 하는 것은 흔히 대신이라고 말해지는 조상신인 무조신(巫祖神; ancestor shaman)이다.

이처럼 한국 무속신화에서는 동물이 등장하며 나름의 역할을 하지만, 시베리아신화와 비교했을 때 상대적으로 신화적 행위자로서의 존재와 역할이 매우 미미하다. 이런 점에서 시베리아신화와 비교했을 때 한국 무속신화의 한 특징으로서 동물신의 존재와 역할의 미미함을 들 수 있을 것이다.

2.3. 여성신

신격의 측면에서 볼 때 시베리아신화와 한국 무속신화의 또 하나의 차이점으로는 한국 무속신화에는 여성, 여성신의 역동적인 역할이 나타난다는 점을 들 수 있다. 〈생불할망본풀이〉나 〈제석본풀이〉 등 본디 여성의 영역으로 여겨진 인간의 탄생과 관련된 무속신화 외에도, 〈바리공주〉, 〈도랑선비와 청정각시〉, 〈차사본풀이〉, 〈이공본풀이〉, 〈세경본풀이〉, 〈경기도 성주풀이〉 등 삶의 다양한 측면과 관련된 신화에서 여성들은 주역이나 조역으로서 중요한 역할을 하고 있다.

여성이 주인공으로 활약하는 〈바리공주〉, 〈도랑선비와 청정각시〉, 〈세경본풀이〉에서는 여성들이 아예 죽음이나 농경과 관련된 신격으로 좌정한다. 〈제석본풀이〉나 〈이공본풀이〉에서 여성은 새로운 신격 탄생의 기반을 제공한다. 〈차사본풀이〉나 〈경기도 성주풀이〉에서 여성들은 주인공은 아니지만 주인공을 도와서 주어진 문제를 해결하는 데 결정적 기여를 한다. 〈삼공본풀이〉, 〈이공본풀이〉, 〈칠성풀이〉, 〈문전본풀이〉에서도 여성은 긍정적 의미에서든 부정적 의미에서든 신화적 사건의 중심에 위치해 있다. 즉 신화적 사건의 한가운데 존재하면서 새로운 신격이나 새로운 생명의 탄생, 인간구원, 삶의 문제의 해결 등 좁은 의미의 여성의 역할을 뛰어넘어 남성과 동등한 중심적 역할을 하는 것이 한국 무속신화에서 나타나는 여성의 역동적인 모습이다.

반면에 시베리아신화에서 여성의 역할은 상대적으로 미약해 보인다. 엘리아데는 터키 타타르족 종교에서 여신이 차지하는 비중이 약하다고 지적한다.[27] 지신(地神) 또한 마찬가지여서, 야쿠트족은

---

27) 이와는 반대로, 퉁구스족의 사례를 기초로 한 것이나 많은 수의 여신이 있다는 주장도 있다.(Laurence Delbay, "Siberian Religion and Myths: the Example of the Tungus," *Asian Mythology*, the Univ. of Chicago Press, 1993) 이런 점에서 시베리아신화 및 샤머니즘에서 여신의 위상과 역할에 대해서는 재검토가 필요하다고 여겨진다.

대지의 여신상도 없고 대지의 여신에게 제물도 드리지 않는다고 한다. 물론 시베리아 지역에 몇몇 여신들이 있기는 하나, 이들 여신은 여성만을 위한 신이고 그들의 역할 또한 출산이나 아기의 질병을 돌보는 일 정도다. 신화에서 여성의 역할도 아주 미미하다고 한다. 아마도 시베리아신화에서 여성의 역할을 확인시켜주는 것으로는, 오빠의 목을 찾기 위해 저승에 다녀오는 쿠바이코(Kubaiko) 정도를 들 수 있을 것이다.[28] 이런 점에서 상대적으로 한국 무속신화에서 여성의 역할과 위상이 두드러짐을 시베리아신화와 다른 또 하나의 특징으로 지적할 수 있다.

3. 타계관

여기서 타계란 죽음 이후에 가는 세계를 말하는 것이 아니라, 죽음 이후의 세계를 포함해서 인간세계 밖의 다른 세계 모두를 뜻한다. 이 장에서는 시베리아신화와 한국 무속신화에 나타난 타계관의 차이점을 중심으로 서술한다.

일반적으로 시베리아신화나 샤머니즘은 천상, 지상, 지하의 삼층적 세계관을 전제하고 있으며, 이 세 개의 층은 세계기둥이나 세계수(world tree), 세계산(world mountain) 같은 중심축으로 연결되고, 샤먼은 타계여행을 통해 이 세 개의 층을 이동할 수 있다고 설명된다. 한국의 경우도 시베리아와 마찬가지로 천상, 지상, 지하의 삼층적 세계관을 갖고 있는 것으로 파악된다. 이 경우 시베리아나 한국 모두 천상

---

28) 쿠바이코에 대해서는 미르치아 엘리아데/이윤기 역, 앞의 책, 203~204쪽; Uno Holmberg, op.cit., pp.490~494; 니오라쩨/이홍직 역, 앞의 책, 36~37쪽 참조.

계와 지하계라는 두 개의 타계를 갖는 것으로 이해된다.

그러나 한국 무속신화의 구체적 내용을 살펴보면 지하계의 관념은 매우 희박하다. 그래서 타계로서의 지하계를 설정하기가 어렵다. 이는 다른 무속신화는 물론이고 저승세계 여행이 나타나는 〈바리공주〉와 〈차사본풀이〉의 경우도 그렇다. 약수를 구하기 위해 서천 서역국으로 가는 바리공주의 여정은 수평적 공간이동의 모습을 보여준다. 바리공주는 육로 삼천리, 해로 삼천리를 지나 지옥을 통과한 뒤 무지개다리를 건너 무장승이 사는 서천 서역국에 도착한다. 여기서 시베리아신화나 샤머니즘처럼 지하세계로 내려가는 수직적 공간이동의 흔적을 찾기는 어렵다.

이는 〈차사본풀이〉의 경우도 그렇다. 저승 염라대왕을 데려오기 위한 강림의 저승길 역시 수평적 공간이동의 모습을 보여준다. 조왕할망, 일문전, 길나장 등에게 길 안내를 받아 도보로 먼 길을 걷고 걸어서 어렵게 저승 호안성에 도착한다. 여기서 저승과 이승의 관문인 행기못을 통과하여 드디어 저승에 도착한다. 바리공주와 마찬가지로 강림의 저승 여정 또한 지하세계로 내려가는 수직적 공간이동의 흔적을 찾을 수 없다.29)

이른바 '하계영산'이 본이며, 저승 지부왕의 통제를 받고 있는 조상이 인간세계로 나오는 과정도 조상들의 거주처인 하계영산이 인간세계의 수평 연장상의 공간임을 보여준다.

---

29) 이와 관련하여 바리공주가 가는 서천 서역국이나 강림이 가는 저승이 수평적 도보여행으로 이르는 곳이지만, 실제로는 수직적 상방에 있는 공간이라는 주장이 있다.(권태효, 〈무속신화에 나타난 이계여행의 양상과 의미〉, 《한국구전신화의 세계》, 지식산업사, 2005, 241~244쪽) 이 또한 한국 무속신화에는 지하계가 존재하지 않는다는 주장이다.

아모성 아모댁 조상님네 굿 받아 잡수러 오실제
젊은이 혼신 봇짐을 지고
늙은이 혼신 주량 짚고
등 밀거니 배 밀거니 청산을 넘느라고
백옥산 넘느리여 오실 적에
울어 넘든 청산고개 씨러쳐 넘어 오고
씨러 넘든 청산고개 우러 넘어 오실 때에

이처럼 조상들은 살아있는 인간이 산 넘고 물 건너 길을 가듯 인간세계에 이른다. 이는 조상들의 거처가 인간계의 수직 상방인 천상계나 수직 하방인 지하세계가 아님을 말해준다.[30]

인간을 살릴 수도 죽일 수도 있는 꽃이 자라는 서천 서역국도 수평적 도보여행으로 도달하는 곳이다. 〈이공본풀이〉에서 무릎까지 차는 물, 잔등까지 차는 물, 목까지 차는 물 등 세 번의 물을 건너 도달하는 서천꽃밭은 지상계의 수평적 연장선에 있는 공간이다.[31]

이런 점에서 한국 무속신화에는 시베리아신화와는 달리 지하계가 뚜렷하게 나타나지 않는다는 것이 하나의 특징이라 하겠다. 물론 한국 무속신화에 천상계는 나타난다. 즉 천상계는 나타나지만 지하계는 잘 나타나지 않는 점을 시베리아신화와 대비해서 본 한국 무속신화의 한 가지 특징이라 할 수 있다.

한국 무속신화에서 천상계는 〈천지왕본풀이〉, 〈시루말〉, 〈세경본풀이〉 등에서 잘 나타나 있다. 〈시루말〉에는 하늘의 존재인 당칠성이 지상으로 내려와 매화부인과 결합하여 선문이와 후문이를 낳게

30) 서대석, 〈무속에 나타난 세계관〉, 《통영오귀새남굿》, 열화당, 1989, 99쪽.
31) 권태효, 앞의 글, 243쪽.

하고 다시 하늘로 올라간다. 〈천지왕본풀이〉에서도 천상계의 인물인 천지왕이 지상으로 내려와 총맹부인과 결합한 뒤 다시 천상계로 귀환한다. 천지왕과 총맹부인의 두 아들인 대별왕과 소별왕은 박씨를 심어 그 줄기를 타고 천상계로 이동한다. 이들은 모두 천상계에서 지상계, 또는 지상계에서 천상계로의 수직적 공간이동을 한다. 〈세경본풀이〉에서도 역시 문도령과 자청비의 지상계, 천상계로의 수직적 공간이동이 나타난다.

이렇게 본다면, 한국 무속신화에서 이 세계는 천상계와 지상계로 이루어져 있다. 그리고 타계는 지상계 위에 존재하는 천상계나 지상계에서 수평 이동해서 이를 수 있는 공간에 위치한다. 따라서 인간계와 타계의 만남과 소통은 수직이동 또는 수평이동으로 이루어진다.

반면에 천상계, 지상계, 지하계의 삼층적 세계관을 전제하는 시베리아신화는 천상계와 지하계를 타계로 갖게 된다. 그리고 인간세계와 이 두 세계의 연결은 우주축을 중심으로 한 수직적 공간이동을 통해 이루어진다. 물론 시베리아신화에도 수평이동이 나타난다. 그러나 타계가 천상계와 지하계에 존재하기 때문에 타계에 도달하기 위해서는 수평이동을 하더라도 궁극적으로는 수직이동을 통해 최종 목적지인 타계에 이를 수 있다. 그래서 시베리아 샤머니즘에는 샤먼이 지하계로 갈 때 수평이동과 수직이동이 같이 나타난다고 한다. 샤먼은 말을 타고 사막을 넘어 초원을 지나 바다를 건너고 산을 올라 다시 말을 달려 저 세상의 입구에 도착한다.[수평이동] 저 세상 입구는 지하로 통하는 구멍으로 되어 있는데, 샤먼은 이 구멍을 내려가 마침내 엘릭칸이 사는 지하계에 도착하게 된다.[수직이동을 통한 지하계 도달]32)

---

32) 미르치아 엘리아데/박규태 역, 《세계종교사상사 3》, 이학사, 2005, 37쪽.

한국 무속신화나 시베리아신화에서 타계는 인간세계의 결핍과 문제가 해결되며, 새로운 삶과 존재의 변화를 가능하게 하는 생명의 원천이 있는 근원적인 공간으로 여겨진다. 예컨대, 한국 무속신화에서 바리공주가 죽은 부모를 되살릴 수 있는 생명수를 구하기 위해 저승에 가거나, 강림이 인간 세상의 문제를 해결하기 위해 저승왕을 부르러 가는 것, 또는 〈이공본풀이〉에서 인간 생명을 관장하는 꽃이 자라는 서천 서역국 등은 타계가 그러한 재생과 생명의 공간임을 잘 보여준다. 시베리아신화에서도 사냥과 질병, 죽음 등 인간 삶의 다양한 문제가 타계와의 교섭을 통해서 해결된다. 따라서 한국 무속과 시베리아 샤머니즘에서는 타계와의 소통이 꾸준하게 추구된다.

그러나 타계에 대한 개념에서 두 신화 사이에는 중요한 차이가 하나 있다. 한국 무속신화에서는 타계가 결코 인간계에 문제를 일으킬 수 있는 적대적 공간이 되지 않는다. 반면에 선신과 악신이 공존하는 시베리아신화에서는, 타계에 악신이 존재하기 때문에 인간계에 긍정적인 공간이면서 아울러 부정적인 공간이 될 수도 있다.

타계의 유형이나 타계로의 이동방법, 타계의 성격에 차이가 있지만, 한국 무속신화나 시베리아신화에는 활발한 타계여행의 모티프가 나타난다. 이는 두 신화의 공통점이라고 할 수 있다. 흔히 한국 무속에는 탈혼(脫魂; ecstasy)과 같은 타계여행의 모티프가 나타나지 않고, 빙의(憑依; possession)와 같은 신내림의 모티프가 지배적이라고 알려져 있다. 그러나 무속신화에 초점을 둔다면, 시베리아 샤머니즘과 마찬가지로 한국 무속에도 활발한 타계여행의 모티프가 나타나는 것을 알 수 있다.

타계관과 관련하여 한국 무속신화의 공간 개념을 명료히 제시하기 어렵다는 지적이 있다. 내용이 불분명하거나 서로 상충하는 부분이 많아서 일관된 설명이 어렵다는 것이다. 예컨대 '천하국'이라 일컬어지는 천상계는 수직적 상위 공간이면서도 아울러 수평적 공간에 설정되기도 하며, 지하계의 경우에도 그 내용이 빈약하고 불투명하지만, '지하국'이나 '지하궁'은 수없이 언급된다. 이런 점에서 다른 지역 신화와 비교하기 전에 한국 무속신화의 공간 개념에 대한 좀 더 설득력 있는 연구가 선행되어야 한다고 한다.

한국 무속신화의 공간 개념에 대한 더욱 체계적인 연구의 필요성은 두말할 필요가 없고, 앞으로 이에 대한 충분한 연구가 이루어져야 할 것이다. 그러나 적어도 무속신화에만 한정해서 본다면, 그리고 신화에 나타나는 용어보다는 신화 캐릭터들의 행적을 중심으로 보면, 한국 무속신화에는 지하계 관념이 뚜렷하지 않다고 말할 수 있다. 이는 한국 무속신화에 대한 기존의 여러 연구에서도 공유되는 부분이며, 이런 점에서 천상계, 지상계, 지하계의 삼층적 우주론은 무속신화에 적용하기 어렵고, 이를 시베리아신화의 타계관과 대비되는 또 하나의 특징으로 꼽을 수 있을 것이다.

4. 신화적 사건의 발생과 해결의 맥락

이 장은 한국 무속신화와 시베리아신화에서는 어떤 맥락에서 신화적 사건이 발생하고 그 해결책이 모색되는가를 살펴보려고 한다. 이를 통해 시베리아신화에 비교했을 때, 한국의 대표적인 무속신화가 주로 가족관계의 맥락에서 신화적 사건의 발생과 해결을 수용하고 있음을 보여주고, 그것을 한국 무속신화의 특징적 모습의 하나로 제시하고자 한다. 여기서 주로 논의되는 무속신화는 〈바리공주〉, 〈제석본풀이〉, 〈도랑선비와 청정각시〉, 〈이공본풀이〉, 〈경기도 성주풀이〉, 〈삼공본풀이〉, 〈이공본풀이〉, 〈칠성풀이〉 등이다.

〈바리공주〉 신화에서 바리공주가 생명수를 구하기 위해 저승여행을 떠나게 만든 사건은 부모의 병이다. 그런데 부모의 병은 자신의 딸을 버린 죄의 결과다. 즉 근원적인 인간관계의 하나인 부모 자식관계를 부정함으로써 발생한 것이다. 바리공주의 타계로의 구약(救藥)여행은 자식인 자신을 버린 부모와의 관계를 바리공주가 부정하지 않음으로써 가능해진다. 비록 부모는 자신을 버렸지만, 바리공주에게 부모를 되찾고 부모와의 관계를 회복하는 것은 자기존재 확인의 의미를 갖는다. 이는 어려서 비리공덕 할미, 할아비에게 자신의 부모가 누구인가를 집요하게 추궁하는 것에서 확인된다. 자신을 낳아준 부모를 확인하는 것은 바로 자신의 존재와 정체성을 확인하는 의미를 가진다. 바리공주의 저승여행은 죽을병에 걸린 부모를 구원하고, 아울러 부모의 잘못으로 훼손된 부모 자식관계를 회복시킨다. 그리고 이처럼 훼손된 가족관계를 회복시킨 바리공주는 그 결과 무속의 신격으로 좌정하게 된다.

흥미로운 것은 바리공주가 부모를 살릴 수 있는 약수를 구하는 결정적 계기는 무장승과의 결연이라는 점이다. 바리공주의 저승길 여행을 도와준 조력자에는 여러 존재가 있으나, 최종적으로 무장승과 결합함으로써 약수를 구한다. 즉 바리공주는 무장승과 부부라는 가족관계를 맺음으로써 자신의 목적을 이루는 것이다. 사람을 살릴 수 있는 약수를 구하려는 바리공주에게 무장승이 요구한 것은 결혼해서 아이를 낳고 같이 살자는 것, 바로 가정을 이루자는 것이었다. 무장승과 새롭게 이룬 가족관계를 통해 바리공주는 부모를 살릴 수 있는 약수를 얻게 되는 것이다.

바리공주와 마찬가지로 저승여행을 하는 시베리아의 쿠바이코(Kubaiko)나 만주의 니샨샤먼은 바리공주와 다른 모습을 보인다. 그들은 저승 존재와의 어떤 관계맺음을 통해서가 아니라 자신의 능력으로 목적을 이룬다.

저승괴물 엘베간(Yelbegan)이 가져간 오빠의 목을 찾으러 간 쿠바이코(Kubaiko)는 뿔만 보일 정도로 땅속에 깊이 묻혀 있는 양을 들어 올려 자신의 힘을 보여주어야만 했다. 니샨샤먼 또한 저승의 관문을 통과할 때 필요한 여러 선물을 갖추기는 하지만, 방울, 주문, 동물 보호령을 활용할 수 있는 샤먼적 능력을 통해서 염라대왕의 친족인 몽골다이 낙추가 잡아간 서르구다이 피양고의 혼을 되찾아온다.

흥미롭게도 니샨샤먼은 저승길에서 자신의 남편을 만나지만, 이미 몸이 다 해체되었다는 이유로 구하지 않고, 오히려 자신을 가마솥에 넣으려는 남편을 큰 학을 시켜 퉁투성에 내던져 버린다. 이후에 부르는 니샨샤먼의 노래는 자신과 남편의 관계에 대해 그녀가 어떻게 생각하는가를 잘 보여준다.

더양쿠 더양쿠 남편 없으니
더양쿠 더양쿠 사내가 없으니
더양쿠 더양쿠 어머니 친척에
더양쿠 더양쿠 세월을 따라
더양쿠 더양쿠 아들들이 없으니
더양쿠 더양쿠 일가친척이 없으니
더양쿠 더양쿠 소년을 쫓아서
더양쿠 더양쿠 찬영(鑽瑩)하며 살자
더양쿠 더양쿠 앙연(昻然)하며 살자
더양쿠 더양쿠 놀며 살자
더양쿠 더양쿠 즐기며 살자
더양쿠 더양쿠 앞으로 하며 살자
더양쿠 더양쿠 친근하게 살자
더양쿠 더양쿠 손님노릇하며 살자[33]

여기서는 한 남자의 아내로서 지켜야 할 모든 사회적 관습이 부정된다. 이 노래는 남편의 죽음이 니샨샤먼에게 가져온 해방감과 자유에 대한 기쁨의 노래다.[34] 남편과의 관계는 아무런 의미가 없다.

---

33) 성백인 역주, 《만주샤만신가》, 명지대출판부, 1974, 159~160쪽.

부모 자식의 관계가 아닌 비록 남편과 아내의 관계지만, 이런 태도는 가족관계를 중요시하는 바리공주를 비롯한 한국의 여신들에게서는 상상하기 힘든 태도다. 만약 니샨샤먼과 같은 상황에 처한다면, 바리공주가 어떤 태도를 취할지 궁금하다.

남편과 아내의 관계나 부모 자식의 관계를 통해 자신의 존재를 확인하는 모티프가 가장 선명하게 드러나는 신화는 〈제석본풀이〉라고 할 수 있다. 당금애기를 둘러싸고 벌어지는 신화적 사건은, 당금애기가 주변 사람들과 맺는 관계로 이해될 수 있다. 〈제석본풀이〉의 중심 사건이라 할 수 있는 당금애기와 중과의 결연은, 당금애기가 부모와 오라비들과 맺고 있었던 기존의 가족관계에서 벗어나, 중과 부부관계 및 그를 통해 얻게 될 세 아들과의 부모 자식관계라는 새로운 가족관계 형성의 계기가 된다. 아들들이 자란 뒤 당금애기를 졸라 중을 찾아가는 신화적 사건도 아버지를 만나 부자관계를 확인하려는 것이다. 이런 점에서 〈제석본풀이〉의 전체 진행과정을 기존 가족관계의 해체 및 새로운 가족관계의 형성과 확인의 맥락에서 이해할 수 있다.

〈제석본풀이〉에서 당금애기의 존재 확인은 항상 부모, 오라비, 남편, 아들 등과의 가족관계를 통해서 이루어진다. 이러한 관계에서 가장 중요한 것은 아들과 부모 자식관계다. 중과의 결연을 통해 이미 부부관계를 맺었지만, 세 아들을 낳아 어머니가 된 다음에야 비로소 그 부부관계가 확실해진다. 즉 아들들을 낳기 전 중과 결연을 맺기는 하였지만 당금애기는 혼자 지냈으며, 아들들이 생긴 다음에야 중과

---

34) Stephen W. Durrant, "The Nisan Shaman Caught in Cultural Contradiction," *Signs*, vol. 5, no. 2, 1979, p.346. 아울러 서대석, 〈한국신화와 만주족 신화의 비교연구〉, 《고전문학연구》 7, 한국고전문학연구회, 1992, 39~40쪽도 참조.

다시 만나게 되고, 중 또한 당금애기를 자신의 배우자로 인정하는 것이다. 이처럼 당금애기가 배우자에게 확실하게 인정받고, 나중에 신직(神職)을 부여받거나 천상의 존재로 거듭날 수 있는 것은 모두 아들들의 출생으로 가능해지는 것이다.

이처럼 가족관계에서 부부관계보다 부모 자식관계가 더 핵심적인 역할을 하는 것은 다른 신화에서도 확인된다. 〈이공본풀이〉 또한 남편 사라도령의 서천 꽃감관 임무로 인해 훼손된 부부관계와 재인 장자로 인한 아내 원강암의 시련과 죽음이 아버지 사라도령과 아들 할락궁이의 상봉으로 완성된 부자관계를 통해 해소된다는 내용을 담고 있다. 〈이공본풀이〉의 전체 스토리 또한 사라도령과 원강암의 결혼으로 성립된 부부관계가 해체의 위험에 빠졌다가 부자관계를 통해 다시 복원되는 것으로 설명할 수 있다. 이는 칠성풀이도 마찬가지다. 칠성님에게서 버림받아 자살한 매화부인은[부부관계의 해체] 아들 일곱이 성장한 뒤에야 후실인 옥녀부인을 내몰고 환생하여 자신의 지위를 되찾는다.35)[부모 자식관계를 통한 가족관계의 회복]

이처럼 신화적 사건의 발생과 해결이 가족관계의 맥락에서 나타나는 것은 다른 신화에서도 확인된다. 〈도랑선비와 청정각시〉에서 자신의 모든 것을 희생해서라도 남편을 되살리려는 청정각시의 처절한 행위도, 주어진 남편과 아내로서의 (가족)관계를 지키려는 것으로 이해할 수 있다. 청정각시에게 자신과 남편의 관계는 우연적인 것이 아니라 필연적인 것으로 받아들여진다. 〈삼공본풀이〉의 가문 장아기 역시 가족관계보다는 자신의 생각과 판단을 우선시하는 것처럼 보이나, 궁극적으로 남성과의 결혼으로 이루어진 가정에 안주

---

35) 서경희, 〈무속신화 속의 여성 — 제석본풀이를 중심으로〉, 《온지논총》 6, 온지학회, 2000, 131쪽.

하며 부모와의 관계를 부정하지 않는다. 경기도의 〈황제풀이〉도 황후양에게 주어진 과제와 소진랑의 개입으로 위태로워진 부부관계가 남편이 황후양과 아내의 공동 노력으로 위험에서 벗어나 본래의 관계를 되찾는다는 내용을 담고 있다.

이처럼 한국의 무속신화에서는 비록 모든 무속신화를 이렇게 설명하기는 어렵지만, 일정한 사회적 관계와 질서를 전제하고 그러한 관계와 질서를 확인하고 유지하려는 모티프가 중요한 부분을 차지하고 있다고 하겠다. 이러한 사회적 관계에서 중요한 것 가운데 하나가 가족관계로서, 그 경우 신화적 사건의 발생과 해결은 가족관계의 맥락에서 이루어지는 것이다.

반면에 상대적으로 시베리아신화는 가족관계보다 큰 맥락에서 신화적 사건이 이루어지는 것으로 보인다. 세계창조신화 및 인간기원신화에서 보았듯이, 우주론적 차원에서의 선의 세력과 악의 세력 사이의 대결이 나타나거나, 곰이나 새 같은 동물과 인간의 관계에 대해서 말하는 신화들처럼 인간과 자연 사이의 투쟁과 협력, 씨족 같은 집단과 집단의 대립처럼 좀 더 포괄적인 차원에서 신화적 사건의 발생과 해결이 이루어지는 모습을 보이고 있다.

이런 점에서, 시베리아신화에 비해 한국의 대표적인 무속신화에서는 주로 가족관계의 맥락에서 신화적 사건이 발생하고 해결된다는 것을 한국 무속신화의 한 특징으로 꼽을 수 있다.[36]

---

36) 흔히 한국 무속신화나 무속에서 나타나는 가족관계와 혈연관계는 유교와의 관련 속에서 이해된다. 즉 무속이 유교의 영향을 받은 부분으로 이해되는 것이 보통이다. 그러나 혈연관계와 가족관계에 대한 인식은 매우 보편적이고 자연스러운 것이기에 반드시 유교의 영향이라고 볼 필요는 없을 것이다. 즉 혈연관계와 가족관계를 바라보는 데는 반드시 유교적 모델만 있는 것이 아니고 다른 모델도 가능하다.

5. 맺는말

지금까지 신격(神格), 타계관(他界觀), 신화적 사건의 발생과 해결 맥락을 중심으로 시베리아신화와 비교했을 때 드러나는 한국 무속신화의 차이점을 밝히고, 이를 한국 무속신화의 특징으로 제시하였다. 그러나 이렇게 시베리아신화와 대비할 때 드러나는 한국 무속신화의 차이점의 배경과 의미에 대해서는 제대로 밝히지 못하였다.

그렇기에 이러한 차이점을 바로 한국 무속신화의 정체성과 연결시키기는 어렵다. 한국 무속신화의 정체성을 말하기 위해서는 한국 무속신화 전반에서 이러한 차이점이 어떤 위치와 의미를 차지하는가에 대한 천착이 필요할 것이다. 그러나 이 글은 그러한 작업을 진행시키지 못했다.

아울러 다루는 무속신화의 범위도 좀 더 넓혀야 할 것이다. 더욱이 시베리아신화와 비교해서 드러난 한국 무속신화의 특징이 중국, 일본과 같은 다른 지역 신화와 비교했을 때도 얼마나 유의미한 것으로 나타날지는 미지수다. 또한 전체 한국신화 안에서 한국 무속신화가 어떤 위치를 차지하는가에 대한 충분한 검토가 필요할 것이다. 이후 이러한 점들을 보완하여 좀 더 치밀하게 한국 무속신화의 정체성을 밝힐 것을 기약해 본다.

참고문헌

곽진석, 〈시베리아 오로치족의 신화와 신앙에 대한 연구〉, 《구비문학연구》 12,

한국구비문학회, 2001.

권태효, 〈무속신화에 나타난 이계여행의 양상과 의미〉, 《한국구전신화의 세계》, 지식산업사, 2005.

김헌선, 〈동북아시아 곰신화 비교연구 ― 한국, 만주, 아이누의 곰신화를 중심으로〉, 《아시아문화》 14, 한림대 아시아문화연구소, 1999.

니오라쩨/ 이홍직 역, 《시베리아 제민족의 원시종교》, 신구문화사, 1976.

나카자와 신이치/ 김옥희 역, 《곰에서 왕으로 ― 국가, 그리고 야만의 탄생》, 동아시아, 2002.

大林太良·兒玉仁夫/ 권태효 역, 《신화학입문》, 새문사, 1996.

미르치아 엘리아데/ 이윤기 역, 《샤머니즘》, 까치, 1992.

미르치아 엘리아데/ 박규태 역, 《세계종교사상사3》, 이학사, 2005.

서경희, 〈무속신화 속의 여성 ― 제석본풀이를 중심으로〉, 《온지논총》 6, 온지학회, 2000.

서대석, 〈무속에 나타난 세계관〉, 《통영오귀새남굿》, 열화당, 1989.

───, 〈한국신화와 만주족 신화의 비교연구〉, 《고전문학연구》 7, 한국고전문학연구회, 1992.

성백인 역주, 《만주샤만신가》, 명지대출판부, 1974.

손진태, 〈창세가〉, 《조선신가유편》(손진태선생전집 5), 태학사, 1981.

이필영, 《샤머니즘의 종교사상》, 대전: 한남대출판부, 1988.

Delbay, Laurence, "Siberian Religion and Myths: the Example of the Tungus," *Asian Mythology*, the Univ. of Chicago Press, 1993.

Durrant, Stephen W., "The Nisan Shaman Caught in Cultural Contradiction," *Signs*, vol. 5, no. 2, 1979.

Holmberg, Uno, *The Mythology of All Races IV: Finno―Ugric, Siberian*, Cooper Square Publishers, 1964.

Long, Charles, *Alpha: the Myths of Creation*, Collier Books, 1963.

Siikala, Anna―Leena, "Shamanism; Siberian and Inner Asian Shamanism," *The Encyclopedia of Religion* 12, Thomson Gale, 2005.

필자 소개(글 실린 순서)

임재해(林在海)_ 영남대 국문과와 대학원(박사). 현재 안동대 국학부(민속학) 교수, 한국학연구원장, 문화재청 문화재위원. 《민속문화를 읽는 열쇠말》, 《신라금관의 기원을 밝힌다》 등 저서 28종과 《고대에도 한류가 있었다》, 《한국민속사입문》 등 편저 26종이 있음.

조동일(趙東一)_ 서울대에서 불문학과 국문학을 공부하고 문학박사학위를 받음. 계명대, 영남대, 한국학대학원을 거쳐, 서울대에서 정년퇴임한 명예교수임. 현재 계명대 석좌교수, 대한민국학술원회원. 한국문학, 비교문학, 학문론 등에 관한 저서 60여 종, 논문 200여 편 있음.

서대석(徐大錫)_ 서울대 국문과와 대학원(박사). 계명대, 이화여대 교수를 거쳐 서울대 교수 역임. 현재 서울대 명예교수. 《군담소설의 구조와 배경》, 《한국신화의 연구》, 《한국구비문학에 수용된 재담연구》, 《서사무가 I, II》(공저), 《한중소화의 비교》 등.

정재서(鄭在書)_ 서울대 중문과와 대학원(박사). 하버드 옌칭연구소, 국제일본문화연구센터 객원교수. 현재 이화여대 중문과 교수. 《산해경 역주》, 《불사의 신화와 사상》, 《동양적인 것의 슬픔》, 《도교와 문학 그리고 상상력》, 《한국도교의 기원과 역사》, 《사라진 신들과의 교신을 위하여》 등.

노성환(魯成煥)_ 계명대(문학사), 한국외대(문학석사), 일본 오사카대학 대학원(문학박사). 현재 울산대 일본학과 교수. 주 연구 분야는 신화와 민속을 통한 한일비교문화론. 《일본속의 한국》, 《한일왕권신화》, 《젓가락 사이로 본 일본문화》, 《일본신화의 연구》, 《동아시아의 사후결혼》 등.

이종주(李鐘周)_ 서강대 국문과, 한국학대학원(석사), 서강대 대학원 국문과(박사). 중국사회과학원 문학연구소, 오하이오 주립대 방문학자. 현재 전북대 국문과 교수. 《왜 우리신화인가》, 《북학파의 인식과 문학》 등.

서영대(徐英大)_ 서울대 문리대 종교학과 및 인문대 동양사학과 졸업. 서울대 대학원 국사학과(석, 박사). 현재 인하대 인문학부(사학) 교수. 《조선무속고》(번역), 《성황당과 성황제》(공저), 《단군과 고조선사》(공저) 등.

이수자(李秀子)_ 이화여대 국문과와 대학원(박사). 나주대학 문화재학과 교수, 한국폴리텍여자대학 학장, 전남도청 문화재위원 역임. 현재 문화재청 문화재전문위원, 중앙대 민속학과 겸임교수. 《설화화자연구》, 《제주도 무속을 통해서 본 큰굿 열두거리의 구조적 원형과 신화》 등.

나경수(羅慶洙)_ 전남대 국문과와 대학원(석, 박사). 전남대 박물관장 역임. 현재 전남대 국어교육과 교수, 문화재청 문화재전문위원. 《한국신화의 연구》, 《전남의 민속연구》, 《향가의 해부》, 《민속조사방법론》(번역) 등.

김헌선(金憲宣)_ 현재 경기대 국문과 교수. 우리나라 본풀이와 이야기를 학문적으로 탐구하고 있으며, 장차 세계적인 자료와 비교 연구를 본격적으로 전개할 예정이다. 특히 동아시아 섬에 전승되는 구비전승 자료인 서사시와 신화에 깊은 관심을 가지고 있다.

조현설(趙顯卨)_ 고려대 국문과, 동국대 대학원 국문과(박사). 북경외국어대학교 한국어과 교수, 고려대 민족문화연구원 연구교수. 현재 서울대 국문과 교수. 《동아시아 건국신화의 역사와 논리》, 《문신의 역사》, 《우리 신화의 수수께끼》 등.

이용범(李龍範)_ 서울대 대학원 종교학과. 현재 한국종교문화연구소 연구원. 〈서울 진오기굿의 종교적 성격과 문화적 위상〉, 〈한국무속에 나타난 신의 유형과 성격〉, 《한국무속의 강신무 세습무 유형구분의 문제》(공저), 《중앙아시아 유목민 뚜바인의 삶과 문화》(공저) 등.